Arbeitsschutz und Mitbestimmung von A bis Z

In 3 Schritten zu Ihrer Online-Ausgabe

1. Rufen Sie im Internet die Seite **www.bund-online.de/code** auf, geben Sie diesen Buchcode ein …

   4VCC-PFW4-42WL-G4K5

   und klicken Sie auf »Senden«.

2. Jetzt noch Name, E-Mail-Adresse und ein selbstgewähltes Passwort eingeben.

3. Registrierung abschließen. Und schon kann's losgehen.

ON LINE

Unter **www.bund-online.de/login** können Sie sich anmelden und Ihre Online-Version nutzen.

Wenn Sie Fragen haben, wenden Sie sich gern an unseren Kundenservice

E-Mail: abodienste@bund-verlag.de
Telefon: 069 / 79 50 10-96

Die Lizenz zur Nutzung der Online-Ausgabe gilt bis zum 31.10.2023.

BUND
VERLAG

D1997321

Sérgio Fortunato/Manfred Wulff (Hrsg.)

Arbeitsschutz und Mitbestimmung von A bis Z
Das Lexikon für die Interessenvertretung

Sérgio Fortunato / Manfred Wulff (Hrsg.)

Arbeitsschutz und Mitbestimmung von A bis Z

Das Lexikon für die Interessenvertretung

BUND
VERLAG

Autorinnen und Autoren:
Daniela Becker
Ragnhild Christiansen
Heiner Fechner
Sérgio Fernandes Fortunato
Christopher Kaempf
Anne-Kathrin Rothhaupt
Michael Schubert
Georg Sendelbeck
Ricarda Ulbrich-Weber
Manfred Wulff

Bibliografische Information der Deutschen Nationalbibliothek
Die Deutsche Nationalbibliothek verzeichnet diese Publikation in der Deutschen Nationalbibliografie; detaillierte bibliografische Daten sind im Internet über *http://dnb.d-nb.de* abrufbar.

Umschlag: Neil McBeath, Stuttgart
Satz: Dörlemann Satz, Lemförde
Druck: CPI book GmbH, Birkstraße 10, 25917 Leck
ISBN 978-3-7663-6836-2

www.bund-verlag.de

Inhaltsverzeichnis

Hinweis:
Alle Stichwörter des vorliegenden Lexikons sind nach Registrierung online aufrufbar unter: *www.bund-online.de/code.*

Abkürzungsverzeichnis

a. A.	anderer Ansicht
Abs.	Absatz
ABS	Ausschuss für Betriebssicherheit
a. F.	alte Fassung
AGB	Allgemeine Geschäftsbedingungen
AiB	Arbeitsrecht im Betrieb, Zeitschrift
ArbG	Arbeitsgericht
ArbMedVV	Verordnung zur arbeitsmedizinischen Vorsorge
ArbSchG	Arbeitsschutzgesetz
ArbStättV	Arbeitsstättenverordnung
ArbZG	Arbeitszeitgesetz
Art.	Artikel
ASiG	Arbeitssicherheitsgesetz
ASR	Technische Regeln für Arbeitsstätten
ASTA	Ausschuss für Arbeitsstätten
AT	Außertariflich
AT-Angestellte	Außertarifliche Angestellte
ATG	Altersteilzeitgesetz
AÜG	Arbeitnehmerüberlassungsgesetz
AuR	Arbeit und Recht, Zeitschrift
AZO	Arbeitszeitordnung
AZV	Verordnung über die Arbeitszeit der Beamtinnen und Beamten des Bundes
BAG	Bundesarbeitsgericht
BAuA	Bundesanstalt für Arbeitsschutz und Arbeitsmedizin
BaustellV	Baustellenverordnung
BayObLG	Bayerisches Oberstes Landesgericht
BDA	Bundesvereinigung der Deutschen Arbeitgeberverbände
BDSG	Bundesdatenschutzgesetz
BeckOK ArbSchR	Schwab/Weber/Winkelmüller, BeckOK Arbeitsschutzrecht

BEEG	Bundeselterngeld- und Elternzeitgesetz
BEM	Betriebliches Eingliederungsmanagement
BetrSichV	Betriebssicherheitsverordnung
BetrVG	Betriebsverfassungsgesetz
BFH	Bundesfinanzhof
BGB	Bürgerliches Gesetzbuch
BGBl.	Bundesgesetzblatt
BGleiG	Bundesgleichstellungsgesetz
BildscharbV	Bildschirmarbeitsverordnung
BITKOM	Bundesverband Informationswirtschaft, Telekommunikation und neue Medien
BMAS	Bundesministerium für Arbeit und Soziales
BMF	Bundesministerium der Finanzen
BMFSFJ	Bundesministerium für Familie, Senioren, Frauen und Jugend
BMTV	Bundesmanteltarifvertrag
BMVI	Bundesminister für Verkehr und digitale Infrastruktur
BPersVG	Bundespersonalvertretungsgesetz
BR-Drs.	Bundesratsdrucksachen
BRTV Zugpersonal	Bundesrahmentarifvertrag für das Zugpersonal vom 10.3.2017
BRTV-BHG	Bundesrahmentarifvertrag für das Baugewerbe
BSG	Bundessozialgericht
bspw.	beispielsweise
BT-Drs.	Bundestagsdrucksache
Buchst.	Buchstabe
BUrlG	Bundesurlaubsgesetz
BUV	Bundesverband der Unfallkassen
BVerfG	Bundesverfassungsgericht
BVerwG	Bundesverwaltungsgericht
bzw.	beziehungsweise
d.h.	das heißt
DDZ	Däubler/Deinert/Zwanziger – KSchR – Kommentar zum Kündigungsschutzrecht
DGUV	Deutsche Gesetzliche Unfallversicherung
DIN	Deutsche Industrienorm
DKW	Däubler/Klebe/Wedde, BetrVG – Kommentar für die Praxis
DKW-Arbeitshilfen	Däubler/Klebe/Wedde, Arbeitshilfen für den Betriebsrat mit Wahlunterlagen und EBR-Gesetz

EFZG	Entgeltfortzahlungsgesetz
ErfK	Müller-Glöge/Preis/Schmidt, Erfurter Kommentar zum Arbeitsrecht
etc.	et cetera – und so weiter
EU	Europäische Union
EuGH	Europäischer Gerichtshof
evtl.	eventuell
f., ff.	folgende, fortfolgende
FPfZG	Familienpflegezeitgesetz
GDAGewO	Gemeinsame Deutsche ArbeitsschutzstrategieGewerbeordnung
GG	Grundgesetz
ggf.	gegebenenfalls
GK-BetrVG	Wiese/Kreutz/Oetker/Raab u. a., Gemeinschaftskommentar zum Betriebsverfassungsgesetz
GMBl	Gemeinsames Ministerialblatt
grds.	grundsätzlich
h. M.	herrschende Meinung
Halbs.	Halbsatz
HK-ArbR	Däubler/Hjort/Schubert/Wolmerath, Handkommentar zum Arbeitsrecht
HK-ArbSchR	Kothe/Faber/Feldhoff – Gesamtes Arbeitsschutzrecht
i. d. R.	in der Regel
i. S. d.	im Sinne des
i. S. v.	im Sinne von
i. V. m.	in Verbindung mit
IAG	Institut für Arbeit und Gesundheit
IFA	Institut für Arbeitsschutz
IPA	Institut für Arbeitsschutz
JArbSchG	Jugendarbeitsschutzgesetz
KSchG	Kündigungsschutzgesetz
LAG	Landesarbeitsgericht
LärmVibrations-ArbSchVO	Lärm- und Vibrations-Arbeitsschutzverordnung

m. w. N.	mit weiteren Nachweisen
MHdBMTV	Münchener Handbuch zum ArbeitsrechtManteltarifvertrag
MüKo BGB	Münchener Kommentar zum Bürgerlichen Gesetzbuch
MuSchG	Mutterschutzgesetz
n. F.	neue Fassung
Nr.	Nummer
NZA	Neue Zeitschrift für Arbeitsrecht
o. g.	oben genannt
OLG	Oberlandesgericht
OVG	Oberverwaltungsgericht
PflegeZG	Pflegezeitgesetz
PSA	Persönliche Schutzausrüstung
PSA-VO	Verordnung über persönliche Schutzausrüstungen
RAB	Regeln zum Arbeitsschutz auf Baustellen
Rn.	Randnummer
S.	Seite
SBV	Schwerbehindertenvertretung
SGB	Sozialgesetzbuch
sog.	So genannt
StGB	Strafgesetzbuch

S.	Seite
SBV	Schwerbehindertenvertretung
SGB	Sozialgesetzbuch
sog.	So genannt
StGB	Strafgesetzbuch

TVöD	Tarifvertrag des öffentlichen Dienstes
TV-L	Tarifvertrag für den öffentlichen Dienst der Länder
TzBfG	Teilzeit- und Befristungsgesetz
u. a.	unter anderem
u. v. m.	und vieles mehr

VBG	Verwaltungs-Berufsgenossenschaft
VGH	Verwaltungsgerichtshof
vgl.	vergleiche
z. B.	zum Beispiel
Ziff.	Ziffer

Literaturverzeichnis

Albicker/Wiesenecker, Freiwillige Kollektivvereinbarungen in Betrieb und Dienststelle, NZA 2007, 842
Aligbe, Die Bildschirmarbeit nach Wegfall der Bildschirmarbeitsverordnung, ArbRAktuell 2017, 585
Aligbe, Rechtshandbuch Arbeitsmedizinische Vorsorge, 2. Aufl. 2020
Altvater/Baden/Baunack/u. a., BPersVG – Bundespersonalvertretungsgesetz, 10 Aufl. 2019 (zit.: Altvater/Baden/Baunack-Bearbeiter)
Balikciougłu, Psychische Erkrankungen am Arbeitsplatz, Die zunehmende Bedeutung der Psyche im Gesundheitsschutz, NZA 2015, 1424
BAuA, Organisation des betrieblichen Arbeitsschutzes, abrufbar unter: *https://www.baua.de/DE/Themen/Arbeitswelt-und-Arbeitsschutz-im-Wandel/Organisation-des-Arbeitsschutzes/Organisation-betrieblicher-Arbeitsschutz/Organisation-betrieblicher-Arbeitsschutz_node.html* (Stand: Februar 2021)
Bauer/Krieger/Günther, Allgmeines Gleichbehandlungsgesetz und Entgelttransparenz, 5. Aufl. 2018
Bayreuther, Der neue Kündigungsschutz schwerbehinderter Arbeitnehmer nach § 95 Abs.2 SGB IX a. F., NZA 2017, 87
Beck, Betriebliches Eingliederungsmanagement, Eine Zwischenbilanz nach zehn Jahren Rechtsprechung des BAG, NZA 2017, 81
Beckmann/Steiner, Arbeitszeit und Mitbestimmung von A bis Z, 2018
Bell, Die Überlastungsanzeige – besser: Gefährdungsanzeige, AiB 10/2011, 600
Bell/Fuchs, Arbeitsschutz – Mitbestimmung nach § 87 Abs. 1 Nr. 7 BetrVG, Rechtliche Grundlagen, Handelnde Personen und Behörden, 2018
Bergmann, Handlexikon der Europäischen Union, 6. Aufl. 2021
Boecken/Düwell/Diller/Hanau (Hrsg.), Gesamtes Arbeitsrecht, 3 Bde., 2016
Brauweiler/Will/Zenker-Hoffmann/Wiesner, Arbeitsschutzrecht, Ein Einstieg in die Materie, 2. Aufl. 2018
Bundesministerium für Arbeit und Soziales (BMAS), Übersicht über das Arbeitsrecht/Arbeitsschutzrecht, 13. Aufl. 2019
Buschmann/Ulber, Arbeitszeitrecht, 2019
Buschmann/Ulber, Arbeitszeitgesetz (Basiskommentar), 8. Aufl. 2015

Conze/Karb/Wölk/Reidel (Hrsg.), Personalbuch Arbeits- und Tarifrecht öffentlicher Dienst 6. Auflage 2020 (zit.: Conze-Bearbeiter)
Dau/Düwell/Joussen (Hrsg), Sozialgesetzbuch IX – Rehabilitation und Teilhabe von Menschen mit Behinderungen, 5. Aufl. 2019
Däubler/Deinert/Zwanziger (Hrsg.), KSchR – Kündigungsschutzrecht,11. Aufl. 2020 (zit.: D/D/Z-Bearbeiter)
Däubler/Hjort/Schubert/Wolmerath (Hrsg.), Handkommentar zum Arbeitsrecht, 4. Aufl. 2017 (zit.: HK-ArbR-Bearbeiter)
Däubler/Klebe/Wedde (Hrsg.), BetrVG Betriebsverfassungsgesetz, 17. Aufl. 2020 (zit.: D/K/W-Bearbeiter)
Däubler/Klebe/Wedde (Hrsg.), Arbeitshilfen für den Betriebsrat – mit Wahlunterlagen und EBR-Gesetz, 4. Aufl. 2018 (zit.: D/K/W-Arbeitshilfe-Bearbeiter)
Dickerhof-Borello/Nollert-Borasio/Wenckebach, Allgemeines Gleichbehandlungsgesetz, 5. Aufl. 2019
Eder, Homeoffice – mit Betriebsrat, AiB 3/2017, 10
Erfurter Kommentar zum Arbeitsrecht, hrsg. v. Müller-Glöge/Preis/Schmidt, 21. Aufl. 2021 (zit.: ErfK-Bearbeiter)
Feldes/Kohte/Stevens-Bartol (Hrsg.), SGB IX – Sozialgesetzbuch Neuntes Buch, 4. Aufl. 2018
Fitting/Engels/Schmidt/Trebinger/Linsenmaier, Betriebsverfassungsgesetz mit Wahlordnung, Handkommentar, 30. Aufl. 2020 (zit.: Fitting, BetrVG)
Fortunato, Überlastungen am Arbeitsplatz, PersR 11/2020, 8
Gemeinschaftskommentar zum Betriebsverfassungsgesetz, hrsg. v. Wiese/Kreutz/Oetker/Raab/u. a., 11. Aufl. 2018 (zit.: GK-BetrVG-Bearbeiter)
Geulen/Vogt, Kurzarbeit in der Corona Krise, ArbRAktuell 2020, 182
Granz, Lärmprävention am Arbeitsplatz, Gute Arbeit 10/2017, 8
Grimm/Freh, Wichtige Neuerungen im Schwerbehindertenrecht
ArbRB 2017, 16
Gundel, Keine wirksame Kündigung ohne Beteiligung der Schwerbehindertenvertretung, ZAT 2017, 50
Helm/Bundschuh/Wulf, Arbeitsrechtliche Beratung Praxis in Krisenzeiten, 2020
Heuschmid, Neujustierung des Arbeitszeitrechts und des Systems der Arbeitszeiterfassung durch den EuGH, NJW 2019, 1853
Hidalgo, Arbeitsschutz im Home Office – ein Lösungsvorschlag, NZA 2019, 1449
Ilbertz/Widmaier/Sommer, Bundespersonalvertretungsgesetz, 14. Aufl. 2018
Joko/Schmauder/Wolff, Psychische Belastung und Beanspruchung im Berufsleben, 5. Aufl. 2010
Kasseler Kommentar zum Sozialversicherungsrecht, hrsg. v. Körner/Leitherer/Mutschler,113. Aufl. 2021 (zit. KassKomm-Bearbeiter)

Kiesche/Kohte, Arbeits- und Gesundheitsschutz in Zeiten von Corona, 2. Aufl. 2020

Kittner/Zwanziger/Deinert/Heuschmid (Hrsg.), Arbeitsrecht – Handbuch für die Praxis, 10. Aufl. 2019 (zit. Kittner/Zwanziger-Bearbeiter)

Kohte, Urlaubsrechtliche Reminiszenzen und organisationsvertragliche Perspektiven, in: Bauer/Boewer (Hrsg.), Festschrift für Peter Schwerdtner zum 65. Geburtstag, 2003, 99

Kohte, Aus der Corona-Krise lernen!, Gute Arbeit 5/2020, 21

Kohte, Anm. zu LAG Düsseldorf 9.1.2018 – 3 TaBVGa 6/17, NZA-RR 2018, 368

Kohte, Die Gestaltung der arbeitsmedizinischen Vorsorge durch betriebliche Mitbestimmung, 2016

Kohte/Faber/Feldhoff (Hrsg.), Gesamtes Arbeitsschutzrecht, 2. Aufl. 2018 (zit. HK-ArbSchR-Bearbeiter)

Kollmer/Klindt/Schucht, Arbeitsschutzgesetz, 3. Aufl. 2016 (zit. Kollmer/Klindt/Schucht-Bearbeiter)

Kollmer/Wiebauer/Schucht, Arbeitsstättenverordnung, 4. Aufl. 2019

Küttner, Personalbuch 2020, hrsg. v. Röller, 27. Aufl. 2020 (zit.: Küttner-Bearbeiter)

Landmann/Rohmer, hrsg. v. Gewerbeordnung und ergänzende Vorschriften, 85. Aufl. 2021

Lück, Gelbe Karte wegen Gefährdungsanzeige?, AiB 3/2019, 39

Meine/Schumann/Wagner (Hrsg.), Handbuch Arbeitszeit, 3. Aufl. 2018

Michels, GDA: Auf das »G« kommt es an, Gute Arbeit 2/2019, 8

Müller, Homeoffice in der arbeitsrechtlichen Praxis, 2. Aufl. 2020

Münchener Handbuch zum Arbeitsrecht, hrsg. v. Kiel/Lunk/Oetker, Bd. 2 Individualarbeitsrecht, 4. Aufl. 2018 (zit.: MHdB-Bearbeiter)

Münchener Kommentar zum Bürgerlichen Gesetzbuch, hrsg. v. Säcker/Rixecker/Oetker/Limpberg, Band 5, 8. Aufl. 2020 (zit.: MüKoBGB-Bearbeiter).

Nebe, (Re-)Integration von Arbeitnehmern: Stufenweise Wiedereingliederung und Betriebliches Eingliederungsmanagement – ein neues Kooperationsverhältnis, DB 2008, 1801

Neumann/Pahlen/Greiner/Winkler/Jabben, Sozialgesetzbuch IX: SGB IX, 14. Aufl. 2020.

Neuner, Psychische Gesundheit bei der Arbeit, Gefährdungsbeurteilung und Gesundheitsmanagement, 3. Aufl. 2019

Nollert-Borasio, 2 Jahre AGG – praktische Auswirkungen und notwendige Änderungen, AuR 2008, 332

Oberthür, Die Arbeitssicherheit im Mobile Office, NZA 2013, 246

Pieper, ArbSchR – Arbeitsschutzrecht, 6. Aufl. 2017

Prinz, Europäische Rahmenvereinbarung über Telearbeit, NZA 2002, 1268

Reiserer/Hagen/Tormählen, Gesetzgebung: Die neue Corona-Arbeitsschutzverordnung und die Pflicht zum Angebot von Homeoffice, DStR-Aktuell 2021, 33
Richardi (Hrsg.), Betriebsverfassungsgesetz, 16. Auflage 2018
Richardi/Dörner/Weber (Hrsg.), Personalvertretungsrecht, 5. Auflage 2020 (zit.: Richardi/Dörner/Weber-Bearbeiter)
Riechert/Nimmerjahn, Mindestlohngesetz: MiLoG – Kommentar, 2. Aufl. 2017
Richter, Grundlagen der Berechnung des pfändbaren Arbeitseinkommens, ArbRAktuell 2013, 382
Sagan/Brockfelder, Arbeitsrecht in Zeiten der Corona-Pandemie, NJW 2020, 1112
Sasse/Schönfeld, Rechtliche Aspekte psychischer Belastungen im Arbeitsverhältnis, RdA 2016, 346
Schaub (Begr.), Arbeitsrechts-Handbuch, 18. Auflage 2019
Schiefer, Das betriebliche Eingliederungsmanagement (bEM), RdA 2016, 196
Schmitt, Entgeltfortzahlungsgesetz, 8. Aufl. 2018
Schoof, Betriebsratspraxis von A bis Z, 14. Aufl. 2020
Schröder/Urban, Gute Arbeit – Ausgabe 2019, Transformation der Arbeit – Ein Blick zurück nach vorn, 2018
Schucht, Die neue Verordnung über persönliche Schutzausrüstungen, EuZW 2016, 407
Schwab/Weber/Winkelmüller, BeckOK Arbeitsschutzrecht, 4. Edition, 2020 (zit.: BeckOKArbSchR-Bearbeiter
Sehmsdorf, Europ. Arbeitsschutz und seine Umsetzung in das deutsche Arbeitsschutzsystem unter besonderer Berücksichtigung des öffentlichen Dienstes, 1995
Stockhausen, Arbeitsschutz in Corona-Zeiten, Gute Arbeit 6/2020, 8
Stück, Corona Covid-19 und Compliance: Aktuelle arbeitsrechtliche Aspekte zur präventiven und repressiven Bewältigung der viralen Herausforderung, CCZ 2020, 205
Stück, Gefährdungsbeurteilung psychischer Belastungen in Recht und Praxis, ArbRAktuell 2015, 515
Thüsing, Ergonomie im Spannungsfeld von Arbeits-, Daten- und Diskriminierungsschutz, 2014, abrufbar unter *https://www.baua.de/DE/Angebote/Publikationen/Berichte/Gd77.pdf?__blob=publicationFile&v=1*
Tschöpe, »Low Performer« im Arbeitsrecht, BB 2006, 216
Wank, Der Arbeitnehmer-Begriff im neuen § 611a BGB, AuR 2017, 140
Wenning-Morgenthaler, Die Einigungsstelle – Leitfaden für die Praxis, 7. Aufl. 2017
Weuthen, Letzter Ausweg: Gefährdungsanzeige, Gute Arbeit 1/2019, 28
Wewers, Psychische Beanspruchung am Arbeitsplatz: Handlungsmöglichkeiten überlasteter Arbeitnehmer, AE 2017, 146

Wiebauer, Arbeitsschutz und Digitalisierung, NZA 2016, 1430
Wiebauer, Behördliche Anordnungen im Arbeitsschutz, NVwZ 2017, 1653
Wurzberger, Gefährdungsbeurteilung und Covid-19, AiB 11/2020, 32

Verzeichnis der Autorinnen und Autoren

Daniela Becker	Rechtsanwältin, Kanzlei Müller-Knapp Hjort Wulff Partnerschaft, Hamburg.
Ragnhild Christiansen, Dr. jur.	Fachanwältin für Arbeitsrecht, Kanzlei Müller-Knapp Hjort Wulff Partnerschaft, Hamburg.
Heiner Fechner, Dr. jur.	Rechtsanwalt; Wissenschaftlicher Mitarbeiter, Universität Bremen, Bremen.
Sérgio Fernandes Fortunato, Prof. Dr. iur.	Hochschule für öffentliche Verwaltung Kehl.
Christopher Kaempf	Rechtsanwalt, Kanzlei Müller-Knapp Hjort Wulff Partnerschaft, Hamburg.
Anne-Kathrin Rothhaupt	Rechtsanwältin, Büdel Rechtsanwälte, Frankfurt am Main.
Michael Schubert	Fachanwalt für Arbeitsrecht, Anwaltsbüro Hegarhaus, Freiburg.
Georg Sendelbeck	Fachanwalt für Arbeitsrecht, Manske und Partner Kanzlei für Arbeitsrecht, Nürnberg.
Ricarda Ulbrich-Weber	Fachanwältin für Arbeits- und Sozialrecht; Mediatorin, Anwaltsbüro Hegarhaus, Freiburg.
Manfred Wulff	Fachanwalt für Arbeitsrecht, Kanzlei Müller-Knapp Hjort Wulff Partnerschaft, Hamburg.

Einleitung

Ob vom Kölner Dom, ob vom Zirkuszelt,
ob vom Dach einer Dampfwäscherei:
für den Arbeiter, der herunterfällt,
ist das völlig einerlei.
Erich Kästner, Gehupft wie gesprungen –
Aus den Lehrsätzen des armen Mannes (1950)

I. Arbeits- und Gesundheitsschutzrecht als Beschäftigtenschutz

Die Erbringung von Arbeit war schon immer gefährlich. Dies zeigt nicht nur das obige Zitat von *Erich Kästner* aus dem Jahr 1950 am Beispiel der Sturzgefahr. Trotz vieler Verbesserungen beim Arbeits- und Gesundheitsschutz in den vergangenen Jahren sind körperliche und psychische Belastungen auch weiterhin und branchenübergreifend Alltag an vielen Arbeitsplätzen.[1] Denn schon die fremdbestimmte Eingliederung in eine vom Arbeitgeber vorgegebene Arbeitsorganisation kann für die Beschäftigten unmittelbare Gefahren für Körper und Gesundheit zur Folge haben.

Eine Vielzahl von Gesetzen, Verordnungen, Unfallverhütungsvorschriften und Technischen Regeln auf europäischer, bundes- und landesrechtlicher Ebene dienen dem Zweck, die Beschäftigten vor Gesundheitsgefahren zu schützen.[2] Die beiden zentralen gesetzlichen Grundlagen für den deutschen Arbeitsschutz sind

1 Reusch/Lenhardt/Kuhn/Moritz, in: Schröder/Urban, Gute Arbeit Ausgabe 2019, S. 299ff.

2 Von einem »fast unüberschaubaren Normenbestand« spricht schon: Sehmsdorf, Europ. Arbeitsschutz, S. 26; eine Übersicht mwN findet sich bei Kohte, in Münchener Handbuch zum Arbeitsrecht, Bd. 2, § 174 Rn. 1.

das Arbeitsschutzgesetz (ArbSchG)[3] und das Arbeitssicherheitsgesetz (ASiG)[4]. Gemeinsam beschreiben sie den Rechtsrahmen, um das Ziel zu erreichen, arbeitsbedingte Gefahrensituationen möglichst zu verringern und die abhängig Beschäftigten beim Umgang mit gefährlichen Arbeitsmitteln oder vor schädlichen Umwelteinflüssen zu schützen. Primärer Gesetzeszweck ist dabei Sicherheit und Gesundheitsschutz aller Beschäftigten bei der Arbeit zu schaffen, unabhängig von der Beschäftigungsform und von der Branche (→ **Arbeitgeber**).

Mit dem Wandel der allgemeinen Lebens- und damit auch Arbeitsbedingungen haben sich naturgemäß aber auch die Gefahren von Arbeit gewandelt. Gefährliche Arbeit ist schon lange nicht mehr nur im Sinne von Industriearbeit in der Fabrik zu verstehen.[5] Die Transformation von Arbeit durch Digitalisierung und Globalisierung von Arbeitsprozessen, die damit einhergehende Entgrenzung von Arbeitszeit, aber auch der demographische Wandel in Deutschland stellen neue Herausforderungen für ein zeitgemäßes Arbeitsschutzrecht dar. Entsprechend weit gefasst, sind auch die Themenfelder, mit denen sich der Arbeits- und Gesundheitsschutz beschäftigten muss. Hierzu gehören:[6]

- die rechtlichen Grundpflichten von Arbeitgeber und Arbeitnehmer
- das Arbeitsstättenrecht, einschließlich des Schutzes vor Gefahrstoffen und anderen Einwirkungen auf den Arbeitsplatz (→ **Arbeitsbedingungen**)
- Arbeitszeitregelungen (→ **Arbeitszeit**)
- der → **soziale Arbeitsschutz** besonderer Personengruppen sowie
- die Produktsicherheit von Arbeitsmitteln

Durch die rechtliche Gestaltung der jeweiligen Bereiche schafft der Gesetzgeber einen Rahmen, der gezielt die unternehmerische Freiheit des Arbeitgebers gegenüber dem Rechtsgut Leben und Gesundheit der Beschäftigten zurücktreten lässt. Damit wird erkennbar, dass eine sichere und menschengerechte Gestaltung von Arbeit ein hohes Gut ist und Vorrang vor rein wirtschaftlichen Überlegun-

3 Gesetz über die Durchführung von Maßnahmen des Arbeitsschutzes zur Verbesserung der Sicherheit und des Gesundheitsschutzes der Beschäftigten bei der Arbeit, vom 7.8.1996 (BGBl. 1996 I S. 1246), zuletzt geändert durch Gesetz vom 20.11.2019 (BGBl. 2019 I S. 1626).

4 Gesetz über Betriebsärzte, Sicherheitsingenieure und andere Fachkräfte für Arbeitssicherheit vom 12.12.1973 (BGBl. 1973 I S. 1885), zuletzt geändert durch Gesetz vom 20.4.2013 (BGBl. 2013 I S. 868).

5 Einen historischen Überblick zur Entwicklung des Arbeitsschutzrechts bietet der Film »Die Geschichte des Arbeitsschutz in Deutschland«, abrufbar unter *https://www.arbeitsschutzfilm.de/mediathek/die-geschichte-des-arbeitsschutz-in-deutschland-video_b4ffef932.html*.

6 Aufzählung angelehnt an Brauweiler/Will/Zenker-Hoffmann/Wiesner, Arbeitsschutzrecht, S. 5f.

gen haben muss.[7] Nachdem der Arbeits- und Gesundheitsschutz viele Jahre vor allem auf den Schutz vor körperlichen Gefahren abzielte, erfasst das ArbSchG seit 2013 nun auch den Schutz der »psychischen Gesundheit«.[8]
Die besondere Bedeutung dieses Teilgebiets im Arbeitsrecht hat zuletzt das Pandemiegeschehen im Zusammenhang mit dem Corona-Virus SARS-Cov-2 aufgezeigt. Arbeitgeber, Arbeitnehmer und Beschäftigtenvertreter standen vor massiven Herausforderungen, um angemessene Lösungen für die Betriebe und zum Schutz der Beschäftigten zu finden. Erschwerend tritt hinzu, dass seitdem die schon vorher kaum überschaubare Anzahl von landes- und bundesrechtlichen Gesetzen, Verordnungen, Unfallverhütungsvorschriften und Technischen Regeln zum Arbeitsschutz erweitert wurden. Auch tief im Thema Arbeits- und Gesundheitsschutz tätigen Expertinnen und Experten fällt es immer schwerer dabei den Überblick zu bewahren.

II. Systematik und Rechtsquellen des Arbeitsschutzes

So weit gefasst seine Themenfelder sind, so unübersichtlich erscheint auch die Systematik des Arbeits- und Gesundheitsschutzes zu sein. Im Zusammenhang mit den immer weiter gehenden europäischen Vorgaben gerade auch zum technischen Arbeitsschutz ist hieran aber eine gewisse Systematisierung erkennbar. Anhand der europäischen Arbeitsschutz-Rahmenrichtlinie 89/391/EWG[9] hat zumindest eine teilweise Harmonisierung stattgefunden.[10] Trotzdem bleibt der deutsche Arbeitsschutz noch immer durch seine Vielzahl von Akteuren und Rechtsquellen geprägt.

7 Winkelmüller/Gabriel in: BeckOK ArbSchR, ArbSchG § 1 Rn. 10.

8 Balikcioglu in: Kollmer/Klindt/Schucht, ArbSchG, Systematische Darstellung A., Rn. 14.

9 Richtlinie 89/391/EWG des Rates vom 12. Juni 1989 über die Durchführung von Maßnahmen zur Verbesserung der Sicherheit und des Gesundheitsschutzes der Arbeitnehmer bei der Arbeit.

10 Vgl. dazu auch Fortunato, in Bergmann, Handlexikon der Europäischen Union, Stichwort: Arbeitsschutz.

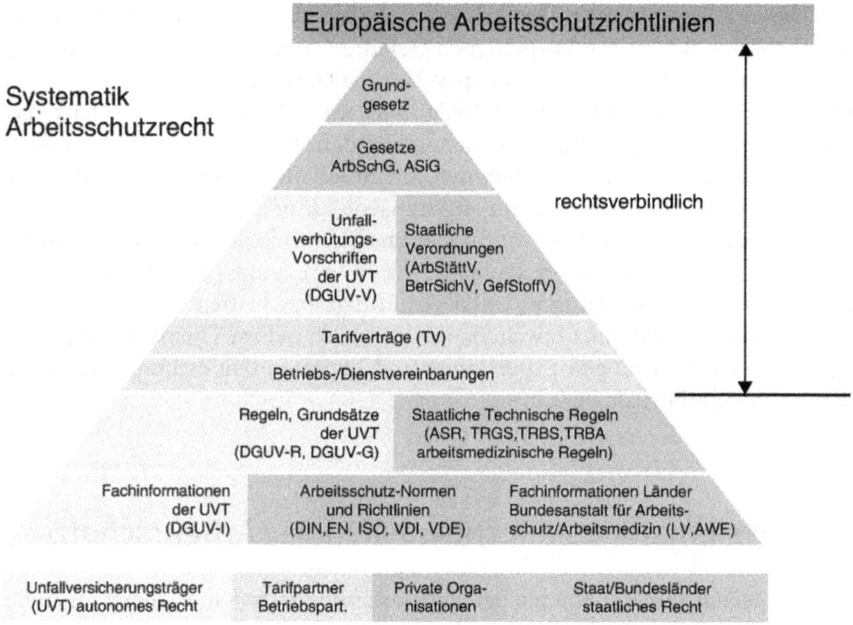

Bild: Pyramide des Arbeitsschutzrechts (Quelle: DGUV, Gestaltung Regine Rundnagel[11])

1. Technischer Arbeitsschutz als staatliche Aufgabe

Arbeits- und Gesundheitsschutz ist Teil des Rechtsgebiets Arbeitsrecht. Anders als andere Bereiche des Arbeitsrechts, unterliegt aber der zumeist technisch geprägte Arbeitsschutz in ArbSchG, ASiG und die diese ergänzenden Rechtsverordnungen vorrangig der staatlichen Überwachung und ist damit öffentlich-rechtlich geprägt. Das bedeutet, dass sich der Arbeitgeber gegenüber den staatlichen Akteuren des Arbeitsschutzes verantworten muss.
Gesetzlich zuständig für die Arbeitsschutzaufsicht sind die Landesbehörden sowie die Unfallversicherungsträger. Auf staatlicher Seite handeln damit meistens die örtlichen Gewerbeaufsichtsämter. Sie überprüfen die Einhaltung der gesetzlichen Vorgaben in den Betrieben.[12] Die zuständigen Behörden sind berechtigt, vom Arbeitgeber Auskünfte zu verlangen und im Einzelfall Anordnungen von konkret umzusetzenden Maßnahmen zu verlangen. Diese Anordnungsbefugnis

11 Abgedruckt in Neuner, Psychische Gesundheit bei der Arbeit, S. 23.
12 Wiebauer, NVwZ 2017, 1653ff.

geht bis zum Ausspruch von Bußgeldern (§ 25 ArbSchG) bzw. bis hin zur Einstellung von Arbeiten (§ 22 Abs. 3 ArbSchG).
Individuelle Rechte können die Beschäftigten im Regelfall nicht (gerichtlich) geltend machen. Die Beschäftigten sind – wie es in § 17 ArbSchG heißt – berechtigt, »dem Arbeitgeber Vorschläge zu allen Fragen der Sicherheit und des Gesundheitsschutzes bei der Arbeit zu machen«. Hilft der Arbeitgeber bei Beschwerden nicht ab, sind die Beschäftigten darauf verwiesen, sich an die zuständige Behörde zu wenden. Allenfalls kommt bei Verstößen gegen die Fürsorgepflicht nach § 618 BGB ein Recht auf Verweigerung der Arbeitsleistung bei gravierenden Verstößen gegen die die Beschäftigten schützenden staatlichen Vorschriften in Betracht. Einen Anspruch auf Durchführung einer bestimmten Maßnahme besteht im Regelfall indes nicht.
Unter die Kategorie des technischen Arbeitsschutzrechts unterfallen alle Regeln zu den rechtlichen Grundpflichten von Arbeitgeber und Arbeitnehmer sowie das Arbeitsstättenrecht und die Bestimmungen zur Produktsicherheit.
Die wichtigsten gesetzlichen Bestimmungen in diesem Zusammenhang[13] sind:

- Arbeitsschutzgesetz (ArbSchG)
- Arbeitssicherheitsgesetz (ASiG)
- Chemikaliengesetz (ChemG)
- Produktsicherheitsgesetz (ProdSG)
- Arbeitszeitgesetz (ArbZG)
- Jugendarbeitsschutzgesetz (JArbSchG)
- Mutterschutzgesetz (MuSchG)
- §§ 151–241 SGB IX – Rehabilitation und Teilhabe von Menschen mit Behinderungen)

Diese teils sehr weit gefassten gesetzlichen Bestimmungen werden in vielen Fällen durch diverse Rechtsverordnungen konkretisiert. Die für den Arbeitsschutz maßgeblichen Verordnungen sind u. a.:

- Arbeitsstättenverordnung (ArbStättV)
- Betriebssicherheitsverordnung (BetrSichV)
- Gefahrstoffverordnung (GefStoffV)
- Lastenhandhabungsverordnung (LasthandhabV)
- Biostoffverordnung (BioStoffV)
- Baustellenverordnung (BaustellV, → **Baustellensicherheit**)
- Lärm- und Vibrationsarbeitsschutzverordnung (→ **Akustik/Lärm**, → **Vibrationen**)
- Verordnung über Sicherheits- und Gesundheitsschutz bei der Benutzung persönlicher Schutzausrüstungen bei der Arbeit (PSA-Benutzungsverordnung, → **Persönliche Schutzausrüstung**)

13 Diese Aufzählung ist nicht abschließend.

- Verordnung zur Rechtsvereinfachung und Stärkung der arbeitsmedizinischen Vorsorge (ArbMedVV)

2. Sozialer Arbeitsschutz

Neben dem rein technischen Arbeitsschutz beinhalten die genannten gesetzlichen Bestimmungen aber auch oftmals soziale Schutzstandards für besonders gefährdete Personenkreise. Dies sind insbesondere Kinder und Jugendliche (JArbSchG), werdende und stillende Mütter (MuSchG) sowie Beschäftigte mit einer Behinderung (SGB IX). Aufgrund der Besonderheiten dieser Personengruppen, beinhalten diese Gesetze auch individuell durchsetzbare Rechte und Pflichten.

3. Arbeitszeitrecht

Einige Besonderheiten zu dem oben gesagten zeigt auch das Arbeitszeitrecht auf (→ **Arbeitszeit**). Nicht zuletzt durch europäische Vorgaben der Arbeitszeitrichtlinie 2003/88/EG[14], gewinnt dieser Bereich einen immer stärker auch individualrechtlich geprägten Charakter. Und dies obwohl die europäischen Regeln, die im deutschen ArbZG umgesetzt sind, vorrangig technisch und damit öffentlich-rechtlich ausgestaltet sind.
Zu nennen ist etwa die europäische Rechtsprechung des EuGH vom 14. Mai 2019[15] zu der Frage nach der Pflicht des Arbeitgebers zur Aufzeichnung von Arbeitsstunden. Auch wenn diese Entscheidung dem Ziel dient, eine effektive Begrenzung von Höchstarbeitszeiten und Ruhezeiten zu gewährleisten. Die Entscheidung wirkt zumindest auch auf die Frage nach der zukünftigen Durchsetzbarkeit individueller Vergütungsansprüche der Beschäftigten aus. Über seinen ursprünglich technischen Anwendungsbereich hinaus gewinnt das Arbeitszeitrecht damit immer mehr Bedeutung auch bei der Durchsetzung individualrechtlicher Vergütungsansprüche.[16]

4. Autonomes Recht der Unfallversicherungsträger

Neben das originär staatliche Arbeitsschutzrecht tritt das Unfallverhütungsrecht, das durch die selbstverwalteten Berufgenossenschaften und Unfallkassen als Teil der → **Deutschen Gesetzlichen Unfallversicherung (DGUV)** ausgeübt wird. Zum Aufgabenbereich der Unfallversicherungsträger zählt dabei die Prävention,

---

14 Richtlinie 2003/88/EG des Europäischen Parlaments und des Rates vom 4. November 2003 über bestimmte Aspekte der Arbeitszeitgestaltung.

15 EuGH, 14.05.2019 – C-55/18 (CCOO/Deutsche Bank).

16 Heuschmid, NJW 2019, 1853.

Rehabilitation und Entschädigung von Arbeitsunfällen, Berufskrankheiten und arbeitsbedingten Gesundheitsgefahren.Die Rechtsgrundlage der gesetzlichen Unfallversicherung findet sich im Siebten Sozialgesetzbuch – Gesetzliche Unfallversicherung (SGB VII). Das Zusammenspiel von staatlicher Arbeitsschutzaufsicht und den Unfallversicherungen als autonome, branchenbezogene Aufsichtsorgane bezeichnet man als Duales Arbeitsschutzsystem. Über die → **Gemeinsame Deutsche Arbeitsschutzstrategie (GDA)** stimmen die jeweiligen Akteure ihre Vorgehensweise und die jeweiligen Regelwerke untereinander ab.
Insbesondere im Rahmen ihrer Präventionsaufgabe sind die Unfallversicherungsträger dazu verpflichtet, »mit allen geeigneten Mitteln für die Verhütung von Arbeitsunfällen, Berufskrankheiten und arbeitsbedingten Gesundheitsgefahren und für eine wirksame Erste Hilfe zu sorgen« (§ 1 SGB VII) und dabei »den Ursachen von arbeitsbedingten Gefahren für Leben und Gesundheit nach[-zu]gehen« (§ 14 Abs. 1 SGB VII).

5. Kollektive Mitbestimmung

Mit Ausnahme von Arbeitszeitregelungen beinhalten → **Tarifverträge** selten unmittelbar arbeitsschützende Regelungen. Umso stärker ist daher die Bedeutung der betrieblichen Mitbestimmung von → **Betriebsrat** und → **Personalrat**. Die Überwachung auch der Bestimmungen zum Arbeitsschutz einschließlich der Unfallverhütungsvorschriften zählt daher zu den Aufgaben der Beschäftigtenvertretungen.
Über die reine Kontrollfunktion hinaus stehen Betriebs- und Personalrat ein echtes Mitbestimmungsrechte nach § 87 Abs. 1 Nr. 7 BetrVG bzw. § 80 Abs. 1 Nr. 16 BPersVG n. F. (§ 75 Abs. 3 Nr. 11 BPersVG a. F.[17]) zu. Maßnahmen zur Verhütung von Arbeitsunfällen und Berufskrankheiten sowie zum Gesundheitsschutz bedürfen ihrer Zustimmung. Sie haben dabei ein Initiativrecht und sind berechtigt, sachverständige Hilfe hinzuziehen. Eine Grenze findet das Mitbestimmungsrecht allerdings an der Stelle, wo die arbeitsschützenden Bestimmungen konkrete Vorgaben machen. Nur wo dem Arbeitgeber als Adressat des Arbeitsschutzes ein Ermessenspielraum überlassen ist, ist eine Mitbestimmung möglich.

17 Das BPersVG wurde umfassend novelliert durch das »Gesetz zur Änderung des Bundespersonalvertretungsgesetzes« vom 9.6.2021 (BGBl. I Nr. 31 S. 1614). Die neue Fassung wurde am 14.6.2021 im Bundesgesetzblatt veröffentlicht und ist am 15.6.2021 in Kraft getreten.

Akustik, Lärm

Die Umgebungsakustik hat eine große Auswirkung auf das körperliche und psychische Wohlbefinden von Menschen und gehört damit zu den klassischen Themen des Arbeitsschutzrechts und der Gestaltung von → **Arbeitsbedingungen.**[1] Arbeitswissenschaftliche Erkenntnisse haben zu Tage gefördert, dass ein hoher Schallpegel einen gravierenden Stressfaktor darstellt und damit für psychische Belastungen am Arbeitsplatz sorgt.

Grundsatz des Lärmschutzes ist daher die Lärmreduktion durch Maßnahmen des aktiven Schallschutzes (bspw. Auswahl weniger lärmintensiver Arbeitsverfahren) bzw. der passiven Lärmreduzierung (bspw. Gehörschutz oder bauliche Maßnahmen zur Lärmreduzierung). Den Arbeitgeber trifft insoweit eine Minimierungspflicht, die insbesondere in der Lärm- und Vibrations-Arbeitsschutzverordnung (LärmVibrationsArbSchVO) normiert ist.

In diesem Sinne ist Lärm als jeder Schall definiert, der zu einer Beeinträchtigung des Hörvermögens oder zu einer sonstigen mittelbaren oder unmittelbaren Gefährdung von Sicherheit und Gesundheit der Beschäftigten führen kann, § 2 LärmVibrationsArbSchV. Sind Beschäftigte arbeitsbedingt Lärm ausgesetzt, ist der Arbeitgeber zur Durchführung einer → **Gefährdungsbeurteilung** verpflichtet, bei der auch Maßnahmen zur Lärmprävention geprüft und ggf. eingeführt werden müssen.[2] Vorrang haben dabei aktiv lärmreduzierende Maßnahmen.[3]

Durch die Gefährdungsbeurteilung sind unter anderem folgende Daten zu ermitteln:

- Ausmaß, Dauer und Art der Exposition,
- verfügbare alternative Arbeitsmittel zur Lärmsenkung,
- Belastungen und Auswirkungen über die Arbeitszeit hinaus,
- vorhanden sein und Effektivität von Gehör Schutzmitteln,
- Hersteller Angaben zu den Lärmemissionen der jeweiligen Quellen sowie
- die Einhaltung der gesetzlichen Grenzwerte.

---

1 MHdB-Kohte, § 293 Rn. 31.

2 Mit umfangreichen Beispielen: Granz, Gute Arbeit 10/2017, 8–13.

3 Granz, a. a. O.

Ergänzende Regelungen zur Raumakustik finden sich auch in den → **Technischen Regeln** für Arbeitsstätten »Lärm« (ASR A3.7)[4]. Die ASR A3.7 unterscheidet dabei nach Art der Tätigkeit und beschreibt je nach Raumkategorie (Büroraum, Callcenter, Bildungsstätten etc.) verschiedene Anforderungen an die Akustik (maximale Nachhallzeiten). Je nach Tätigkeitskategorie variiert der maximal zulässige Dezibel-Pegel zwischen 55 dB(A) bis 70 dB(A).

Ein maximaler Lärmpegel von 55 dB(A) ist an Arbeitsplätzen einzuhalten, bei denen einfache und überwiegend Routinetätigkeit in Büros und vergleichbare Tätigkeiten anfallen. Klassisches Beispiel hierfür sind Arbeiten an Bildschirmarbeitsplätzen und in Großraumbüros. Hier gibt es hauptsächlich zwei Lärmquellen. Das sind zum einen die Gespräche von Kollegen und zum anderen Geräusche, die von EDV-Geräten ausgehen. Ist der Arbeitsplatz durch überwiegend geistige Tätigkeiten, wie zum Beispiel wissenschaftliches Arbeiten, entwerfen von Texten und Übersetzungen, Softwareentwicklung oder Arbeiten im Funkzentralen geprägt, beschränken sich die anzustrebenden Werte auf 35–45 dB(A).

Bei Arbeiten an bzw. mit Werkzeug- oder Fertigungsmaschinen, Wartung-, Instandsetzung-, Reinigung- und Transportarbeiten sowie bei handwerklichen Arbeiten darf aber auch ein Lärmpegel von 75–80 dB(A) erreicht werden.

Stets ist aber der Grundsatz der Lärmminimierung zu beachten. Das heißt: Auch wenn der maximal zulässige Lärmpegel nicht erreicht ist, hat der Arbeitgeber den Arbeitsplatz entsprechend den technischen Möglichkeiten mit einer geringstmöglichen Lärmentwicklung einzurichten.

Werden die benannten Werte bei der Beurteilung der Lärmexposition erreicht, hat der Arbeitgeber Maßnahmen zu ergreifen. Kommt es zu einem Tages-Lärmexpositionspegel ab 80 dB(A) hat der Arbeitgeber:

- die Beschäftigten zu informieren,
- Gehörschutz bereitzustellen und
- ggf. die Möglichkeit zur arbeitsmedizinischen Vorsorge anzubieten.

Ab einem Tages-Lärmexpositionspegel von 85 dB(A) ist verpflichtend:

- ein Gehörschutz zu tragen,
- eine arbeitsmedizinische Versorgung zu veranlassen,
- der Lärmbereich besonders zu kennzeichnen und
- ein Lärmminderungsprogramm aufzustellen.

4 GMBl 2018, S. 456.

Arbeitgeber

I. Einführung

Verpflichteter des Arbeitsschutzes ist der Arbeitgeber. Arbeitsschutzgesetz, Arbeitssicherheitsgesetz und die hierauf basierenden Regeln zum betrieblichen Arbeits- und Gesundheitsschutz richten sich also primär an den Arbeitgeber. Dabei sollen ihn → **Betriebsarzt**, → **Fachkraft für Arbeitssicherheit** und → **Sicherheitsbeauftragte** bei der Durchführung der erforderlichen Maßnahmen unterstützen.
In diesem Rahmen begründet der Arbeitsschutz primär eine öffentlich-rechtliche Verantwortung des Arbeitgebers. Zugleich ist der Arbeits- und Gesundheitsschutz Ausdruck der (privatrechtlichen) Fürsorgepflicht des Arbeitgebers, die durch § 618 BGB auch die Einhaltung der öffentlichen Arbeitsschutzbestimmungen als arbeitsvertragliche Nebenpflichten zum Schutz von Leben und Gesundheit der Beschäftigten in das Privatrecht einbezieht.[1] Über § 618 Abs. 1 BGB erfahren die Regeln des technischen Arbeitsschutzes eine Doppelwirkung, die als nebenvertragliche Schutzpflicht auch auf das privatrechtliche Arbeitsverhältnis strahlen und hier rechtliche Mindestanforderungen an den Arbeits- und Gesundheitsschutz stellen.[2]

II. Einzeldarstellung

1. Verantwortlichkeit

a) Grundsatz der Eigenverantwortlichkeit

Im Grundsatz ist der Arbeitgeber allein für die Durchführung und für die Einhaltung des Arbeitsschutzes in Betrieb und Dienststelle verantwortlich. Der

1 Vgl. dazu schon BAG 10.3.1976 – 5 AZR 34/75.
2 BAG 8.10.2008 – 5 AZR 8/08.

Arbeitgeber verantwortet insofern die Einhaltung der gesetzlichen Mindestvorgaben gegenüber der staatlichen Arbeitsschutzaufsicht ebenso wie gegenüber seinen Beschäftigten.
Nach § 13 Abs. 1 ArbSchG erstreckt sich die Verantwortlichkeit zudem auf diejenigen Personen, die im Verantwortungsbereich des Arbeitgebers für ihn tätig sind. Diese Haftung betrifft vor allem die gesetzlichen Vertreter bzw. vertretungsberechtigten Organe, wie z. B. Geschäftsführer (GmbH) oder Vorstände (Aktiengesellschaften).

b) Delegation der Pflichten

Grundsätzlich bleibt der Arbeitgeber selbst bzw. seine handelnden Organe für die Einhaltung und Durchführung des Arbeitsschutzes verantwortlich. Er muss jedoch nicht jede Maßnahme des Arbeits- und Gesundheitsschutzes selbst planen und umsetzen. Er ist im Rahmen der betrieblichen Arbeitsschutzorganisation berechtigt, einzelne Arbeitsschutzpflichten an »zuverlässige und fachkundige Personen« schriftlich zu delegieren, § 13 Abs. 2 ArbSchG. Im Rahmen der ihnen übertragenen Aufgaben werden diese Personen sodann in eigener Verantwortung tätig. Die Übertragung muss Teil der Aufgaben des Betroffenen sein oder mit seiner Einwilligung erfolgen.[3]
In diesem Fall bleibt der Arbeitgeber aber auch weiterhin verpflichtet, durch eine angemessene Arbeitsschutzorganisation die Einhaltung der erforderlichen Arbeitsschutzstandards aufrechtzuerhalten. Seine originäre Verantwortung bleibt also auch weiterhin bestehen. Dazu gehört es auch, dass nur geeignete Personen für eine eigenverantwortliche Aufgabenwahrnehmung ausgewählt werden, die eine hinreichende Fachkunde und Zuverlässigkeit aufweisen. Diese Fachkunde und Zuverlässigkeit hat der Arbeitgeber zu überwachen.[4]
Die Delegation darf an externe Dritte erfolgen. Diese bspw. freiberuflichen Sicherheitsfachkräfte oder überbetrieblichen Dienste müssen hierzu mit einer eigenen Entscheidungs- und Weisungsbefugnis für die Erfüllung der übertragenen Aufgaben ausgestattet worden sein.[5]

2. Geschützter Personenkreis

Die Bestimmungen zum Arbeits- und Gesundheitsschutz erstrecken sich grundsätzlich auf alle Beschäftigten, das heißt alle Arbeitnehmer und im öffentlich Dienst Beschäftigten. Es gilt der allgemeine Arbeitnehmerbegriff des § 611a

3 LAG Berlin-Brandenburg 17.11.2017 – 2 Sa 867/17.
4 BGH 8.10.2002 – VI ZR 182/01.
5 Kollmer/Klindt/Schucht-Schucht, ArbSchG § 13 Rn. 51.

BGB.[6] Im öffentlichen Dienst werden zudem regelmäßig auch die Beamten erfasst. Arbeitsschutzgesetz, Arbeitssicherheitsgesetz und alle hierauf bezogenen rechtlichen Regeln haben mithin einen sehr weit gefassten persönlichen Anwendungsbereich. Im Hinblick auf bestimmte Beschäftigungsverhältnisse gibt es jedoch einige Besonderheiten.

a) Besonderheiten im Leiharbeitsverhältnis bzw. bei Drittpersonaleinsatz

Zum geschützten Personenkreis zählen auch Arbeitnehmer, die in einem Leiharbeitsverhältnis stehen. Der Verleiher als unmittelbarer Vertragspartner (= Arbeitgeber) des Leiharbeitnehmers bleibt trotz des Einsatzes in einem anderen Betrieb in vollem Umfang Verantwortlicher im Sinne des Arbeitsschutzes.[7] Zusätzlich ist aber auch der Entleiher, bei dem der Beschäftigte letztlich seine Arbeitsleistung erbringt, für die Einhaltung des Arbeitsschutzes verantwortlich. Dies ergibt sich aus § 11 Abs. 6 AÜG.
§ 8 Abs. 1, 2 ArbSchG statuiert dazu auch die Pflicht zur Zusammenarbeit mehrerer Arbeitgeber, wenn Beschäftigte mehrerer Arbeitgeber an einem Arbeitsplatz tätig sind. Bei Einsatz im eigenen Betrieb besteht zudem die Pflicht zur Absicherung vor Gefahren und zur Durchführung einer arbeitsplatzbezogenen Unterweisung. Diese Pflicht besteht sowohl gegenüber Leiharbeitnehmern als auch für die Beschäftigten von anderen Werkunternehmern oder Fremddienstleistern.[8]

b) Hausangestellte in privaten Haushalten

Im Hinblick auf Hausangestellte in privaten Haushalten gibt es eine relevante Ausnahme. Nach § 1 Abs. 2 S. 1 ArbSchG sind diese aus dem Anwendungsbereich des öffentlichen Arbeitsschutzes ausgenommen. Diese Ausnahme gilt absolut.[9]
Ohne Beschränkung gilt jedoch bei dieser Beschäftigtengruppe die privatrechtliche Fürsorgepflicht nach § 618 BGB. Ebenso finden die Regelungen zur gesetzlichen Unfallversicherung Anwendung, soweit diese nach § 2 Abs.1 Nr. 1 SGB VII unfallversichert sind.

---

6 Vgl. dazu etwa Wank, AuR 2017, 140.
7 OLG Hamm 14.4.2000 – 9 U 3/00.
8 Kollmer/Klindt/Schucht-Schack/Schack, ArbSchG § 8 Rn. 25.
9 Zu dem Ganzen auch Wiebauer, in Landmann/Rohmer GewO, ArbSchG § 1 Rn. 38.

c) Besonderheiten im öffentlichen Dienst

Für die Arbeitsverhältnisse der Arbeitnehmer im öffentlichen Dienst gelten die Bestimmungen des Arbeitsschutzes im Allgemeinen und der § 618 BGB im Besonderen unbeschränkt.
Auf Beamte indes, deren Rechtsverhältnis sich nicht durch einen privatrechtlichen Arbeitsvertrag, sondern sich aus einem sogenannten besonderen Gewaltverhältnis begründet, finden § 618 BGB und andere zivilrechtliche Regeln keine Anwendung. Auch eine analoge Anwendung auf Beamtenverhältnisse ist insoweit ausgeschlossen.[10] Eine weitgehend identische Schutz- und Fürsorgepflicht des öffentlichen Dienstherrn ergibt sich aber aus § 78 BBG bzw. § 45 BeamtStG. Unter Berücksichtigung der jeweiligen Besonderheiten des zu erbringenden Dienstes muss also auch der Dienstherr Leben, Körper und Gesundheit des Dienstverpflichteten schützen und Arbeitsbedingungen sowie Arbeitseinrichtungen so gestalten, dass Schädigungen nach Möglichkeit ausgeschlossen sind.[11] Die beamtenrechtliche Fürsorgepflicht stellt insoweit keine geringeren Anforderungen als das Privatrecht.[12]
Beamte fallen unter den Beschäftigtenbegriff des öffentlich-rechtlichen Arbeitsschutzes nach § 2 ArbSchG. Für bestimmte, besonders gefahrgeneigte Tätigkeiten des öffentlichen Dienstes ist in § 20 ArbSchG aber eine sogenannte Bereichsausnahme statuiert. Das bedeutet, dass für bestimmte Beschäftigte durch Rechtsverordnungen eigene Regelungen festzuschreiben sind. Erfasst sind insbesondere:

- Bundeswehr,
- Polizeibedienstete,
- Zivil- und Katastrophenschutz,
- Zollbeamte oder
- Nachrichtendienste.

3. Grundpflichten des Arbeitgebers

In § 3 ArbSchG sind die gesetzlichen Grundpflichten des Arbeitgebers umschrieben. Demnach ist der Arbeitgeber verpflichtet:

- die erforderlichen Maßnahmen des Arbeitsschutzes unter Berücksichtigung der Umstände zu treffen, die Sicherheit und Gesundheit der Beschäftigten bei der Arbeit beeinflussen;
- die Maßnahmen auf ihre Wirksamkeit zu überprüfen und erforderlichenfalls sich ändernden Gegebenheiten anzupassen; und

---

10 BVerwG 13.9.1984 – 2 C 33/82.
11 MüKoBGB/Henssler, 8. Aufl. 2020, BGB § 618 Rn. 79.
12 BVerwG 13.9.1984 – 2 C 33/82.

- dabei eine Verbesserung von Sicherheit und Gesundheitsschutz der Beschäftigten anzustreben.

Diese Vorschrift beschreibt damit generalklauselartig den rechtlichen Rahmen des Arbeitsschutzes, der durch weitere gesetzliche Vorgaben des ArbSchG, der Arbeitsschutz-Verordnungen und anderer Vorschriften des → **Sozialen Arbeitsschutzes** konkretisiert wird.

Im Hinblick auf die Vielzahl der möglichen Maßnahmen zur Förderung von Sicherheit und Gesundheitsschutz am Arbeitsplatz ist eine abschließende Aufzählung nicht möglich. Im Folgenden soll zumindest ein beispielhafter Überblick geschaffen werden:

- Durchführung einer Gefährdungsbeurteilung, § 5 ArbSchG,
- Dokumentation bestehender Gefährdungen und der ergriffenen Maßnahmen, § 6 ArbSchG,
- Arbeitsmedizinische Vorsorge, § 11 ArbSchG,
- Unterweisung der Beschäftigten, § 12 ArbSchG,
- Schaffung von Qualifikations- und Schulungsmaßnahmen,
- Menschengerechte Gestaltung der Arbeitsbedingungen, einschließlich Arbeitszeit,
- Bereitstellung hinreichender personeller und materieller Ressourcen, wie z. B. Betriebsarzt, Fachkraft für Arbeitssicherheit,
- Beteiligung der Beschäftigten durch Betriebsrat, Personalrat oder den individuell betroffenen Arbeitnehmern.

Weitere Pflichten ergeben sich aus den diversen arbeitsschutzrechtlichen Gesetzen, Verordnungen und Richtlinien.

4. Haftungssystem bei Verstößen

Ein Verstoß gegen den beschriebenen Pflichtenkatalog bzw. ein pflichtwidriges Unterlassen begründen ggf. eine weitgehende Haftung des Arbeitgebers und seiner verantwortlich handelnden Personen. In Betracht kommt:

- eine Strafbarkeit nach dem Strafgesetzbuch, z. B. wegen eines Körperverletzungs- oder Tötungsdelikts (Geld- oder Freiheitsstrafe nach §§ 223 ff, 212ff. StGB);
- eine Sanktion nach dem Recht der Ordnungswidrigkeiten (Bußgeld bis zu 25 000 EUR nach § 130 OWiG, §§ 24, 25 ArbSchG), selbst wenn kein Unfall aus dem Arbeitsschutzverstoß resultiert;
- der Regress der Sozialversicherungsträger (Berufsgenossenschaften, Unfallversicherungsträger etc.) nach § 110 SGB VII bei grobfahrlässigen oder vorsätzlichen Verstößen bzw. pflichtwidrigen Unterlassungen; sowie
- eine privatrechtliche Schadensersatzhaftung wegen der arbeitsrechtlichen (Neben-) Pflichten sowie weiterer arbeitsvertraglicher Sanktionen.

5. Insbesondere arbeitsvertragliche Sanktionen

a) Erfüllungsanspruch

Zentrale Vorschrift für die Herleitung arbeitsrechtlicher Konsequenzen beim Verstoß gegen Schutzpflichten ist der § 618 BGB. Als vorrangige Sanktion sieht diese Vorschrift einen sogenannten Erfüllungsanspruch vor. Dass bedeutet, dass der Arbeitnehmer von dem Arbeitgeber verlangen und ggf. auch gerichtlich durchsetzen kann, dass ihm ein arbeitsschutzkonformer Arbeitsplatz zur Verfügung gestellt wird.[13] Dieser Anspruch hat jedoch nur geringe praktische Bedeutung, da im Streitfall schon die klageweise Durchsetzung des Anspruchs zu spät kommen dürfte.[14]

Seine Grenze findet der Anspruch zudem in der Mitbestimmung durch den Betriebs- bzw. Personalrat. Unterliegt die Herstellung eines arbeitsschutzkonformen Zustandes der Mitbestimmung (wie es meistens der Fall ist), kann der Arbeitnehmer von dem Arbeitgeber nur verlangen, dass er von seinem Initiativrecht gegenüber der Belegschaftsvertretern Gebrauch macht – also mit Vorschlägen für Maßnahmen auf diese zugeht.[15] Lediglich bei bestehenden konkreten Gefahren für Leben und Gesundheit oder bei der bloßen Umsetzung bestehender Regelungen ist der Arbeitgeber zur unmittelbaren Umsetzung der erforderlichen Maßnahmen gehalten.[16]

Sieht das Gesetz zudem auch lediglich ein unbestimmtes Schutzziel vor, so steht es dem Arbeitgeber – unabhängig von der Mitbestimmungsfrage – frei, welche konkreten Maßnahmen er zur arbeitsschutzkonformen Gestaltung des Arbeitsplatzes ergreift. Beschäftigte können dann also keine ganz bestimmte Maßnahme vom Arbeitgeber einfordern.

b) Leistungsverweigerung

Unterbleibt eine angemessene Gestaltung der Arbeitsbedingungen, ist der Arbeitnehmer zudem berechtigt, seine Arbeitsleistung nach § 273 Abs. 1 BGB zu verweigern.[17] Er wird also weiter bezahlt, muss aber nicht zur Arbeit erscheinen, bis ein sicherer Arbeitsplatz vorliegt. Erforderlich ist eine objektiv bestehende Schutzpflichtverletzung. Arbeitsplatzbedingte, akzeptable Risiken sind jedoch hinzunehmen. Eine Konkretisierung erfolgt entweder durch spezielle Regelungen zum technischen Arbeitsschutz, bspw. zu → **Baustellensicherheit**, → **Lärm und Akustik** oder → **Beleuchtung**. Besondere Bedeutung haben hierbei auch

13 BAG 10.3.1976 – 5 AZR 34/75.
14 ErfK-Wank, BGB § 618 Rn. 23.
15 Hierzu mit weiteren Nachweisen: Wank a.a.O.
16 Wank, a.a.O.
17 BAG 8.5.1996 – 5 AZR 315/95.

die Unfallverhütungsvorschriften der Unfallversicherungsträger (→ **Deutsche Gesetzliche Unfallversicherung**). Bestehen solche Regelungen nicht, ist auf die allgemeinen Grundsätze nach § 4 ArbSchG abzustellen. Hierbei ist durch Auslegung der gesetzlichen Vorschrift[18] zu bestimmen, welche Maßnahmen dem Arbeitnehmer zumutbar sind. Ein solches Leistungsverweigerungsrecht ist auf jeden Fall gegeben, wenn dem Beschäftigten keine hinreichende → **Persönliche Schutzausrüstung** zur Verfügung gestellt wird.[19]
Liegen diese Voraussetzungen vor, bleibt der Vergütungsanspruch des Arbeitnehmers trotz unterbliebener Arbeitsleistung bestehen. Die Fürsorgepflicht nach § 618 Abs. 1 BGB erstreckt sich auf die Einrichtung und Unterhaltung eines arbeitsschutzkonformen Arbeitsplatzes. Es handelt sich also um eine unterbliebene Handlung des Arbeitgebers, die einen sogenannten Annahmeverzug und damit die Pflicht zur Entgeltzahlung begründet (nach § 615 S. 1 BGB).
Nach § 9 Abs. 3 S. 1, 2 ArbSchG begründet ein arbeits- und gesundheitsschutzwidriger Zustand des Arbeitsplatzes bei unmittelbarer Gefahr zudem das Recht dazu, den Arbeitsplatz sofort zu verlassen (Entfernungsrecht).[20]

c) Eingeschränkte Schadensersatzhaftung

Führt ein pflichtwidriges Verhalten des Arbeitgebers zu einer Gesundheitsverletzung des Arbeitnehmers, kann zudem ein vertraglicher Schadensersatzanspruch nach § 280 Abs. 1 BGB bzw. deliktischer Schadensersatzanspruch nach § 823 Abs. 1, 2 BGB i. V. m. mit einer Arbeitsschutznorm begründet sein. Schutzgesetzcharakter haben insoweit auch die Unfallverhütungsvorschriften (→ **Deutsche Gesetzliche Unfallversicherung**). Der Arbeitgeber hat dabei auch für die Personen einzustehen, derer er sich zur Erfüllung seiner Pflichten nach §§ 278, 831 BGB bedient.
Schadensersatzansprüchen werden aber nur im Einzelfall durchzusetzen sein, da nach §§ 104 ff. SGB VII ein weitgehender Haftungsausschluss im Arbeitsverhältnis greift. Die im Privatrecht üblicherweise geltende Haftungspflicht wird durch die gesetzliche Unfallversicherung abgelöst. Ist ein Personenschaden auf einen → **Arbeitsunfall** zurückzuführen, haftet der Arbeitgeber nur, wenn der Unfall vorsätzlich herbeigeführt wurde oder bei der Teilnahme am allgemeinen Verkehr eingetreten ist. Schmerzensgeldansprüche sind in diesem Fall gänzlich ausgeschlossen

18 Hierzu schon BAG 10. 3. 1976 – 5 AZR 34/75.
19 BAG a. a. O.
20 Zur Abgrenzung s. MHdB-Kohte, § 175 Rn. 25.

Umgekehrt erfolgt eine evtl. Entschädigungszahlung durch den Unfallversicherungsträger selbst dann, wenn der Arbeitsunfall durch eigenes Verschulden eintritt.
Bei grob fahrlässigem Handeln haftet der Arbeitgeber gegenüber den Sozialversicherungsträgern für die entstandenen Aufwendungen. Näheres regelt § 110 SGB VII.

Arbeitsbedingte Erkrankungen

I. Einführung

Arbeitsbedingte Erkrankungen werden durch Belastungen am Arbeitsplatz verursacht oder begünstigt. Der Begriff wurde im Rahmen der Festlegung der Aufgaben der Betriebsärzte im Arbeitssicherheitsgesetz im Jahr 1973 erstmals gesetzlich verankert: Betriebsärzte haben danach u. a. die Aufgabe, die Durchführung des Arbeitsschutzes und der Unfallverhütung zu beobachten und im Zusammenhang damit Ursachen von arbeitsbedingten Erkrankungen zu untersuchen, die Untersuchungsergebnisse zu erfassen und auszuwerten und dem Arbeitgeber Maßnahmen zur Verhütung dieser Erkrankungen vorzuschlagen (§ 3 Abs. 1 Satz 2 Nr. 3c) ASiG).

Der Begriff der arbeitsbedingten Erkrankungen selbst ist im Gesetz jedoch nicht **definiert**. Arbeitsbedingte Erkrankungen umfassen solche Erkrankungen, die durch Arbeitseinflüsse verursacht oder mitverursacht werden bzw. die als außerberuflich erworbene Erkrankungen durch Arbeitsverhältnisse in ihrem Verlauf ungünstig beeinflusst werden.[1] Oft sind sie nicht durch eine einzige Ursache, sondern mehrere Faktoren bedingt. Es gibt keine »spezifischen« arbeitsbedingten Erkrankungen, es können grundsätzlich alle Erkrankungen und Gesundheitsstörungen einen arbeitsbedingten Ursachenzusammenhang haben.

Nach dieser Definition zählen Berufskrankheiten dazu, sie machen aber nur einen kleinen Teil der arbeitsbedingten Erkrankungen aus. Eine arbeitsbedingte Erkrankungen ist also nicht das gleiche wie eine → **Berufskrankheit**, die Begriffe können nicht synonym verwendet werden. Eine Berufskrankheit ist eine Krankheit, die durch die berufliche (versicherte) Tätigkeit verursacht wurden und nach dem jeweils geltenden Recht auch formal als Berufskrankheit anerkannt ist (vgl. § 9 SGB VII). Welche Erkrankungen als Berufskrankheiten anerkannt werden

1 So die herrschende Auffassung, siehe Pieper, § 2 ArbSchG, Rn. 6 mwN.

können, hat der Gesetzgeber in einer Berufskrankheiten-Liste[2] aufgeführt. Typische Berufskrankheiten sind Lärmschwerhörigkeit, Hautkrankheiten, Erkrankungen des Stütz- und Bewegungsapparats. Psychische Erschöpfungszustände wie das Burnout-Syndrom, psychische Störungen oder psychiatrische Erkrankungen zählen bislang nicht zu den Berufskrankheiten. Zudem muss bei einer Berufskrankheit ein Zusammenhang zwischen beruflicher Tätigkeit und Erkrankung bestehen, damit diese als solche anerkannt wird.
Der Begriff der arbeitsbedingten Erkrankungen spielt sowohl im Rahmen des Arbeitsschutzes als auch im Unfallversicherungsrecht eine Rolle.

II. Einzeldarstellung

1. Arbeitsschutzgesetz

Arbeitsbedingte Erkrankungen können zu erheblichen Fehlzeiten und häufig auch zur Berufs- und Erwerbsunfähigkeit führen. Sie sind eine mögliche Folge arbeitsbedingter → **Gesundheitsgefahren**. Das Arbeitsschutzgesetz (ArbSchG) verpflichtet den daher Arbeitgeber zur Prävention. Es sollen Sicherheit und Gesundheitsschutz der Beschäftigten bei der Arbeit durch Maßnahmen des Arbeitsschutzes gesichert und verbessert werden. Maßnahmen des Arbeitsschutzes im Sinne dieses Gesetzes sind Maßnahmen zur Verhütung von Unfällen bei der Arbeit und arbeitsbedingten Gesundheitsgefahren einschließlich Maßnahmen der menschengerechten Gestaltung der Arbeit. Der **Arbeitgeber ist verpflichtet**, die erforderlichen Maßnahmen des Arbeitsschutzes unter Berücksichtigung der Umstände zu treffen, die Sicherheit und Gesundheit der Beschäftigten bei der Arbeit beeinflussen. Er hat die Maßnahmen auf ihre Wirksamkeit zu überprüfen und erforderlichenfalls sich ändernden Gegebenheiten anzupassen. Dabei hat er eine Verbesserung von Sicherheit und Gesundheitsschutz der Beschäftigten anzustreben (§§ 1, 2, 3 ArbSchG). Dabei hat der Arbeitgeber durch eine Beurteilung der für die Beschäftigten mit ihrer Arbeit verbundenen Gefährdungen zu ermitteln, welche Maßnahmen des Arbeitsschutzes erforderlich sind (§ 5 ArbSchG).

---

2 Aktuell sind in der Liste der anerkennungsfähigen Berufskrankheiten 80 Berufskrankheiten aufgeführt (Anlage 1 zur Berufskrankheiten-Verordnung). Abrufbar unter *https://www.dguv.de/bk-info/allgemein/bk-liste/index.jsp.*

2. Unfallversicherungsrecht

Der Präventionsauftrag wurde im Jahr 1996 parallel dazu für die Träger der gesetzlichen Unfallversicherung über die Verhütung von Arbeitsunfällen und Berufskrankheiten im Sinne des Unfallversicherungsrechts hinaus erweitert (§§ 1, 14 SGB VII). Demnach haben auch die Unfallversicherung und die Unfallversicherungsträger mit allen geeigneten Mitteln Arbeitsunfälle und Berufskrankheiten sowie arbeitsbedingte Gesundheitsgefahren zu verhüten. Zudem unterstützt die Deutsche Gesetzliche Unfallversicherung e. V. die Unfallversicherungsträger bei der Erfüllung ihrer Präventionsaufgaben.

3. Verordnung zur Arbeitsmedizinischen Vorsorge

Jüngeren Datums ist die Verordnung zur arbeitsmedizinischen Vorsorge (ArbMedVV) aus dem Jahr 2008, durch welche der individuelle Gesundheitsschutz der Beschäftigten gestärkt werden soll. Arbeitsmedizinische Vorsorge ist ein in der Arbeitsschutzrahmenrichtlinie der Europäischen Union festgeschriebenes Recht der Beschäftigten.
Mit der ArbMedVV wurden erstmals Regelungen zur arbeitsmedizinischen Vorsorge zentral in einer Rechtsvorschrift zusammengeführt. Die arbeitsmedizinische Vorsorgeverordnung verfolgt einen Ansatz, der auf den einzelnen Beschäftigten gerichtet ist und regelt so einen Teilbereich arbeitsmedizinische Präventionsmaßnahmen. Sie richtet sich an Arbeitgeber und an Ärzte. Ziel der Verordnung ist es, durch Maßnahmen der arbeitsmedizinischen Vorsorge arbeitsbedingte Erkrankungen einschließlich Berufskrankheiten frühzeitig zu erkennen und zu verhüten (§ 1 Abs. 1 Satz 1 ArbMeddVV). Es gibt dafür drei Arten arbeitsmedizinischer Vorsorge: Pflichtvorsorge, Angebotsvorsorge und Wunschvorsorge (→ **Arbeitsmedizin**).
Außerdem hat der Arbeitgeber auf der Grundlage der Gefährdungsbeurteilung nach dem ArbSchG für eine angemessene arbeitsmedizinische Vorsorge zu sorgen (§ 3 Abs. 1 ArbMedVV). Zudem hat er einen Arbeitsmediziner bzw. eine Arbeitsmedizinerin oder einen Arzt bzw. eine Ärztin mit der Zusatzbezeichnung »Betriebsmedizin« mit der Vorsorge zu beauftragen (§ 3 Abs. 2 ArbMedVV). Meist ist das der Betriebsarzt oder die Betriebsärztin.

III. Hinweise für die Mitbestimmung

Der Betriebsrat hat ein Mitbestimmungsrecht nach § 87 Abs. 1 Nr. 7 BetrVG bei Regelungen über die Verhütung von Arbeitsunfällen und Berufskrankheiten sowie über den Gesundheitsschutz im Rahmen der gesetzlichen Vorschriften oder der Unfallverhütungsvorschriften. Der Personalrat bestimmt nach § 80 Abs. 1 Nr. 16 BPersVG n. F. (§ 75 Abs. 3 Nr. 11 BPersVG a. F.[3]) über Maßnahmen zur Verhütung von Dienst- und Arbeitsunfällen und Berufskrankheiten sowie sonstigen Gesundheitsschädigungen mit.

Die Mitbestimmungsrechte setzen jeweils voraus, dass Rahmenvorschriften bzw. Generalklauseln für die Sicherheit und den Gesundheitsschutz bestehen, die durch betriebliche Regelungen ausgefüllt werden sollen, also nicht aus sich selbst heraus abschließend und unmittelbar Schutzstandards festlegen. Das Mitbestimmungsrecht kommt also dann zum Tragen, wenn eine gesetzliche Handlungspflicht besteht und zugleich durch den Gesetzgeber keine zwingende Vorgabe gemacht wird, so dass betriebliche Regelungen erforderlich sind, um das vom Gesetz vorgegebene Ziel des Arbeitsschutzes zu erreichen. Der Betriebs- oder Personalrat hat in diesen Fällen beim Ausfüllen dieses Spielraums mitzubestimmen.

Wie oben erläutert, hat der Arbeitgeber nach den Regelungen des ArbSchG zur Verhinderung arbeitsbedingter Gesundheitsgefahren und damit auch zur Verhinderung arbeitsbedingter Erkrankungen nach der ArbMedVV zunächst eine Gefährdungsbeurteilung durchzuführen und darauf beruhend entsprechende Maßnahmen abzuleiten. Bei diesen Vorschriften handelt es sich um sogenannte ausfüllungsbedürftige Rahmenvorschriften, sodass der Betriebsrat hier mitzubestimmen hat. Der Personalrat bestimmt bei den Einzelheiten und der Durchführung einer Gefährdungsbeurteilung nach der (kritikwürdigen) Rechtsprechung der Verwaltungsgerichte dagegen nicht mit[4].

Der Betriebs- oder Personalrat hat mitzubestimmen bei der Beauftragung eines Arztes (§ 7 ArbMedVV), bei der Organisation der betrieblichen Durchführung der arbeitsmedizinischen Vorsorge (insbesondere der betrieblichen Festlegung der Vorsorge als Arbeitszeit) und bei der betrieblichen Organisation der Pflicht-, Angebots- und Wunschvorsorge. Die einzelfallbezogene Ermöglichung und Voraussetzung der Vorsorge und ihre Durchführung für den einzelnen Beschäftigten einschließlich Fragen der Kostentragung unterliegen aber nicht der Mitbestimmung.

---

3 BPersVG v. 15. 3. 1974 (BGBl. I S. 693); zuletzt geändert durch Gesetz vom 9. 6. 2021 (BGBl. I S. 1614).

4 BVerwG 5. 3. 2012 – 6 PB 25.11.

Arbeitsbedingungen

I. Einführung

Zu den zentralen Mitbestimmungsbereichen von Betriebsrat und Personalrat im Arbeits- und Gesundheitsschutz gehört es, einen Blick auf die Gestaltung der Arbeitsbedingungen zu haben. Hierbei geht es nicht nur darum, bei Veränderungen von Arbeitsplatz, Arbeitsablauf oder Arbeitsumgebung einzuwirken (so etwa § 91 BetrVG). Die Mitbestimmung der Arbeitnehmervertreter geht darüber hinaus und begründet das Recht von Betriebsrat und Personalrat, sich für eine Verbesserung und Mitgestaltung der bestehenden Arbeitsplätze einzusetzen. Betriebsverfassungsrechtlich knüpft dies an § 87 Abs. 1 Nr. 7 BetrVG an, das Personalvertretungsrecht kennt eine fast gleichlautende Regelung in § 80 Abs. 1 Nr. 16 BPersVG n. F. (§ 75 Abs. 3 Nr. 11 BPersVG a. F.[1]). Beiden Regelungen ist gemein, dass die jeweiligen Vertretungsorgane dazu angehalten sind, auch eigeninitiativ an der Verbesserung der Arbeitsbedingungen, z. B. bei der Mitgestaltung und Umsetzung der → **Gefährdungsbeurteilung** (§ 5 ArbSchG) mitzuwirken.
Die technische und organisatorische Gestaltung des Arbeitsplatzes, so dass Gefährdungen für die Sicherheit und die Gesundheit der Beschäftigten möglichst vermieden bzw. möglichst beseitigt werden, obliegt dem Arbeitgeber. Bei der konkreten Umsetzung verbleibt ihm jedoch ein Gestaltungsspielraum, bei dem Personal- und Betriebsrat im Regelfall einzubeziehen sind.

1 BPersVG v. 15. 3. 1974 (BGBl. I S. 693); zuletzt geändert durch Gesetz vom 9. 6. 2021 (BGBl. I S. 1614).

II. Einzeldarstellung

1. Arbeitsplatz

Ausgangspunkt ist der Begriff des Arbeitsplatzes. Hierbei ist der Begriff weit zu fassen und stellt nicht nur auf die räumlichen Gegebenheiten ab. Erfasst sind alle Bedingungen, unter denen die Arbeitserbringung technisch und organisatorisch innerhalb der betrieblichen Arbeitsabläufe erfolgt.[2] Er ist damit Dreh-und Angelpunkt für das Arbeitsschutzgesetz die Arbeitsstättenverordnung und damit für das gesamte betriebliche Gesundheitsmanagement. Die Gestaltungsaufgabe bezieht sich hierbei auf die Einrichtung, Gestaltung und Anordnung der Arbeitsmittel, wozu auch die Nutzung digitaler Arbeitsmittel gehört.

Schon nach § 3 ArbSchG gehört es zu den Grundpflichten des Arbeitgebers, alle erforderlichen Maßnahmen zu ergreifen, um die Sicherheit und Gesundheit der Beschäftigten am Arbeitsplatz zu gewährleisten (betriebliches Gesundheitsmanagement). Die Arbeitsstättenverordnung und die sie ergänzenden Arbeitsstättenrichtlinien konkretisieren die technischen Anforderungen und die betrieblichen Gestaltungsmöglichkeiten in verschiedenen Einzelfragen. Insbesondere Abschnitt 3 im Anhang zur Arbeitsstättenverordnung benennt zentrale Arbeitsbedingungen, die zwingend einzuhalten sind.

2. Raumgröße

Mit dem Ziel der Sicherung einer hinreichenden Bewegungsfreiheit am Arbeitsplatz beschreiben die → **Technischen Regeln** für Arbeitsstätten »Raumabmessung und Bewegungsflächen (ASR A1.2)«[3] grundlegende Vorgaben zur → Raumgröße und -gestaltung am Arbeitsplatz. Ergänzende Regelungen finden sich zudem bei der Abmessung von Sanitärräumen (ASR A4.1)[4], von Pausen- und Bereitschaftsräumen (ASR A4.2)[5], von Erste-Hilfe-Räume (ASR A4.3)[6] und bei der barrierefreien Gestaltung von Arbeitsstätten (ASR V3a.2)[7].

3. Beleuchtung

Arbeitsplätze, an denen sich die Beschäftigten nicht nur vorübergehend aufhalten, sind so einzurichten, dass sie ausreichend Tageslicht erhalten und eine Sicht-

---

2 Fitting BetrVG, § 90 Rn. 31; Richardi BetrVG-Annuß, § 90 Rn. 15.
3 GMBl 2013, S. 910, zuletzt geändert GMBl 2017, S. 398.
4 GMBl 2013, S. 919, zuletzt geändert GMBl 2017, S. 401.
5 GMBl 2012, S. 660, zuletzt geändert GMBl 2018, S. 474.
6 GMBl 2010, S. 1764, zuletzt geändert GMBl 2018, S. 475.
7 GMBl 2012, S. 663; zuletzt geändert GMBl 2018, S. 469.

verbindung nach außen haben (→ **Beleuchtung**). Dasselbe gilt für Pausen- und Bereitschaftsräume (→ **Pausenräume**) sowie Kantinen. Dies kann durch Fenster, Dachoberlichter oder lichtdurchlässige Bauelemente erreicht werden. Nähere technische Vorgaben ergeben sich aus den → **Technischen Regeln** für Arbeitsstätten »Beleuchtung« (ASR A3.4)[8].

4. Akustik/Lärm

Die negativen Auswirkungen auf das körperliche und psychische Wohlbefinden von Menschen durch → **Akustik und Lärm** gehört zu den klassischen Themen des Arbeitsschutzrechts.[9] Entsprechend hatte der Arbeitgeber bei der Gestaltung der Arbeitsbedingungen besondere gesetzliche Vorgaben zur Lärmreduzierung einzuhalten. Insbesondere in der Lärm- und Vibrations-Arbeitsschutzverordnung (LärmVibrationsArbSchVO) sind detaillierte Vorgaben hierzu zu finden, die durch diverse → **Technische Regeln** für Arbeitsstätten ergänzt werden. Entsprechend sind die Arbeitsplätze im Rahmen der technischen Möglichkeiten so einzurichten, dass eine geringstmögliche Lärmentwicklung (Grundsatz der Lärmminimierung) entsteht.

5. Vibrationen

Arbeitswissenschaftliche Erkenntnisse haben zu Tage gefördert, dass insbesondere → **Vibrationen** eine negative Auswirkung auf die Gestaltung von Arbeitsbedingungen hat. Entsprechend machen die Richtlinie 2002/44/EG vom 22.06.2002 sowie die Lärm- und Vibrations-Arbeitsschutzverordnung (LärmVibrations-ArbSchVO) detaillierte Vorgaben zu den maximalen Werten, denen Beschäftigte bei der Verrichtung ihrer Arbeitsleistungen ausgesetzt werden dürfen. Der Arbeitgeber hat dabei auf Grundlage einer → **Gefährdungsbeurteilung** mögliche Gefahrenquellen zu ermitteln und zu beurteilen, § 3 LärmVibrationsArbSchVO. Erforderlichenfalls hat der Arbeitgeber die Arbeitsbedingungen durch besondere Schutzmaßnahmen so zu gestalten, dass die negativen Auswirkungen von Vibrationen verringert oder soweit möglich gänzlich ausgeschlossen werden.

6. Raumklima

Das Raumklima beschreibt die Umgebungsbedingungen, die durch Temperatur, Luftfeuchtigkeit und Belüftung geprägt sind. Es entspricht den gesicherten arbeitswissenschaftlichen Erkenntnissen, dass das Raumklima einen großen

8 GMBl. 2011, S. 303; zuletzt geändert GMBl. 2014, S. 287.
9 MHdB-Kohte, § 293 Rn. 31.

Einfluss auf die Leistungsfähigkeit, das Wohlbefinden und die Gesundheit der Menschen hat. Bei der arbeitsschutzrechtlichen Gestaltung der Arbeitsbedingungen hat der Arbeitgeber daher insbesondere auch für ein der Gesundheit zuträgliches Raumklima zu sorgen. Dies gilt nicht nur für Arbeiten mit besonderer körperlicher Belastung, sondern namentlich auch für Büroarbeitsplätze. Erforderlichenfalls sind durch den Arbeitgeber Maßnahmen zum Schutz der Beschäftigten zu ergreifen. Genaueres regeln die → **Technischen Regeln** für Arbeitsstätten »Raumtemperatur (ASR A3.5)«[10] und die Technischen Regeln für Arbeitsstätten »Lüftung (ASR A3.6)«.[11]

7. Staub

Im Hinblick auf die besonderen Gesundheitsgefahren, die von Staub ausgehen, sind die vorhandenen Arbeitsbedingungen durch eine → **Gefährdungsbeurteilung** auf die Risiken durch Stäube zu untersuchen. Staub kann die Ursache für schwere Erkrankungen insbesondere der Lungen- und Atemwege sein. Schon kleine Mengen von Schmutzpartikeln in der Luft können gravierende Folgen für die Gesundheit haben. Daher machen die Arbeitsstättenverordnung und die sie ergänzenden → **Technischen Regeln** für Gefahrstoffe (TRGS) sowohl Vorgaben zu den Grenzwerten und besondere Schutzmaßnahmen, als auch zu den Kriterien der Messung und Beurteilung einer möglichen Staubbelastung am Arbeitsplatz. Besonderes Augenmerk kommt dabei dem Einsatz von Gefahrstoffen zu.

8. Hygiene

Als wichtige Maßnahme zur Vermeidung von Krankheiten und Infektionen sind Arbeitsplätze so zu gestalten, dass hygienische Standards eingehalten werden. Konkrete Vorgaben zur → **Hygiene** am Arbeitsplatz macht die Arbeitsstättenverordnung und die sie ergänzenden → **Technischen Regeln**. Dies gilt für sämtliche Gewerbezweige, nicht nur für das Gesundheitswesen oder andere Bereiche, in denen Hygiene eine besondere Bedeutung hat. Zum Teil existieren branchenspezifische, von den Berufsgenossenschaften erlassene Regeln, die von der Arbeitgeberseite zu beachten sind.

---

10 GMBl 2010, S. 751, zuletzt geändert GMBl 2018, S. 474.
11 GMBl 2012, S. 92, zuletzt geändert GMBl 2018, S. 474.

9. Büro- und Bildschirmarbeitsplatz

Besondere Aufmerksamkeit bei der Arbeitsplatzgestaltung erfährt die Einrichtung von Büro- und Bildschirmarbeitsplätzen. Die frühere Bildschirmarbeitsverordnung ist nunmehr in die Arbeitsstättenverordnung (ArbStättV) integriert. Der Schutzbereich dieser Vorschrift umfasst nicht nur Büroarbeitsplätze, sondern auch mobile Telearbeitsplätze. Diese werden definiert als »vom Arbeitgeber fest eingerichteter Bildschirmarbeitsplatz im Privatbereich der Beschäftigten«.[12] Damit sind auch bei der Gestaltung von reinen Bildschirmarbeitsplätzen die Vorgaben zum Arbeitsschutz und insbesondere zur ergonomischen Gestaltung des Arbeitsplatzes einzuhalten. Gegebenenfalls ist der Arbeitgeber verpflichtet, eine → **Gefährdungsbeurteilung** zu erstellen, um hierbei die physischen und psychischen Belastungen der Bildschirmarbeit fachkundig zu bestimmen.[13]

10. Ergonomie

Nach § 3 der Arbeitsstättenverordnung hat der Arbeitgeber bei der Gestaltung der Arbeitsbedingungen insbesondere ergonomische Anforderungen an den Arbeitsplatz einzuhalten.[14] Hierbei sind sowohl körperliche als auch psychische Aspekte bei der Gestaltung der Arbeitsplätze und Arbeitsabläufe zu berücksichtigen – und zwar nicht nur bei der Arbeit an Maschinen, sondern auch bei der Gestaltung von → **Büro- und Bildschirmarbeitsplätzen**.

III. Hinweise für die Mitbestimmung

Gerade die Vorgaben der Arbeitsstättenverordnung und die sie ergänzenden Technischen Regeln schränken den Handlungsspielraum des Arbeitgebers bei der Gestaltung des betrieblichen Arbeitsschutzes ein. Gleichwohl verbleibt dem Arbeitgeber regelmäßig ein Regelungsspielraum, der entsprechend mitbestimmungsrechtlich von § 87 Abs. Nr. 7 BetrVG bzw. § 80 Abs. 1 Nr. 4, 16 BPersVG n. F. (§ 75 Abs. 3 Nr. 11, 16 BPersVG a. F.) erfasst ist. Der genaue Umfang der Mitbestimmung ist jedoch im Einzelfall nur sehr schwer zu bestimmen. Zumindest steht der Arbeitnehmervertretung im Einzelfall aber ihr allgemeines Überwachungsrecht zur Seite, sodass der Arbeitgeber bzw. Dienstherr stets Auskunft über die Einhaltung der beschriebenen gesetzlichen Vorgaben zu geben hat. Zu

12 Bell/Fuchs, Arbeitsschutz, I. 12.
13 Aligbe, ArbRAktuell 2017, 585.
14 Umfassend hierzu: Thüsing, Ergonomie im Spannungsfeld von Arbeits-, Daten- und Diskriminierungsschutz.

diesem Zweck haben Betriebsrat und Personalrat einen allgemeinen Informationsanspruch, der auch die Aushändigung der Gefährdungsbeurteilung der Arbeitsplätze und deren Dokumentation erfasst. Erst hieran ist eine abschließende Beurteilung, ob und in welchem Umfang gesetzliche Vorgaben zur Gestaltung der Arbeitsbedingungen greifen, möglich.
Gerade die Vorgaben der Arbeitsstättenverordnung schaffen eine Rahmenvorschrift zum Gesundheitsschutz, bei deren Ausfüllung Betriebsrat und Personalrat mitzubestimmen haben. Die vorherige Durchführung einer Gefährdungsbeurteilung ist keine zwingende Voraussetzung für die Ergreifung geeigneter Maßnahmen.[15]
Die Mitbestimmung erstreckt sich jedoch nur auf die Betriebsstätte. Der Arbeitgeber kann durch die Arbeitnehmervertretung nicht dazu verpflichtet werden, sicherzustellen, dass bei einem Einsatz seiner Arbeitnehmer in einem Kundenbetrieb auch dort die Vorgaben eingehalten werden.[16]

IV. Inhalt einer Betriebs- und Dienstvereinbarung

Der Inhalt einer Betriebs- oder Dienstvereinbarung zur Gestaltung von Arbeitsbedingungen ist stets einzelfallbezogen zu bestimmen. Denkbar ist dies etwa bei einer Vereinbarung zur Durchführung einer → **Gefährdungsbeurteilung**.
Gerade aber bei der Gestaltung von Bildschirmarbeitsplätzen sowie bei technischen Sehhilfen findet sich ein breites Spektrum an Handlungsmöglichkeiten für die Arbeitnehmervertretung. Hierbei sind folgende Regelungspunkte mitzugestalten:[17]

- Grundsätze zum Gesundheitsschutz
- Einrichtung eines Ausschusses »Bildschirmarbeit«
- Beurteilung der Arbeitsbedingungen
- Beteiligung und Qualifizierung der Arbeitnehmer
- Richtlinien zur Gestaltung des Arbeitsplatzes
- Voraussetzungen und Kostentragung für die Inanspruchnahme von (augen-)ärztlichen Untersuchungen und für die Anschaffung Bildschirmarbeitsbrillen.

15 Vgl. etwa zur früheren BildSchArbV: LAG Niedersachsen 11. 1. 2017 – 13 TaBV 109/15.
16 LAG Niedersachsen a. a. O.
17 Vgl. dazu auch: D/K/W-Arbeitshilfe Klebe/Heilmann, § 87 Rn. 41, 42.

Arbeitsmedizin

I. Einführung

Der Arbeitgeber muss den Beschäftigten **auf ihren Wunsch hin** ermöglichen, sich je nach den Gefahren für ihre Sicherheit und Gesundheit bei der Arbeit regelmäßig arbeitsmedizinisch untersuchen zu lassen (§ 11 ArbSchG). Dieser Anspruch der Beschäftigten besteht nur dann nicht, wenn aufgrund der Beurteilung der Arbeitsbedingungen und der getroffenen Schutzmaßnahmen nicht mit einem Gesundheitsschaden zu rechnen ist.

Es besteht keine pauschale Verpflichtung des Arbeitgebers, von sich aus Beschäftigten eine arbeitsmedizinische Untersuchung anzubieten. Die Vorschrift stellt vielmehr auf das Ergebnis der → **Gefährdungsbeurteilung** und die Beurteilung der Arbeitsbedingungen ab.

Denn der erste Schritt der Verpflichtung des Arbeitgebers im Arbeitsschutz ist es, bestehende → **Gefährdungen** und → **Gefahren** zu beurteilen und technische und organisatorische Schutzmaßnahmen zu treffen, um diese zu verhindern bzw. zu vermindern. Die Vorsorgeuntersuchungen können das nicht ersetzen. Sie knüpfen vielmehr an der Stelle an, an der der Arbeitgeber zuvor alles ihm Mögliche getan hat, um die Gefahren und Gefährdungen zu beseitigen oder wenn das nicht möglich ist, gering zu halten.

Für bestimmte gefährdende Tätigkeiten kann sich eine **Verpflichtung** zur arbeitsmedizinischen Untersuchung aber aus einer Verordnung nach § 18 Abs. 3 Nr. 4 ArbSchG ergeben.[1]

§ 11 ArbSchG wird konkretisiert durch die Verordnung zur arbeitsmedizinischen Vorsorge (ArbMedVV). Die ArbMedVV führt die Regelungen zur arbeitsmedizinischen Vorsorge zentral in einer Rechtsvorschrift zusammen und legt einheitliche Begriffsbestimmungen, Tatbestandsvoraussetzungen und Rechtsfolgen für alle arbeitsmedizinischen Vorsorgemaßnahmen fest (§ 1 Abs. 2 ArbMedVV). Die ArbMedVV gilt nicht für Beschäftigte in privaten Haushalten, in der Seefahrtseeschifffahrt und im Bergbau.

1 ErfK-Wank, ArbSchG § 11 Rn. 1.

Die arbeitsmedizinische Vorsorge umfasst primär die Aufklärung und Beratung der Beschäftigten über die Wechselwirkung zwischen ihrer Arbeit und ihrer Gesundheit. Sie dient weder der Selektion, noch ersetzt sie technisch-organisatorische Arbeitsschutzmaßnahmen, die stets Vorrang haben.[2] Zweck der Wunschvorsorge nach § 11 ArbSchG ist es, dem einzelnen Beschäftigten die Möglichkeit zu geben, durch ärztliche Beratung klären zu lassen, ob hinsichtlich der Ausübung seiner konkreten Tätigkeit gesundheitliche Bedenken bestehen und er den Anforderungen seiner Tätigkeit gewachsen ist.[3]

II. Einzeldarstellung

Auf Grundlage des Arbeitsschutzgesetzes und der ArbMedVV ist zu unterscheiden zwischen verschiedenen Vorsorgearten.

1. Wunschvorsorge

Die Wunschvorsorge geschieht auf Initiative des Arbeitnehmers. Der Arbeitnehmer muss also selbständig tätig werden und eine Untersuchung/Vorsorge verlangen. Der Beschäftigte hat einen Anspruch gegen den Arbeitgeber auf Vornahme der gewünschten arbeitsmedizinischen Vorsorge. Der Anspruch folgt aus der Rechtspflicht des Arbeitgebers zur Gewährung von Wunschvorsorge, die § 5a ArbMedVV ausdrücklich hervorhebt.[4] Die Verpflichtung des Arbeitgebers bedeutet, dass er die Untersuchung in tatsächlicher Hinsicht und während der Arbeitszeit ermöglicht. Ferner ist der Arbeitgeber verpflichtet, die Beschäftigten über die Möglichkeit einer Wunschvorsorge zu unterrichten.
Eine besondere Vorschrift für Nachtarbeitnehmer besteht in § 6 Abs. 3 Arbeitszeitgesetz. Danach sind die Beschäftigten mit Nachtarbeit berechtigt, sich vor Beginn der Beschäftigung und danach in regelmäßigen Zeitabständen arbeitsmedizinisch untersuchen zu lassen.

2. Pflichtvorsorge

Bei besonders gefährdenden Tätigkeiten, erfasst im Anhang der ArbMedVV, besteht eine Pflicht zur arbeitsmedizinischen Vorsorge. Die Vorsorgeuntersuchung ist vom Arbeitgeber zwingend zu veranlassen. Ohne die Pflichtvorsorge ist die

2 Kollmer/Klindt/Schucht-Leube, ArbSchG § 11, Rn. 1–8.
3 Kollmer/Klindt/Schucht-Leube, ArbSchG § 11, Rn. 1–8.
4 Kollmer/Klindt/Schucht-Leube, ArbSchG § 11 Rn. 15.

Ausübung bestimmter Tätigkeiten rechtlich nicht gestattet. Beispiele für solche Tätigkeiten sind der Umgang mit Asbest oder mit biologischen Arbeitsstoffen wie Hepatitis-Viren.

3. Angebotsvorsorge

Angebotsvorsorge gemäß § 5 ArbMedVV ist bei Tätigkeiten geregelt, die ein geringeres Gefährdungspotenzial haben. Diese Tätigkeiten sind ebenfalls im Anhang der ArbMedVV detailliert aufgeführt. Die Angebotsvorsorge ist dem Beschäftigten – wie der Name schon sagt – anzubieten. Die Teilnahme ist für den Beschäftigten freiwillig. Ein gängiges Beispiel für eine solche Angebotsvorsorge ist die Untersuchung der Augen für Tätigkeiten an Bildschirmgeräten.

4. Allgemeine Vorsorgeuntersuchungen

Allgemeine Vorsorgeuntersuchungen sollen es ermöglichen, tätigkeits- bzw. arbeitsplatzbezogene Gefährdungsmerkmale (→ **Gefährdung**) aufzudecken, um arbeitsbedingten Erkrankungen vorzubeugen. Die Teilnahme an derartigen Untersuchungen ist für die Beschäftigten freiwillig.
Die allgemeine arbeitsmedizinische Vorsorgeuntersuchung durch den → **Betriebsarzt** ist in § 3 Abs. 1 Nr. 2 Arbeitssicherheitsgesetz (ASiG) vorgesehen. Der Unterschied zwischen den arbeitsmedizinischen Vorsorgeuntersuchungen nach § 3 Abs. 1 Nr. 2 ASiG und nach § 11 ArbSchG liegt darin, dass zwar beide Untersuchungen freiwillig sind und auf Initiative des Beschäftigten vorgenommen werden, aber § 3 Abs. 1 Nr. 2 ASiG den Beschäftigten kein (durchsetzbares) Recht auf die Untersuchung einräumt.

5. Spezielle Vorsorgeuntersuchungen

Spezielle arbeitsmedizinische Vorsorgeuntersuchungen sind in gesonderten Rechtsvorschriften dort geregelt, wo der Arbeitgeber den Beschäftigten nur dann an einem Arbeitsplatz mit speziellen Gefahren einsetzen darf, wenn er ihn vorher hat arbeitsmedizinisch untersuchen lassen. Beispiele hierfür sind die Pflichtuntersuchung nach der Röntgenverordnung und der Strahlenschutzverordnung.

6. Tauglichkeits- und Eignungsuntersuchungen

Für bestimmte Tätigkeiten sind Tauglichkeits- und Eignungsuntersuchungen vorgesehen. Dies ist oft an Stellen der Fall, an denen aus einem berechtigten Interesse des Arbeitgebers und/oder einem berechtigten Interesse der Allgemeinheit vorab geprüft werden muss, ob der Beschäftigte zur Ausübung der konkreten

Tätigkeit gesundheitlich in der Lage ist. Beispiele hierfür sind die Vorschriften zur Flugtauglichkeit, zur Seediensttauglichkeit, zur Tauglichkeit für die Tätigkeit im Bergbau (Arbeiten unter Tage) und die Vorschrift zur Fahrerlaubnis zur Fahrgastbeförderung.

7. Einstellungsuntersuchungen

Einstellungsuntersuchungen werden vom Arbeitgeber durchgeführt, wenn er vor Abschluss des Arbeitsvertrages ein berechtigtes Interesse daran hat, die aktuelle Eignung des Beschäftigten für den zu besetzenden Arbeitsplatz festzustellen. Im Allgemeinen werden solche Einstellungsuntersuchungen auf die allgemeine körperliche und gesundheitliche Eignung des Bewerbers für die vorgesehene Tätigkeit gerichtet sein. Sie sind streng zu unterscheiden und zu trennen von den arbeitsmedizinischen Vorsorgeuntersuchungen.

III. Hinweise für die Mitbestimmung

1. Überwachungsrechte

Das grundlegende Überwachungsrecht im Arbeitsschutz und im Speziellen im Bereich der arbeitsmedizinischen Vorsorge ergibt sich für den Betriebsrat bereits aus § 80 Abs. 1 BetrVG bzw. für den Personalrat aus § 62 Abs. 1 Nr. 2 BPersVG n. F. (§ 68 Abs. 1 Nr. 2 BPersVG a. F.[5]), weil sowohl die ArbMedVV als auch die anderen Arbeitsschutzgesetze zu den zu Gunsten der Beschäftigten geltenden Gesetze gehören. Damit die Beschäftigtenvertretung ihr Überwachungsrecht wahrnehmen kann, muss die arbeitsmedizinische Vorsorge transparent organisiert sein. Es muss ihr möglich sein, überwachen zu können, ob Pflichtvorsorge durchgeführt worden ist und es muss nachvollziehbar sein, wie und nach welchen Kriterien die Vorsorge angeboten worden ist.[6] Betriebsrat und Personalrat müssen ferner überwachen können, wie die Beschäftigten zur Wunschvorsorge informiert und wie die Untersuchungen der Arbeitnehmer ausgewertet wurden. Der Arbeitgeber hat zu berichten, ob und in welchem Umfang Hinweise des Betriebsmediziners nach § 6 Abs. 4 ArbMedVV erfolgt sind und welche Konsequenzen sich daraus ergeben.[7]

---

5 BPersVG v. 15.3.1974 (BGBl. I S. 693); zuletzt geändert durch Gesetz vom 9.6.2021 (BGBl. I S. 1614).

6 Kohte, Arbeitsmedizinische Vorsorge, 43f.

7 Kohte, a. a. O.

2. Mitbestimmung nach dem BetrVG

Für den Arbeitsschutz insgesamt ist die Mitbestimmung des Betriebsrats nach § 87 Abs. 1 Nr. 7 BetrVG von zentraler Bedeutung. Die Mitbestimmung des Betriebsrats kann dort stattfinden, wo die Fragen des Arbeitsschutzes durch Verordnungen und Anordnungen sowie Unfallverhütungsvorschriften **nicht abschließend** geregelt sind, sondern eine betriebliche Ausgestaltung nötig ist. Soweit die Bestimmungen abschließend sind, sperren sie nach § 87 Abs. 1 BetrVG genauso wie bei anderen Tatbeständen die Mitbestimmung.[8]

Beispiel für eine abschließende Regelung ist die Stoffliste im Anhang zur ArbMedVV. Sie listet Tätigkeiten mit bestimmten Gefahrstoffen auf und legt fest, welche Vorsorgeuntersuchungen dafür nötig sind. Die Gefahrstoffe sind in der Liste hinreichend präzise beschrieben, sodass insoweit die Ausgestaltung der Pflicht- und Angebotsvorsorge der Mitbestimmung nicht mehr zugänglich ist[9]. Bei Tätigkeiten mit Asbest ist z. B. zwingend eine Pflichtvorsorge durchzuführen – das kann im Betrieb also nicht anders geregelt werden.

Allerdings findet auch bei Tätigkeiten aus der Stoffliste im Vorfeld der Vorsorgeuntersuchungen eine Gefährdungsbeurteilung statt, bei der dem Betriebsrat ein anerkanntes Mitbestimmungsrecht zusteht. Die Mitbestimmung nach § 87 Abs. 1 Nr. 7 BetrVG greift dort ein, wo eine gesetzliche Handlungspflicht des Arbeitgebers der betrieblichen Konkretisierung bedarf.[10] Zutreffend hat das BAG am Beispiel der → **Gefährdungsbeurteilung** hervorgehoben, dass gerade eine realistische und betriebsnahe Beurteilung wichtig ist, um → **Gefährdungen** zutreffend zu erfassen und wirkungsvolle Maßnahmen treffen zu können.[11] Der Arbeitgeber ist nach § 3 ArbMedVV zur Organisation der arbeitsmedizinischen Vorsorge verpflichtet, sodass sich daraus ein im Wege der Mitbestimmung zu konkretisierender Handlungsspielraum ergibt[12]. Beispielsweise ist die Form, in der die Beschäftigten über die arbeitsmedizinischen Vorsorgen im Gefahrstoffbereich informiert werden, mitbestimmungspflichtig.[13]

Da die Vorsorgeuntersuchungen ein Teil der betrieblichen → **Arbeitsschutzorganisation** (§§ 3, 13 ArbSchG) sind, besteht eine Mitbestimmung des Betriebsrats nach § 87 Abs. 1 Nr. 7 BetrVG bei der Ausgestaltung der betrieblichen Vorsorgeuntersuchung. Dazu gehören die Ermittlung der Vorsorgearten (Pflicht- und Angebotsvorsorge) und die Ermöglichung der Wunschvorsorge. Ebenso die Festlegung von Zuständigkeiten, Terminkontrollen, der organisatorische Ablauf

---

8 Kohte, a. a. O., S. 44–49.
9 Kohte, a. a. O.
10 BAG, 17. 1. 2012 – 1 ABR 62/10.
11 Ebenso Kohte, a. a. O.
12 Kohte, a. a. O.
13 Kohte, a. a. O.

und/oder die Sicherstellung der Durchführung der arbeitsmedizinischen Vorsorge entsprechend der jeweiligen Anlässe.[14] Diese Punkte sind somit auch Regelungsgegenstände in einer Betriebsvereinbarung.

3. Mitbestimmung nach dem BPersVG

Parallel zu den gesetzlichen Bestimmungen im BetrVG ist auch der Personalrat nach § 80 Abs. 1 Nr. 16 BPersVG n. F. (§ 75 Abs. 3 Nr. 11 BPersVG a. F.) bei dem Arbeitsschutz der Arbeitnehmer im öffentlichen Dienst mitzubestimmen (→ **Personalrat**). Diese Mitbestimmung erstreckt auch auf freiwillige Gesundheitsmaßnahmen des Arbeitgebers.[15] Im Regelfall wird die Arbeitsschutzorganisation eine gemeinsame Angelegenheit nach § 40 Abs. 1 BPersVG n. F. (§ 38 Abs. 1 BPersVG a. F.) darstellen.[16]

Seine Grenze findet diese Mitbestimmung nur da, wo die Personalratsarbeit unmittelbare Auswirkung auf die konkrete Aufgabenerfüllung des Staates nach außen hat.[17] Dies ist etwa der Fall, wenn durch die geplanten Maßnahmen die konkrete Aufgabenerfüllung erheblich beeinträchtigt werden würde.[18] Soweit sich jedoch Maßnahmen zur arbeitsmedizinischen Vorsorge aus dem Ergebnis einer Gefährdungsbeurteilung ergeben, unterliegen diese nach der hier vertretenen Auffassung kann diese Grenze nicht greifen. Es ist aber dabei zu beachten, dass die Durchführung einer → **Gefährdungsbeurteilung** selbst nach der kritikwürdigen Rechtsprechung der Verwaltungsgerichte nicht der Mitbestimmung des Personalrats unterliegt. Nach zutreffender Ansicht unterliegt die personalvertretungsrechtliche Mitbestimmung keiner Begrenzung durch haushaltsrechtliche Vorgaben.[19]

Bei der Bestellung von Betriebs- und Vertrauensärzten als Angestellte ist der Personalrat nach § 78 Abs. 1 Nr. 14 BPersVG n. F. (§ 75 Abs. 3 Nr. 10 BPersVG a. F. [Arbeitnehmer] bzw. § 76 Abs. 2 S. 1 Nr. 4 BPersVG a. F. [Beamte]) zu beteiligen. Zudem hat der Personalrat ein umfassendes Mitbestimmungsrecht bei der Gestaltung von Arbeitsplätzen der Arbeitnehmer nach § 80 Abs. 1 Nr. 4 BPersVG n. F. (§ 75 Abs. 3 Nr. 16 BPersVG a. F.), was auch den Schutz vor arbeitsplatzspezifischen Gefährdungen und Überbeanspruchungen erfasst.[20]

---

14 Leitlinie Organisation des betrieblichen Arbeitsschutzes, Anhang 3, Element 11.

15 BVerwG 14. 2. 2013 – 6 PB 1/13.

16 Richardi/Dörner/Weber-Kaiser/Annuß BPersVG § 75 Rn. 443.

17 HK-ArbSchR-Nitsche, BPersVG § 68 Rn. 20–24.

18 BVerwG 23. 08. 2000 – 6 P 12.99.

19 OVG Nordrhein-Westfalen 4. 3. 2016 – 20a 2334/14.PVL; a. A. VGH Hessen 18. 3. 1993 – HPV TL 3730/89; differenzierend: HK-ArbSchR-Nitsche, BPersVG § 68 Rn. 26f.

20 Richardi/Dörner/Weber-Kaiser/Annuß, BPersVG § 75 Rn. 430.

IV. Inhalt einer Betriebs- und Dienstvereinbarung

Auf dieser Basis können sich je nach Eigenart des Betriebes bzw. der Dienststelle die folgenden Inhalte einer möglichen Betriebs- oder Dienstvereinbarung ergeben.
Zunächst wird regelmäßig die örtliche Beschäftigtenvertretung **zuständig** sein, weil es um Regelungsfragen, die den konkreten Betrieb betreffen, geht. Denkbar ist auch – ergänzend zu den zwingenden örtlichen Regelungen – eine freiwillige Rahmenvereinbarung auf Unternehmens- oder Konzernebene bzw. im Zuständigkeitsbereich des Gesamtpersonalrats. Zu empfehlen ist allerdings in aller Regel eine Einzelvereinbarung, da die Betriebs- und Dienststellennähe im Arbeitsschutz eine wichtige und zentrale Rolle spielt. Zudem müssen Vereinbarungen zu diesem Themenkomplex die konkrete Situation vor Ort regeln, die von Betrieb zu Betrieb unterschiedlich sein können. So sind einem Betrieb, in dem die Verwaltung eines Unternehmens mit vielen Büro- und Bildschirmarbeitsplätzen angesiedelt ist, andere Vorsorgeuntersuchungen als in einem Betrieb mit Produktions- oder Lagertätigkeiten erforderlich.
Geregelt werden kann die Frage, ob der → **Betriebsarzt** pauschal für jedwede arbeitsmedizinische Vorsorge zuständig ist oder ob hinsichtlich der arbeitsmedizinischen Vorsorge freie **Arztwahl** besteht. Nach überwiegender Ansicht besteht auch in der arbeitsmedizinischen Vorsorge der Grundsatz der freien Arztwahl.[21] § 7 ArbMedVV verlangt allerdings, dass der betreffende Arzt oder die Ärztin berechtigt ist, die Gebietsbezeichnung »Arbeitsmedizin« und die Zusatzbezeichnung »Betriebsmedizin« zu führen. In einer Betriebsvereinbarung könnte zum Beispiel geregelt werden, dass die Vorsorge »im Regelfall« von dem zuständigen Betriebsarzt bzw. den zuständigen Betriebsärzten durchgeführt wird. Das würde die Möglichkeit der freien Arztwahl offenlassen. Als Formulierung könnte man wählen: »Es besteht das Recht der freien Arztwahl. Auf Wunsch können die Beschäftigten auch andere Fachärzte für Arbeitsmedizin aufsuchen. Sie haben diese Entscheidung der Personalabteilung mitzuteilen, damit diese den gewählten Arzt gemäß § 2 ArbMedVV mit den jeweiligen Vorsorgemaßnahmen beauftragt.«[22]
Ein weiterer Regelungsgegenstand einer Betriebsvereinbarung könnte sein, wie die **Informationspflichten** des Arbeitgebers gegenüber den Beschäftigten erfüllt werden. Praktikabel dürfte es sein, wenn die Parteien sich auf konkrete Informationsinhalte verständigen. Es kann auch ein Informationsschreiben vereinbart werden, dass als Muster als Anlage zur Betriebsvereinbarung genommen wird. Ähnliche Regelungen finden sich in gängigen Betriebs- und Dienstvereinbarungen zum → **Betrieblichen Eingliederungsmanagement**. Die Informationstexte

21 Kohte, a. a. O., 51 ff.
22 Kohte, a. a. O., 52.

können konkret nach den verschiedenen Vorsorgearten unterscheiden. Der Text zur Information hat auch die Informationen zum Datenschutz zu beinhalten.
Die Betriebs- bzw. Dienstvereinbarung sollte zusätzlich regeln, wie die arbeitsmedizinische Vorsorge **konkret organisiert** wird. Inhalt dieser Regelung müsste nach der oben genannten Leitlinie (GDA) eine Auflistung der einzelnen Maßnahmen und Art sowie Inhalte der arbeitsmedizinischen Vorsorge (Pflicht- und Angebotsvorsorge) mit den jeweiligen Arbeitnehmerzielgruppen sein. Ebenso die Vorsorgeanlässe und -intervalle und die Zuständigkeiten. Die Durchführung der Vorsorgemaßnahmen muss dokumentiert werden (wer, wann, bei welcher Arbeitnehmerzielgruppe welche Vorsorgemaßnahme durchgeführt wurde). Geregelt werden muss auch, dass der Arbeitgeber die Kosten übernimmt. Die Pflicht des Arbeitgebers zur Entgeltfortzahlung ergibt sich direkt aus dem Gesetz. Insofern hätte eine Regelung dazu rein deklaratorischen Charakter. Zur besseren Verständlichkeit und vollständigen Regelung kann dies allerdings aufgenommen werden. Hier ist es wichtig, dass bei vereinbarter freier Arztwahl entsprechend in der Betriebsvereinbarung festgehalten wird, dass die Kostenerstattung und Entgeltfortzahlung auch für den Fall der Vorsorge nach der freien Arztwahl besteht. Im öffentlichen Dienst ist dabei aber die in § 3 Abs. 4 TVöD bzw. § 3 Abs. 5 TV-L geregelte Pflicht der Arbeitnehmer zu beachten, sich bei begründeter Veranlassung einer ärztlichen Untersuchung zu unterziehen.[23]
Es ist schließlich für die Phase nach der stattgefundenen Vorsorge festzuhalten, wie die **Informationen** nach § 6 Abs. 4 ArbMedVV an den Arbeitgeber, die Fachkraft für Arbeitssicherheit oder den Betriebsrat weiterzuleiten sind. § 6 Abs. 4 ArbMedVV regelt, dass der Arzt oder die Ärztin die Erkenntnisse arbeitsmedizinischer Vorsorge auszuwerten hat.
Ergeben sich Anhaltspunkte dafür, dass die Maßnahmen des Arbeitsschutzes für den Beschäftigten oder die Beschäftigte oder andere Beschäftigte nicht ausreichen, so hat der Arzt oder die Ärztin dies dem Arbeitgeber mitzuteilen und Maßnahmen des Arbeitsschutzes vorzuschlagen. Hält der Arzt oder die Ärztin aus medizinischen Gründen, die ausschließlich in der Person des oder der Beschäftigten liegen, einen Tätigkeitswechsel für erforderlich, so bedarf diese Mitteilung an den Arbeitgeber der Einwilligung des oder der Beschäftigten.
Es sind ferner Regelungen zum **Datenschutz** zu treffen, sowie eine Festlegung der Art der ärztlichen Bescheinigung über die arbeitsmedizinische Vorsorge. Wichtige datenschutzrechtliche Regelung in einer Betriebsvereinbarung ist insbesondere, dass eine Information des Arztes an den Arbeitgeber, die über die über den Inhalt der abgestimmten Bescheinigung hinausgeht, nur möglich ist,

23 Allg. hierzu: Conze-Karb, Rn. 107ff.

wenn eine schriftliche, jederzeit widerrufliche Einwilligung des Arbeitnehmers vorliegt, die den Anforderungen des § 26 Abs. 2 BDSG gerecht wird.[24]
Ferner ist der Ablauf der allgemeinen **Kommunikation** zwischen dem Betriebsarzt bzw. Betriebsmediziner/Arbeitsmediziner und dem Arbeitgeber zu regeln. Wichtig ist im Ergebnis eine Regelung, die ermöglicht, dass die Ergebnisse der arbeitsmedizinischen Vorsorge in regelmäßigen Abständen verwertet werden, um den betrieblichen Arbeitsschutz voranzubringen und zu überprüfen, ob die Arbeitsschutzmaßnahmen greifen.
Zusätzlich ist es sinnvoll, **Konfliktregelungsmechanismen** zu vereinbaren für Beschwerden oder Probleme der Beschäftigten, die im Zusammenhang mit der arbeitsmedizinischen Vorsorge entstehen. Hier ist insbesondere wegen der datenschutzrechtlich sensiblen Situation zu erwägen und zu regeln, in welchem Kreis bzw. welchem Gremium derartige Beschwerden sinnvoll behandelt werden.
Wie an jeder Stelle des Arbeitsschutzes ist bei einer betrieblichen Regelung zwingend darauf zu achten, dass sie auf die spezielle betriebliche Situation ausgerichtet ist und nicht bloß Musterformulierungen wiedergibt, die vielleicht im Betrieb gar nicht praktikabel sind und der Gefahren- und Gefährdungssituation nicht gerecht werden.

24 So auch schon für die Rechtslage vor 2018: Kohte, a. a. O., 56.

Arbeitsplatz

Einer der zentralen Begriffe im Arbeits- und Gesundheitsschutzes ist der Arbeitsplatz. Er ist der Ausgangspunkt für die Beurteilung und Ausgestaltung der → **Arbeitsbedingungen** (→ **Gefährdungsbeurteilung**). Er ist damit Dreh-und Angelpunkt für das Arbeitsschutzgesetz die Arbeitsstättenverordnung und damit für das gesamte betriebliche Gesundheitsmanagement.

Dabei wird der Begriff rechtlich sehr weit gefasst. Es ist nicht nur auf die räumlichen Gegebenheiten abzustellen. Erfasst sind alle Bedingungen, unter denen die Arbeitserbringung technisch und organisatorisch innerhalb der betrieblichen Arbeitsabläufe erfolgt.[1] Der Begriff bezieht sich hierbei auf die Einrichtung, Gestaltung und Anordnung der Arbeitsmittel, wozu namentlich auch die Nutzung digitaler Arbeitsmittel gehört.

1 Fitting BetrVG, § 90 Rn. 31; Annuß, in: Richardi BetrVG, § 90 Rn. 15.

Arbeitsschutzausschuss (ASA)

I. Einführung

Der Arbeitsschutzausschuss ist das zentrale Gremium, um im Betrieb die Themen des Arbeits- und Gesundheitsschutzes und der Unfallverhütung zu beraten. Die Moderation des Arbeitsschutzausschusses obliegt dem Arbeitgeber. Dieser überträgt diese Aufgabe häufig dem → **Betriebsarzt** oder der → **Fachkraft für Arbeitssicherheit**.[1] Der Arbeitsschutzausschuss bietet eine sachkundige Basis zur Erarbeitung von Betriebs- oder Dienstvereinbarungen, z. B. bei Suchterkrankungen, zur Prävention posttraumatischer Belastungsstörungen oder zum Betrieblichen Gesundheitsmanagement.

II. Einzeldarstellung

In Betrieben mit mehr als zwanzig Beschäftigten hat der Arbeitgeber einen Arbeitsschutzausschuss zu bilden, § 11 Arbeitssicherheitsgesetz (ASiG). Ausnahmen können sich gemäß § 17 ASiG aus dem Seearbeitsgesetz oder aus dem Bergrecht ergeben. Bei der Berechnung der Zahl der Beschäftigten gibt § 11 ASiG eine Berechnungshilfe vor. Dabei zählen Teilzeitbeschäftigte mit einer regelmäßigen wöchentlichen Arbeitszeit von nicht mehr als 20 Stunden mit 0,5 und bei nicht mehr als 30 Stunden mit 0,75 Stellen. In Entleiherbetrieben sind Leiharbeitnehmer wie Beschäftigte des Betriebes zu berücksichtigen[2]. Wenn Betreute in Behindertenwerkstätten mitarbeiten, gelten sie ebenfalls als Beschäftigte (→ **Schwerbehinderte Beschäftigte**).

Der Ausschuss soll sich aus dem Arbeitgeber oder einem von ihm Beauftragten, zwei vom Betriebsrat bestimmten Betriebsratsmitgliedern, dem → **Betriebsarzt**,

1 BMAS, Übersicht über das Arbeitsrecht/Arbeitsschutzrecht, 7/124.
2 Anhang 1 zu § 2 DGUV V2.

der → **Fachkraft für Arbeitssicherheit** und dem → **Sicherheitsbeauftragten** nach § 22 SGB VII zusammensetzen (§ 11 ASiG).
Der Ausschuss soll mindestens einmal vierteljährlich eine Sitzung einberufen. Der Arbeitgeber lädt zu den Sitzungen ein.[3] Die grundlegende Aufgabe des ASA ist, die Anliegen des Arbeitsschutzes und der Unfallverhütung zu beraten. Beratungsgegenstand können daher beispielsweise die Planung und Einführung neuer Arbeitsmittel oder Anlagen, die Gestaltung der Arbeitsorganisation oder der Krankenstand im Betrieb sein.
Die Schwerbehindertenvertretung hat das Recht, beratend an den Sitzungen des Arbeitsschutzausschusses teilzunehmen. Sie kann beantragen, Angelegenheiten, die einzelne oder die schwerbehinderten Menschen als Gruppe besonders betreffen, auf die Tagesordnung der nächsten Sitzung zu setzen (§ 95 Abs. 4 Satz 1 SGB IX).
Zu den Sitzungen des Arbeitsschutzausschusses können bei Bedarf auch weitere Personen hinzugezogen werden. Dies können sowohl innerbetriebliche (z. B. Brandschutzbeauftragte, Strahlenschutzbeauftragte, Immissionsschutzbeauftragte, Gewässerschutzbeauftragte, Laserschutzbeauftragte) als auch außerbetriebliche Fachleuchte sein (z. B. Aufsichtspersonen der → **Unfallversicherungsträger**).[4]

III. Hinweise für die Mitbestimmung

Der Betriebsrat hat nach der Rechtsprechung des Bundesarbeitsgerichts keinen im Rahmen der Mitbestimmung durchsetzbaren Anspruch auf die Einrichtung eines Arbeitsschutzausschusses[5], da § 11 ASiG dessen Existenz zwingend vorschreibt. Notfalls kann der Betriebsrat die zuständige Behörde dazu »anregen«, die Bildung eines solchen Arbeitsschutzausschusses sicherzustellen, § 89 Abs. 1 Satz 2 BetrVG.[6] Gleiches gilt für die Teilnahme von → **Betriebsarzt** und → **Fachkraft für Arbeitssicherheit** an den Sitzungen des Arbeitsschutzausschusses. Hier schreibt bereits § 11 ASiG Satz 2, 4 ASiG die regelhafte und planmäßige Teilnahme vor.
Hinsichtlich der Mitgliederzahl und der Zusammensetzung des Arbeitsschutzausschusses besteht ein Mitbestimmungsrecht des Betriebsrates nach § 87 Abs. 1

3 BMAS, Übersicht über das Arbeitsrecht/Arbeitsschutzrecht, 7/124.
4 DGUV Information 211-042 März 2017.
5 BAG 15.4.2014 – 1 ABR 82/12.
6 BAG a. a. O.

Nr. 7 BetrVG bzw. des Personalrats nach § 80 Abs. 1 Nr. 16 BPersVG n. F. (§ 75 Abs. 3 Nr. 11 BPersVG a. F.[7]). Das gleiche gilt für Regelungen über die Geschäftsführung des Arbeitsschutzausschusses[8].

---

7 BPersVG v. 15. 3. 1974 (BGBl. I S. 693); zuletzt geändert durch Gesetz vom 9. 6. 2021 (BGBl. I S. 1614).

8 Fitting, BetrVG, § 87 Rn. 328.

Arbeitsschutzorganisation

I. Einführung

Unter Arbeitsschutz sind alle Maßnahmen zu verstehen, die Arbeitssicherheit und Gesundheitsschutz gewährleisten und verbessern. Wie der konkrete Bedarf identifiziert, Entscheidungen getroffen und welche Maßnahmen schließlich ergriffen werden, ist Sache der betrieblichen Arbeitsschutzorganisation.[1]

II. Einzeldarstellung

§ 3 Abs. 1 Arbeitsschutzgesetz (ArbSchG) regelt die Grundpflichten des Arbeitgebers im Arbeitsschutz. Er ist verpflichtet,

- die erforderlichen Maßnahmen des Arbeitsschutzes zu treffen unter Berücksichtigung der Umstände, die die Sicherheit und Gesundheit der Beschäftigten bei der Arbeit beeinflussen,
- die Maßnahmen auf ihre Wirksamkeit zu überprüfen und
- erforderlichenfalls an sich ändernden Gegebenheiten anzupassen.

Dabei hat er eine Verbesserung von Sicherheit und Gesundheitsschutz der Beschäftigten anzustreben.

Der Arbeitgeber muss zur Planung und Durchführung der oben genannten Maßnahmen für eine geeignete Arbeitsschutzorganisation sorgen. Dafür muss er die Art der Tätigkeiten und der Zahl der Beschäftigten berücksichtigen. Er muss die für den Arbeitsschutz erforderlichen Mittel bereitstellen sowie Vorkehrungen treffen, dass die Maßnahmen bei allen Tätigkeiten und auf allen Ebenen (Führungsstrukturen) beachtet werden. Er muss außerdem dafür sorgen, dass

1 BAuA, Organisation des betrieblichen Arbeitsschutzes, abrufbar unter: *https://www.baua.de/DE/Themen/Arbeitswelt-und-Arbeitsschutz-im-Wandel/Organisation-des-Arbeitsschutzes/Organisation-betrieblicher-Arbeitsschutz/Organisation-betrieblicher-Arbeitsschutz_node.html* (Stand: Februar 2021).

die Beschäftigten ihren Mitwirkungspflichten nachkommen können (§ 3 Abs. 2 ArbSchG).

Mit den in § 3 Abs. 2 ArbSchG normierten Organisationspflichten wird der Erkenntnis Rechnung getragen, dass die Sicherheitsorganisation erheblichen Einfluss auf die betriebliche Sicherheit hat.[2]

Der Arbeitgeber ist nicht an ein bestimmtes **Organisationsmodell** für die betriebliche Arbeitsschutzorganisation gebunden. Das Gesetz sieht kein konkretes und bestimmtes, verallgemeinerungsfähiges Organisationsmodell vor. Er ist dabei in der Ausgestaltung der Arbeitsschutzorganisation unter strenger Berücksichtigung der betrieblichen Anforderungen und unter Beachtung der Mitbestimmungsrechte des Betriebsrates bzw. Personalrats weitgehend frei. Diese organisatorische Gestaltungsfreiheit wird daran deutlich, dass die Organisation nach dem Willen des Gesetzgebers unter Berücksichtigung der Art der Tätigkeiten und der Zahl der Beschäftigten aufzustellen ist. Damit werden Intensität und Umfang der Organisationspflicht von dem durch die Tätigkeiten im Betrieb maßgeblich bestimmten Ausmaß von Unfall- und Gesundheitsgefahren und der Betriebsgröße abhängig gemacht.[3] Die Planung und Durchführung einer geeigneten Arbeitsschutzorganisation muss auch dann vom Arbeitgeber gewährleistet werden, wenn einzelne Aufgaben arbeitsteilig auf andere Personen übertragen werden.[4]

Rechtliche Anforderungen an die betriebliche Arbeitsschutzorganisation ergeben sich aus

- dem Arbeitsschutzgesetz,
- anderen arbeitsschutzrechtlichen Gesetze, z. B. dem Arbeitssicherheitsgesetz (ASiG),
- Rechtsverordnungen, z. B. der Arbeitsstättenverordnung (ArbStättV) oder
- Unfallverhütungsvorschriften, z. B. der DGUV-Vorschrift 1 und 2.

Zur Arbeitsschutzorganisation gehören Elemente der Aufbauorganisation wie zum Beispiel der Arbeitsschutzausschuss gemäß § 11 ASiG. Zur Arbeitsschutzorganisation gehören aber auch Elemente der Ablauforganisation, wie zum Beispiel die Gefährdungsbeurteilung nach den §§ 5 und 6 ArbSchG. Weitere tragende Säulen der betrieblichen Arbeitsschutzorganisation sind die grundsätzlich von allen Betrieben ab einem Beschäftigten zu bestellende Fachkraft für Arbeitssicherheit und der Betriebsarzt bzw. die Betriebsärztin.[5]

Die verschiedenen Elemente der Organisationspflicht (Aufbau- und Ablauforganisation) sind in der GDA Leitlinie »Organisation des betrieblichen Arbeits-

---

2 Kollmer/Klindt/Schucht-Kohte, ArbSchG § 3 Rn. 46.
3 Kollmer/Klindt/Schucht-Kohte, ArbSchG § 3 Rn. 48.
4 Kollmer/Klindt/Schucht-Kohte, ArbSchG § 3 Rn. 46.
5 BAuA, Organisation des betrieblichen Arbeitsschutzes, a. a. O.

schutzes« praxisnah dargestellt. Die Leitlinie stellt dabei zur Beurteilung einer Arbeitsschutzorganisation auf folgende 15 Elemente ab.[6]

1. Verantwortung und Aufgabenübertragung

Die Verantwortung und Aufgabenbereiche der Führungskräfte und Funktionsträger im Arbeitsschutz sowie die erforderlichen Kompetenzen müssen konkret und umfassend festgelegt werden. Sofern Arbeitgeberpflichten übertragen werden, muss diese Übertragung schriftlich erfolgen im Sinne des § 13 Abs. 2 ArbSchG.

2. Überwachung der Einhaltung der übertragenen Pflichten und Kontrolle der Aufgabenerledigung

Arbeitgeber und Führungskräfte müssen systematisch und regelmäßig die Einhaltung der Arbeitsschutzpflichten in ihrem Verantwortungsbereich überwachen.

3. Erfüllung der Organisationspflichten aus dem ASiG

Es muss eine sicherheitstechnische und betriebsärztliche Betreuung sichergestellt sein. Die Arbeit des Arbeitsschutzausschusses muss funktionieren und die Zusammenarbeit aller Akteure geregelt sein.

4. Sicherstellung notwendiger Qualifikationen für den Arbeitsschutz bei Führungskräften, Funktionsträgern und Beschäftigten mit bestimmten Aufgaben

Der Fortbildungsbedarf zum Erhalt der Qualifikation im Arbeitsschutz muss regelmäßig für alle mit Arbeitsschutzaufgaben betrauten Mitarbeiterinnen und Mitarbeiter im Betrieb ermittelt und gedeckt werden.

5. Organisation der Durchführung der Gefährdungsbeurteilung

Gefährdungsbeurteilungen müssen auf der Basis von verbindlichen betrieblichen Vorgaben durchgeführt werden. Zuständigkeiten und Vorgehensweisen für die Durchführung und Auswertung der Gefährdungsbeurteilungen, die Ableitung von Schutzmaßnahmen, die Wirksamkeitskontrolle und die Weitergabe

6 Abrufbar unter: *http://www.gda-portal.de/DE/Downloads/Downloads_node.html* (Stand: Februar 2021).

der relevanten Informationen aus Gefährdungsbeurteilungen an die betroffenen Funktionsträger müssen klar geregelt sein.

6. Geeignete Regelungen für die Durchführung und Dokumentation von Unterweisungen

Arbeitsplatz- oder aufgabenbezogene Unterweisungen müssen gezielt und durchgängig mit einer systematischen Vorgehensweise durchgeführt werden, ebenso wie die Unterrichtung der Beschäftigten über alle Gefahren.

7. Umgang mit behördlichen Auflagen (z. B. Genehmigungen, Erlaubnisse, Besichtigungsschreiben)

Die Erfassung von Auflagen sowie die Auswertung und Kontrolle der Umsetzung muss auf der Grundlage von umfassenden betrieblichen Vorgaben erfolgen. Die Zuständigkeiten hierfür müssen klar geregelt sein.

8. Handhabung des Vorschriften- und Regelwerks, insbesondere bei Änderungen

Für die systematische Erfassung und Auswertung von Arbeitsschutzvorschriften müssen verbindliche und umfassende Vorgaben bestehen und die Zuständigkeiten hierfür müssen klar festgelegt sein. Überdies muss die Information betroffener Funktionsträger über jeweils zu beachtende Vorschriften- und Regelwerke sichergestellt sein.

9. Einbeziehung der besonderen Funktionsträger

Die erforderlichen Funktionsträger im Arbeitsschutz sind benannt. Entsprechende Regelungen zur Zusammenarbeit mit den Arbeitsschutzexperten müssen getroffen sein.

10. Kommunikation des Arbeitsschutzes

Unternehmensleitung und Führungskräfte müssen sich aktiv über die Situation des Arbeitsschutzes im Betrieb informieren und es den Beschäftigten und ihrer Vertretung ermöglichen, ihren Mitwirkungsrechten und -pflichten nachzukommen.

11. Organisation der arbeitsmedizinischen Vorsorge

Die arbeitsmedizinische Vorsorge muss nach verbindlichen Vorgaben durchgeführt werden. Hierzu gehören die Ermittlung der Vorsorgeart (Pflicht- und Angebotsvorsorge) und die Ermöglichung der Wunschvorsorge. Terminkontrollen, der organisatorische Ablauf und/oder die Durchführung der arbeitsmedizinischen Vorsorge müssen entsprechend den jeweiligen Anlässen sichergestellt und die Zuständigkeiten hierfür klar geregelt sein.

12. Regelungen zur Planung und Beschaffung

Bei Neuplanungs- oder Änderungsprozessen müssen die ergonomischen und sicherheitstechnischen Anforderungen an Planung, Gestaltung und Beschaffung durch verbindliche schriftliche Vorgaben zu Zuständigkeiten und Vorgehensweisen sowie die betroffenen Beschäftigten durchgängig mit einbezogen werden.

13. Information und Einbindung von Fremdfirmen

Es müssen betriebliche Vorgaben existieren, die die Auswahl, Einsatzplanung, Vertragsgestaltung und den Einsatz von Fremdfirmen unter Arbeitsschutzgesichtspunkten sicherstellen.

14. Integration von zeitlich befristet Beschäftigten (z. B. Zeitarbeitnehmer, Praktikanten)

Personen mit besonderen Beschäftigungsverhältnissen müssen aufgrund umfassender betrieblicher Regelungen durchgängig bei der Planung und Durchführung von Arbeitsschutzmaßnahmen berücksichtigt werden.

15. Organisation von Notfallmaßnahmen/Erste Hilfe

Es müssen umfassende Regelungen zur Planung der Ersten Hilfe und sonstiger Notfallmaßnahmen im Betrieb bestehen, die Zuständigkeiten müssen klar geregelt sein.
Ob die 15 Elemente der Arbeitsschutzorganisation in Betrieb oder Dienststelle erfüllt sind, kann anhand der jeweiligen Leitfragen und Beurteilungskriterien, die die GDA-Leitlinie vorgibt, festgestellt werden.

III. Hinweise für die Mitbestimmung

1. Mitbestimmung nach dem BetrVG

Gemäß § 87 Abs. 1 Nr. 7 BetrVG hat der Betriebsrat, soweit eine gesetzliche oder tarifliche Regelung nicht besteht, bei Regelungen über die Verhütung von Arbeitsunfällen und Berufskrankheiten sowie über den Gesundheitsschutz im Rahmen der gesetzlichen Vorschriften oder der Unfallverhütungsvorschriften mitzubestimmen.

Die Vorschrift räumt dem Betriebsrat ein generelles Mitbestimmungsrecht im Arbeitsschutz ein soweit Rahmenvorschriften bestehen, innerhalb derer konkrete betriebliche Regelungen getroffen werden müssen. Die Grenze des Mitbestimmungsrechts ist dort, wo die gesetzliche Vorschrift oder die Unfallverhütungsvorschrift selbst abschließend sind und keine betriebliche Gestaltung mehr zur Konkretisierung offen lassen. Je weiter eine Rahmenvorschrift ausgestaltet ist, desto größer ist der Umfang der Mitbestimmung des Betriebsrates. Die Mitbestimmung greift dann, wenn der Arbeitgeber aufgrund eines durch eine Rahmenvorschrift eröffneten Entscheidungs- und Ermessensspielraums eine betriebliche Regelung treffen muss.

Dadurch soll im Interesse der betroffenen Arbeitnehmer eine möglichst effiziente Umsetzung des gesetzlichen Arbeitsschutzes im Betrieb erreicht werden. Das Mitbestimmungsrecht setzt ein, wenn eine gesetzliche Handlungspflicht besteht und wegen des Fehlens einer zwingenden Vorgabe betriebliche Regelungen verlangt, um das vom Gesetz vorgegebene Ziel des Arbeits- und Gesundheitsschutzes zu erreichen. Eine näher ausgestaltete Rahmenvorschrift liegt vor, wenn die gesetzliche Regelung Maßnahmen zur Gewährleistung des Gesundheitsschutzes erfordert, diese aber nicht selbst im Einzelnen beschreibt, sondern dem Arbeitgeber lediglich ein zu erreichendes Schutzziel vorgibt.[7] Voraussetzung des Mitbestimmungsrechts nach § 87 Abs. 1 Nr. 7 BetrVG ist, dass die Anwendung der Rahmenvorschrift eine betriebliche Regelung notwendig macht, in der Arbeitgeber und Betriebsrat gemeinsam festlegen, in welcher Weise das vorgegebene Schutzziel erreicht werden soll. Eine Einzelfallregelung genügt dagegen nicht. Es muss sich einen kollektiven Tatbestand handeln, der sich auf mehrere Beschäftigte bezieht.[8]

Eine solche ausfüllungsbedürftige Rahmenvorschrift ist auch § 3 Abs. 2 Arbeitsschutzgesetz, die den Arbeitgeber zum Aufbau einer an den betrieblichen Gegebenheiten ausgerichteten Sicherheitsorganisation verpflichtet. Nach der Rechtsprechung des Bundesarbeitsgerichts ist § 3 Arbeitsschutzgesetz gewissermaßen

---

7 BAG 18.3.2014-1 ABR 73/12.

8 BAG a.a.O.

der »Prototyp« einer allgemein gehaltenen Rahmenvorschrift. Sie gibt dem Arbeitgeber kein bestimmtes, verallgemeinerungsfähiges Organisationsmodell vor, sondern setzt einen Rahmen für die Entwicklung einer an den betrieblichen Gegebenheiten ausgerichteten Organisation. Die Vorschrift enthält deshalb von den Betriebsparteien auszufüllen Regelungsspielräume.
Für die Regelung der betrieblichen Arbeitsschutzorganisation ist der örtliche Betriebsrat und nicht der Gesamtbetriebsrat oder Konzernbetriebsrat zuständig, da die speziellen betrieblichen Gegebenheiten für den Aufbau der Arbeitsschutzorganisation maßgebend sind. Es fehlt also an dem zwingenden Erfordernis für eine überbetriebliche bzw. unternehmensübergreifende Regelung.[9]

2. Mitbestimmung nach dem BPersVG

Parallel zu den gesetzlichen Bestimmungen im BetrVG hat auch der Personalrat nach § 80 Abs. 1 Nr. 16 BPersVG n. F. (§ 75 Abs. 3 Nr. 11 BPersVG a. F.[10]) bei dem Arbeitsschutz der Arbeitnehmer im öffentlichen Dienst mitzubestimmen (→ **Personalrat**). Diese Mitbestimmung erstreckt auch auf freiwillige Gesundheitsmaßnahmen des Arbeitgebers.[11] Im Regelfall wird die Arbeitsschutzorganisation eine gemeinsame Angelegenheit nach 40 Abs. 1 BPersVG n. F. (§ 38 Abs. 1 BPersVG a. F.) darstellen.[12]
Seine Grenze findet diese Mitbestimmung nur da, wo die Personalratsarbeit unmittelbare Auswirkung auf die konkrete Aufgabenerfüllung des Staates nach außen hat.[13] Dies ist etwa der Fall, wenn durch die geplanten Maßnahmen die konkrete Aufgabenerfüllung erheblich beeinträchtigt werden würde.[14] Soweit sich jedoch Maßnahmen zur arbeitsmedizinischen Vorsorge aus dem Ergebnis einer Gefährdungsbeurteilung ergeben, unterliegen diese nach der hier vertretenen Auffassung kann diese Grenze nicht greifen. Es ist aber dabei zu beachten, dass die Durchführung einer → **Gefährdungsbeurteilung** selbst nach der kritikwürdigen Rechtsprechung der Verwaltungsgerichte nicht der Mitbestimmung des Personalrats unterliegt. Nach zutreffender Ansicht unterliegt die personalvertretungsrechtliche Mitbestimmung keiner Begrenzung durch haushaltsrechtliche Vorgaben.[15]

9 LAG Hamburg 28. 6. 2017 – 5 TaBV 4/17.
10 BPersVG v. 15. 3. 1974 (BGBl. I S. 693); zuletzt geändert durch Gesetz vom 9. 6. 2021 (BGBl. I S. 1614).
11 BVerwG 14. 2. 2013 – 6 PB 1/13.
12 Richardi/Dörner/Weber-Kaiser/Annuß BPersVG § 75 Rn. 443.
13 HK-ArbSchR-Nitsche, BPersVG § 68 Rn. 20–24.
14 BVerwG 23. 8. 2000 – 6 P 12.99.
15 OVG Nordrhein-Westfalen 4. 3. 2016 – 20a 2334/14.PVL; a. A. VGH Hessen 18. 3. 1993 – HPV TL 3730/89; differenzierend: HK-ArbSchR-Nitsche, BPersVG § 68 Rn. 26f.

Bei der Bestellung von Betriebs- und Vertrauensärzten als Angestellte ist der Personalrat nach § 78 Abs. 1 Nr. 14 BPersVG n. F. (§ 75 Abs. 3 Nr. 10 BPersVG a. F. [Arbeitnehmer] bzw. § 76 Abs. 2 Satz 1 Nr. 4 BPersVG a. F. [Beamte]) zu beteiligen. Zudem hat der Personalrat ein umfassendes Mitbestimmungsrecht bei der Gestaltung von Arbeitsplätzen der Arbeitnehmer nach § 80 Abs. 1 Nr. 4 BPersVG n. F.(§ 75 Abs. 3 Nr. 16 BPersVG), was auch den Schutz vor arbeitsplatzspezifischen Gefährdungen und Überbeanspruchungen erfasst.[16]

IV. Inhalt einer Betriebs- und Dienstvereinbarung

In einer Betriebs- oder Dienstvereinbarung zur betrieblichen Arbeitsschutzorganisation können insbesondere, jeweils umfassend und auf die betrieblichen Gegebenheiten streng und konkret ausgerichtet, geregelt werden:

1. Betriebliche Arbeitsschutzorganisation

Die betriebliche Arbeitsschutzorganisation nach den §§ 3, 13 ArbSchG (Verantwortlichkeiten, Aufgaben, Befugnisse, Qualifikation, Einbindung der Maßnahmen des Arbeitsschutzes in die betrieblichen Führungsstrukturen sowie Bereitstellung der hierzu erforderlichen Mittel) sowie Beteiligung der Mitarbeiter zur Erfüllung ihrer Mitwirkungspflichten und Rechte nach den §§ 15, 16, 17 ArbSchG.
Die Inhalte einer Betriebsvereinbarung können sich an den oben dargestellten 15 Elementen der GDA-Leitlinie ausrichten. Ebenso können die Einzelheiten der Aufgabenübertragung nach § 13 ArbSchG geregelt werden, d. h., welche Person ist in der betrieblichen Organisation für welche Aufgaben der Arbeitssicherheit und des Arbeitsschutzes verantwortlich und hat diese Person eine ausreichende Qualifikation und die für die Durchführung erforderlichen zeitlichen und finanziellen Ressourcen.

2. Fachkundige Beratung durch die Fachkraft für Arbeitssicherheit und den Betriebsarzt

Inhalt könnte sein, welche Aufgaben im Rahmen der Grundbetreuung sowie der betriebsspezifischen Betreuung enthalten sind, wieviel Stunden im Betrieb aufgebracht werden müssen, welche Stunden nicht zu den Betreuungsstunden

16 Richardi/Dörner/Weber-Kaiser/Annuß, BPersVG § 75 Rn. 430.

gehören, die betriebliche Regelung der Betreuungsform und jährliche die Berichterstattung.

3. Aufgaben der Sicherheitsbeauftragten, Mitwirkungspflichten der Mitarbeiter

Hier kann insbesondere geregelt werden, dass die Sicherheitsbeauftragten für die Meldewege und Meldeverfahren nach den §§ 16 und 17 ArbSchG Ansprechpartner der Beschäftigten sind und Meldungen an den Arbeitgeber weitergeben. Dabei geht es zum einen um die Pflicht der Mitarbeiter zur Meldung von unmittelbaren erheblichen Gefahren sowie von Mängeln an Schutzausrüstungen (§ 16 Abs. 1 ArbSchG) und die Pflicht der Mitarbeiter, den Arbeitgeber bei der Umsetzung des Arbeitsschutzes entsprechend den behördlichen Auflagen zu unterstützen sowie festgestellte Gefahren und Defekte in Ergänzung zu § 16 Abs. 1 ArbSchG auch der Fachkraft für Arbeitssicherheit, dem Betriebsarzt oder den Sicherheitsbeauftragten nach § 22 SGB VII zu melden.
Zum anderen muss der Arbeitgeber die erforderlichen organisatorischen Vorkehrungen treffen, damit – wie in § 17 Abs. 2 ArbSchG vorgesehen – innerbetrieblich Beschwerden erhoben werden können (z. B. durch Klärung, wo und in welcher Form Beschwerden anzubringen sind). Eine diesbezügliche Regelung in einer Betriebsvereinbarung kann es sein, dass die Mitarbeiter jederzeit berechtigt sind, Vorschläge zu allen Fragen der Sicherheit und des Gesundheitsschutzes bei der Arbeit zu machen oder Beschwerden hierzu vorzubringen und dass sie dies auf mündlichen oder schriftlichen Weg gegenüber ihrem Vorgesetzten (oder alternativer Meldeweg je nach betrieblichen Verhältnissen) tun können. Die Regelung kann beinhalten, dass sich die Mitarbeiter in gleicher Weise alternativ auch an den Betriebsrat oder den Sicherheitsbeauftragten wenden können, die die Vorschläge unmittelbar an den Arbeitgeber weitergeben.
An dieser Stelle kann dann auch betriebsnah geregelt werden, innerhalb welcher Frist der Arbeitgeber seine Rückmeldung zur Beschwerde geben muss und welche Regelung greift, falls eine Rückmeldung nicht erfolgt.

4. Innerbetriebliche Kooperation der betrieblichen Akteure

Soweit in einer sonstigen Rechtsvorschrift nichts anderes bestimmt ist, hat der Arbeitgeber in Betrieben mit mehr als zwanzig Beschäftigten gemäß § 11 einen Arbeitsschutzausschuss zu bilden. Dieser Ausschuss setzt sich zusammen aus dem Arbeitgeber oder einem von ihm Beauftragten, zwei vom Betriebsrat bestimmten Betriebsratsmitgliedern, Betriebsärzten, Fachkräften für Arbeitssicherheit und Sicherheitsbeauftragten nach § 22 des SGB VII. Der Arbeitsschutzausschuss hat die Aufgabe, Anliegen des Arbeitsschutzes und der Unfallverhü-

tung zu beraten. Der Arbeitsschutzausschuss tritt mindestens einmal vierteljährlich zusammen.
Hier kann zum einen Gegenstand einer betrieblichen Regelung sein, wie oft der Arbeitsschutzausschuss zusammentritt. § 11 ASiG sieht lediglich vor, dass der Arbeitsschutzausschuss »mindestens« einmal vierteljährlich zusammentritt.
Zum anderen kann eine Regelung erfolgen, wie der Informationsaustausch insbesondere zwischen dem Arbeitsschutzausschuss und der Fachkraft für Arbeitssicherheit und dem Betriebsarzt praktikabel ablaufen soll, insbesondere wie die Berichterstattung der betrieblichen Akteure im Arbeitsschutzausschuss erfolgt.
Ein Mitbestimmungsrecht des Betriebsrats bezüglich der Anwesenheit bestimmter Mitglieder des Arbeitsschutzausschusses (Betriebsarzt, Fachkraft für Arbeitssicherheit) bei dessen Sitzungen besteht nicht. Hingegen hat der Betriebsrat hinsichtlich der Mitgliederzahl und der Zusammensetzung bzw. Auswahl der Mitglieder des Ausschusses mitzubestimmen. Nicht der Mitbestimmung unterliegt aber wiederum, wen der Arbeitgeber als Person in den Arbeitsschutzausschuss entsendet.[17]
Kein Initiativrecht für eine Regelung hat der Betriebsrat auch dahingehend, dass überhaupt ein Arbeitsschutzausschuss eingerichtet wird.[18] Dies bestimmt bei Vorliegen der gesetzlichen Voraussetzungen das Gesetz, sodass dazu kein ausfüllungsbedürftiger Rahmen für die betriebliche Mitbestimmung besteht.

17 Kollmer/Klindt/Schucht-Leube, ASiG Rn. 41.
18 BAG 15.4.2014 – 1 ABR 82/12.

Arbeitsstätte

I. Einführung

Arbeitsstätten im Sinne des Arbeitsschutzes sind Arbeitsräume oder andere Orte in Gebäuden auf dem Gelände eines Betriebs, Orte im Freien auf dem Gelände eines Betriebs und Orte auf Baustellen, sofern sie zur Nutzung für Arbeitsplätze vorgesehen sind (§ 2 Arbeitsstättenverordnung – ArbStättV).

II. Einzeldarstellung

Die ArbStättV trifft Regelungen zur Gewährleistung der Sicherheit und zum Schutz der Gesundheit der Beschäftigten beim Einrichten und Betreiben von Arbeitsstätten. Die ArbStättV dient der Umsetzung europäischer Richtlinien (89/654/EWG, 92/58/EWG, 92/57/EWG).

1. Anwendungsbereich

Die ArbStättV definiert in § 1 ihren eigenen Anwendungsbereich. Teilweise Ausnahmen vom Anwendungsbereich und Sonderregelungen gelten beispielsweise für Arbeitsstätten im Reisegewerbe und Marktverkehr, für Transportmittel, für Telearbeitsplätze und für Arbeitsstätten, die dem Bundesberggesetz unterliegen.

Zur Arbeitsstätte im Sinne der ArbStättV gehören insbesondere auch Orte auf dem Gelände eines Betriebs oder einer Baustelle, zu denen Beschäftigte im Rahmen ihrer Arbeit Zugang haben. Ferner gehören zur Arbeitsstätte Verkehrswege, Fluchtwege, Notausgänge, Lagerräume, Maschinenräume und Nebenräume, Sanitärräume, Kantinen, Pausenräume, Bereitschaftsräume, Erste-Hilfe-Räume und Unterkünfte.

Einrichtungen, die dem Betreiben der Arbeitsstätte dienen, sind ebenfalls der Arbeitsstätte zugehörig, insbesondere Sicherheitsbeleuchtungen, Feuerlöscheinrichtungen, Versorgungseinrichtungen, Beleuchtungsanlagen, raumlufttechnische Anlagen, Signalanlagen, Energieverteilungsanlagen, Türen und Tore, Vorschläge, Fahrtreppen, Laderaum und Steigleitern.
Arbeitsräume sind die Räume, in denen Arbeitsplätze innerhalb von Gebäuden dauerhaft eingerichtet sind (§ 2 Abs. 3 ArbStättV).
Arbeitsplätze sind Bereiche, an denen Beschäftigte im Rahmen ihrer Arbeit tätig sind (§ 2 Abs. 4 ArbStättV). § 2 ArbStättV enthält ferner auch rechtliche Definitionen für Bildschirmarbeitsplätze, Bildschirmgeräte und Telearbeitsplätze.

2. Gefährdungsbeurteilung

Die ArbStättV hat eine eigene Vorschrift zur Gefährdungsbeurteilung: § 3 ArbStättV. Danach hat der Arbeitgeber bei der Beurteilung der Arbeitsbedingungen nach § 5 des Arbeitsschutzgesetzes (Gefährdungsbeurteilung) festzustellen, ob die Beschäftigten beim Einrichten und Betreiben von Arbeitsstätten Gefährdungen ausgesetzt sind oder ausgesetzt sein können. Wenn dies der Fall ist, hat der Arbeitgeber alle möglichen Gefahren der Sicherheit und der Gesundheit der Beschäftigten zu beurteilen und dabei die Auswirkungen der Arbeitsorganisation und der Arbeitsabläufe in der Arbeitsstätte zu berücksichtigen. Bei der Gefährdungsbeurteilung hat er gemäß § 3 ArbStättV die physischen und psychischen Belastungen, sowie bei Bildschirmarbeitsplätzen insbesondere die Belastungen der Augen oder die Gefährdung des Sehvermögens der Beschäftigten zu berücksichtigen. Der Arbeitgeber hat aus dem Ergebnis der Gefährdungsbeurteilung Maßnahmen zum Schutz der Beschäftigten nach dem Stand der Technik, Arbeitsmedizin und Hygiene abzuleiten und festzulegen. Hierbei hat er auch sonstige gesicherte arbeitswissenschaftliche Erkenntnisse zu berücksichtigen.
§ 3 der ArbStättV legt auch fest, dass der Arbeitgeber die Pflicht hat, sicherzustellen, dass die Gefährdungsbeurteilung durch eine fachkundige Person durchgeführt wird. Fachkundig ist, wer über die zur Ausübung einer in der ArbStättV bestimmten Aufgabe erforderlichen Fachkenntnisse verfügt (§ 2 Abs. 13 ArbStättV). Die Anforderungen an die Fachkunde sind dabei abhängig von der jeweiligen Art der Aufgabe. Die Anforderungen ergeben sich aus einer entsprechenden Berufsausbildung, Berufserfahrung oder einer zeitnah ausgeübten entsprechenden beruflichen Tätigkeit.

3. Berücksichtigung des Stands der Technik und der aktuellen Erkenntnisse der Arbeitswissenschaften

Der Arbeitgeber ist verpflichtet dafür zu sorgen, dass Arbeitsstätten so eingerichtet und betrieben werden, dass Gefährdungen für die Sicherheit und die Gesundheit der Beschäftigten möglichst vermieden und verbleibende Gefährdungen möglichst gering gehalten werden (§ 3a ArbStättV). Bei der Einrichtung und dem Betreiben von Arbeitsstätten entsprechend der Gefährdungsbeurteilung nach § 3 ArbStättV hat der Arbeitgeber den Stand der Technik, Arbeitsmedizin und Hygiene, die ergonomischen Anforderungen sowie insbesondere die vom Bundesministerium für Arbeit und Soziales nach § 7 Abs. 4 der ArbStättV bekanntgemachten Regeln und Erkenntnisse zu berücksichtigen. Hierbei handelt es sich um → **technische Regeln für Arbeitsstätten (ASR)**. [1] Diese konkretisieren die ArbStättV, indem sie konkrete Informationen zur Ausgestaltung und zur möglichen Umsetzung der Vorgaben der ArbStättV geben. Die technischen Regeln für Arbeitsstätten werden vom → **Ausschuss für Arbeitsstätten (ASTA)** erarbeitet. Die Geschäftsführung über diesen Ausschuss hat die → **Bundesanstalt für Arbeitsschutz und Arbeitsmedizin (BAuA)**. Der Ausschuss für Arbeitsstätten berät das Bundesministerium für Arbeit und Soziales bei Fragen zum Arbeitsschutz in Arbeitsstätten und erarbeitet insbesondere die technischen Regeln für Arbeitsstätten[2].

Die ArbStättV ihrerseits hat einen eigenen Anhang »Anforderungen und Maßnahmen für Arbeitsstätten nach § 3 Abs. 1«. Darin sind allgemeine Anforderungen an Arbeitsstätten, Maßnahmen zum Schutz vor besonderen Gefahren, Arbeitsbedingungen, Vorgaben für Sanitär,- Pausen- und Bereitschaftsräume, Kantinen, Erste-Hilfe-Räume und Unterkünfte geregelt sowie ergänzende Anforderungen und Maßnahmen für besondere Arbeitsstätten und Arbeitsplätze und auch Maßnahmen zur Gestaltung von Bildschirmarbeitsplätzen. Die in diesem Anhang zur ArbStättV jeweils getroffenen Regelungen werden weiter konkretisiert durch die zugehörigen technischen Regeln für Arbeitsstätten (ASR).

So trifft beispielsweise Ziffer 3.5 des Anhangs zur ArbStättV eine Vorgabe für die Raumtemperatur, in der es heißt: »Arbeitsräume, in denen aus betriebstechnischer Sicht keine spezifischen Anforderungen an die Raumtemperatur gestellt werden, müssen während der Nutzungsdauer unter Berücksichtigung der Arbeitsverfahren und der physischen Belastungen der Beschäftigten eine gesundheitlich zuträgliche Raumtemperatur haben.«

---

1 *https://www.baua.de/DE/Angebote/Rechtstexte-und-Technische-Regeln/Regelwerk/ASR/ASR.html*

2 Eine Liste der bisher veröffentlichten 21 ASR findet sich im Stichwort → **Technische Regeln für Arbeitsstätten (ASR)**.

Diese Vorgabe wird in der ASR A 3.5 (Raumtemperatur) weiter konkretisiert, indem insbesondere Schwellenwerte für die Lufttemperatur im Raum gegeben werden, ab deren Erreichen Maßnahmen eingeleitet werden müssen. Ferner werden in der ASR A 3.5 geeignete Maßnahmen vorgeschlagen (→ **Raumklima**).

4. Weitere Pflichten des Arbeitgebers

Der Arbeitgeber hat die Arbeitsstätte instand zu halten und dafür zu sorgen, dass festgestellte Mängel unverzüglich beseitigt werden (§ 4 ArbStättV). Falls Mängel, mit denen eine unmittelbare erhebliche Gefahr verbunden ist, nicht sofort beseitigt werden, hat der Arbeitgeber dafür zu sorgen, dass die gefährdeten Beschäftigten ihre Tätigkeit unverzüglich einstellen. Ferner ist in der ArbStättV die Pflicht des Arbeitgebers normiert, dass Arbeitsstätten den hygienischen Erfordernissen entsprechend gereinigt werden.
In § 4 Abs. 3 ArbStättV ist die Verpflichtung des Arbeitgebers zur Gewährleistung der Funktionsfähigkeit und Prüfung der Sicherheitseinrichtungen (z. B. Brandmelder und Feuerlöscheinrichtungen) bestimmt. Ferner besteht die Verpflichtung des Arbeitgebers, Verkehrswege, Fluchtwege und Notausgänge freizuhalten sowie eine ordnungsgemäße Erste-Hilfe im Betrieb vorzuhalten.

5. Nichtraucherschutz

Die ArbStättV regelt zudem den Nichtraucherschutz im Betrieb, indem sie dem Arbeitgeber auferlegt, die erforderlichen Maßnahmen zu treffen, damit die nicht rauchenden Beschäftigten in den Arbeitsstätten wirksam vor den Gesundheitsgefahren durch Tabakrauch geschützt sind, § 5 ArbStättV (→ **Nichtraucherschutz**).

6. Information und Unterweisung der Beschäftigten

Der Arbeitgeber ist darüber hinaus verpflichtet, die Beschäftigten ausreichend und angemessen anhand der erstellten Gefährdungsbeurteilung und in verständlicher Form und Sprache zu informieren und entsprechend zu unterweisen. Das Mindestmaß nach der ArbStättV ist die Information und Unterweisung über das bestimmungsgemäße Betreiben der Arbeitsstätte, über alle gesundheits- und sicherheitsrelevanten Fragen im Zusammenhang mit der Tätigkeit der Beschäftigten, über Maßnahmen, die zur Gewährleistung der Sicherheit und zum Schutz der Gesundheit der Beschäftigten durchgeführt werden müssen und über arbeitsplatzspezifische Maßnahmen, insbesondere bei Tätigkeiten auf Baustellen oder an Bildschirmgeräten (§ 6 ArbStättV). Im Zuge eines umfassenden Arbeits- und Gesundheitsschutzes muss sich die Unterweisung auch auf das richtige Han-

deln im Gefahrenfall erstrecken, d.h. auf die Bedienung von Sicherheits- und Warneinrichtungen sowie die betriebliche Erste-Hilfe und die dazu vorgehaltenen Mittel und Einrichtungen. Gegenstand der Unterweisung müssen zudem Maßnahmen der Brandverhütung und Verhaltensmaßnahmen im Brandfall sein sowie die Bedienung der Feuerlöscheinrichtungen für diejenigen Beschäftigten, die die Aufgaben der Brandbekämpfung übernehmen.
Die Unterweisungen müssen vor Aufnahme der Tätigkeit stattfinden und sind mindestens einmal jährlich zu wiederholen.

III. Hinweise für die Mitbestimmung

Zunächst ist der Betriebsrat über Planungen für Arbeitsstätten rechtzeitig zu informieren und an Begehungen zu beteiligen. § 90 BetrVG regelt, dass der Arbeitgeber den Betriebsrat über die Planung von Neubauten, Umbauten und Erweiterungsbauten von Fabrikationsräumen, Verwaltungsräumen und sonstigen betrieblichen Räumen, von technischen Anlagen, von Arbeitsverfahren und Arbeitsabläufen oder der Arbeitsplätze rechtzeitig unter Vorlage der erforderlichen Unterlagen zu unterrichten hat. Der Arbeitgeber hat mit dem Betriebsrat die vorgesehenen Maßnahmen und ihre Auswirkungen auf die Arbeitnehmer (insbesondere auf die Art ihrer Arbeit sowie die sich daraus ergebenden Anforderungen an die Arbeitnehmer) so rechtzeitig zu beraten, dass Vorschläge und Bedenken des Betriebsrats bei der Planung berücksichtigt werden können. Arbeitgeber und Betriebsrat sollen dabei auch die gesicherten arbeitswissenschaftlichen Erkenntnisse über die menschengerechte Gestaltung der Arbeit berücksichtigen.
Gemäß § 80 Abs. 1 BetrVG hat der Betriebsrat darüber zu wachen, dass die zugunsten der Arbeitnehmer geltenden Gesetze Verordnungen und Unfallverhütungsvorschriften, Tarifverträge und Betriebsvereinbarungen durchgeführt werden.
Gemäß § 89 BetrVG hat sich der Betriebsrat dafür einzusetzen, dass die Vorschriften über den Arbeitsschutz und die Unfallverhütung im Betrieb sowie über den betrieblichen Umweltschutz durchgeführt werden. Er hat bei der Bekämpfung von Unfall- und Gesundheitsgefahren die für den Arbeitsschutz zuständigen Behörden, die Träger der gesetzlichen Unfallversicherung und die sonstigen in Betracht kommenden Stellen durch Anregung, Beratung und Auskunft zu unterstützen. Der Arbeitgeber und die oben genannten Stellen sind verpflichtet, den Betriebsrat oder die von ihm bestimmten Mitglieder des Betriebsrats bei allen im Zusammenhang mit dem Arbeitsschutz oder der Unfallverhütung

stehenden Besichtigungen und Fragen und bei Unfalluntersuchungen hinzuzuziehen. Der Arbeitgeber hat den Betriebsrat auch bei allen im Zusammenhang mit dem betrieblichen Umweltschutz stehenden Besichtigungen und Fragen hinzuzuziehen und ihm unverzüglich die den Arbeitsschutz, die Unfallverhütung und den betrieblichen Umweltschutz betreffenden Auflagen und Anordnungen der zuständigen Stellen mitzuteilen. An Besprechungen des Arbeitgebers mit den Sicherheitsbeauftragten im Rahmen des § 22 Abs. 2 SGB VII nehmen vom Betriebsrat beauftragte Betriebsratsmitglieder teil. Der Betriebsrat erhält vom Arbeitgeber die Niederschriften über Untersuchungen, Besichtigungen und Besprechungen, zu denen er nach § 89 Abs. 2 und 4 BetrVG hinzuzuziehen ist.

Grundsätzlich hat der Betriebsrat für Regelungen im Arbeitsschutz ein Mitbestimmungsrecht gemäß § 87 Abs. 1 Nr. 7 BetrVG. Nach der Rechtsprechung des Bundesarbeitsgerichts hat der Betriebsrat bei betrieblichen Regelungen und Maßnahmen über den Gesundheitsschutz mitzubestimmen, die der Arbeitgeber zwar aufgrund einer öffentlich-rechtlichen Rahmenvorschrift zu treffen hat, bei deren Gestaltung ihm aber Handlungsspielräume verbleiben. Mitzubestimmen hat der Betriebsrat bei der Ausfüllung dieses Spielraums. Dadurch soll im Interesse der betroffenen Arbeitnehmer eine möglichst effiziente Umsetzung des gesetzlichen Arbeitsschutzes im Betrieb erreicht werden. Das Mitbestimmungsrecht setzt ein, wenn eine gesetzliche Handlungspflicht objektiv besteht und wegen Fehlens einer zwingenden Vorgabe eine betriebliche Regelung verlangt wird, um das vom Gesetz vorgegebene Ziel des Arbeitsschutzes und Gesundheitsschutzes zu erreichen. Ob die Rahmenvorschrift dem Gesundheitsschutz mittelbar oder unmittelbar dient, ist unerheblich. Keine Rolle spielt auch, welchen Weg oder welche Mittel die dem Gesundheitsschutz dienende Rahmenvorschrift vorsieht.[3]

Eine derartige Rahmenvorschrift zum Gesundheitsschutz ist insbesondere auch § 3a ArbStättV. Nach § 3a Abs. 1 ArbStättV hat der Arbeitgeber dafür zu sorgen, dass Arbeitsstätten so eingerichtet und betrieben werden, dass von ihnen keine Gefährdungen für die Sicherheit und die Gesundheit der Beschäftigten ausgehen. Dabei hat er den Stand der Technik und insbesondere die vom Bundesministerium für Arbeit und Soziales nach § 7 Abs. 4 ArbStättV bekannt gemachten Regeln und Erkenntnisse zu berücksichtigen. Bei Einhaltung der genannten Regeln und Erkenntnisse ist nach § 3a Abs. 3 ArbStättV davon auszugehen, dass die in der Verordnung gestellten Anforderungen diesbezüglich erfüllt sind. Dies schließt aber die Mitbestimmung gerade nicht aus, wie am Beispiel der Regelungen zur Raumtemperatur verdeutlicht wird. § 3a ArbStättV schreibt dem Arbeitgeber keine konkreten Maßnahmen vor, auch nicht über den Hinweis auf die veröffentlichten technischen Regeln. Um eine solche technische Regel für Arbeits-

3 LAG SH 1.10.2013 – 1 TaBV 33/13; BAG 8.6.2004 – 1 ABR 13/03.

stätten handelt es sich beispielweise bei der ASR A 3.5 (Raumtemperatur). Diese gibt dem Arbeitgeber aber ebenfalls keine konkrete Vorgabe, welche einzelne Maßnahme er ergreifen muss, sondern schreibt nur vor, dass bei Überschreiten bestimmter Raumtemperaturen Maßnahmen ergriffen werden müssen. So heißt es in Punkt 4.4 Abs. 1 ASR A 3.5 ausdrücklich: »Wenn die Außenlufttemperatur über +26 °C beträgt und unter der Voraussetzung, dass geeignete Sonnenschutzmaßnahmen nach Punkt 4.3 verwendet werden, sollen beim Überschreiten einer Lufttemperatur im Raum von +26 °C zusätzliche Maßnahmen, z. B. nach Tabelle 4, ergriffen werden.« Aus dieser Formulierung zeigt sich ganz deutlich, dass in der ASR A 3.5 lediglich Handlungsempfehlungen oder Vorschläge gemacht werden. Welche konkrete Maßnahme zu ergreifen ist, entscheidet der Arbeitgeber, in Betrieben mit Betriebsrat gemäß § 87 Abs. 1 Nr. 7 BetrVG unter dessen Mitbestimmung.[4]

Das Mitbestimmungsrecht nach § 87 Abs. 1 Nr. 7 BetrVG gewährt dem Betriebsrat ein Initiativrecht zum Erlass entsprechender betrieblicher Arbeits- und Gesundheitsschutzregelungen. Das Initiativrecht muss auf eine konkrete Ausfüllung der Rahmenvorschrift zielen.[5]

Zusätzlich gibt es ein Mitbestimmungsrecht des Betriebsrats gemäß § 91 BetrVG, der regelt, dass der Betriebsrat angemessene Maßnahmen zur Abwendung, Milderung oder zum Ausgleich der Belastung verlangen kann, wenn Arbeitnehmer durch Änderungen der Arbeitsplätze, des Arbeitsablaufs oder der Arbeitsumgebung, die den gesicherten arbeitswissenschaftlichen Erkenntnissen über die menschengerechte Gestaltung der Arbeit offensichtlich widersprechen, in besonderer Weise belastet werden. Kommt eine Einigung nicht zustande, so entscheidet die Einigungsstelle.

Für den Personalrat besteht ebenfalls ein Mitbestimmungsrecht bei Maßnahmen der Arbeitssicherheit und des Gesundheitsschutzes (§ 80 Abs. 1 Nr. 16 BPersVG n. F. – § 75 Abs. 3 Nr. 11 BPersVG a. F.) sowie auch bei der Arbeitsplatzgestaltung (§ 80 Abs. 1 Nr. 4 BPersVG n. F. – § 75 Abs. 3 Nr. 16 BPersVGa. F.).

IV. Inhalt einer Betriebs- und Dienstvereinbarung

Der Inhalt einer zu treffenden Betriebs- bzw. Dienstvereinbarung muss sich wie stets im Arbeitsschutz streng an den betrieblichen Gegebenheiten orientieren und konkrete Regelungen, zugeschnitten auf den Betrieb, treffen. Es kommen hierbei insbesondere auch Regelungen hinsichtlich der gemäß ArbStättV in Zusammen-

4 LAG SH 1.10.2013 – 1 TaBV 33/13

5 LAG SH 1.10.2013 – 1 TaBV 33/13.

schau mit den ASR zu ergreifenden Maßnahmen in Betracht. Hier kann sich der Arbeitgeber wie ausgeführt nicht pauschal gegen eine geforderte mitbestimmte Regelung damit verteidigen, ein Mitbestimmungsrecht sei nicht gegeben, weil er die Anforderungen der technischen Regeln für Arbeitsstätten erfülle. Soweit diese technischen Regeln und die ArbStättV Spielräume für die Entscheidungen zur Regelung und Umsetzung lassen, besteht auch die Mitbestimmung des Betriebs- oder Personalrats. Das Bundesarbeitsgericht hat hierzu auch ausgeführt, dass das Mitbestimmungsrecht des Betriebsrats nicht eingeschränkt ist, sofern es zwar um eine ausfüllungsbedürftige, aber gleichwohl auf einen konkreten Gegenstand aus dem Bereich des Gesundheitsschutzes beschränkte Regelung geht, durch die dem Arbeitgeber bestimmte Handlungspflichten auferlegt werden.[6]

Zum einen kann der Betriebsrat auf der Grundlage § 87 Abs. 1 Nr. 1 BetrVG i. V. m. § 3 ArbStättV und § 5 ArbSchG konkrete Regelungen zu den zu untersuchenden Arbeitsplätzen und Arbeitsbereichen, dem Verfahren und den Methoden der Gefährdungsbeurteilung vereinbaren.

Zum anderen kann der Betriebs- oder Personalrat zu einzelnen Arbeitsbedingungen, die z. B. in den ASR behandelt werden, Regelungen treffen. In Ausfüllung der ASR A 3.5 können je nach Temperatur die jeweiligen Abhilfemaßnahmen geregelt werden. Dies könnten z. B. die Aufstellung von Klimaanlagen, Abkühlungspausen oder Regelungen zu der Kleiderordnung an besonders warmen Tagen sein.

6 BAG 8. 6. 2004 – 1 ABR 4/03.

Arbeitsunfähigkeit

I. Einführung

Während Zeiten der krankheitsbedingten Arbeitsunfähigkeit ist ein Beschäftigter nicht verpflichtet, seine Arbeitsleistung zu erbringen. Umgekehrt ist der Arbeitgeber auch nicht verpflichtet, den Arbeitnehmer zu beschäftigen, wenn er (objektiv) arbeitsunfähig erkrankt ist, auch wenn der Arbeitnehmer seine Beschäftigung verlangt. Arbeitsunfähigkeit begründet einen Anspruch auf Entgeltfortzahlung des Arbeitnehmers gegenüber seinem Arbeitgeber (→ **Entgeltfortzahlung**).

II. Einzeldarstellung

1. Begriff

Krankheit und Arbeitsunfähigkeit im Sinne des Entgeltfortzahlungsgesetzes (EFZG) sind *nicht deckungsgleich und begrifflich voneinander zu trennen*. Um eine Entgeltfortzahlung auszulösen, muss zunächst eine Krankheit vorliegen, die zur Arbeitsunfähigkeit führt. Die Arbeitsunfähigkeit wiederum muss alleinige Ursache für die Arbeitsverhinderung des Arbeitnehmers sein. § 3 Abs. 1 EFZG beschreibt dies wie folgt:

> **Gesetz**
> Wird ein Arbeitnehmer durch Arbeitsunfähigkeit infolge Krankheit an seiner Arbeitsleistung verhindert, ohne daß ihn ein Verschulden trifft, so hat er Anspruch auf Entgeltfortzahlung im Krankheitsfall durch den Arbeitgeber für die Zeit der Arbeitsunfähigkeit bis zur Dauer von sechs Wochen.

Der Begriff der Arbeitsunfähigkeit ist gesetzlich nicht definiert. Laut Rechtsprechung ist der Arbeitnehmer arbeitsunfähig infolge Krankheit, wenn ein

Krankheitsgeschehen ihn außerstande setzt, die ihm nach dem Arbeitsvertrag obliegende Arbeitsleistung zu erbringen, oder wenn er die Arbeiten nur unter der Gefahr fortsetzen könnte, in absehbar naher Zeit seinen Gesundheitszustand zu verschlimmern.[1] Ob Arbeitsunfähigkeit vorliegt, ist vom Arzt nach objektiv medizinischen Kriterien zu beurteilen. Maßgeblich sind indessen für die Kassenärzte die vom Gemeinsamen Bundesausschuss der Ärzte und Krankenkassen[2] erlassenen Arbeitsunfähigkeitsrichtlinien. In diesen Richtlinien sind u. a. geregelt die Definition der Arbeitsunfähigkeit und Bewertungsmaßstäbe samt Ausnahmetatbeständen, das Verfahren der Feststellung der Arbeitsunfähigkeit sowie die Bescheinigung der Arbeitsunfähigkeit. Sie sind damit mittelbar maßgebend auch für das Arbeitsrecht.

Die subjektiven Empfindungen bzw. Wertungen des Arbeitnehmers als auch des Arbeitgebers spielen dabei keine Rolle.

Arbeitsunfähigkeit wird anhand der vom Beschäftigten gemäß Arbeitsvertrag geschuldeten Arbeitsleistung definiert. Ein Beschäftigter mit einer Fußverletzung kann arbeitsunfähig sein, wenn er bei seiner geschuldeten Tätigkeit gehen und/oder stehen muss. Dies gilt nicht ohne Weiteres bei einer ausschließlich sitzenden Tätigkeit. So ist beispielsweise eine Bürotätigkeit mit einer Zerrung im Fuß oftmals ohne Beeinträchtigung möglich, während diese Verletzung im Gerüstbau regelmäßig zur Arbeitsunfähigkeit führen wird.

2. Einzelfälle

Arbeitsunfähigkeit liegt zum Beispiel während der Durchführung einer ambulanten Behandlungstherapie gegen eine Krankheit vor, wenn der Arbeitnehmer in dieser Zeit eigentlich seine Arbeit leisten könnte, das Unterlassen der Behandlung seinen Zustand jedoch bis zur Unmöglichkeit der Arbeitsleistung verschlimmern würde. Wer also durch eine ambulante Behandlung einen langfristigen Ausfall und eine erheblichen Krankheit verhindert und damit einer längeren Arbeitsunfähigkeit vorbeugt, ist auch für die Dauer der ambulanten Behandlung arbeitsunfähig.[3] Wer beispielsweise seine Nierensteine zertrüm-

1 St. Rspr., vgl. BAG 7. 8. 1991 – 5 AZR 410/90.

2 Der Gemeinsame Bundesausschuss (GBA) ist das oberste Beschlussgremium der gemeinsamen Selbstverwaltung der Ärzte, Zahnärzte, Psychotherapeuten, Krankenhäuser und Krankenkassen in Deutschland. Er hat nach § 92 Abs. Satz 2 Nr. 7 SGB am 14. 11. 2013 (BAnz AT 27. 1. 2014 B4) eine neue Fassung der »Richtlinien über die Beurteilung der AU und die Maßnahmen zur stufenweisen Wiedereingliederung« (zuletzt geändert am 17. 12. 2015 – BAnz AT 16. 3. 2016 B2 – in Kraft getreten am 17. März 2016 – BAnz v 16. 3. 2016 –) erlassen. Sie sind gemäß § 91 Abs. 6 SGB V für die Kassenärzte verbindlich. Abrufbar unter *https://www.g-ba.de/downloads/62-492-1300/AU-RL_2016-10-20_iK-2016-12-24.pdf.*

3 BAG 9. 1. 1985 – 5 AZR 415/82.

mern lässt, um Koliken zu vermeiden, verhindert einen längerfristigen Ausfall und operativen Eingriff, selbst wenn er zum Zeitpunkt der Behandlung noch beschwerdefrei ist.

Arztbesuche führen zu einer Entgeltfortzahlungspflicht wegen Arbeitsunfähigkeit, wenn der Arzt Arbeitsunfähigkeit nach der Untersuchung bescheinigt. Hingegen liegt keine Arbeitsunfähigkeit und damit kein Entgeltfortzahlungsanspruch vor, wenn lediglich die Untersuchung während der Arbeitszeit erfolgen konnte, weil der Arzt keinen anderen Termin anbieten kann. Besteht nach der ärztlichen Behandlung keine Arbeitsunfähigkeit, hat der Arbeitnehmer allenfalls einen Anspruch auf Zahlung des Arbeitsentgelts nach § 616 BGB.[4]

Arbeitsunfähigkeit liegt auch vor, solange ein Arbeitnehmer wegen eines defekten technischen Hilfsmittels (zum Beispiel Prothese, Hörgerät) seine Arbeitsleistung nicht erbringen kann.[5]

Umstritten ist, ob Arbeitsunfähigkeit vorliegt, wenn der Arbeitnehmer aufgrund der Erkrankung außerstande ist, seinen Arbeitsplatz mit dem Auto, öffentlichen Nahverkehr oder der Bahn zu erreichen, obwohl er die Tätigkeit an sich ausüben könnte.[6] Die ablehnende Meinung beruft sich darauf, dass die Fahrt zwischen Wohnort und Arbeitsort nicht Teil der Arbeit ist. Der Arbeitnehmer muss auch in diesem Fall dafür Sorge tragen, z. B. durch Benutzung eines Taxis, zur Arbeit zu kommen.

Ist die Krankheit des Arbeitnehmers ansteckend, so besteht auch dann Arbeitsunfähigkeit, wenn der Betroffene seine vertraglich geschuldete Arbeitsleistung erbringen könnte.[7] Allerdings besteht der Entgeltanspruch nicht nach § 3 EFZG, sondern nach § 616 BGB.[8]

Keine Arbeitsunfähigkeit im Sinne des Entgeltfortzahlungsgesetzes liegt vor, wenn eine Schönheitsoperation zur Arbeitsunfähigkeit führt, z. B. die Beseitigung einer Tätowierung. Die Abgrenzung, ob es sich um die Beseitigung eines regelwidrigen Körper- oder Geisteszustandes (Arbeitsunfähigkeit) oder eine sonstige Operation (keine Arbeitsunfähigkeit) handelt, hängt von der Beurteilung des Arztes ab, wenn z. B. abstehende Ohren angelegt werden. Problematisch sind die Fälle, in denen medizinisch nicht indizierte Schönheitsoperationen, Tätowierungen oder Piercings zu gesundheitlichen Komplikationen führen, die zur Arbeitsunfähigkeit führen. Ein Entgeltfortzahlungsanspruch soll nicht bestehen, weil die Krankenkassen in solchen Fällen das Krankengeld nicht zahlen müssen nach § 52 Abs. 2 SGB V.[9]

---

4 Schaub-Linck, § 98 Rn. 14.
5 LAG Düsseldorf 10. 1. 1977 – 10 Sa 162/76.
6 Dagegen Schaub-Linck, § 98 Rn. 14.
7 ErfK/Reinhard, § 3 EFZG Rn. 10.
8 Schaub-Linck, § 98 Rn. 14.
9 So Schaub-Linck, § 98 Rn. 14.

3. Teilarbeitsunfähigkeit

Teilarbeitsunfähigkeit gibt es nicht. Ist jemand nicht in der Lage, alle Aufgaben auszuüben, sondern nur einen Teil der Aufgaben oder im geringeren zeitlichen Umfang, ist er arbeitsunfähig.[10] In diesem Fall kann allerdings eine stufenweise Wiedereingliederung durchgeführt werden. Sie soll einen Arbeitsunfähigen nach länger andauernder Krankheit wieder an die volle Arbeitsleistung heranführen (§ 74 SGB V). Die Arbeitsunfähigkeit besteht während der stufenweisen Wiedereingliederung fort.

Davon zu unterscheiden sind die Fälle, in denen der Beschäftigte nicht die gesamte Bandbreite der arbeitsvertraglich an sich möglichen Leistung erfüllen kann. Dann ist er nicht arbeitsunfähig. Kann ein Einsatz im Rahmen des Direktionsrechts ermöglicht werden, besteht keine Arbeitsunfähigkeit. Insofern kommt es also zunächst auf die arbeitsvertraglich vereinbarte Leistung an. Wenn beispielsweise der Arbeitsvertrag einer Krankenschwester ihre Verwendung im Schichtdienst vorsieht, sie jedoch nicht mehr in der Nachtschicht arbeiten kann, ist sie nicht arbeitsunfähig, sondern kann die Tätigkeit tagsüber erbringen.[11] Anders zu beurteilen wäre die Situation, wenn im Arbeitsvertrag ausschließlich Nachtarbeit vereinbart wäre. Dann läge Arbeitsunfähigkeit vor.

4. Abgrenzung zu Erwerbsminderung und Berufsunfähigkeit

Ob die Krankheit behoben werden kann oder nicht, ist unerheblich. Arbeitsunfähigkeit besteht auch dann, wenn die Krankheit zu Berufs- oder Erwerbsunfähigkeit führt. Die Begriffe sind voneinander zu unterscheiden.

Die verminderte Erwerbsfähigkeit ist ein Begriff der gesetzlichen Rentenversicherung (→ **Erwerbsminderungsrente**). Nach der gesetzlichen Definition ist voll erwerbsgemindert, wer wegen Krankheit oder Behinderung auf nicht absehbare Zeit außerstande ist, unter den üblichen Bedingungen des allgemeinen Arbeitsmarktes zumindest drei Stunden täglich erwerbstätig zu sein. Erwerbsgemindert ist nicht, wer unter den üblichen Bedingungen des allgemeinen Arbeitsmarktes mindestens sechs Stunden täglich erwerbstätig sein kann (§ 43 SGB VI).

Berufsunfähigkeit ist die dauernde krankheits-, unfall- oder invaliditätsbedingte Unfähigkeit einer Person, ihren Beruf auszuüben. Teilweise Berufsunfähigkeit ist eine entsprechende Beeinträchtigung, aufgrund derer eine Person ihren Beruf nur noch zum Teil ausüben kann. Im Gegensatz zur Erwerbsunfähigkeit liegt eine Berufsunfähigkeit auch dann vor, wenn der Betroffene gesundheitlich imstande wäre, einen anderen, jedoch gegebenenfalls sozial weniger angesehenen oder mit (erheblichen) Einkommenseinbußen verbundenen Beruf auszuüben.

---

10 BAG 29.1.1992 – 5 AZR 37/91; a. A. Schaub-Linck, § 98 Rn. 12.

11 BAG 9.4.2014 – 10 AZR 637/13.

5. Abgrenzung zum Beschäftigungsverbot

Das Beschäftigungsverbot ist im Arbeitsrecht das gesetzliche Verbot, einen Arbeitnehmer zwecks Arbeit zu beschäftigen, denn es befreit den Arbeitnehmer von seiner Arbeitspflicht. Beim Beschäftigungsverbot entfällt die Arbeitsfähigkeit. Beschäftigungsverbote finden sich in Deutschland unter anderem im Jugendarbeitsschutzgesetz. So verbietet dies beispielsweise gefährliche Arbeiten, Akkordarbeit oder tempoabhängige Arbeit (→ **Sozialer Arbeitsschutz**). Daneben finden sich im Mutterschutzgesetz (MuSchG) wichtige Beschäftigungsverbote; in den letzten sechs Wochen vor der Entbindung darf die werdende Mutter beispielsweise außer auf ausdrücklichen eigenen Wunsch nicht mehr beschäftigt werden, § 3 Abs. 1 MuSchG. Für den Zeitraum von acht bis zwölf Wochen nach der Entbindung besteht ebenfalls ein Beschäftigungsverbot, § 3 Abs. 2 MuSchG (→ **Sozialer Arbeitsschutz**).

6. Anzeige- und Nachweispflichten

Im Falle einer Erkrankung haben Arbeitnehmer zwei Pflichten. Die Anzeigepflicht und die Nachweispflicht.
Der Arbeitnehmer muss den Arbeitgeber unverzüglich, das heißt ohne schuldhaftes Zögern, über die eingetretene Arbeitsunfähigkeit informieren. Die Anzeige hat daher am ersten Tag der Erkrankung und zwar vor Arbeitsbeginn bzw. in den ersten Arbeitsstunden zu erfolgen. Für die Form der Anzeige gibt es keine gesetzlichen Vorschriften. Die Anzeige kann telefonisch, per E-Mail, SMS usw. erfolgen. Wichtig ist nur, dass der Arbeitnehmer im Streitfall beweisen kann, dass er seine Arbeitsunfähigkeit bei dem Arbeitgeber angezeigt hat.
Des Weiteren ist der Arbeitnehmer spätestens am vierten Tag der Arbeitsunfähigkeit verpflichtet, die Arbeitsunfähigkeit durch eine ärztliche Bescheinigung über das Bestehen der Arbeitsunfähigkeit sowie die voraussichtliche Dauer nachzuweisen, § 5 EFZG. Gemeint sind nach dem Gesetz Kalendertage und nicht Arbeitstage. Bei bis zu drei Tage dauernder Arbeitsunfähigkeit besteht also keine Nachweispflicht. Allerdings ist der Arbeitgeber berechtigt, die Vorlage der ärztlichen Bescheinigung früher zu verlangen. Die Ausübung dieses Rechts ist nicht an besondere Voraussetzungen gebunden, sondern steht im Ermessen des Arbeitgebers, muss aber diskriminierungsfrei ausgeübt werden. Es ist zulässig sowohl von einzelnen als auch von allen Arbeitnehmern des Betriebs die Vorlage des Attests früher zu verlangen.

7. Leistungen bei Arbeitsunfähigkeit

Entgeltfortzahlung

Nach dem Entgeltfortzahlungsgesetz haben Arbeitnehmer bei unverschuldeter Arbeitsunfähigkeit Anspruch auf Fortzahlung ihres Arbeitsentgeltes bis zur Dauer von sechs Wochen gemäß § 3 EFZG (→ **Entgeltfortzahlung**).

Krankengeld

Wird keine Entgeltfortzahlung gezahlt oder ist diese abgelaufen, haben gesetzlich krankenversicherte Arbeitnehmer Anspruch auf Krankengeld von der Krankenkasse bis zur Höchstdauer von 78 Wochen. Solange der versicherte Arbeitnehmer Entgeltfortzahlung vom Arbeitgeber erhält, ruht der Krankengeldanspruch mit der Folge, dass er etwa nach sechswöchiger Entgeltfortzahlung nur noch bis zu 72 Wochen Krankengeld beanspruchen kann.

Verletztengeld

Ist die Arbeitsunfähigkeit Folge eines → **Arbeitsunfalles** oder einer → **Berufskrankheit**, tritt an die Stelle des Krankengeldes das Verletztengeld durch den Träger der → **Unfallversicherung**, zum Beispiel die jeweilige Berufsgenossenschaft. Anspruch auf Verletztengeld können auch geringfügig Beschäftigte haben, die kein Krankengeld erhalten, denn sie sind als Arbeitnehmer zwar unfallversichert, aber nicht krankenversichert (§§ 45 ff SGB VII).

Tarifliche Regelungen

Aufgrund eines Tarifvertrages (zum Beispiel im öffentlichen Dienst nach § 22 TVöD) können Arbeitnehmer Anspruch auf Zahlung eines Zuschusses zum Kranken- oder Verletztengeld durch den Arbeitgeber haben. Dieser ist oft nach der Beschäftigungsdauer gestaffelt.

Krankentagegeld

Alternativ lässt sich auch ein privates Krankentagegeld vereinbaren, beispielsweise für privat Krankenversicherte, die keinen Anspruch auf gesetzliches Krankengeld haben.

8. Kündigung während der Krankheit

Während einer krankheitsbedingten Arbeitsunfähigkeit kann die Kündigung, sofern das Kündigungsschutzgesetz anzuwenden ist, nur unter engen Voraussetzungen ausgesprochen werden. Die → **krankheitsbedingte Kündigung** ist der häufigste Fall der personenbedingten Kündigung. Dabei wird die Kündigung bei Langzeit- und häufigen Kurzerkrankungen sowie bei krankheitsbedingter Leis-

tungsminderung für zulässig erachtet. Eine krankheitsbedingte Kündigung ist nur wirksam, wenn
- eine negative Prognose hinsichtlich des Gesundheitszustandes vorliegt,
- die bisherigen und zu erwartenden Auswirkungen des Gesundheitszustandes zu einer erheblichen Beeinträchtigung der betrieblichen Interessen führen und
- im Rahmen der vorzunehmenden Interessenabwägung die erheblichen betrieblichen Beeinträchtigungen zu einer billigerweise nicht hinzunehmenden Belastung des Arbeitgebers führen.

Die krankheitsbedingte Kündigung stellt also keine Sanktion für die Fehlzeiten in der Vergangenheit dar. Ist der Arbeitnehmer wieder gesund oder ist in absehbarer Zeit mit der Wiederherstellung seiner Gesundheit zu rechnen, kann daher nicht krankheitsbedingt gekündigt werden.

III. Hinweise für die Mitbestimmung

Der Betriebsrat hat ein Unterrichtungsrecht nach § 80 Abs. 1 Nr. 1 BetrVG, bei welchem Arbeitnehmer der Arbeitgeber eine frühere Vorlage eines ärztlichen Attests verlangt, um zu prüfen, ob es sich um einen individuellen Einzelfall handelt oder der Arbeitgeber nach bestimmten Kriterien die frühere Vorlage des ärztlichen Attests verlangt. Bei der Festlegung von Kriterien für die frühere Vorlage eines ärztlichen Attests nach § 5 EFZG handelt es sich um eine mitbestimmungspflichtige Regelung der Ordnung des Betriebes/der Dienststelle und des Verhaltens der Beschäftigten nach § 87 Abs. 1 Nr. 1 BetrVG bzw. § 80 Abs. 1 Nr. 18 BPersVG n. F. (§ 75 Abs. 3 Nr. 15 BPersVG a. F.[12]). Somit kann die Arbeitnehmervertretung hierzu eine Betriebsvereinbarung abschließen, in der die Betriebsparteien regeln können, bei welchen Konstellationen eine frühere Vorlage zulässig ist und wann diese Verpflichtung für den Arbeitnehmer wieder erlischt.

Gleiches gilt, wenn der Arbeitgeber systematisch **Krankenrückkehrgespräche** durchführt. So etwa wenn Krankengespräche mit etwa 30 Arbeitnehmern in einer Abteilung mit auffällig hohem Krankenstand geführt werden.[13] Hier wäre in einer Betriebsvereinbarung unter anderem zu regeln, in welchen Fällen überhaupt ein derartiges Gespräch geführt werden darf, wer die Teilnehmer sind, welche Fragen an den Arbeitnehmer zulässig sind und welche Fragen nicht

12 BPersVG v. 15.3.1974 (BGBl. I S. 693); zuletzt geändert durch Gesetz vom 9.6.2021 (BGBl. I S. 1614).

13 BAG 8.11.1994 – 1 ABR 22/94.

zulässig sind, z. B. die Frage nach der Diagnose und der Therapie. Ebenso muss eine klare Abgrenzung zum Gespräch im Rahmen des → **Betrieblichen Eingliederungsmanagements** nach § 167 Abs. 2 SGB IX gezogen werden.
Die Mitbestimmung ist auch gegeben, wenn der Arbeitgeber an arbeitsunfähig erkrankte Mitarbeiter einen detaillierten **Fragebogen** zu den medizinischen Ursachen der Arbeitsunfähigkeit austeilt und diese auffordert, den Fragebogen dem behandelnden Arzt vorzulegen und ihn dann ausgefüllt zurückzugeben.[14]
Die Beteiligung sollte der Betriebsrat dazu nutzen, das Krankengeheimnis des Arbeitnehmers so weit wie möglich zu schützen, etwa durch deutliche Hinweise auf die Freiwilligkeit jeglicher Angaben zu den medizinischen Ursachen der Arbeitsunfähigkeit.
Mitbestimmungsfrei ist allerdings, wenn der Arbeitgeber ein Krankenrückkehrgespräch mit einem Arbeitnehmer ohne formalisierte Fragen im Einzelfall durchführt.

14 BAG 27.1.1997 – 1 ABR 53/96.

Arbeitsunfall, Dienstunfall

I. Einführung

Nach der vorläufigen Statistik der → **Deutschen Gesetzlichen Unfallversicherung** wurden in Deutschland im ersten Halbjahr 2019 insgesamt rund 524 242 Arbeitsunfälle erfasst.[1] Mit berücksichtigt sind dabei Wegeunfälle. Nachdem die Unfallquote seit 1997 mit Ausnahme in den Jahren 2008 (+0,2 Prozent) und 2010 (+1,6 Prozent) stetig zurückgegangen ist, begegnen wir im Jahresvergleich erstmals einem Zuwachs um 1,5 Prozent. Im ersten Halbjahr 2020 ist die Unfallquote wiederum massiv um 1,5 Prozent gesunken, was aber mit der → **Pandemie** (Corona) zusammenhängen dürfte.
Ob im Büro oder auf der Baustelle: Es ist die Pflicht des Arbeitgebers, → **Gefahren** für das Leben und die Gesundheit der Beschäftigten abzuwenden. Aber auch die Arbeitnehmervertretungen und die Beschäftigten selbst stehen in der Pflicht, hieran mitzuwirken. Besondere Bedeutung kommt dabei den gesetzlichen Unfallversicherungsträgern zu, die durch den Erlass von Unfallverhütungsvorschriften und eine laufende Beratung und Überwachung der Betriebe zur Vermeidung von Unfällen beitragen.

II. Einzeldarstellung

Der Begriff des Arbeitsunfalls ist in § 8 Abs. 1 SGB VII definiert als Unfall von Versicherten infolge einer versicherten Tätigkeit nach §§ 2, 3 oder 6 SGB VII. Das Unfallversicherungsrecht knüpft damit an die konkrete Tätigkeit an, welche die Erfüllung gegebener oder vermeintlicher Pflichten aus dem Arbeitsvertrag der Beschäftigten darstellt. Folgerichtig ist in § 2 Abs. 1 Nr. 1 SGB VII ausdrücklich der Personenkreis der »Beschäftigten« genannt.

---

1 Quelle: DGUV vorläufige Unfallzahlen 2019.

Unfälle sind definiert als zeitlich begrenzte, von außen auf den Körper einwirkende Ereignisse, die zu einem Gesundheitsschaden oder zum Tod führen, § 8 Abs. 1 SGB VII. Das Merkmal des zeitlich begrenzten Ereignisses ist das wesentliche Unterscheidungsmerkmal zu einer → **Berufskrankheit**.
Ein Arbeitsunfall ist also dann gegeben, wenn

- der Verunfallte eine versicherte Person nach den Vorschriften des Unfallversicherungsrechts ist,
- er zum Zeitpunkt des Unfalls eine versicherte Tätigkeit verrichtet hat,
- diese Tätigkeit zu einem zeitlich begrenzten von außen auf den Körper einwirkenden Unfallereignis geführt hat und
- durch dieses Ereignis ein Gesundheitsschaden oder gar der Tod des Versicherten verursacht wurde.

Nahezu jeder Teilaspekt ist mit umfangreichen Abgrenzungsproblemen behaftet, mit denen sich die Rechtsprechung immer wieder neu zu beschäftigen hat. Grundsätzlich gilt, dass der Versicherungsschutz in der Unfallversicherung für den Arbeitnehmer mit dem Heraustreten aus der Außentür des Wohnungsgebäudes auf seinem Weg zur Arbeit beginnt und bestehen bleibt auf dem Weg zur Arbeit, bei der Durchführung der Arbeit und auf dem Rückweg zum Wohnhaus.
Besondere Abgrenzungsprobleme ergeben sich immer wieder bei der Frage, ob der Unfall bei Ausübung einer versicherten Tätigkeit eingetreten ist. Zu diesem Bereich gibt es eine umfangreiche Einzelfallrechtsprechung. Auf die wichtigsten Fälle soll im Folgenden eingegangen werden.

1. Grundsätzliche Abgrenzung

Allen folgenden Fällen wohnt die Problematik inne, dass stets sogenanntes eigenwirtschaftliches Verhalten, das heißt Tätigkeiten oder Handlungen, welche ausschließlich im eigenen Interesse des Versicherungsnehmers liegen, von den Tätigkeiten abzugrenzen sind, die gerade im unmittelbaren Zusammenhang mit der Versichertentätigkeit stehen. Nur letztere Tätigkeiten unterliegen dem Versicherungsschutz der gesetzlichen Unfallversicherung.

2. Wegeunfall

Der Wegeunfall ist ausdrücklich im Gesetz definiert. Nach § 8 Abs. 2 Nr. 1 SGB VII gehört zur versicherten Tätigkeit auch das Zurücklegen des mit der versicherten Tätigkeit zusammenhängenden unmittelbaren Weges nach und von dem Ort der Tätigkeit, also die Wege zur Arbeit und wieder nach Hause. Damit stellt der Gesetzgeber auf das Erfordernis ab, dass ein innerer Zusammenhang zwischen dem Zurücklegen des Weges von und nach dem Ort der Tätigkeit und

der versicherten Tätigkeit selbst besteht. Ein Wegeunfall innerhalb der privaten Wohnung ist ausgeschlossen.
Wesentlich ist die sogenannte Handlungstendenz des Versicherten. Solange der Versicherte den direkten Weg von der eigenen Haustür zu seinem Betrieb nimmt, ist er auf diesem Weg versichert. Weicht er jedoch unterwegs vom direkten Weg ab, um zum Beispiel für sich ein paar Erdbeeren zu kaufen, ist seine Handlungstendenz ausschließlich die, die Erdbeeren zu kaufen, womit er sich nicht mehr auf dem Weg zur Arbeit und damit nicht mehr auf dem versicherten Weg befindet. Hierin sieht die Rechtsprechung ein eigenwirtschaftliches Handeln, welches nicht mehr dem Versicherungsschutz unterliegt.
Etwas Anderes würde nur gelten, wenn sich der Versicherte zum Beispiel zu Fuß auf direktem Weg zur Arbeit befindet und sich auf dem Bürgersteig ein Stand befindet, an welchem die Erdbeeren verkauft werden. Hier könnte er quasi »im Vorbeilaufen« seine Erdbeeren erwerben, wodurch die dann private Besorgung unmittelbar im Bereich der Straße und ohne nennenswerte zeitliche Verzögerung erledigt werden könnte. Ein solches Abweichen vom ursprünglichen Plan bliebe versichert.[2]

3. Mittagspause, Nahrungsaufnahme und Toilettengang

Das Unterscheidungskriterium »eigenwirtschaftliches Handeln« wird auch beim Thema Nahrungsaufnahme und Toilettengang besonders augenscheinlich.
Das Essen und Trinken sowie das Verrichten der Notdurft während der Arbeitszeit sind dadurch gekennzeichnet, dass sie regelmäßig unaufschiebbare, notwendige Handlungen sind, um die Arbeitskraft des Versicherten zu erhalten und es damit mittelbar zu ermöglichen, die jeweils aktuelle betriebliche Tätigkeit fortzusetzen.[3] Daher sind Wege, die zu diesen Zwecken zurückgelegt werden müssen, von diesem mittelbaren Handlungsziel geprägt. Es besteht Versicherungsschutz.[4] Dementsprechend sind der Hin- und Rückweg zum Erwerben eines Brötchens für die Mittagspause genauso versichert, wie der Hinweg und der Rückweg zur Toilettenanlage. Wird allerdings der Einkauf des Mittagsbrötchens mit dem Einkauf für das Wochenende verbunden, liegt der Fall anders. Der Schwerpunkt der Tätigkeit liegt in diesem Fall im Zweifel beim Wochenendeinkauf, wodurch die gesamte Handlung eigenwirtschaftlich wird und dadurch nicht mehr versichert ist.
Anders stellt sich die Situation dar, wenn sich der Unfall beim Verrichten der Notdurft ereignet hat. Nach der Rechtsprechung der Sozialgerichte fehlt es an

---

2 BSG 24.6.2003 – B 2 U 40/02 R.
3 BSG 27.4.2010 – B 2 U 23/09 R.
4 BSG 6.12.1989 – 2 UR 5/89.

dem erforderlichen inneren Zusammenhang zwischen dem konkreten unfallbringenden Verhalten und dem generell versicherten Tätigkeitsbereich. Die Verrichtung der Notdurft gehört zu den zahlreichen Verrichtungen, ohne die zwar eine ordnungsgemäße Arbeitstätigkeit nicht möglich ist, die aber trotzdem grundsätzlich dem unversicherten persönlichen Lebensbereich zuzurechnen ist.[5] Entsprechendes gilt, wenn sich ein Mitarbeiter in der Mittagspause an einer Gräte, welche sich in seinem Fischbrötchen befindet, verschluckt und dadurch erstickt. Die Nahrungsaufnahme ist eigenwirtschaftlich und damit nicht vom Versicherungsschutz gedeckt.
Demnach gelten als versicherte (Wege-)Unfälle: Unfälle auf dem Weg zur Toilette oder zum Essen – ja; Unfälle bei Verrichten der Notdurft oder bei der Nahrungsaufnahme selbst – nein.

4. Betriebsfeier

Die Teilnahme eines Beschäftigten an einer Betriebsfeier (betriebliche Gemeinschaftsveranstaltung), wie zum Beispiel einer geschäftlichen Weihnachtsfeier, ist eine den Versicherungsschutz als Beschäftigter begründende Tätigkeit[6] und hierbei erlittene Gesundheitsschäden unterliegen grundsätzlich dem Versicherungsschutz. Die in die Arbeitsorganisation des Unternehmens eingegliederten Beschäftigten unterstützen durch ihre von der Unternehmensleitung gewünschte und gegebenenfalls sogar geforderte Teilnahme das Unternehmensinteresse, die betriebliche Verbundenheit zu fördern. Um dem Versicherungsschutz zu unterfallen, reicht es, dass die Veranstaltung »im Einvernehmen« mit der Unternehmensleitung stattfindet.[7] Die Unternehmensleitung muss nicht selbst Veranstalter sein; es genügt, dass sie die Veranstaltung billigt und fördert.
Veranstalter – im Auftrag der Unternehmensleitung – kann auch der Betriebsrat[8] oder eine Gruppe bzw. einzelne Beschäftigte des Unternehmens sein.[9] Die Billigung der Unternehmensleitung muss sich nicht nur auf die wegen der Durchführung einer Veranstaltung erforderlichen betrieblichen Änderungen (zum Beispiel der Arbeitszeit, das Benutzen betrieblicher Räume) erstrecken, sondern die Durchführung als betriebliche Gemeinschaftsveranstaltung muss von ihr gewollt sein.[10] Bei betrieblichen Gemeinschaftsveranstaltungen in einzelnen organisatorischen Einheiten des Unternehmens, insbesondere wenn das Unter-

5 LSG Bayern 15.1.2014 – L 2 U 204/13; etwas Anderes gilt hinsichtlich der Frage, ob es sich beamtenrechtlich um einen Dienstunfall handelt: BVerwG 17.11.2016 – 2 C 17.16.
6 BSG 26.6.1014 – B 2 U 7/13 R.
7 BSG a.a.O.
8 BSG 20.2.2001 – B 2 U 7/00 R.
9 BSG 5.7.2016 – B 2 U 19/14 R.
10 BSG 10.12.1975 – 8 RU 202/74.

nehmen über mehrere Betriebsstätten verfügt, genügt es, wenn die Leitung der jeweiligen organisatorischen Einheit als Veranstalter seitens des Unternehmens fungiert. Daher reicht es, wenn die Weihnachtsfeier lediglich von den jeweiligen Bereichsleitern für ihre jeweiligen Abteilungen durchgeführt wird und dies mit der Geschäftsleitung vereinbart ist. Erforderlich ist damit grundsätzlich das »Einvernehmen« der Geschäftsleitung, dass in bestimmten Bereichen die Weihnachtsfeier abgehalten werden, soweit die einzelnen Rahmenbedingungen bereits im Vorfeld mit der Geschäftsleitung abgesprochen sind.

5. Dienstreise

Eine Dienstreise tritt ein Beschäftigter an, wenn er sich von seiner Betriebsstätte seines Beschäftigungsunternehmen entfernt oder aber diese zu Beginn seiner Reise gar nicht erst aufsucht, weil er zum Beispiel die Reise von zu Hause aus antritt.[11] Im Unterschied zu Betriebswegen verlässt der Versicherte den Ort, in dem die Betriebsstätte liegt.[12] Auch in diesem Zusammenhang spielt die Abgrenzung, ob eine Tätigkeit auf einer Dienstreise dem Beschäftigungsverhältnis zuzurechnen und mit diesem wesentlich zusammenhängt oder die Verrichtung der eigenwirtschaftlichen Sphäre zuzurechnen ist, eine zentrale Rolle. Hier gibt es gemischte Tätigkeiten und klar abzugrenzende, welche entweder dem betrieblichen Bereich oder aber der privaten Verrichtung zuzuordnen sind.
Dem Grunde nach gelten die oben beschriebenen Kriterien. Der nächtliche Besuch der Hotelbar zählt jedoch nicht zu den versicherten Tätigkeiten, wenn zumindest das offizielle Tagungsprogramm abgeschlossen ist.[13]

6. Homeoffice

Problematisch wird die oben dargestellte Abgrenzung bei der Frage, wie Arbeitnehmer in der Unfallversicherung versichert sind, wenn sie gar nicht aus dem Wohnhaus treten, um ihre Arbeit zu verrichten, sondern diese im eigenen Wohnbereich durchführen. In der eigenen Wohnung mit einem → **Homeoffice** fehlt es regelmäßig an einer Eingliederung in die Abläufe der betrieblichen Organisation, welche grundsätzlich zur Voraussetzung für einen Versicherungsschutz gemacht wurde. Gleichfalls fehlt es an einem Heraustreten aus dem Wohnhaus und damit aus dem persönlichen Lebensbereich.
Zur Frage, wann auch Unfälle im Wohnbereich als Arbeitsunfälle zu qualifizieren sind, hat das BSG in seiner Entscheidung von November 2018 klare Vorgaben

11 Siefert, in: Handbuch des Fachanwalts Sozialrecht, 4. Aufl., 10. Kapitel Rn. 133.
12 BSG 12.6.1990 – 2 RU 57/89.
13 BSG 30.3.2017 – B 2 U 15/15 R.

formuliert.[14] Danach scheitert ein Versicherungsschutz eines Arbeitnehmers nicht daran, dass der Unfall sich innerhalb der Wohnung des Arbeitnehmers ereignet. Maßgebend für die Bejahung des Unfallversicherungsschutzes ist auch hier die Handlungstendenz des Arbeitnehmers, eine dem Unternehmen dienende Tätigkeit ausüben zu wollen. Hierbei spielen die objektiven Umstände des jeweiligen Einzelfalles für die Bewertung dieser Frage eine herausragende Rolle.
In dem zu entscheidenden Fall stürzte die Mitarbeiterin auf dem Weg in den Keller ihres Hauses, wo sich der Arbeitsraum ihres → **Homeoffice** befindet, als sie auf Weisung ihres Vorgesetzten ein Telefonat in ihrem Büro im Keller vorbereiten wollte. Da sie nur die Treppe hinuntergegangen sei, um ihr Büro zu erreichen, wollte sie betriebsdienlich tätig werden und hatte damit eine auf die versicherte Arbeitstätigkeit gerichtete Handlungstendenz, weswegen der Sturz und die Verletzungen vom Unfallversicherungsschutz abgedeckt waren.
Durch das »Betriebsrätemodernisierungsgesetz«[15] wurde dem § 8 Abs. 1 SGB VII mittlerweile der folgende Satz 2 angefügt: »*Wird die versicherte Tätigkeit im Haushalt der Versicherten oder an einem anderen Ort ausgeübt, besteht Versicherungsschutz in gleichem Umfang wie bei Ausübung der Tätigkeit auf der Unternehmensstätte.*« Damit entfällt eine Unterscheidung zwischen Wegen am Ort der Arbeitsstätte und Wegen im Homeoffice. Der Gang zur Toilette ist damit nun auch zuhause versichert, der Gang in die Küche wird wie der Weg in die Kantine behandelt. Das ist ein deutlicher Fortschritt zur bisherigen Rechtsprechung der Sozialgerichte.

III. Hinweise für die Mitbestimmung

§ 193 Abs. V SGB VII verpflichtet den Unternehmer, die gegenüber der Berufsgenossenschaft abzugebende Unfallanzeige eines Arbeits- bzw. Dienstunfalles eines Versicherten auch vom Betriebsrat bzw. dem Personalrat unterzeichnen zu lassen. Damit sind Betriebsrat und Personalrat spätestens nach Fertigung der Unfallanzeige über den Unfall zu informieren. Es ist außerdem geregelt, dass der Betriebs- bzw. der Personalrat einen Anspruch auf Überlassung einer Durchschrift der Unfallanzeige durch den Arbeitgeber hat, § 89 Abs. 4 BetrVG bzw. § 68 Abs. 5 BPersVG n. F. (§ 81 Abs. 5 BPersVG a. F.[16]).

---

14 BSG 27.11.2018 – B 2 U 28/17 R.
15 Gesetz vom 14.6.2021 (BGBl. I Nr. 32 S. 1762).
16 BPersVG v. 15.3.1974 (BGBl. I S. 693); zuletzt geändert durch Gesetz vom 9.6.2021 (BGBl. I S. 1614).

Die Pflicht zur Vorlage der Unfallanzeige gilt allerdings nur für Unfälle von Beschäftigten des Betriebes und der in Leiharbeit beschäftigten Personen. Verunfallt sonstiges Fremdpersonal beschränkt sich der Anspruch des Betriebsrats auf die Erteilung einer Auskunft über den Unfall. Derselbe Anspruch müsste auf die Dienststelle und auf Personalräte übertragbar sein. Auch aus den Arbeitsunfällen des Fremdpersonals können arbeitsschutzrelevante Erkenntnisse für die betriebszugehörigen Arbeitnehmer, für die der Betriebsrat zuständig ist, gewonnen werden.[17]

In diesem Zusammenhang bietet sich eine Betriebs- bzw. Dienstvereinbarung an, in welcher unter anderem geregelt ist, wie auf einen eingetretenen Arbeitsunfall zu reagieren ist. Insbesondere sollten Fragen dahingehend geklärt werden, inwiefern Gefährdungsbeurteilungen erneut vorzunehmen sind und Handlungsregelungen aufgrund der Erkenntnisse, welche zum Arbeitsunfall geführt haben, gegebenenfalls anzupassen sind.

Wegen der Besonderheiten des → **Homeoffice** sollte ebenfalls eine entsprechende Betriebs- bzw. Dienstvereinbarung abgeschlossen werden.

17 BAG 12.3.2019 – 1 ABR 48/17.

Arbeitszeit

I. Einführung

Dauer und Lage der Arbeitszeit gehören, neben Entgelt und Stabilität des Arbeitsverhältnisses, zu den zentralen Konfliktfeldern zwischen Arbeitgebern und Arbeitnehmern. Dabei kommt dem Thema Gesundheit, d.h. Schutz vor Übermüdung und Stress durch ausreichende tägliche, wöchentliche und jährliche Zeiten der Erholung, eine wesentliche Rolle zu. Der gesundheitliche Aspekt der Arbeitszeit lässt sich aber von Fragen der Bezahlung und der Vereinbarkeit von Familie/Privatleben und Beruf nicht völlig trennen: Eine Unvereinbarkeit von Familie und Beruf verursacht Stress und mögliche Folgekrankheiten. Entgeltzuschläge bei vorübergehenden Überstunden können ggf. trotz der Mehrbelastung motivierend und wertschätzend wirken und dadurch gesundheitliche Nachteile ausgleichen.

Gesundheitliche Belastungen können von der (Gesamt-) Dauer der Arbeitszeit ausgehen. Daher sind die tägliche, wöchentliche und jährliche Arbeitszeit durch Gesetz und Tarifverträge begrenzt. Gefahren für die Gesundheit können aber auch von der Lage und Verteilung der Arbeitszeit ausgehen. Das gilt insbesondere für Nachtarbeit. Aber auch Schichtarbeit (→ **Nachtarbeit / Schichtarbeit**), häufige → **Überstunden** und Mehrarbeit, fehlende oder zu kurze Arbeitspausen (→ **Pausenzeiten**) und → **Ruhezeiten** können zu gesundheitlichen Beeinträchtigungen führen.

Seit 1995 ist der gesetzliche Rahmen in Deutschland sehr schwach und geht in der Regel nicht weiter als der europäische Mindestschutz auf Basis der Arbeitszeitrichtlinie. Teilweise bleibt er sogar dahinter zurück. Aufgrund jüngerer EuGH-Rechtsprechung ist hier allerdings ein Wandel zu erwarten.

II. Einzeldarstellung

1. Interessenlage

Wem gehört die Zeit? Wer darf über die Zeit verfügen? Welches Verfahren ist dabei zu beachten? Wer setzt und kontrolliert die Grenzen?
Ursprünglich ließ sich der Interessenkonflikt zwischen Arbeitgebern und Arbeitnehmern vor allem als kollektiver Kampf um die Länge des Normalarbeitstages beschreiben. Mit gesetzlicher Einführung des 8-Stunden-Tages 1918 setzte sich dabei langsam eine Arbeitszeitverkürzung durch, deren Fortführung allerdings ausschließlich auf Tarifverträge gestützt werden konnte. Am gesetzlichen Grundsatz des 8-Stunden-Tages und der 48-Stunden-Woche veränderte sich im deutschen Recht – anders als in weiten Teilen der Welt – bis 1995 wenig. Die 5-Tage-Woche und die Reduzierung der Wochenarbeitszeit auf vielfach unter 40 Stunden war daher Ergebnis der Tarifautonomie und der zwischenzeitlichen Stärke der Gewerkschaften. Allerdings wurden zwischen 1927 und 1995 Überstunden und Mehrarbeit nicht nur durch Maximalwerte begrenzt, um Missbrauch und willkürliche Flexibilisierung zu verhindern, sondern es waren hier vielmehr auch Zuschläge von mindestens 25 % zu zahlen.
Verteilung und Lage der Arbeitszeit sind seit 1918 betrieblich geregelt und unterliegen, wie auch die Anordnung von Überstunden und Kurzarbeit, der Mitbestimmung des Betriebsrates. Seit Einführung von »Lean Management«, »Agilem Management«, Flexibilisierung und Ergebnisfokussierung steigt der Druck auf Arbeitnehmer, Zeit und Arbeitskraft selbstlos in den Dienst der wechselnden Anforderungen des Unternehmens zu stellen. Diese Flexibilisierung hat aber insbesondere rechtliche Gründe. 1995 reduzierte die schwarz-gelbe Bundesregierung mit Einführung des Arbeitszeitgesetzes (ArbZG) die vielfach seit 1918 geltenden gesetzlichen Regelungen zum Arbeitnehmerschutz. So wurde u. a. der 8-Stunden-Tag flexibilisiert, zwingende Überstundenzuschläge wurden gestrichen. An die Stelle des Anbietens der Arbeitskraft zu festen Zeiten sind seitdem vielfach Arbeitszeitkonten wie Gleitzeitkonto, Flexi-Konto, Langzeitkonto oder Mehrarbeitskonto getreten. Begleitet wird der Trend zunehmend durch Einführung von Vertrauensarbeitszeit.
Der Arbeitgeberforderung nach maximal »flexibilisierten«, d. h. am Auftragsstand orientierten Arbeitszeiten steht das Arbeitnehmerinteresse nach Vorhersehbarkeit, aber auch Selbstbestimmung in Arbeit und Freizeit gegenüber. Das Arbeitnehmerinteresse lässt sich typischerweise mit der Forderung nach Zeitsouveränität bzw. Arbeitszeitautonomie zusammenfassen. Darunter ist im Kern die Selbstbestimmung hinsichtlich der Dauer und Lage der Arbeitszeit zu verstehen. Verfassungsrechtlich geht es dabei insbesondere um den Schutz der freien Entfaltung der Persönlichkeit (Art. 2 Abs. 1 GG) sowie der Familie (Art. 6 GG).

2. Gesetzliche Regelung; Höchstarbeitszeiten

Juristisch ist Arbeitszeit im arbeitsschutzrechtlichen Sinn (ArbZG/EU-Arbeitszeitrichtlinie mit dem Ziel des Gesundheitsschutzes) nicht zwingend das Gleiche wie Arbeitszeit im vergütungsrechtlichen Sinn, d. h. die bezahlte Arbeitszeit. Auch unbezahlte Arbeitszeit (»X Überstunden sind mit dem Gehalt abgegolten«) kann arbeitsschutzrechtlich Arbeitszeit sein. Zudem können unterschiedliche Belastungen bei Vollarbeit, Arbeitsbereitschaft, Bereitschaftsdienst, Rufbereitschaft usw. auch unterschiedlich bezahlt werden. Allerdings dienen Überstundenzuschläge, Zulagen für Rufbereitschaft usw. stets auch dazu, für Mehrbelastung zu entschädigen und zugleich den Arbeitgeber zu mahnen, bereits aus ökonomischen Gründen im geringstmöglichen Umfang den Arbeitnehmern Mehrbelastungen aufzubürden. Der betriebsverfassungsrechtliche Arbeitszeitbegriff weist wiederum Besonderheiten auf, wenn es beispielsweise um die Mitbestimmung bei der Einführung und Lage von Rufbereitschaft geht.
Arbeitsschutzrechtlicher Ausgangspunkt ist das 1995 eingeführte, aufgrund europäischen Rechts mehrfach modifizierte ArbZG. Es setzt im Wesentlichen die europäische Arbeitszeitrichtlinie (RL 2003/88/EG) um. Das betrifft insbesondere die wöchentliche Höchstarbeitszeit, Nachtarbeit sowie tägliche und wöchentliche Mindestruhezeiten (→ **Ruhezeiten**) und Ruhepausen (→ **Pausenzeiten**). Die Richtlinie regelt anders als das ArbZG allerdings auch bestimmte Aspekte der Schichtarbeit einschließlich des Arbeitsrhythmus. Gleiches gilt für den Mindesturlaub (→ **Urlaub**), der in Deutschland im Bundesurlaubsgesetz geregelt ist.
Nach § 3 ArbZG darf die Arbeitszeit der Arbeitnehmer grundsätzlich werktäglich 8 Stunden nicht überschreiten. Demnach ist allerdings eine Verlängerung auf eine **Höchstdauer** von 10 Stunden täglich zulässig, wenn innerhalb von 6 Kalendermonaten bzw. 24 Wochen im Durchschnitt 8 Stunden werktäglich nicht überschritten werden. Praktisch wäre damit auch eine mehrmonatige 60-Stunden-Woche rechtlich noch zulässig.
Werktag im arbeitsschutzrechtlichen Sinn ist jeder Tag, der nicht Sonn- oder Feiertag ist (§ 3 Abs. 2 BUrlG). Allerdings ist der Begriff des Werktags als der Zeitraum von 24 Stunden ab Arbeitsbeginn zu verstehen. Bei geteilten Schichten (z. B. in der mobilen Altenpflege) ist die Berechnung ab jedem Einsatzbeginn vorzunehmen.[1] Wird am Montag beispielsweise von 6:00–9:00 Uhr und von 17:00–22:00 Uhr gearbeitet, werden bei Berechnung der Höchstarbeitszeit alle Arbeitszeiten zwischen Montag 17:00 Uhr und 16:59 am Dienstag addiert.
Der Ausgleichszeitraum auf den Durchschnitt von 48 Stunden pro Woche beträgt aufgrund der unmittelbaren Anwendbarkeit gem. Art. 16b) Arbeitszeitrichtlinie

1 Buschmann/Ulber, Arbeitszeitgesetz, 8. Aufl. 2015, § 3 Rn. 6ff.

im Öffentlichen Dienst 4 Monate. In der Privatwirtschaft gilt bis zu einer Klärung durch den EuGH oder einer Gesetzesänderung der 6-monatige Ausgleichszeitraum aus § 3 ArbZG, der allerdings mit guten Erfolgsaussichten angreifbar ist.[2]

3. Arbeitszeitbegriff

Die gesetzlichen Regelungen im ArbZG sind aus sich heraus vielfach nicht klar verständlich. Das betrifft zunächst den Arbeitszeitbegriff. Arbeitszeit ist nach § 2 Abs. 1 ArbZG die Zeit vom Beginn bis zum Ende der Arbeit ohne die Ruhepausen. Arbeitszeiten bei mehreren Arbeitgebern sind demnach zusammenzurechnen. Nach Art. 2 Nr. 1 Arbeitszeitrichtlinie hingegen ist Arbeitszeit jede Zeitspanne, während der ein Arbeitnehmer gemäß den einzelstaatlichen Rechtsvorschriften und/oder Gepflogenheiten arbeitet, dem Arbeitgeber zur Verfügung steht und seine Tätigkeit ausübt oder Aufgaben wahrnimmt.
Der **Arbeitszeitbegriff** ist hier weit zu verstehen und umfasst Zeiten der Arbeitsbereitschaft, des Bereitschaftsdienstes sowie, mit Ausnahme der Anfahrtszeiten von und zur privaten Wohnung, auch erforderliche Wege- und Umkleidezeiten. Vor- und Nachbereitungsarbeiten wie Dekor- oder Aufräumarbeiten sind Arbeitszeiten im arbeitsschutzrechtlichen Sinn und auch vergütungspflichtige Arbeitszeiten im mindestlohnrechtlichen Sinn.
Umkleide- und Waschzeiten sind Arbeitszeit im arbeitsschutzrechtlichen Sinne, wenn das Umkleiden einem fremden Bedürfnis dient und nicht zugleich ein eigenes Bedürfnis erfüllt.[3] Das Ankleiden mit vorgeschriebener Dienstkleidung ist damit nur dann nicht Arbeitszeit, wenn sie zu Hause angelegt und – ohne besonders auffällig zu sein – auch auf dem Weg zur Arbeitsstätte getragen werden kann.[4] Diese Arbeitszeit kann, muss allerdings nicht vergütungspflichtig sein. Der Arbeitgeber verspricht allerdings regelmäßig die Vergütung für alle Dienste, denen Arbeitgeberweisungen zugrunde liegen.[5] Sieht allerdings eine Regelung beispielsweise in einem Tarifvertrag vor, dass Umkleidezeiten generell unbezahlt bleiben, ist laut BAG eine Vergütung selbst dann nicht geschuldet, wenn das An- und Ablegen von Sicherheitskleidung im Betrieb erforderlich ist.[6]
Anfahrtszeiten zum Betrieb bzw. generell »zur Arbeit« sind grundsätzlich weder arbeitsschutzrechtlich noch vergütungsrechtlich Arbeitszeit.[7] **Reisetätigkeit bei Außendienstmitarbeitern** ist hingegen Teil der vertraglichen Hauptleis-

2 Buschmann/Ulber, Arbeitszeitgesetz, 8. Aufl. 2015, § 3 Rn. 16.
3 BAG 11.10.2000 – 5 AZR 122/99.
4 BAG 10.11.2009 – 1 ABR 54/08.
5 BAG 19.9.2012 – 5 AZR 678/11.
6 BAG 13.12.2016 – 9 AZR 574/15.
7 BAG 22.4.2009 – 5 AZR 292/08.

tungspflichten und damit Arbeitszeit. Das gilt nicht nur für die Fahrten zwischen den Kunden. Die Fahrten zum ersten Kunden und von der letzten Kundin zurück bilden mit der übrigen Tätigkeit eine Einheit und stellen laut BAG jedenfalls bei Außendienstmitarbeitern usw. Arbeitszeit auch im vergütungsrechtlichen Sinn dar. Können sich Arbeitnehmer von ihrer Wohnung aus unmittelbar zu einem außerhalb gelegenen Arbeitsplatz begeben, anstatt den Umweg über den Betrieb nehmen zu müssen, kommt allerdings die Anrechnung einer Ersparnis in Betracht.[8]

Wie **Reisezeiten** für andere als Außendienstmitarbeiter arbeitsschutz- und vergütungsrechtlich im Übrigen zu behandeln sind, ist nach aktueller Rechtsprechung noch nicht abschließend geklärt. Unstreitig ist, dass Lenkzeiten (Nutzung des Dienstwagens) Arbeitszeit darstellen. Arbeiten Arbeitnehmer bei einer Dienstreise auf Anordnung des Arbeitgebers, beispielsweise in Form des Aktenstudiums in Vorbereitung eines auswärtigen Termins, handelt es sich auch um Arbeitszeit. Bei Reisezeiten im Inland zu einer dienstlichen Tätigkeit, die im öffentlichen Fernverkehr vorgenommen werden und bei denen die Reisenden hinsichtlich der Nutzung der Zeit im Übrigen frei sind, urteilte das BAG noch 2006, dass es sich arbeitsschutzrechtlich nicht um Arbeit handelte, die vergütungsrechtlich auch nicht nach allgemeinen Regeln entgeltpflichtig war.[9] Reine Wegezeiten, die dem Arbeitnehmer durch die Beschränkung auf ein öffentliches Verkehrsmittel lediglich ein Freizeitopfer abverlangen, sind demnach keine Arbeitszeit i. S. d. ArbZG, weil sie keine besonderen gesundheitlichen Gefahren mit sich bringen.

Anders sieht das aus vergütungsrechtlicher und ggf. auch mitbestimmungsrechtlicher Perspektive aus. Arbeitszeit ist demnach auch die vom Arbeitgeber veranlasste Untätigkeit, während derer ein Arbeitnehmer am Arbeitsplatz anwesend sein muss und nicht frei über die Nutzung des Zeitraums bestimmen kann, wenn also weder eine Pause i. S. d. Arbeitszeitgesetzes noch Freizeit vorliegt.[10] Bus und Bahn sind zwar nicht betriebliche Arbeitsplätze. Die An- und Abreise von und zu auswärtigen Arbeitsstellen ist jedoch stets Teil der Hauptleistungspflicht, weil das wirtschaftliche Ziel der Gesamttätigkeit dabei darauf gerichtet ist, Kunden aufzusuchen bzw. den Arbeitgeber zu repräsentieren – sei es, um dort Dienstleistungen zu erbringen, sei es, um Geschäfte für den Arbeitgeber zu vermitteln oder abzuschließen.[11] Daher stellen sogar Reisezeiten zu Arbeitsstellen ins Ausland im vergütungsrechtlichen Sinn Arbeitszeit dar, wenn die Reisen ausschließlich im Interesse des Arbeitgebers erfolgen und in untrennbarem Zusammenhang

---

8 BAG 22.4.2009 – 5 AZR 292/08.

9 BAG 11.7.2006 – 9 AZR 519/05.

10 BAG 20.4.2011 – 5 AZR 200/10.

11 BAG 25.4.2018 – 5 AZR 424/17.

mit der arbeitsvertraglich geschuldeten Arbeitsleistung stehen.[12] Allerdings gilt hier insgesamt: Unter zwingender Beachtung des Mindestlohns können Reisekosten je nach tarifvertraglicher oder vertraglicher Regelung geringer entlohnt werden.

4. Bereitschaftsdienste und Arbeitsbereitschaft

Arbeitsbereitschaft liegt vor, wenn der Arbeitnehmer dem Arbeitgeber am Arbeitsplatz zur Verfügung stehen und sich ständig bereithalten muss, um im Bedarfsfall von sich aus tätig werden zu können.[13] Während des **Bereitschaftsdienstes** ist der Arbeitnehmer verpflichtet, sich innerhalb oder außerhalb des Betriebes an einem vom Arbeitgeber bestimmten Ort aufzuhalten und sich auf Anforderung des Arbeitgebers zur Arbeitsaufnahme bereitzuhalten; er darf jedoch ruhen oder sich anderweit beschäftigen, solange seine beruflichen Leistungen nicht erforderlich sind.[14] Arbeitsschutzrechtlich spielt die Unterscheidung keine Rolle mehr. Bei beiden Formen handelt es sich um Arbeitszeit im Sinne des ArbZG und der Arbeitszeitrichtlinie.[15] Allerdings kann das Entgelt unterschiedlich bemessen sein, wobei in jedem Fall der gesetzliche bzw. Branchenmindestlohn zu zahlen ist.[16]

Im Fall von Arbeitsbereitschaft und Bereitschaftsdienst besteht die – europarechtlich in ihrem Umfang höchst fragwürdige – Möglichkeit, tarifvertraglich oder aufgrund eines Tarifvertrags durch Betriebsvereinbarung die Arbeitszeit entgegen § 3 ArbZG über 10 Stunden werktäglich zu verlängern, sowie die Arbeitszeit bei regelmäßiger Nachtarbeit bei Ausgleich auf im Durchschnitt 48 Stunden pro Woche abweichend von § 6 Abs. 2 ArbZG über 10 Stunden zu verlängern. Wenn durch besondere Regelungen sichergestellt wird, dass die Gesundheit der Arbeitnehmer nicht gefährdet wird, sind solche Verlängerungen einschließlich Verkürzung der Ruhezeit auch ohne Ausgleich möglich.

5. Rufbereitschaft

Die **Rufbereitschaft** ist dadurch gekennzeichnet, dass der Arbeitnehmer sich nicht an einer vom Arbeitgeber bestimmten Stelle bereithalten muss, sondern nur jederzeit erreichbar sein muss, um seine beruflichen Aufgaben auf Abruf unverzüglich wahrnehmen zu können.[17] Im Europäischen Recht ist nur die wäh-

---

12 BAG 17.10.2018 – 5 AZR 553/17.

13 BAG 30.1.1985 – 7 AZR 446/82.

14 BAG 18.2.2003 – 1 ABR 2/02.

15 EuGH 3.10.2000 – C-303/98, Simap.

16 BAG 19.11.2014 – 5 AZR 1101/12; BAG 29.6.2016 – 5 AZR 716/15.

17 BAG 23.6.1967 – 3 AZR 439/66.

rend der Rufbereitschaft geleistete tatsächliche Arbeit als Arbeitszeit zu behandeln – also nur die Zeiten, in denen es während der Rufbereitschaft tatsächlich zu einem Einsatz kommt.[18] Allerdings stellen jedenfalls gem. § 21a Abs. 3 Satz 3 ArbZG Zeiten der Rufbereitschaft im deutschen Arbeitsrecht außer im Straßentransport keine → **Ruhezeit** dar.[19]

6. Vertrauensarbeitszeit

Wenn es dem Arbeitgeber nicht darauf ankommt, wo die Arbeit stattfindet und wann genau sie geleistet wird, sondern allein das Ergebnis zählt, kommt es zunehmend zur Einführung von Vertrauensarbeitszeit. Die eigenverantwortliche Erledigung von Aufgaben ist aus Perspektive der Arbeitszeitsouveränität auch für Arbeitnehmer attraktiv. Das gilt allerdings nur, soweit die Aufgaben innerhalb der vereinbarten Arbeitszeit auch realistisch geleistet werden können und ggf. erforderlicher höherer Zeitaufwand nicht unbezahlte Arbeitszeit ist, indem er vom Freizeitbudget abgezogen wird. Um eine unrealistische Aufgabenzuweisung zu vermeiden und ggf. auch kollektiv intervenieren zu können, ist daher auch bei Vertrauensarbeitszeit stets eine Arbeitszeiterfassung erforderlich. Das entspricht der jüngsten EuGH-Rechtsprechung.[20]

7. Arbeitszeiterfassung

Eine allgemeine gesetzliche Pflicht zur Arbeitszeiterfassung besteht aus arbeitsschutzrechtlicher Perspektive gemäß § 16 Abs. 2 S. 1 ArbZG nach bisheriger Auslegung durch die Gerichte grundsätzlich nur für Arbeitszeiten, die über die normale werktägliche Arbeitszeit von 8 Stunden gemäß § 3 S. 1 ArbZG hinausgehen. Allerdings ist die EU-Arbeitszeitrichtlinie so auszulegen, dass sie die Mitgliedsstaaten zur Einrichtung von Systemen der Arbeitszeiterfassung aller Arbeitnehmer verpflichtet.[21] Im Übrigen gelten hier Sonderregelungen bei **mobiler Beschäftigung** (→ **Homeoffice**; → **Mobile Arbeit**).

Eine bestimmte Form der Aufzeichnung schreibt das Gesetz nicht vor. Sie ergibt sich auch nicht aus der Rechtsprechung des EuGH. Daher steht es Arbeitgebern grundsätzlich offen, selbst zu entscheiden, ob die Arbeitszeiterfassung auf Papier oder digital, händisch oder automatisiert erfolgt.

In Bezug auf die Verwendung von Mobile Devices (Mobilgeräte wie Laptop, Tablet, Smartphone) bei teilmobiler Tätigkeit ist festzuhalten, dass bereits nach jetziger nationaler Rechtslage auch geringfügige Überschreitungen der werktäglichen

18 EuGH 9.9.2003 – C-151/02, Jaeger.
19 Buschmann/Ulber, Arbeitszeitgesetz, 8. Aufl. 2015, § 5 Rn. 4.
20 EuGH 14.5.2019 – C-55/18, Deutsche Bank SAE.
21 EuGH 14.5.2019 – C-55/18, Deutsche Bank SAE.

Arbeitszeit aufzuzeichnen sind. Wer also nach einem 8-Stunden-Tag im Betrieb noch einmal zuhause den Rechner anschaltet oder das Mobiltelefon nutzt, um betriebliche Mails zu checken, löst die Aufzeichnungspflicht aus.

8. Kontrollmechanismen

Neben der Kontrolle durch den Betriebs- oder Personalrat kommen nach § 17 ArbZG den Aufsichtsbehörden, d.h. den Gewerbeaufsichtsämtern bzw. Ämtern für Arbeitsschutz, Kontrollpflichten und Sanktionsrechte zu. Diese können vom Arbeitgeber Auskünfte verlangen und sich insbesondere Arbeitszeitaufzeichnungen vorlegen lassen sowie die Arbeitsstätten betreten und besichtigen. Bei Verstößen können zudem Bußgelder verhängt werden, im Einzelfall bis zu 15 000 Euro.

III. Hinweise für die Mitbestimmung

1. Mitbestimmung nach dem BetrVG

Während Tarifverträge typischerweise eine wesentliche Rolle für die Dauer der geschuldeten Arbeitszeit spielen sowie in vielen Fällen grundlegende Regeln für Schichtarbeit sowie Überstunden enthalten, sind Bestimmungen über die konkrete Lage und Verteilung der Arbeitszeit sowie weitergehende Überstundenregelungen typischerweise Gegenstand von Betriebsvereinbarungen gem. § 87 Abs. 1 Nr. 2 und 3 BetrVG.

Mitbestimmungspflichtig sind gem. § 87 Abs. 1 Nr. 2 und 3 BetrVG Beginn und Ende der täglichen Arbeitszeit einschließlich der Pausen sowie die Verteilung der Arbeitszeit auf die einzelnen Wochentage und auch die vorübergehende Verkürzung (Kurzarbeit) oder Verlängerung der betriebsüblichen Arbeitszeit. Das dem Betriebsrat zustehende Mitbestimmungsrecht besteht auch bei der Einführung und Ausgestaltung variabler Arbeitszeitmodelle.[22]

Die Regelungskompetenz darüber, ob und auf welche Weise die täglichen Arbeitszeiten der Arbeitnehmer erfasst werden, folgt jedenfalls im Kontext der Einführung von Arbeitszeitkonten aus § 87 Abs. 1 Nr. 2 BetrVG.[23] Wird die tägliche Arbeitszeit durch eine technische Kontrolleinrichtung, d.h. maschinell bzw. elektronisch, aufgezeichnet, ist nach Rechtsprechung des BAG insofern das Mitbestimmungsrecht aus § 87 Abs. 1 Nr. 6 BetrVG einschlägig, wenn die maschi-

22 BAG 9.12.2003 – 1 ABR 52/02.
23 BAG 9.11.2010 – 1 ABR 75/09.

nelle Arbeitszeiterfassung dazu bestimmt ist, das Verhalten oder die Leistung der Arbeitnehmer zu überwachen.[24] Im Kontext der Einführung von Arbeitszeitkonten durch Betriebsvereinbarung besteht im Übrigen vorbehaltlich entgegenstehender tarifvertraglicher Regelungen die Möglichkeit, das Ansammeln von Plus- oder Minusstunden insgesamt oder in Bezug auf bestimmte Zeitabschnitte zu begrenzen oder eine unterschiedliche (bspw. belastungsbasierte) Bewertung von Überstunden einzuführen.

Will ein Betriebsrat die Einführung einer EDV-gestützten Arbeitszeiterfassung initiativ durchsetzen, kann er sich – jedenfalls nach umstrittener Rechtsprechung des BAG – nicht auf § 87 Abs. 1 Nr. 6 BetrVG stützen, wonach der Betriebsrat über Einführung und Anwendung von technischen Einrichtungen mitzubestimmen hat, die dazu bestimmt sind, das Verhalten oder die Leistung der Arbeitnehmer zu überwachen.[25] Allerdings genießt der Betriebsrat in dem Fall, dass bereits eine Kontrolleinrichtung besteht, ein Initiativrecht mit dem Ziel der Änderung der Einrichtung. Im Übrigen ist das »Ob« der Arbeitszeiterfassung initiativfähig, d. h. bei Weigerung des Arbeitgebers kann der Betriebsrat auch die Einigungsstelle anrufen. Im Rahmen der Einigungsstelle kann auch über die Einführung einer EDV-gestützten Arbeitszeiterfassung verhandelt werden. Will der Arbeitgeber eine solche nicht, kann der Betriebsrat die elektronische Arbeitszeiterfassung auch nicht per Einigungsstellenspruch erzwingen.

Ein Initiativrecht zur Einführung einer Arbeitszeiterfassung kann der Betriebsrat allerdings unstreitig ggf. auf § 87 Abs. 1 Nr. 7 BetrVG stützen, wonach er berechtigt ist, bei Regelungen über den Gesundheitsschutz mitzubestimmen. Typischerweise dürfte hier eine Entscheidung zur Einführung einer Arbeitszeiterfassung beispielsweise bei Vertrauensarbeitszeit als gemäß § 3 Abs. 1 ArbSchG erforderliche Maßnahme des Arbeitsschutzes erfolgen, die aus einer Gefährdungsbeurteilung gemäß § 5 ArbSchG abgeleitet wird, wenn sich herausstellt, dass beispielsweise bei mobiler Arbeit regelmäßig Unterbrechungen der Ruhezeit erfolgen, Pausen nicht genommen werden oder überlange Arbeitszeiten beklagt werden.

Gemäß § 80 Abs. 1 Nr. 1 BetrVG hat der Betriebsrat die Aufgabe, darüber zu wachen, dass die zugunsten der Arbeitnehmer geltenden Gesetze, Verordnungen, Unfallverhütungsvorschriften, Tarifverträge und Betriebsvereinbarungen durchgeführt werden. Betriebsräte haben auch dann einen Auskunftsanspruch über Beginn und Ende der täglichen sowie Dauer der wöchentlichen Arbeitszeit gegen den Arbeitgeber, wenn dieser mit den Arbeitnehmern Vertrauensarbeitszeit vereinbart hat.[26]

---

24 BAG 21. 8. 1990 – 1 AZR 567/89.
25 BAG 28. 11. 1989 – 1 ABR 97/88.
26 BAG 6. 5. 2003 – 1 ABR 13/02.

2. Mitbestimmung nach dem BPersVG

Für das Personalvertretungsrecht gelten die zum BetrVG erfolgten Aussagen weitgehend entsprechend. Bestimmungen über die konkrete Lage und Verteilung der Arbeitszeit sowie weitergehende Überstundenregelungen sind typischerweise Gegenstand von Dienstvereinbarungen gem. § 80 Abs. 1 Nr. 1 BPersVG n. F. (§ 75 Abs. 3 Nr. 1 BPersVG a. F.[27]).

Mitbestimmungspflichtig sind gem. § 80 Abs. 1 Nr. 1 BPersVG n. F. (§ 75 Abs. 3 Nr. 1 BPersVG a.F) Beginn und Ende der täglichen Arbeitszeit einschließlich der Pausen sowie die Verteilung der Arbeitszeit auf die einzelnen Wochentage. Zweck der Regelung ist, durch die Mitbestimmung die der einseitigen Konkretisierung der Arbeitszeit durch die Dienststelle innewohnenden Gefahren insbesondere für Freizeit und Familienleben sowie die Gesundheit auf ein Minimum zu reduzieren.

Das Mitbestimmungsrecht des Personalrats bei der Einführung oder Änderung einer EDV-gestützten Arbeitszeiterfassung folgt nach Rechtsprechung des BVerwG aus § 80 Abs. 1 Nr. 21 BPersVG n. F. (§ 75 Abs. 3 Nr. 17 BPersVG a. F.). Ziel dieser Norm ist, die Beeinträchtigungen und Gefahren für den Schutz der Persönlichkeit der Beschäftigten am Arbeitsplatz, die von der Technisierung der Verhaltens- und Leistungskontrolle ausgehen, auf das erforderliche Maß einzuschränken. Soweit es der Dienststelle dabei um Hebung der Arbeitsleistung oder Vereinfachung von Arbeitsleistungen geht, ist zusätzlich § 80 Abs. 1 Nr. 19 BPersVG n. F. (§ 76 Abs. 2 Nr. 5 BPersVG a. F.) einschlägig.[28]

Entscheidend für die Mitbestimmungspflichtigkeit einer Maßnahme ist, dass es dabei um einen kollektiven Tatbestand geht, also konkret oder potentiell auch Interessen anderer Beschäftigter betroffen sind. Die Maßnahme muss die Interessen der Beschäftigten unabhängig von der Person und den individuellen Wünschen des Einzelnen berühren.[29] Unbeachtlich ist dagegen, ob die Maßnahme vorübergehend oder dauerhaft gelten soll.

---

27 BPersVG v. 15.3.1974 (BGBl. I S. 693); zuletzt geändert durch Gesetz vom 9.6.2021 (BGBl. I S. 1614).

28 BVerwG 22.10.2013 – 6 PB 22/13.

29 BVerwG 12.8.2002 – 6 P 17/01; BVerwG 30.6.2005 – 6 P 9/04.

IV. Inhalt einer Betriebs- und Dienstvereinbarung

Bei Einführung von Vertrauensarbeitszeit:
- Regelung des Arbeitszeitrahmens und ggf. fester Ansprechzeiten.
- Regelungen zum Arbeitszeitkonto; Regelung der Ausgleichsfristen und Höchstüberschreitung.
- Regelungen zur Mehrarbeit auf Anweisung des Arbeitgebers einschließlich der Vergütung von Mehrarbeitszuschlägen.
- Regelungen zur Schulung im Zeitmanagement sowie rechtliche Rahmenbedingungen.
- Regelung zur Arbeitszeitdokumentation und Kontrollrechten des Betriebsrats.
- Wenn und soweit die Gefahr einer zeitlichen Überlastung der Arbeitnehmer besteht, kann die Pflicht zur Einführung stichwortartiger Angaben zu Arbeitsinhalten verankert werden.[30] Das ermöglicht dem Betriebsrat eine effektivere Kontrolle, hilft ggf. aber auch Arbeitnehmern bei der Beweisführung in Überstundenprozessen.
- Einrichtung von Arbeitszeitkommissionen von Arbeitgeber und Betriebsrat.
- Befristung und Überprüfung der Regelung der Vertrauensarbeitszeit.

Bei Einführung einer Arbeitszeiterfassung:
- Verpflichtung zur Arbeitszeiterfassung einschließlich aller Arbeitsleistungen außerhalb des Betriebs.
- Verhältnis von elektronischer und manueller Arbeitszeiterfassung einschließlich der Sicherstellung persönlicher Einstellungen der Daten bei manueller Erfassung.
- Monatliche Aushändigung der vollständigen Übersicht über das aktuelle Arbeitszeitkonto.
- Begrenzung der Zugriffsrechte auf Daten, Archivierung und Löschung der Daten.
- Rechte des Betriebsrats hinsichtlich (jederzeitigen) Zugriffs und Auswertung der Daten.

30 LAG Berlin 29.11.2005 – 7 TaBV 1471/05; LAG Niedersachsen 22.10.2013 – 1 TaBV 53/13.

Ausschuss für Arbeitsstätten (ASTA)

I. Einführung

Mit der Novellierung der Arbeitsstättenverordnung in 2004 wurde gemäß § 7 ArbStättV der Ausschuss für Arbeitsstätten (ASTA) als sachverständiges Gremium für die Ermittlung der → **Technischen Regeln für Arbeitssicherheit** (ASR) errichtet. Als beratender Arbeitsschutzausschuss i. S. d. § 18 ArbSchG berät der ASTA die Bundesregierung im Anwendungsbereich der Arbeitsstättenverordnung. Organisatorisch ist der ASTA beim Bundesministerium für Arbeit und Soziales angesiedelt und wird geschäftsführend durch das → **Bundesamt für Arbeitsschutz und Arbeitssicherheit** betreut.

II. Einzeldarstellung

1. Aufgaben

Zu den wesentlichen Aufgaben des ASTA gehört es, das Bundesministerium für Arbeit und Soziales in allen Fragen der betrieblichen Sicherheit und Gesundheit zu beraten und durch die Ermittlung der → **Technischen Regeln für Arbeitssicherheit** (ASR) zu unterstützen. Zu seinen Aufgaben zählt es insbesondere:

1. die Regeln zu ermitteln, die dem Stand der Technik, Arbeitsmedizin und Hygiene entsprechen sowie die gesicherten wissenschaftlichen Erkenntnisse für die Sicherheit und Gesundheit der Beschäftigten in Arbeitsstätten zusammenzutragen,
2. ein Regelwerk zu erarbeiten, wie die Anforderungen der Arbeitsstättenverordnung erfüllt werden können sowie
3. Empfehlungen für weitere Maßnahmen zur Gewährleistung der Sicherheit und zum Schutz der Gesundheit der Beschäftigten auszuarbeiten.

Ziel ist es dabei, durch die Einbindung der relevanten Interessengruppen ein für die Praxis handbares und überschaubares Regelwerk zusammenzustellen.

Seit der Novellierung der ArbStättV in 2016 hat der ASTA zudem die Befugnis, Empfehlungen auszusprechen und nicht mehr nur Regeln und Erkenntnis zu ermitteln (§ 7 Abs. 3 S. 1 Nr. 2 ArbStättV). Mit der Integration der Bildschirmarbeitsplatzverordnung in die ArbStättV erstreckt sich sein Zuständigkeitsbereich seit 2016 erstmals auch auf die Gestaltung von → **Büro- und Bildschirmarbeitsplätzen**.

2. Besetzung

Der ASTA ist derzeit mit 15 Personen besetzt, die die relevanten Akteure des deutschen Arbeitsschutzsystems repräsentieren. Er setzt sich wie folgt zusammen:

- ein Mitglied der öffentlichen Arbeitgeber
- zwei Mitglieder der privaten Arbeitgeber
- drei Mitglieder der zuständigen Landesoberbehörden
- drei Mitglieder der Gewerkschaften
- drei Mitglieder der Unfallversicherungsträger
- drei sachverständige Mitglieder und Vertreter der Wissenschaft

Die einzelnen Mitglieder haben ein eigenes Initiativrecht, um Themen auf die Agenda des ASTA zu setzen. Regelmäßig kommt der ASTA einmal im Jahr zusammen, um Themen zu erarbeiten. Er untergliedert sich in weitere Fachausschüsse, die die Mitglieder bei ihrer Arbeit unterstützen.

3. Rechtliche Bedeutung der ASR

Der ASTA ist als unselbständiger Verband des öffentlichen Rechts nicht rechtsfähig und übt entsprechend keine Hoheitsgewalt aus.[1] Entsprechend haben die vom ASTA ermittelten ASR selbst keine eigene Gesetzesqualität. Erst über die Bestimmung des § 3 Abs. 1 S. 2, 3 ArbStättV fügen sie sich in das Normengefüge des Arbeitssicherheitsrecht ein. Sie haben insoweit Konkretisierungswirkung. Das bedeutet, dass ihre Einhaltung die Vermutung für die Einhaltung der Anforderungen nach der ArbStättV begründet (§ 3a Abs. 1 S. 3 ArbStättV).[2]

Als unabhängiges Fachgremium erarbeitet der ASTA das technische Regelwerk für Arbeitsstätten, das die ausfüllungsbedürftigen Bestimmungen der Arbeitsstättenverordnung konkretisiert.[3] Das Bundesministerium für Arbeit und Soziales gibt die so ermittelten Regeln bekannt und verleiht ihnen auf diesem Wege

1 Wiebauer in Landmann/Rohmer GewO ArbStättV § 7 Rn. 4.
2 Krit. hierzu HK-ArbSchR-Faber, § 19 ArbSchG Rn. 51–53.
3 Kollmer/Wiebauer/Schucht-Kollmer, § 7 ArbStättV Rn. 2.

Rechtsverbindlichkeit. Der ASTA hat die Aufgabe, die Regeln zu erstellen, eine eigenständige Befugnis zur Regelsetzung hat der Ausschuss indes nicht.[4]
Im Umkehrschluss zu der Vermutungswirkung spricht die Rechtsprechung den ASR ebenso wie den DGUV-Informationen eine insofern erhebliche Bedeutung zu, deren Inhalt jeweils als bekannt vorgesetzt wird.[5] Der Arbeitgeber ist jedoch berechtigt, von den ASR abzuweichen. In diesem Fall trifft ihn jedoch eine Begründungspflicht, inwieweit die gewählten, abweichenden Maßnahmen den in der einschlägigen ASR formulierten Schutzzielen gleichwertig entsprechen.[6] Spätestens diese Abweichung eröffnet zudem die Möglichkeit zur Mitbestimmung durch Betriebs- bzw. Personalrat.

4 Wiebauer in Landmann/Rohmer GewO ArbStättV § 7 Rn. 3ff.
5 VGH München 26.5.2017 – 22 ZB 17.733; ähnlich zu DIN-Normen OVG Niedersachsen 6.9.1991 – 7 L 166/89.
6 BeckOK-ArbSchR-Teuscher, ArbStättV § 3a Rn. 5.

Baustellensicherheit

I. Einführung

Beschäftigte in der Bauwirtschaft sind einem besonders hohen Unfall- und Gesundheitsrisiko ausgesetzt. Die Arbeitsbedingungen auf Baustellen sind gekennzeichnet von ständigen Veränderungen der Arbeitsumgebung, großen Unfallgefahren und körperlicher Beanspruchung, ungünstigen Witterungseinflüssen sowie einem hohen Zeit- und Termindruck. Aus diesem Grund ist eine Vielzahl von arbeitsschutzrechtlichen Vorgaben zur Verhütung von Unfällen und Gesundheitsrisiken bei Bauarbeiten zu beachten.

II. Einzeldarstellung

Bauarbeiten sind Arbeiten zur Herstellung, Instandhaltung, Änderung und Beseitigung von baulichen Anlagen einschließlich der hierfür vorbereitenden und abschließenden Arbeiten.

1. Gesetzliche Vorgaben

Um den besonderen Gefahren und der überdurchschnittlich hohen Zahl von Arbeitsunfällen und Berufserkrankungen bei Bauarbeiten zu begegnen, wurden folgende gesetzliche Regelungen erlassen:

- Technische Mindestanforderungen für Baustellen in der Arbeitsstättenverordnung,
- Besondere Anforderungen für zeitweilige Arbeiten an hoch gelegenen Arbeitsplätzen im Anhang 1 Abschnitt 3 der Betriebssicherheitsverordnung,
- Organisatorische Mindestanforderungen zur Verbesserung der Sicherheit auf Baustellen in der Baustellenverordnung.

Arbeitsstättenverordnung

Die Arbeitsstättenverordnung regelt in ihrem Anhang in Ziffer 5 gesteigerte Mindestanforderungen an Arbeitsstätten und Arbeitsplätzen im Freien sowie an Baustellen. Dazu gehört etwa die die Pflicht zur Gewährleistung eines besonderen Witterungsschutzes oder die Ausstattung mit geeigneter persönlicher Schutzausrüstung. Den Beschäftigten muss zudem die Möglichkeit eröffnet werden, Mahlzeiten einzunehmen und sich gegebenenfalls zuzubereiten sowie in der Nähe der Arbeitsplätze über Trinkwasser oder andere alkoholfreie Getränke verfügen zu können.
Ergänzend verweist die Arbeitsstättenverordnung zudem auf besondere Schutzvorrichtungen vor Abstürzen, zur Stabilisierung der Arbeitsplätze oder die Schaffung von Sicherheitsabständen zu Verkehrswegen, auf denen Beförderungsmittel verwendet werden. In Ziffer 5.2 Abs. 5 sind weitergehende Mindestanforderungen an die Sicherheitsvorkehrungen für besondere Bauvorhaben festgelegt, wie zum Beispiel Arbeiten an erhöhten oder tiefer gelegenen Standorten, Aushub- oder Brunnenarbeiten oder auch Laderampen u.s.w.

Betriebssicherheitsverordnung

Die grundlegenden Schutzmaßnahmen bei der Verwendung von Arbeitsmitteln regelt § 6 der Betriebssicherheitsverordnung. Spezielle Mindestanforderungen für die Verwendung von Arbeitsmitteln bei zeitweiligen Arbeiten auf hoch gelegenen Arbeitsplätzen regelt der dazugehörende Anhang 1 Abschnitt 3. Dies betrifft insbesondere Arbeiten auf Gerüsten, Leitern sowie Arbeiten unter Zuhilfenahme von Seilen. Der Einsatz von Arbeitsstelzen etwa ist vollständig untersagt.
Nach Ziffer 3.1.2 gilt der Grundsatz, dass Gefährdungen der Beschäftigten so gering wie möglich gehalten werden müssen. Vorrang hat jedoch stets die Einrichtung angemessener ergonomischer Bedingungen durch die Einrichtung von abgesicherten Standflächen auf Gerüsten oder ähnlichem. Die Standsicherheit des Gerüsts muss jederzeit sichergestellt sein. Die Verwendung von Leitern oder von Seilen ist nur in Ausnahmefällen gemäß Ziffer 3.1.4 des Anhangs zulässig. Beim Auf- und Abbau von Gerüsten sind stets geeignete Schutzmaßnahmen auf Grundlage einer → **Gefährdungsbeurteilung** zu treffen.

Baustellenverordnung

Die Baustellenverordnung[1] (BaustellV) normiert folgende besondere arbeitsschutzrechtliche Pflichten des Arbeitgebers:

---

1 Eine umfassende Darstellung mit weitergehenden Informationen findet sich beim Bayerischen Landesamt für Arbeitsschutz, Arbeitsmedizin und Sicherheitstechnik, abrufbar unter: *http://www.komko-bauen.de/upload/komko/pdf/Bayern_BaustellenPlanen_kurz.pdf.*

- Berücksichtigung der allgemeinen Grundsätze nach § 4 Arbeitsschutzgesetz bei der Planung und Ausführung des Bauvorhabens,
- Übermittlung einer Vorankündigung des Bauvorhabens an das zuständige Gewerbeaufsichtsamt bei größeren Baustellen,
- Bestellung eines oder mehrerer geeigneter Koordinatoren in der Planung und bei der Ausführung eines Bauvorhabens, wenn mehrere Arbeitgeber auf der Baustelle tätig sind,
- Erarbeitung eines Sicherheit- und Gesundheitsschutzplanes bei größeren Baustellen und/oder bei besonders gefährlichen Arbeiten,
- Erstellung einer Unterlage für spätere Arbeiten an der baulichen Anlage, welche die zu berücksichtigenden Angaben zu Sicherheit und Gesundheitsschutz enthält.

Zur Konkretisierung dieser allgemeinen Vorgaben in der Baustellenverordnung existieren die Regeln zum Arbeitsschutz auf Baustellen (RAB). Sie geben den Stand der Technik bezüglich Sicherheit und Gesundheitsschutz auf Baustellen wieder. Sie werden vom Ausschuss für Sicherheit und Gesundheitsschutz auf Baustellen (ASGB) aufgestellt und von ihm der Entwicklung angepasst. Durch Einhaltung dieser Regeln sollen Sicherheit und Gesundheitsschutz der auf Baustellen beschäftigten Personen verbessert und zur Verhütung von Unfällen und arbeitsbedingten Gesundheitsgefahren ebenso beigetragen werden wie zum störungsfreien Bauablauf. Derzeit existieren sieben RAB.[2] Diese sind:

- RAB 01 Gegenstand, Zustandekommen, Aufbau, Anwendung und Wirksamwerden der RAB
- RAB 10 Begriffsbestimmungen (Konkretisierung von Begriffen der BaustellV)
- RAB 25 Arbeiten in Druckluft (Konkretisierung der Druckluftverordnung)
- RAB 30 Geeigneter Koordinator (Konkretisierung zu § 3 BaustellV)
- RAB 31 Sicherheits- und Gesundheitsschutzplan (SiGePlan)
- RAB 32 Unterlage für spätere Arbeiten (Konkretisierung zu § 3 Abs. 2 Nr. 3 BaustellV)
- RAB 33 Allgemeine Grundsätze nach § 4 des Arbeitsschutzgesetzes bei Anwendung der Baustellenverordnung

---

2 Abrufbar unter: *https://www.baua.de/DE/Angebote/Rechtstexte-und-Technische-Regeln/Regelwerk/RAB/RAB.html.*

2. DGUV Vorschrift 38

Gemäß § 87 Abs. 3 SGB IV hat die → **DGUV** eine umfassende → **Unfallverhütungsvorschrift** zu Bauarbeiten erlassen.[3] Hierin finden sich ausführliche Bestimmungen für verschiedene Formen von Bauarbeiten:

- Montagearbeiten,
- Abbrucharbeiten,
- Arbeiten mit heißen Massen,
- Arbeiten in Baugruben und Gräben sowie an und vor Erd- und Felswänden,
- Bauarbeiten unter Tage,
- Arbeiten in Bohrungen und
- Arbeiten in Rohrleitungen

3. Sicherheits- und Gesundheitsschutzkoordinator

Eine besondere Rolle beim Arbeits- und Gesundheitsschutz auf Baustellen kommt dem Sicherheit- und Gesundheitsschutzkoordinator zu. Er ist gemäß § 3 Abs. 1 BaustellV zu bestellen und trägt die Verantwortung für die Sicherheit aller Anwesenden auf der Baustelle und koordiniert die Aktivitäten der beteiligten Firmen im Auftrag des Bauherrn. Die Bestellung des Koordinators muss so rechtzeitig erfolgen, dass er bereits während der Planungsphase seine Aufgaben nach § 3 Abs. 2 BaustellV ausüben kann.

Zu den zentralen Aufgaben des bestellten Koordinators zählt die Beratung und Unterstützung von Bauherrn, Planern, Architekten und ausführenden Betrieben hinsichtlich der Sicherheit und des Gesundheitsschutzes in den jeweiligen Bauphasen. Stellt der Koordinator während des Bauvorhabens Sicherheitsmängel fest, hat er die Pflicht Maßnahmen einzuleiten.

Die für eine Tätigkeit als Koordinator erforderliche Qualifikation sowie eine Konkretisierung seiner Aufgaben sind in der RAB 30 beschrieben.

4. Besonderheiten bei Straßenbaustellen

Aufgrund der besonderen Unfallgefahren an Straßenbaustellen regelt die ASR A5.2 besondere Anforderungen an Baustellensicherung im Grenzbereich zum Straßenverkehr. Es muss ein hinreichender Abstand zum Straßenverkehr geschaffen werden, damit die Gefahren für Verkehrsteilnehmer und Bauarbeiter möglichst gering ausfallen. Die Richtlinie für die Sicherung von Arbeitsstellen an Straßen (RSA) schreibt auf Straßen innerorts einen Mindestsicherheitsabstand von 0,3 Meter zwischen dem Arbeits- und Verkehrsbereich vor; außerorts

3 Abrufbar unter: *https://publikationen.dguv.de/dguv/pdf/10002/vorschrift38.pdf.*

beträgt dieser Sicherheitsabstand 0,5 Meter. Dies sind jedoch nur Richtwerte. Letztendlich ist anhand einer → **Gefährdungsbeurteilung** der notwendige Sicherheitsabstand zwischen der Bewegungsfläche der Beschäftigten und den vorbeifahrenden Fahrzeugen zu bestimmen. Auch die Fachkraft für Arbeitssicherheit (SiFa) oder der Sicherheits- und Gesundheitsschutzkoordinator haben die Aufgabe an einer hinreichenden Baustellensicherheit mitzuwirken.

Belastung / Beanspruchung

I. Einführung

Im Arbeitsleben können verschiedene Umstände der Arbeitsbedingungen und des Arbeitsumfelds auf den einzelnen Beschäftigten belastend einwirken. Diese Belastungen können sich auf die Psyche (das menschliche Fühlen und Denken) und/oder auf die Physis (den menschlichen Körper) der Beschäftigten auswirken bzw. diese »beanspruchen«. Um den Zusammenhang zwischen den Belastungen und der individuellen Beanspruchung darzustellen, wurde das **Belastungs-/Beanspruchungsmodell** in der Arbeitswissenschaft entwickelt.[1]
Dieses Modell geht davon aus, dass die Belastungen in der Arbeitswelt zunächst alle gleich auf die Beschäftigten wirken, hingegen die tatsächliche Beanspruchung der Beschäftigten von individuellen Merkmalen des Einzelnen abhängt. Daraus resultiert, ob die Beanspruchung positive oder negative Auswirkungen auf den Arbeitnehmer hat.
Im Zentrum des Arbeitsschutzes steht aber die Belastungen zu ermitteln, um diese zu verhindern bzw. zu vermindern.

II. Einzeldarstellung

Unter **Belastung** werden alle objektiven, von außen auf die Psyche und die Physis des Menschen einwirkenden Faktoren verstanden. Belastungen können aus allen Zusammenhängen der Arbeitswelt resultieren. Dazu zählen die

- Arbeitsaufgabe (u. a. Art und Umfang der Tätigkeit, Vielfältigkeit, Verantwortung),
- Arbeitsmittel (u. a. Beschaffenheit, Bedienbarkeit),

1 Joko/Schmauder/Wolff, Psychische Belastung und Beanspruchung im Berufsleben; HK-ArbSchR/Blume/Faber § 4 Rn. 19.

- Arbeitsumgebung (u. a. physikalisch-chemisch, biologische Arbeitsumgebung, aber auch Beleuchtung, Schall, Klima, Farbe, Raumluft, Schadstoffe),
- soziale Arbeitsumgebung (u. a. Führungsverhalten und Betriebsklima),
- Arbeitsorganisation (u. a. Regelung der Arbeitszeit, Art und Weise der Reihenfolge von Tätigkeiten, Information, Transparenz),
- Arbeitsplatzgestaltung (u. a. die direkte Arbeitsumgebung des Einzelnen mit Arbeitsstuhl und -tisch, Platzverhältnisse, Zwangshaltung).

Beanspruchungen sind die subjektiven Folgen der bestehenden Belastungen. Die Beanspruchung der Beschäftigten kann sich im physischen Bereich des Beschäftigten (z. B. in der Beanspruchung der Muskulatur beim Heben von Lasten, Belastung des Herz-Kreislaufsystems) und im psychischen Bereich (nachlassende Konzentration, Verlust des Überblicks usw.) auswirken.

In der Arbeitswissenschaft bestehen verschiedene Modelle, um die Auswirkungen der oben beschriebenen Belastungen auf die Gesundheit der Arbeitnehmer zu beschreiben. In der GDA-Leitlinie zur psychischen Arbeitsbelastung und Gesundheit[2] werden folgende Modelle erwähnt:

- das Belastungs-Beanspruchungs-Modell,
- die Handlungsregulationstheorie,
- das Anforderungs-Kontroll-Modell,
- das Modell der Gratifikationskrisen,
- das Transaktionale Stress-Modell.

Das Belastungs-/Beanspruchungsmodell als Beispiel unterstellt, dass die Belastungen nicht zwingend zur einer negativen Beanspruchung der Beschäftigten führen, sondern zunächst auf alle Beschäftigten gleich einwirken. Ob und wie sich diese Belastungen auf den einzelnen Menschen auswirken, ob er diese Belastungen als negative oder positive Beanspruchung empfindet, hängt auf der einen Seite von dem Ausmaß und der Dauer der Belastungen ab. Auf der anderen Seite hängt es von der persönlichen Fähigkeit ab, mit diesen Beanspruchungen umzugehen. Diese individuellen Ressourcen eines Beschäftigten können u. a. besondere persönliche Strategien zum Umgang mit einer Belastung, eigene Erfahrungen, Qualifikationen, körperliche Verfassung und das Alter sein.

So können im Bereich des Merkmals Arbeitsinhalt/Arbeitsaufgabe bestimmte Belastungen, (z. B. keine Vollständigkeit der Aufgabe, zu geringer Handlungsspielraum hinsichtlich der Arbeitsinhalte, Arbeitspensum sowie Reihenfolge der Tätigkeiten, unklare Verantwortlichkeiten, zu wenig oder zu umfangreiche Information) zu einer negativen Beanspruchung, also einer Fehlbelastung führen.[3]

Aufgabe des Arbeitsschutzes ist es, die Fehlbeanspruchungen und damit Gesundheitsgefährdungen zu beseitigen. Zum einen sind daher die o. g. Belas-

---

2 GDA Leitlinie Psychische Arbeitsbelastung und Gesundheit von 27.11.2017, S. 5.

3 GDA Leitlinie Psychische Arbeitsbelastung und Gesundheit, a. a. O.

tungsfaktoren zu untersuchen, um zu ermitteln, ob bereits bestimmte Grenzwerte überschritten werden. Dabei sind gerade im Hinblick auf die psychischen Belastungen nicht nur die Grenzwerte aus den Arbeitsstättenrichtlinien zu beachten, sondern es sind alle arbeitswissenschaftlichen Erkenntnisse des jeweilig aktuellen Standes einzubeziehen. Da im Rahmen einer Gefährdungsbeurteilung wegen des Grundsatzes der anonymen Datenerhebung keine individualisierten Daten (bezogen auf die einzelnen Beschäftigten) erhoben werden, können nur abstrakte Beschäftigtengruppen gebildet werden, wie z. B. Altersgruppen. Hinzu kommt, dass der Arbeitsschutz vorrangig an der gefährdungsfreien bzw. gefahrenfreien Gestaltung der Arbeitsbedingungen, also an den **Belastungs**faktoren, ansetzt und nicht an der Förderung der individuellen Beanspruchungsfähigkeit des einzelnen Beschäftigten.[4] Ziel des Arbeitsschutzes muss es sein, dass die Arbeitsbedingungen so ausgerichtet werden, dass ein Beschäftigter ohne Gesundheitsschädigung bis zum Eintritt in die Rente arbeitet.

III. Hinweise für die Mitbestimmung

Die Ermittlung der einzelnen Belastungsfaktoren ist Aufgabe der → **Gefährdungsbeurteilung** nach § 5 ArbSchG.

1. Mitbestimmung nach dem BetrVG

§ 87 Abs. 1 Nr. 7 BetrVG legt ein Mitbestimmungsrecht bei Regelungen über die Verhütung von Arbeitsunfällen und Berufskrankheiten sowie über den Gesundheitsschutz im Rahmen der gesetzlichen Vorschriften oder der Unfallverhütungsvorschriften fest. Es bedarf für das Bestehen der Mitbestimmung einer durch die Betriebsparteien auszufüllenden Rahmenvorschrift des Arbeitsschutzes (→ **Betriebsrat**). Eine derartige Rahmenvorschrift ist § 5 ArbSchG. Danach hat der Betriebsrat bei der Ausgestaltung der Gefährdungsbeurteilung mitzubestimmen (→ **Gefährdungsbeurteilung**).

2. Mitbestimmung nach dem BPersVG

In § 80 Abs. 1 Nr. 16 BPersVG n. F. (§ 75 Abs. 3 Nr. 11 BPersVG a. F.[5]) ist die Mitbestimmung des Personalrats bei Maßnahmen des Arbeitsschutzes zur Ver-

4 HK-ArbSchR-Blume/Faber § 4 Rn. 37.

5 BPersVG v. 15. 3. 1974 (BGBl. I S. 693); zuletzt geändert durch Gesetz vom 9. 6. 2021 (BGBl. I S. 1614).

hütung von Dienst- und Arbeitsunfällen und Berufskrankheiten sowie sonstigen Gesundheitsschädigungen geregelt. Dies schließt alle Maßnahmen zur Verhütung arbeitsbedingter Gesundheitsgefahren ein. Arbeitsbedingte Gesundheitsgefahren sind Vorgänge, die in nachvollziehbarem Zusammenhang mit dem Arbeitsplatz oder der Tätigkeit über das allgemeine Lebensrisiko hinaus die Gesundheit beeinflussen können. Allerdings hat nach der Rechtsprechung des Bundesverwaltungsgerichts der Personalrat keine Mitbestimmung bei den Einzelheiten und bei der Durchführung einer Gefährdungsbeurteilung.[6] Der Personalrat muss also die → **Gefährdungsbeurteilung** abwarten.

6 BVerwG 5.3.2012 – PB 25.11.

Beleuchtung

Bei der Gestaltung der Arbeitsplätze bzw. → **Arbeitsbedingungen** hat der Arbeitgeber insbesondere auch für eine hinreichende Beleuchtung des Raumes zu sorgen. Der Arbeitsplatz ist so einzurichten, dass er ausreichend mit Tageslicht erhellt und eine Sichtverbindung nach außen hat. Dasselbe gilt auch für Pausen- und Bereitschaftsräume (→ **Pausenräume**). Die zu ermittelnden Arbeitsbedingungen gemäß der → **Gefährdungsbeurteilung** nach § 5 ArbSchG hat insbesondere die hierzu bestehenden technischen Vorgaben einzuhalten.
Namentlich für → **Büro- und Bildschirmarbeitsplätze** beinhaltet Anhang 1 der ASR A3.4 sehr konkrete Vorgaben zur künstlichen Beleuchtung. Demnach sind Arbeitsplätze, an denen im Wesentlichen Schreibarbeiten und Datenverarbeitung erbracht werden, mit einer Beleuchtung von mindestens 500 Lux auszustatten. Sind technische Zeichnungen per Hand Teil der Arbeit, müssen es sogar mindestens 750 Lux sein.
Ist eine ausreichende Versorgung mit Tageslicht aus betriebstechnischen Gründen nicht möglich, ist der Arbeitgeber im Rahmen einer → **Gefährdungsbeurteilung** verpflichtet, einen hinreichenden Gesundheitsschutz durch andere Maßnahmen, wie bspw. die Einrichtung von Pausenräumen mit besonders hohem Tageslichteinfall und/oder einer ausgeweiteten Pausengestaltung, zu gewährleisten.
Umgekehrt ist der Arbeitsplatz aber auch so gestalten, dass eine störende Blendung durch Sonneneinstrahlung weitgehend vermieden wird. Dies kann durch den Einsatz von Jalousien, Rollos oder ähnlichem erfolgen.
Im Hinblick auf das Wohlbefinden der Beschäftigten sowie auf die Schaffung eines hinreichenden Arbeitsschutzes machen diverse → **Technische Regeln** konkrete Vorgaben für die Raumgröße und -gestaltung. Diese technischen Regeln beschreiben allgemein die Raumabmessung und die Vorgabe zu Bewegungsflächen sowohl hinsichtlich des konkreten Arbeitsplatzes, als auch hinsichtlich von Sanitärräumen, Pausen- und Bereitschaftsräume oder die barrierefreie Gestaltung von Arbeitsstätten (→ **Behinderte Beschäftigte**).
Im Hinblick auf die teilweise sehr konkreten Vorgaben zur Beleuchtung von Arbeitsräumen unterliegt deren Einhaltung lediglich dem allgemeinen Über-

wachungs- und Informationsrecht des Betriebsrats nach § 80 Abs. 1, 2 BetrVG bzw. des Personalrats nach § 62, § 66 BPersVG n. F. (§ 68 Abs. 1, 2 BPersVG a. F.[1]).

1 BPersVG v. 15.3.1974 (BGBl. I S. 693); zuletzt geändert durch Gesetz vom 9.6.2021 (BGBl. I S. 1614).

Behinderte Beschäftigte

I. Einführung

Die für alle Menschen mit Behinderung geltenden Regelungen im SGB IX Teil 1 sind sozialrechtlicher Natur, regeln also die Leistungen insbesondere der Rehabilitationsträger (vgl. § 6 SGB IX, insbes. Agenturen für Arbeit, gesetzliche Renten-, Kranken- und Unfallversicherung) und deren Zusammenarbeit.
Besondere Arbeitsschutzregelungen gibt es dagegen in Teil 3 SGB XI nur für schwerbehinderte und gleichgestellte behinderte Menschen (vgl. § 2 Abs. 2 und 3 SGB IX).
Für »lediglich« behinderte oder von Behinderung bedrohte Beschäftigte lassen sich auf Behinderung bezogene arbeitsrechtliche Ansprüche aber immerhin auf der Grundlage von RL 2000/78/EG und Art. 3 Abs. 3 Satz 2 GG i. V. m. Art. 20 der UN-Behindertenrechtskonvention[1], aus dem Allgemeinen Gleichbehandlungsgesetz[2] und aus §§ 611a, 241 Abs. 2 BGB und § 106 GewO gewinnen.

II. Einzeldarstellung

1. Definition

Der im Arbeits- und Sozialrecht maßgebliche Begriff der Menschen mit Behinderung ergibt sich aus § 2 Abs. 1 SGB IX i. d. F. des Bundesteilhabegesetzes.[3]

1 Vgl. eingehend hierzu BVerfG 30. 1. 2020 – BvR 1005/18.
2 AGG v. 14. 8. 2006 (BGBl. I S.1897), zuletzt geändert durch Gesetz v. 3. 4. 2013 (BGBl. I S.610).
3 Bundesteilhabegesetz v. 23. 12. 2016 (BGBl. I S. 3234); zur Diskussion über den Begriff der »Behinderung« und zur internationalen Klassifizierung durch die WHO u. a. vgl. Behinderung Wikipedia, S. 5.

Von der früheren Begriffsdefinition in § 2 Abs. 1 SGB IX a. F.[4] unterscheidet er sich vor allem dadurch, dass körperliche, seelische, geistige oder Sinnesbeeinträchtigungen[5] nicht für sich genommen als Behinderung verstanden werden, sondern erst dadurch, dass sie »in Wechselwirkung mit einstellungs- und umweltbedingten Barrieren an der gleichberechtigten Teilhabe an der Gesellschaft hindern können.«[6] Dies entspricht nunmehr dem Begriff der Behinderung i. S. der Richtlinie 2000/78/EG.[7]

Allerdings werden in § 2 Abs. 1 SGB IX zwei weitere – einschränkende – Kriterien zum Gegenstand des Behinderungsbegriffs gemacht, nämlich

- Hinderung an der gleichberechtigten Teilhabe mit hoher Wahrscheinlichkeit länger als sechs Monate (während die RL 2000/78/EG lediglich auf einen nicht genau bezeichneten langen Zeitraum abstellt[8]);
- Abweichung vom für das Lebensalter typischen Zustand (anders aber bei zumeist erst in höherem Alter auftretenden, aber dennoch nicht für das Alter typischen Beeinträchtigungen – sie können durchaus Behinderungen sein).[9]

Damit die erforderliche Prognose eines länger als sechs Monate andauernden Zustands nicht dazu führt, dass vor Ablauf von sechs Monaten Rehabilitationsleistungen verweigert werden, werden bereits in § 1 SGB IX von Behinderung bedrohte Menschen den Menschen mit Behinderung gleichgestellt. Gem. § 2 Abs. 1 Satz 3 SGB IX sind von Behinderung bedrohte Menschen solche, bei denen eine Behinderung »zu erwarten ist«.[10] Nur so kann auch der Vorrang der Prävention gem. § 3 SGB IX gewährleistet werden.

Weitergehend als die RL 2000/78/EG bezieht sich der Begriff der Behinderung i. S. d. § 2 Abs. 1 SGB IX nicht nur auf eine Einschränkung hinsichtlich der vollen

4 SGB IX v. 19. 6. 2001 (BGBl. I S. 1046); vgl. zum dortigen Begriff der Behinderung: Dau/Düwell/Joussen-*Joussen*, zu § 2 SGB IX a. F. Rn. 5.

5 Vgl. hierzu näher: Dau/Düwell/Joussen-*Joussen*, zu § 2 SGB IX, Rn. 2–8.

6 Vgl. zum (neuen) Begriff der Behinderung und Fallbeispielen: Feldes/Kohte/Stevens-Bartol-*Stevens-Bartol*, § 2 SGB IX Rn 6 ff; zur Bewertung psychischer Beeinträchtigungen als Behinderung vgl. LSG Berlin-Brandenburg 25. 10. 2012 – L 3 SB 119/12; zu HIV-Infektion als Behinderung vgl. BAG 19. 12. 2013 – 6 AZR 190/12.

7 Vgl. hierzu EuGH 18. 12. 2014 – C 354/13 (Fag ob Arbejde) und EuGH 11. 4. 2013 – C 335/11 und C 337/11 (Ring und Skouboe Werge).

8 Vgl. EuGH v. 1. 12. 2016 – C 395/15 (Daouidi).

9 Vgl. BSG v. 7. 11. 2001 – B 9 SB 1/01 R; zur Abgrenzung näher: Feldes/Kohte/Stevens-Bartol-*Stevens-Bartol*, zu § 2 SGB IX Rn. 9, 10 mit Beispielen; zur Kritik am Abstellen auf alterstypischen Zustand als altersdiskriminierend vgl. Bayerisches LSG v. 12. 12. 2002 – L 18 SB 22/01.

10 Vgl. hierzu BSG 7. 10. 201 – B 3 KR 5/10 R: für »Bedrohung« kein sicheres Eintreten der Behinderung erforderlich, eine bloß vage Möglichkeit genügt jedoch nicht.

und wirksamen Teilhabe am Berufsleben.[11] Es werden vielmehr Behinderungen in allen Lebensbereichen erfasst.

Der Begriff der Behinderung in diesem Sinn ist nicht gleichbedeutend mit den sozialrechtlichen Begriffen »Krankheit«, »Arbeitsunfähigkeit« (vgl. SGB V), »Erwerbsminderung« (vgl. SGB VI) oder »Beschädigung« bzw. »Schädigungsfolge« (vgl. BVG), sondern verfolgt dem gegenüber einen anderen, nicht auf die Einzelperson, sondern auf ihre Wechselbeziehung mit der Gesellschaft ausgerichteten Ansatz.[12]

Eine ggf. auch lange oder wiederholt auftretende Krankheit ist mithin als solche nicht schon eine Behinderung. Nach der Rechtsprechung des BAG ist deshalb eine krankheitsbedingte Kündigung nicht schon per se ein Indiz für eine Diskriminierung wegen Behinderung i. S. d. § 22 AGG.[13] Ohnehin ist eine Behinderung nicht notwendig mit Arbeitsunfähigkeit verbunden. Auch bloße länger andauernde gesundheitliche (auch psychische) Beeinträchtigungen bzw. chronische Erkrankungen, die sich im gesellschaftlichen Kontext auf die gleichberechtigte Teilhabe am Arbeitsleben auswirken, können Behinderungen darstellen, ebenso z. B. eine symptomlose HIV-Infektion[14] und sogar die Benachteiligung einer nicht behinderten Arbeitnehmerin wegen Behinderung ihres Kindes.[15]

Da die Behinderung ein sozial- und arbeitsrechtlich relevanter Sachverhalt ist, der keines behördlichen Nachweises bedarf, kommt es in der Praxis darauf an, Tatsachen im oben angegebenen Sinn vortragen und ggf. beweisen zu können, z. B. durch ärztliche Bescheinigungen, die jedoch häufig allein nicht ausreichen.

Es kann jedoch bei entsprechenden Anhaltspunkten zusätzlich sinnvoll sein, beim zuständigen Versorgungamt einen Antrag gem. § 152 SGB IX auf Feststellung einer Behinderung zu stellen. Eine entsprechende Verbescheidung erfolgt allerdings erst ab einem Grad der Behinderung von mindestens 20. Es kann durch ein solches Verfahren beim Versorgungsamt zudem auch geklärt werden, ob eine Gleichstellung (Grad der Behinderung mindestens 30) erreicht oder sogar eine Schwerbehinderung (Grad der Behinderung mindestens 50) festgestellt werden kann.

---

11 Vgl. EuGH 18.1.2018 – C 270/16 (Conejero) und EuGH 9.3.2017 – C 406/15 (Milkova).

12 Feldes/Kohte/Stevens-Bartol-*Stevens-Bartol*, § 2 SGB IX Rn. 6.

13 BAG 22.10.2009 – 8 AZR 642/08.

14 BAG 19.12.2013 – 6 AZR 190/12: auf die HIV-Infektion zurückzuführende soziale Vermeidungshaltung und darauf beruhende Stigmatisierung.

15 EuGH 17.7.2008 – C 303/06; vgl. auch näher: Dickerhof-Borello/Nollert-Borasio/Wenckebach, zu § 1 AGG Rn. 26ff.

2. Sozialrechtliche Ansprüche

a) Allgemeine Regelungen

(1) Für die Erbringung von Teilhabeleistungen für behinderte oder von Behinderung bedrohte Menschen kommen – je nach ihrer jeweiligen Zuständigkeit – gem. der Auflistung in § 6 SGB IX sieben verschiedene Rehabilitationsträger in Betracht. Das sind u. a. die gesetzlichen Krankenkassen, die Bundesagentur für Arbeit, die gesetzlichen Unfallversicherungen (u. a. Berufsgenossenschaften), die gesetzlichen Rentenversicherungen (u. a.DRV).

Als gemeinsames Ziel ist ihnen in § 4 Abs. 1 SGB IX gesetzlich vorgegeben, Behinderungen zu verhüten, zu überwinden oder zu mindern, oder jedenfalls deren Folgen zu mildern, insbesondere aber auch, die Teilhabe am Arbeitsleben entsprechend den Neigungen und Fähigkeiten dauerhaft zu sichern. Dies entspricht Art. 3 Abs. 3 Satz 2 GG, der außer dem Benachteiligungsverbot gerade auch einen Förderauftrag beinhaltet. Das ist zugleich für die Auslegung von Zivil- und Arbeitsrecht relevant.[16] Die Leistungsgruppen, in denen Leistungen für dieses Ziel erbracht werden, sind gem. § 5 SGB IX:

- Leistungen zur medizinischen Rehabilitation (§§ 42 – 48 SGB IX),
- Leistungen zur Teilhabe am Arbeitsleben (§§ 49 – 63 SGB IX),
- unterhaltssichernde und andere ergänzende Leistungen(§§ 64 – 74 SGB IX),
- Leistungen zur Teilhabe an Bildung (§ 75 SGB IX), und
- Leistungen zur sonstigen Teilhabe(§§ 76 – 84 SGB IX).

(2) Da die Rehabilitationsträger in ihrem jeweiligen Zuständigkeitsbereich ihre Aufgaben selbständig und eigenverantwortlich wahrnehmen, sind die für sie und ihre Leistungen geltenden besonderen Vorschriften insbesondere in den anderen Büchern des SGB II, III, V, VI, VII und VIII enthalten. Der Teil 1 des SGB IX (§§ 1 – 89 SGB IX) ist mithin kein eigenständiges Leistungsgesetz.[17]

Vielfach kommen in einer Leistungsgruppe Leistungen mehrerer Rehabilitationsträger in Betracht. Allein für Leistungen zur Teilhabe am Arbeitsleben besteht z. B. gem. § 6 Abs.1 SGB IX eine mögliche Zuständigkeit der Bundesagentur für Arbeit, der gesetzlichen Unfallversicherung, der gesetzlichen Rentenversicherung, der Träger der Kriegsopferversorgung und -fürsorge, der Träger der öffentlichen Jugendhilfe und der Träger der Eingliederungshilfe.

Für behinderte oder von Behinderung bedrohte Menschen, aber auch für sie unterstützende Betriebs- oder Personalräte ist auf diesem Hintergrund häufig nicht zu erkennen, welche Leistung überhaupt beansprucht werden können und welcher Träger dafür zuständig ist. Auch die Zuständigkeit mehrerer Träger für

16 BVerfG 30.01.2020 – 2 BvR 1005/18.

17 Vgl. Busch in: Feldes/Kohte/Stevens-Bartol, Vorbem. zu Kapitel 10, Rn. 9 unter Verweis auf BT-Drucks.18/9522, S. 4.

vergleichbare Leistungen ist nicht selten. Bei Klärungsversuchen kommt es nicht selten zur Verweisung von einem Leistungsträger zu einem anderen und zu erheblichen Verzögerungen.
Auf diesem Hintergrund ist im SGB IX, Teil 1, §§ 1 – 89, (nur) der allgemeine Teil des Rehabilitationsrechts geregelt. Durch diese Vorschriften soll die größtmögliche effektive und zügige Zusammenarbeit der Rehabilitationsträger zur raschen Leistungsgewährung erreicht werden. Diese Regelungen gehen hinaus über die – auch hier geltenden – allgemeinen sozialrechtlichen Aufklärungs-, Beratungs-, Auskunftsansprüche (§§ 13 – 15 SGB I), den Anspruch auf Weiterleitung von bei einem unzuständigen Leistungsträger gestellten Anträgen an den zuständigen (§ 16 SGB I) und den Anspruch auf zügige Gewährung der Sozialleistungen (§ 17 SGB I, vgl. auch § 7 Abs. 2 SGB IX).
Dies erfolgt insbesondere durch folgende Regelungen:

- Besteht die Möglichkeit mehrerer Leistungen zur Teilhabe, hat der Wille des Leistungsberechtigten Vorrang (§ 8 SGB IX).
- Jeder Rehabilitationsträger, bei dem ein Sozialleistungsantrag eingeht, prüft unabhängig von der Leistungsentscheidung, ob Leistungen zur Erreichung des Ziels der Teilhabe erfolgreich sein können und prüft auch die Beteiligung weiterer Träger (§ 9 SGB IX). Dabei haben Leistungen zur Teilhabe Vorrang vor Rentenleistungen. Zur Sicherung der Erwerbsfähigkeit beteiligt er gem. § 10 SGB IX die Bundesagentur für Arbeit zur gutachterlichen Stellungnahme hinsichtlich Notwendigkeit, Art und Umfang von Leistungen unter Berücksichtigung arbeitsmarktlicher Zweckmäßigkeit.
- Zur frühzeitigen Erkennung von Rehabilitationsbedarf und Antragstellung stellen die Rehabilitationsträger einschlägige barrierefreie Informationsangebote bereit und benennen dafür Ansprechstellen (§ 12 SGB IX). Zusätzlich werden zur Stärkung der Selbstbestimmung von behinderten und von Behinderung bedrohten Menschen erstmals durch das Bundesteilhabegesetz ergänzende unabhängige, unentgeltliche, umfassende und wohnortnahe Teilhabeberatungen vorgesehen, die vom Bundesministerium für Arbeit und Soziales gefördert werden (also Zuwendungen aus Bundesmitteln erhalten, § 32 SGB IX)[18]. Diese Beratungsstellen sind gem. §§ 33, 34 SGB IX zugleich Anlaufstellen für Personensorgeberechtigte und betreuende Personen.
- Zur Gewährleistung einer individuellen und funktionsbezogenen, einheitlichen und überprüfbaren Bedarfsermittlung verwenden die Rehabilitationsträger systematische Arbeitsprozesse und standardisierte Arbeitsmittel/Instrumente (§ 13 SGB IX).

---

18 Vgl. näher Feldes/Kohte/Stevens-Bartol-*Kohte*, zu § 32 SGB IX, Rn. 1 ff, wonach bereits bis Juni 2018 500 Anträge für entsprechende Beratungsstellen positiv beschieden wurden.

- Von wesentlicher Bedeutung für eine – nach sozialrechtlichen Maßstäben – rasche Antragsbewilligung ist das beschleunigte Verfahren (§ 14 SGB IX):
- Innerhalb von zwei Wochen nach Antrag auf Teilhabeleistung muss der angegangene Rehabilitationsträger bei von ihm angenommener Unzuständigkeit entweder unverzüglich an den nach seiner Auffassung zuständigen Träger weiterleiten, der seinerseits einem beschleunigten Verfahren unterliegt, oder er wird automatisch zum sog. leistenden Rehabilitationsträger. Als solcher stellt er dann umfassend den Rehabilitationsbedarf fest und entscheidet innerhalb von drei Wochen nach Antragstellung – bei erforderlichem Gutachten (vgl. hierzu § 17 SGB IX) binnen zwei Wochen ab Gutachteneingang. Abweichend hiervon kann allerdings der Träger, dem der Antrag weitergeleitet wurde, wiederum seinerseits bei Annahme seiner vollständigen Unzuständigkeit abermals an einen von ihm angenommenen Träger weiterleiten, dies jedoch nur im Einvernehmen mit diesem sodann zur Leistung verpflichteten Träger.
- Darüber hinaus verpflichtet § 15 SGB IX den leistenden Rehabilitationsträger bei Feststellung weiterer Teilhabeleistungen außerhalb seiner Zuständigkeit als sodann »Leistungsverantwortlichen bei Mehrheit von Rehabilitationsträgern« zur unverzüglichen Abklärung mit den anderen Rehabilitationsträgern, ggf. mit den Mitteln eines Teilhabeplans (§ 19 SGB IX) und einer Teilhabeplankonferenz (§ 20 – 22 SGB IX). Zusätzlich regeln §§ 25, 26 SGB IX die verbindliche Zusammenarbeit der Rehabilitationsträger, auch über die Bundesarbeitsgemeinschaft für Rehabilitation (vgl. hierzu näher §§ 39 – 41 SGB IX), und für gemeinsame Empfehlungen auch mit den Verbänden von Menschen mit Behinderungen. Schließlich regelt § 16 SGB IX die internen Erstattungsansprüche zwischen den Rehabilitationsträgern, bei Vorleistung eines Trägers für einen anderen, tatsächlich zuständigen Träger.
- Als (notdürftige) Auffanglösung ermöglicht § 18 SGB IX ausnahmsweise einen Erstattungsanspruch für behinderte Menschen für von ihnen selbst beschaffte Leistungen dann, wenn ihr Antrag auch nach 2 Monaten noch nicht beschieden ist und sie auch keine sog. »begründete Mitteilung« erhalten haben. Dann gilt nämlich gem. § 16 Abs. 3 SGB IX die beantragte Leistung als bewilligt.
- Zur praktikableren Leistungsabwicklung ermöglicht § 28 SGB IX verschiedene Leistungsformen der Rehabilitationsträger, etwa allein oder gemeinsam mit anderen Leistungsträgern oder durch andere Leistungsträger.
- Gem. § 29 SGB IX wird nun i. S. eines selbstbestimmten Lebens in eigener Verantwortung auf Antrag des Leistungsberechtigten ein persönliches Budget, in der Regel als Geldleistung, bewilligt.

(3) Unter Einbeziehung der jetzigen Regelungen in §§ 1 – 41 SGB IX ist also zur Ermöglichung rascher und umfassender Teilhabeleistungen für behinderte

und von Behinderung bedrohte Menschen (Leistungsgruppen nach § 5 SGB IX) folgendes Vorgehen möglich und sinnvoll:

- Entsprechend den Ansprüchen auf Aufklärung, Beratung, Auskunft und ggf. Antragsweiterleitung gem. §§ 13 – 16 SGB I sollte zunächst ein Beratungstermin bei dem für zuständig gehaltenen Rehabilitationsträger wahrgenommen werden. Bei Leistungen zur Teilhabe am Arbeitsleben ist durchweg sinnvoll, sich zunächst an die Agentur für Arbeit zu wenden (vgl. auch 54 SGB IX). Es sollte schon hier nach Beratung ein Leistungsantrag gestellt werden, auch wenn die Zuständigkeit des Rehabilitationsträgers in Abrede gestellt oder man vertröstet wird. Nur so werden die Verpflichtungen gem. §§ 16 SGB I, 9, 14, 15 SGB IX (s. o.) ausgelöst und die entsprechenden Fristen in Gang gesetzt.
- Sollte – wie leider nicht selten – die Beratung beim Rehabilitationsträger unbefriedigend oder vertröstend verlaufen sein, sollte eine unabhängige Teilhabeberatungsstelle gem. § 32 SGB IX aufgesucht und diese um weitere Klärung und Unterstützung gebeten werden. Dies kann auch zur zusätzlichen Vergewisserung sinnvoll sein. Personensorgeberechtigte und betreuende Personen, die nicht selbst einen Leistungsantrag stellen können, sollten ohnehin diese Beratungsstellen aufsuchen.
- Im Hinblick auf die kurzen Fristen aus § 14 SGB IX sollte, wenn innerhalb der Fristen der Rehabilitationsträger nichts von sich hören lässt, nachgefragt und ggf. nachdrücklich auf die Einhaltung der Fristen hingewiesen werden. Die eigene Leistungsbeschaffung dürfte schon angesichts der hohen Anforderungen für den Leistungserstattungsanspruch gem. § 18 SGB IX durchweg keine brauchbare Alternative sein.
- Bei Ablehnung der Teilhabeleistung muss unbedingt die Widerspruchsfrist von einem Monat beachtet und jedenfalls jetzt externe Beratung eingeholt werden, bei rechtlich komplexerem Sachverhalt auch anwaltliche Beratung.

b) Leistungen zur Teilhabe am Arbeitsleben

(1) Die Leistungen zur Teilhabe am Arbeitsleben für behinderte und von Behinderung bedrohte Menschen – die sich oftmals an Leistungen zur medizinischen Rehabilitation (§§ 42 – 47 SGB IX) anschließen, aber auch mit diesen kombiniert werden können[19] – sind in §§ 49 – 63 SGB IX in der seit 1. 1. 2018 geltenden Fassung des BTHG (s. o.I) gegenüber den früheren §§ 33 – 43 SGB IX deutlich mehr auf den Übergang behinderter Menschen in den ersten Arbeitsmarkt ausgerichtet. Hintergrund dieser Änderung ist insbesondere die im ersten Staatenbericht des UN-Ausschusses für die Rechte von Menschen mit Behinderungen

19 Vgl. schon BSG 23. 4. 1992 – 13 RJ 25/91 Rn. 22.

vom 17.5.2015[20] kritisierte Tatsache, dass von ca. 300 000 in Werkstätten für Behinderte beschäftigten Menschen (vgl. §§ 219 – 227 SGB IX, näher → **Schwerbehinderte Beschäftigte**) – d.h. ca. 19% aller in Deutschland beschäftigten oder arbeitslosen schwerbehinderten Menschen – nur ca. 0,16% in den allgemeinen Arbeitsmarkt übergingen.[21]

Mit §§ 49–63 SGB IX soll maßgeblich erreicht werden, dass alle beteiligten Rehabilitationsträger deutlich arbeitsmarktorientierter agieren und in diesem Rahmen die Werkstätten für behinderte Menschen die Rolle der Übergangsbegleitung wahrnehmen. U.a. sind hierzu die Neuregelungen für andere Leistungsanbieter (§ 60 SGB IX) neben den Werkstätten für behinderte Menschen und das Budget für Arbeit (§ 61 SGB IX – u.a. Lohnkostenzuschuss bis zu 75 % des regelmäßig gezahlten Arbeitsentgelts bei Beschäftigung behinderter Menschen bei privaten oder öffentlichen Arbeitgebern) aufgenommen worden.

(2) § 49 SGB IX legt als zentrale Vorschrift in Abs. 1 und 2 das Ziel fest – insbesondere möglichst dauerhafte Sicherung der Teilhabe am Arbeitsleben für behinderte und von Behinderung bedrohte Menschen, dabei Chancengleichheit für Frauen mit Behinderung.

In § 49 Abs. 3 – 7 SGB IX wird sodann eine (nicht abschließende – »insbesondere«) Übersicht zu Art, Umfang und Auswahl der Leistungen zur Teilhabe am Arbeitsleben aufgelistet. Über die in § 49 Abs. 3 Nr. 1 – 7 SGB IX genannten Leistungen hinaus werden auch im Einzelfall erforderliche medizinische, psychologische und pädagogische Hilfen einschl. ggf. Beteiligung des Integrationsfachdienstes (vgl. → **Integrationsfachdienst**) erfasst (§ 49 Abs. 5 Satz 2 Nr. 1 – 9 SGB IX) erbracht, sowie ggf. erforderliche externe Unterkunfts-, Verpflegungs-, Lehrgangs-, Kfz- etc.-Kosten (§ 49 Abs. 7 und 8 SGB IX).

Dabei haben besondere Bedeutung Hilfen zur Erhaltung oder Erlangung eines Arbeitsplatzes einschließlich Leistungen zur Aktivierung und beruflichen Eingliederung (§ 49 Abs. 3 Nr. 1 SGB IX). Für schwerbehinderte Menschen (vgl. → **Schwerbehinderte Beschäftigte**) werden gem. § 49 Abs. 8 Satz 1 Nr. 3, Satz 2 und 3 SGB IX auch – grundsätzlich bis zu drei Jahren – die Kosten einer notwendigen Arbeitsassistenz übernommen (d.h. einer gem. § § 164 Abs. 4 Satz 1 Nr. 1 und 4, Satz 2 SGB IX in den Betrieb zu integrierenden Assistenzperson, Ausführung gem. § 185 Abs. 4 SGB IX unabhängig vom Kostenträger durch das Integrationsamt).

Die Leistungsarten zur Berufsvorbereitung, individuellen betrieblichen Qualifizierung, beruflichen Anpassung und Weiterbildung und beruflichen Ausbildung (§ 49 Abs. 3 Nr. 2 – 5 SGB IX) sind diejenigen, die durch Einrichtungen der be-

---

20 Vgl. UN-Ausschuss für Menschenrechte, Abschließende Bemerkungen über den ersten Staatenbericht Deutschland v. 17.5.2015, Art. 27, 49.

21 Vgl. näher Feldes/Kohte/Stevens-Bartol-*Busch*, Vorbemerkung zu Kapitel 10, Rn. 2.

ruflichen Rehabilitation gem. § 51 SGB IX erbracht werden – insbesondere also durch Berufsbildungswerke und Berufsförderungswerke. Vorrang vor entsprechenden Förderungsansprüchen behinderter oder von Behinderung bedrohter Menschen durch solche Einrichtungen haben allerdings gem. § 51 Abs. 1 Satz 1 SGB IX Teilhabeleistungen in Betrieben.[22]

Gem. § 49 Abs. 5 SGB IX werden die Leistungen auch für Zeiten notwendiger Praktika erbracht.

Die Leistungserbringung durch die Rehabilitationsträger erfolgt dabei nicht nur durch Bewilligung gegenüber den behinderten oder von Behinderung bedrohten Menschen, sondern gem. § 50 SGB IX im Hinblick auf die vorrangig beabsichtigte Eingliederung in Betriebe des privaten oder öffentlichen Rechts ggf. auch durch Leistungen an die betr. Arbeitgeber – so Ausbildungszuschüsse, auf ein, maximal 2 Jahre befristete Eingliederungszuschüsse (höchstens 50 Prozent der regelmäßig gezahlten Entgelte), Zuschüsse für Arbeitshilfen im Betrieb, teilweise oder volle Kostenerstattung für befristete Probebeschäftigung.

Die gesetzlichen Anspruchsgrundlagen für alle in Betracht kommenden Leistungen ergeben sich nicht aus §§ 49ff. SGB IX selbst, sondern aus den jeweiligen Sonderregelungen für die einzelnen Rehabilitationsträger (vgl. auch zu den Zuständigkeiten für Leistungen im Eingangsverfahren und im Berufsbildungsbereich § 63 SGB IX).[23] Obwohl dementsprechend nicht stets die Bundesagentur für Arbeit Kostenträger ist, kommt ihr gem. § 54 SGB IX bei der Prüfung von Notwendigkeit, Art und Umfang der Leistungen zur Teilhabe am Arbeitsleben eine Schlüsselrolle zu, sodass vorrangig bei der örtlichen Agentur für Arbeit Beratung und Antragstellung erfolgen sollten.

(3) §§ 51 – 62 SGB IX enthalten Leistungsregelungen für ein ganzes Spektrum unterschiedlicher Beschäftigungsmöglichkeiten für behinderte und von Behinderung bedrohte Menschen, deren Eignung je nach Lage des Einzelfalls abzuklären ist – stets mit dem Ziel eines möglichst dauerhaften Arbeitsverhältnisses in einem Betrieb des ersten Arbeitsmarkts, nämlich

- Einrichtungen der beruflichen Rehabilitation, insbesondere Berufsbildungswerke und Berufsförderungswerke (§§ 51 – 53 SGB IX, mit Klarstellung in § 52 SGB IX, dass die Teilnehmenden keine Arbeitnehmer i. S. d. BetrVG sind, sondern besondere Vertreter zu ihrer Mitwirkung wählen);
- Werkstätten für behinderte Menschen(§§ 56 – 59 SGB IX) mit Leistungsabstufungen im Eingangsverfahren, im Berufsbildungsbereich und im Arbeitsbereich und Arbeitsförderungsgeld für im Arbeitsbereich Beschäftigte (§ 59 SGB IX) (vgl. auch näher zur Rechtsstellung der Beschäftigten, Vertretung

---

22 Vgl. Feldes/Kohte/Stevens-Bartol-*Busch*, zu § 51 SGB IX, Rn. 6.

23 Vgl. Übersichten zu den einschlägigen Leistungsgesetzen in Feldes/Kohte/Stevens-Bartol-*Busch*, Vorbemerkung zu Kapitel 10, Rn. 11ff. und a. a. O., § 61 SGB IX, Rn. 23ff.

durch einen Werkstattrat u. a., §§ 219 – 227 SGB IX und → **Schwerbehinderte Beschäftigte**); zusätzlich Möglichkeiten zur Inanspruchnahme der Leistungen auch bei anderen Leistungsanbietern (§ 60 SGB IX) und eines Budgets für Arbeit (§ 61 SGB IX) bei Angebot eines sozialversicherungs- pflichtigen Arbeitsverhältnisses an Menschen im Arbeitsbereich i. S. d. § 58 SGB IX(sodann stets Geltung des gesamten Arbeitsrechts[24]);
- Unterstützte Beschäftigung in Betrieben des allgemeinen Arbeitsmarkts (§ 55 SGB IX) mit zwei Phasen: individuelle betriebliche Qualifizierung und bei Bedarf Berufsbegleitung.[25]

3. Arbeitsrechtliche Ansprüche

a) Sonderregelungen für schwerbehinderte und gleichgestellte Menschen

Nur für schwerbehinderte und gleichgestellte behinderte Menschen gelten besondere Regelungen bei der Einstellung, Beschäftigung und Kündigung, insbesondere in Teil 3. des SGB IX in §§ 151 – 241 SGB IX (vgl. im Einzelnen → **Schwerbehinderte Beschäftigte** und → **Gleichstellung**), sowie bei der betriebsbedingten Kündigung i. S. eines Sozialauswahlgesichtspunkts gem. § 1 Abs. 3 Satz 1 KSchG.

b) Arbeitsrechtliche Ansprüche sonstiger behinderter Menschen

Allerdings ist festzuhalten, dass der Behindertenbegriff der UN-Behindertenrechtskonvention, der unionsrechtliche Behinderungsbegriff und der Behindertenbegriff der Rechtsprechung des EuGH weiter sind als der bisherige deutsche Rechtsbegriff der schwerbehinderten und gleichgestellten behinderten Menschen. Unionsrechtlich wird gerade nicht zwischen schwerbehinderten, gleichgestellten und sonstigen behinderten Menschen differenziert. Im Gegenteil werden vom EuGH vom Arbeitgeber »angemessene Vorkehrungen« zugunsten aller Behinderten verlangt und dementsprechend etwa ein § 164 Abs. 5 SGB IX entsprechender Arbeitszeitverkürzungsanspruch auch für »sonstige Behinderte« bejaht.[26] Schon vor mehr als zehn Jahren hat auch die EG-Kommission die EU-rechtswidrige Beschränkung des arbeitsrechtlichen Behindertenschutzes in

24 Vgl. Feldes/Kohte/Stevens-Bartol-*Nebe*, § 61 SGB IX, Rn. 35.

25 Vgl. zur Entstehungsgeschichte des Konzepts des »Supported Employment« und zur flächendeckenden Einführung als neue Rehabilitationsleistung seit 2009: Feldes/Kohte/Stevens-Bartol-*Ritz/Nebe*, zu § 55 SGB IX, Rn. 1 ff.

26 Vgl. EuGH 11. 4. 2013 – C 335/11 (Ring); EuGH 4. 7. 2013 – C 312/11 (Kommission/Italien); EuGH 22. 5. 2014 – C 356/12 (Glatzel); EuGH 9. 3. 2017 – C 406/15 (Milkova); EuGH 18. 1. 2018 – C 270/16 (Conejero).

Deutschland auf schwerbehinderte und gleichgestellte Menschen gerügt. Diese Beschränkung verstößt selbst gegen die RL 2000/78/EG und § 1 AGG.[27]
Solange das deutsche Recht – gerade auch im Bereich der arbeitsrechtlichen Schutzvorschriften – noch nicht angepasst ist, ist daher entsprechend der EuGH-Rechtsprechung eine unionsrechtskonforme Auslegung des deutschen Rechts geboten. Dies muss insbesondere durch entsprechende Auslegung der §§ 611a i. V. m. 241, 618 BGB, § 106 GewO und §§ 2 Abs. 1 und 4, 7, 11, 12, 15, 22 AGG erfolgen.[28] Hier besteht in der deutschen arbeitsgerichtlichen Rechtsprechung noch erheblicher Klärungsbedarf.
Ausgehend hiervon ergibt sich:

- Auch für sonstige behinderte Menschen kann sich bei diskriminierender Nichtberücksichtigung bei der Bewerbung ein Schadensersatzanspruch und ggf. Entschädigungsanspruch gem. § 15 Abs. 1, 2, 6 AGG[29] ergeben, wenn das Verhalten des Arbeitgebers bei der Stellenausschreibung und im Bewerbungsverfahren eine Diskriminierung wegen der Behinderung gem. § 22 AGG indiziert und er dieses Indiz nicht widerlegen kann.
- Die Verletzung von Verpflichtungen des Arbeitgebers i. S. der unmittelbar nur für schwerbehinderte und gleichgestellte Menschen geltenden §§ 164 Abs. 1 und 2, 165 SGB IX (vgl. näher → **Schwerbehinderte Menschen**) müssten auch für sonstige behinderte Menschen die Diskriminierung gem. § 22 AGG indizieren.[30] Allerdings ist auch hier Voraussetzung für den Schadensersatz- bzw. Entschädigungsanspruch die Information des Arbeitgebers über die bestehende Behinderung, regelmäßig im Bewerbungsschreiben oder etwa an hervorgehobener Stelle im Lebenslauf.[31]
- Auch für sonstige behinderte Menschen besteht ein Anspruch auf behindertengerechte Beschäftigung und Nichtdiskriminierung[32] wegen ihrer Behinderung im laufenden Arbeitsverhältnis, auch wenn die Sonderschutzvorschrif-

---

27 Vgl. Nollert-Borasio, AuR 2008, 332, 337; HK-ArbR-*M.Schubert*, 4. Aufl. 2017, § 1 KSchG, Rn. 572.

28 Ebenso: Nebe DB 2008, 1801, 1804; Feldes/Kohte/Stevens-Bartol-*Kohte*, Einleitung, Rn. 62.

29 Vgl. näher, auch zur zweistufigen Ausschlussfrist Feldes/Kohte/Stevens-Bartol-*Faber/Rabe-Rosendahl*, § 164 SGB IX, Rn. 119ff.

30 Dickerhof-Borello/Nollert-Borasio/Wenckebach, § 1 AGG Rn. 27, § 2 AGG, Rn. 17, § 22 AGG, Rn. 10ff.

31 BAG 26.9.2013 – 8 AZR 650/12.

32 Vgl. hierzu BAG 26.1.2017 – 8 AZR 736/15; ArbG Stuttgart 14.05.2019-9 Ca 135/18; zur Abgrenzung des leidensgerechten Beschäftigungsanspruchs aus § 241 Abs. 2 BGB (keine Verpflichtung des Arbeitgebers zu einer vertragsfremden Beschäftigung) und des weitergehenden Schwerbehindertenbeschäftigungsanspruchs aus § 164 Abs. 4 S. 1 Nr. 1 SGB IX (ggf. Anspruch auf anderweitige auch vertragsfremde Beschäftigung) vgl. BAG 3.12.2019 – 9 AZR 78/19.

ten der §§ 164 Abs. 4 und 5, 206 bis 208 SGB IX (vgl. hierzu → **Schwerbehinderte Beschäftigte**) nicht unmittelbar einschlägig sind.[33]

- Hier ist unabhängig von der entsprechenden Anwendung der Sonderschutzvorschriften jedenfalls die ständige Rechtsprechung der BAG zum leidensgerechten Beschäftigungsanspruch einschlägig. Danach hat der Arbeitgeber bei der Ausübung seines Direktionsrechts zur Zuweisung eines Arbeitsplatzes gem. §§ 106 GewO, 241 Abs. 2 BGB eine Rücksichtnahmepflicht hinsichtlich der Leistungsfähigkeit des Arbeitnehmers.[34] Bei behinderungsbedingter fehlender Eignung des bisherigen Arbeitsplatzes hat der Arbeitgeber – bei zumutbarem und rechtlich möglichem Umsetzungsverlangen des Arbeitnehmers – eine Verpflichtung zur Neubestimmung der Arbeitsleistung im Rahmen der vertraglich vereinbarten Tätigkeit einschließlich ggf. Versetzung und Umorganisation, wenn dadurch die behinderungsgerechte Weiterbeschäftigung gewährleistet werden kann.[35] Dies ist insbesondere im Rahmen eines – auch bei sonstigen behinderten Arbeitnehmern (wie bei allen Arbeitnehmern) – nach mehr als sechs Wochen Arbeitsunfähigkeit in einem Jahr erforderlichen betrieblichen Eingliederungsmanagements gem. § 167 Abs. 2 SGB IX (vgl. → **Betriebliches Eingliederungsmanagement**) zu klären.
- Auch wenn davon ausgegangen wird, dass die Sonderkündigungsschutzvorschriften der §§ 168ff. SGB IX für sonstige behinderte Menschen nicht zur Anwendung kommen, werden nach der Rechtsprechung des BAG auch an die Kündigung behinderter Menschen erhöhte Anforderungen gestellt.
- Danach erstreckt sich der Diskriminierungsschutz des AGG – entgegen dem irreführenden Wortlaut des § 2 Abs. 4 AGG – auch auf die Beendigung von Arbeitsverhältnissen (neben Arbeitgeberkündigungen also ggf. auch auf diskriminierende Berufungen auf eine Befristung des Arbeitsverhältnisses).[36] Es ergibt sich danach für durch das KSchG kündigungsgeschützte Arbeitsverhältnisse ein »doppelter Kündigungsschutz«, nämlich einerseits gemäß § 1 Abs. 2 KSchG (betriebs-, personen- oder verhaltensbedingte Gründe), andererseits über eine eventuelle diskriminierende Kündigungsmotivation des Arbeitgebers.[37]

---

33 Vgl. aber zur entsprechenden Anwendung des Arbeitszeitverkürzungsanspruchs gem. § 164 Abs. 5 SGB IX auch für sonstige Behinderte: EuGH 11.4.2013 – C 335/11 (Ring).

34 Vgl. z.B. BAG 19.5.2010 – 5 AZR 162/09; BAG 30.9.2010-2 AZR 88/09; BAG 24.3.2011-2 AZR 170/10.; BAG 3.12.2019 – 9 AZR 78/19.

35 Vgl. BAG a.a.O.; ArbG Stuttgart 14.5.2019 – 9 Ca 135/18; Dickerhof-Borello/Nollert-Borasio/Wenckebach, § 1 AGG, Rn. 29, 30.

36 Vgl. BAG 6.11.2008 – 523/07; BAG 15.12.2011 – 2 AZR 42/10; BAG 19.12.2013 – 6 AZR 190/12 betr. einen Arbeitnehmer mit symptomloser HIV-Infektion; vgl. näher HK-ArbR-*Schubert*, 4. Aufl. 2017, zu § 1 KSchG, Rn. 372 bis 374 mwN.

37 Vgl. BAG a.a.O., vgl. auch Bauer/Krieger/Günther, zu § 2 AGG, Rn. 56.

- Bei Indizienvortrag des behinderten Arbeitnehmers i. S. d. § 22 AGG für eine diskriminierende Motivation seiner Kündigung ist die Kündigung, wenn der Arbeitgeber dies nicht widerlegen kann, also allein schon deshalb unwirksam – auch wenn sonstige, z. B. krankheitsbedingte Gründe tatsächlich vorliegen. Neben der Unwirksamkeit der Kündigung sind auch sonstige Ansprüche gem. §§ 13 – 16 AGG (insbesondere Schadensersatz gem. § 15 AGG) nicht ausgeschlossen.[38]
- Die Beschränkung der Auswahlgesichtspunkte bei der Sozialauswahl bei betriebsbedingter Kündigung auf die Schwerbehinderung – statt Erstreckung auf Behinderung insgesamt (abgestufte Berücksichtigung nach Schweregrad wäre möglich) – erscheint im Hinblick auf den einheitlichen unionsrechtlichen Behinderungsbegriff (s. o.) verfehlt und klärungsbedürftig.[39]

III. Hinweise für die Beteiligung und Mitbestimmung

Zur Beteiligung und Mitbestimmung von Betriebsrat und Personalrat bei der Einstellung, behindertengerechten Beschäftigung und Kündigung sonstiger behinderter Menschen wird zunächst auf die diesbezüglichen Ausführungen unter → **Schwerbehinderte Beschäftigte** verwiesen.
Allerdings besteht für sonstige behinderte Menschen keine Zuständigkeit der Schwerbehindertenvertretung (vgl. → **Schwerbehindertenvertretung**). Auch die sonstigen Regelungen in Teil 3 des SGB IX (§§ 151 ff. SGB IX) zur Beteiligung von Betriebs- bzw. Personalrat (z. B. §§ 164 Abs. 1 Satz 4, 6 bis 9, 166 Abs. 1, 167 Abs. 1 SGB IX) beziehen sich unmittelbar nur auf schwerbehinderte und als gleichgestellt anerkannte Menschen[40] – mit Ausnahme von § 167 Abs. 2 SGB IX (→ **Betriebliches Eingliederungsmanagement**), der sich auf alle Arbeitnehmer mit mehr als sechs Wochen Arbeitsunfähigkeit im Jahr erstreckt.
Dennoch ist auch hier i. S. des unionsrechtlichen – weitgefassten – Verständnisses des Behindertenschutzes eine entsprechende Anwendung geboten. Jedenfalls ergeben sich bereits nach den unmittelbar geltenden gesetzlichen Regelungen insbesondere folgende Beteiligungs-/Mitbestimmungsrechte für Betriebsrat bzw. Personalrat:

38 Vgl. Dickerhof-Borello/Nollert-Borasio/Wenckebach, zu § 15 AGG Rn. 19b; HK-ArbR-*Schubert*, zu § 1 KSchG, Rn. 373.
39 Vgl. HK-ArbR-*Schubert*, zu § 1 KSchG, Rn. 572.
40 Vgl. BAG 22.01.2020 – 7 ABR 18/19 – keine Zuständigkeit der SBV für Arbeitnehmer, die einen Gleichstellungsantrag gestellt haben, der noch nicht positiv beschieden wurde.

1. Bewerbung, Einstellung

Aus §§ 1, 2 Abs. 1 Nr. 1, 3, 12 AGG ergibt sich eine Pflicht des Arbeitgebers zur nichtdiskriminierenden Stellenausschreibung und Einstellung/Bewerberauswahl. Dies schließt auch umfassende Vorkehrungen i. S. § 12 ArbGG zur Ermöglichung einer behindertengerechten und diskriminierungsfreien Beschäftigung ein.
Der Betriebsrat kann gem. § 99 Abs. 2 Nr. 1 BetrVG (bzw. der Personalrat gem. § 78 Abs. 1, Abs. 5 Nr. 2 BPersVG n. F. [§§ 77 Abs. 2 Nr. 1 i. V. m. § 75 Abs. 1 BPersVG a. F.[41]] bzw. entsprechende Vorschriften in den LPVGen) i. V. m. §§ 1, 2 Abs. 1 Nr. 1, 3, 12 AGG die Zustimmung zur Einstellung wegen Gesetzesverstoß verweigern, wenn ohne rechtfertigenden Grund gem. § 8 AGG (berufliche Anforderungen – wobei der Arbeitgeber Vorkehrungen zur Ermöglichung auch behindertengerechter Beschäftigung treffen muss) ein nicht behinderter Bewerber einem gleich qualifizierter behinderten Bewerber vorgezogen wird.[42]
Zusätzlich kommt eine Zustimmungsverweigerung gem. § 99 Abs. 2 Nr. 2 BetrVG in Betracht, wenn in einer für den Betrieb geltenden Auswahlrichtlinie gem. § 95 Abs. 1, Abs. 2 BetrVG eine diskriminierungsfreie und bevorzugte Einstellung behinderter Menschen geregelt ist.[43]

2. Behindertengerechte Beschäftigung

Der Arbeitgeber ist zur Gewährleistung behindertengerechter und diskriminierungsfreier Beschäftigung verpflichtet (§ 75 Abs. 1 BetrVG bzw. § 2 Abs. 4 BPersVG n. F. [§ 67 Abs. 1 BPersVG a. F.], § 2 Abs. 1 Nr. 2, 12 AGG). Dies schließt auch das Vorgehen gegen Benachteiligungen durch andere Arbeitnehmer wegen einer Behinderung ein.
Die Beschäftigtenvertretung hat nicht nur gem. § 75 Abs. 1 BetrVG (bzw. § 2 Abs. 4 BPersVG n. F. [§ 67 Abs. 1 BPersVG a. F.]) i. V. m. § 80 Abs. 1 Nr. 1 BetrVG eine entsprechende Überwachungspflicht. § 80 Abs. 1 Nr. 4 BetrVG und entsprechend § 62 Abs. 1 Nr. 4 BPersVG n. F. [§ 68 Abs. 1 Nr. 4. BPersVG a. F.] verpflichten den Betriebsrat bzw. Personalrat vielmehr zusätzlich zu aktivem Einsatz für den Schutz von behinderten Arbeitnehmern einschließlich der Einhaltung der entsprechenden Organisationspflichten des Arbeitgebers gem. § 12 AGG.[44]
Hiervon ausgehend

---

41 BPersVG v. 15.3.1974 (BGBl. I S. 693); zuletzt geändert durch Gesetz vom 9.6.2021 (BGBl. I S. 1614).

42 Vgl. D/K/W-*Bachner*, zu § 99 BetrVG, Rn. 197.

43 Vgl. D/K/W-*Klebe/Wedde*, zu § 95 BetrVG, Rn. 31, 32.

44 Vgl. D/K/W-*Buschmann*, zu § 80 BetrVG, Rn. 52, 53.

- kann der Betriebsrat bei groben Verstößen des Arbeitgebers gegen seine Schutz- und Gleichbehandlungspflichten gem. §§ 6ff., insbesondere § 12 AGG, im Wege eines arbeitsgerichtlichen Beschlussverfahrens dem Arbeitgeber diesbezügliche Unterlassungen oder Handlungen aufgeben lassen (§§ 17 Abs. 2 AGG i.V.m. 23 Abs. 3 BetrVG);
- kann der Betriebsrat bzw. der Personalrat den Abschluss von Betriebsvereinbarung bzw. Dienstvereinbarungen auch zur diskriminierungsfreien und behindertengerechten Beschäftigung behinderter Menschen verlangen und erforderlichenfalls auch erzwingen (gem. §§ 87 Abs. 1 Nr. 1 und 7; 77 BetrVG bzw. § 80 Abs. 1 Nr. 16, 18; 63 BPersVG n.F. [§§ 75 Abs. 3 Nr. 11 und 15, 73 BPersVG a.F.]);
- kann der Betriebsrat auch auf eine freiwillige Betriebsvereinbarung über Maßnahmen nicht nur zur Eingliederung schwerbehinderter, sondern auch sonstiger behinderter Menschen hinwirken (§§ 88 Nr. 5, 77 BetrVG). Das ist, da § 88 BetrVG keine abschließende Angabe der Regelungsgegenstände von freiwilligen Betriebsvereinbarungen enthält (... »insbesondere« ...) ohne weiteres möglich und im Hinblick auf die unionsrechtlich fehlende Differenzierung zwischen schwerbehinderten und sonstigen behinderten Menschen sogar geboten.[45] Eine einheitliche Regelung i.V.m. einer dann als Betriebsvereinbarung abzuschließenden Inklusionsvereinbarung gem. § 166 SGB IX (vgl. → **Schwerbehinderte Beschäftigte**) ist sinnvoll.
- kann der Betriebsrat bzw. der Personalrat im Rahmen einer Betriebsvereinbarung bzw. Dienstvereinbarung zum betrieblichen Eingliederungsmanagement gem. §§ 167 Abs. 2 SGB IX auf die Abklärung eines Behinderungszusammenhangs der Arbeitsunfähigkeit[46] und besondere Abklärung einer behindertengerechten Beschäftigung hinwirken.

3. Beendigung von Arbeitsverhältnissen

Bei der Beteiligung des Betriebsrats bei Kündigungen gem. § 102 BetrVG (Anhörung mit Widerspruchsrecht gem. § 102 Abs. 3 BetrVG) bzw. des Personalrats gem. §§ 85, 86 BPersVG n.F. (Mitwirkung bei ordentlichen Kündigungen mit Einwendungsrecht, Anhörung bei außerordentlichen Kündigungen – § 79 BPersVG a.F.) muss im Hinblick auf den »doppelten Kündigungsschutz« behinderter Arbeitnehmer besonders darauf geachtet werden, ob eine behindertengerechte Weiterbeschäftigungsmöglichkeit abgeklärt wurde und die Kündigung nicht diskriminierend motiviert ist. Wird davon ausgegangen, dass das nicht der

45 Vgl. D/K/W-*Berg*, zu § 88 BetrVG Rn. 2, 29a.

46 Vgl. BAG 22.10.2009 – 8 AZR 642/08: langandauernde AU indiziert nicht schon Behinderung.

Fall ist, kann der Betriebsrat bzw. Personalrat die entsprechenden Widerspruchs- bzw. Einwendungsgründe geltend machen.
Bei einer mit dem Betriebsrat gem. § 95 Abs. 1 und 2 BetrVG zu vereinbarenden Auswahlrichtlinie (bzw. entsprechender Richtlinie nach Personalvertretungsgesetzen), die gem. § 1 Abs. 4 KSchG bei der Sozialauswahl bei anstehenden betriebsbedingten Kündigungen (insbes. Massenentlassungen i. S. d. § 17 KSchG) zugrunde gelegt werden soll, sollte der Betriebsrat verlangen, dass nicht erst die Schwerbehinderung und Gleichstellung bei den Sozialpunkten berücksichtigt wird, sondern auch bereits die sonstige Behinderung (Nachweis ggf. durch Feststellungsbescheid des Versorgungsamts ab 20 GdB, vgl. § 153 Abs. 1 Satz 6 SGB IX oder durch ärztliche Bescheinigung). Eine entsprechende Regelung – z. B. mit gestaffelter Punktezahl für 20, 30, 40, 50, 60 usw. GdB – ist nicht nur zulässig, sondern zur Vermeidung eines Gesetzesverstoßes der Auswahlrichtlinie gegen das AGG und die unionsrechtskonforme Anwendung des Behindertenschutzes sogar geboten.[47]
Ebenso sollte der Betriebsrat bzw. Personalrat beim Abschluss von Sozialplänen gem. §§ 111; 112 Abs. 1 Satz 2 BetrVG bzw. § 79 Abs. 1 Nr. 5; 63 BPersVG n. F. (§§ 75 Abs. 3 Nr. 13; 73 BPersVG a. F.) bei der zu vereinbarenden Abfindungsformel dafür sorgen, dass nicht erst die Schwerbehinderung oder Gleichstellung von Arbeitnehmern mit zusätzlichen Pauschalbeträgen berücksichtigt wird, sondern auch bereits die bloße Behinderung, z. B. auch hier gestaffelt nach 10er-Graden GdB. Auch dies ist nicht nur zulässig, sondern sogar geboten.[48]

47 Vgl. HK-ArbR-*Schubert*, zu § 1 KSchG, Rn. 607, 616, Rn. 586 (Beispiel eines Punkteschemas nach BAG-Rechtsprechung), vgl. auch BAG 18.10.2006 – 2 AZR 473/05.
48 vgl. HK-ArbR-*Schubert*, zu §§ 111–113 BetrVG, Rn.32.

Berufskrankheit

I. Einleitung

Trotz getroffener oder aber wegen unterlassener Arbeitsschutzmaßnahmen können Beschäftigte langfristige gesundheitliche Schäden bei der Arbeit erleiden. Dies kann durch plötzliche Ereignisse in Form eines → **Arbeitsunfalls** geschehen oder dadurch, dass der Körper am Arbeitsplatz dauerhaft gesundheitsschädlichen Faktoren (→ **Gefahr**, → **Gefährdung**, → **Belastung**) ausgesetzt ist.
Um Nachteile auszugleichen, die Personen wegen gesundheitlicher Einschränkungen infolge der von ihnen ausgeübten Tätigkeit erleiden, sind gesetzliche Ansprüche nach dem SGB VII vorgesehen. Anspruch darauf haben in der Unfallversicherung versicherte Personen (→ **Deutsche Gesetzliche Unfallversicherung**), zu welchen in einem Betrieb tätige Arbeitnehmer zwingend gehören. Soweit diese Person aufgrund ihrer Tätigkeit an einer anerkannten Berufskrankheit erkrankt, stehen ihr dem Grunde nach Ansprüche auf umfassende Leistungen gegen die Unfallversicherung zu.
Berufskrankheiten sind also neben Arbeitsunfällen auch Versicherungsfälle der Unfallversicherung. Bei Vorliegen der entsprechenden Voraussetzungen ziehen sie Leistungen in Form von Heilbehandlungskosten bei Behandlungsbedürftigkeit oder aber auch die Zahlung einer Rente bei Eintritt einer Minderung der Erwerbsfähigkeit um wenigstens 20 % nach sich.
Berufskrankheiten sind Krankheiten, die

- die Bundesregierung durch Rechtsverordnung mit Zustimmung des Bundesrates als Berufskrankheiten bezeichnet und
- die Versicherte infolge einer den Versicherungsschutz nach §§ 2, 3 oder 6 SGB VII begründenden Tätigkeit erleiden (§ 9 SGB VII).

II. Einzeldarstellung

1. Die Berufskrankheiten-Verordnung

In der Berufskrankheiten-Verordnung (BKV)[1] hat die Bundesregierung solche Krankheiten als Berufskrankheiten bezeichnet, die nach den Erkenntnissen der medizinischen Wissenschaft durch besondere Einwirkungen verursacht sind, denen bestimmte Personengruppen durch ihre versicherte Tätigkeit in erheblich höherem Grade als die übrige Bevölkerung ausgesetzt sind[2].

Die Liste der einschlägigen Krankheiten ist in der Anlage 1 zur BKV aufgeführt (**Berufskrankheiten-Liste**). Diese wird ständig auf Basis der jeweils aktuellen wissenschaftlichen Erkenntnisse aktualisiert. In der Liste sind sechs Krankheits-Gruppen genannt:

- durch **chemische Einwirkungen** verursachte Krankheiten: Erkrankungen ausgelöst durch Metalle und Mittoide, Erstreckungsgase, Lösemittel, Schädigungsbekämpfungsmittel (Pestizide) und sonstige chemische Stoffe;
- durch **physikalische Einwirkungen** verursachte Krankheiten: Erkrankungen ausgelöst durch mechanische Einwirkungen, Druckluft, Lärm, Strahlen;
- durch **Infektionserreger** oder Parasiten verursachte Krankheiten sowie Tropenkrankheiten;
- Erkrankungen der **Atemwege** und der **Lungen**, des **Rippenfels** und **Bauchfell** und der **Eierstöcke**: Erkrankungen ausgelöst durch anorganische oder organische Stäube und obstruktiven Atemwegserkrankungen;
- **Hautkrankheiten**;
- Krankheiten **sonstiger Ursache**: Augenzittern der Bergleute.

Tiefergehende Angaben zu den einzelnen Berufskrankheiten, so insbesondere zu den Gefahrenquellen, dem Vorkommen, den Krankheitsbildern, den Diagnosen und Ursachen, sind in den ständig aktualisierten Merkblättern des Spitzenverbandes der → **Deutschen Gesetzlichen Unfallversicherung** zu finden und nachzulesen.

Die Berufskrankheiten-Liste listet in der aktuellen Fassung vom 12.6.2020 die derzeit 80 Berufskrankheiten einzeln auf. Im August 2017 wurden letztmalig neue Krankheiten aufgenommen. Die neu gelisteten Krankheiten sind:

- Leukämie durch das farblose Gas 1,3 Butadien,
- Harnblasenkrebs und Kehlkopfkrebs durch polyzyklische aromatische Kohlenwasserstoffe,
- fokale Dystonie bei Instrumentalmusikern und
- das Ovarialkarzinom durch Asbest.

1 Zuletzt geändert am 12.6.2020.

2 Küttner, Berufskrankheit, Rn. 11.

Die BKV gibt den Unfallversicherungsträgern in § 3 auf, für den Fall, dass bei Versicherten die Gefahr besteht, dass eine Berufskrankheit entsteht, wieder auflebt oder sich verschlimmert, dieser Gefahr mit allen geeigneten Mitteln entgegenzuwirken. Ist die Gefahr gleichwohl nicht zu beseitigen, haben die Unfallversicherungsträger darauf hinzuwirken, dass die Versicherten die gefährdende Tätigkeit unterlassen.
Soweit eine Unterlassung der Tätigkeit erforderlich ist, weil die Gefahr weiter fortbesteht, sieht die Verordnung einen Ausgleich der durch das Unterlassen verursachten Minderungen des Verdienstes oder sonstiger wirtschaftlicher Nachteile finanzieller Art vor. Diesen Ausgleich haben die Unfallversicherungsträger als Übergangsleistungen zu zahlen. Die Leistungen sind vorübergehend und hinsichtlich Höhe und Dauer gedeckelt. Vgl. hierzu § 3 Abs. 2 BKV.
Aus der Formulierung des § 9 Abs. 1 Satz 1 SGB VII folgt, dass Krankheiten nur dann als Berufskrankheiten anerkannt werden können, wenn sie **bereits bei Auftreten** der Erkrankung in die Berufskrankheiten-Liste der BKV **gelistet** sind. Um erkrankten Menschen gerecht zu werden, die bereits an einer erst später anerkannten Berufskrankheit erkrankt waren, sieht § 4 der Verordnung aber auch die Möglichkeit einer **rückwirkenden Anerkennung** vor. § 4 enthält dafür einen umfangreichen Katalog, bei welchen Berufskrankheiten dies möglich ist.

2. »Wie-Berufskrankheit«

Ausnahmsweise kann eine beruflich bedingte Erkrankung wie eine Berufskrankheit zu entschädigen sein, auch wenn sie nicht auf der Berufskrankheiten-Liste steht. Dies gilt dann, wenn im Zeitpunkt der Entscheidung nach neuen Erkenntnissen der medizinischen Wissenschaft die Erkenntnis vorliegt, dass auch diese Erkrankung durch besondere Einwirkungen verursacht wurde, denen bestimmte Personengruppen durch ihre Arbeit in erheblich höherem Grade als die übrige Bevölkerung ausgesetzt sind.
Sinn dieser Regelung ist es, solche durch die versicherte Tätigkeit verursachten Krankheiten wie eine Berufskrankheit zu entschädigen, die nur deshalb (noch) nicht auf der Liste der Berufskrankheiten stehen, weil die Erkenntnisse der medizinischen Wissenschaft über die besondere Gefährdung bei der letzten Ergänzung der BKV noch nicht vorhanden oder dem Verordnungsgeber nicht bekannt waren oder trotz Nachprüfung noch nicht ausreichten.[3]

3 BSG 13.2.2013 – B 2 U 33/11 R.

3. Ursachenzusammenhänge

Wie bereits beim → **Arbeitsunfall** ausführlich dargestellt, sind auch bei der Berufskrankheit sogenannte Kausalitätsfragen mit die größte zu überwindende Hürde, um Leistungen von den Berufsgenossenschaften tatsächlich erlangen zu können.

Konkret werden zusätzlich zum Vorliegen einer Listenkrankheit oder einer »Wie-Berufskrankheit« zwei Ursachenzusammenhänge gefordert:

- der Zusammenhang zwischen der versicherten Tätigkeit und den schädigenden Einwirkungen (sog. **Einwirkungskausalität**)
- der Zusammenhang zwischen den Einwirkungen und der Erkrankung selbst (sog. **haftungsbegründende Kausalität**)

Dass die schädlichen Einwirkungen bei der versicherten Tätigkeit aufgetreten sind und das grundsätzlich eine Krankheit vorliegt, muss durch sogenannten Vollbeweis, also mit an Sicherheit grenzender Wahrscheinlichkeit nachgewiesen werden.[4] Für die zu beurteilenden Ursachenzusammenhänge braucht es keinen Vollbeweis, es genügt indes die hinreichende Wahrscheinlichkeit, allerdings nicht die bloße Möglichkeit.[5]

Um eine hinreichende Wahrscheinlichkeit des ursächlichen Zusammenhangs zu bejahen, muss absolut mehr dafür als dagegen sprechen. Es muss sich unter Würdigung des Beweisergebnisses ein solcher Grad von Wahrscheinlichkeit ergeben, dass ernste Zweifel hinsichtlich einer anderen Möglichkeit als der beruflichen Verursachung ausscheiden. Nach sachgerechter Abwägung aller wesentlichen Umstände muss der beruflichen Verursachung gegenüber den anderen infrage kommenden Möglichkeiten ein so deutliches Übergewicht zukommen, dass darauf die richterliche Überzeugung gestützt werden kann.[6]

Dies sind im Wesentlichen Zitate aus der höchstrichterlichen Rechtsprechung. Für die Betroffenen bedeuten diese erforderlichen Beweisketten, dass möglichst intensiv sämtliche Hintergründe für die aufgetretene Krankheit dokumentiert werden müssen. Dies bedeutet auch, dass die Versicherten, die Leistungen erlangen wollen, möglichst frühzeitig durch entsprechende Konsultation der konkreten Fachärzte auch eine medizinische Aufzeichnung anstreben sollten. Darüber hinaus ist es erforderlich, Fakten zu sichern, wie die Arbeit konkret ausgeführt wurde und welche Stoffe verwendet wurden bzw. welchen Stoffen sich der Betroffene hat aussetzen müssen.

---

4 BayLSG 24.1.2019 – L 17 U 123/14.
5 BSG 20.3.2018 – B 2 U 5/16 R.
6 BSG 8.8.2001 – B 9 V 23/01 B.

4. Aufgabe der krankmachenden Arbeit erforderlich?

Bis zur letzten Novellierung der Berufskrankheiten-Verordnung im Juni 2020 galt für einige anerkannte Listenkrankheiten, dass der Versicherte zunächst seine bisherige gefährdende Berufstätigkeit aufgeben musste, wenn er Leistungen von der Unfallversicherung erhalten wollte. In diesem Zusammenhang reichte es nicht aus, wenn der Betroffene nur seine Arbeit reduzierte. Folgerichtig waren die Betroffenen in einem Dilemma, da ihnen noch keine Leistungen von der Unfallversicherung zugesprochen waren und sie auf der anderen Seite aber zuvor ihre Tätigkeit und damit die Sicherung der eigenen Existenz aufgegeben sollten. Der Unterlassungszwang als Voraussetzung für die entsprechenden Leistungen ist mittlerweile erfreulicherweise entfallen.
Weiterhin erhalten bleibt allerdings der Anspruch auf **Übergangsleistungen** für Personen, die die gefährdende Tätigkeit aufgeben, weil die Gefahr fortbesteht, dass daraus eine Berufskrankheit entsteht. D. h. noch bevor sich eine Berufskrankheit überhaupt realisiert hat, können die Versicherten bei Unterlassen der gefährdenden Tätigkeit einen Anspruch auf Ausgleich der hierdurch verursachten wirtschaftlicher Nachteile (z. B. Einkommensminderung bei Berufswechsel) gegen den Unfallversicherungsträger haben. Diese Leistungen werden als Übergangsleistungen geleistet. Möglich ist ein einmaliger Betrag bis zur Höhe der Vollrente (= 2/3 des Jahresarbeitsverdienstes) oder eine monatlich wiederkehrende Zahlung bis zur Höhe eines Zwölftels der Vollrente längstens für die Dauer von fünf Jahren, § 3 Abs. 2 BKV.

III. Hinweise für die Mitbestimmung

Auch im Zusammenhang mit Berufskrankheiten zeigt sich, dass der vorbeugende Gesundheitsschutz am Arbeitsplatz jedes einzelnen Mitarbeiters eine außerordentlich wichtige Rolle spielt, um Arbeitsunfällen und Berufskrankheiten entgegenzuwirken. Hier sind die in diesem Buch bereits umfangreich geschilderten Einflussmöglichkeiten der Arbeitnehmervertretungen intensiv zu nutzen.
Soweit es dennoch zu Gesundheitsschäden beim Versicherten gekommen ist, zeigen die obigen Darstellungen, dass der Erhalt von Leistungen wegen einer Berufskrankheit, ebenso wie beim Arbeitsunfall, viele Hürden für die Betroffenen bereithält. Deshalb müssen frühzeitig die Weichen richtiggestellt werden, damit später die nötigen Beweise für die Ursachenzusammenhänge erbracht werden können.

Betriebsrat und Personalrat können und müssen hier wertvolle Hilfe bei der Dokumentation der Arbeitsbedingungen und der gegebenenfalls schädlichen Einwirkungen auf den Körper des Versicherten leisten.

Betriebliches Eingliederungsmanagement

I. Einleitung

Das betriebliche Eingliederungsmanagement (kurz: BEM) bezeichnet ein Verfahren der Gesundheitsprävention, das in § 167 Abs. 2 SGB IX geregelt ist.
Es besagt, dass wenn ein Arbeitnehmer innerhalb eines Jahres länger als sechs Wochen ununterbrochen oder wiederholt arbeitsunfähig ist, der Arbeitgeber mit den zuständigen Interessenvertretungen (Betriebsrat/Personalrat, evtl. Schwerbehindertenvertretung) und dem betroffenen Arbeitnehmer sowie ggf. weiteren Personen und Institutionen klärt, wie die Arbeitsunfähigkeit des Arbeitnehmers überwunden werden kann und mit welchen Leistungen oder Hilfen erneuter Arbeitsunfähigkeit vorgebeugt und der Arbeitsplatz erhalten werden kann.

II. Einzeldarstellung

1. Voraussetzungen

§ 167 Abs. 2 SGB IX betrifft grundsätzlich alle Beschäftigten (Arbeitnehmer und Beamte) und zwar nicht nur dann, wenn diese schwerbehindert sind oder einer schwerbehinderten Person gleichgestellt- insoweit ist die Verortung dieser Regelung im SGB IX in dem Kapitel »Rechte und Pflichten schwerbehinderter Menschen« etwas unglücklich.
Der/die Beschäftigte muss »innerhalb des letzten Jahres« länger als sechs Wochen arbeitsunfähig gewesen sein. Entscheidend ist die Gesamtheit der Fehltage, es kommt also nicht darauf an, dass die sechs Wochen in einem einzigen Krankheitszeitraum überschritten werden. Dies bedeutet, dass die Fehltage mehrerer Arbeitsunfähigkeitszeiträume ggf. addiert werden.
Dass die Arbeitsunfähigkeitszeiten innerhalb des letzten Jahres aufgetreten sein müssen, bedeutet nicht, dass dies innerhalb des letzten Kalenderjahres (11.–

31. 12.) der Fall gewesen sein muss. Entscheidend ist immer der jeweilige Betrachtungszeitpunkt und von dort aus 365 Tage zurückgerechnet.

> **Beispiel:**
> Arbeitnehmer A ist im Zeitraum August bis Dezember 2018 fünf Wochen krank. Erkrankt er abermals im Januar 2019 für zwei Wochen, wäre das BEM durchzuführen, da nicht allein die fünf Wochen in der zweiten Jahreshälfte 2018 in die Betrachtung einbezogen werden müssten, sondern ebenfalls die aktuellen Arbeitsunfähigkeitszeiten im Januar 2019.

Auf die Ursache der Arbeitsunfähigkeit, also ob diese im privaten oder beruflichen Bereich liegt, kommt es nicht an.[1]
Die Initiative zum BEM muss vom Arbeitgeber ausgehen. Sie muss unter Umständen auch schon während der laufenden Arbeitsunfähigkeit des Arbeitnehmers erfolgen, da das BEM kein Krankenrückkehrgespräch ist. Gemäß § 167 Abs. 2 Satz 6 können auch die zuständigen Interessenvertretungen »die Klärung« verlangen.
Keine Rolle für die Frage, ob ein BEM durchgeführt werden muss, spielt die Betriebsgröße oder die Frage, wie lange der Arbeitnehmer schon im Arbeitsverhältnis steht. Das bedeutet, dass auch ein Arbeitnehmer während der Probezeit bzw. Wartezeit[2] einen Anspruch darauf hat, dass ein BEM durchgeführt wird, wenn er die Voraussetzungen (sechs Wochen Arbeitsunfähigkeit) erfüllt. Allerdings führt die Nichtdurchführung des BEM bei einem in der Wartezeit befindlichen Arbeitnehmer dann nicht zur Unwirksamkeit der Kündigung, anders als ggf. bei einem Arbeitnehmer, der die Wartezeit bereits erfüllt hat (siehe hierzu unter »BEM und Kündigung«.).
Auch die Tatsache, dass ein Arbeitnehmer bereits eine Rente wegen voller Erwerbsminderung enthält, steht einer Verpflichtung zur Durchführung des BEM nicht entgegen.[3]

2. Durchführung

Die Initiativlast zur Durchführung des BEM liegt beim Arbeitgeber. Der Arbeitgeber muss zunächst den Arbeitnehmer entsprechend § 167 Abs. 2 Satz 3 SGB IX belehren. Eine bestimmte Form hierfür ist nicht vorgeschrieben, sodass – theoretisch – diese Belehrung auch mündlich erfolgen könnte.

---

1 LAG Hessen 03.06.2013-21 Sa 1456/12.

2 Die Wartezeit benennt die Mindestzeit von mehr als sechs Monaten, die ein Arbeitnehmer im Betrieb bzw: Unternehmen sein muss, bevor er Kündigungsschutz genießt, vgl. § 1 Abs.1 KSchG.

3 BAG 13.5.2015 – 2 AZR 565/14.

Der Arbeitgeber muss den Arbeitnehmer einerseits auf die Ziele des BEM hinweisen. Hierzu gehört, dass erörtert wird, wie die Arbeitsunfähigkeit möglichst überwunden werden kann, einer erneuten Arbeitsunfähigkeit vorgebeugt werden kann und somit das Arbeitsverhältnis erhalten werden kann.
Des Weiteren muss der Arbeitgeber darauf hinweisen, dass es sich um ein ergebnisoffenes Verfahren handelt, in das der Arbeitnehmer auch eigene Vorschläge einbringen kann.
Zwingend muss des Weiteren ein Hinweis zur Datenerhebung und -verwendung erfolgen. Es muss klargestellt werden, dass nur solche Daten erhoben werden, die erforderlich sind, um ein zielführendes BEM durchführen zu können. Des Weiteren muss darauf hingewiesen werden, welche sensiblen (Krankheits-) Daten gemäß § 3 Abs. 9 BDSG erhoben werden.
Auch ist es erforderlich, dass der Arbeitgeber explizit darauf hinweist, dass von einer Beteiligung des Betriebsrates (bzw. Personalrates) abgesehen werden kann.[4]
Ebenfalls erforderlich ist der Hinweis, dass die Durchführung des BEM für den Arbeitnehmer freiwillig ist.
Im Ergebnis hat der Arbeitnehmer (die Ausführungen gelten jeweils entsprechend auch für Beamte) drei Möglichkeiten, wie er auf so eine Einladung durch den Arbeitgeber reagiert.

Variante 1:
Stimmt der Arbeitnehmer der Durchführung des BEM zu, muss dieses durchgeführt werden. Auf Grund dieser Freiwilligkeit kann der Arbeitnehmer aber jederzeit seine Einwilligung widerrufen bzw. das BEM-Verfahren abbrechen.

Variante 2:
Lehnt der Arbeitnehmer die Durchführung des BEM ab, muss der Arbeitgeber es dem Arbeitnehmer nicht noch einmal anbieten. Sollten sich allerdings innerhalb von 365 Tagen wieder Arbeitsunfähigkeitszeiten von mehr als sechs Wochen ansammeln, muss der Arbeitgeber zumindest dann das BEM dem Arbeitnehmer wieder anbieten. Der Arbeitgeber kann sich dann nicht auf die frühere Ablehnung des Arbeitnehmers berufen, zumal sich zwischenzeitlich die persönliche und gesundheitliche Situation des Arbeitnehmers geändert haben könnte (bspw. könnten den neuerlichen Krankheitszeitsräumen andere Ursachen zugrunde liegen).[5]

---

4 BAG 22.3.2016 – 1 ABR 14/14.
5 LAG Düsseldorf 20.10.2016 – 13 Sa 356/16.

Variante 3:
Der Arbeitnehmer kann schließlich auch auf ein Angebot zur Durchführung des BEM schweigen. Tut er dies, ist dies nicht zwingend als Ablehnung zu verstehen, wenn der Arbeitgeber dem Arbeitnehmer nicht eine Frist gesetzt hat, bis zu der er eine Reaktion erwartet und im Falle der Nichtreaktion davon ausgeht, dass der Arbeitnehmer das BEM nicht durchführen möchte.[6]
Ein bestimmtes Prozedere für die Durchführung des BEM ist im Übrigen nicht vorgesehen. Regelmäßig werden im Rahmen des BEM mehrere Gespräche geführt, beginnend mit einem Informationsgespräch, dem eigentlichen BEM-Gespräch und einem Abschlussgespräch.

a) Teilnahmeberechtigte Personen

Neben dem Vertreter des Arbeitgebers und der Arbeitnehmerin bzw. dem Arbeitnehmer selbst sind, soweit vorhanden, auch der Betriebsrat/Personalrat, die Schwerbehindertenvertretung sowie erforderlichenfalls der Werks-/Betriebsarzt zu beteiligen – diese Personen allerdings nur, wenn der Arbeitnehmer dies ausdrücklich wünscht bzw. damit einverstanden ist.[7] Kommen Leistungen der Teilhabe nach §§ 33,34 SGB IX bzw. begleitende Arbeitshilfen (technische Neuausrüstung des Arbeitsplatzes, etc...) in Betracht müssen ggf. noch weitere Behörden wie beispielsweise die Agentur für Arbeit oder das Integrationsamt einbezogen werden.
Einen Anspruch auf Hinzuziehung eines Rechtsanwalts soll ein Arbeitnehmer im Rahmen des BEM-Gesprächs nicht haben, selbst wenn mehrere Personen am Gespräch teilnehmen.[8] Etwas anderes kann sich allerdings dann ergeben, wenn auch auf Seiten des Arbeitgebers ein Rechtsanwalt an einem Gespräch teilnimmt. Dann kann sich ein entsprechender Anspruch des Arbeitnehmers aus dem »Gebot der Waffengleichheit« ergeben.

b) Datenschutzrechtliche Vorgaben

Die im Rahmen des BEM-Gesprächs gewonnenen (Gesundheits-)Daten dürfen kein Bestandteil in der Personalakte sein. In der Personalakte selbst dürfen sich nur die BEM-Einladungs- und Informationsschreiben und die Antwort des Arbeitnehmers auf das BEM-Schreiben befinden und ggf. die infolge des BEM besprochenen Maßnahmen (allerdings ohne Bezug auf die Krankheit). Alle an-

6 LAG Schleswig-Holstein 3.6.2015 – 6 Sa 396/14.
7 BAG 22.3.2016 – 1 ABR 14/14.
8 LAG Rheinland-Pfalz 18.12.2014 – 5 Sa 518–14 (n.V.).

deren Daten, z.B. auch ärztliche Stellungnahmen, müssen in einer separaten »BEM-Akte« geführt werden. [9]
Noch nicht gänzlich geklärt ist, wie lange die im Rahmen des BEM-Verfahrens gewonnenen Daten aufbewahrt werden dürfen. Spätestens dann, wenn das BEM-Verfahren erfolgreich abgeschlossen ist, wären die Daten vom Arbeitgeber aber zu löschen. Im Übrigen müssen diese unverzüglich gelöscht werden, wenn der Arbeitnehmer seine Einwilligung widerruft, da das BEM-Verfahren für ihn freiwillig ist.

3. Ergebnisfeststellung

Das BEM-Verfahren ist, wie bereits ausgeführt, ergebnisoffen. Es können daher nur beispielhaft einige mögliche Ergebnisse eines solchen Gespräches wiedergegeben werden. Solche Ergebnisse können z.B. sein:
- Absolvierung einer Kur
- Einholung eines arbeitsmedizinischen Gutachtens
- Technische/organisatorische Umgestaltung von Arbeitsplatz und -ablauf
- Versetzung auf einen leidensgerechten Arbeitsplatz
- Arbeitszeitreduzierung
- Stufenweise Wiedereingliederung

4. BEM und Kündigung

Die Frage der (ordnungsgemäßen) Durchführung des BEM spielt insbesondere bei Kündigungen eine Rolle. Dabei ist es nicht so, dass die ordnungsgemäße Durchführung des BEM eine formelle Wirksamkeit Voraussetzung für die Kündigung ist. Es gibt also keinen allgemeinen Rechtssatz dahingehend, dass eine nicht ordnungsgemäße Durchführung des BEM automatisch zur Unwirksamkeit der → **krankheitsbedingten Kündigung** führt.[10]
Die nicht ordnungsgemäße Durchführung des BEM hat allerdings erhebliche Konsequenzen hinsichtlich der Darlegungs- und Beweislast des Arbeitgebers im Kündigungsschutzprozess. Der Arbeitgeber muss darlegen und beweisen, dass das BEM auch bei ordnungsgemäßer Durchführung nichts gebracht hätte, also objektiv nutzlos gewesen wäre. Hierzu gehört, dass der Arbeitgeber detailliert vorträgt, warum weder ein Einsatz auf dem bisherigen Arbeitsplatz, noch dessen leidensgerechter Anpassung, noch ein Einsatz auf einem anderen Arbeitsplatz bei geänderter Tätigkeit in Betracht gekommen wäre, also ein BEM auf keinen

---

9 Schiefer, RdA 2016, 203f.
10 BAG 12.7.2007 – 2 AZR 716/06.

Fall dazu beigetragen hätte, dass es zu keinen neuerlichen Krankheitszeiten kommt.[11]

Eine »nicht ordnungsgemäße« Durchführung des BEM liegt in dem Sinne z. B. dann vor, wenn der Arbeitgeber den Arbeitnehmer im Anschreiben nicht ordnungsgemäß belehrt, etwa hinsichtlich der Erhebung und Verwendung der Daten im Laufe des Verfahrens.[12]

Umgekehrt gilt, dass dann, wenn einem Arbeitnehmer/eine Arbeitnehmerin das BEM ordnungsgemäß angeboten und der/die Arbeitnehmer/in dieses abgelehnt hat, von einer Aussichtslosigkeit des BEM ausgegangen werden kann. Kündigungsrechtlich ist die dann nicht erfolgte Durchführung des BEM »neutral«.[13]

5. BEM und Schadensersatz

Da der Arbeitgeber verpflichtet ist, das BEM durchzuführen, kann er sich schadensersatzpflichtig machen, wenn er es entgegen des Wunsches des Arbeitnehmers nicht durchführt und so z. B. trotz vorhandener Möglichkeit kein leidensgerechter Arbeitsplatz zugewiesen wird. Der Anspruch ist dann gerichtet auf entgangenen Verdienst.[14]

III. Hinweise für die Mitbestimmung

1. Informationsrechte

Gemäß § 80 Abs. 1 Nr. 1 BetrVG hat der Betriebsrat darüber zu wachen, ob die zugunsten der Arbeitnehmerinnen und Arbeitnehmer geltenden Gesetze eingehalten werden. Darunter fällt auch, ob bei Vorliegen der Voraussetzungen für ein BEM dies vom Arbeitgeber auch durchgeführt wird. Der Arbeitgeber muss daher auf Verlangen des Betriebsrates diesem die Arbeitnehmerinnen und Arbeitnehmer benennen, die die Voraussetzungen erfüllen, selbst wenn der/die betroffene Arbeitnehmer/in der Weitergabe der persönlichen Daten an den Betriebsrat widersprochen hatten.[15] Der Personalrat hat gegenüber seiner Dienststelle einen entsprechenden Auskunftsanspruch.[16]

---

11 BAG 13.5.2015 – 2 AZR 565/14.

12 LAG Schleswig-Holstein 22.9.2015 – 1 Sa 48a/15.

13 BAG 24.3.2011 – 2 AZR 170/10.

14 LAG Berlin-Brandenburg 6.6.2012 – 4 Sa 2152/11.

15 BAG 7.2.2012 – 1 ABR 46/10.

16 BVerwG 23.6.2010 – 6 P 8/9.

Der Personalrat kann auch verlangen, dass Einsicht in die Hinweisschreiben an die betroffenen Beschäftigten gewährt wird.[17] Dem gegenüber kann nicht verlangt werden, dass der Dienstherr (bzw. der Arbeitgeber) die Antwortschreiben der Arbeitnehmerinnen und Arbeitnehmer ohne deren Zustimmung dem Personalrat (bzw. Betriebsrat) zur Kenntnis bringt.[18]

2. Mitbestimmungsrechte

Bei der Ausgestaltung des betrieblichen Eingliederungsmanagements kommen grundsätzlich verschiedene Mitbestimmungsrechte des Betriebsrates in Betracht, namentlich die aus § 87 Abs. 1 Nr. 1, Nr. 6 und Nr. 7 BetrVG.
Die Zuständigkeit für die Regelungen zum BEM liegt grundsätzlich beim örtlichen Betriebsrat, da die Arbeitsplatz-Beurteilung und die Sichtung der Gefährdungspotentiale betriebsbezogen sind.[19]
Der in § 167 SGB IX geregelte Klärungsprozess gibt den Beteiligten einen gewissen Gestaltungsspielraum. Insofern hat der Betriebsrat ein Initiativrecht für die Ausgestaltung des Klärungsprozesses.[20]
Allerdings ist der tatsächliche Gestaltungsspielraum im Rahmen der erzwingbaren Mitbestimmung begrenzt, da eine Vielzahl von Regelungen nach der Rechtsprechung nicht vom Betriebsrat (und damit auch nicht durch einen Spruch der Einigungsstelle) erzwungen werden können.[21]

- Unzulässig sind Regelungen, die die in § 167 Abs. 2 IX genannten Einleitungsvoraussetzungen abändern (das »Ob« der Einleitung). Die Betriebsparteien können weder den Begriff der Arbeitsunfähigkeit abweichend vom Gesetz (EFZG) definieren noch die Dauer, nach der ein BEM durchzuführen ist.[22]
- Nicht erzwingbar ist eine Verpflichtung des Arbeitgebers, sämtliche Arbeitnehmerinnen und Arbeitnehmer – also auch solche, bei denen die Voraussetzung des BEM (noch) nicht vorliegen – zu informieren.[23]
- Unzulässig ist die Bildung sogenannter (paritätisch besetzter) Integrations-Teams (bestehend aus Betriebsrat und Arbeitgeber), die das BEM durchführen sollen. Zulässig sind diese nur bei einer freiwilligen Übereinkunft zwischen Betriebsrat und Arbeitgeber (§ 28 Abs. 1 BetrVG). Begründet wird dies von der Rechtsprechung damit, dass die Klärung von Möglichkeiten zwischen dem Arbeitgeber und dem Betriebsrat erfolgen muss. Hierbei sei

17 BVerwG a.a.O.
18 BVerwG a.a.O.
19 LAG Hamm 18.12.2009 – 13 TaBV 52/09.
20 BAG 22.3.2016 – 1 ABR 14/14.
21 Kritisch hierzu: Beck, NZA 2017, 84.
22 BAG 13.3.2012 – 1 ABR 78/10.
23 BAG 22.3.2016 – 1 ABR 14/14.

das Einvernehmen beider Parteien Voraussetzung. Da die Willensbildung auf Seiten des Betriebsrates aber innerhalb des Gremiums vonstattengehe, sei eine Übertragung auf ein gemeinsames Gremium von Arbeitgeber und Betriebsrat nur auf freiwilliger Basis möglich.[24]

- Nicht der erzwingbaren Mitbestimmung unterliegen Regelungen zu Folgemaßnahmen, die außerhalb des Klärungsprozesses stattfinden, z. B. das Vereinbaren von Tätigkeitsberichten mit Inhalt, Anzahl, Darstellung und Wirksamkeit der ergriffenen Maßnahme. Auch kann nicht festgelegt werden, dass durch Spruch der Einigungsstelle entschieden wird, wenn es zwischen den Parteien keine Einigung über eine zu treffende Maßnahme gibt.[25]
- Unzulässig ist auch eine Regelung, die ein Anwesenheitsrecht des Betriebsrates beim Erstgespräch mit dem betreffenden Arbeitnehmer festlegt.[26]

Gegenstand einer Betriebsvereinbarung zum BEM können aber weiterhin z. B. folgende Aspekte sein:

- Formulierung des Anschreibens an den Arbeitnehmers (unter Betrachtung der Anforderungen der Rechtsprechung) nebst der beizufügenden Dokumente (Informationsblätter, Antwortschreiben, datenschutzrechtliche Einverständniserklärung, etc...).
- Auf freiwilliger Basis können sog. Integrations-Teams (s. o.) festgelegt werden; hier muss aber klargestellt sein, dass wenn der Arbeitnehmer die Anwesenheit der Interessenvertretung ablehnt, das Integrations-Team entsprechend kleiner wird.
- Regelungen zum Ablauf des BEM (Erstgespräch, Fallgespräch, etc.), insbesondere auch hinsichtlich der Kommunikation im Klärungsprozess zwischen Interessenvertretung und Arbeitgeber.
- Klärung des Rechtes des Arbeitnehmers, inwieweit er einen Arbeitskollegen seines Vertrauens zu den Gesprächen hinzuziehen darf.
- Regelung über Qualifikationen und Qualifizierung der Beteiligten des BEM-Verfahrens (z. B. des Betriebsarztes).
- Regelungen zur Speicherung bzw. Aufbewahrung der BEM-Unterlagen (inkl. der Frage der Zugriffsberechtigung bzw. des Einsichtsrechtes).

3. Schulungsanspruch

Eine Schulung zum Thema BEM kann gemäß § 37 Abs. 6 BetrVG erforderlich sein. Da es sich hierbei aber um keine Grundlagenschulung handelt, sondern vielmehr um eine sogenannte Spezialschulung, ist erforderlich, dass es einen ge-

24 BAG a. a. O.
25 BAG a. a. O.
26 BAG a. a. O.

wissen aktuellen betriebsbezogenen Anlass gibt. Dies kann z. B. der Fall sein, wenn das Betriebsratsmitglied Teil eines sogenannten Integrationsteam ist. Ein weiterer konkreter Bezug – z. B. das in der Zukunft BEM-Verfahren anstehen – ist nicht erforderlich.[27]

27 BAG 28. 9. 2016 – 7 AZR 699/14.

Betriebsarzt

I. Einführung

Betriebsärzte sollen den Arbeitgeber beim Arbeitsschutz und bei der Unfallverhütung unterstützen.[1] Damit soll erreicht werden, dass die dem Arbeitsschutz und der Unfallverhütung dienenden Vorschriften den besonderen Betriebsverhältnissen entsprechend angewandt werden (vgl. § 1 ASiG). Gesicherte arbeitsmedizinische und sicherheitstechnische Erkenntnisse zur Verbesserung des Arbeitsschutzes und der Unfallverhütung sollen verwirklicht werden können. Außerdem sollen die dem Arbeitsschutz und der Unfallverhütung dienenden Maßnahmen einen möglichst hohen Wirkungsgrad erreichen.

II. Einzeldarstellung

1. Wann muss ein Arbeitgeber einen Betriebsarzt bestellen?

Der Arbeitgeber ist dafür verantwortlich, den Betriebsarzt zu bestellen und ihm die in § 3 ASiG genannten Aufgaben zu übertragen. Voraussetzung dafür ist, dass die Bestellung auch erforderlich ist. Entscheidend dafür ist

- die Betriebsart und die damit für den Arbeitnehmer verbundenen Unfall- und Gesundheitsgefahren,
- die Zahl der beschäftigten Arbeitnehmer und die Zusammensetzung der Arbeitnehmerschaft und
- die Betriebsorganisation, insbesondere im Hinblick auf die Zahl und die Art der für den Arbeitsschutz und die Unfallverhütung verantwortlichen Personen (§ 2 Abs. 1 ASiG).

---

1 BGBl. I S. 1885 vom 15. 12. 1973 – Gesetz über Betriebsärzte, Sicherheitsingenieure und andere Fachkräfte für Arbeitssicherheit (ASiG).

Als Betrieb im Sinne des ASiG ist der jeweilige selbständige Einzelbetrieb und nicht das mehrere Betriebe umfassende Unternehmen zu verstehen. Hierbei wird in der Rechtsprechung des Bundessozialgerichts und des Bundesarbeitsgerichts weitgehend gleichbedeutend der Betriebsbegriff nach dem BetrVG zugrunde gelegt. Danach gilt ein Betriebsteil als selbständiger Betrieb, der räumlich weit vom Hauptbetrieb entfernt oder durch Aufgabenbereich und Organisation eigenständig ist und über eine eigene Leitung verfügt, die das Weisungsrecht des Arbeitgebers ausübt.

Das Arbeitssicherheitsgesetz ist ein Rahmengesetz, das gemäß § 14 ASiG durch Unfallverhütungsvorschriften der Träger der gesetzlichen Unfallversicherung konkretisiert wird. Am 1. Januar 2011 ist die Unfallverhütungsvorschrift »Betriebsärzte und Fachkräfte für Arbeitssicherheit« (DGUV Vorschrift 2) in Kraft getreten. Nach § 2 Abs. 3 DGUV V2 muss der Unternehmer in Betrieben mit mehr als zehn Beschäftigten die Aufgaben nach der DGUV V2 einem Betriebsarzt übertragen. Daher ist die **Bestellung eines Betriebsarztes ab elf Beschäftigten zwingend**. Bei der Berechnung der Beschäftigten werden Teilzeitkräfte jedoch nur anteilig berücksichtigt.

Die Regelung zur Bildung eines Arbeitsschutzausschusses in § 11 ASiG gibt dabei Anhaltspunkte für die Berechnung. Soweit keine behördliche Anordnung nach § 12 ASiG vorliegt, sind bei der Feststellung der Zahl der Beschäftigen Teilzeitbeschäftigte mit einer regelmäßigen wöchentlichen Arbeitszeit von nicht mehr als 20 Stunden mit 0,5 und nicht mehr als 30 Stunden mit 0,75 zu berücksichtigen. In Entleiherbetrieben sind Leiharbeitnehmer dabei wie Beschäftigte des Betriebes zu berücksichtigen.[2]

2. Bestellung und Abberufung

Der Arbeitgeber darf nach § 4 ASiG als Betriebsärzte nur Personen bestellen, die neben der Berechtigung zur ärztlichen Berufsausübung auch über die zur Erfüllung der ihnen übertragenen Aufgaben erforderliche arbeitsmedizinische Fachkunde verfügen. Das ist der Fall, wenn die Ärzte berechtigt sind, die zusätzliche Bezeichnung »Arbeitsmedizin« oder »Betriebsmedizin« zu führen (§ 3 DGUV V2). Außerdem regelt § 6 DGUV V2 noch Ausnahmen in einer Übergangsvorschrift.

Wenn der Arbeitgeber einen Betriebsarzt bestellt, ist die Zustimmung des Betriebsrats nach § 9 Abs. 3 ASiG einzuholen. Er hat aber auch bei der organisatorischen Umsetzung mitzubestimmen. Gemäß § 87 Abs. 1 Nr. 7 BetrVG entscheidet der Betriebsrat mit, ob der Betriebsarzt angestellt werden soll, ein frei praktizierender Arzt die Aufgaben wahrnehmen oder ob ein überbetrieblicher Dienst

2 Anhang 1 zu § 2 DGUV V2.

von Betriebsärzten nach § 19 ASiG in Anspruch genommen werden soll (→ **Betriebsrat**).[3] Vergleichbares gilt für den Personalrat. Nach § 78 Abs. 1 Nr. 14 BPersVG n. F. (§§ 75 Abs. 3 Nr. 10, 76 Abs. 2 Nr. 4 BPersVG a. F.) unterliegt die Einstellung und Abberufung[4] eines angestellten Betriebsarztes seiner Mitbestimmung. Die Beauftragung eines freiberuflichen Betriebsarztes unterliegt als Maßnahme zur Verhütung von Arbeitsunfällen und Berufskrankheiten der Mitbestimmung nach § 80 Abs. 1 Nr. 16 BPersVG n. F. (§ 75 Abs. 3 Nr. 11 BPersVG a. F.[5], → **Personalrat**).

Nach ständiger Rechtsprechung des Bundessozialgerichts kann die Tätigkeit als Betriebsarzt auch ohne Anstellung in Form einer **freien Mitarbeit** erbracht werden. So stellt eine betriebsärztliche Tätigkeit, soweit sie sich auf die gesetzlichen Aufgaben bezieht und keine weiteren, damit nicht zusammenhängenden Tätigkeiten nach Weisung übernommen werden, bei Nichtvorliegen eines Arbeitsvertrags keine abhängige Beschäftigung dar.

Dass die Tätigkeit in den Räumen, mit den Mitteln und dem Personal des Vertragspartners erbracht wird, ist zwar regelmäßig als ein Merkmal für eine abhängige Beschäftigung anzusehen. Dieses Merkmal hat indessen bei betriebsärztlicher Tätigkeit ein geringeres Gewicht, weil diese Tätigkeit aus der Natur der Sache heraus und ihrer Art nach notwendig überwiegend im Betrieb stattfinden muss.[6] Das Gesetz schreibt darüber hinaus ausdrücklich – auch für den selbständig tätigen Arzt – vor, dass der Arbeitgeber verpflichtet ist, den Betriebsärzten, soweit dies zur Erfüllung der Aufgaben erforderlich ist, Hilfspersonal sowie Räume, Einrichtungen, Geräte und Mittel zur Verfügung zu stellen (§ 2 Abs. 2 ASiG).

Haben sich Arbeitgeber und Betriebsrat darauf geeinigt, dass der Betriebsarzt **auf arbeitsvertraglicher Grundlage angestellt** wird, hat der Betriebsrat auch bei der Abberufung des Betriebsarztes mitzubestimmen. Fehlt die Zustimmung des Betriebsrates zur Abberufung eines Betriebsarztes nach § 9 Abs. 3 ASiG und wird diese auch nicht durch die Einigungsstelle ersetzt, führt dies jedenfalls dann zur Unwirksamkeit der Kündigung des Betriebsarztes, wenn diese auf Gründe gestützt wird, die sachlich mit der Tätigkeit als Betriebsarzt im untrennbaren Zusammenhang stehen.[7] Im Verfahren vom 24. 3. 1998 – 2 AZR 369/87 hat das BAG einen untrennbaren Zusammenhang zwischen Kündigung und betriebsärztlicher Tätigkeit erkannt. Die Kündigung wurde von der Arbeitgeberin u. a. damit begründet, dass die Betriebsärztin sich geweigert hatte, eine anberaum-

---

3 BAG 10. 4. 1979 – 1 ABR 34/77; BAG 4. 11. 1980 – 1 ABR 53/78.

4 Altvater/Baden/Baunack-Berg, § 75 Rn. 199.

5 BPersVG v. 15. 3. 1974 (BGBl. I S. 693); zuletzt geändert durch Gesetz vom 9. 6. 2021 (BGBl. I S. 1614).

6 BSG 9. 12. 1981 – 12 RK 4/81.

7 BAG 24. 3. 1998 – 2 AZR 369/87.

te Betriebsbegehung durchzuführen, bei der Lösemittelmessungen kontrolliert werden sollten.
Haben sich die Betriebsparteien dagegen darauf geeinigt, dass die Aufgaben nach § 3 ASiG durch einen **freiberuflich tätigen Arzt** oder durch einen **überbetrieblichen Dienst** von Betriebsärzten erfüllt werden soll, so ist der Betriebsrat bei der Auswahl des jeweiligen Arztes auf ein Anhörungsrecht beschränkt.[8]
Die Beschäftigten sind über die Art der praktizierten betriebsärztlichen Betreuung zu informieren und darüber in Kenntnis zu setzen, welcher Betriebsarzt anzusprechen ist.

3. Aufgaben

Die Kernaufgaben des Betriebsarztes bestehen in der konkret auf die Verhältnisse am Arbeitsplatz und die Gesundheit (→ **Gefahr**) der Beschäftigten bezogenen **arbeitsmedizinischen Beratung**. Der Schwerpunkt der Beratung liegt in der Klärung der Wechselwirkungen zwischen Arbeit und Gesundheit sowie in der arbeitsmedizinischen Vorsorge.[9] Nach § 1 ASiG soll es im Wesentlichen darum gehen, arbeitsbedingte Erkrankungen frühzeitig zu erkennen und zu verhüten. Die Vorsorge besteht dabei nicht ausschließlich in der körperlichen Untersuchung der Beschäftigten. Im Gegenteil: Untersuchungen sollen nur insoweit stattfinden, soweit diese für die Aufklärung und Beratung erforderlich sind, § 2 Abs. Satz 3 ASiG. Soweit Untersuchungen stattfinden, wird vom Arzt erwartet, dass er die Erkenntnisse aus der Vorsorge auswertet und weitere Schutzmaßnahmen an den Arbeitsplätzen vorschlägt (§ 3 Abs. 1 Nr. 2 ASiG). Daher ist folgerichtig in § 3 Abs. 1 Nr. 3 ASiG auch geregelt, dass der Betriebsarzt sich vor Durchführung der Vorsorge die notwendigen Kenntnisse über die Arbeitsplatzverhältnisse durch regelmäßige Begehung verschaffen können muss. § 10 ASiG sieht explizit gemeinsame Begehungen des Betriebes mit der → **Fachkraft für Arbeitssicherheit** vor.
Die notwendigen Kenntnisse über den Betrieb und die Arbeitsbedingungen erwirbt der Betriebsarzt außerdem durch die Mitwirkung an Gefährdungsbeurteilungen, durch die Beobachtung und Auswertung des Unfall- und Krankheitsgeschehens sowie in Gesprächen mit den Beschäftigten und in den Sitzungen der Arbeitsschutzausschüsse.
Der Betriebsarzt berät nach § 3 Abs. 1 Nr. 1e) ASiG den Arbeitgeber zum Beispiel in Angelegenheiten der **Organisation der Ersten Hilfe** im Betrieb. Insbesondere zu Rettungsmitteln, Erste-Hilfe-Material, Erste-Hilfe-Räumen, der Zahl der

8 LAG Hamm 7.1.2008 – 10 TaBV 125/07.
9 Leitfaden für Betriebsärzte zu Aufgaben und Nutzen betriebsärztlicher Tätigkeit, 2. Auflage 2014, DGUV.

auszubildenden Ersthelfer sowie Betriebssanitätern. Nicht zu den Aufgaben des Betriebsarztes gehört die Überprüfung von Krankmeldungen (§ 3 ASiG).
Der Aufgabenkatalog für Betriebsärzte in § 3 ASiG ist nicht abschließend geregelt. Er ist auch in weiten Teilen gleichlautend zu den Aufgaben der → **Fachkraft für Arbeitssicherheit** in § 6 ASiG. So überschneiden sich die Aufgaben beider Akteure aufgrund ihrer betriebsärztlichen und sicherheitstechnischen Fachkunde insbesondere bei:

- der Beratung des Arbeitgebers bei der Planung und Errichtung von Betriebsanlagen, der Einführung technischer Arbeitsmittel und -verfahren
- der Unterstützung des Arbeitgebers bei der Beurteilung der Arbeitsbedingungen
- der Beobachtung der Durchführung des Arbeitsschutzes im Betrieb (→ **Arbeitsschutzorganisation**), insbesondere mittels Betriebsbegehungen,
- der Beratung und Belehrung der Beschäftigten über den Arbeits- und Gesundheitsschutz im Betrieb.

Das Zusammenwirken von Betriebsarzt und der Fachkraft für Arbeitssicherheit ist keine doppelte Verteilung von Aufgaben. Vielmehr geht es darum, dass beide Akteure parallel ihre jeweilige Sichtweise einbringen, um den Arbeitgeber zu unterstützen.

4. Status Betriebsarzt

Betriebsärzte sind bei der Anwendung ihrer Fachkunde weisungsfrei und dürfen wegen der Erfüllung ihrer Aufgaben nicht benachteiligt werden. Außerdem sind sie kraft Gesetz nur ihrem ärztlichen Gewissen unterworfen. Der Betriebsarzt unterliegt der ärztlichen **Schweigepflicht** nach § 203 StGB. Mitteilungen an den Arbeitgeber dürfen daher nur Angaben für Fristen und erforderliche Wiederholungsuntersuchungen enthalten. Im Unternehmen untersteht der Betriebsarzt unmittelbar dem Leiter des Betriebs bzw. Betriebsteils. Das Arbeitssicherheitsgesetz findet gemäß § 16 ASiG entsprechend auch für den öffentlichen Dienst Anwendung. § 8 Abs. 2 ASiG setzt voraus, dass der Betriebsarzt direkt dem Leiter der Behörde unterstellt ist. Dies bezieht sich jedoch nur auf die fachliche Einordnung, sodass eine Unterstellung in personeller Hinsicht auch niedriger erfolgen kann.[10]

10 ArbG Kiel 1.7.1999 – 1 Ca 2633c/98.

III. Hinweise für die Mitbestimmung

Hat der Arbeitgeber die Pflicht, einen Betriebsarzt zu bestellen, kann er dies durch die Beauftragung eines freiberuflichen Arztes oder überbetrieblichen Dienstes oder durch die Einstellung einer fachkundigen Person als Arbeitnehmer erledigen.

1. Mitbestimmung nach dem BetrVG

Der Betriebsrat hat ein erzwingbares Mitbestimmungsrecht, in welcher Form der Arbeitgeber seinen Verpflichtungen aus dem ASiG nachkommt. Im Rahmen der sozialen Mitbestimmung gemäß § 87 Abs. 1 Nr. 7 BetrVG soll durch die Beteiligung des Betriebsrates eine möglichst effiziente Umsetzung des gesetzlichen Arbeitsschutzes im Betrieb erreicht werden.

Soll der Arzt als Arbeitnehmer eingestellt werden, ist in Bezug auf die Mitbestimmung des Betriebsrates zwischen der Mitbestimmung nach § 9 Abs. 3 ASiG iVm. § 87 I Nr. 7 BetrVG sowie § 99 BetrVG bei den personellen Einzelmaßnahmen zu unterscheiden.

Das bedeutet, die Bestellung und Abberufung nach § 9 Abs. 3 ASiG ist von der Einstellung, Versetzung und Kündigung zu unterscheiden. Grundsätzlich bedeutet die Zustimmung des Betriebsrates zur Bestellung eines Betriebsarztes zugleich auch das Einverständnis mit dessen Einstellung oder umgekehrt. Wird allerdings die Zustimmung des Betriebsrates zur Bestellung eines Betriebsarztes durch die Einigungsstelle ersetzt, so ist darin keine Zustimmung auch zur personellen Maßnahme nach § 99 BetrVG zu sehen.[11] Das Beteiligungsrecht bei der Eingruppierung bleibt davon unberührt.[12]

Haben sich die Betriebspartner dagegen darauf verständigt, die Aufgaben nach dem ASiG durch einen freiberuflichen Arzt oder durch einen überbetrieblichen Dienst durchführen zu lassen, ist der Betriebsrat bei der Auswahl des zu verpflichtenden freiberuflichen Arztes bzw. des überbetrieblichen Dienstes von Betriebsärztenauf ein Anhörungsrecht beschränkt.[13]

Dagegen ist die Auswahl eines bestimmten Dienstes oder eines freiberuflichen Betriebsarztes nicht mitbestimmungspflichtig. Der Betriebsrat kann nicht verlangen, dass nur mit einem bestimmten Dienst oder mit einem von ihm zu bestimmenden freiberuflich tätigen Betriebsarzt zusammengearbeitet wird.

Die tatsächliche Bestellung oder Abberufung des Betriebsarztes bedarf immer der Zustimmung des Betriebsrates, § 9 ASiG i. V. m. § 87 Abs. 1 Nr. 7 BetrVG.

---

11 Fitting, § 87 Rn. 322.

12 Fitting, § 87 Rn. 322.

13 LAG Hamm 7.1.2008 – TaBV 125/07.

Ob dem Betriebsrat ein Initiativrecht bei der Bestellung und Abberufung eines Betriebsarztes zukommt, ist nach dem Gesetzeswortlaut des ASiG unklar. In Bezug auf die Abberufung eines ungeeigneten Betriebsarztes wird dem Betriebsrat ein solches Initiativrecht jedenfalls zuerkannt.[14] Gleiches gilt bei der Erweiterung oder Beschränkung des Aufgabenbereiches eines Betriebsarztes.
Beruft der Arbeitgeber den Betriebsarzt ab und verletzt dabei die Mitbestimmungsrechte des Betriebsrates, ist dessen Kündigung zumindest dann unwirksam, wenn sie aus Gründen der betriebsärztlichen Tätigkeit erfolgt.[15]
Wenn ein Betriebsrat der Auffassung ist, dass im Betrieb die notwendige Bestellung eines Betriebsarztes nicht erfolgt ist, empfiehlt es sich, den Kontakt zu anderen Akteuren des Arbeitsschutzes oder zur Berufsgenossenschaft aufzunehmen, um zu prüfen, ob die wahrgenommenen Defizite gerechtfertigt sind bzw. tatsächlich vorliegen.

2. Mitbestimmung nach dem BPersVG

Bei der Mitbestimmung des Personalrats ist teilweise zu unterscheiden. Der Personalrat wird zwar nicht von § 9 ASiG erfasst. Das BPersVG schreibt aber ausdrücklich vor, dass seine Zustimmung auch bei der Bestellung eines angestellten Betriebsarztes (§ 78 Abs. 1 Nr. 14 BPersVG n. F. – § 75 Abs. 3 Nr. 10; § 76 Abs. 2 Nr. 4 BPersVG a. F.) einzuholen ist. Dasselbe gilt auch für die Abberufung des Betriebsarztes.[16] Die Beauftragung eines freiberuflichen Betriebsarztes unterliegt als Maßnahme zur Verhütung von Arbeitsunfällen zumindest der Mitbestimmung nach § 80 Abs. 1 Nr. 16 BPersVG n. F. (§ 75 Abs. 3 Nr. 11 BPersVG a. F., siehe → **Personalrat**). Insoweit sind die oben beschriebenen Grundsätze zumindest weitgehend heranzuziehen. Insbesondere unterliegt auch die mit der Einstellung bzw. Abberufung einhergehende personelle Maßnahme der Mitbestimmung des Personalrats.
Noch ungeklärt ist die Frage, ob im Streitfall der Umfang der Entscheidungsbefugnis der Einigungsstelle einen bindenden Spruch zulässt oder sie lediglich auf eine Empfehlung beschränkt ist.[17] Diese Differenzierung ist aber allenfalls bei verbeamteten Betriebsärzten anzunehmen, da die Einstellung eines Betriebsarztes als Arbeitnehmer im Regelfall keine Auswirkungen auf die Funktionsfähigkeit der Dienststelle und auf die staatliche Aufgabenwahrnehmung hat.[18]

---

14 LAG Hamm 7.1.2008 – TaBV 125/07.
15 BAG 24.3.1998 – 2 AZR 369/87.
16 Altvater/Baden/Baunack-Berg, § 75 Rn. 199.
17 So Altvater/Baden/Baunack-Berg, § 75 Rn. 194; § 76 Rn. 97 mit Verweis auf BVerfG 24.5.1995 – 2 BvF 1/92.
18 Richardi/Dörner/Weber-Kaiser/Annuß, § 76 Rn. 412.

Betriebsarzt

Die Mitbestimmung bzgl. des Betriebsarztes stellt unabhängig von der Anstellungsform eine gemeinsame Angelegenheit der in der Dienststelle vorhandenen Beschäftigtengruppen (Arbeitnehmern und Beamte) dar. Nach §§ 48 ff. SBG gilt dies ggf. auch für Soldaten.

Betriebsrat

I. Einführung

Im Betriebsverfassungsgesetz, aber auch in anderen Gesetzen (z. B. im ASiG), sind dem Betriebsrat verschiedene Rechte im Rahmen des Arbeitsschutzes zugewiesen. Diese Rechte beinhalten zunächst Überwachungsaufgaben (z. B. § 80 Abs. 1 Nr. 1 BetrVG) bezüglich der Einhaltung der gesamten Gesetze und Verordnungen zur Arbeitssicherheit und zum Arbeitsschutz. Des Weiteren findet man abgestufte Informations- und Beteiligungsrechte (z. B. § 89 BetrVG). Das wichtigste Recht des Betriebsrates ist jedoch das Mitbestimmungsrecht nach § 87 Abs. 1 Nr. 7 BetrVG, da hier Regelungen zum Arbeits- und Gesundheitsschutz erzwingbar sind, notfalls durch die Anrufung einer Einigungsstelle. Dieses Mitbestimmungsrecht ist durch die Verabschiedung des Arbeitsschutzgesetzes im Jahre 1996 auf viele Felder des Arbeitsschutzes ausgedehnt worden. In der Folge wurde der Mitbestimmungsbereich durch weitere Gesetze und Verordnungen, wie z. B. durch die Regelungen in §§ 9, 10 MuSchG, § 28a JArbSchG, § 3 ArbStättV, §§ 3, 4 BetrSichV, erweitert. Somit ist der Arbeits- und Gesundheitsschutz zu einer der wichtigsten Mitbestimmungsfelder für Betriebsräte geworden.

II. Einzeldarstellung

1. Überwachungsrechte des Betriebsrats nach § 80 Abs. 1 Nr. 1 und Nr. 9 BetrVG

Nach § 80 Abs. 1 Nr. 1 BetrVG gehört es zu den Aufgaben des Betriebsrats, darüber zu wachen, dass die zugunsten der Arbeitnehmer geltenden Gesetze, Verordnungen, Unfallverhütungsvorschriften, Tarifverträge und Betriebsvereinbarungen durchgeführt werden. Bezüglich der Überwachung der einzuhaltenden Gesetze beschränkt sich dies nicht nur auf die Gesetze des unmittelbaren Arbeits- und Gesundheitsschutzes, wie z. B. dem ArbSchG und ASiG, sondern auch

auf Gesetze des sozialen Arbeitsschutzes, wie z. B. dem Arbeitszeitgesetz und Mutterschutzgesetz. Erfasst sind auch alle Rechtsverordnungen, die aufgrund eines Gesetzes erlassen wurden, sowie die Unfallverhütungsvorschriften der Berufsgenossenschaften und Unfallkassen. Allerdings gewährt das Überwachungsrecht nach § 80 Abs. 1 Nr. 1 BetrVG dem Betriebsrat kein Durchsetzungsrecht bezüglich der in diesen Regelwerken enthaltenen Pflichten für den Arbeitgeber. Der Betriebsrat kann unter Einhaltung der Grundsätze der vertrauensvollen Zusammenarbeit (das beinhaltet z. B. den vorherigen Hinweis an den Arbeitgeber) Regelverstöße des Arbeitgebers der Aufsichtsbehörde melden, damit diese für die Einhaltung der Normen durch den Arbeitgeber sorgt – etwa durch Auflagen oder Verhängungen von Bußgeldern z. B. nach § 25 ArbSchG.
Die Regelung in § 80 Abs. 1 Nr. 9 BetrVG geht über das reine Überwachungsrecht hinaus und gibt dem Betriebsrat das Recht, Maßnahmen des Arbeitsschutzes und des betrieblichen Umweltschutzes zu fördern und vorzuschlagen. Dieses Recht hat allerdings in der Praxis keine große Bedeutung, da aufgrund der Mitbestimmung des Betriebsrates nach § 87 Abs. 1 Nr. 7 BetrVG ein viel stärkeres Recht besteht, Maßnahmen des Arbeits- und Gesundheitsschutzes nicht nur zu fordern, sondern auch durchzusetzen.

2. Mitbestimmung der Betriebsräte nach § 87 Abs. 1 Nr. 7 BetrVG

§ 87 Abs. 1 Nr. 7 BetrVG beinhaltet ein Mitbestimmungsrecht bei Regelungen über die Verhütung von Arbeitsunfällen und Berufskrankheiten sowie über den Gesundheitsschutz im Rahmen der gesetzlichen Vorschriften oder der Unfallverhütungsvorschriften. Es bedarf für das Bestehen und für die Ausübung der Mitbestimmung einer durch die Betriebsparteien auszufüllenden Rahmenvorschrift des Arbeitsschutzes.

a) Gesetze und Verordnungen

Derartige ausfüllungsbedürftige Rahmenvorschriften können Gesetze und Verordnungen sein, so z. B. die Regelungen in §§ 3, 4, 5, 6, 7, 8, 10, 11 12 und § 13 Abs. 2 ArbSchG[1], in §§ 9, 11 ASiG, aber auch in § 10 MuSchG, § 6 ArbZG und § 22 SGB VII.
Aufgrund der Ermächtigungen und Möglichkeiten in §§ 18, 19 ArbSchG, Verordnungen zu erlassen, wurden von der Bundesregierung viele Verordnungen im Bereich des Arbeits- und Gesundheitsschutzes erlassen. Neben den Gesetzen sind auch diese ausfüllungsbedürftige Normen, so u. a. ArbStättV, BetrSichV[2],

---

1 BAG 8.6.2004 – 1 ABR 13/03.
2 Richardi-Richardi BetrVG § 87 Rn. 556–563.

LärmVibrationsArbSchV, GefStoffV, BiostoffV, ArbMedVV, Lastenhand-habV.[3]

b) Unfallverhütungsvorschriften

Neben den Gesetzen und Verordnungen gehören auch die von den Berufsgenossenschaften erlassenen Unfallverhütungsvorschriften zu den ausfüllungsbedürftigen Rahmenvorschriften. Die DGUV-Vorschriften sind als autonomes Recht für die Mitgliedsunternehmen zwingend und verbindlich, so z. B. die DGUV Vorschrift 1 zu den Grundsätzen der Prävention sowie die DGUV Vorschrift 2 zu den Aufgaben und Einsatzzeiten von Betriebsarzt und Fachkraft für Arbeitssicherheit.[4]

c) Richtlinien und sonstige Regelwerke

Allgemeine Verwaltungsvorschriften der Arbeitsschutzbehörden oder Durchführungsanweisungen, Richtlinien, nationale technische Regeln (TR) oder Merkblätter der Berufsgenossenschaften sowie DIN-Normen sind keine ausfüllungsbedürftigen Normen.[5] Diese Regelwerke, die den Arbeitgebern keine unmittelbaren Pflichten auferlegen, sind aber als allgemein anerkannte sicherheitstechnische oder arbeitsmedizinische Regeln bzw. als gesicherte arbeitswissenschaftliche Erkenntnisse bei der Ausfüllung der oben genannten Rahmenvorschriften heranzuziehen.[6] Erfüllt der Arbeitgeber z. B. die in den Arbeitsstättenrichtlinien festgelegten Bedingungen und Grenzwerte, dann wird vermutet, dass er seine gesetzlichen Arbeitsschutzpflichten erfüllt.[7] Die Betriebsparteien können jedoch vom technischen Regelwerk abweichen, sofern durch andere Maßnahmen die gleiche Sicherheit und der gleiche Gesundheitsschutz erreicht wird (§ 3a Abs. 1 Satz 4 ArbStättV).[8]

d) Wann ist eine Rahmenvorschrift ausfüllungsbedürftig?

Ausfüllungsbedürftig sind Gesetze, Verordnungen und Unfallverhütungsvorschriften, wenn sie dem Arbeitgeber bei der Umsetzungen einen Ermessensspielraum lassen, in welcher Art und Weise er seinen Verpflichtungen nachkommen will, er also bei den zu treffenden Maßnahmen und Handlungen eine Wahl-

3 HKArbSchR-Nitsche § 87 Rn. 53 ff.
4 Fitting BetrVG § 87 Rn. 265.
5 BAG 6. 12. 1983 – 1 ABR 43/81.
6 Fitting BetrVG § 87 Rn. 269.
7 BAG 28. 3. 2017 – 1 ABR 25/15.
8 BAG 18. 7. 2017 – 1 ABR 59/15.

möglichkeit zwischen mindestens zwei konkreten Maßnahmen hat.[9] Enthält die Vorschrift unbestimmte Rechtsbegriffe, wie z. B. in § 3 Abs. 2 Nr. 1 ArbSchG von einer »geeigneten Organisation« oder in § 3 Abs. 1 S. 1 ArbSchG von »erforderlichen Maßnahmen« die Rede ist, so erhält der Arbeitgeber damit einen Beurteilungsspielraum bei der Erfüllung dieser gesetzlichen Pflichten. Da der Arbeitgeber zwischen mehreren gleichwirksamen Maßnahmen auswählen kann, besteht hier ein Mitbestimmungsrecht.[10] Voraussetzung ist dagegen nicht, dass der Arbeitgeber einen Willen zur Ergreifung von Maßnahmen haben muss, es reicht das Bestehen der gesetzlichen Pflicht. Es bedarf also keiner subjektiven Regelungsbereitschaft des Arbeitgebers.[11]
Die Rahmenvorschrift muss nicht unmittelbar dem Arbeits- und Gesundheitsschutz dienen, es genügt, dass die Vorschrift eine mittelbare Wirkung auf den Arbeits- bzw. Gesundheitsschutz hat, so z. B. die in § 5 ArbSchG geregelte Gefährdungsbeurteilung. Allein, dass der Arbeitgeber eine Gefährdungsbeurteilung durchführt, führt nicht zu einer Verbesserung des Arbeits- und Gesundheitsschutzes und stellt keine Arbeitsschutzmaßnahme dar, da man durch sie erst die Gesundheitsgefährdungen und zu ergreifenden Maßnahmen ermitteln will. Trotzdem unterliegt die Gefährdungsbeurteilung der Mitbestimmung, da im ArbSchG nicht konkret vorgegeben ist, wie die Ermittlung und Beurteilung der Gefährdungen zu erfolgen hat.[12]

3. Mitbestimmungsfelder nach § 87 Abs. 1 Nr. 7 BetrVG in Verbindung mit den Regelungen im Arbeitsschutzgesetz

Nachfolgend werden nur einige Mitbestimmungsfelder gemäß § 87 Abs. 1 Nr. 7 BetrVG im Zusammenhang mit den Normen aus dem ArbSchG dargestellt, da die Mitbestimmung bezüglich der Regelungen in § 7 ArbSchG »Übertragung von Aufgaben«, § 10 ArbSchG »Erste Hilfe und sonstige Notfallmaßnahmen« und § 11 ArbSchG »Arbeitsmedizinische Vorsorge« bereits unter den jeweiligen Stichwörtern dargestellt wurde.

a) Maßnahmen des Arbeits- und Gesundheitsschutzes und Grundsätze, § 3 Abs. 1 und § 4 ArbSchG

§ 3 Abs. 1 ArbSchG regelt die Pflicht des Arbeitgebers erforderliche Maßnahmen des Arbeits- und Gesundheitsschutzes zu treffen. Welche Maßnahmen konkret erforderlich sind, legt § 3 Abs. 1 ArbSchG nicht fest. Insofern ist diese Norm

---

9 BAG 8. 6. 2004 – 1 ABR 13/03.
10 BAG 16. 6. 1998 – 1 ABR 68/97.
11 BAG 15. 1. 2002 – 1 ABR 13/01.
12 BAG 8. 6. 2004 – 1 ABR 13/03; ErfK/Kania BetrVG § 87 Rn. 63.

ausfüllungsbedürftig und es besteht ein Mitbestimmungsrecht. Liegt eine unmittelbare objektive Gesundheitsgefahr vor, besteht eine Handlungspflicht des Arbeitsgebers und die zu ergreifenden Maßnahmen sind mit dem Betriebsrat abzustimmen.[13] Kann man

- aufgrund arbeitswissenschaftlicher Erkenntnisse bezüglich der Belastungen bestimmter Arbeitsbedingungen oder
- aufgrund von Erkenntnissen aus betrieblichen Informationsquellen (z. B. Unfallberichte)[14] oder
- aufgrund einer durchgeführten Gefährdungsbeurteilung nach § 5 ArbSchG

Gefährdungen feststellen, dann hat der Betriebsrat ebenfalls bei der Auswahl und Festlegung der erforderlichen Arbeits- und Gesundheitsschutzmaßnahmen mitzubestimmen.[15]

Bei der Festlegung der Maßnahmen hat der Arbeitgeber die allgemeinen Grundsätze nach § 4 ArbSchG zu berücksichtigen. Wie diese Grundsätze bei jeder einzelnen festzulegenden Arbeits- und Gesundheitsschutzmaßnahme angewandt werden müssen, ist mitbestimmungspflichtig.[16] Sind Maßnahmen mitbestimmt festgelegt worden, so müssen diese Maßnahmen gemäß § 3 Abs. 1 Satz 2 ArbSchG nach einer bestimmten Zeit ihrer Durchführung auf ihre Wirksamkeit überprüft werden. Wann und wie die Wirksamkeitskontrolle stattfindet, ist im ArbSchG nicht genauer geregelt und unterliegt daher auch der Mitbestimmung.

b) Betriebliche Arbeitsschutzorganisation, § 3 Abs. 2 ArbSchG

Nach § 3 Abs. 2 ArbSchG muss der Arbeitgeber eine an den betrieblichen Gegebenheiten ausgerichtete Arbeitsschutz- und Arbeitssicherheitsorganisation aufbauen.[17] Überträgt und verteilt der Arbeitgeber Aufgaben des Arbeitsschutzes und der Arbeitssicherheit auf Führungskräfte, ist dies Bestandteil der geeigneten Aufbau- und Ablauforganisation zum Gesundheitsschutz und unterliegt als abstrakt-generelle Regelung der Mitbestimmung.[18] Weitere Einzelheiten der Mitbestimmung werden unter dem Stichwort → **Arbeitsschutzorganisation** dargelegt.

---

13 BAG 11.12.2012 – 1 ABR 81/11.
14 LAG Niedersachsen 11.1.2017 – 13TaBV 109/15; HKArbSchR-Blume/Faber § 2 Rn 15.
15 BAG 25.4.2017 – 1 ABR 46/15; BAG 28.3.2017 – 1 ABR 25/15.
16 LAG Hamburg 21.9.2000 – 7 TaBV 3/98.
17 BAG 18.3.2014 – 1 ABR 73/12.
18 ErfK/Kania BetrVG § 87 Rn. 64ff.

c) Mitbestimmung bei der Gefährdungsbeurteilung nach § 5 ArbSchG

Der Betriebsrat hat nach § 87 Abs. 1 Nr. 7 BetrVG i. V. m. § 5 ArbSchG ein Initiativrecht, eine Regelung zur Gefährdungsbeurteilung zu erzwingen. Der Betriebsrat bestimmt bei der Gefährdungsbeurteilung mit,

- an welchen Arbeitsplätzen (d. h. bei der Festlegung von zu untersuchenden Arbeitsplätzen und Arbeitsbereichen und bei der Feststellung der Gleichartigkeit dieser Arbeitsplätze),
- welche Gefährdungen,
- anhand welcher Kriterien und Methoden
- nach welchem Zeitplan zu beurteilen sind,
- welche Maßnahmen abzuleiten und durchzuführen sind sowie
- welche Qualifikationen die durchführenden Personen besitzen müssen.

Diese Einzelheiten müssen in einer Betriebsvereinbarung geregelt werden. Zwar hat der Betriebsrat kein Mitbestimmungsrecht nach § 87 Abs. 1 Nr. 7 BetrVG, wenn der Arbeitgeber gemäß § 13 Abs. 2 ArbSchG externe Personen oder Stellen mit der Durchführung der Gefährdungsbeurteilung nach § 5 ArbSchG oder der Unterweisung nach § 12 ArbSchG beauftragt. Aber die Mitbestimmungsrechte des Betriebsrats nach § 87 Abs. 1 Nr. 7 BetrVG bei Ausgestaltung der Gefährdungsbeurteilung und der Qualifikation der externen Personen bzw. Stellen werden dadurch nicht verkürzt. Insbesondere ist es dem Betriebsrat unbenommen, im Rahmen dieser Mitbestimmung gegenüber dem Arbeitgeber oder erforderlichenfalls in der Einigungsstelle dafür zu sorgen, dass in einer Betriebsvereinbarung Regelungen darüber getroffen werden, welche Qualifikationen und Kenntnisse die mit der Durchführung der Gefährdungsbeurteilungen und der Unterweisungen befassten Personen besitzen müssen.[19] Näheres unter dem Stichwort → **Gefährdungen**.

Festzuhalten ist, dass grundsätzlich der örtliche Betriebsrat für die Regelung der Gefährdungsbeurteilung zuständig ist, da es immer um ein auf die örtlichen Gegebenheiten und konkreten betrieblichen Arbeitsbedingungen an den Arbeitsplätzen zugeschnittenes Verfahren der Gefährdungsbeurteilung geht.[20]

Einigen sich die Betriebsparteien nicht auf die Durchführung und die Einzelheiten einer Gefährdungsbeurteilung, kann der Betriebsrat die Einigungsstelle nach §§ 87 Abs. 2, 76 BetrVG anrufen.

d) Dokumentationspflicht, 6 ArbSchG

§ 6 ArbSchG verpflichtet den Arbeitgeber, die Gefährdungsbeurteilung, ihre Ergebnisse, die abgeleiteten und ergriffenen Maßnahmen und die später durch-

19 BAG 18.8.2009 – 1 ABR 43/08.
20 BAG 18.7.2017 – 1 ABR 59/15.

geführte Wirksamkeitskontrolle zu dokumentieren. Die Einzelheiten der Dokumentation sind in § 6 ArbSchG nicht festgelegt und sind daher vom Betriebsrat mitzubestimmen.[21]

e) Unterweisung, § 12 ArbSchG

Es bestehen aus verschiedenen Normen (z.B. § 81 Abs. 1 Satz 2 BetrVG oder § 6 ArbStättV) für den Arbeitgeber spezielle Einweisungs- und Unterweisungspflichten. § 12 ArbSchG enthält eine generelle Unterweisungspflicht des Arbeitgebers, die den Arbeitnehmer befähigen soll, die Gefahren und Gefährdungen am Arbeitsplatz zu erkennen und die entsprechenden Arbeits- und Gesundheitsschutzmaßnahmen zu verstehen und zu beherrschen. Bezüglich des Umfangs, Inhalts und der Art der Durchführung der Unterweisung besteht ein Mitbestimmungsrecht. Da die Unterweisung u.a. die konkreten Gefährdungen zum Inhalt haben muss, ist erst eine Gefährdungsbeurteilung durchzuführen, es sei denn, es bestehen bereits erkennbare und festgestellte Gefahren bzw. Gefährdungen. Ist dies nicht der Fall, wäre eine Betriebsvereinbarung mit allgemeinen Regeln für die Unterweisung ohne vorherige Gefährdungsbeurteilung unwirksam.[22]

4. Mitbestimmung nach § 87 Abs. 1 Nr. 7 BetrVG im Zusammenhang mit dem ASiG

a) Betriebsärzte und Fachkräfte für Arbeitssicherheit

Betriebsärzte und die Fachkräfte für Arbeitssicherheit haben gemäß § 9 Abs. 1 ASiG bei ihrer Aufgabenerfüllung mit dem Betriebsrat zusammenzuarbeiten und auf Verlangen des Betriebsrats nach § 9 Abs. 2 Satz 2 ASiG alle Angelegenheiten des Arbeitsschutzes und der Unfallverhütung mit ihm zu beraten. Diese Pflichten dieser beiden Akteure gegenüber dem Betriebsrat ergänzen die Regelungen zur Zusammenarbeit in § 10 Satz 2 ASiG und § 89 Abs. 2 BetrVG und begründen gemeinsame Aktivitäten, wie z.B. gemeinsame Betriebsbegehungen.
§ 9 ASiG enthält in Verbindung mit § 87 Abs. 1 Nr. 7 BetrVG ein Mitbestimmungsrecht des Betriebsrats, wenn der Arbeitgeber darüber entscheidet, welches der drei Betreuungsmodelle er zur Erfüllung der Pflichten aus § 2 Abs. 1 ASiG für den Betrieb wählt. Danach kann der Arbeitgeber nur mit Beteiligung des Betriebsrats entscheiden, ob er einen angestellten Betriebsarzt, einen freiberuflich tätigen Betriebsarzt oder einen überbetrieblichen Dienst von Betriebsärzten mit den Aufgaben nach § 3 ASiG betraut.[23] Gleiches gilt für die Frage, wer die

21 LAG Hamburg 21.09.2000 – 7 TaBV 3/98.
22 BAG 8.11.2011 – 1 ABR 42/10.
23 BAG 10.4.1979 – 1 ABR 34/77.

Aufgaben der Fachkräfte für Arbeitssicherheit durchführen soll. Auch hier kann der Arbeitgeber eine der drei Möglichkeiten nur unter Beachtung der Mitbestimmung nutzen.
Liegt mitbestimmt fest, welches Betreuungsmodell gewählt wurde, so ist in § 9 Abs. 3 Satz 1 ASiG ein Mitbestimmungsrecht des Betriebsrats bei der konkreten Bestellung und Abberufung der Betriebsärzte und Fachkräfte für Arbeitssicherheit geregelt. Dieses Recht besteht aber nur, wenn der Arbeitgeber sich für ein innerbetriebliches Betreuungsmodell entscheidet. Stellt der Arbeitgeber den Betriebsarzt oder die Fachkraft für Arbeitssicherheit als Arbeitnehmer ein, so kommt neben dem Recht bezüglich der Bestellung aus § 9 Abs. 3 ASiG auch noch das Zustimmungsrecht nach § 99 BetrVG zur Geltung. Dies gilt auch, wenn ein schon eingestellter Arbeitnehmer diese Aufgaben übernehmen soll, denn dann wäre es eine Versetzung im Sinne des § 95 Abs. 3 BetrVG i. V. m. § 99 BetrVG. Soll ein leitender Angestellter diese Aufgaben übernehmen, entfällt das Recht nach § 99 BetrVG, es bleibt dann nur der mitbestimmte Bestellungsakt. Entscheidet sich der Arbeitgeber für ein externes Betreuungsmodell, so muss der Arbeitgeber den Betriebsrat nach § 9 Abs. 3 Satz 3 ASiG nur anhören. Eine Mitbestimmung bei der Bestellung besteht dann nicht.
Nach § 9 Abs. 3 Satz 1 ASiG hat der Betriebsrat auch bei der Erweiterung oder Einschränkung der Aufgaben der Betriebsärzte und Fachkräfte für Arbeitssicherheit mitzubestimmen. Dieses Recht besteht unabhängig davon, für welches Betreuungsmodell sich der Arbeitgeber entschieden hat. Somit kann der Betriebsrat im Rahmen der Konkretisierung der Aufgabenkataloge gemäß § 3 ASiG für Betriebsärzte und gemäß § 6 ASiG für die Fachkraft für Arbeitssicherheit ein Mitbestimmungsrecht geltend machen. Ebenso verhält es sich, wenn nach der Anlage 3 der DGUV Vorschrift 2 die durchschnittliche Einsatzzeit eines Betriebsarztes oder einer Fachkraft für Arbeitssicherheit für die Grundbetreuung durch zusätzliche betriebsspezifische Betreuungszeiten ergänzt werden soll.[24]

b) Arbeitsschutzausschuss, § 11 ASiG

Bezüglich der Einrichtung eines Arbeitsschutzausschusses, der Einhaltung der Verpflichtung zur Durchführung der Sitzungen und der Teilnahmeverpflichtung der Mitglieder des Ausschusses hat der Betriebsrat kein Mitbestimmungsrecht. § 11 ASiG ist eine Verpflichtung aus einer öffentlich-rechtlichen Norm, die an den Arbeitgeber adressiert ist: »*Kommt dieser seiner Verpflichtung aus § 11 ASiG nicht nach, hat die Arbeitsschutzbehörde nach § 12 ASiG die erforderlichen Maßnahmen anzuordnen und gegebenenfalls nach § 20 ASiG als Ordnungswidrigkeit*

24 Fitting BetrVG § 87 Rn. 314, 325; HK-ArbSchR-Kothe/Kiesche § 9 Rn. 15m.w.Hinw. auf die Rechtsprechung.

zu verfolgen. Einen unmittelbar gegen den Arbeitgeber gerichteten Anspruch des Betriebsrats auf Errichtung eines Arbeitsschutzausschusses enthält das Arbeitssicherheitsgesetz dagegen nicht«, so das BAG.[25] Auch kann der Betriebsrat nicht erzwingen, dass die gesetzlich vorgeschriebenen Teilnehmer des Arbeitsschutzausschusses zur Sitzung erscheinen müssen.[26] Der Betriebsrat kann nach § 89 Abs. 1 Satz 2 BetrVG die zuständige Arbeitsschutzbehörde ersuchen, gegenüber dem Arbeitgeber die Verpflichtungen aus § 11 ASiG im Wege einer Anordnung nach § 12 Abs. 1 ASiG durchzusetzen.[27] Allerdings besteht nach herrschender Meinung (nicht Rechtsprechung) ein Mitbestimmungsrecht bezüglich der Anzahl der Mitglieder und der Zusammensetzung des Arbeitsschutzausschusses, die über die Mindestbesetzung sowie die Mindestsitzungspflicht des § 11 ASiG hinausgehen.[28]

5. Mitbestimmung beim Sicherheitsbeauftragten nach § 87 Abs. 1 Nr. 7 BetrVG in Verbindung mit § 22 SGB VII

Nach § 22 Abs. 1 SGB VII hat der Unternehmer, wenn er regelmäßig mehr als 20 Beschäftigte hat, unter Beteiligung des Betriebs- oder Personalrats Sicherheitsbeauftragte zu bestellen, und zwar unter Berücksichtigung der im Unternehmen für die Beschäftigten bestehenden Unfall- und Gesundheitsgefahren und der Zahl der Beschäftigten. Die Sicherheitsbeauftragten haben gemäß § 22 Abs. 2 SGB VII den Unternehmer bei der Durchführung der Maßnahmen zur Verhütung von Arbeitsunfällen und Berufskrankheiten zu unterstützen, insbesondere sich von dem Vorhandensein und der ordnungsgemäßen Benutzung der vorgeschriebenen Schutzeinrichtungen und persönlichen Schutzausrüstungen zu überzeugen und auf Unfall- und Gesundheitsgefahren für die Versicherten aufmerksam zu machen. Da diese gesetzliche Verpflichtung bezüglich der konkreten Aufgaben des Sicherheitsbeauftragten keine abschließende Regelung enthält, ergeben sich hier Beteiligungsrechte des Betriebsrats bei der näheren Ausgestaltung der Aufgaben der Sicherheitsbeauftragten.[29]

---

25 BAG 15.4.2014 – 1 ABR 82/12.

26 BAG 8.12.2015 – 1 ABR 83/13.

27 BAG 8.12.2015, a.a.O.

28 GK-BetrVG-Wiese § 87 Rn. 670; D/K/W-Klebe § 87 Rn. 239; Richardi-Richardi § 87 Rn. 597; Fitting BetrVG § 87 Rn. 328.

29 ErfK/Kania BetrVG § 87 Rn. 64–64c.

6. Weitere ausfüllungsbedürftige Normen des Arbeitsschutzes nach § 87 Abs. 1 Nr. 7 BetrVG

Im Rahmen des sozialen Arbeitsschutzes bestehen noch weitere Normen die ausfüllungsbedürftig sind. Entweder sind diese Normen mittelbare oder unmittelbare Regelungen des Arbeits- und Gesundheitsschutzes. Für die Mitbestimmung ist diese Unterscheidung, wie oben ausgeführt, unerheblich.

a) Nacht- und Schichtarbeit § 6 ArbZG

Nach § 6 Abs. 1 ArbZG ist die Arbeitszeit der Nacht- und Schichtarbeitnehmer nach den gesicherten arbeitswissenschaftlichen Erkenntnissen über die menschengerechte Gestaltung der Arbeit festzulegen. Welche dieser arbeitswissenschaftlichen Erkenntnisse für das konkrete betriebliche Arbeitszeitmodell maßgebend sind und wie sich danach die genaue Lage, die Dauer, die Verteilung und der Rhythmus der Nach- und Schichtarbeit gestaltet, ist nicht festgelegt und als ausfüllungsbedürftige Rahmenvorschrift durch die Mitbestimmung des Betriebsrats zu konkretisieren. Daher wird die Mitbestimmung nach § 87 Abs. 1 Nr. 2 BetrVG bezüglich der Verteilung und Lage der Arbeitszeit um die Mitbestimmung nach § 87 Abs. 1 Nr. 7 BetrVG ergänzt.
Sofern der Nachtschichtarbeitnehmer eine **Umsetzung** auf einen für ihn geeigneten **Tagesarbeitsplatz** beantragt und erhebt der Arbeitgeber den Einwand, es stehen diesem Antrag dringende betriebliche Erfordernisse entgegen, so ist der Betriebsrat zu hören. Der Betriebsrat kann dem Arbeitgeber Vorschläge für eine Umsetzung unterbreiten. Dies ist allerdings kein Mitbestimmungsrecht im Sinne des § 87 Abs. 1 Nr. 7 BetrVG, da der Betriebsrat die Umsetzung nicht erzwingen kann.
§ 6 Abs. 5 ArbZG bestimmt, soweit keine unmittelbar wirkende tarifvertragliche Ausgleichsregelung oder arbeitsvertragliche Bezugnahme auf eine derartige tarifliche Regelung besteht, dass der Arbeitgeber dem Nachtarbeitnehmer für die während der Nachtzeit geleisteten Arbeitsstunden eine angemessene Zahl bezahlter freier Tage oder einen angemessenen Zuschlag auf das ihm hierfür zustehende Bruttoarbeitsentgelt zu gewähren hat. Diese als mittelbar dem Gesundheitsschutz dienende Schutzvorschrift begründet ein Mitbestimmungsrecht nach § 87 Abs. 1 Nr. 7 BetrVG über die Art und Modalitäten des **Ausgleichs für Nachtarbeit**, also bei der Entscheidung des Arbeitgebers darüber, ob ein Ausgleich für Nachtarbeit nach § 6 Abs. 5 ArbZG durch bezahlte freie Tage oder durch einen angemessenen Entgeltzuschlag zu gewähren ist.[30]

30 BAG 17.1.2012 – 1 ABR 62/10.

b) Betriebliches Eingliederungsmanagement, § 167 Abs. 2 SGB IX

Nach § 167 Abs. 2 SGB IX haben Beschäftigte unter der Voraussetzung, dass sie innerhalb eines Jahres länger als sechs Wochen ununterbrochen oder wiederholt arbeitsunfähig waren, einen Anspruch auf Durchführung eines betrieblichen Eingliederungsmanagement. In § 167 Abs. 2 SGB IX ist auch geregelt, dass der Arbeitgeber mit dem Betriebsrat (bzw. der zuständigen Interessenvertretung im Sinne des § 176 SGB IX), bei schwerbehinderten Menschen außerdem mit der Schwerbehindertenvertretung, mit Zustimmung und Beteiligung der betroffenen Person die Möglichkeiten klärt, wie die Arbeitsunfähigkeit möglichst überwunden werden und mit welchen Leistungen oder Hilfen erneuter Arbeitsunfähigkeit vorgebeugt und der Arbeitsplatz erhalten werden kann (betriebliches Eingliederungsmanagement). Weiterhin ist geregelt, dass der Betriebsrat (bzw. die zuständige Interessenvertretung im Sinne des § 176 SGB IX), bei schwerbehinderten Menschen außerdem die Schwerbehindertenvertretung, die Klärung verlangen können. Somit bestehen Ausgestaltungsspielräume beim Eingliederungsmanagement nach § 167 II SGB IX. Es kommt neben der Mitbestimmung nach § 87 Abs. 1 Nr. 1 BetrVG auch die Mitbestimmung nach § 87 Abs. 1 Nr. 7 BetrVG zum Tragen. Bei der Ausgestaltung der »Klärung von Möglichkeiten« eines betrieblichen Eingliederungsmanagements nach der Rahmenvorschrift des § 84 Abs. 2 Satz 1 SGB IX durch generelle Verfahrensregelungen steht dem Betriebsrat ein Initiativrecht nach § 87 Abs. 1 Nr. 7 BetrVG zu. Vom Mitbestimmungsrecht nach § 87 Abs. 1 Nr. 7 BetrVG nicht erfasst ist eine sich anschließende Umsetzung konkreter Maßnahmen, so das BAG.[31]

7. Korrigierende Mitbestimmung nach § 91 BetrVG

Die Rechte des Betriebsrats aus § 91 BetrVG stehen im unmittelbaren Zusammenhang mit den Unterrichtungs- und Beratungsrechten aus § 90 BetrVG. In beiden Regelungen geht es um die Sicherung, dass bei der Gestaltung und Änderung der Arbeitsplätze, des Arbeitsablaufs und der Arbeitsumgebung die gesicherten wissenschaftlichen Erkenntnisse über die menschengerechte Gestaltung der Arbeit berücksichtigt werden müssen. Allerdings hatte die Mitbestimmung nach § 91 BetrVG in der betrieblichen Praxis bisher wenig Bedeutung, da die Hürden sehr hoch sind. Durch das Inkrafttreten des ArbSchG seit 1996 und der durch die Rechtsprechung konkretisierten Mitbestimmung des Betriebsrats beim Arbeitsschutz im Rahmen des § 87 Abs. 1 Nr. 7 BetrVG ist der präventive Charakter des Arbeitsschutzes und nicht mehr die korrigierende Mitbestimmung nach § 91 BetrVG vorherrschendes Leitbild. Damit überhaupt die Mitbe-

31 BAG 22.3.2016 – 1 ABR 14/14.

stimmung nach § 91 BetrVG ausgelöst wird, müssen mehrere Voraussetzungen vorliegen:

1. Es bedarf einer Änderung von Arbeitsplätzen, des Arbeitsablaufs oder der Arbeitsumgebung.
2. Durch diese Änderung muss eine besondere Belastung der Arbeitnehmer entstehen.
3. Diese muss den gesicherten arbeitswissenschaftlichen Erkenntnissen offensichtlich widersprechen muss.

Es genügt nicht, dass bestehende Arbeitsbedingungen gesicherten arbeitswissenschaftlichen Erkenntnissen über die menschengerechte Gestaltung der Arbeit offensichtlich widersprechen.[32] Die erforderlichen besonderen Belastungen müssen das Maß zumutbarer Belastung und Beanspruchung des arbeitenden Menschen übersteigen und nicht mit Mitteln des gesetzlichen Arbeitsschutzes abgewehrt werden können. Damit ist die Zielrichtung der Mitbestimmung nach § 91 BetrVG veraltet, da das gesamte Arbeitsschutzrecht, insbesondere das ArbSchG und die Mitbestimmung nach § 87 Abs. 1 Nr. 7 BetrVG vom **präventiven Charakter des Arbeitsschutzes** ausgeht und bereits beim Vorliegen von Gefährdungen einen Handlungsbedarf in der Planungsphase von Arbeitsplätzen und Arbeitsbedingungen fordert. Die Mitbestimmung nach § 91 BetrVG greift zudem erst ein, wenn ein offensichtlicher Verstoß gegen gesicherte arbeitswissenschaftliche Erkenntnisse vorliegt. Also erst, wenn für jeden, der auf dem einschlägigen Gebiet der Arbeitswissenschaften eine ausreichende Sachkunde besitzt, erkennbar ist, dass die Arbeitsbedingungen z. B. gegen DIN-Normen, Sicherheitsregeln der BG, Arbeitsstättenregeln der ArbStättV, Regelungen in Tarifverträgen, Forschungsberichte der BAuA usw. verstoßen.[33] Daher werden Betriebsräte nicht nur bei Änderungen der Arbeitsbedingungen, sondern auch bei bestehenden Arbeitsplätzen und Arbeitsbedingungen wirkungsvoller auf der Basis der Mitbestimmung nach § 87 Abs. 1 Nr. 7 i. V. m. mit dem ArbSchG aktiv werden.

8. Beteiligungsrechte nach § 89 BetrVG

Die Rechte des Betriebsrats in § 89 BetrVG sind nicht als Mitbestimmungsrechte ausgestaltet, es geht vielmehr um die Beteiligung und Mitwirkung des Betriebsrats im Bereich des betrieblichen Umweltschutzes und des gesamten öffentlich-rechtlichen Arbeitsschutzes.[34] Neben den Überwachungsrechten nach § 80 Abs. 1 Nr. 1 BetrVG, die in § 89 Abs. 1 Satz 1 BetrVG noch einmal verstärkt

32 BAG 28.7.1981 – 1 ABR 65/79.
33 GK-BetrVG-Weber, § 91 Rn. 12, 41.
34 BAG 11.10.1995 – 7 ABR 42/94.

werden, ist die Regelung in § 89 BetrVG sehr stark auf die Zusammenarbeit und das Zusammenwirken aller Akteure des Arbeitsschutzes und des Umweltschutzes bis hin zu den Behörden und Trägern der gesetzlichen Unfallversicherung ausgerichtet. Diese Akteure, inklusive Betriebsrat, sollen sich durch Anregungen, Beratungen und Auskünfte gegenseitig unterstützen, um den Arbeits- und Umweltschutz zu verbessern. Im Rahmen des Überwachungsrechts nach § 89 Abs. 1 Satz 1 BetrVG hat der Betriebsrat, wie auch nach § 80 Abs. 1 Nr. 1 BetrVG, unabhängig von konkreten Verdachtsmomenten jederzeit die Befugnis Arbeitsplätze und Räume zu begehen. In § 89 Abs. 2 BetrVG ist eine Verpflichtung des Arbeitgebers und der mit dem Arbeitsschutz und der Unfallverhütung befassten Stellen geregelt, den Betriebsrat in allen Fragen und bei Besichtigungen der Arbeitsplätze und der Betriebsstätte, die mit dem Arbeits- und Umweltschutz im Zusammenhang stehen, hinzuziehen. Des Weiteren sind dem Betriebsrat alle Informationen über behördliche Auflagen, Anordnungen und Genehmigungen zu übergeben. Wurden von Besichtigungen oder Besprechungen Niederschriften gefertigt, sind diese dem Betriebsrat auszuhändigen, so die Regelung in § 89 Abs. 5 BetrVG. Ebenso sind dem Betriebsrat die Unfallanzeigen nach § 89 Abs. 6 BetrVG auszuhändigen.

9. Unterrichtungs- und Beratungsrechte nach § 90 BetrVG

Nach § 90 soll der Betriebsrat im **Planungsstadium** auf Grund rechtzeitiger und umfassender Unterrichtung vom Arbeitgeber beteiligt werden, um die Auswirkungen der geplanten Änderungen auf die menschliche Arbeit zu beraten und gegebenenfalls diese durch Maßnahmen des autonomen Arbeitsschutzes zu beeinflussen.[35] Der Betriebsrat soll bereits in der Planungsphase, in der noch keine endgültige Entscheidung durch den Arbeitgeber getroffen ist, Vorschläge und Bedenken einbringen können.[36] Das Beratungsrecht nach § 90 Abs. 2 BetrVG ist jedoch nicht auf den Arbeits- und Gesundheitsschutz beschränkt, der Betriebsrat kann also alle Auswirkungen für die Arbeitnehmer thematisieren. Aber der Gesetzgeber hat ausdrücklich die arbeitswissenschaftlichen Erkenntnisse im Gesetzestext erwähnt, damit der Arbeits- und Gesundheitsschutz bereits in der Planung berücksichtigt wird. Dies korrespondiert mit den Bestimmungen u. a. in § 4 Nr. 3 ArbSchG, § 3 ArbStättV und §§ 3, 4 BetrSichV, die auch den Gedanken in sich tragen, bereits beim Einrichten einer Arbeitsstätte und bei der Planung und Beschaffung von Arbeitsmitteln die Gefährdungen zu untersuchen und diese gegebenenfalls mit Maßnahmen zu verhindern bzw. abzumildern.

35 Fitting BetrVG § 90 Rn. 1 ff.
36 BAG 11. 12. 1991 – 7 ABR 16/91.

10. Sonstige für Rechte des Betriebsrats

Obwohl in anderen Normen des Betriebsverfassungsgesetzes der Arbeits- und Gesundheitsschutz nicht unmittelbar vorkommt, sind auch andere Rechte aus dem BetrVG betroffen. Das heißt, die Betriebsparteien müssen den Arbeits- und Gesundheitsschutz auch dabei mit berücksichtigen oder sogar als Vorfrage in der Planung- und Beratungsphase als Bedingung der Einigung bzw. der Zustimmung behandeln.

a) Arbeitszeit, § 87 Abs. 1 Nr. 2 und Nr. 3 BetrVG

Da in § 5 ArbSchG die Arbeitszeit als Belastungsfaktor erwähnt wird, ist es unstrittig, dass alle Fragen im Zusammenhang mit der Arbeitszeit auch den Arbeits- und Gesundheitsschutz berühren. Bevor also die Betriebsparteien bestimmte Arbeitszeiten durch eine Betriebsvereinbarung einführen, müssen sie geprüft haben, ob diese Arbeitszeiten zu höheren gesundheitlichen Belastungen führen und eine Gesundheitsgefährdung darstellen. Dies betrifft insbesondere Arbeitszeiten, die zu ungewöhnlichen Tageszeiten geleistet werden müssen. So muss jedes Schichtzeitensystem, insbesondere wenn damit eine Nacht- und Schichtarbeit verbundenen ist, auf die gesundheitlichen Auswirkungen durch eine vorherige Gefährdungsbeurteilung untersucht werden. Die Ergebnisse müssen sich in der Schichtgestaltung niederschlagen. Dabei sind bereits bestehende wissenschaftliche Erkenntnisse hinzuziehen. Aber auch die im Rahmen von Mehrarbeit erfolgende Ausdehnung der Arbeitszeiten auf das Wochenende oder über den normalen 8-Stundentag hinaus, stellen gesundheitliche Belastungen dar. Da das Arbeitszeitgesetz den Zweck des Gesundheitsschutzes verfolgt, sind die dort enthaltenen Aussagen und Begrenzungen auf alle Fälle einzuhalten und durch Ergebnisse der Gefährdungsbeurteilung zu ergänzen.

b) Einführung technischer Einrichtungen, § 87 Abs. 1 Nr. 6 BetrVG

Durch die Einführung von neuen technischen Einrichtungen können belastende Auswirkungen auf die Gesundheit der Arbeitnehmer entstehen. Insofern sind im Anhang Ziffer 6 zur ArbStättV Maßnahmen zur Gestaltung von Bildschirmarbeitsplätzen geregelt. Aber nicht nur diese dort niedergelegten Anforderungen an die Bildschirmarbeitsplätze, die bereits in der Planung berücksichtigt werden müssen, können die Gesundheit der Arbeitnehmer berühren. Vielmehr müssen in der Phase der Planung durch eine Gefährdungsbeurteilung nach der BetrSichV, da es sich ja um ein Arbeitsmittel handelt, die Belastungen ermittelt werden. Neben den klassischen Belastungen durch den Bildschirmarbeitsplatz sind die Auswirkungen, die durch die Veränderungen der Arbeitsabläufe, der

Arbeitsinhalte und der Qualifikationsanforderungen entstehen, im Rahmen einer Gefährdungsbeurteilung zu untersuchen und entsprechende Arbeits- und Gesundheitsschutzmaßnahmen abzuleiten.

c) Entlohnungsgrundsätze, § 87 Abs. 1 Nr. 10 und Nr. 11 BetrVG

Manche Entlohnungssysteme regeln den Verdienst der Arbeitnehmer über variable Vergütungsanteile, die an die Leistungen und/oder das Verhalten der Arbeitnehmer gekoppelt sind. So ist in Akkord- und Prämiensystemen ein bestimmter Verdienstanteil unmittelbar an die Erbringung der konkreten Arbeitsleistung geknüpft. Sind jedoch die Leistungsvorgaben nicht richtig bestimmt und haben diese Leistungsvorgaben nicht die belastenden Auswirkungen anderer Arbeitsbedingungen berücksichtigt, können auch die materiellen Leistungsvorgaben eine nicht hinzunehmende Gesundheitsgefährdung darstellen. Gleiches gilt in Entgeltsystemen, die zwar als Maßstab nicht die unmittelbar zu erbringende Arbeitsleistung zum Gegenstand haben, aber andere Kennzahlen, die nicht immer von beeinflussbaren Faktoren abhängen, wie z. B. die Umsatzprovision verbunden mit Zielvereinbarungen. Auch derartige Provisions- oder Bonusvergütungssysteme sind in den Gefährdungsbeurteilungen einzubeziehen. Werden Belastungen ermittelt, müssen die entsprechenden Vergütungssysteme überprüft und eventuell verändert werden.

d) Betriebliche Berufsbildung, §§ 96 ff BetrVG

In § 5 Abs. 3 Ziffer 5 ArbSchG ist die unzureichende Qualifikation als ein Gefährdungs- bzw. Belastungsmerkmal benannt. Erhalten Arbeitnehmer neue Arbeitsaufgaben oder werden sie mit neuen technischen Einrichtungen oder anderen neuen Arbeitsmitteln konfrontiert, für die sie nicht ausreichend qualifiziert oder eingewiesen wurden, können daraus Belastungen entstehen. Ebenso, wenn durch Veränderung der Arbeitsinhalte oder Arbeitsabläufe oder der Arbeitsorganisation eine Unterforderung entsteht, weil die vorhandene Qualifikation des Arbeitnehmers nicht mehr abgerufen wird. In beiden Fällen müssen derartige Belastungen durch eine Gefährdungsbeurteilung ermittelt werden und bei den Beratungen im Rahmen der Rechte nach § 90 BetrVG berücksichtigt werden. § 97 Abs. 2 BetrVG verleiht dem Betriebsrat ein als Initiativrecht ausgestaltetes Mitbestimmungsrecht, mit dem er auch die Ein- und Durchführung von betrieblichen Berufsbildungsmaßnahmen erzwingen, also über die Einigungsstelle durchsetzen kann.[37] Voraussetzung der Mitbestimmung nach § 97 Abs. 2 BetrVG ist ein konkret drohender Qualifizierungsverlust des betroffenen Arbeitnehmers.

37 Fitting BetrVG § 97 Rn. 20ff.

Dieser tritt ein, wenn eine Maßnahme des Arbeitgebers zur Veränderung der Tätigkeiten der betroffenen Arbeitnehmer führt und ihre beruflichen Kenntnisse und Fähigkeiten nicht mehr ausreichen, um ihre Aufgaben erfüllen zu können.[38] Somit hat der Betriebsrat neben dem Ansatz aus § 87 Abs. 1 Nr. 7 auch die Rechte aus § 97 Abs. 2 BetrVG, um eine betriebliche Berufsbildungsmaßnahme als Arbeits- und Gesundheitsschutzmaßnahme durchzusetzen.

e) Betriebsänderungen, §§ 111, 112 BetrVG

Im Rahmen einer Betriebsänderung können sich die Arbeitsbedingungen und Arbeitsbelastungen der Arbeitnehmer verändern. Betriebsänderungen in Form von Personalreduzierungen, Zusammenlegung von Tätigkeitsbereichen, Änderung der Betriebsorganisation, Auslagerung und Abspaltung von Betriebsteilen oder Betriebsverlegungen können für die betroffenen Arbeitnehmer Belastungen verursachen, z. B. erhöhter Arbeitsdruck, Veränderungen der Tätigkeiten und der erforderlichen Qualifikationen. Damit im Zusammenhang mit einer Betriebsänderung keine neuen Gesundheitsgefahren oder Gesundheitsgefährdungen entstehen, müssten die Betriebsparteien eine vorausschauende Gefährdungsbeurteilung vor Durchführung der Betriebsänderungen durchführen. Somit hätten sie eine Grundlage für die Verhandlungen für den Abschluss eines Interessenausgleichs und Sozialplans, um alle entstehenden – nicht nur die materiellen Nachteile – auszugleichen.

f) Personalplanung, § 92 BetrVG

Zur Personalplanung gehören auch die Personalbedarfsplanung und Personalentwicklungsplanung. Zum Personalbedarf gehört u. a. die Fragestellung, welche zukünftigen Tätigkeiten in welchem Umfang mit wie viel Personal und welcher Qualifikation erledigt werden sollen. Plant der Arbeitgeber mit zu wenig Personal, obwohl sich das Arbeitsvolumen nicht verändert hat, kann daraus eine Belastung entstehen. Der Arbeitgeber hat mit dem Betriebsrat über Art und Umfang der erforderlichen Maßnahmen und über die Vermeidung von Härten zu beraten. In diesem Zusammenhang müssen auch die Gefährdungspotentiale durch Überlastung der Arbeitnehmer erörtert und die erforderlichen Maßnahmen zwischen den Betriebsparteien beraten werden. Um die Gefährdungen beurteilen zu können, müssen sie durch eine Gefährdungsbeurteilung ermittelt werden. Somit wird die Gefährdungsbeurteilung zum Teil der Personalplanung.

---

38 ErfK/Kania BetrVG § 97 Rn. 6–8.

Betriebssicherheit

I. Einführung

Die Betriebssicherheit ist ein Begriff aus dem technischen Arbeitsschutz und meint Arbeitsschutzanforderungen, die für die Benutzung von Arbeitsmitteln und für den Betrieb überwachungsbedürftiger Anlagen gelten. Geregelt werden diese Anforderungen in der Betriebssicherheitsverordnung (BetrSichV). Die BetrSichV beinhaltet ein umfassendes Schutzkonzept, das auf alle von Arbeitsmitteln ausgehenden Gefährdungen anwendbar ist.
Grundbausteine sind:

- eine einheitliche Gefährdungsbeurteilung für die Bereitstellung und Benutzung von Arbeitsmitteln,
- eine einheitliche sicherheitstechnische Bewertung für den Betrieb überwachungsbedürftiger Anlagen,
- der Stand der Technik als wesentlicher Sicherheitsmaßstab sowie
- Mindestanforderungen für die Beschaffenheit von Arbeitsmitteln, soweit sie nicht bereits anderweitig geregelt sind.[1]

II. Einzeldarstellung

1. Ziel der BetrSichV

Allgemeines Ziel der BetrSichV ist es, die Sicherheit und den Schutz der Gesundheit von Beschäftigten bei der Verwendung von Arbeitsmitteln zu gewährleisten. Die allgemeinen Pflichten des Arbeitgebers und die Pflichten und Rechte der Beschäftigten nach dem Arbeitsschutzgesetz sind entsprechend der Zielsetzung gemäß § 1 Abs. 1 BetrSichV in Bezug auf die Verwendung von Arbeitsmitteln

1 *www.bmas.de/DE/Themen/Arbeitsschutz/Technischer-Arbeitsschutz/anlagen-und-betriebssicherheit.html*

umzusetzen.[2] Die BetrSichV gilt für die Bereitstellung von Arbeitsmitteln durch den Arbeitgeber sowie für die Benutzung von Arbeitsmitteln durch Beschäftigte.[3]

2. Begriffsbestimmungen im Zusammenhang mit der Betriebssicherheit

In § 2 der BetrSichV finden sich für den Bereich Betriebssicherheit Begriffsbestimmungen. Danach sind **Arbeitsmittel** Werkzeuge, Geräte, Maschinen oder Anlagen, die für die Arbeit verwendet werden, sowie überwachungsbedürftige Anlagen.
Die **Verwendung von Arbeitsmitteln** umfasst jegliche Tätigkeit mit diesen. Hierzu gehören insbesondere das Montieren und Installieren, Bedienen, An- oder Abschalten oder Einstellen, Gebrauchen, Betreiben, Instandhalten, Reinigen, Prüfen, Umbauen, Erproben, Demontieren, Transportieren und Überwachen.
Arbeitgeber ist, wer nach § 2 Abs. 3 ArbSchG als solcher bestimmt ist. Dem Arbeitgeber steht gleich, wer, ohne Arbeitgeber zu sein, zu gewerblichen oder wirtschaftlichen Zwecken eine überwachungsbedürftige Anlage verwendet, sowie der Auftraggeber und der Zwischenmeister im Sinne des Heimarbeitsgesetzes.
Beschäftigte sind Personen, die nach § 2 Abs. 2 ArbSchG als solche bestimmt sind. Den Beschäftigten gleichgestellt sind Schülerinnen und Schüler sowie Studierende, in Heimarbeit Beschäftigte nach § 1 Absatz 1 des Heimarbeitsgesetzes sowie sonstige Personen, insbesondere Personen, die in wissenschaftlichen Einrichtungen tätig sind, sofern sie Arbeitsmittel verwenden.
Fachkundig ist, wer zur Ausübung einer in dieser Verordnung bestimmten Aufgabe über die erforderlichen Fachkenntnisse verfügt. Die Anforderungen an die Fachkunde sind abhängig von der jeweiligen Art der Aufgabe. Zu den Anforderungen zählen eine entsprechende Berufsausbildung, Berufserfahrung oder eine zeitnah ausgeübte entsprechende berufliche Tätigkeit. Die Fachkenntnisse sind durch Teilnahme an Schulungen auf aktuellem Stand zu halten.
Zur Prüfung befähigte Person ist eine Person, die durch ihre Berufsausbildung, ihre Berufserfahrung und ihre zeitnahe berufliche Tätigkeit über die erforderlichen Kenntnisse zur Prüfung von Arbeitsmitteln verfügt. Soweit hinsichtlich der Prüfung von Arbeitsmitteln in den Anhängen 2 und 3 der BetrSichV weitergehende Anforderungen festgelegt sind, sind diese zu erfüllen.
Instandhaltung ist die Gesamtheit aller Maßnahmen zur Erhaltung des sicheren Zustands oder der Rückführung in diesen. Instandhaltung umfasst insbesondere Inspektion, Wartung und Instandsetzung.

2 Pieper, ArbSchR, Vor § 1 BetrSichV.
3 Kollmer/Klindt/Schucht, Systematische Darstellungen BetrSichV, Rn. 91.

Prüfung ist die Ermittlung des Istzustands, der Vergleich des Istzustands mit dem Sollzustand sowie die Bewertung der Abweichung des Istzustands vom Sollzustand.
Prüfpflichtige Änderung ist jede Maßnahme, durch welche die Sicherheit eines Arbeitsmittels beeinflusst wird. Auch Instandsetzungsarbeiten können solche Maßnahmen sein.
Stand der Technik ist der Entwicklungsstand fortschrittlicher Verfahren, Einrichtungen oder Betriebsweisen, der die praktische Eignung einer Maßnahme oder Vorgehensweise zum Schutz der Gesundheit und zur Sicherheit der Beschäftigten oder anderer Personen gesichert erscheinen lässt. Bei der Bestimmung des Stands der Technik sind insbesondere vergleichbare Verfahren, Einrichtungen oder Betriebsweisen heranzuziehen, die mit Erfolg in der Praxis erprobt worden sind.
Gefahrenbereich ist der Bereich innerhalb oder im Umkreis eines Arbeitsmittels, in dem die Sicherheit oder die Gesundheit von Beschäftigten und anderen Personen durch die Verwendung des Arbeitsmittels gefährdet ist.
Errichtung umfasst die Montage und Installation am Verwendungsort.
Überwachungsbedürftige Anlagen sind Anlagen nach § 2 Nr. 30 Satz 1 Produktsicherheitsgesetz, soweit sie nach der BetrSichV in Anhang 2 genannt oder nach § 18 Abs. 1 BetrSichV erlaubnispflichtig sind. Zu den überwachungsbedürftigen Anlagen gehören auch Mess-, Steuer- und Regeleinrichtungen, die dem sicheren Betrieb dieser überwachungsbedürftigen Anlagen dienen.

3. Gefährdungsbeurteilung

Der Arbeitgeber hat vor der Verwendung von Arbeitsmitteln die auftretenden Gefährdungen zu beurteilen (Gefährdungsbeurteilung) und daraus notwendige und geeignete Schutzmaßnahmen abzuleiten.[4] Das Vorhandensein einer CE Kennzeichnung am Arbeitsmittel entbindet nicht von der Pflicht zur Durchführung einer Gefährdungsbeurteilung (§ 3 Abs. 1 BetrSichV). Durch die BetrSichV wird die Verpflichtung des Arbeitgebers konkretisiert, nach dem Arbeitsschutzgesetz (§ 5) eine Gefährdungsbeurteilung durchzuführen. Der Arbeitgeber hat dabei die Gefährdungen zu berücksichtigen, die mit der Benutzung des Arbeitsmittels selbst verbunden sind und die am Arbeitsplatz durch Wechselwirkungen der Arbeitsmittel untereinander oder mit Arbeitsstoffen oder der Arbeitsumgebung hervorgerufen werden, insbesondere aber auch psychische Belastungen. Das bedeutet, dass die lokalen Besonderheiten des Betriebes und der Arbeitsmittel zu berücksichtigen sind. Für Arbeitsmittel sind bereits vor ihrer Einführung

4 Kollmer/Klindt/Schucht, Systematische Darstellungen BetrSichV, Rn. 91.

die erforderlichen Prüfungen vorzunehmen.[5] In bestimmten Fällen wird sich eine Überschneidung mit den Anforderungen an eine Gefährdungsbeurteilung aus anderen Rechtsvorschriften (insbesondere der ArbStättV) ergeben. Dies ist jedoch unschädlich, da es nur eine Gefährdungsbeurteilung nach dem Arbeitsschutzgesetz gibt und es sich bei den Anforderungen in den Einzelverordnungen nur um Konkretisierungen zu bestimmten Aspekten handelt. Am Ende muss der Arbeitgeber sichergestellt haben, dass er keine mögliche Gefährdung von Beschäftigten übersehen hat. Welche Grundlage er im Einzelfall zur Beurteilung herangezogen hat, ist insofern nachrangig.[6]

§ 3 Abs. 3 BetrSichV bestimmt, dass der Arbeitgeber für die Gefährdungsbeurteilung fachkundige Personen einsetzen muss, wenn er selbst nicht fachkundig ist. Fachkundige Personen können insbesondere der Betriebsarzt und die Fachkraft für Arbeitssicherheit sein.

4. Prüfungen

Ein Kernelement für den sicheren Betrieb von Arbeitsmitteln sind Prüfungen. Der Arbeitgeber hat Art und Umfang sowie Prüffristen für erforderliche Prüfungen der Arbeitsmittel festzulegen. Anhang 3 der BetrSichV trifft besondere Regelungen zur Prüfung bestimmter Arbeitsmittel.

5. Grundpflichten des Arbeitgebers

Arbeitsmittel dürfen erst verwendet werden, nachdem der Arbeitgeber eine Gefährdungsbeurteilung durchgeführt, die dabei ermittelten Schutzmaßnahmen nach dem Stand der Technik getroffen und festgestellt hat, dass die Verwendung der Arbeitsmittel nach dem Stand der Technik sicher ist (§ 4 BetrSichV). Gemäß § 4 Abs. 2 BetrSichV gilt das sogenannte **TOP-Prinzip**: Ergibt sich aus der Gefährdungsbeurteilung, dass Gefährdungen durch technische Schutzmaßnahmen nach dem Stand der Technik nicht oder nur unzureichend vermieden werden können, hat der Arbeitgeber geeignete organisatorische und personenbezogene Schutzmaßnahmen zu treffen. Technische Schutzmaßnahmen haben Vorrang vor organisatorischen Schutzmaßnahmen, diese haben wiederum Vorrang vor personenbezogenen Schutzmaßnahmen. Die Verwendung → **persönlicher Schutzausrüstung** ist für jeden Beschäftigten auf das erforderliche Minimum zu beschränken.

Bei der Festlegung der Schutzmaßnahmen hat der Arbeitgeber die Bestimmungen der BetrSichV einzuhalten und die vom Ausschuss für Betriebssicherheit

5 aaO.

6 Kollmer/Klindt/Schucht-Wink, § 3 BetrSichV, Rn. 2.

(ABS) erstellten technischen Regeln für Betriebssicherheit (TRBS) und Erkenntnisse zu berücksichtigen. Die Einhaltung einer TRBS löst eine Vermutungswirkung aus, dass diejenigen Vorschriften der Verordnung eingehalten sind, die von der jeweiligen TRBS konkretisiert werden.[7] Es ist jedoch für den betreffenden Arbeitgeber nicht zwingend, diese TRBS einzuhalten. Der Arbeitgeber kann auch andere, ebenso wirksame Maßnahmen treffen. Jedoch müssen diese nachweislich wirksam sein und in der Gefährdungsbeurteilung dokumentiert werden.
Der Arbeitgeber hat die Wirksamkeit der Schutzmaßnahmen vor der erstmaligen Verwendung der Arbeitsmittel zu überprüfen, § 4 Abs. 5 BetrSichV.
Der Arbeitgeber muss die Belange des Arbeitsschutzes in Bezug auf die Verwendung von Arbeitsmitteln angemessen in seine betriebliche Organisation einbinden und hierfür die erforderlichen personellen, finanziellen und organisatorischen Voraussetzungen schaffen, § 4 Abs. 6 BetrSichV.

6. Anforderungen an Arbeitsmittel

Der Arbeitgeber darf nur solche Arbeitsmittel zur Verfügung stellen und von den Beschäftigten verwenden lassen, die unter Berücksichtigung der vorgesehenen Einsatzbedingungen bei der bestimmten Verwendung sicher sind. Die Arbeitsmittel müssen für die Art der auszuführenden Arbeiten geeignet, den gegebenen Einsatzbedingungen und den vorhersehbaren Beanspruchungen angepasst sein und über die erforderlichen sicherheitsrelevanten Ausrüstungen verfügen, sodass eine Gefährdung durch ihre Verwendung so gering wie möglich gehalten wird.
Kann durch diese Maßnahmen die Sicherheit und Gesundheit der Beschäftigten nicht gewährleistet werden, so hat der Arbeitgeber andere geeignete Schutzmaßnahmen zu treffen, um die Gefährdung so weit wie möglich zu reduzieren.
Der Arbeitgeber darf ferner Arbeitsmittel nicht zur Verfügung stellen und verwenden lassen, wenn sie Mängel aufweisen, welche die sichere Verwendung beeinträchtigen.
Ferner hat der Arbeitgeber dafür Sorge zu tragen, dass seine Beschäftigten nur die Arbeitsmittel verwenden, die er ihnen zur Verfügung gestellt oder deren Verwendung er ihnen ausdrücklich gestattet hat, § 5 BetrSichV.

7. Grundlegende und spezielle Schutzmaßnahmen bei der Verwendung von Arbeitsmitteln

Bei der Nutzung der Arbeitsmittel sind gemäß § 6 Abs. 1 BetrSichV die Grundsätze einer menschengerechten Gestaltung der Arbeit umzusetzen:

---

7 Kollmer/Klindt/Schucht-Wink, § 4 BetrSichV, Rn. 3.

- die Arbeitsmittel einschließlich ihrer Schnittstelle zum Menschen müssen an die körperlichen Eigenschaften und die Kompetenz der Beschäftigten angepasst sein sowie biomechanische Belastungen bei der Verwendung vermeiden (zu berücksichtigen sind hierbei die Arbeitsumgebung, die Lage der Zugriffstellen und des Schwerpunktes des Arbeitsmittels, die erforderliche Körperhaltung, die Körperbewegung, die Entfernung zum Körper, die benötigte persönliche Schutzausrüstung sowie die psychische Belastung der Beschäftigten),
- die Beschäftigten müssen über einen ausreichenden Bewegungsfreiraum verfügen,
- es sind ein Arbeitstempo und ein Arbeitsrhythmus zu vermeiden, die zu Gefährdungen der Beschäftigten führen können,
- es sind Bedien- und Überwachungstätigkeiten zu vermeiden, die eine uneingeschränkte und dauernde Aufmerksamkeit erfordern.

Der Arbeitgeber hat dafür zu sorgen, dass die Arbeitsmittel sicher verwendet und dabei die Grundsätze der Ergonomie beachtet werden. Die Verwendung der Arbeitsmittel ist so zu gestalten und zu organisieren, dass Belastungen und Fehlbeanspruchungen, die die Gesundheit und die Sicherheit der Beschäftigten gefährden können, vermieden oder, wenn dies nicht möglich ist, auf ein Mindestmaß reduziert werden. Der Arbeitgeber hat darauf zu achten, dass die Beschäftigten in der Lage sind, die Arbeitsmittel zu verwenden, ohne sich oder andere Person zu gefährden, § 6 BetrSichV.

Je nach betrieblicher Gefährdungsbeurteilung können für verschiedene Arbeitsmittel unterschiedliche Vorgehensweisen hinsichtlich der gesetzlich geforderten Schutzmaßnahmen bei der Verwendung bestimmend sein. Gemäß § 7 BetrSichV ist die sogenannte »vereinfachte Vorgehensweise« bei der Verwendung von bestimmten Arbeitsmitteln geregelt, in den §§ 8 und 9 sind hingegen weitere Schutzmaßnahmen je nach Gefährdungsbeurteilung und Arbeitsmittel geregelt.

8. Instandhaltung und Änderung von Arbeitsmitteln

Der Arbeitgeber hat Instandhaltungsmaßnahmen zu treffen, damit die Arbeitsmittel während der gesamten Verwendungsdauer den für sie geltenden Sicherheits- und Gesundheitsschutzanforderungen entsprechen und in einem sicheren Zustand erhalten werden, § 10 BetrSichV.

9. Unterweisung

§ 12 BetrSichV konkretisiert die allgemeine Unterweisungspflicht des Arbeitgebers aus § 12 Arbeitsschutzgesetz, zugeschnitten auf die Verwendung von Ar-

beitsmitteln. Die Unterweisung umfasst Anweisungen und Erläuterungen, die eigens auf den Arbeitsplatz oder den Aufgabenbereich der Beschäftigten ausgerichtet sind.[8] Auch in Bezug auf die Verwendung von Arbeitsmitteln hat die Unterweisung ihre Grundlage zwingend in der Gefährdungsbeurteilung gemäß § 3 BetrSichV. Die Unterweisung hat vor Aufnahme der Tätigkeit zu erfolgen. Sie muss in konkretem Bezug zur Tätigkeit und auf Basis der Informationen § 12 Abs. 1 BetrSichV geschehen und muss regelmäßig, mindestens einmal jährlich, wiederholt werden. Die Unterweisung ist zu dokumentieren unter Verwendung des Datums und des Namens der unterwiesenen Beschäftigten.
Gemäß § 12 Abs. 2 BetrSichV hat der Arbeitgeber den Beschäftigten eine schriftliche Betriebsanweisung für die Verwendung des Arbeitsmittels zur Verfügung zu stellen, und zwar vor dessen erstmaliger Verwendung. Ausnahmen gelten für sog. »einfache Arbeitsmittel«.
Unterweisung und Betriebsanweisung müssen in einer für den Beschäftigten verständlichen Form und Sprache abgefasst sein. Betriebsanweisung oder ggf. Gebrauchsanleitung müssen den Beschäftigten an geeigneter Stelle zur Verfügung stehen (§ 12 Abs. 2 Satz 4 BetrSichV).
Wie stets im Arbeitsschutz gilt auch hier, dass bei sicherheitsrelevanten Änderungen Betriebsanweisungen und Unterweisungen aktualisiert werden müssen.

10. Prüfung von Arbeitsmitteln

Der Arbeitgeber hat Arbeitsmittel, deren Sicherheit von den Montagebedingungen abhängt, vor der erstmaligen Verwendung von einer zur Prüfung befähigten Person prüfen zu lassen.
Für überwachungsbedürftige Anlagen regelt die BetrSichV ab § 15 gesonderte Prüfvorschriften und -modalitäten.

11. Ausschuss für Betriebssicherheit

Vom Bundesministerium für Arbeit und Soziales wird ein Ausschuss für Betriebssicherheit gebildet (§ 21 BetrSichV). Zu den Aufgaben des Ausschusses gehört es, zu ermitteln, wie die in der BetrSichV gestellten Anforderung erfüllt werden können, und dazu die dem jeweiligen Stand der Technik und der Arbeitsmedizin entsprechenden Regeln und Erkenntnisse zu erarbeiten.

8 Pieper, ArbSchR, § 12 Rn. 1.

12. Ordnungswidrigkeiten und Straftaten

Die BetrSichV regelt eigene Ordnungswidrigkeiten- und Straftatbestände. Ordnungswidrig handelt beispielsweise, wer als Arbeitgeber vorsätzlich oder fahrlässig entgegen § 3 Abs. 1 Satz 1 BetrSichV eine Gefährdung nicht, nicht richtig oder nicht rechtzeitig beurteilt.

III. Hinweise für die Mitbestimmung

Der Betriebsrat hat gemäß § 80 Abs. 1 BetrVG darüber zu wachen, dass die zugunsten der Arbeitnehmer geltenden Gesetze, Verordnungen, Unfallverhütungsvorschriften, Tarifverträge und Betriebsvereinbarungen durchgeführt werden. Somit gehört die BetrSichV zu den zu überwachenden Normen. Der Betriebsrat kann, falls der Arbeitgeber die BetrSichV nicht einhält, zunächst betriebsintern den Arbeitgeber möglichst schriftlich auf seine konkreten Pflichten und die von ihm unterlassenden Handlungen hinweisen. Gleichzeitig sollte dem Arbeitgeber aufgezeigt werden, welche Handlungen er vorzunehmen hat und es sollte dafür eine Frist gesetzt werden. Hält der Arbeitgeber die Umsetzungsfrist nicht ein, könnte der Betriebsrat sich an die Aufsichtsbehörde wenden und diese auffordern, im Rahmen der Aufsicht entsprechende Anordnungen/Auflagen gegenüber den Arbeitgeber treffen.
Grundsätzlich hat der Betriebsrat für Regelungen im Arbeitsschutz ein Mitbestimmungsrecht gemäß § 87 Abs. 1 Nr. 7 BetrVG. Nach der Rechtsprechung des Bundesarbeitsgerichts hat der Betriebsrat bei betrieblichen Regelungen und Maßnahmen über den Gesundheitsschutz mitzubestimmen, die der Arbeitgeber zwar aufgrund einer öffentlich-rechtlichen Rahmenvorschrift zu treffen hat, bei deren Gestaltung ihm aber Handlungsspielräume verbleiben. Mitzubestimmen hat der Betriebsrat bei der Ausfüllung dieses Spielraums. Dadurch soll im Interesse der betroffenen Arbeitnehmer eine möglichst effiziente Umsetzung des gesetzlichen Arbeitsschutzes im Betrieb erreicht werden. Das Mitbestimmungsrecht setzt ein, wenn eine gesetzliche Handlungspflicht objektiv besteht und wegen Fehlens einer zwingenden Vorgabe eine betriebliche Regelung verlangt wird, um das vom Gesetz vorgegebene Ziel des Arbeitsschutzes und Gesundheitsschutzes zu erreichen. Ob die Rahmenvorschrift dem Gesundheitsschutz mittelbar oder unmittelbar dient, ist unerheblich. Keine Rolle spielt auch, welchen Weg oder welche Mittel die dem Gesundheitsschutz dienende Rahmenvorschrift vorsieht.[9]

9 LAG SH 1.10.2013 – 1 TaBV 33/13; BAG 8.6.2004 – 1 ABR 13/03.

Gemäß § 3 Abs. 3 BetrSichV soll die Gefährdungsbeurteilung bereits vor der Auswahl und der Beschaffung der Arbeitsmittel begonnen werden. Dies verlagert die Mitbestimmung des Betriebsrats an dieser Stelle zeitlich nach vorne.[10]
Der Betriebsrat kann schon vor der Auswahl und der Beschaffung der Arbeitsmittel eine Mitbestimmung einfordern. Bei § 3 Abs. 3 BetrSichV handelt es sich um eine ausfüllungsbedürftige Rahmenvorschrift. Unterlässt der Arbeitgeber vor der Einführung von neuen Arbeitsmitteln die Durchführung einer Gefährdungsbeurteilung im Rahmen der Planungsphase, so könnte der Betriebsrat im Rahmen eines Beschlussverfahrens (ggfs. mittels einer einstweiligen Verfügung) die Unterlassung der Einführung der Arbeitsmittel und die Durchführung der vorherigen Gefährdungsbeurteilung arbeitsgerichtlich durchsetzen.
Die Ausgestaltung des Verfahrens zur Ermittlung der Gefährdung über den Einzelarbeitsplatz hinaus unterliegt der Mitbestimmung des Betriebsrats, weil die BetrSichV trotz der dort bestimmten Anforderungen die Gefährdungsbeurteilung nicht selbst im Einzelnen regelt, sondern dem Arbeitgeber mehrere Möglichkeiten belässt, wie die Gefährdungsbeurteilung in seinem Betrieb vorgenommen werden soll.[11] Insbesondere müssen auch psychische Belastungen festgestellt werden, die sich aus der Verwendung der Arbeitsmittel ergeben können. Die Methoden der Feststellung sind mit dem Betriebsrat im Rahmen der Mitbestimmung festzulegen.[12]
Bei der Nutzung der Arbeitsmittel sind gemäß § 6 Abs. 1 BetrSichV die Grundsätze einer menschengerechten Gestaltung der Arbeit umzusetzen. Die Regeln sind nicht auf den Einzelfall zugeschnitten, sondern müssen mit Blick auf die tatsächlichen Arbeitsplätze betrieblich ausgestaltet werden. Daher liegt auch hier eine Rahmenvorschrift zum Gesundheitsschutz vor.
Die Regelung der Unterweisung der Beschäftigten gemäß § 12 BetrSichV unterliegt in der Art und Weise ihrer Gestaltung ebenfalls der Mitbestimmung.
Im Ergebnis gilt auch bei der für die Mitbestimmung des Betriebsrats im Rahmen der Betriebssicherheit, dass ein Mitbestimmungsrecht des Betriebsrats immer dort besteht, wo der Arbeitgeber im Arbeits- und Gesundheitsschutz einen Ermessensspielraum hat, welche Regelungen und Maßnahmen getroffen werden. Wo hingegen vom Gesetz kein Spielraum vorgesehen ist, sondern eine klare, nicht aus gestaltbare gesetzliche Anweisung ergeht, besteht auch kein Mitbestimmungsrecht.
Für den Personalrat besteht ebenfalls ein Mitbestimmungsrecht bei Maßnahmen der Arbeitssicherheit und des Gesundheitsschutzes (§ 80 Abs. 1 Nr. 16 BPersVG n. F. – § 75 Abs. 3 Nr. 11 BPersVG a. F.). Allerdings hat der Personalrat nach der

10 Kollmer/Klindt/Schucht, Systematische Darstellungen BetrSichV, Rn. 91.
11 aaO.
12 aaO.

Rechtsprechung des BVerwG kein Mitbestimmungsrecht bei der Ausgestaltung der Gefährdungsbeurteilung.
Die Mitbestimmung des Betriebsrats bei der Einführung und Anwendung von technischen Einrichtungen richtet sich nach § 87 Abs. 1 Nr. 6 BetrVG.
Gemäß § 89 BetrVG hat sich der Betriebsrat dafür einzusetzen, dass die Vorschriften über den Arbeitsschutz und die Unfallverhütung im Betrieb sowie über den betrieblichen Umweltschutz durchgeführt werden. Er hat bei der Bekämpfung von Unfall- und Gesundheitsgefahren die für den Arbeitsschutz zuständigen Behörden, die Träger der gesetzlichen Unfallversicherung und die sonstigen in Betracht kommenden Stellen durch Anregung, Beratung und Auskunft zu unterstützen. Der Arbeitgeber und die oben genannten Stellen sind verpflichtet, den Betriebsrat oder die von ihm bestimmten Mitglieder des Betriebsrats bei allen im Zusammenhang mit dem Arbeitsschutz oder der Unfallverhütung stehenden Besichtigungen und Fragen und bei Unfalluntersuchungen hinzuzuziehen. Der Arbeitgeber hat den Betriebsrat auch bei allen im Zusammenhang mit dem betrieblichen Umweltschutz stehenden Besichtigungen und Fragen hinzuzuziehen und ihm unverzüglich die den Arbeitsschutz, die Unfallverhütung und den betrieblichen Umweltschutz betreffenden Auflagen und Anordnungen der zuständigen Stellen mitzuteilen. An Besprechungen des Arbeitgebers mit den Sicherheitsbeauftragten im Rahmen des § 22 Abs. 2 SGB VII nehmen vom Betriebsrat beauftragte Betriebsratsmitglieder teil. Der Betriebsrat erhält vom Arbeitgeber die Niederschriften über Untersuchungen, Besichtigungen und Besprechungen, zu denen er nach § 89 Abs. 2 und 4 BetrVG hinzuzuziehen ist.

Betriebsvereinbarung

I. Einführung

Die Betriebsvereinbarung ist das zentrale Instrument der Betriebsverfassung für die Ausübung der Mitbestimmungsrechte. Die Betriebsparteien können darüber hinaus auch nicht mitbestimmungspflichtige Angelegenheiten gemäß § 88 BetrVG in einer Betriebsvereinbarung regeln. Mitbestimmt und erzwingbar sind Betriebsvereinbarungen immer dann, wenn im BetrVG bei der fehlenden Einigung zwischen Arbeitgeber und Betriebsrat die Möglichkeit der Anrufung der Einigungsstelle gegeben ist, die dann durch einen Spruch die fehlende Einigung ersetzen kann, § 77 Abs. 6 BetrVG. Dies gilt aufgrund § 87 Abs. 2 BetrVG für den Katalog des § 87 Abs. 1 BetrVG, also auch für die Mitbestimmung beim Arbeits- und Gesundheitsschutz nach § 87 Abs. 1 Nr. 7 BetrVG. Andere durch eine Einigungsstelle erzwingbare Mitbestimmungsrechte sind in §§ 94, 95, 97 Abs. 2, 98 und § 112 BetrVG.

Alle abgeschlossenen Betriebsvereinbarungen (unabhängig davon, ob sie erzwingbar oder freiwillig sind) entfalten normative Wirkungen, d. h. sie wirken unmittelbar und zwingend auf die Arbeitsverhältnisse. Wenn Rechte der Arbeitnehmer in der Betriebsvereinbarung geregelt sind, können sie somit Rechtsgrundlage für den einklagbaren individuellen Anspruch sein. Das Gleiche gilt, wenn die Betriebsvereinbarung Rechte zwischen den Betriebsparteien regelt, z. B. wann der Arbeitgeber welche Unterlagen (z. B. Unfallstatistiken) dem Betriebsrat übergeben muss. Andere Vereinbarungsformen zwischen den Betriebsparteien, wie z. B. Regelungsabreden oder Protokollnotizen, entfalten diese normative (zwingende) Wirkung nicht. Solche anderen Vereinbarungsformen sind als Regelungsform im Bereich von Maßnahmen des Arbeits- und Gesundheitsschutzes ungeeignet. Daher ist es auf dem Gebiet der Mitbestimmung des Arbeits- und Gesundheitsschutzes wichtig, dass die in diesem Zusammenhang geregelten Maßnahmen in einer Betriebsvereinbarung geregelt werden. Die Betriebsparteien können in einer Betriebsvereinbarung auch Regeln zur betrieblichen und betriebsverfassungsrechtlichen Ordnung aufstellen. So sollte in einer

Betriebsvereinbarung zur Gefährdungsbeurteilung der zeitliche Ablauf, die einzelnen Schritte der Gefährdungsbeurteilung und die damit verbundenen Pflichten des Arbeitgebers gegenüber dem Betriebsrat geregelt werden. Schließen die Betriebsparteien außerhalb einer Einigungsstelle eine Betriebsvereinbarung einvernehmlich ab, geht das BAG von einer umfassenden Regelungskompetenz in sozialen Angelegenheiten der Betriebsparteien aus.[1] Die Regelungsmacht der Betriebsparteien wird allerdings durch höherrangiges Recht beschränkt, z. B. durch die Grundrechte oder zwingende gesetzliche Bestimmungen. So ist im Rahmen einer Betriebsvereinbarung zur Gefährdungsbeurteilung, in der es um die Beurteilung der Arbeitsbedingungen und nicht um die persönlichen Eigenschaften der Arbeitnehmer geht, darauf zu achten, dass die Persönlichkeitsrechte der Arbeitnehmer bei der Erhebung der Daten geschützt werden, also eine Individualisierung ausgeschlossen wird. Die Betriebsvereinbarung Gefährdungsbeurteilung muss also datenschutzrechtliche Regelungen beinhalten, die verhindern, dass durch die Gefährdungsbeurteilung personenbezogene Daten erhoben und verarbeitet werden. Neben der Begrenzung durch höherrangiges Recht bestehen gemäß §§ 77 Abs. 3, 87 Abs. 1 Einleitungssatz BetrVG die sogenannten Tarifsperren, d. h. die Betriebsparteien dürfen keine Inhalte regeln, die bereits in einem anwendbaren Tarifvertrag abschließend geregelt sind. Im Arbeitsschutz kommen diese Tarifsperren kaum zum Tragen, da es nur selten tarifliche Regelungen zum Arbeits- und Gesundheitsschutz gibt.

II. Einzeldarstellung

1. Abgrenzung erzwingbare und freiwillige Betriebsvereinbarung

Ob und in welchem Umfang Mitbestimmung besteht, muss entsprechend der einzelnen Normen der Betriebsverfassung bestimmt werden. Außerhalb einer Einigungsstelle können sich die Betriebsparteien in einer Betriebsvereinbarung zu Regelungen verpflichten, die im engeren Sinne außerhalb des Rahmens der Mitbestimmung liegen. So hat z. B. der Betriebsrat keine Mitbestimmung, welcher Dritte Aufgaben des Arbeits- und Gesundheitsschutzes gemäß § 13 Abs. 2 ArbSchG für den Arbeitgeber übernimmt (z. B. wer die Gefährdungsbeurteilung durchführt). Trotzdem könnten die Betriebsparteien sich in einer Betriebsvereinbarung auf einen bestimmten Dritten einigen. In einem Spruch der Einigungsstelle könnte eine derartige Einigung nicht beschlossen werden, da diese Frage nicht der Mitbestimmung unterliegt. Hingegen unterliegt der Mit-

1 BAG 26.8.1997 – 1 ABR 12/97.

bestimmung, welche Qualifikationen der Dritte erfüllen muss und nach welcher Methode und welchem Verfahren der Dritte die Gefährdungsbeurteilung durchführen muss.

In freiwilligen Betriebsvereinbarungen können Angelegenheiten geregelt werden, die nicht unter eine Mitbestimmungsnorm des BetrVG einzuordnen sind. Der Betriebsrat ist aber in diesen Angelegenheiten außerhalb der Mitbestimmung auf eine einvernehmliche Regelung angewiesen, da § 88 BetrVG keine Einigungsstelle als Konfliktlösungsinstrument vorsieht.

2. Freiwillige Betriebsvereinbarungen nach § 88 BetrVG

Nach § 88 BetrVG können in allen sozialen Angelegenheiten, die nicht in § 87 BetrVG oder in anderen Mitbestimmungsnormen festgelegt sind, freiwillige Betriebsvereinbarung zwischen den Betriebsparteien geschlossen werden. § 88 BetrVG enthält keinen abgeschlossenen Katalog, welche sozialen Angelegenheiten freiwillig geregelt werden können. Aber nach § 88 Nr. 1 BetrVG können auf alle Fälle zusätzliche Maßnahmen zur Verhütung von Arbeitsunfällen und Gesundheitsschädigungen vereinbart werden. Somit ergänzt dieses Recht aus § 88 BetrVG die sich aus § 87 Abs. 1 Nr. 7 und § 89 ergebenden Mitwirkungs- und Mitbestimmungsrechte. Geht es also um eine Regelung, die eine ausfüllungsbedürftige Rahmenvorschrift des Arbeits- und Gesundheitsschutzes betrifft, dann wird dazu keine freiwillige Betriebsvereinbarung abgeschlossen. So können Maßnahmen des Arbeits- und Gesundheitsschutzes zur Abwendung oder Milderung von vorliegenden Gesundheitsgefahren oder feststehenden Gefährdungen oder durch eine Gefährdungsbeurteilung ermittelten Gefährdungen nicht Gegenstand einer freiwilligen Betriebsvereinbarung sein, sondern unterliegen der erzwingbaren Mitbestimmung nach § 87 Abs. 1 Nr. 7 BetrVG. Für eine freiwillige Betriebsvereinbarung ist dann kein Raum. Wenn die Voraussetzungen nach § 87 Abs. 1 Nr. 7 BetrVG nicht gegeben sind, können die Betriebsparteien weitere zusätzliche Maßnahmen zur Verhütung von Arbeitsunfällen und Gesundheitsschädigungen vereinbaren, z. B. Vereinbarungen

- zur Verbesserung der Arbeitshygiene,
- zur Einrichtung einer Unfallstation,
- zur Einführung von freiwilligen Reihenuntersuchungen,[2]
- zur Durchführung von Vorsorge- und Rehabilitationsmaßnahmen,
- zur Verbesserung der Licht- und Luftverhältnisse oder
- zur Verbesserung der Schutzvorrichtungen an Maschinen.[3]

---

2 Löwisch DB 1987, 938.

3 ErfK/Kania, § 88 BetrVG, Rn. 3.

3. Erzwingbare Betriebsvereinbarung

Die erzwingbare Betriebsvereinbarung ist dadurch gekennzeichnet, dass eine Betriebspartei unabhängig vom Einigungswillen der jeweils anderen Betriebspartei in Feldern der Mitbestimmung eine Einigung bzw. eine Regelung durch Spruch einer Einigungsstelle erzwingen kann. Auch die Anrufung einer Einigungsstelle kann eine Betriebspartei nicht verhindern, da jede Betriebspartei die Einsetzung einer Einigungsstelle durch gerichtliche Bestellung gemäß § 100 ArbGG erzwingen kann. Neben der Erzwingbarkeit einer Regelung durch Spruch einer Einigungsstelle ist ein weiteres Merkmal der Mitbestimmung, dass die abgeschlossene Betriebsvereinbarung oder der Spruch der Einigungsstelle nach einer Kündigung durch eine Betriebspartei nach Ablauf der Kündigungsfrist gemäß § 76 Abs. 6 BetrVG nachwirkt. Durch die Kündigung entsteht in Bereichen der Mitbestimmung kein ungeregelter Raum, es sei denn, die mitbestimmungspflichtige Angelegenheit ist beendet und abgeschlossen oder die Betriebsparteien haben ausdrücklich vereinbart, dass es im Fall der Kündigung keine Nachwirkung gibt.

4. Abgrenzung Rahmenregelung und abschließende Regelung

Die Betriebsverfassung geht davon aus, dass die mitbestimmungspflichtigen Angelegenheiten von den Betriebsparteien bzw. durch die Einigungsstelle abschließend und vollständig geregelt werden. Alle mitbestimmungspflichtigen Fragen sind daher in einer Betriebsvereinbarung zu regeln, dies gilt insbesondere für einen Spruch der Einigungsstelle. Gibt eine Betriebsvereinbarung nur einen Rahmen vor oder legt nur ein Verfahren fest, wie es zu einer Einigung der Betriebsparteien in bestimmten Einzelfragen kommen soll, so handelt es sich um eine sogenannte Rahmenregelung, die dann als freiwillige Betriebsvereinbarung eingeordnet wird. Legen die Betriebsparteien oder eine angerufene Einigungsstelle in der Betriebsvereinbarung zur Gefährdungsbeurteilung nicht die zu untersuchenden Arbeitsplätze und Arbeitsbereiche fest, sondern überlassen sie es einer späteren Entscheidung des Arbeitgebers oder einer Einigung der Betriebsparteien, dann ist die Aufgabe, den Mitbestimmungsbereich abschließend zu regeln, nicht erfüllt. Dies wäre lediglich eine Rahmenregelung. Gleiches gilt, wenn die Betriebsparteien die Ermittlungs- und Untersuchungsmethoden der Gefährdungsbeurteilung nicht abschließend festlegen, sondern dem Arbeitgeber Wahlmöglichkeiten lassen, z. B. ob bei einer Gefährdungsbeurteilung der psychischen Belastungen nach einer Befragung noch Workshops durchgeführt werden sollen. Enthält die Betriebsvereinbarung keine konkreten Regelungen, sondern Rahmenvorgaben, dann sind die Voraussetzungen für die zu ergreifenden Handlungen (bzw. wann welche Maßnahmen ergriffen werden müssen) sehr konkret zu fassen, ansonsten bedeutet dies einen Verzicht auf Mitbestimmungsrechte.[4]

5. Kein Verzicht auf Mitbestimmung regeln

Von der Regelung von Rahmenvorgaben in einer Betriebsvereinbarung ist der direkte Verzicht auf Mitbestimmungsrechte zu unterscheiden. Ein Verzicht auf Mitbestimmungsrechte durch Abrede mit dem Arbeitgeber ist rechtswidrig. Der Betriebsrat darf nicht auf seine gesetzlichen Mitbestimmungsrechte in der Substanz verzichten. Eine Vereinbarung, mit der der Betriebsrat oder die Einigungsstelle dem Arbeitgeber im Kernbereich des Mitbestimmungstatbestands die Letztentscheidungsbefugnis überlässt, ist unwirksam.[5] Im Bereich des Arbeits- und Gesundheitsschutzes ist der Arbeitgeber zwar immer der Verantwortliche und der Durchführende, unabhängig der Übertragungsbefugnis nach § 13 ArbSchG. Trotzdem hat der Arbeitgeber bei den ausfüllungsbedürftigen Rahmenvorschriften nicht allein die entsprechenden Maßnahmen festzulegen, sondern muss die Zustimmung des Betriebsrats einholen. Er darf die betreffenden Maßnahme des Arbeits- und Gesundheitsschutzes ohne Beachtung der Mitbestimmung auch nicht durchführen.

6. Betriebsvereinbarungen müssen Rechte und Pflichten beinhalten

Da Betriebsvereinbarungen normative Wirkungen auf die Arbeitsverhältnisse entfalten, müssen sie solche Regelungen enthalten bzw. müssen die Formulierungen so gefasst werden, dass auch Rechte der Arbeitnehmer und Pflichten der Arbeitgeber sich aus dem Wortlaut der Vereinbarung ergeben. Aus Regelungen, die mehrere Möglichkeiten offenlassen, unklare und unbestimmte Begriffe beinhalten oder nur eine »Kann-Regelung« darstellen, begründen keine ableitbaren und einklagbaren Rechte der Arbeitnehmer. Gleiches gilt für Regelungen, die Rechte und Pflichten der Betriebsparteien untereinander regeln. Regelungen, aus denen nicht hervorgeht, welche Betriebspartei zu welchem Zeitpunkt welche Handlung vornehmen muss, sind nicht durchsetzbar. So muss z. B. in einer Betriebsvereinbarung zur Gefährdungsbeurteilung der psychischen Belastungen eindeutig geregelt werden, wann, in welchen Bereichen mit welcher Methode (z. B. Befragungen und Workshops) die Belastungen ermittelt werden.

---

4 BAG 8. 12. 2015 – 1 ABR 2/14.
5 BAG 26. 4. 2005 – 1 AZR 76/04.

Bundesanstalt für Arbeitsschutz und Arbeitsmedizin (BAuA)

Die Bundesanstalt für Arbeitsschutz und Arbeitsmedizin (BAuA) ist eine Bundesoberbehörde, die unmittelbar dem Bundesministerium für Arbeit und Soziales (BMAS) untersteht.[1] Sie hat die Aufgabe, das BMAS in allen Fragen von Sicherheit und Gesundheit sowie der menschengerechten Gestaltung der Arbeit interdisziplinär zu beraten und Forschungen in diese Richtung zu betreiben, zu initiieren und zu koordinieren. Sie wurde in ihrer heutigen Form mit Erlass vom Juni 1996 gegründet.

Die BAuA übernimmt gesetzliche Aufgaben im Bereich des Chemikalien- und Produktsicherheitsrechts. Zudem handelt sie als maßgebliche Forschungseinrichtung für den Arbeits- und Gesundheitsschutz in Deutschland. Das derzeitige Arbeits- und Forschungsprogramm der BAuA bezieht sich auf folgende Handlungsfelder:

- Gewährleistung anwendungssicherer Chemikalien und Produkte
- Menschengerechte Gestaltung von Arbeit im Betrieb
- Vermeidung arbeitsbedingter Erkrankungen und Förderung von Gesundheit und Arbeitsfähigkeit
- Beobachtung des Wandels der Arbeitswelt sowie Entwicklung und Anpassung der Arbeitsschutzinstrumente
- Handlungsschwerpunkt »Sicherheit und Gesundheit in der digitalen Arbeitswelt«

Insbesondere durch ihren Internetauftritt *www.baua.de* veröffentlicht die BAuA regelmäßig umfangreiche Informationen und Arbeitsmaterialien für die gesundheitsgerechte Gestaltung von Arbeit. Auf dem Internetauftritt finden sich u. a. die aktuellen Fassungen der:

- Arbeitsmedizinischen Regeln (AMR)
- → **Technischen Regeln für Arbeitsstätten** (ASR)
- Regeln zum Arbeitsschutz auf Baustellen (RAB)

---

1 Umfangreiche Informationen sind abrufbar unter: *www.baua.de.*

Unter dem Stichwort »Rechtstexte und Technische Regeln« finden sich Links zu den wichtigsten Gesetzen und Verordnungen zum Arbeitsschutz, wie z. B.

- Arbeitsschutzgesetz (ArbSchG)
- Arbeitssicherheitsgesetz (ASiG)
- Arbeitsstättenverordnung (ArbStättV)
- Verordnung zur arbeitsmedizinischen Vorsorge (ArbMedVV)
- Baustellenverordnung (BaustellV, → **Baustellensicherheit**)
- Gefahrstoffverordnung (GefStoffV)
- PSA-Benutzungsverordnung (PSA-BV, → **Persönliche Schutzausrüstung**)
- Lärm- und Vibrations-Arbeitsschutzverordnung (LärmVibrationsArbSchV, → **Vibrationen**)

Für die betriebliche Praxis sehr hilfreich sind zudem die umfangreichen Buch- und Aufsatzpublikationen der BAuA, die sich teils kostenfrei zu nahezu allen Themen des Arbeits- und Gesundheitsschutz äußern. An ihren Standorten in Dortmund, Berlin, Dresden sowie in der Außenstelle in Chemnitz finden zudem regelmäßige Informationsveranstaltungen, Workshops, Seminare und Fachtagungen statt, bei denen aktuelle arbeitswissenschaftliche Erkenntnisse insbesondere auch an die betrieblichen Akteure des Arbeitsschutzes vermittelt werden.

Büro- und Bildschirmarbeitsplatz

I. Einführung

Betriebs- und Personalrat beschäftigen sich regelmäßig mit Fragen über die Gestaltung von Büro- und Bildschirmarbeitsplätzen. Schreibtisch, Computer, Tastatur und Maus sind für viele Arbeitnehmer und Beamte aus dem Arbeitsalltag nicht mehr wegzudenken. Auch wenn Büroarbeit für die Beschäftigten deutlich weniger Gefahren im Vergleich zu körperlich belastenden Berufen birgt, sind Muskel-Skelett-Erkrankungen und eine verstärkte Augenbeanspruchung, aber auch steigende psychische Beschwerden ein häufiges Problem.
In 2016 wurden die Regeln zu Bildschirmarbeitsplätzen in die Arbeitsstättenverordnung integriert.[1] Ausgehend von den ergonomischen Anforderungen an den Arbeitsplatz formuliert § 3 Abs. 1 ArbStättV iVm. Ziff. 6 des Anhangs umfangreiche Vorgaben zu der gesundheitsgerechten Gestaltung eines solchen Arbeitsplatzes.[2]

II. Einzeldarstellung

1. Ergonomische Arbeitsplatzgestaltung

Die gesetzlichen Anforderungen nach §§ 3, 4 ArbSchG an die Gestaltung eines Büro- und Bildschirmarbeitsplatzes werden insbesondere durch § 3 Abs. 1 ArbStättV iVm. Ziff. 6 des Anhangs konkretisiert. Auf dieser Grundlage finden sich gerade in den → **Technischen Regeln für Arbeitsstätten** (ASR) ebenso wie in den DGUV-Informationen 215-410[3] der → **Deutschen Gesetzlichen Unfall-**

---

1 Kollmer/Wiebauer/Schucht-*Wiebauer*, § 2 ArbStättV, Rn. 55.

2 Umfassend hierzu: Thüsing, Ergonomie im Spannungsfeld von Arbeits-, Daten- und Diskriminierungsschutz, abrufbar unter *https://www.baua.de/DE/Angebote/Publikationen/Berichte/Gd77.pdf?__blob=publicationFile&v=1.*

3 Abrufbar unter: *https://publikationen.dguv.de/regelwerk/dguv-informationen/.*

versicherung noch weitere Anforderungen, insbesondere an die ergonomische Gestaltung von Bildschirmarbeitsplätzen.
Den Mindeststandard an die → **Ergonomie** beschreiben die allgemeinen Anforderungen nach den Ziffern 6.1 bis 6.4 des Anhangs zur ArbStättV wie folgt:

- Bildschirmausstattung und Arbeitsfläche sind entsprechend der Arbeitsaufgabe nach Größe, Anzahl und Anordnung angemessen zu gestalten. Insbesondere muss ein hinreichender Platz gegeben sein, um eine individuelle Anordnung des Bildschirms sowie der anderen Arbeitsmittel einschließlich schriftlicher Unterlagen zu ermöglichen. Die Arbeitsfläche hat dabei mindestens 1600 mm x 800 mm (Breite x Tiefe) zu betragen.
- Bei ortsfest genutzten Bildschirmgeräten haben Bildschirm und Tastatur getrennt zu sein. Die Nutzung mobiler Laptops ist daher nur über eine Dockingstation zulässig. Der Bildschirm selbst muss zudem frei und leicht dreh- und neigbar sein. Tragbare Bildschirmgeräte, wie Tablets oder Laptops dürfen ansonsten nur vorübergehend genutzt werden. Die Gestaltungskriterien für Tastaturen und andere Eingabegeräte können anhand DIN EN ISO 9241-410 »Ergonomie der Mensch-System-Interaktion – Teil 410: Gestaltungskriterien für physikalische Eingabegeräte« gewonnen werden.
- Bildschirme sind so aufzustellen, dass ihre Oberfläche frei von Reflexionen und Blendungen ist. Gleichzeitig ist eine hinreichende Beleuchtung zu gewährleisten (ASR A3.4 »Beleuchtung« → **Beleuchtung**). Arbeitstische und Arbeitsflächen müssen eine reflexionsarme Oberfläche haben.
- Bildschirmarbeit geht in den meisten Fällen mit einer sitzenden Tätigkeit einher. Die ergonomische Gestaltung von Arbeits- und Sitzflächen ist daher zur Vermeidung von Fehlhaltungen entscheidend. Dabei kommt es neben der Flächenform auch auf die Anpassbarkeit auf die individuellen Bedürfnisse hinsichtlich Höhe, Breite und Tiefe. Zudem muss eine hinreichende Bewegung im Bein- und Fußraum gegeben sein. Auf Wunsch des Beschäftigten eine Fußstütze oder ein Manuskripthalter zu beschaffen (Ziffer 6.1 Abs. 7 des Anhangs zur ArbStättV).[4]
- Einen wichtigen Maßstab für die Bewertung des jeweiligen Möbels bietet deren DIN-Zertifizierung. Hierbei ist jedoch zu beachten, dass die Zertifizierung etwa nach der DIN EN 527-1 »Büromöbel – Büro-Arbeitstische« trotz der ergonomischen Nachteile auch nur eingeschränkt höhenverstellbare Arbeitstische erfasst.[5]
- Maßgeblich ist auch die sog. Softwareergonomie.[6] Das bedeutet, dass eine möglichst weitgehende Benutzerfreundlichkeit der verwendeten Program-

4 DGUV-Information 215-410, S. 55ff.
5 DGUV-Information 215-410, S. 57.
6 Hierzu: Müller/Pankratz, CuA 9/2019, 8ff.

me gegeben sein muss. Insbesondere Text- und Grafikdarstellungen müssen scharf, deutlich und gut lesbar sein. Dazu gehört die Schriftgröße ebenso wie farbliche Gestaltung der Bildschirmdarstellung. Der Bildschirm selbst muss flimmerfrei sein und darf keine Verzerrungen aufweisen. Einen Mindeststandard hierfür bietet die DIN EN ISO 9241 »Ergonomie der Mensch-System-Interaktion«.
- Die Arbeitsmittel dürfen nicht zu einer erhöhten, gesundheitlich unzuträglichen Wärmebelastung am Arbeitsplatz führen (ASR A3.5 »Raumtemperatur«, ASR A3.6 »Lüftung« → **Raumklima**)

2. Gefährdungsbeurteilung und Unterweisung

Gerade auch bei der Einrichtung eines Bildschirmarbeitsplatzes hat der Arbeitgeber nach § 5 ArbSchG eine Gefährdungsbeurteilung durchzuführen und die Beschäftigten nach § 12 ArbSchG zu unterweisen (→ **Gefährdungsbeurteilung**). Dabei sind die möglichen Gefährdungen
- des Muskel-Skelett-Apparats aufgrund längerer Fehlhaltungen und der damit einhergehenden körperlichen Belastungen,
- wegen der Verschlechterung der Augen und des Sehvermögens durch die dauerhafte Arbeit an Bildschirmen (§ 3 Abs. 1 S. 3 ArbStättV) sowie
- aufgrund psychischer Belastungen, die mit der möglicherweise fehlenden Interaktion mit Menschen oder einer Über- bzw. Unterforderung der Betroffenen durch Fremdbestimmung, fehlendem Gestaltungsspielraum, Zeitdruck und Zerstücklung der Arbeitsaufgabe monotone Teiltätigkeiten zu beachten.

Neben der Einhaltung der beschriebenen Anforderungen an die ergonomische Arbeitsplatzgestaltung kommt daher für alle drei Gefährdungsbereiche die Möglichkeit für hinreichende Pausen eine große Bedeutung zu. Den Beschäftigten ist eine hinreichende Möglichkeit zur Unterbrechung der Bildschirmarbeit durch andere Tätigkeiten oder regelmäßige Erholungspausen zu geben (Ziffer 6.1 Abs. 2 des Anhangs zur ArbStättV).

3. Augenuntersuchung und Bildschirmarbeitsbrille

Nach Teil 4 des Anhangs zur Verordnung zur arbeitsmedizinischen Vorsorge (ArbMedVV) besteht ein Anspruch der Beschäftigten, die an einem Bildschirmarbeitsplatz tätig sind, auf eine angemessene betriebliche Untersuchung der Augen und des Sehvermögens sowie ggf. auf Zurverfügungstellung spezieller Sehhilfen im erforderlichen Umfang. Jeder Arbeitgeber ist demnach dazu verpflichtet eine arbeitsmedizinische Vorsorge anzubieten und bei entsprechender medizinischer

Indikation auch die Kosten für eine Bildschirmarbeitsplatzbrille zu tragen.[7] Hierbei handelt es sich um einen unionsrechtlich in Art. 9 der Richtlinie 90/270/EWG über die Mindestvorschriften bezüglich der Sicherheit und des Gesundheitsschutzes bei der Arbeit an Bildschirmgeräten formulierten Anspruch, der Arbeitnehmer wie Beamte einbezieht.[8] Kommt der Arbeitgeber seiner Verpflichtung nicht nach, kann der Beschäftigte die erforderlichen Kosten im Wege des Aufwendungsersatzes ersetzt verlangen.[9] Nicht von der Kostentragungspflicht erfasst sind indes die Kosten für die Untersuchung durch einen niedergelassenen Arzt eigener Wahl oder die Behandlung von Augenkrankheiten.[10]

4. Telearbeit, Homeoffice und Mobile Arbeit

Eine besondere Herausforderung bei der Gestaltung von Bildschirmarbeitsplätzen ergeben sich aus den modernen Arbeitsmethoden → **Homeoffice und Telearbeit** sowie → **Mobile Arbeit**. Auch auf diese Tätigkeiten finden die Bestimmungen des Arbeitsschutzgesetzes und der Arbeitsstättenverordnung in vollem Umfang Anwendung.[11] Die generellen Verpflichtungen des Arbeitgebers zur Arbeitsplatzgestaltung, Durchführung der Gefährdungsbeurteilung und Unterweisung nach §§ 3ff. ArbSchG erstrecken sich in diesen Fällen auch auf den häuslichen Bereich.[12] § 2 Abs. 7 ArbStättV definiert diese »fest eingerichteten Bildschirmarbeitsplätzen im Privatbereich der Beschäftigten« als Telearbeitsplätze. Entsprechend unterliegen sie also auch den strengeren Anforderungen nach §§ 3 und 6 ArbStättV sowie dem Anhang Nr. 6 zur ArbStättV.
Zudem stellen sich oftmals auch Fragen beim Unfallversicherungsschutz. → **Arbeitsunfälle** im Homeoffice unterliegen dem Grunde nach den gesetzlichen Bestimmungen zum Unfallversicherungsschutz nach § 2 Abs. 1 Nr. 1 SGB VII. Gleichwohl tritt hier aber das eigenwirtschaftliche Interesse des Beschäftigten deutlicher zu Tage, als es bei einer innerbetrieblichen Tätigkeit wäre. Daher unterlag ein Unfall beim Holen eines Getränks aus seiner Küche bislang nicht dem gesetzlichen Versicherungsschutz.[13] Tendenziell war der Unfallschutz bei mobilen Arbeiten bzw. im Homeoffice daher lange Zeit schlechter abgesichert als im betrieblichen Kontext. Dieses Defizit konnte im Einzelfall durch eine private

7 Vgl. auch DGUV-Information 250-008, Sehhilfen am Arbeitsplatz, abrufbar unter: *https://publikationen.dguv.de/widgets/pdf/download/article/543*.
8 BVerwG 4.7.2019 – 2 C 38/17.
9 ArbG Kaiserslautern 12.6.2001 – 5 Ca 316/01.
10 DGUV-Information 250-007.
11 HK-ArbSchR-*Schulze-Doll*, § 2 ArbStättV, Rn. 23; Richter, ArbRAktuell 2019, 142.
12 Richter, ArbRAktuell 2019, 143.
13 BSG 5.7.2016 – B 2 U 5/15 R; Richter, ArbRAktuell, 143f.

Unfallversicherung ausgeglichen werden.[14] Durch das »Betriebsrätemodernisierungsgesetz«[15] wurde dem § 8 Abs. 1 SGB VII aber mittlerweile der folgende Satz 2 angefügt: »*Wird die versicherte Tätigkeit im Haushalt der Versicherten oder an einem anderen Ort ausgeübt, besteht Versicherungsschutz in gleichem Umfang wie bei Ausübung der Tätigkeit auf der Unternehmensstätte.*« Damit entfällt eine Unterscheidung zwischen Wegen am Ort der Arbeitsstätte und Wegen im Homeoffice. Der Gang zur Toilette ist damit nun auch zuhause versichert, der Gang in die Küche wird wie der Weg in die Kantine behandelt. Das ist ein deutlicher Fortschritt zur bisherigen Rechtsprechung der Sozialgerichte.
Neben den Fragen einer ergonomischen Arbeitsplatzgestaltung treten nunmehr aber auch Datenschutzfragen verstärkt in den Vordergrund. Hierzu sei auf die datenschutzrechtliche Literatur verwiesen.[16]

5. Desksharing

Mit dem Ausbau neuer Technologien geht auch die Einführung neuartiger Arbeits- und Bürokonzepte einher. Dazu zählen auch Desksharing und vergleichbare Konzepte, die zu einer Auflösung des individuellen Arbeitsplatzes des Beschäftigten führen. Ziel ist es durch die Zuweisung eines (Büro-)Arbeitsplatzes an mehrere Beschäftigte, die zeitlich versetzt den Arbeitsplatz nutzen, Leerstände zu vermeiden und so Kosten zu sparen.[17] Grundsätzlich steht es dem Arbeitgeber frei, die Arbeitsabläufe auch in dieser Form zu gestalten. Mit Ausnahme der → **Persönlichen Schutzausrüstung** besteht grundsätzlich kein Anspruch des Arbeitnehmers auf Überlassung von Arbeitsmitteln zur alleinigen Nutzung.[18]
Durch den laufenden Wechsel des Nutzers stellt sich die Frage nach der individuellen, ergonomischen Anpassbarkeit der Arbeitsmittel in besonderem Maße. Bildschirm, Bürostuhl und Bürotisch müssen leicht auf die körperlichen Besonderheiten und die Arbeitsaufgabe eingestellt werden können.
Die Einführung von Desksharing stellt damit eine grundlegende Veränderung der Arbeitsbedingungen dar, die nach § 3 Abs. 1 ArbStättV und § 5 ArbSchG noch vor Aufnahme der Tätigkeit durchzuführen ist. Zumindest in dieser Hinsicht besteht auch ein Mitbestimmungsrecht des Betriebs- und Personalrats.[19]

---

14 Richter, ArbRAktuell 2019, 144.

15 Gesetz vom 14.6.2021 (BGBl. I Nr. 32 S. 1762).

16 Vgl. hierzu etwa Kort, RdA 2018, 24; Dury/Leibold, ZD-Aktuell 2020, 04405; Eder, AiB 7–8/2020, 18. Insbesondere zu den Fragen im Zusammenhang mit selbstbeschaffenen Arbeitsmaterialien:

17 Schöllmann, NZA-Beilage 2019, 85.

18 LAG Düsseldorf 9.1.2018 – 3 TaBVGa 6/17.

19 Str. hinsichtlich der Mitbestimmung über die Ordnung des Betriebs, LAG Düsseldorf, aaO.

III. Hinweise für die Mitbestimmung

Betriebs- und Personalrat haben bei der Gestaltung von Büro- und Bildschirmarbeitsplätzen unter dem Gesichtspunkt des Arbeits- und Gesundheitsschutzes verschiedene Einflussmöglichkeiten. Dazu zählt die Überwachung der Einhaltung der gesetzlichen Bestimmungen, insbesondere der ArbStättV nach § 80 Abs. 1 Nr. BetrVG bzw. § 62 BPersVG n. F. (§ 68 Abs. 1 Nr. 2 BPersVG a. F.). Im Hinblick auf die beschriebenen gesundheitlichen Auswirkungen kommt eine uneingeschränktes Mitbestimmungsrecht nach § 87 Abs. 1 Nr. 7 BetrVG bzw. § 80 Abs. 1 Nr. 4, 16 BPersVG n. F. (§ 75 Abs. 3 Nr. 11, 16 BPersVG a. F.[20])[21] in Betracht.
Von besonderer Bedeutung ist dabei die Mitbestimmung bei der → **Gefährdungsbeurteilung**. Dabei sollte die Beschäftigtenvertretung sicherstellen, dass alle erforderlichen Maßnahmen zum Schutz der Beschäftigten berücksichtigt werden. Trotz der teilweise sehr hohen Detaildichte beim technischen Arbeitsschutz eröffnen § 3 ArbStättV und § 5 ArbSchG hinreichende Gestaltungsspielräume, um die Einhaltung einer gesundheitsgerechten Arbeitsorganisation in physischer und psychischer Hinsicht zu gewährleisten. Dazu gehört namentlich auch die Regelung der Rahmenbedingungen der Arbeitsorganisation, Pausen und der regelmäßigen Gesundheitsuntersuchungen.

IV. Inhalt einer Betriebs- und Dienstvereinbarung

Im Rahmen ihrer Mitbestimmungen sind Betriebs- und Personalrat dazu berechtigt, die Gestaltung und Organisation von Büro- und Bildschirmarbeitsplätzen durch Betriebs- bzw. Dienstvereinbarung zu gestalten. Gerade im Hinblick auf die besondere Bedeutung der → **Gefährdungsbeurteilung** auch bei der Neugestaltung der Arbeitsplatzbedingungen, knüpfen entsprechende Vereinbarungen zuvorderst hieran an. Auf die Ausführungen zu diesem Stichwort sei verwiesen.
Im Nachfolgenden werden potentielle Eckpunkte für eine ergonomische Arbeitsplatzgestaltung dargestellt:[22]

- Pflicht zur ergonomischen Gestaltung des Arbeitsplatzes, insbesondere auch hinsichtlich der Software-Ergonomie.

---

20 BPersVG v. 15.3.1974 (BGBl. I S. 693); zuletzt geändert durch Gesetz vom 9.6.2021 (BGBl. I S. 1614).

21 Altvater/Baden/Baunack/u. a.-*Berg*, § 75 BPersVG, Rn. 212; Kiper, PersR 2008, 354.

22 Zu den Besonderheiten bei der Gestaltung von → **Homeoffice/Telearbeit** bzw. → **Mobiler Arbeit** s. beim jeweiligen Stichwort.

- Beteiligung der Beschäftigten, des Personalrats bzw. Betriebsrats sowie ggf. der Schwerbehindertenvertretung bei der Gestaltung des konkreten Arbeitsplatzes. Insbesondere bei der gleichartigen Ausstattung der Arbeitsplätze kann zur Vereinfachung eine generelle Zustimmung zu bestimmten, konkret benannten Möbeln oder IT-Komponenten erfolgen.
- Pflicht zur Bewertung neuer IT-System nach einem bestimmten Zeitraum hinsichtlich der Einhaltung der Vorgaben nach DIN EN ISO 9241 (bspw. nach sechs Monaten).
- Beschreibung der Vorgaben zur Entlastung der Beschäftigten vor den bestehenden physischen und psychischen Gefährdungen von Bildschirmarbeiten, insb. durch Pausenregelung, Wechsel von Arbeiten am Bildschirm und bildschirmfreien Tätigkeiten im Laufe des Arbeitstages.
- Pflicht des Arbeitgebers zur Durchführung arbeitsmedizinischer Vorsorgeuntersuchungen, insbesondere wegen der Belastung der Augen und des Sehvermögens. Klarstellung der Kostentragungspflicht auf Seiten des Arbeitgebers.
- Verpflichtung und Konzeption der erforderlichen Gefährdungsbeurteilung unter Beteiligung von Betriebsrat/Personalrat sowie der → **Fachkraft für Arbeitssicherheit** und anderen betrieblichen Ansprechpartnern für Arbeitsschutz. Festlegung der Dokumentationspflicht sowie der Wiederholungsintervalle.
- Soweit erforderlich Vorgaben zur Einhaltung von Datenschutzvorgaben bei IT-Systemen.

Deutsche Gesetzliche Unfallversicherung (DGUV)

I. Einführung

Die Deutsche Gesetzliche Unfallversicherung (DGUV)[1] ist der Zusammenschluss der Unfallversicherungsträger und damit der Spitzenverband der gewerblichen Berufsgenossenschaften und der Unfallkassen der öffentlichen Hand. Der Verband vertritt die gesetzliche Unfallversicherung gegenüber Politik, Bundes-, Landes-, europäischen und sonstigen nationalen und internationalen Institutionen sowie gegenüber den Sozialpartnern. Die DGUV wurde im Juni 2007 mit der Zusammenlegung des Hauptverbandes der gewerblichen Berufsgenossenschaften und des Bundesverbandes der Unfallkassen (BUK) gegründet. Die DGUV hat ihren Sitz in Berlin und ist als rechtsfähiger Verein organisiert. Sie betreibt drei Institute für Arbeitsschutz und Arbeitsmedizin: das Institut für Arbeitsschutz (IFA), das Institut für Arbeit und Gesundheit (IAG) und das C (IPA).
Zu ihren zentralen Aufgaben zählen Prävention, Rehabilitation und Entschädigung. Prävention hat das Ziel, → **Arbeitsunfälle**, → **Berufskrankheiten** und arbeitsbedingte Gesundheitsgefahren zu verhindern sowie für eine wirksame → **Erste Hilfe** zu sorgen. Rehabilitation bedeutet Wiederherstellung von Gesundheit und Arbeitskraft durch umfassende medizinische Versorgung und berufliche sowie soziale Eingliederung in die Gesellschaft. Die Entschädigung beinhaltet Verletztengeld oder gegebenenfalls eine Rente im Falle eines Unfalls.
Die DGUV ist in der Rechtsaufsicht dem Bundesministerium für Arbeit und Soziales unterstellt.

---

1 *www.dguv.de.*

II. Einzeldarstellung

1. Die Träger der Unfallversicherung

In Deutschland bestehen

a) Berufsgenossenschaft

Die gewerblichen Berufsgenossenschaften sind die Träger der gesetzlichen Unfallversicherung für die Privatwirtschaft. Bundesweit sind neun Berufsgenossenschaften tätig, die sich nach den jeweiligen Mitgliedsbranchen gliedern[2]:

- Berufsgenossenschaft Rohstoffe und chemische Industrie (BG RCI)
- Berufsgenossenschaft Holz und Metall
- Berufsgenossenschaft Energie Textil Elektro Medienerzeugnisse (BG ETEM)
- Berufsgenossenschaft Nahrungsmittel und Gastgewerbe
- Berufsgenossenschaft der Bauwirtschaft – BG BAU
- Berufsgenossenschaft Handel und Warenlogistik
- Verwaltungs-Berufsgenossenschaft (VBG)
- Berufsgenossenschaft Verkehrswirtschaft Post-Logistik Telekommunikation (BG Verkehr)
- Berufsgenossenschaft für Gesundheitsdienst und Wohlfahrtspflege (BGW)

Seit 2013 übernimmt die Sozialversicherung für Landwirtschaft, Forsten und Gartenbau (SVLFG) als Nachfolgerin der zuvor regional organisierten landwirtschaftlichen Sozialversicherungen u. a. die Aufgabe der gesetzlichen Unfallversicherung für die Landwirtschaft. Sie nimmt im System der Berufsgenossenschaften insoweit eine Sonderrolle ein. Insgesamt untergliedert sich die SVLFG in vier Teile:

- Gesetzliche Unfallversicherung als Landwirtschaftliche Berufsgenossenschaft
- Alterssicherung der Landwirte als Landwirtschaftliche Alterskasse
- Gesetzliche Krankenversicherung als Landwirtschaftliche Krankenkasse und
- Gesetzliche Pflegeversicherung als Landwirtschaftliche Pflegekasse

b) Unfallkassen

Die Unfallkassen sind als Unfallversicherungsträger für die Angestellten des öffentlichen Dienstes und der aus diesem hervorgegangenen Unternehmen (z. B. Deutsche Bahn, Post) und damit das Pendant zu den Berufsgenossenschaften. Es bestehen insgesamt 19 Unfallkassen und Gemeindeunfallversicherungsver-

---

2 Die Adressen können abgerufen werden unter: *https://www.dguv.de/de/bg-uk-lv/bgen/index.jsp.*
Abrufbar unter: *https://www.dguv.de/de/bg-uk-lv/unfallkassen/index.jsp.*

bände, die nach Bundesländern gegliedert sind sowie weitere vier regionale Feuerwehr-Unfallkassen und die bundesweit tätige Unfallversicherung Bund und Bahn[3]:

- Unfallversicherung Bund und Bahn (UVB), bundesweit
- Unfallkasse Baden-Württemberg
- Kommunale Unfallversicherung Bayern (KUVB) und Bayerische Landesunfallkasse (Bayer.LUK)
- Unfallkasse Berlin
- Unfallkasse Brandenburg
- Unfallkasse Freie Hansestadt Bremen
- Unfallkasse Nord (Hamburg, Schleswig-Holstein)
- Unfallkasse Hessen
- Unfallkasse Mecklenburg-Vorpommern
- Braunschweigischer Gemeinde-Unfallversicherungsverband
- Gemeinde-Unfallversicherungsverband Hannover
- Landesunfallkasse Niedersachsen
- Gemeinde-Unfallversicherungsverband Oldenburg
- Unfallkasse Nordrhein-Westfalen
- Unfallkasse Rheinland-Pfalz
- Unfallkasse Saarland
- Unfallkasse Sachsen
- Unfallkasse Sachsen-Anhalt
- Unfallkasse Thüringen
- Feuerwehr-Unfallkasse Brandenburg
- Hanseatische Feuerwehr-Unfallkasse Nord (Hamburg, Mecklenburg-Vorpommern, Schleswig-Holstein)
- Feuerwehr-Unfallkasse Niedersachsen
- Feuerwehr-Unfallkasse Mitte (Sachsen-Anhalt, Thüringen)

2. Unfallverhütungsvorschriften (UVV)

Die DGUV ist Teil des autonomen Arbeitsschutzrechts. Das bedeutet, die Unfallversicherungsträger können kraft eigener Rechtsetzungsbefugnis Unfallverhütungsvorschriften (UVV) erlassen. Vorbereitung und Ausarbeitung der UVV sowie deren Pflege ist eine der Hauptaufgaben der DGUV. Die UVV bedürfen der Genehmigung durch das Bundesministerium für Arbeit und Soziales bzw. im Zuständigkeitsbereich der Landesunfallkassen der Genehmigung der obersten Arbeitsschutzbehörden der Länder (§ 15 Abs. 4 SGB VII). Bei Erlass der UVV soll die DGUV trägerübergreifend auf Rechtseinheitlichkeit hinwirken. Die Ein-

3 Abrufbar unter: *https://www.dguv.de/de/bg-uk-lv/unfallkassen/index.jsp.*

Arbeitsschutzvorschriften der DGUV

DGUV Vorschriften

↓ ↓

Vorschrift 1: »Grundsätze der Prävention«
- enthält wesentliche Bestimmungen über die Organisation des Arbeitsschutzes und die zu treffenden Präventionsmaßnahmen (z.B. Notfallmaßnahmen, Erste Hilfe)

Vorschrift 2: »Betriebsärzte und Fachkräfte für Arbeitssicherheit«
- konkretisiert das Arbeitssicherheitsgesetz
- enthält Regelungen zu Bestellung und zur nötigen Fachkunde der Ärzte und Fachkräfte

↓

DGUV Regeln | **DGUV Informationen** | **DGUV Grundätze**

- bilden das sogenannte Regelwerk der DGUV
- konkretisieren die staatlichen Arbeitsschutzvorschriften und die UVV
- geben Hinweise und Empfehlungen für die praktische Umsetzung des Arbeitsschutzes

Bedeutung für die Mitbestimmung:
- **UVV** sind verbindliche autonome Rechtsnormen, die Handlungspflichten des Arbeitgebers und somit (bei bestehendem Handlungsspielraum) auch ein Mitbestimmungsrecht des Betriebsrats begründen
- unter Berufung auf die UVV kann der Betriebsrat dann Maßnahmen erzwingen
- **Regeln, Informationen und Grundsätze** begründet keine Handlungspflichten des Arbeitgebers und somit kein Mitbestimmungsrecht
- sie bieten aber praktische Umsetzungshilfen

haltung der UVV wird von den Aufsichtsdiensten der Träger der gesetzlichen Unfallversicherungen überprüft.

Unterhalb der Vorschriftenebene haben die Unfallversicherungsträger zudem ein umfassendes Regelwerk (Regeln, Informationen und Grundsätze) erarbeitet, das Unternehmer und Versicherten bei der Wahrnehmung ihrer Pflichten im Bereich Sicherheit und Gesundheitsschutz unterstützen soll Grundlegende Informationen hierzu finden sich in den Veröffentlichungen der DGUV. Diese sind in der Online-Datenbank der DGUV abrufbar.[4] Für die Betriebs- und Personalratsarbeit und die Akteure im Arbeitsschutz von besonderer Relevanz sind die DGUV Vorschriften 1 und 2, wobei der DGUV Vorschrift 2 die größere praktische Relevanz zukommt.

4 Abrufbar unter: *www.dguv.de*/Prävention/DGUV Vorschriften- und Regelwerk/DGUV Datenbank Publikationen.

a) DGUV Vorschrift 1

Die DGUV Vorschrift 1 »Grundsätze der Prävention« ist die Basis für die Präventionsarbeit der Unfallversicherungsträger. Danach ist der Arbeitgeber verpflichtet, bei seinen Maßnahmen zur Prävention sowohl die UVV als auch staatliche Arbeitsschutzvorschriften zu beachten[5]. Ebenso wie gesetzliche Vorschriften enthält die DGUV Vorschrift 1 nur die zentralen Regelungen zur Gewährleistung von Sicherheit und Gesundheit. Sie verzichtet weitgehend auf Details und formuliert stattdessen schutzzielorientierte Anforderungen für die betriebliche Praxis. Die DGUV Vorschrift 1 trifft wesentliche Festlegungen zur Organisation des betrieblichen Arbeitsschutzes sowie zur Verantwortlichkeit von Unternehmern (Arbeitgeber) und Versicherten (Beschäftigte). Insbesondere stellt der Geltungsbereich klar, dass auch Beschäftigte von Fremdunternehmen (z. B. Zeitarbeitsfirmen) vom Schutzbereich umfasst sind. Außerdem wird in der Vorschrift 1 selbst noch einmal die Verpflichtung des Arbeitgebers zur Erstellung einer → **Gefährdungsbeurteilung** einschließlich der Dokumentation formuliert. Ebenso sollen Arbeitgeber die Fremdfirmen, die in ihrem Unternehmen eingesetzt sind, bei deren Gefährdungsbeurteilung unterstützen.

b) DGUV Vorschrift 2

Seit dem 1. Januar 2011 gilt die UVV »Betriebsärzte und Fachkräfte für Arbeitssicherheit« (DGUV Vorschrift 2). Sie beschäftigt sich mit der Gestaltung der arbeitsschutzrechtlichen Regelbetreuung für Betriebe. Ziel der DGUV Vorschrift 2 ist die Vereinfachung und Flexibilisierung der betriebsärztlichen und sicherheitstechnischen Betreuung von Betrieben mit mehr als zehn Beschäftigten.[6] Dabei unterscheidet die DGUV Vorschrift 2 zwischen der in allen Betrieben anfallenden Grundbetreuung und der betriebsspezifischen Betreuung. Zusammen bilden sie die Gesamtbetreuung (→ **Fachkraft für Arbeitssicherheit**, → **Betriebsarzt**). Dabei umfasst die Grundbetreuung Basisleistungen nach dem ASiG, die unabhängig von betriebsspezifischen Gegebenheiten anfallen (wie z. B. Unterstützung bei der Festlegung von allgemeinen Kriterien zur Durchführung von Gefährdungsbeurteilungen). Die betriebsspezifische Betreuung baut auf dieser Grundbetreuung auf und ergänzt sie aufgrund der jeweiligen betrieblichen Besonderheiten, um der individuellen Situation Rechnung zu tragen (z. B. Fortschreiben einer Gefährdungsbeurteilung, wenn der konkrete Betrieb neue Maschinen anschafft, die neues Gefährdungspotenzial bergen).
Näheres zur Grundbetreuung und betriebsspezifischen Betreuung in Betrieben mit mehr als zehn Beschäftigten findet sich in der Anlage 2 zu § 2 Abs. 3 der

5 BMAS, Übersicht über das Arbeitsrecht/Arbeitsschutzrecht, 7/114.
6 BMAS, a. a. O.

DGUV Vorschrift 2. Mit der relativ neuen Vorschrift 2 soll sichergestellt werden, dass in vergleichbaren Betrieben der gleiche Umfang an betriebsärztlichen und sicherheitstechnischen Grundleistungen erfolgt (Grundbetreuung)[7]. Die Grundbetreuung weist drei Betreuungsgruppen auf, für jeweils feste Einsatzzeiten von Betriebsarzt und Fachkraft für Arbeitssicherheit gelten. Die Zeiten pro Betreuungsgruppe richten sich nach Anzahl der Beschäftigten und der Gefährdungsklasse des Unternehmens.

III. Hinweise für die Mitbestimmung

Die Regelungen in den DGUV Vorschrift 1 und Vorschrift 2 sind Rahmenvorschriften i. S. v. § 87 Abs. 1 Nr. 7 BetrVG. Die Aufgaben, die an den Arbeitgeber gestellt werden, unterfallen in ihrer konkreten Ausgestaltung der Mitbestimmung des Betriebsrats bzw. des Personalrats.
Ein solches Mitbestimmungsrecht besteht beispielsweise bezüglich der Unterweisung der Beschäftigten gemäß § 12 ArbSchG sowie § 4 DGUV Vorschrift 1. Auch die Konkretisierung der nach der DGUV Vorschrift 2 im Rahmen der betriebsärztlichen und sicherheitstechnischen Grundbetreuung wahrzunehmenden Aufgaben und deren Aufteilung auf die Akteure unterliegen der Mitbestimmung der betrieblichen Interessenvertretung.[8] Dieses Verständnis kommt auch in Anlage 2 zu § 2 Abs. 3 der DGUV Vorschrift 2 zum Ausdruck, wo die Pflicht zur Einbindung der betrieblichen Interessenvertretung beim Arbeits- und Gesundheitsschutz festgeschrieben wird.
Sobald der Beschäftigtenvertretung Defizite bei der Umsetzung von Maßnahmen nach DGUV Vorschrift 1 bzw. Vorschrift 2 entdeckt, sollte er zunächst mit → **Betriebsarzt** und der → **Fachkraft für Arbeitssicherheit** Kontakt aufnehmen und gemeinsam den Defiziten nachgehen. Im Streitfall mit dem Arbeitgeber ist der Betriebsrat berechtigt, sogar eine Einigungsstelle zu diesem Thema einzuberufen. Wertvolle Hinweise ergeben sich auch in Zusammenarbeit mit den zuständigen Berufsgenossenschaften.
Nach § 89 Abs. 1 BetrVG ist der Betriebsrat bzw. nach § 68 BPersVG n. F. (§ 81 Abs. 1 BPersVG a. F.[9]) ist der Personalrat berechtigt und verpflichtet unter anderem die Träger der gesetzlichen Unfallversicherung bei der Bekämpfung von Unfall- und Gesundheitsgefahren durch Anregung, Beratung und Auskunft zu

---

7 BMAS, a. a. O.

8 Vgl. etwa LAG Berlin-Brandenburg 7. 7. 2016 – 21 TaBV 195/16.

9 BPersVG v. 15. 3. 1974 (BGBl. I S. 693); zuletzt geändert durch Gesetz vom 9. 6. 2021 (BGBl. I S. 1614).

unterstützen. Die jeweilige Vorschrift verstärkt insoweit die Kontrollaufgabe des Betriebsrats nach § 80 Abs. 1 Nr. 9 BetrVG[10] bzw. des Personalrats nach § 62 Nr. 2 BPersVG n. F. (§ 68 Abs. 1 Nr. 2 BPersVG a. F.) und erstreckt sie auf die Zusammenarbeit mit den außerbetrieblichen Arbeitsschutzinstitutionen. Insoweit tritt die Geheimhaltungspflicht jeweils hinter die Pflicht zur Auskunft grundsätzlich zurück. Im Interesse der vertrauensvollen Zusammenarbeit haben Betriebs- und Personalrat jedoch zur Beseitigung von bestehenden Mängeln vor Kontaktaufnahme zu den Behörden eine innerbetriebliche Lösung zu versuchen.[11]

10 BAG 3.6.2003 – 1 ABR 19/02.
11 BAG 3.6.2003 – 1 ABR 19/02.

DIN-Normen

Eine DIN-Norm ist die Dokumentation der technischen Anforderungen an Produkte, Dienstleistungen oder Verfahren (z. B. Qualität, Mindestleistungen, Maße), die durch den Arbeitsausschuss des Deutschen Instituts für Normung (DIN)[1] erstellt wird. Die Gesamtheit der mittlerweile ca. 34 000 Normen nennt sich »Deutsches Normenwerk«. Internationale und europäische Normen werden ebenfalls durch das Deutsche Institut für Normung aufgearbeitet und in das Deutsche Normenwerk aufgenommen. Der Ursprung der jeweiligen Norm lässt sich an ihrer Kennzeichnung erkennen, z. B.:

- DIN: ausschließlich deutsche Norm (DIN),
- DIN EN: Deutsche Übernahme einer Europäischen Norm (EN),
- DIN ISO: Übernahme einer Norm der Internationalen Organisation für Normung (ISO).

Das Deutsche Normenwerk wird kostenpflichtig über den Beuth Verlag veröffentlicht.[2]

Die Einhaltung der DIN-Normen ist grundsätzlich freiwillig. Erst wenn sie vertraglich oder durch ein Gesetz zwingend vorgeschrieben wird, werden die Normen bindend. Ihre Einhaltung begründet für die alltägliche Praxis jedoch einen Anknüpfungspunkt für die Bestimmung des Stands der Technik, Arbeitsmedizin, Hygiene und sonstige gesicherte arbeitswissenschaftliche Erkenntnisse. Betriebs- und Personalräte können sie also zur Begründung für vorgeschlagene Maßnahmen heranziehen. Aber Achtung: Auch wenn DIN-Normen zunächst den Anschein haben, dem aktuellen Stand der Technik zu entsprechen, kann die technische Entwicklung bereits über den Normenstand hinausgegangen sein.[3] Gerade bei der Betrachtung technischer Arbeitsprozesse ist daher auch auf weitere Quellen zurückzugreifen, um den tatsächlichen Stand der Technik zu bestimmen. Dies ist im Einzelfall durch einen Sachverständigen zu bestimmen.

1 *www.din.de.*
2 *www.beuth.de.*
3 BGH 27. 9. 1994 – VI ZR 150/93.

Die DIN-Normen dienen damit als wichtiger, wenn auch nicht einziger Bewertungsmaßstab zur Bestimmung von Verschulden im Einzelfall und für die haftungsrechtliche Zurechnung von Schäden.

Entgeltfortzahlung im Krankheitsfall

I. Einführung

Die Entgeltfortzahlung im Krankheitsfall wird im Entgeltfortzahlungsgesetz (EFZG) geregelt. Danach haben Arbeitnehmer im Krankheitsfall einen Anspruch auf Fortzahlung ihres Entgelts bis zur Dauer von sechs Wochen, wenn sie durch Arbeitsunfähigkeit infolge von Krankheit außer Stande sind, ihre Arbeitsleistung zu erbringen. Das EFZG begründet damit eine wichtige Ausnahme von dem Grundsatz »Ohne Arbeit kein Lohn«.

II. Einzeldarstellung

1. Geltungsbereich des EFZG

Das EFZG findet nur Anwendung bei Arbeitnehmern. Dies sind nach § 1 Abs. 2 EFZG Arbeiter und Angestellte sowie die zu ihrer Berufsbildung Beschäftigten. Entgeltfortzahlung steht also auch Arbeitnehmern zu, die eine geringfügige Beschäftigung ausüben. Keinen Anspruch auf Entgeltfortzahlung haben dagegen Geschäftsführer, Vorstände oder andere Organmitglieder einer juristischen Person,[1] soweit sie nur gesellschaftsrechtlichen Weisungen unterliegen und nicht auch arbeitsvertraglichen Weisungen.[2] Ebenso werden auch Beamte, Richter, Soldaten oder Zivildienstleistende nicht vom EFZG erfasst, da ihre Beschäftigung keine privatrechtliche Grundlage hat.[3]
Nach § 10 EFZG haben auch Heimarbeiter und Hausgewerbetreibende sowie die ihnen gleichgestellten Personen im Sinne des Heimarbeitergesetzes einen

1 Teilweise werden die arbeitsrechtlichen Regelungen analog angewandt, BGH 29. 1. 1981 – II ZR 92/80.
2 Schmitt/Küfner-Schmitt, in: Schmitt, EFZG, § 1 Rn. 23.
3 Weiterführend: HK-ArbR-Spengler, § 1 EFZG Rn. 5m. w. N.

beschränkten Anspruch auf Entgeltfortzahlung im Krankheitsfall. Sie erhalten jedoch lediglich einen Zuschlag auf ihr Arbeitsentgelt, bekommen also nur einen gewissen Prozentsatz ihres Gehalts ausgezahlt. Die in Betracht kommenden Zuschläge sind gesondert zu belegen.
Wenn ein Arbeitnehmer im Falle einer Kündigung nach Widerspruch des Betriebsrats gemäß § 102 Abs. 5 BetrVG weiterbeschäftigt wird, hat auch er einen Anspruch auf Entgeltfortzahlung, weil das Arbeitsverhältnis zu unveränderten Arbeitsbedingungen fortbesteht bis zur rechtskräftigen Entscheidung des Kündigungsschutzprozesses. Aufgrund widersprechender Rechtsprechung verschiedener Senate des BAG ist unklar, wie die Rechtslage im Rahmen des sogenannten allgemeinen Weiterbeschäftigungsanspruchs zu beurteilen ist. Jedenfalls hat der achte Senat des BAG entschieden, dass der Arbeitnehmer bei erzwungener Weiterbeschäftigung zur Abwendung der Zwangsvollstreckung aus einem Weiterbeschäftigungsurteil nur einen Anspruch auf tatsächliche Beschäftigung habe und nur insoweit Entgelt verlangen könne, wie er tatsächlich gearbeitet habe. Einen Entgeltfortzahlungsanspruch bei Arbeitsunfähigkeit habe er daher nicht. In diesem Fall ist also eine einvernehmliche Weiterbeschäftigung - sofern sich der Arbeitgeber darauf einlässt - zu empfehlen.

2. Arbeitsunfähigkeit

Der Arbeitnehmer muss arbeitsunfähig erkrankt sein (→ **Arbeitsunfähigkeit**).

3. Kausalzusammenhang

Krankheit als alleinige Ursache
Die Krankheit muss die alleinige Ursache der Arbeitsunfähigkeit sein. Das ist nicht der Fall, wenn der Arbeitnehmer seine Arbeitsleistung zumindest auch aus einem anderen Grund nicht erbringen konnte. So ist etwa die Krankheit bei einem Fußballprofi nicht die alleinige Ursache der Arbeitsunfähigkeit, wenn der Trainer ihn während der Arbeitsunfähigkeit aus sportlichen Gründen auch dann nicht aufgestellt hätte, wenn er nicht erkrankt wäre.[4]

Abbau von Überstunden
Dies wirkt sich in besonderem Maße aus, wenn ein Arbeitnehmer zum Abbau von Überstunden bezahlt von der Arbeit freigestellt wird. An dem freien Ausgleichstag hat er keinen Anspruch auf Entgeltfortzahlung, weil Ursache für das Fernbleiben von der Arbeit die bezahlte Freistellung und nicht alleine die Krank-

4 BAG 19.1.2000 - 5 AZR 637/98.

heit ist.[5] Der Entgeltfortzahlungsanspruch ersetzt nämlich den Gehalts- oder Lohnanspruch für die geschuldete, aber infolge Krankheit nicht mehr erbrachte Arbeitsleistung. Beim Abbau von Überstunden erleidet der Arbeitnehmer aber überhaupt keine Einbußen durch seine Erkrankung. Aus denselben Erwägungen hat ein Arbeitnehmer auch keinen Anspruch auf Entgeltfortzahlung, wenn seine Arbeitsunfähigkeit auf Tage fällt, an denen die Arbeit vereinbarungsgemäß ohne Vergütungsfortzahlung ausfällt. Wenn zum Beispiel in einer Betriebsvereinbarung für die Tage zwischen Weihnachten und Neujahr Feierschichten vereinbart worden sind, ein Arbeitszeitkonto geführt wird und der Arbeitnehmer ein verstetigtes Entgelt erhält, hat er keinen Anspruch auf Gutschrift der ausgefallenen Arbeitsstunden.[6] Auch wenn der Anspruch auf Entgeltfortzahlung im Krankheitsfall grundsätzlich einen Anspruch auf Zeitgutschrift begründen kann, würde in dem genannten Beispiel der erkrankte Arbeitnehmer bessergestellt werden als ein arbeitsfähiger Arbeitnehmer.

Feiertage

Wenn ein gesetzlicher Feiertag in den Entgeltfortzahlungszeitraum fällt, hat der Arbeitnehmer für den Feiertag einen Anspruch auf Entgeltfortzahlung im Krankheitsfall.[7]

Erkrankt der Beschäftigte während seines Erholungsurlaubs, werden die Krankheitstage nicht auf den Jahresurlaub angerechnet. Krankheit steht dem Erholungszweck entgegen. Die Krankheitstage müssen durch ein ärztliches Attest bzw. eine Arbeitsunfähigkeitsbescheinigung (AU-Bescheinigung) nachgewiesen werden (§ 9 BUrlG). Der Arbeitnehmer erhält dann Entgeltfortzahlung im Krankheitsfall und die ausgefallenen Urlaubstage können später genommen werden.

Elternzeit

Während der Elternzeit ruhen die beiderseitigen Pflichten aus dem Arbeitsverhältnis, sodass kein Anspruch auf Entgeltfortzahlung besteht. Wenn der Arbeitnehmer Teilzeit in Elternzeit arbeitet, hat er hingegen einen Anspruch auf Entgeltfortzahlung.

Beschäftigungsverbot nach Mutterschutzgesetz

Besteht für eine schwangere Arbeitnehmerin bzw. die Mutter ein Beschäftigungsverbot nach § 3 MuSchG (Schutzfristen vor und nach der Entbindung), hat sie nur dann einen Anspruch auf Mutterschutzlohn, wenn allein das Be-

5 BAG 25.2.1986 – 3 AZR 328/84.
6 BAG 9.5.1984 – 5 AZR 412/81.
7 BAG 19.4.1989 – 5 AZR 248/88.

schäftigungsverbot dazu führt, dass sie nicht arbeiten kann. Dann erhält sie während der gesamten Zeit des Beschäftigungsverbots Mutterschutzlohn, also das durchschnittliche Arbeitsentgelt der letzten drei abgerechneten Kalendermonate vor dem Eintritt der Schwangerschaft (→ **Sozialer Arbeitsschutz**). Wenn die Schwangere bzw. Mutter während des Beschäftigungsverbotes arbeitsunfähig erkrankt, kommt es darauf an, ob die Krankheit zur Arbeitsunfähigkeit der Schwangeren bzw. Mutter geführt hat. Wenn dies der Fall ist, hat die Schwangere bzw. Mutter einen Anspruch auf Entgeltfortzahlung im Krankheitsfall.

Arbeitskampf

Bei einem Arbeitskampf hat ein Arbeitnehmer keinen Anspruch auf Entgeltfortzahlung im Krankheitsfall, wenn der Arbeitskampf Ursache für die Arbeitsverhinderung ist. Hingegen hat ein arbeitsunfähig erkrankter Arbeitnehmer bei einem Streik, an dem er sich nicht beteiligt, einen Anspruch auf Entgeltfortzahlung, sofern eine Beschäftigung ohne seine Arbeitsunfähigkeit möglich wäre.[8] Demzufolge besteht kein Anspruch auf Entgeltfortzahlung im Krankheitsfall, wenn er nicht beschäftigt werden kann, weil der Streik beispielsweise zur Stilllegung des Betriebs führt.

Nimmt hingegen der arbeitsunfähig erkrankte Arbeitnehmer an einem Streik teil oder wird währenddessen arbeitsunfähig, hat er keinen Anspruch auf Entgeltfortzahlung.[9] Ursächlich für die Arbeitsverhinderung ist nämlich nicht allein die krankheitsbedingte Arbeitsunfähigkeit. Es ist Sache des einzelnen Arbeitnehmers gegenüber dem Arbeitgeber zu erklären, ob er sich am Streik beteiligt.[10]

4. Unverschuldete Arbeitsunfähigkeit

Der Anspruch auf Entgeltfortzahlung ist ausgeschlossen, wenn der Arbeitnehmer seine Arbeitsunfähigkeit selbst verschuldet hat. Das ist nach der Rechtsprechung des BAG dann der Fall, wenn ein Arbeitnehmer in erheblichem Maße gegen das von einem verständigen Menschen in seinem eigenen Interesse zu erwartende Verhalten verstößt.[11] Bei verschuldeter Arbeitsunfähigkeit hat der Arbeitnehmer keinen Entgeltfortzahlungsanspruch gegen seinen Arbeitgeber. Hat der Arbeitgeber bereits Entgeltfortzahlung geleistet, kann er die erbrachten Zahlungen zurückverlangen.

Unfälle sind nur dann verschuldet, wenn sie vorsätzlich oder durch einen groben Verstoß gegen das von einem verständigen Menschen zu erwartende Verhalten herbeigeführt sind. Unerheblich ist, ob sich der Unfall in der Freizeit,

8 BAG 8.3.1973 – 5 AZR 491/72.
9 BAG 1.10.1991 – 1 AZR 147/91.
10 BAG a.a.O.
11 BAG 18.3.2015 – 10 AZR 99/14.

bei Nachbarschaftshilfe oder einer Nebentätigkeit ereignet hat. Unfälle, die auf Alkoholmissbrauch zurückzuführen sind, sind in der Regel verschuldet.[12] Verkehrsunfälle sind verschuldet bei vorsätzlicher oder grob fahrlässiger Verletzung der Verkehrsregeln, wie beispielsweise das Überholen an unübersichtlicher Stelle oder mit deutlich überhöhter Geschwindigkeit.[13] Sportunfälle sind verschuldet, wenn der Arbeitnehmer an einer besonders gefährlichen Sportart teilnimmt. Allerdings hat das BAG bislang noch keine gefährliche Sportart angenommen. So wurden etwa Fußballspielen[14], Amateurboxen[15] und Drachenfliegen[16] als nicht gefährlich eingestuft. Sportunfälle sind auch verschuldet, wenn der Arbeitnehmer in besonders grober Weise und leichtsinnig gegen anerkannte Regeln des Sports verstößt.[17]

5. Anzeige- und Nachweispflichten

Im Falle einer Arbeitsunfähigkeit wegen Erkrankung haben Arbeitnehmer zwei Pflichten: Die Anzeigepflicht und die Nachweispflicht. Der Arbeitnehmer muss den Arbeitgeber unverzüglich, das heißt ohne schuldhaftes Zögern, über die eingetretene Arbeitsunfähigkeit informieren. Die Anzeige hat daher am ersten Tag der Erkrankung und zwar vor Arbeitsbeginn bzw. in den ersten Arbeitsstunden zu erfolgen. Sie kann mündlich, telefonisch oder per E-Mail erfolgen und auch durch einen Familienangehörigen oder eine sonstige Person getätigt werden. Sie muss dem Arbeitgeber, der Personalabteilung oder derjenigen Person zugehen, die für den Empfang zuständig ist. Anzuzeigen sind Arbeitsunfähigkeit und deren voraussichtliche Dauer, nicht jedoch die Art der Erkrankung.
Zudem ist der Arbeitnehmer spätestens am vierten Tag der Arbeitsunfähigkeit verpflichtet, die Arbeitsunfähigkeit durch eine ärztliche Bescheinigung über das Bestehen der Arbeitsunfähigkeit sowie die voraussichtliche Dauer nachzuweisen (§ 5 EFZG). Bei bis zu drei Tagen dauernder Arbeitsunfähigkeit besteht also keine Nachweispflicht. Allerdings ist der Arbeitgeber berechtigt, die Vorlage der ärztlichen Bescheinigung früher zu verlangen. Die Ausübung dieses Rechts ist nicht an besondere Voraussetzungen gebunden, sondern steht im Ermessen des Arbeitgebers, muss aber diskriminierungsfrei ausgeübt werden. Es ist zulässig, sowohl von einzelnen als auch von allen Arbeitnehmern des Betriebs die Vorlage des Attests früher zu verlangen.

12 BAG 11.3.1987 – 5 AZR 739/85.
13 BAG 23.11.1971 – 1 AZR 388/70.
14 BAG 21.1.1976 – 5 AZR 593/74.
15 BAG 1.12.1976 – 5 AZR 601/75.
16 BAG 7.10.1981 – 5 AZR 338/79.
17 BAG a.a.O.

6. Höhe der Entgeltfortzahlung

Gemäß § 4 Absatz 1 EFZG ist dem Arbeitnehmer das ihm bei der maßgebenden regelmäßigen Arbeitszeit zustehende Arbeitsentgelt fortzuzahlen. Ist durch die Arbeitsunfähigkeit der geplante Arbeitseinsatz an Sonn- und Feiertagen oder in einer Nachtschicht ausgefallen, sind auch die entsprechenden Sonn- und Feiertags- oder Nachtschichtzuschläge zu zahlen.[18] Dazu gehört auch die vertraglich vereinbarte Nutzung eines Firmenwagens, welcher weiterhin zur Verfügung zu stellen ist.[19] Zum Arbeitsentgelt gehört nicht das zusätzlich für Überstunden gezahlte Arbeitsentgelt gemäß § 4 Abs. 1a EFZG. Bei der Berechnung bleiben also Überstunden, die im Erkrankungszeitraum angefallen wären, einschließlich etwaiger Zuschläge außer Betracht, außer es handelt sich um dauerhaft anfallende Überstunden.[20]
Erhält der Arbeitnehmer eine auf das Ergebnis der Arbeit abgestellte Vergütung (Akkordlohn, Provision), so ist der von dem Arbeitnehmer in der für ihn maßgebenden regelmäßigen Arbeitszeit erzielbare Durchschnittsverdienst zugrunde zu legen, § 4 Abs. 1a Satz 2 EFZG. Laufende Leistungsprämien oder Leistungszulagen müssen ebenfalls bezahlt werden. Nicht fortzuzahlen sind etwa Schmutzzulagen und ähnliche Leistungen, die dem Arbeitnehmer nicht entstehen, wenn er nicht arbeitet.
Durch Tarifvertrag kann eine abweichende Bemessungsgrundlage des fortzuzahlenden Arbeitsentgelts festgelegt werden gemäß § 4 Abs. 4 EFZG. So kann tarifvertraglich festgelegt werden, dass bestimmte Vergütungsbestandteile wie Leistungsprämien oder Nachtarbeitszuschläge nicht berücksichtigt werden.[21]

7. Wartezeit

Gemäß § 3 Abs. 3 EFZG entsteht der Entgeltfortzahlungsanspruch nach vierwöchiger ununterbrochener Dauer des Arbeitsverhältnisses. Besteht zwischen einem beendeten und einem neu begründeten Arbeitsverhältnis zu demselben Arbeitgeber ein enger zeitlicher und sachlicher Zusammenhang, beginnt die Wartezeit nicht erneut, so etwa bei einem Ausbildungs- und dem sich anschließenden Arbeitsverhältnis.[22]

---

18 BAG 1.12.2004 – 5 AZR 68/04; BAG 14.1.2019 – 5 AZR 89/08.
19 BAG 14.12.2010 – 9 AZR 631/09.
20 BAG 21.11.2001 – 5 AZR 457/00.
21 BAG 13.3.2002 – 5 AZR 648/00.
22 BAG 20.8.2003 – 5 AZR 436/02.

8. Anspruchsdauer

Nach § 3 Abs. 1 Satz 1 EFZG besteht bei unverschuldeter Arbeitsunfähigkeit Anspruch auf Fortzahlung des Arbeitsentgeltes bis zur Dauer von sechs Wochen. Erkrankt der Arbeitnehmer während des ruhenden Arbeitsverhältnisses (zum Beispiel in der Elternzeit), beginnt die sechs Wochenfrist nicht mit der Erkrankung, sondern erst mit der tatsächlichen Verhinderung an der Arbeitsleistung infolge Krankheit. Das ist der Zeitpunkt der Aktualisierung des Arbeitsverhältnisses.[23] Die Anspruchsdauer kann durch Tarifvertrag, Betriebsvereinbarung oder individualvertragliche Regelung verlängert werden.

9. Fortsetzungserkrankung

Wenn ein Arbeitnehmer wiederholt an derselben Krankheit erkrankt, hat er grundsätzlich für alle Krankheitszeiten, die auf dieselbe Krankheit zurückgehen, insgesamt nur einen Anspruch auf Entgeltfortzahlung für sechs Wochen. Es gibt zwei Ausnahmen: Zum einen besteht ein Anspruch auf Entgeltfortzahlung für weitere sechs Wochen, wenn der Arbeitnehmer vor der erneuten Arbeitsunfähigkeit mindestens sechs Monate nicht infolge derselben Krankheit arbeitsunfähig war (§ 3 Abs. 1 S. 2 Nr. 1 EFZG). Ist also ein Arbeitnehmer vor Eintritt einer erneuten Arbeitsunfähigkeit mindestens sechs Monate lang nicht infolge derselben Krankheit an der Erbringung seiner Arbeitsleistung gehindert, steht ihm, wenn er wieder arbeitsunfähig aufgrund derselben Krankheit erkrankt, ein Entgeltfortzahlungsanspruch zu. Zum anderen besteht ein Entgeltfortzahlungsanspruch für weitere sechs Wochen, wenn seit der ersten Arbeitsunfähigkeit infolge derselben Krankheit eine Frist von 12 Monaten abgelaufen ist (§ 3 Abs. 1 S. 2 Nr. 2 EFZG). Der Arbeitnehmer erlangt also nach Ablauf von zwölf Monaten nach Beginn der ersten Krankheitsperiode einen erneuten Anspruch auf Fortzahlung des Arbeitsentgelts für die Dauer von bis zu sechs Wochen.

Die Regelung setzt voraus, dass der Arbeitnehmer infolge derselben Krankheit erneut arbeitsunfähig wird. Dieselbe Krankheit liegt vor, wenn die wiederholte Erkrankung auf demselben Grundleiden beruht oder auf dieselbe chronische Veranlagung des Arbeitnehmers zurückzuführen ist. Mit anderen Worten muss das Grundleiden latent weiter bestanden haben, sodass sich die neue Erkrankung nur als eine Fortsetzung der früheren Erkrankung darstellt.[24] Liegt eine neue Erkrankung vor, entsteht, abgesehen von den Fällen des Überlappens der Krankheitszeiten, jeweils ein neuer Entgeltfortzahlungsanspruch.

---

23 BAG 29.9.2004 – 5 AZR 558/03.

24 BAG 7.5.1956 – 2 AZR 259/55.

Beispiel:
Ein Arbeitnehmer ist wegen derselben Krankheit vom 1.4. bis 15.4., vom 3.5. bis 13.5. und vom 2.6. bis 3.7. erkrankt. Weil der Tag des Eintritts der Arbeitsunfähigkeit nicht mitgezählt wird, besteht der Entgeltfortzahlungsanspruch für den 1.4. bis 15.4. (14 Kalendertage), vom 3.5. bis 13.5. (10 Kalendertage) und vom 2.6. bis 20.6. (18 Kalendertage). Mit Ablauf des 20.6. sind die 42 Kalendertage (6 Wochen) verbraucht, sodass ab dem 21.6. kein Entgeltfortzahlungsanspruch mehr besteht.

10. Leistungsverweigerungsrecht des Arbeitgebers

Der Entgeltfortzahlungsanspruch ist wie der normale Vergütungsanspruch fällig. Werden die normalen Monatsgehälter beispielsweise immer am Monatsende, spätestens bis zum 3. des Folgemonats überwiesen, gilt das auch für eine Entgeltfortzahlung. Der Arbeitgeber kann jedoch die Zahlung vorläufig gemäß § 7 EFZG verweigern, wenn der Arbeitnehmer seinen Mitwirkungspflichten nicht nachkommt, insbesondere die ärztliche Arbeitsunfähigkeitsbescheinigung nicht vorlegt. Wenn der Arbeitnehmer die Mitwirkungspflicht nachholt, muss die Entgeltfortzahlung nachgeleistet werden.

11. Unabdingbarkeit

Entgeltfortzahlungsansprüche sind unabdingbar. So ist ein Arbeitszeitmodell unwirksam, bei welchem eine sich in der Phase der verkürzten Arbeitszeit ergebende Zeitschuld nur durch tatsächliche Arbeitsleistung, nicht aber bei krankheitsbedingter Arbeitsunfähigkeit in der Phase der verlängerten Arbeitszeit ausgeglichen werden kann.[25] Für den Zeitraum der Entgeltfortzahlung besteht nämlich nicht nur Anspruch auf das Gehalt, sondern entsprechend dem »Lohnausfallprinzip« auch ein Anspruch auf Anrechnung der Stunden auf das Arbeitszeitkonto. Unwirksam ist auch eine (teilweise) Verpflichtung zur Nacharbeit.[26]

12. Ende der Entgeltfortzahlung

Die Entgeltfortzahlung endet grundsätzlich mit Ablauf der sechs Wochen oder mit der Beendigung des Arbeitsverhältnisses. Entgeltfortzahlung und Arbeitsverhältnis enden aber nur zusammen, wenn das Arbeitsverhältnis von Anfang an zeitlich befristet war oder eine Kündigung nicht wegen der Arbeitsunfähigkeit erfolgt.

---

25 BAG 13.2.2002 – 5 AZR 470/00.
26 BAG 26.9.2001 – 5 AZR 539/00.

Wenn der Arbeitgeber das Arbeitsverhältnis aber aus Anlass der Krankheit gekündigt hat oder dem Arbeitnehmer einen Grund zur außerordentlichen Kündigung gibt, bleibt die Entgeltfortzahlung gemäß § 8 EFZG bestehen.

13. Maßnahmen der medizinischen Vorsorge und Rehabilitation

Nach § 9 EFZG gelten die Bestimmungen zur Entgeltfortzahlung auch, wenn die Arbeitsverhinderung durch Maßnahmen der medizinischen Vorsorge und Rehabilitation verursacht wird, die ein Sozialversicherungsträger bewilligt. Die Maßnahme kann stationär, teilstationär oder ambulant durchgeführt werden.[27]

14. Sterilisation und Schwangerschaftsabbruch

Als unverschuldete Arbeitsunfähigkeit gilt auch eine Arbeitsverhinderung, die infolge einer nicht rechtswidrigen Sterilisation oder eines nicht rechtswidrigen Abbruchs der Schwangerschaft eintritt (§ 3 Abs. 2 S. 1 EFZG). Dasselbe gilt für einen Abbruch der Schwangerschaft, wenn die Schwangerschaft innerhalb von zwölf Wochen nach der Empfängnis durch einen Arzt abgebrochen wird, die schwangere Frau den Abbruch verlangt und dem Arzt durch eine Bescheinigung nachgewiesen hat, dass sie sich mindestens drei Tage vor dem Eingriff von einer anerkannten Beratungsstelle hat beraten lassen, vgl. § 3 Abs. 2 S. 2 EFZG.

15. Organ-, Gewebe- und Blutspende

Gemäß § 3a EFZG besteht ein Anspruch auf Entgeltfortzahlung auch, wenn ein Arbeitnehmer infolge der Spende von Organen, von Geweben oder einer Blutspende zur Separation von Blutstammzellen oder anderen Blutbestandteilen arbeitsunfähig ist.

16. Umlageverfahren bei Kleinbetrieben

Arbeitgeber, die nicht mehr als 30 Arbeitnehmer ausschließlich der Auszubildenden beschäftigen, erhalten nach dem Aufwendungsausgleichsgesetz[28] von den Trägern der gesetzlichen Krankenversicherung bis zu 80 Prozent der Entgeltfortzahlung erstattet. Die Mittel werden durch ein Umlageverfahren aufgebracht.

---

27 LAG Rheinland-Pfalz 16.3.2016 – 4 Sa 218/15.

28 Gesetz über den Ausgleich der Arbeitgeberaufwendungen für Entgeltfortzahlung – Aufwendungsausgleichsgesetz (AAG) vom 22.12.2005 (BGBl. I S. 3686), zuletzt geändert durch Art. 6 Abs. 10 des Gesetzes zur Neuregelung des Mutterschaftsrechts 23.5.2017 (BGBl. I S. 1228).

III. Hinweise für die Mitbestimmung

1. Arbeitsunfähigkeit von Betriebsratsmitgliedern

Betriebsratsmitglieder haben selbstverständlich auch für die Zeit der Arbeitsbefreiung für erforderliche Betriebsratsarbeit (§ 37 Abs. 2 BetrVG) bzw. der Freistellung (§ 38 BetrVG) einen Anspruch auf Entgeltfortzahlung im Krankheitsfall. Gleiches gilt, wenn ein Betriebsratsmitglied unter Erfüllung der Voraussetzungen von § 37 Abs. 6 oder 7 BetrVG an einer Schulung oder Bildungsveranstaltung teilnimmt und währenddessen arbeitsunfähig erkrankt.[29]

2. Mitbestimmung bei früherer Vorlage der AU-Bescheinigung

Erteilt der Arbeitgeber eine Anweisung, dass die AU-Bescheinigung nach § 5 EFZG vor Ablauf des dritten Kalendertags nach Beginn der Arbeitsunfähigkeit vorzulegen ist, hat der Betriebsrat ein Mitbestimmungsrecht. Die Anweisung betrifft die Ordnung des Betriebs und das Zusammenleben der Arbeitnehmer nach § 87 Abs. 1 Nr. 1 BetrVG.[30] § 5 EFZG enthält keine abschließende Regelung, sondern eröffnet für den Arbeitgeber einen Handlungsspielraum, den der Betriebsrat mit ausgestalten kann.[31] Die Mitbestimmung besteht aber nur dann, wenn es einen kollektiven Bezug gibt, also wenn der Arbeitgeber z. B. nach abstrakten Merkmalen die frühere Vorlage verlangt. Derartige Merkmale können z. B. häufige Kurzzeiterkrankungen oder vor bzw. nach den Wochenenden oder Urlauben sein. Fehlt ein derartiger kollektiver Bezug und handelt es sich um eine reine individuelle Anweisung wegen besonderer Auffälligkeiten der Krankmeldung eines einzelnen Arbeitnehmers, dann liegt kein mitbestimmungspflichtiger Fall vor.[32] Fehlen dem Betriebsrat die Gründe und Anlässe für das Verlangen nach einer früheren Vorlage der AU-Bescheinigung, hat der Betriebsrat einen Unterrichtungsanspruch nach § 80 Abs. 2 BetrVG, weil diese Informationen erforderlich sind, um zu prüfen, ob mitbestimmungspflichtige Fälle vorliegen. Indizien für das Vorliegen eines kollektiven Bezugs der Anweisung sind z. B. die Häufigkeit des Verlangens nach früherer Vorlage der AU-Bescheinigung in einem bestimmten Zeitraum. Auch kann der Betriebsrat das Mitbestimmungsrecht daraus ableiten, dass das Verhalten des Arbeitgebers immer nach gleichem Muster erfolgt, z. B. bestimmte Arbeitnehmer, die immer montags arbeitsunfähig werden, müssen die AU-Bescheinigung früher vorlegen.

29 Fitting, BetrVG, § 37 Rn. 182 f.
30 BAG 25. 1. 2000 – 1 ABR 3/99.
31 BAG 23. 8. 2016 – 1 ABR 43/14.
32 Fitting, BetrVG, § 87 Rn. 71–75.

IV. Inhalt einer Betriebs- und Dienstvereinbarung

Wenn die Mitbestimmung besteht, kann der Betriebsrat von seinem Initiativrecht Gebrauch machen und eine entsprechende Betriebsvereinbarung entwickeln und dem Arbeitgeber vorschlagen. Lehnt der Arbeitgeber jegliche Verhandlung über diese Betriebsvereinbarung ab, kann der Betriebsrat das Scheitern der Verhandlungen erklären und gemäß §§ 87 Abs. 2, 76 BetrVG eine Einigungsstelle anrufen.

Mögliche Regelungen einer Betriebsvereinbarung könnten z. B. sein:

- Fallgruppen festlegen, die den Arbeitgeber berechtigen, eine frühere Vorlage der AU-Bescheinigung zu verlangen,
- eine bestimmte Anzahl von Fehltagen ohne AU-Bescheinigung festlegen, ab denen der Arbeitgeber eine frühere Vorlage verlangen kann, z. B. erst ab dem 11. Arbeitstag ohne AU-Bescheinigung in den letzten 12 Monaten,
- Zeiträume und Bedingungen festlegen, wann die Anweisung, die AU-Bescheinigung früher vorzulegen, erlischt,
- Ausnahmen von der früheren Vorlagepflicht bei den geregelten Fallgruppen festlegen, sofern der betroffene Arbeitnehmer glaubwürdige Rechtfertigungsgründe hat.

Ergonomie

Bei der Arbeitsplatzgestaltung sind nach § 3 der Arbeitsstättenverordnung unter anderem auch ergonomische Anforderungen durch den Arbeitgeber einzuhalten.[1] Hierbei geht es um eine Anpassung der Arbeit an den Menschen, indem sowohl körperliche Faktoren wie Kraft, Körperhöhe und Alter als auch psychische Aspekte wie Ausführbarkeit, Zufriedenheit und Verträglichkeit bei der Gestaltung von Arbeitsplätzen und Arbeitsabläufen berücksichtigt werden. Hierbei geht es nicht nur um die Gestaltung von Arbeitsplätzen, die besonderen Gefahren ausgesetzt sind, wie etwa die Arbeit an Maschinen mit großer Staub-, Kälte-[2] oder ähnlicher Entwicklung, sondern insbesondere auch eine angemessene Gestaltung von → **Büro- und Bildschirmarbeitsplätzen**.
Mögliche kritische körperliche Faktoren bei der Arbeitsplatzgestaltung sind beispielsweise

- ungünstige räumliche Verhältnisse, wie
- ausschließlich Sitzarbeitsplätze ohne Möglichkeit, die Körperhaltung zu wechseln,
- fehlender Bein-/Fußraum,
- körperferne Anordnung von Arbeitsmitteln,
- zu geringe oder zu hohe Arbeitshöhe,
- eingeschränkte Bewegungsfreiheit,
- ungünstige Kombination von Arbeitsmitteln und -Möbeln,
- schwere körperliche Arbeiten in Zwangshaltung, die zur Belastung des Muskel-Skelett-Apparates führen oder
- eine ungünstige Informationsgestaltung, wie
- defekte Anzeigenelemente (Displaykratzer oder -sprünge)
- ungünstige Lage der Anzeigeelemente (zu hoch oder zu niedrig)

---

1 Umfassend hierzu: Thüsing, Ergonomie im Spannungsfeld von Arbeits-, Daten- und Diskriminierungsschutz, abrufbar unter *https://www.baua.de/DE/Angebote/Publikationen/Berichte/Gd77.pdf?__blob=publicationFile&v=1.*

2 Hierzu u. a.: Gebhardt/Müller, Ergonomische Gestaltung von Kältearbeitsplätzen, abrufbar unter *https://www.baua.de/DE/Angebote/Publikationen/AWE/AWE121.pdf?__blob=publicationFile&v=2.*

- verschmutzte Anzeigeelemente (staubig oder verschmutzt).

Negative psychische Faktoren sind zudem beispielsweise

- ungünstige Gestaltung der Mensch-Maschine-Interaktion,
- schwere körperliche Arbeiten in Zwangshaltungen, die neben der Belastung des Muskel-Skelett-Apparates auch zur psychischen Ermüdung führen können,
- Arbeitsverdichtung, insbesondere Zeitdruck und hohes Arbeitstempo,
- hoher Leistungsdruck im Arbeitsalltag.

Eine Vielzahl von störenden Faktoren können bereits unter Einhaltung der oben beschriebenen → **Technischen Regeln für Arbeitsstätten** und Gefahrstoffen vermieden werden. Entscheidend ist aber auch, präventive Maßnahmen in die alltäglichen betrieblichen Arbeitsabläufe zu integrieren. Die konkreten Gefährdungen sind jedoch im Einzelfall durch eine entsprechende → **Gefährdungsbeurteilung** zu bestimmen.

Erholung

I. Einführung

Unter Erholung versteht man die Rückgewinnung verbrauchter Kräfte und das Wiederherstellen der Leistungsfähigkeit. Synonym wird der Begriff Regeneration verwendet.
Der Begriff »Erholung« stammt ursprünglich aus der Medizin und bedeutet »wieder gesund werden«. Mit Erholung wird allgemein der Vorgang bezeichnet, wenn sich ein biologischer Organismus nach einer anstrengenden Tätigkeit, nach körperlicher Ermüdung und geistiger Erschöpfung, aber auch von Verletzungen oder Krankheiten durch eine Ruhephase wieder regeneriert und Kräfte sammelt. Zur Erholung im biologisch-medizinischen Sinne gehören also hauptsächlich der Schlaf, Ruhepausen und die Rekonvaleszenz[1] im eigentlichen Sinne.
Im Arbeitsrecht soll die Erholung im Wesentlichen durch Regelungen zu → **Pausen**, → **Ruhezeiten** und den → **Urlaub** gewährleistet werden.

II. Einzelfalldarstellung

Nach Art. 24 der Allgemeinen Erklärung der Menschenrechte aus dem Jahr 1948 hat jeder das Recht auf Erholung und Freizeit und insbesondere auf eine vernünftige Begrenzung der Arbeitszeit und regelmäßigen bezahlten Urlaub. Dabei handelt es sich allerdings nicht um einen individuellen einklagbaren Anspruch. In Europa gilt außerdem die Arbeitszeitrichtlinie[2], welche Regelungen zu Ruhezeiten, Ruhepausen und zum Urlaub vorgibt. Auch europäische Richtlinien begründen zwar keinen unmittelbaren Anspruch für den Einzelnen, müssen jedoch von den Mitgliedstaaten in nationales Recht umgesetzt werden, was in diesem Fall durch das Arbeitszeitgesetz (ArbZG) und das Bundesurlaubsgesetz

1 Rekonvaleszenz bedeutet Genesung oder Heilung.
2 Richtlinie 2003/88/EG vom 4.9.2003.

(BUrlG) gewährt wird. Zu den wichtigsten Schutzbestimmungen gehören dort insbesondere die 48-Stunden-Woche, eine Mindestruhezeit von 11 Stunden pro 24-Stundenzeitraum sowie bestimmte Pausenregelungen und der Mindesturlaubsanspruch von 24 Werktagen im Jahr.

1. Pausen

Pausen sind nach dem ArbZG verpflichtend einzuhalten (§ 4 ArbZG). Das erfolgt durch im Voraus feststehende Ruhepausen von mindestens 30 Minuten bei einer Arbeitszeit von mehr als sechs bis zu neun Stunden und Pausen von mindestens 45 Minuten bei einer Arbeitszeit von mehr als neun Stunden (§ 4 ArbZG).
Nach der Rechtsprechung des Bundesarbeitsgerichts sind Ruhepausen im Voraus – spätestens am Beginn des Arbeitstages – festliegende Unterbrechungen der Arbeitszeiten, in denen der Arbeitnehmer weder Arbeit zu leisten noch sich dafür bereitzuhalten braucht. Der Arbeitnehmer kann vielmehr frei darüber verfügen, wo und wie er diese Ruhezeit verbringen will.[3] Demzufolge dürfen die Arbeitnehmer während der Ruhepausen auch keine Arbeitsbereitschaft (→ **Arbeitszeit**) und keinen Bereitschaftsdienst (→ **Arbeitszeit**) leisten, weil der Arbeitnehmer dann nicht frei darüber verfügen kann, wo und wie er seine Ruhepausen verbringt. Auf Grund der nunmehr vorgenommenen Zuordnung des Bereitschaftsdienstes zur Arbeitszeit muss auch bei Bereitschaftsdienst Ruhepausen gewährt werden, was voraussetzt, dass keine Verpflichtung besteht während der Pause tätig zu werden.[4] Auch die Rufbereitschaft (→ **Arbeitszeit**) darf nicht in eine Ruhepause gelegt werden, weil der Arbeitnehmer dann jederzeit mit einem Anruf rechnen muss.
Wie die Pausen genau gelegt werden, schreibt das Arbeitszeitgesetz nicht vor. Es gibt zur **Lage der Pause** lediglich vor, dass sie die Arbeitszeit »unterbrechen« muss. Die Pause kann also nicht direkt an den Anfang oder das Ende der Arbeitszeit gelegt werde. Die Ruhepausen müssen außerdem in Zeitabschnitte von jeweils mindestens 15 Minuten aufgeteilt werden (§ 4 ArbZG). Abweichende Regelungen sind in einem Tarifvertrag oder auf Grund eines Tarifvertrages in einer Betriebs- oder Dienstvereinbarung unter bestimmten Voraussetzungen zulässig (§ 7 ArbZG). So kann beispielsweise in Schicht- und Verkehrsbetrieben die Gesamtdauer der Pausen auf »Kurzpausen von angemessener Dauer« aufgeteilt werden (§ 7 Abs. 1 Nr. 2 ArbZG).
Für die Ruhepausen **Jugendlicher** enthält § 11 JArbSchG eine Sonderregelung. Hiernach müssen Jugendlichen im Voraus feststehende Ruhepausen von angemessener Dauer gewährt werden. Bei einer Arbeitszeit von mehr als viereinhalb

3 BAG 23.9.1992 – 4 AZR 562/91.
4 BAG 16.12.2009 – 5 AZR 157/09.

bis zu sechs Stunden muss die Ruhepause mindestens 30 Minuten und bei einer Arbeitszeit von mehr als sechs Stunden mindestens 60 Minuten betragen. Die vorgeschriebene Mindestdauer der Ruhepausen kann auf mehrere Pausen verteilt werden, wobei die Mindestdauer 15 Minuten nicht unterschreiten darf. Gesetzliche Bestimmungen für zusätzliche Erholungs- und Bedürfniszeiten gibt es nicht. Insbesondere besteht kein Anspruch auf **Kurzpausen** wie etwa auf Raucherpausen. Insoweit ist es Sache der Betriebs- bzw. Tarifparteien entsprechende Regelungen zu treffen.

2. Pausenräume

In Betrieben mit mehr als 10 Beschäftigten oder wenn die Sicherheit und der Schutz der Gesundheit es erfordern, muss ein Pausenraum oder ein entsprechender Pausenbereich durch den Arbeitgeber zur Verfügung gestellt werden (Nr. 4.1 Anhang ArbStättV). Diese sind leicht erreichbar, in ausreichender Größe und entsprechend der Anzahl der gleichzeitigen Benutzer mit Tischen und Sitzgelegenheiten mit Rückenlehne auszustatten. Sie sind ggf. als separate Räume zu gestalten, wenn dies im Rahmen einer Gefährdungsbeurteilung ermittelt wird. Wenn in die Arbeitszeit regelmäßig und häufig Bereitschaftszeiten[5] oder Arbeitsunterbrechungen fallen und keine Pausenräume vorhanden sind, sind Räume für Bereitschaftszeiten einzurichten. Das ist u. a. nötig, wenn nicht vorhergesehen werden kann, wann eine Arbeitsaufnahme erfolgt, z. B. in Krankenhäusern, bei Feuerwehren, Rettungsdiensten oder Fahrbereitschaften. Schwangere Frauen und stillende Mütter müssen sich während der Pausen und soweit erforderlich auch während der Arbeitszeit unter geeigneten Bedingungen hinlegen und ausruhen können.
Siehe dazu auch ausführlich unter → **Pausenräume**.

3. Ruhezeiten

Den Arbeitnehmern steht nach Beendigung der Arbeit eine ununterbrochene Ruhezeit von mindestens 11 Stunden zu (§ 5 Abs. 1 ArbZG). Der Arbeitnehmer darf während der Ruhezeit gegenüber seinem Arbeitgeber keiner Verpflichtung unterliegen, die ihn daran hindert, frei und ohne Unterbrechung seinen eigenen Interessen nachzugehen.
Durch die Ruhezeit soll dem Arbeitnehmer nach der täglichen Arbeitszeit die Möglichkeit gegeben werden, sich insbesondere durch Essen und Schlaf von den Belastungen der Arbeit zu erholen.

---

5 Das ist der Fall, wenn in der Regel mehr als 25 Prozent der Arbeitszeit Bereitschaftszeit ist.

Zeiten der Rufbereitschaft, in denen der Arbeitnehmer nicht tatsächlich eingesetzt wird, dürfen in die Ruhezeit fallen, nicht aber Zeiten des Bereitschaftsdienstes, und zwar unabhängig von einer tatsächlichen Inanspruchnahme.[6] Auch arbeitsfreie Zeiten, wie Urlaubstage oder sonstige Tage der Freistellung von der Arbeit sowie Sonn- und Feiertage zählen zur Ruhezeit. Zu beachten ist, dass § 11 Abs. 4 ArbZG den Arbeitgeber verpflichtet, die Sonn- und Feiertagsruhe unmittelbar in Verbindung mit der Ruhezeit zu gewähren.
Die elfstündige Ruhepause muss dem Arbeitnehmer ununterbrochen nach Beendigung der täglichen Arbeitszeit gewährt werden. Eine Aufteilung der elfstündigen Ruhezeit in Zeitabschnitte ist unzulässig. Hat der Arbeitgeber den Arbeitnehmer während des Mindestruhezeitraums zur Arbeit herangezogen, so muss er die volle Ruhezeit im Anschluss an die Unterbrechung neu gewähren.
Die Dauer der Ruhezeit kann beispielsweise in Krankenhäusern, Gaststätten und in Verkehrsbetrieben auf 10 Stunden herabgesetzt werden, wenn innerhalb von einem Monat oder von vier Wochen durch eine entsprechende Verlängerung der Ruhezeiten ein Ausgleich geschaffen wird (§ 5 Abs. 2 ArbZG).
Siehe dazu auch ausführlich unter → **Ruhezeiten**.

4. Urlaub

Jeder Arbeitnehmer hat jährlich einen Anspruch auf 24 Werktage Urlaub, bezogen auf die 6-Tage-Woche (§ 3 BurlG). Bei einer 5-Tage-Woche reduziert sich der Anspruch daher auf 20 Tage Urlaub. Darüber hinaus ist es natürlich möglich, arbeitsvertraglich einen längeren Urlaub zu vereinbaren. In der Regel sehen Tarifverträge einen über den gesetzlichen Anspruch hinausgehenden Jahresurlaubsanspruch vor.
Die Regelung des § 3 BUrlG wird der Arbeitszeitrichtlinie gerecht, die mit Art. 7 vorschreibt, dass jeder Arbeitnehmer einen bezahlten Mindestjahresurlaub von vier Wochen erhält. Um die Gewährung des Erholungsanspruches abzusichern, gilt daneben ein Abgeltungsverbot, d. h. der Urlaubsanspruch darf im laufenden Arbeitsverhältnis nicht in Geld ausgezahlt werden. Das geht nur im Falle der Beendigung des Arbeitsverhältnisses (vgl. § 7 Abs. 4 BUrlG). Eine Vereinbarung, wonach in den Arbeitslohn Entgelt für den Jahresurlaub einbezogen wird, verstößt deshalb gegen die Arbeitszeitrichtlinie[7] und somit auch gegen das BUrlG.
Erkrankt ein Arbeitnehmer während des Urlaubs, so werden die durch ärztliche Arbeitsunfähigkeitsbescheinigung nachgewiesenen Tage der Arbeitsunfähigkeit auf den Jahresurlaub nicht angerechnet (§ 9 BUrlG).

---

6 ErfK-Wank, § 5 ArbZG, Rn. 3.
7 EuGH 16.3.2006 – C-131/04 und C-257/04.

Grundsätzlich ist eine Übertragung von Urlaub zwar nach der gesetzlichen Regelung des § 7 Abs. 3 BUrlG nur bis zum 31.3. des Folgejahres möglich. Weil sich bei Arbeitnehmern, die über mehrere Jahre arbeitsunfähig erkrankt sind, die so jährlich erworbenen Urlaubsansprüche aber ins Unermessliche addieren können, legte der EuGH und im Anschluss auch das BAG eine Grenze fest. Danach ist es zulässig und nunmehr gefestigte Rechtsprechung, dass der gesetzliche Urlaubsanspruch spätestens 15 Monate nach Ablauf des entsprechenden Urlaubsjahrs verfällt.[8]
Schwerbehinderte Arbeitnehmer haben einen zusätzlichen (bezahlten) Urlaubsanspruch von fünf Arbeitstagen bezogen auf eine 5-Tage-Woche pro Kalenderjahr (§ 208 SGB IX).

III. Hinweise für die Mitbestimmung

Der Betriebsrat hat gemäß § 87 Abs. 1 Nr. 2 BetrVG bzw. der Personalrat gemäß § 80 Abs. 1 Nr. 1 BetrVG n. F. (§ 75 Abs. 3 Nr. 1 BPersVG a. F.) über Beginn und Ende der täglichen Arbeitszeit einschließlich der Pausen mitzubestimmen. Sinn und Zweck des Mitbestimmungsrechts ist, die Interessen der Arbeitnehmer an der Lage ihrer Arbeitszeit und damit zugleich zugleich an der Lage ihrer freien und für die Gestaltung ihres Privatlebens nutzbaren Zeit zu wahren. Dementsprechend betrifft das Mitbestimmungsrecht die Lage der Grenze zwischen Arbeitszeit und Freizeit und damit auch die Zeit der Erholung.[9] Das Mitbestimmungsrecht erfasst auch die Frage, ob die Arbeit an einem Arbeitstag zusammenhängend oder in mehreren Teilabschnitten, die durch größere Pausenzeiten unterbrochen sind, geleistet wird.[10] Hierbei haben die Betriebsparteien die Interessen der Arbeitnehmer an einer sinnvollen, insbesondere zusammenhängenden Gestaltung der arbeitsfreien Zeit mit den Interessen des Arbeitgebers, die Arbeitszeit aus betrieblichen Gründen mit Unterbrechungen festzulegen, zu einem Ausgleich zu bringen.[11] Das Mitbestimmungsrecht besteht aufgrund dieses Zwecks auch bei der Zuteilung der einzelnen Arbeitnehmer zu konkreten Schichtzeiten (Dienst- und Schichtpläne).
Der Betriebsrat hat zudem bei der vorübergehenden Verkürzung oder Verlängerung der betriebsüblichen Arbeitszeit mitzubestimmen gemäß § 87 Abs. 1 Nr. 3 BetrVG (Kurzarbeit und Überstunden). Der Betriebsrat hat über »Ob« und

8 BAG 7.8.2012 – 9 AZR 353/10 im Anschluss an EuGH 22.11.2011 – C 214/10.
9 BAG 25.2.2015 – 5 AZR 886/12.
10 BAG aaO.
11 BAG aaO.

»Wie« der Überstunden mitzubestimmen, also deren zeitliche Lage und den davon betroffenen Personenkreis.
Des Weiteren hat der Betriebsrat gemäß § 87 Abs. 1 Nr. 5 BetrVG bzw. der Personalrat gemäß § 80 Abs. 1 Nr. 6 BPersVG n. F. (§ 75 Abs. 3 Nr. 3 BPersVG a. F.) über die Aufstellung allgemeiner Urlaubsgrundsätze und des Urlaubsplanes mitzubestimmen. Darüber hinaus hat er bei der Festsetzung der zeitlichen Lage des Urlaubs für einzelne Arbeitnehmer mitzubestimmen, wenn zwischen Arbeitgeber und Arbeitnehmer kein Einverständnis erzielt wird. Dieses Mitbestimmungsrecht ist also anders als die anderen Mitbestimmungsrechte zweigliedrig ausgestaltet. Es erfasst mit der Aufstellung allgemeiner Urlaubsgrundsätze und des Urlaubsplanes kollektive Sachverhalte und ausnahmsweise auch individuelle Fragen, soweit zwischen einzelnen Arbeitnehmern und dem Arbeitgeber kein Einverständnis über die zeitliche Lage des Urlaubs erzielt werden kann. Im Streitfall entscheidet die Einigungsstelle (§ 87 Abs. 2 BetrVG).
Die Urlaubsgrundsätze können eine Urlaubsverteilung nach unterschiedlichen Kriterien vorsehen, beispielsweise Quoten festschreiben, Vertretungsregelungen treffen, Bestimmungen zur Rangfolge der Urlaubswünsche oder auch Betriebsferien festlegen.

Erreichbarkeit

I. Einführung

Die Erreichbarkeit für den Arbeitgeber außerhalb der betrieblichen Anwesenheitszeiten ist mit der Digitalisierung der Arbeitswelt (Arbeit 4.0) zu einem zentralen Problem des betrieblichen Gesundheitsschutzes, aber auch einer fairen Entlohnung geworden. In Form von Bereitschaftsdiensten und Rufbereitschaft existieren aber auch »klassische Formen« regulierter Erreichbarkeit (→ **Arbeitszeit**).

II. Einzeldarstellung

1. Interessenlage

Die dauerhafte digitale Erreichbarkeit zwecks bedarfsorientiertem Einsatz der Mitarbeiter entspringt zumeist dem Interesse des Arbeitgebers. Nicht zuletzt aus diesem Grund werden gerade Außendienstmitarbeitern und anderen mobilen Beschäftigten Smartphones, Notebooks usw. vielfach auch zur privaten Nutzung überlassen. Das wird beispielsweise genutzt, um eine zeitnahe Beantwortung von Kundenanfragen auch außerhalb der Normalarbeitszeiten zu gewährleisten. Das → **Homeoffice** kann zugleich helfen, Büroarbeitsplätze einzusparen. Dem Flexibilitätsinteresse des Arbeitgebers steht typischerweise das Interesse des Arbeitnehmers an Begrenzung des Arbeitszeitvolumens bei verlässlichem und ausreichendem Einkommen, Vereinbarkeit von Umfang und Lage der Arbeitszeit mit privaten Interessen und Pflichten, sowie an Gesundheitsschutz gegenüber. Stress, Überforderung, entgrenzte Arbeitszeiten und fehlende Zeit für Erholung sollen vermieden werden.
Allerdings haben auch Arbeitgeber vielfach ein Interesse an Einschränkung der Erreichbarkeit, sei es wegen der hohen Kosten stressbedingter Arbeitsausfälle und sonstiger Gesundheitsprobleme der Mitarbeiter oder aus Produktivitäts-

gründen. Umgekehrt können je nach Position im Betrieb Arbeitnehmer auch von sich aus an einer steten Erreichbarkeit interessiert sein. Gründe dafür können in Karriereinteressen oder auch starker Identifikation mit den Aufgaben liegen. Schließlich kann ein solches Interesse auch von Kollegen ausgehen, wobei sich hier private Kontaktpflege und arbeitsbezogene Anfragen leicht vermischen. Anders als bei klassischer Rufbereitschaft ist der Umgang mit Arbeitsaufträgen und Anfragen von Kollegen häufig weder tarif- noch arbeitsvertraglich oder durch arbeitgeberseitige Richtlinien geregelt. Bei Fehlen von Dienst- oder Betriebsvereinbarungen und klaren Dienstanweisungen werden unausgesprochene Erwartungen, Unsicherheiten und Karrierewünsche vielfach zu einem gefährlichen Stressfaktor, der nur durch klare betriebliche Regeln beherrschbar wird.

2. Erreichbarkeit und Arbeitszeit

Die Verfügbarkeit zur Aufnahme der Arbeitstätigkeit kann verschiedene Formen mit unterschiedlichen arbeitszeitrechtlichen Konsequenzen annehmen, je nachdem, wie frei der betroffene Mitarbeiter ist, über seinen Aufenthaltsort und den Zeitpunkt der Arbeitsaufnahme zu entscheiden. Unterschieden wird zwischen Bereitschaftsdienst, Rufbereitschaft und anderen Formen der Erreichbarkeit.

Bereitschaftsdienst

Bereitschaftsdienst liegt vor, wenn ein Arbeitnehmer sich an einem bestimmten Ort aufhalten muss, um nach Aufforderung unmittelbar die Tätigkeit aufzunehmen. Typisches Beispiel sind Feuerwehrangestellte, die auf der Wache ihren Dienst verbringen, aber nachts auch schlafen können. Soll die Aufnahme der Tätigkeit ohne Aufforderung erfolgen, spricht man von Arbeitsbereitschaft. Anders als beim Bereitschaftsdienst ist nach Rechtsprechung und Tarifverträgen bei Arbeitsbereitschaft erforderlich, dass sich der Arbeitnehmer bei wacher Achtsamkeit im Zustand der Entspannung in seinem Arbeitsbereich aufhält und in der Lage ist, sofort die seiner Arbeitsaufgabe entsprechende Tätigkeit aufzunehmen. Ein Beispiel können die Mitarbeiter in einem Wasserversorgungswerk sein, die möglicherweise über einen längeren Zeitraum keine Aufgaben zu erledigen haben, aber bei einem Signal sofort aktiv sein müssen. Beide Formen stellen Arbeitszeit i. S. d. ArbZG dar. Arbeitsschutzrechtlich unterscheiden sich beide Formen nicht; dagegen unterscheidet sich vielfach das Entgelt, soweit es den Mindestlohn übersteigt.

Rufbereitschaft

Rufbereitschaft liegt hingegen vor, wenn der Arbeitnehmer frei darin ist, seinen Aufenthaltsort zu wählen, aber die Erreichbarkeit gewährleisten und auf Abruf innerhalb einer angemessenen Zeit seine Tätigkeit aufnehmen muss. Geschah dies in Zeiten analoger Telefone noch durch die Verpflichtung zur Angabe des Aufenthaltsorts[1], wird heute die Verpflichtung zur Mitführung eines Mobiltelefons bei Gewährleistung der Erreichbarkeit ausreichen[2], wenn nicht eine tarifvertragliche Regelung etwas anderes vorschreibt. Rufbereitschaft an sich ist keine Arbeitszeit i. S. d. ArbZG.[3] Es lässt sich gut argumentieren, dass sie andererseits auch keine Ruhezeit, sondern lediglich Ruhepause ist.[4] Wird die Arbeit während der Rufbereitschaft aufgenommen, handelt es sich um Arbeitszeit. Ist die Freiheit der Wahl des Aufenthaltsorts eingeschränkt, weil beispielsweise innerhalb von 20 Minuten die Arbeitsaufnahme im Betrieb geschuldet ist, liegt Bereitschaftsdienst vor.[5]

Sonstige Fälle der Erreichbarkeit

Dienstliche Tätigkeiten auf Smartphone, Tablet oder Notebook außerhalb des Betriebs auf Anweisung, mit Billigung oder Duldung des Arbeitgebers stellen Arbeitszeit dar. Muss der Arbeitnehmer seine Erreichbarkeit per mobilem Endgerät gewährleisten und auf Anforderung des Arbeitgebers oder von Kunden sofort bzw. unverzüglich die berufliche Tätigkeit aufnehmen, liegt Arbeitszeit i. S. d. ArbZG vor; es handelt sich dann um Bereitschaftsdienst, nicht lediglich um Rufbereitschaft.[6] Ist der Arbeitnehmer hingegen frei, die Tätigkeit sofort auszuführen, kann er sie aber auch auf den nächsten Tag im Betrieb verschieben, stellt nur die tatsächlich geleistete Arbeit auch Arbeitszeit dar.

3. Gesetzlicher Rahmen

Die Gewährleistung der Erreichbarkeit unterliegt einem klaren rechtlichen Rahmen, der allerdings gerade im Hinblick auf digitale Erreichbarkeit bei Fehlen betrieblicher Grenzen zum »zahnlosen Tiger« werden kann.

Die Pflicht zur Erreichbarkeit bedarf einer Rechtsgrundlage. Sie kann im Arbeitsvertrag, einer Dienst-/Betriebsvereinbarung oder einem Tarifvertrag verankert oder eröffnet sein oder sich im Einzelfall als Nebenpflicht aus dem Arbeitsverhältnis ergeben. Auch die mündliche Vereinbarung mit dem Arbeitgeber ist als arbeitsvertragliche Grundlage ausreichend. Das Direktionsrecht aus § 106 GewO reicht für die Anordnung einer Erreichbarkeit innerhalb der vertraglich geschuldeten Arbeitszeit aus; für die Anordnung von → **Überstunden** ist

1 BAG 26. 2. 1958 – 4 AZR 388/55.
2 BAG 29. 6. 2000 – 6 AZR 900/98.
3 EuGH 3. 10. 2000 – C-303/98.
4 Buschmann/Ulber, ArbZG § 5 Rn. 4; das ergibt sich u. a. aus § 21a Abs. 3 Satz 3 ArbZG.
5 BAG 31. 1. 2002 – 6 AZR 214/00.
6 VGH BaWü 26. 6. 2013 – 4 S 94/12; Buschmann/Ulber, ArbZG § 2 Rn. 17.

es jedoch nicht ausreichend.[7] Entsprechend ist die einseitige Anordnung der Erreichbarkeit zwecks Arbeitsaufnahme außerhalb der vertraglich vereinbarten Arbeitszeit ebenfalls nicht vom Direktionsrecht abgedeckt. Als vertragliche Nebenpflicht kann die Erreichbarkeit analog zu → **Überstunden** in besonderen Not- bzw. Gefahrenfällen geschuldet sein.

Die Erreichbarkeitspflicht ist den gleichen rechtlichen Grenzen der → **Arbeitszeit** unterworfen wie die Arbeitsleistung selbst. Auch für Tätigkeiten »während der Freizeit« gilt daher, dass diese addiert zur betrieblichen oder normalen Arbeitszeit die Grenze von acht Stunden pro Werktag (§ 3 S. 1 ArbZG) mit Verlängerungsmöglichkeit auf zehn Stunden bei Ausgleich (§ 3 S. 2 ArbZG) grundsätzlich nicht überschreiten darf. Eine Erreichbarkeitspflicht während der täglichen Mindestruhezeiten von 11 Stunden (§ 5 ArbZG), während der Sonn- und Feiertagsruhe (§ 9 ArbZG) oder während des Erholungsurlaubs (§ 8 BUrlG) ist grundsätzlich ausgeschlossen. Eine während der Ruhezeit erfolgende Arbeitsaufnahme unterbricht die tägliche Mindestruhezeit, die nach Ende des Einsatzes erneut zu laufen beginnt.

Für Arbeitsbereitschaft, Bereitschaftsdienst und Rufbereitschaft enthält § 7 ArbZG allerdings zahlreiche Abweichungsmöglichkeiten durch oder aufgrund eines Tarifvertrags. Ferner gelten gem. § 5 Abs. 3 ArbZG Ausnahmen in Krankenhäusern und anderen Pflegeeinrichtungen für die Ruhezeit im Fall von Rufbereitschaft. Eine Kürzung der Ruhezeit ist hier auch ohne Tarifvertrag möglich, wenn sie durch Einsätze in der Rufbereitschaft erfolgt, die nicht mehr als die Hälfte der Ruhezeit betragen.

Im Hinblick auf die Pflicht, insbesondere aber auch bei freiwilliger Erreichbarkeit hat der Arbeitgeber aufgrund seiner allgemeinen Fürsorgepflicht von sich aus dafür zu sorgen, dass die arbeitszeitrechtlichen Grenzen beachtet werden. Zu beachten ist insbesondere, dass es sich beim Arbeitszeitrecht um einseitig zwingendes Arbeitnehmerschutzrecht handelt, sodass auch kein freiwilliger Verzicht durch den Arbeitnehmer möglich ist. Die Regeln des Arbeitszeitgesetzes sind daher insbesondere auch bei Vertrauensarbeitszeit zu beachten. Der Arbeitgeber darf seine Verantwortung nicht auf die Arbeitnehmer abwälzen.

Wird infolge der Erreichbarkeit außerhalb der Normalarbeitszeit die Arbeit aufgenommen oder handelt es sich bei der Art der angeordneten Erreichbarkeit um Bereitschaftsdienst, kann es sich wegen Überschreitung der Achtstundengrenze (§ 3 S. 1 ArbZG) um aufzeichnungspflichtige → **Arbeitszeit** (§ 16 Abs. 2 ArbZG) handeln. Im Übrigen sind die tarifvertraglich vereinbarten Abweichungsmöglichkeiten zu beachten.

---

7 BAG 3.6.2003 – 1 AZR 349/02.

4. Tarifvertragliche Regelungen

Erreichbarkeit außerhalb der Dienstzeiten, neben Bereitschaftsdienst/Arbeitsbereitschaft insbesondere in Form von Rufbereitschaft, ist häufig in Tarifverträgen geregelt. Typische Regelungen betreffen hier Art, Lage und Dauer der Erreichbarkeit sowie insbesondere Entgeltregelungen. In jüngerer Zeit gewinnt das Recht auf Nichterreichbarkeit einschließlich seiner konkreten Bedeutung an Gewicht in der tarifpolitischen Debatte, ohne dass sich eine allgemeine Linie abzeichnen würde.
Gerade im Bereich der Gesundheitsdienstleistungen, Pflege, Feuerwehr usw. machen zahlreiche Tarifverträge von den Abweichungsmöglichkeiten aus § 7 ArbZG in Bezug auf die Überschreitung der täglichen Höchstarbeitszeiten, Mindestruhezeiten usw. bei Bereitschaftsdiensten und Rufbereitschaft Gebrauch.
Die Art der Erreichbarkeit, ggf. einschließlich des Aufenthaltsorts, ist in vielen Tarifverträgen insbesondere in Form von Bereitschaftsdiensten und Rufbereitschaft geregelt. Für den Öffentlichen Dienst existieren beispielsweise Regelungen in §§ 7–9 TVÖD/TV-L zu Bereitschaftsdienst, Arbeitsbereitschaft und Rufbereitschaft. In Bezug auf Rufbereitschaft regelt § 8 Abs. 5 TVÖD/TV-L zunächst die Pflicht zur Zahlung einer Pauschale pro geleisteter Stunde, die nicht zuletzt zur Begrenzung von Missbrauch dient. Bei Einsätzen, die einen Ortswechsel vom gemeldeten Ort erforderlich machen, erfolgt je Einsatz zudem eine Aufrundung der erforderlichen Wege- und Einsatzzeit. Erfolgt der Einsatz ohne Ortswechsel durch Nutzung von Mobiltelefon, Notebook o. ä., werden allerdings lediglich die während der Rufbereitschaft geleisteten Zeiten addiert und am Ende der Rufbereitschaft, spätestens aber nach 24 Stunden auf die nächste halbe oder ganze Stunde aufgerundet.
In der Metall- und Elektroindustrie sehen Manteltarifverträge vielfach nur Rahmenregelungen vor, die in Betriebsvereinbarungen zu konkretisieren sind. So regelt beispielsweise § 3 Abs. 7 MTV Niedersachsen (wie auch § 5.2 MTV Hessen und § 3.12 MTV NRW), dass die Beschäftigten für Zeiten der Bereithaltung eine Vergütung erhalten müssen, die in einer Betriebsvereinbarung zu regeln ist. Auch ist häufig eine Regelung zu finden, wonach der zur Rufbereitschaft verpflichtete Personenkreis und die Zeiträume, in denen Rufbereitschaft zu leisten ist, in einer Betriebsvereinbarung zu regeln sind.

III. Hinweise für die Mitbestimmung

Der Betriebsrat hat – vorbehaltlich einer abschließenden tarifvertraglichen Regelung – in Bezug auf die Erreichbarkeit ein Mitbestimmungsrecht aus § 87

Abs. 1 Nr. 2 und 3 (Dienstplangestaltung; Überstunden), Nr. 7 (Gefährdungsbeurteilung im Hinblick auf die besonderen psychischen Belastungen der Erreichbarkeit) und Nr. 10 BetrVG (Entgeltregelungen für Erreichbarkeit/Rufbereitschaft).

Mitbestimmungspflichtig i. S. d. § 87 Abs. 1 Nr. 2, 3 BetrVG ist neben der arbeitgeberseitigen Anordnung von Rufbereitschaft auch die Duldung der arbeitsbezogenen Erreichbarkeit und Nutzung mobiler Arbeitsgeräte außerhalb des Betriebs. Diese liegt schon vor, wenn der Arbeitgeber von der regelmäßigen Nutzung wie beispielsweise dem Abrufen von E-Mails oder dienstlichen Telefonaten vom Mobiltelefon während der Freizeit weiß, sich dem aber nicht entgegenstellt. Denn in all diesen Fällen handelt es sich um Arbeitszeit im betriebsverfassungsrechtlichen (wie auch arbeitszeitrechtlichen) Sinn, deren Lage einschließlich der erbrachten Überstunden mitbestimmungspflichtig ist.

Dieselben Grundsätze gelten auch für den Personalrat nach § 80 Abs. 1 Nr. 1 (Dienstplangestaltung, Überstunden) und Nr. 16 (Gefährdungsbeurteilung) BPersVG n.F (§ 75 Abs. 3 Nr. 1, 11 BPersVG a. F.[8]).

IV. Inhalt einer Betriebs- und Dienstvereinbarung

Wenn im Betrieb klassische Rufbereitschaft eine Rolle spielt, sollte im Zweifel in einer Betriebsvereinbarung zwischen Rufbereitschaft, Erreichbarkeit und nicht in Form der Rufbereitschaft erbrachter Arbeit mit mobilen Endgeräten unterschieden werden, da die jeweiligen Gefahren Unterschiede aufweisen. Insbesondere die Gefahr der (unbezahlten) Selbstausbeutung ist bei Arbeit im Zusammenhang mit ständiger Erreichbarkeit stärker ausgeprägt als bei klassischer Rufbereitschaft.

Bei der Regelung der Erreichbarkeit und außerbetrieblichen Arbeit auf mobilen Endgeräten stellt sich bei der Mitbestimmung zunächst die Schlüsselfrage, ob aus Gründen des Gesundheitsschutzes sichergestellt werden muss, dass bereits die Erreichbarkeit auf dienstlichen Geräten ausgeschlossen wird, oder ob nicht alternativ eine Regelung ausreicht, die klare Grenzen für Arbeitgeber und Vorgesetzte im Hinblick auf Erreichbarkeitserwartungen zieht, aber im Sinne einer Arbeitszeitsouveränität zugleich möglichst viele Freiheiten bei den betroffenen Arbeitnehmern belässt.

Eine strenge Form des Rechts auf Nichterreichbarkeit kann beispielsweise so aussehen, dass in bestimmten Perioden (z. B. zwischen 20 und 6 Uhr) der Mail-

8 BPersVG v. 15. 3. 1974 (BGBl. I S. 693); zuletzt geändert durch Gesetz vom 9. 6. 2021 (BGBl. I S. 1614).

server E-Mails nicht zustellt oder dass die mobile Kontaktaufnahme in einem bestimmten Zeitraum untersagt wird. Damit wird sichergestellt, dass bestimmte Ruhezeiten von Seiten des Betriebs eingehalten werden. Allerdings entsteht in diesem Fall nicht zuletzt bei Mitarbeitern leicht der Eindruck, bevormundet zu werden. Im Übrigen verringert eine solche Lösung die Gesamtarbeitsbelastung nicht, die beispielsweise bei Gleitzeitregelung noch immer Mehrarbeit außerhalb der regelmäßigen Arbeitszeit verlangen kann.

Eine Alternative kann darin bestehen, die Mitarbeiter in den Stand zu setzen, Inhalt und Grenzen der Erreichbarkeit im Sinne einer Arbeitszeitsouveränität selbst besser steuern zu können. Dazu gehört zunächst, klarzustellen, dass auch mobile Tätigkeit Arbeitszeit darstellt, die vollständig in ein Arbeitszeitkonto einzustellen und ggf. als bezahlte Überstunden abzugelten ist. Bei der Arbeitszeiterfassung ist sicherzustellen, dass Zeiten der Offline-Tätigkeit im Zusammenhang mit mobiler Erreichbarkeit berücksichtigt werden und zugleich die Überwachung nicht ausgedehnt wird. Hilfreich sind schließlich auch Regelungen, die klarstellen, dass eine Erreichbarkeit über mobile Endgeräte außerhalb der Arbeitszeiten nicht erwartet wird, um den Kollegen eine sichere Argumentationsgrundlage zu bieten. Ferner bieten sich Regelungen an, nach denen feste Zeiten der Erreichbarkeit für Vorgesetzte, Kollegen oder Kunden garantiert werden, während der Arbeitnehmer in anderen Zeiträumen frei ist, die Geräte ein- oder auszuschalten.

In Bezug auf allgemeine Rufbereitschaft können insbesondere folgende Aspekte geregelt werden:

- Pauschalvergütung für Rufbereitschaft
- Zuschläge für Einsätze
- Aufrundung der Zeiten
- Begrenzung der Einsatzzeiten pro Woche, Monat und/oder Jahr
- Freiwilligkeit/Selbstbestimmtheit hinsichtlich Zeit und Lage
- Haftpflichtversicherung für Schäden außerhalb der Normalarbeitszeit auch für grobe Fahrlässigkeit, da ein erhöhtes Fehler- und Unfallrisiko besteht

Erschwerniszulage

I. Einführung

Neben dem Grundlohn für die Arbeitsleistung sind Arbeitgeber oftmals aufgrund Tarifvertrag, Betriebsvereinbarung oder einzelvertraglicher Vereinbarung dazu verpflichtet, eine sogenannte Erschwerniszulage zu zahlen. Dieser Begriff ist jedoch nicht eindeutig und erfasst als Sammelbegriff die wichtigsten Formen von Sonderzahlungen für Arbeiten, die mit besonders erschwerten oder gesundheitsgefährdenden Bedingungen für die Arbeitnehmer einhergehen.

II. Einzeldarstellung

1. Abgrenzung

Erschwerniszulagen werden als Ausgleich für besondere Belastungen bei der Arbeit gezahlt. Sie sind Bestandteil des Arbeitsentgelts. Dadurch soll bewusst ein höherer Lohn für Beschäftigte geschaffen werden, die von ihrer Arbeit in besonderem Maße beansprucht werden. Dabei gelten als außergewöhnliche Erschwernisse beispielsweise Arbeiten mit

- besonderer Gefährdung für die Beschäftigten,[1]
- mit hohen körperlichen Belastungen,
- extremer, nicht klimabedingter Hitze- oder Kälteeinwirkung,[2]
- besonders starker Schmutz-[3] oder Staubbelastung,
- besonders starker Strahlenexposition oder
- sonstigen vergleichbaren Umständen.

1 BAG 7.6.1990 – 6 AZR 573/88 (Arbeitseinsatz auf vermintem Gelände); BAG 16.1.1985 – 7 AZR 226/82 (Einsatz auf einer Tuberkulosestation).

2 BAG 22.4.1987 – 4 AZR 463/86 (Kältezulage).

3 BAG 10.11.2000 – 10 AZR 38/00 (Arbeitseinsatz mit Steinkohlenteeröl).

Hiervon abzugrenzen sind Aufwandsentschädigungen. Diese Abgrenzung hat besondere Bedeutung im Vollstreckungsrecht sowie bei der Berechnung von steuer- und sozialversicherungsrechtlichen Abgaben. Aufwandsentschädigungen stellen keine Arbeitsvergütung dar, sondern sind der Ersatz für den Mehraufwand eines Arbeitnehmers im Rahmen seiner Tätigkeit.[4] Erschwerniszulagen sind dagegen Teil des Lohns. Die Abgrenzung ist im Einzelfall schwierig, da Aufwandsentschädigungen regelmäßig als Pauschale gezahlt werden. So gleichen Auslösungsgelder, wie sie in der Bauwirtschaft üblich sind, beispielsweise die arbeitsbedingten Unannehmlichkeiten des Arbeitnehmers aus, sind aber gleichwohl als Aufwandsentschädigung zu qualifizieren.

2. Widerruf und Anrechnung der Erschwerniszulage

Die Zahlung einer Erschwerniszulage setzt zunächst eine vertragliche Vereinbarung bzw. einen Anspruch aus Tarifvertrag oder Betriebsvereinbarung voraus. Insoweit kommt auch ein Anspruch aus betrieblicher Übung in Betracht. Werden Zulagen jedoch über einen längeren Zeitraum zu Unrecht gezahlt, begründet dies keine betriebliche Übung oder ein Änderungsangebot des Arbeitgebers.[5]
Da in diesem Sinne ein individueller Anspruch des Beschäftigten gegen den Arbeitgeber im Raum steht, stellt sich die Frage, inwieweit die Erschwerniszulage einseitig widerrufen oder auf etwaige (tarifliche) Gehaltserhöhungen angerechnet werden kann. Hierbei stellt aber nicht schon jeder Wegfall der Zulage gleichzeitig einen Widerruf dar. Erfolgt beispielsweise eine zulässige Versetzung des Beschäftigten von der Nachtschicht in die Tagschicht, entfällt damit auch die Voraussetzung für die gewährte Zulage.[6] Die Erschwerniszulage ist zukünftig nicht mehr zu zahlen. Anders ist der Fall jedoch zu bewerten, wenn der Beschäftigte aufgrund Urlaubs oder Krankheit die Arbeitsleistung nicht erbringen kann.[7] Hier gilt das Lohnausfallprinzip; der Arbeitgeber hat dann auch die Erschwerniszulage an den Arbeitnehmer zu zahlen, obwohl eine Arbeitsleistung gerade nicht erbracht wurde (→ **Entgeltfortzahlung**).
Wird aus der arbeitsvertraglichen Vereinbarung ein hinreichender und für den Beschäftigten erkennbarer Vorbehalt deutlich, ist ein Widerruf der Erschwerniszulage möglich. Der Widerruf ist insoweit sachbezogen und entspricht daher billigem Ermessen, wenn der Grund für die Erschwernis für den Arbeitnehmer entfällt.[8]

---

4 BAG 18.9.1991 – 7 AZR 41/90.
5 BAG 26.5.1993 – 4 AZR 149/92.
6 LAG Hamm v. 30.06.1994 – 4 Sa 2017/93.
7 BAG 9.12.1998 – 10 AZR 207/98.
8 BAG 30.8.1972 – 5 AZR 140/72.

Ähnliches gilt auch für die Anrechnung der Erschwerniszulage auf Tariflohnerhöhungen. Eine solche Anrechnung ist nur zulässig, wenn ein entsprechender Vorbehalt ausdrücklich vereinbart ist. Ansonsten ist die Erschwerniszulage tarifbeständig.[9] Das heißt, die Zulage muss zusätzlich auf den (erhöhten) Tariflohn gezahlt werden. Dies ist auch dann der Fall, wenn die Zulage für eine Tätigkeit oder Leistung gewährt wird, für die der Tarifvertrag keine Gegenleistung vorsieht und sich der Arbeitgeber die Anrechnung oder den Widerruf nicht ausdrücklich vorbehalten hat.[10]

3. Lohnsteuer und Sozialversicherungspflicht

Erschwerniszulagen sind Arbeitsentgelt und unterliegen der Lohnsteuer und der Sozialversicherungspflicht. Sie sind so wie auch andere Zulagen für Beamte nicht ruhegehaltfähig.

Steuerfrei sind Zuschläge, die für tatsächlich geleistete Sonntags-, Feiertags- oder Nachtarbeit neben dem Grundlohn gezahlt werden, soweit sie

- 25 % für Nachtarbeit (für Nachtarbeit in der Zeit von 0 Uhr bis 4 Uhr erhöht sich der Zuschlagssatz auf 40 Prozent),
- 50 % für Sonntagsarbeit,
- 125 % für Arbeit an gesetzlichen Feiertagen sowie am 31. Dezember ab 14 Uhr oder
- 150 % für besondere Feiertagsarbeit (24. Dezember ab 14 Uhr, 25. und 26. Dezember und 1. Mai, sowie die Zeit von 0 bis 4 Uhr am Folgetag, wenn die Arbeit vor 0 Uhr des auf den Sonntag oder Feiertag folgenden Tages aufgenommen wird)

des Grundlohns nicht übersteigen. Wird Nachtarbeit vor 0 Uhr des auf den Sonntag oder Feiertag folgenden Tages aufgenommen, gilt die Zeit von 0 Uhr bis 4 Uhr steuerlich als Sonntags- bzw. Feiertagsarbeit (§ 3b EStG).

4. Annahmeverzug und Entgeltfortzahlung

Gefahren- und Erschwerniszulagen sind Teil der Bruttomonatsvergütung. Damit sind sie bei der Berechnung des Gehalts im Falle der → **Entgeltfortzahlung** im Krankheitsfall sowie beim Annahmeverzug nach § 615 S. 1 BGB miteinzuberechnen. In beiden Fällen gilt das Lohnausfallprinzip.

---

9 BAG 23.3.1993 – 1 AZR 520/92.

10 BAG 3.12.1991 – GS 2/90.

5. Pfändbarkeit

Nach § 850a Nr. 3 ZPO sind Erschwerniszulagen unter bestimmten Voraussetzungen unpfändbar.[11] Dies gilt zumindest für Gefahrenzulagen sowie Schmutz- und Erschwerniszulagen. Aber auch Sonntags-, Feiertags- und Nachtarbeitszulagen werden vom Pfändungsschutz erfasst. Aber Vorsicht: Mit Blick auf die besondere gesetzliche Wertung in den genannten Fällen hat das BAG für bestimmte Zulagen wie Schicht-, Samstags- und Vorfestarbeitszulagen die Unpfändbarkeit abgelehnt.[12] Entscheidend ist, ob eine gesetzgeberische Wertung – wie etwa für Nachtarbeit nach § 6 Abs. 5 ArbZG – erkennbar ist, wonach die Tätigkeit als besonders belastend zu bewerten ist.[13]

6. Anrechnung auf Mindestlohn

Schon vor Inkrafttreten des Mindestlohngesetzes (MiLoG) war die Frage umstritten, ob etwaige Erschwerniszulagen auf den (tariflichen) Mindestlohn anzurechnen sind. Um diese Frage wird ebenso seit 2015 für den gesetzlichen Mindestlohn gestritten.[14] Die hierzu vertretenen Positionen reichen von voller Anrechnung der Zulagen auf den Mindestlohn bis zu einer generellen Ablehnung irgendwelcher Anrechnungen.

Für den praktisch sehr wichtigen Fall der Nachtzuschläge nach § 6 Abs. 5 ArbZG hat das BAG zwischenzeitlich eine solche Anrechnung verneint.[15] Demnach bezweckt der Nachtzuschlag gerade keine Vergütung für die unmittelbar erbrachte Arbeitsleistung, sondern stellt einen Ausgleich für die erschwerten Arbeitsbedingungen dar. In diesem Sinne handelt es sich um eine Zusatzleistung des Arbeitgebers, die nicht mit der Normalvergütung und damit mit dem Mindestlohn abgegolten ist.

Derselbe Grundsatz muss aber auch für andere Gefahren-, Schmutz- sowie die weiteren vergleichbaren Zulagen im Arbeits- und Gesundheitsschutz gelten. Auch hier erbringt der Arbeitgeber Sonderleistungen, die von der Normalvergütung nicht erfasst sind.[16] Dies ist auch folgerichtig, da in all diesen Fällen eine besondere Erschwernis vorliegt. Anderes kann allenfalls für funktionale Zulagen wie eine Teamleiterzulage gelten.[17]

---

11 Umfassend hierzu: Richter, ArbRAktuell 2013, 382; VG Düsseldorf 4.5.2012 – 13 K 5526/10.

12 BAG 23.08.2017 – 10 AZR 859/16.

13 BAG a.a.O.

14 Hierzu: Riechert/Nimmerjahn, MiLoG § 1 Rdnr. 12 m.w.N.

15 So wohl auch BAG 25.5.2016 – 5 AZR 135/16.

16 HK-ArbR-Däubler, § 1 MiLoG Rn. 19.

17 LAG Berlin-Brandenburg 11.3.2016 – 2 Sa 1777/15.

III. Hinweise für die Mitbestimmung

Beabsichtigt der Arbeitgeber eine Erschwerniszulage einzuführen oder zu widerrufen, bestehen Mitbestimmungsrechte des Betriebsrats nach § 87 Abs. 1 Nr. 10 BetrVG bzw. des Personalrats nach § 80 Abs. 1 Nr. 8 BPersVG n. F. (§ 75 Abs. 3 Nr. 4 BPersVG a. F.[18]). Es besteht jedoch kein Zustimmungserfordernis nach § 99 Abs. 1 BetrVG bzw. §78 Abs. 1 Nr. 3, 4 BPersVG n. F. (§ 75 Abs. 1 Nr. 2 BPersVG a. F.) zur Eingruppierung eines Beschäftigten, wenn die Zulage lediglich für die Dauer einer bestimmten Tätigkeit gezahlt wird, sich ansonsten aber nicht auf die Stellung des Beschäftigten im Vergütungsgefüge auswirkt.[19]

Beabsichtigt der Arbeitgeber insbesondere den Widerruf einer Erschwerniszulage, ist dies mitbestimmungspflichtig. Die Arbeitnehmervertretung kann den Arbeitgeber in diesem Fall sogar dazu verpflichten, den mitbestimmungswidrigen Widerruf zurückzunehmen und die Erschwerniszulage weiterzuzahlen.[20]

Der Tarifvorbehalt (Regelungssperre) des § 77 Abs. 3 BetrVG, wonach Arbeitsentgelt und sonstige Arbeitsbedingungen, die durch Tarifvertrag geregelt sind oder üblicherweise geregelt werden, mitbestimmungsfrei sind, steht dem Abschluss einer Betriebsvereinbarung aber nicht entgegen. Es handelt sich bei der Frage nach Erschwerniszulagen um eine Angelegenheit der erzwingbaren Mitbestimmung des § 87 Abs. 1 Nr. 10 BetrVG, die nur bei tatsächlich bestehenden und für den Betrieb anwendbaren tariflichen Bestimmungen ausgeschlossen ist.[21] Vom Mitbestimmungsrecht nicht umfasst ist jedoch die genaue Höhe der Erschwerniszulage.[22]

IV. Inhalt einer Betriebs- und Dienstvereinbarung

Die Ausübung des Mitbestimmungsrechts bei Erschwerniszuschlägen kann unterschiedlich ausgeübt werden. Soweit keine tarifvertragliche Regelung besteht, können die Betriebsparteien eine eigenständige Regelung etwa zum Nachtarbeitsausgleich nach § 6 Abs. 5 ArbZG vereinbaren.[23] Genauso üblich ist aber auch die Aufnahme einer entsprechenden Regelung als Unterpunkt im Rahmen

18 BPersVG v. 15.3.1974 (BGBl. I S. 693); zuletzt geändert durch Gesetz vom 9.6.2021 (BGBl. I S. 1614).
19 BAG 24.6.1986 – 1 ABR 31/84.
20 VG Osnabrück 15.1.2013 – 8 A 3/12.
21 BAG 3.12.1991 – GS 2/90.
22 BAG 22.12.1981 – 1 ABR 38/78.
23 Eine Beispielformulierung findet sich bei: D/K/W-Arbeitshilfe- Klebe/Heilmann, § 87 Rn. 57.

der Mitbestimmung zum Arbeitsschutz (§ 87 Abs. 1 Nr. 7 BetrVG, § 80 Abs. 1 Nr. 16 BPersVG n. F. [§ 75 Abs. 3 Nr. 11 BPersVG a. F.]). In beiden Fällen haben die Betriebsparteien aber darauf zu achten, dass ein angemessener Ausgleich für die jeweilige Belastung vereinbart wird. Denkbar ist auch eine Klärung der Frage, ob der jeweilige Ausgleich finanziell durch die Zahlung eines Zuschlags erfolgt oder ob der betroffenen Person ein Freizeitausgleich gewährt wird.

Erste Hilfe

I. Einführung

Das Arbeitsschutzgesetz (ArbSchG) bestimmt, dass der Arbeitgeber entsprechend der Art der Arbeitsstätte und der Tätigkeiten sowie der Zahl der Beschäftigten die Maßnahmen zu treffen hat, die zur Ersten Hilfe, Brandbekämpfung und Evakuierung der Beschäftigten erforderlich sind. Dabei hat er der Anwesenheit anderer Personen Rechnung zu tragen. Er hat auch dafür zu sorgen, dass im Notfall die erforderlichen Verbindungen zu außerbetrieblichen Stellen eingerichtet sind, insbesondere in den Bereichen der Ersten Hilfe, der medizinischen Notversorgung, der Bergung und der Brandbekämpfung (§ 10 Abs. 1 ArbSchG).
Der Arbeitgeber hat diejenigen Beschäftigten zu benennen, die Aufgaben der Ersten Hilfe, Brandbekämpfung und Evakuierung der Beschäftigten übernehmen. Anzahl, Ausbildung und Ausrüstung der benannten Beschäftigten müssen in einem angemessenen Verhältnis zur Zahl der Beschäftigten und zu den bestehenden besonderen Gefahren stehen. Vor der Benennung hat der Arbeitgeber den Betriebs- oder Personalrat zu hören. Weitergehende Beteiligungsrechte bleiben unberührt. Der Arbeitgeber kann die genannten Aufgaben auch selbst wahrnehmen, wenn er über die erforderliche Ausbildung und Ausrüstung verfügt (§ 10 Abs. 2 ArbSchG).

II. Einzeldarstellung

Die Regelungen in § 10 ArbSchG setzen Art 8 der EG-Rahmenrichtlinie um. Die amtliche Überschrift lautet: Erste Hilfe und Notfallmaßnahmen.
Inhaltlich geht es um zwei Punkte: Erstens besteht die Verpflichtung des Arbeitgebers, vorsorglich Maßnahmen für den vorhersehbaren Notfall, also Notfallmaßnahmen zu treffen (siehe unter 1.). Zweitens sind für die Durchführung verantwortliche Personen zu benennen (siehe unter 2.). Es bestehen dabei sowohl

für die Maßnahmen als auch für die Qualifizierung und die Anzahl der benannten verantwortlichen Personen keine starren Vorgaben. Das Gesetz gibt lediglich vor, dass diese sich nach der Arbeitsstätte mit ihrem Gefahrenpotential und den dort verübten Tätigkeiten sowie der Anzahl der Beschäftigten richten.

1. Notfallmaßnahmen

Als Notfallmaßnahmen nennt das Gesetz die Erste Hilfe (a), die Brandbekämpfung (b) und die Evakuierung der Beschäftigten (c). Damit sind die Beschäftigten in den betroffenen Personenkreis einbezogen; darüber hinaus erweitert die Vorschrift den Personenkreis auf »andere anwesende Personen«. Damit sind auch Kunden und Besucher, aber auch Lieferanten sowie Mitarbeiter anderer Unternehmen, die in der Arbeitsstätte Arbeiten verrichten, erfasst.[1] Den Arbeitgeber trifft die Pflicht, die einbezogenen Personen festzustellen und Notfallmaßnahmen dementsprechend zu planen, umzusetzen und gegebenenfalls anzupassen.

Maßnahmen der Ersten Hilfe

Die Maßnahmen der Ersten Hilfe müssen auf den Betrieb zugeschnitten sein. Dabei kommen verschiedene Maßnahmen in Betracht, vor deren Einführung der Arbeitgeber sich durch die → **Fachkraft für Arbeitssicherheit** und vor allem den → **Betriebsarzt** beraten lassen sollte. Grundlage für die Festlegung der erforderlichen Maßnahmen bildet die → **Gefährdungsbeurteilung**. Gemäß § 10 Abs. 1 ArbSchG ist insbesondere die im Notfall zu außerbetrieblichen Stellen erforderliche Verbindung sicherzustellen. Die Anforderung von Hilfe erfolgt üblicherweise über die Notrufnummern der Polizei, des Rettungsdienstes und der Feuerwehren. Auf die Meldeeinrichtungen ist per Aushang hinzuweisen. Im nächsten Schritt ist es wichtig, dass die einzelnen Beteiligten der »Rettungskette« funktionierend organisiert sind. Es muss also die Reihenfolge geregelt werden, in der ein Notfall abgearbeitet wird. Die Gesetzlichen Unfallversicherungsträger[2] bilden die Rettungskette wie folgt ab:

1. Sofortmaßnahmen und Notruf
2. Weitere Erste-Hilfe-Maßnahmen
3. Rettungsdienst
4. Krankenhaus

Als Maßnahmen der Ersten Hilfe kommen je nach Ergebnis der Gefährdungsbeurteilung ferner Rettungstransportmittel, Rettungsgeräte sowie Erste-Hilfe-Räu-

1 Steffek, in: Kollmer/Klindt/Schucht, ArbSchG, § 10 Rn. 4.
2 Deutsche Gesetzliche Unfallversicherung e. V. (DGUV), DGUV Information 204-030, *https://publikationen.dguv.de/dguv/pdf/10002/204-030.pdf.*

me in Betracht. Letztere sind in Betrieben mit mehr als 1000 Beschäftigten und in Betrieben mit mehr als 100 Beschäftigten, wenn besondere Unfall- oder Gesundheitsgefahren bestehen, verpflichtend einzurichten. Einen Überblick über die baulichen Anforderungen geben die Technischen Regeln für Arbeitsstätten »Erste-Hilfe-Räume, Mittel und Einrichtungen zur Ersten Hilfe (ASR A4.3)« der → **DGUV** zum Fachbereich Verwaltungs-Berufsgenossenschaft.[3] Zu finden ist dort eine praxistaugliche Übersicht über vorzuhaltendes Verbands- und Verbrauchsmaterial.

Brandbekämpfung

Der Arbeitgeber ist verpflichtet, Maßnahmen zur Brandbekämpfung zu ergreifen. Dazu gehört die Einrichtung von Feuerlöscheinrichtungen, die hinsichtlich ihrer Ausgestaltung und Wirkweise auf den Betrieb und seine Gefahrensituation zugeschnitten sind und die ordnungsgemäß gekennzeichnet und zugänglich sind.[4] Die gesamte Brandschutzorganisation hat sich wiederum an der Gefährdungsbeurteilung zu orientieren. Einzurichten ist ein funktionierendes Meldewesen. Erforderlich kann auch die Aufstellung eines Alarmplans sein, der gleichzeitig Basis für die entsprechenden Notfallübungen ist.

Evakuierung der Beschäftigten

Zu den Notfallmaßnahmen gemäß § 10 ArbSchG gehört die Evakuierung der Beschäftigten. Dabei kann es je nach Eigenart und Nutzung der Arbeitsstätte erforderlich sein, einen funktionierenden Flucht- und Rettungsplan aufzustellen, der zur Kenntnis der Beschäftigten aufzuhängen oder auszulegen ist. Die Flucht- und Rettungswege müssen ausgeschildert und ständig freigehalten werden.[5] In die Maßnahmen zur Evakuierung sind wegen § 10 Abs. 1 ArbSchG auch andere Personen wie Besucher, Lieferanten und Kunden einzubeziehen.

2. Benennung von Personen

Gemäß § 10 Abs. 2 ArbSchG muss der Arbeitgeber diejenigen Beschäftigten benennen, die die Aufgaben der Ersten Hilfe, der Brandbekämpfung und der Evakuierung übernehmen. Dabei bestimmt die Vorschrift keine starren Anforderungen an Ausbildung und Anzahl, sondern macht auch hier den Umfang von einem angemessenen Verhältnis zur Beschäftigtenzahl und zu den der Arbeitsstätte eigenen Gefahren abhängig. Was im Einzelfall als angemessen anzusehen

3 Technischen Regeln für Arbeitsstätten Erste-Hilfe-Räume, Mittel und Einrichtungen zur Ersten Hilfe ASR A 4.3 der DGUV zum Fachbereich Verwaltungs-Berufsgenossenschaft, Stand: Juli 2017.

4 Steffek, in: Kollmer/Klindt/Schucht, ArbSchG, § 10 Rn. 23.

5 Steffek, in: Kollmer/Klindt/Schucht, ArbSchG, § 10 Rn. 26.

ist, muss unter Beteiligung von Sachverständigen vom Arbeitgeber bestimmt werden.[6]
Die benannten Personen sind für die Aufgaben der Ersten Hilfe, Brandbekämpfung und Evakuierung theoretisch und praktisch aus- und fortzubilden. Die Aus- und Fortbildung hat während der Arbeitszeit zu erfolgen. Es ist sachgerecht, bei der Ersthelferausbildung den Betriebsarzt einzubeziehen. Bei der Aus- und Fortbildung für Brandbekämpfung und Evakuierung geben Feuerwehren, Rettungsdienste und Katastrophenschutzeinrichtungen fachliche Unterstützung.
Nach § 26 der UVV DGUV Vorschrift 1 »Grundsätze der Prävention« muss der Arbeitgeber dafür sorgen, dass bei 2 bis zu 20 anwesenden Versicherten für die Erste-Hilfe-Leistung mindestens ein Ersthelfer zur Verfügung zu steht. Bei mehr als 20 anwesenden Versicherten müssen in Verwaltungs- und Handelsbetrieben mindestens 5% und in sonstigen Betrieben mindestens 10 % der Gesamtzahl der Beschäftigten als Ersthelfer zur Verfügung stehen,[7] in Kindertageseinrichtungen mindestens 1 Ersthelfer je Kindergruppe, in Hochschulen mindestens 10% der Versicherten nach § 2 Abs. 1 Nr. 1 SGB VII.
Gemäß § 27 der UVV DGUV Vorschrift 1 »Grundsätze der Prävention« ist zusätzlich ein Betriebssanitäter zur Verfügung stellen für Betriebe mit mehr als 1500 Beschäftigten, für Betriebe mit mehr als 250 Versicherten bei erhöhter Gefahr und auf Baustellen mit mehr als 100 Versicherten.
Für den Bereich der Brandbekämpfung und Evakuierung werden in den UVV keine expliziten Vorgaben für den Umfang von Anzahl und Ausbildung gemacht; sie sind wie oben beschrieben anhand der Gefährdungsbeurteilung zu ermitteln. Sachverstand können die Feuerwehren und Rettungsdienste sowie die Arbeitsschutzbehörden einbringen.
Bei der Ermittlung der besonderen Gefahren sind auch Vorgaben spezieller Vorschriften wie der GefStoffV, BioStoffV, SprengG, BetrSiV, LärmVibrationsArbSchV, OStrV sowie die Landesbauordnungen zu berücksichtigen.[8]
Die Benennung der Personen erfolgt durch den Arbeitgeber. Sie ist formlos möglich. Eine schriftliche Benennung ist aber zu empfehlen. Die Benennung nach § 10 ArbSchG ist nicht automatisch eine Benennung als verantwortliche Person gemäß § 13 ArbSchG. Das ist zu trennen. Verantwortliche Person in diesem Sinne ist der Arbeitgeber selbst bzw. seine gesetzlichen Vertreter oder sonstige Personen, die das Unternehmen leiten. Der Arbeitgeber kann hierzu aber auch andere zuverlässige und fachkundige Personen schriftlich beauftragen. Ist eine Benennung nach § 13 ArbSchG gewollt, hat diese ausdrücklich schriftlich zu erfolgen. Personenidentität mit dem Ersthelfer nach § 10 ArbSchG ist jedoch

6 Steffek, in: Kollmer/Klindt/Schucht, ArbSchG, § 10 Rn. 28–29.
7 *https://www.dguv.de/de/praevention/vorschriften_regeln/dguv-vorschrift_1/index.jsp.*
8 Steffek, in: Kollmer/Klindt/Schucht, ArbSchG § 10 Rn. 28.

möglich. Ebenso ist es nicht ausgeschlossen, dass derselbe Mitarbeiter sowohl als Ersthelfer, also auch gleichzeitig als Beauftragter für den Brandschutz und die Evakuierung benannt wird.[9]

III. Hinweise für die Mitbestimmung

§ 10 Abs. 2 ArbSchG sieht vor, dass der Betriebs- oder Personalrat vor der Benennung der jeweiligen Personen zu hören ist. Das bedeutet, dass ihm Gelegenheit zur Stellungnahme zu geben ist und etwaige Einwände vom Arbeitgeber mit ihn zu erörtern sind. Eine ohne vorherige Erörterung erfolgte Benennung ist zwar rechtwidrig, bleibt aber wirksam.[10] Ggf. ist auch die → **Schwerbehindertenvertretung** nach § 95 Abs. 2 SGB IX zu beteiligen.

Weitergehende Mitbestimmungs- und Beteiligungsrechte nach der betrieblichen Arbeitsschutzorganisation bleiben von § 10 Abs. 2 ArbSchG ausdrücklich unberührt. Betriebsrat und Personalrat haben das Recht, die Durchführung der Maßnahmen zur Ersten Hilfe zu überwachen (§§ 80 Abs. 1 Nr. 1, 89 BetrVG bzw. §§ 62 Nr. 2, 68 BPersVG n. F. [§§ 68 Abs. 1 Nr. 2, 81 BPersVG a. F.[11]]). In diesem Rahmen ist der Arbeitgeber verpflichtet, der Arbeitnehmervertretung alle notwendigen Informationen unaufgefordert zur Verfügung zu stellen.[12]

Innerhalb der vom Gesetz offen gelassenen Gestaltungsspielräume besteht zudem das Mitbestimmungsrecht des Betriebsrats gemäß § 87 Abs. 1 Nr. 7 BetrVG bzw. des Personalrats nach § 80 Abs. 1 Nr. 16 BPersVG n. F. (§ 75 Abs. 3 Nr. 11 BPersVG a. F.), um diese Rahmenregelungen gemeinsam auszufüllen. Mitbestimmungspflichtig ist insbesondere die Entscheidung über Anzahl, Ausbildung und Ausrüstung der zu benennenden Personen, ebenso die Aufklärung über die bestehenden Gefahren.

Aufgrund des weiten Anwendungsbereichs der zu schützenden Personen erstreckt sich die Mitbestimmung nicht nur auf die Belegschaft, sondern auch auf Dritte, die sich bestimmungsgemäß im Betrieb aufhalten, wie z. B. Lieferanten und Kunden.

---

9 Steffek, in: Kollmer/Klindt/Schucht, ArbSchG § 10 Rn. 34.

10 Steffek, in: Kollmer/Klindt/Schucht, ArbSchG § 10 Rn. 34.

11 BPersVG v. 15. 3. 1974 (BGBl. I S. 693); zuletzt geändert durch Gesetz vom 9. 6. 2021 (BGBl. I S. 1614).

12 Pieper, Arbeitsschutzrecht, § 10 ArbSchG Rn. 4a.

Erwerbsminderungsrente

I. Einführung

Die Renten wegen verminderter Erwerbsfähigkeit decken das Risiko der Invalidität eines in der Rentenversicherung Versicherten vor Erreichen der Altersrente ab. Ihre Aufgabe ist es, für den Fall, dass bei dem Versicherten die Erwerbsfähigkeit in einem bestimmten Maße eingeschränkt wird oder sogar ganz weggefällt, das Einkommen zu ersetzen.
Zu unterscheiden ist daher die Erwerbsminderungsrente von der Altersrente. Die Altersgrenze, ab welcher regelmäßig die Altersrente beansprucht werden kann, liegt bei 67 Jahren. Es existieren umfangreiche Ausnahmen, die es ermöglichen, dass die Altersrente schon vorzeitig beansprucht werden kann. Die Erwerbsminderungsrente wird nur bis zum Erreichen der Altersrente bezahlt.

II. Einzeldarstellung

1. Historie und Zahlen

Bis zum 31.12.2000 waren nach altem Recht die Renten wegen verminderter Erwerbsfähigkeit aufgeteilt in Renten wegen Berufsunfähigkeit und Renten wegen Erwerbsunfähigkeit. Diese Differenzierung hatte im Ergebnis zur Folge, dass Versicherte mit besonderer Ausbildung und in herausgehobenen Beschäftigungen gegenüber den übrigen Versicherten bessergestellt waren.
Die Versicherten sollten aber entsprechend der Höhe ihrer Beitragszahlungen dem Grundsatz der Gleichbehandlung folgend auch gleiche Möglichkeiten haben. Der Gesetzgeber reagierte auf diese Kritik durch das Gesetz zur Reform der Renten wegen verminderter Erwerbsfähigkeit und beseitigte die Ungleichbehandlung durch Einführung der Erwerbsminderungsrenten.
Zu den Renten wegen verminderter Erwerbsfähigkeit gehören

- die Rente wegen voller Erwerbsminderung in Höhe einer Vollrente,

- die Rente wegen teilweiser Erwerbsminderung in Höhe einer halben Vollrente und
- die Rente für Bergleute bei verminderter Berufsunfähigkeit im Bergbau.

Die Anzahl der Personen, die eine Erwerbsminderungsrente beziehen, ist, nachdem sie bis 2009 stetig gesunken ist, bis zum Jahr 2016 wieder stetig angewachsen. Im Jahr 2018 standen 881 478 Personen im Rentenbezug, wobei die volle Erwerbsminderungsrente 816 417 Personen erhielten, während die teilweise Erwerbsminderungsrente an 53 173 Personen ausgezahlt wurde[1].

2. Begriff

Die Feststellung der Erwerbsminderung und der gegebenenfalls daraus resultierende Anspruch auf Rentenzahlung gegen die Rentenversicherung ist von der Feststellung der sog. Minderung der Erwerbsfähigkeit streng zu trennen.
Die Erwerbsminderung ist Voraussetzung für einen Rentenanspruch aus der gesetzlichen Rentenversicherung. Die Feststellung der Minderung einer Erwerbsfähigkeit von mindestens 20 % dagegen ist Voraussetzung für die Zahlung einer Verletztenrente durch den Träger der Unfallversicherung.

3. Voraussetzung für eine Rentenzahlung

a) Teilweise oder volle Erwerbsminderung

Eine Rentenzahlung wird von der Rentenversicherung nur bewilligt, wenn hinsichtlich der gesundheitlichen Einschränkung mindestens eine teilweise Erwerbsminderung vorliegt.
Eine **teilweise Erwerbsminderung** wird dann bejaht, wenn der Versicherte aufgrund seiner gesundheitlichen Beeinträchtigung auf nicht absehbare Zeit unter den üblichen Bedingungen des allgemeinen Arbeitsmarktes nur noch weniger als 6 Stunden täglich, jedoch mehr als 3 Stunden täglich erwerbstätig sein kann, § 43 Abs. 1 Satz 2 SGB VI.
Für den Fall, dass das Leistungsvermögen des Versicherten derart eingeschränkt ist, dass er nur noch höchstens 3 Stunden täglich einer beruflichen Tätigkeit nachgehen kann, ist von einer **vollen Erwerbsminderung** auszugehen. Dies wird damit begründet, dass der Versicherte nicht mehr über ein auf dem allgemeinen Arbeitsmarkt verwertbares Restleistungsvermögen verfügt und er damit eine vollumfängliche Einkommensersatzleistung benötigt.
Die vom Gesetzgeber festgesetzte Zeitgrenze von 3 Stunden ist mit parallelen Regelungen in der Arbeitslosenversicherung begründet. Nach § 138 Abs. 5 SGB

1 An den Deutschen Bundestag von der Deutschen Rentenversicherung mitgeteilte Zahlen, veröffentlicht in Drucksache 19/2018 vom 14. 3. 2018.

III steht ein Versicherter den Vermittlungsbemühungen der Agentur für Arbeit nur zur Verfügung, wenn er eine versicherungspflichtige, mindestens 15 Stunden wöchentlich umfassende zumutbare Beschäftigung unter den üblichen Bedingungen des in Betracht kommenden Arbeitsmarktes ausüben kann und darf. Bei den 15 Stunden geht der Gesetzgeber von einer fünf Tage Woche aus, woraus sich die täglichen 3 Stunden ergeben. Liegt also nur noch ein Leistungsvermögen von unter 3 Stunden vor, wird unterstellt, dass der Arbeitsmarkt dem Versicherten verschlossen ist, da eine solche Tätigkeit nicht angeboten wird.
Hinsichtlich des Leistungsvermögens des Versicherten ist also dezidiert zu prüfen, wie weit seine Fähigkeit zur Erwerbstätigkeit auf dem allgemeinen Arbeitsmarkt reicht. Dies bedeutet, dass für eine volle Erwerbsminderung hinsichtlich jeder nur denkbaren Tätigkeit, die es auf dem Arbeitsmarkt gibt, die jeweilige Leistungseinschränkung bejaht werden muss.
Die Rentenversicherer und gegebenenfalls auch die Gerichte greifen zur Klärung dieser Frage auf ärztliche Gutachten zurück, welche hinsichtlich des Versicherten, der Rentenzahlung begehrt, erstellt werden. Diese haben die Aufgabe, die entsprechenden Diagnosen zu stellen und darüber zu informieren, welche konkreten Einschränkungen aus den festgestellten Diagnosen folgen und ebenfalls diejenigen Belastungen darzustellen, welche dem Versicherten gesundheitlich noch zumutbar sind.
Bei der Art der gesundheitlichen Einschränkung wird auf Krankheit oder Behinderung abgestellt. Es ist also völlig gleichgültig, wodurch die Einschränkung entstanden ist. Dies können Alkoholismus, genetische Erkrankungen oder auch ein Arbeitsunfall sein. Auch ist ein Verschulden des Versicherten für die eingetretene Leistungseinschränkung völlig irrelevant.

b) Versicherungsrechtliche Voraussetzungen

Das Vorliegen von gesundheitlichen Beeinträchtigungen allein kann noch keinen Anspruch auf Auszahlung einer Erwerbsminderungsrente begründen. Der Gesetzgeber fordert eine Mindestzahl an Beitragszeiten oder diesen gleichgestellten Zeiten innerhalb eines klar umgrenzten Zeitraums.
Dies bedeutet, dass grundsätzlich die allgemeine Wartezeit erfüllt sein muss und dass innerhalb der letzten fünf Jahre vor Eintritt der Erwerbsminderung mindestens drei Jahre lang Pflichtbeiträge gezahlt wurden.
Die **allgemeine Wartezeit** (= Mindestversicherungszeit in der gesetzlichen Rentenversicherung) beträgt fünf Jahre, § 50 SGB VI. Auf diese Wartezeit werden Beitragszeiten angerechnet, für die nach Bundesrecht Pflichtbeiträge oder freiwillige Beiträge gezahlt wurden. Sind Versicherte aufgrund eines → **Arbeitsunfalls** oder einer → **Berufskrankheit**, wie auch aus anderen im Gesetz ausdrücklich geregelten Fällen vermindert erwerbsfähig geworden, so gilt die Wartezeit

schon vorzeitig als erfüllt. Soweit ein Arbeitsunfall die Ursache für die verminderte Erwerbsfähigkeit des Versicherten war, ist weitere Voraussetzung, dass der Versicherte im Zeitpunkt des Unfalls versicherungspflichtig war oder in den letzten zwei Jahren vor dem Unfall für mindestens ein Jahr Pflichtbeiträge entrichtet hat (§ 53 Abs. 1 SGB VI).
Um die Einordnung der Erwerbsminderungsrente als Lohnersatzzahlung zu unterstreichen, hat der Gesetzgeber als weitere Voraussetzung festgeschrieben, dass der Versicherte in den letzten fünf Jahren vor Beginn der Erwerbsminderung mindestens drei Jahre lang **Pflichtbeiträge** in die gesetzliche Rentenversicherung gezahlt hat. Es soll also nur derjenige eine Erwerbsminderungsrente erhalten, der aufgrund von Krankheit und Behinderung kein Erwerbseinkommen mehr erzielen kann, welches er in einem nennenswerten Zeitraum zuvor erzielt hatte.
Hinsichtlich der Pflichtbeitragszeiten eröffnet das Gesetz allerdings mehr Optionen, als der Wortlaut es vermuten lässt. So werden als Pflichtbeitragszeiten entsprechend § 55 Abs. 2 SGB VI auch Zeiten der Kindererziehung oder nicht erwerbsmäßigen Pflege oder der Antragspflichtversicherung berücksichtigt.
Darüber hinaus baut der Gesetzgeber ebenfalls eine Brücke, indem er Regelungen bestimmt hat, wonach der Fünfjahreszeitraum durch sogenannte Streckungstatbestände verlängert werden kann. Die diesbezüglichen Regelungen sind in § 43 Abs. 4 SGB VI zu finden.

4. Höhe der Rentenzahlung

Die Höhe der Rentenzahlung ist abhängig von dem Grad der Erwerbsminderung (vermindert oder voll) und von den geleisteten Beiträgen des Versicherten (Versicherungsjahren).
Die volle Erwerbsminderungsrente wird mit einem Rentenartfaktor von 1,0 in Ansatz gebracht, während die teilweise Erwerbsminderungsrente mit einem Rentenartfaktor von 0,5 berechnet wird. Folgerichtig beträgt die teilweise Erwerbsminderungsrente stets die Hälfte der vollen Erwerbsminderungsrente.
Die Höhe der ausgezahlten Rente durch die Rentenversicherung ist ebenfalls davon abhängig, ob weitere Einkünfte und insbesondere weitere gesetzliche Rentenansprüche von anderen Leistungsträgern, zum Beispiel der Unfallversicherung, bestehen und ausgezahlt werden. Hier sind **Anrechnungen** vorzunehmen und es besteht eine Auskunftspflicht des Versicherten gegenüber dem Versicherungsträger. Gibt ein Versicherter, welcher mehrere Renten bezieht, dies nicht an, riskiert er nicht unerhebliche Rückforderungen durch die entsprechenden Versicherungsträger, weswegen hier große Vorsicht geboten ist.

Fachkraft für Arbeitssicherheit

I. Einführung

Die Fachkraft für Arbeitssicherheit (SiFa[1]) hat die Aufgabe, gemeinsam mit dem → **Betriebsarzt** den Arbeitgeber bei der Organisation des betrieblichen Arbeitsschutzes und der betrieblichen Unfallverhütung zu unterstützen. Gemeinsam mit dem Arbeitgeber sind SiFa und → **Betriebsarzt** daher die zentralen Akteure bei der Schaffung und Verbesserung der betrieblichen → **Arbeitsschutzorganisation**. Die Pflicht zur Durchführung von Maßnahmen trifft jedoch allein den Arbeitgeber. Die Fachkraft für Arbeitssicherheit ist in ihrer Tätigkeit keinen Weisungen des Arbeitgebers unterworfen und hierarchisch unmittelbar der Betriebsleitung bzw. der Geschäftsführung unterstellt.[2]

Zur SiFa dürfen qualifizierte Sicherheitsingenieure bzw. Sicherheitstechniker oder -meister bestellt werden. Auch eine Übertragung auf außerbetriebliche Fachleute ist möglich. In jedem Fall darf die SiFa nur mit Zustimmung des Betriebsrats bestellt oder abberufen werden.

II. Einzeldarstellung

1. Wann ist eine SiFa zu bestellen?

Soweit keine behördliche Anordnung nach § 12 Arbeitssicherheitsgesetz (ASiG) besteht, hat der Arbeitgeber Fachkräfte für Arbeitssicherheit nach § 5 ASiG zu bestellen, soweit dies erforderlich ist nach

1 Als Abkürzung sind die Bezeichnungen FaSi, SiFa und FAS gängig. Die offizielle Abkürzung in den offiziellen Abstimmungen zwischen dem Bundesministerium für Arbeit und Soziales, den Bundesländern und der DGUV lautet SiFa.

2 LAG Köln 3.4.2003 – 10 (1) Sa 1231/02.

- der Betriebsart und den damit für die Arbeitnehmer verbundenen Unfall- und Gesundheitsgefahren (→ **Gefahr**),
- der Zahl der beschäftigten Arbeitnehmer und der Zusammensetzung der Arbeitnehmerschaft,
- der Betriebsorganisation, insbesondere im Hinblick auf Zahl und Art der für den Arbeitsschutz und die Unfallverhütung verantwortlichen Personen,
- den Kenntnissen des Arbeitsgebers bzw. seiner gesetzlichen Vertreter nach § 13 ArbSchG.

Eine zahlenmäßige Vorgabe gibt das ASiG nicht vor. Zur Bewertung der Erforderlichkeit sind die vorgenommenen → **Gefährdungsbeurteilungen** heranzuziehen.

Als Rahmengesetz wird das ASiG an dieser Stelle durch die **Unfallverhütungsvorschriften** der Träger der gesetzlichen Unfallversicherung näher konkretisiert. Insbesondere ist hierbei die Unfallverhütungsvorschrift »Betriebsärzte und Fachkräfte für Arbeitssicherheit« (DGUV Vorschrift 2) hinzuzuziehen. Demnach ist die Bestellung einer SiFa schon in Betrieben ab elf Beschäftigten zwingend vorgeschrieben. Beschäftigte in Teilzeit sind jedoch nur anteilig zu berücksichtigen. Eine regelmäßige wöchentliche Arbeitszeit von nicht mehr als 20 Stunden ist dabei mit 0,5, eine regelmäßige wöchentliche Arbeitszeit von nicht mehr als 30 Stunden mit 0,75 zu berücksichtigen.

2. Anforderungen an eine SiFa

Zur SiFa darf nur bestellt werden, wer über eine hinreichende sicherheitstechnische Fachkunde nach § 7 ASiG verfügt (Sicherheitsingenieure, -techniker, -meister). Der Sicherheitsingenieur muss berechtigt sein, die Berufsbezeichnung Ingenieur zu führen und über die zur Erfüllung der ihm übertragenen Aufgaben erforderliche sicherheitstechnische Fachkunde verfügen. Auch der Sicherheitstechniker bzw. der Sicherheitsmeister muss über die zur Erfüllung der ihm übertragenen Aufgaben erforderliche sicherheitstechnische Fachkunde verfügen. Nähere Vorgaben ergeben sich aus der → **DGUV** Vorschrift 2.

Nur im Einzelfall und mit behördlicher Genehmigung darf hiervon abgewichen werden. Der Arbeitgeber hat sich in diesem Fall zu verpflichten, der SiFa innerhalb einer festzulegenden Frist die erforderliche Fachkunde durch Fortbildung zu gewährleisten.

Die SiFa muss selbst nicht Arbeitnehmer im Einsatzbetrieb sein; der Einsatz von freiberuflichen Fachkräften oder Angehörigen eines überbetrieblichen Dienstes ist erlaubt. Bei der Gestaltung der betrieblichen → **Arbeitsschutzorganisation** hat der Einsatz von innerbetrieblichen Experten gegenüber der Beauftragung betriebsfremder oder überbetrieblicher Dienste jedoch Vorrang.[3]

3. Aufgaben

Die SiFa hat die Aufgabe, den Arbeitgeber beim Arbeitsschutz und bei der Unfallverhütung in allen Fragen der (technischen) Arbeitssicherheit einschließlich der menschengerechten Gestaltung der Arbeit zu unterstützen und zu beraten. Gemeinsam mit dem → **Betriebsarzt** erfüllt die SiFa folgenden, nicht abschließenden Aufgabenkatalog nach § 6 ASiG:

- Beratung des Arbeitgebers bei der Planung und Errichtung von Betriebsanlagen, der Einführung technischer Arbeitsmittel und -verfahren,
- Unterstützung des Arbeitgebers bei der Beurteilung der Arbeitsbedingungen,
- Beobachtung der Durchführung des Arbeitsschutzes im Betrieb (→ **Arbeitsschutzorganisation**), insbesondere mittels Betriebsbegehungen,
- Beratung und Belehrung der Beschäftigten über den Arbeits- und Gesundheitsschutz im Betrieb.

Als technischer Berater des Arbeitgebers hat die SiFa insbesondere die zentrale Aufgabe, die Betriebsanlagen und Arbeitsabläufe sicherheitstechnisch zu überprüfen bzw. zu betreuen. Nach den Vorgaben der DGUV Vorschrift 2, Anlage 2 werden die Betreuungsmaßnahmen in die sogenannte Grundbetreuung und einen betriebsspezifischen Teil der Betreuung untergliedert. Grundbetreuung und betriebsspezifische Betreuung bilden zusammen die Gesamtbetreuung. Zudem ist die SiFa Mitglied des → **Arbeitsschutzausschusses** (§ 11 ASiG).

Grundbetreuung

Im Rahmen der Grundbetreuung erbringt die SiFa die Basisaufgaben nach § 6 ASiG. Das sind alle Aufgaben, die unabhängig von betriebsspezifischen Gegebenheiten anfallen und in Anlage 2 der DGUV Vorschrift 2 in die folgenden neun Aufgabenfelder untergliedert sind:

1. Unterstützung bei der → **Gefährdungsbeurteilungen** (Beurteilung der Arbeitsbedingungen)
2. Unterstützung bei grundlegenden Maßnahmen der Arbeitsgestaltung, **Verhältnis**prävention
3. Unterstützung bei grundlegenden Maßnahmen der Arbeitsgestaltung, **Verhaltens**prävention
4. Unterstützung bei der Schaffung einer geeigneten Organisation und Integration in die Führungstätigkeit
5. Untersuchung nach Ereignissen

3 LAG Berlin-Brandenburg 7.7.2016 – 21 TaBV 195/16.

6. Allgemeine Beratung von Arbeitgebern und Führungskräften, betrieblichen Interessenvertretung und Beschäftigten
7. Erstellung von Dokumentationen, Erfüllung von Meldepflichten
8. Mitwirken im betrieblichen Besprechung
9. Selbstorganisation

Der tatsächlich erforderliche Umfang der Grundbetreuung in einem Betreib richtet sich nach den Einsatzzeiten der SiFa. Diese wiederum richten sich nach der sogenannten Betreuungsgruppe, der der Betrieb angehört. Unterschieden werden drei verschiedene Betreuungsgruppen, je nach Gefährdungen sowie Unfall- und Gesundheitsrisiken im jeweiligen Betrieb:

- Gruppe I: Gefährdung hoch, 2,5 Stunden/Jahr je Beschäftigtem/r
- Gruppe II: Gefährdung mittel, 1,5 Stunden/Jahr je Beschäftigtem/r
- Gruppe III: Gefährdung niedrig, 0,5 Stunden/Jahr je Beschäftigtem/r.

Die Zuordnung zu einer der drei Betreuungsgruppen erfolgt nach Betriebsart und Unternehmenszweck anhand eines sog. WZ-Schlüssels (Anlage 2 zu der DGUV Vorschrift 2). Die Einsatzzeit kann bei grundlegenden betrieblichen Veränderungen schwanken.

Betriebsspezifische Betreuung

Der Bedarf an betriebsspezifischer Betreuung wird vom Arbeitgeber individuell hinsichtlich der in § 6 ASiG genannten Aufgaben und den betrieblichen Besonderheiten ermittelt. Hierbei sind insbesondere folgende Aufgabenfelder zu berücksichtigen, die in Anlage 2 der DGUV Vorschrift 2 genannt werden:

1. Regelmäßig vorliegende betriebsspezifische Unfall- und Gesundheitsgefahren (→ **Gefahr**), Erfordernisse zur menschengerechten Arbeitsgestaltung
   1.1 Besondere Tätigkeiten
   1.2 Arbeitsplätze und Arbeitsstätten, die besondere Risiken aufweisen
   1.3 Arbeitsaufgaben und Arbeitsorganisation mit besonderen Risiken
   1.4 Erfordernis arbeitsmedizinischer Vorsorge
   1.5 Erfordernis besonderer betriebsspezifischer Anforderung beim Personaleinsatz
   1.6 Sicherheit und Gesundheit unter den Bedingungen des demographischen Wandels
   1.7 Arbeitsgestaltung zur Vermeidung arbeitsbedingter Gesundheitsgefahren (→ **Gefahr**), Erhalt der individuellen gesundheitlichen Ressourcen im Zusammenhang mit der Arbeit
   Unterstützung bei der Entwicklung eines Gesundheitsmanagements
2. Betriebliche Veränderungen in den Arbeitsbedingungen und in der Organisation

2.1 Beschaffung von grundlegend neuartigen Maschinen, Geräten
2.2 Grundlegende Veränderungen zur Errichtung neuer Arbeitsplätze bzw. der Arbeitsplatzausstattung; Planung, Neuerrichtung von Betriebsanlagen; Umbau, Neubaumaßnahmen
2.3 Einführung völlig neuer Stoffe, Materialien
2.4 Grundlegende Veränderung betriebliche Abläufe und Prozesse; grundlegende Veränderung der Arbeitszeitgestaltung; und liegende Änderung, Einführung neuer Arbeitsverfahren
2.5 Spezifische Erfordernisse zur Schaffung einer geeigneten Organisation zur Durchführung der Maßnahmen des Arbeitsschutzes sowie der Integration in die Führungstätigkeit und zum Aufbau eines Systems der → **Gefährdungsbeurteilung**

3. Externe Entwicklung mit spezifischem Einfluss auf die betriebliche Situation
   3.1 Neue Vorschriften, die für den Betrieb umfangreiche Änderungen nach sich ziehen
   3.2 Weiterentwicklung des für den Betrieb relevanten Stands der Technik und Arbeitsmedizin
4. Betriebliche Aktionen, Programme und Maßnahmen
   4.1 Schwerpunktprogramme, Kampagnen sowie Unterstützung von Aktionen zur Gesundheitsförderung

Der konkrete Umfang der betriebsspezifischen Betreuung ist regelmäßig zu überprüfen. Dies sollte regelmäßig z. B. jährlich geschehen und zusätzlich immer dann, wenn grundlegende Änderungen im Betrieb stattfinden. Der jeweils ermittelte Betreuungsumfang ist gemeinsam mit der SiFa festzulegen und schriftlich zu vereinbaren.

Sicherheitstechnische Überprüfung

Im Rahmen der Gesamtbetreuung verantwortet die SiFa die sicherheitstechnische Überprüfung von technischen Arbeitsmitteln und Arbeitsverfahren. Arbeitsmittel sind alle im Betrieb eingesetzten Werkzeuge, Geräte, Maschinen oder Anlagen, die für die Arbeit verwendet werden sowie gegebenenfalls überwachungsbedürftige Anlagen (§ 2 Abs. 1 BetrSichVO). Die sicherheitstechnische Überprüfung umfasst beispielsweise:

- Abgleichung mit den produktbezogenen Anforderungen (z. B. Übereinstimmung mit Beschaffenheitsanforderungen, CE-Zeichen, GS-Zeichen, Betriebsanweisungen),
- Probeläufe,
- Simulation von Störfällen,
- Stand der Mitarbeiterunterweisung sowie

- Prüfungen insbesondere nach der Betriebssicherheitsverordnung (BetrSichVO).[4]

Die sicherheitstechnische Überprüfung von *Arbeitsverfahren* bezieht sich zudem auf die im Betrieb angewandten bzw. anzuwendenden Arbeitsmethoden und Fertigungsverfahren. Dazu können arbeitsplatzbezogene (z. B. Einführung von computergesteuerten Werkzeugmaschinen, Einrichtung von konkreter Arbeitsplätze) und arbeitsbereichsbezogene Verfahren gezählt werden (z. B. Einführung neuer Fertigungsmethoden).[5]

III. Hinweise für die Mitbestimmung

1. Zustimmungserfordernis zur Bestellung oder Abberufung

Fachkräfte für Arbeitssicherheit dürfen nur mit Zustimmung des Betriebs- bzw. Personalrats bestellt oder abberufen werden (§ 9 Abs. 3 ASiG). Verweigert der Betriebs- oder Personalrat seine Zustimmung, entscheidet die Einigungsstelle. Der Spruch der Einigungsstelle ersetzt die Einigung zwischen Arbeitgeber und Interessenvertretung. Die fehlende und auch nicht ersetzte Zustimmung zur Abberufung einer SiFa führt zumindest auch dann zur Unwirksamkeit der Kündigung einer angestellten SiFa, wenn die Kündigungsgründe sachlich mit der Tätigkeit als SiFa im Zusammenhang stehen.[6]

Die Zustimmung des Betriebs- bzw. Personalrats ist auch dann einzuholen, wenn die Aufgaben der SiFa erweitert oder eingeschränkt werden sollen (§ 9 Abs. 3 S. 2 ASiG). Eine solche Erweiterung liegt z. B. vor, wenn die Fachkraft für Arbeitssicherheit über die gesetzliche Beratungsfunktion hinaus auch → **Gefährdungsbeurteilungen** nach § 5 ArbSchG durchführen soll.[7] Von dem Mitbestimmungsrecht ist auch umfasst, welche Arbeitsmittel (Hilfspersonal, Räume, Einrichtungen, Geräte und Mittel; § 5 Abs. 2 ASiG) zur Verfügung gestellt werden bzw. in welchem Umfang die Fachkräfte für Arbeitssicherheit eine Fortbildung (§ 5 Abs. 3 ASiG) erhalten.

Neben der Zustimmung nach § 9 Abs. 3 ASiG hat der Arbeitgeber bei Einstellung oder Versetzung einer SiFa auch die Zustimmung des Betriebs- oder Personalrats nach §§ 99, 102 BetrVG bzw. §§ 78, 85 BPersVG n. F. (§§ 75, 79 BPersVG

4 Pieper, ArbSchR, Arbeitssicherheitsgesetz, Rn. 90.
5 Pieper, ArbSchR, Arbeitssicherheitsgesetz, Rn. 92.
6 BAG 24. 3. 1988 – 2 AZR 369/87.
7 Schoof, Betriebsratspraxis, Stichwort: Arbeitsschutz Rn. 45e.

a. F.[8]) einzuholen.[9] Insbesondere ersetzt auch ein Spruch der Einigungsstelle nicht zugleich die Zustimmung zu der Einstellung bzw. Versetzung nach § 99 BetrVG.[10] Im Streitfall muss der Arbeitgeber ggf. ein Zustimmungsersetzungsverfahren einleiten. Erklärt der Betriebsrat aber freiwillig seine Zustimmung zur Bestellung nach § 9 Abs. 3 ASiG, ist hierin regelmäßig auch die Zustimmung Einstellung des Mitarbeiters zu sehen.[11] Entgegen der Auffassung des LAG Niedersachsen[12] ist jedoch in der umgekehrten Zustimmung zur Abberufung der SiFa nicht zugleich auch eine Zustimmung des Betriebsrat zur Kündigung nach § 102 BetrVG gegeben. Mit der Abberufung von der betrieblichen Funktion geht nicht zwingend auch eine Kündigung des Beschäftigungsverhältnisses einher; der betroffene Arbeitnehmer kann auch anderweitig im Betrieb eingesetzt werden.[13] Allerdings ist eine Kündigung stets auch als eine Abberufung vom Amt der SiFa zu verstehen.[14]
Die Zustimmung des Betriebsrats zur Abberufung selbst hat auf den individuellen Kündigungsschutz keine negative Auswirkung.[15]

2. Initiativrecht für die Bestellung eines SiFa

Ungeklärt ist bislang die Frage, ob die Arbeitnehmervertretung auch eigeninitiativ die Bestellung, Abberufung oder Änderung des Aufgabenbereichs der SiFa dem Arbeitgeber aufzwingen kann. Im Hinblick auf die zwingend erforderliche Zustimmung zu der Bestellung der SiFa ist ein Initiativrecht an dieser Stelle wohl abzulehnen.[16] Anderes gilt aber bei der Abberufung einer ungeeigneten Fachkraft bzw. der Erweiterung und Beschränkung ihres Aufgabenbereichs; an dieser Stelle ist ein Initiativrecht der Arbeitnehmervertretung anzunehmen.[17] Nur auf diesem Wege sind Betriebsrat und Personalrat im Stande, ihrem Kontrollrecht nach §§ 80 Abs. 1 Nr. 1, 89 BetrVG bzw. §§ 62 Nr. 2, 68 BPersVG n. F. (§§ 68 Abs. 1 Nr. 2, 81 BPersVG a. F.) nachzukommen, um so einen effektiven betrieblichen Gesundheitsschutz zu gewährleisten.

---

8 BPersVG v. 15.3.1974 (BGBl. I S. 693); zuletzt geändert durch Gesetz vom 9.6.2021 (BGBl. I S. 1614).
9 Fitting, § 87 Rn. 322.
10 Fitting, § 87 Rn. 323.
11 BAG 24.3.1988 – 2 AZR 369/87.
12 LAG Niedersachsen 29.10.2015 – 9 Sa 951/14.
13 D/K/W-Klebe, § 87 Rn. 234; Pieper, ArbSchR, Arbeitssicherheitsgesetz, Rn.123.
14 D/K/W-Klebe, a. a. O.
15 LAG Niedersachsen, a. a. O.
16 Wenning-Morgenthaler, Die Einigungsstelle, Rn. 817.
17 Fitting, § 87 Rn. 321; D/K/W-Klebe, § 87 Rn. 196; a. A. bei einem externen Dienst: LAG Hamm 7.1.2008 – 10 TaBV 125/07.

Kommt der Arbeitgeber indes seiner Verpflichtung zur Bestellung einer SiFa nicht nach, ist im Hinblick auf einen effektiven betrieblichen Gesundheitsschutz ausnahmsweise auch ein Initiativrecht der Arbeitnehmervertretungen anzunehmen.[18]

3. Zusammenarbeit von SiFa und Betriebsrat/Personalrat

§ 9 Abs. 1 ASiG schreibt vor, dass die Fachkraft für Arbeitssicherheit bei der Erfüllung ihrer Aufgaben mit dem Betriebs- bzw. dem Personalrat zusammenzuarbeiten hat. Dies wird in Absatz 2 dahingehend konkretisiert, dass die SIFA den Betriebs- oder Personalrat über wichtige Angelegenheiten des Arbeitsschutzes und der Unfallverhütung zu unterrichten hat. Insbesondere hat der Betriebs- bzw. Personalrat ein Recht auf Information bezüglich des Inhalts von arbeitsmedizinischen und sicherheitstechnischen Maßnahmen (§ 8 ASiG), die die SiFa dem Arbeitsgeber im Rahmen ihrer Aufgaben vorschlägt.
Der Betriebs- bzw. Personalrat kann von der SiFa verlangen, in Angelegenheiten des Arbeitsschutzes und der Unfallverhütung beraten zu werden (§ 9 Abs. 2 Satz 3 ASiG). Dies hat eine besondere Bedeutung bei der Mitbestimmung in sozialen/organisatorischen Angelegenheiten nach § 87 BetrVG bzw. § 80 BPersVG n. F. (§ 75 BPersVG a. F.) oder bei der Mitwirkung des Betriebsrates bei der Gestaltung von Arbeitsplätzen, Arbeitsabläufen und der Arbeitsumgebung nach §§ 90, 91 BetrVG. Unterbreitet die SiFa dem Arbeitgeber unmittelbar einen Vorschlag im Rahmen seiner Aufgaben, so hat er hiervon dem Betriebs- bzw. Personalrat eine Abschrift zuzuleiten.[19] Lehnt der Arbeitgeber diesen Vorschlag ab, muss er das gegenüber der SiFa schriftlich begründen. Auch hiervon erhält der Betriebs- bzw. Personalrat gemäß § 8 Abs. 3 ASiG eine Abschrift.[20]

IV. Inhalt einer Betriebs- und Dienstvereinbarung

Gegenstand einer Betriebs- oder Dienstvereinbarung können nur die Vorgaben nach dem ASiG und die sie konkretisierenden Richtlinien und Verordnungen, insbesondere die DGUV Vorschrift 2 sein. So ist etwa die Ermittlung der Einsatzzeiten, beispielsweise durch eine von Arbeitnehmervertretung und Arbeitgeber gemeinsam gebildeten Kommission möglich. Aber auch der Umfang der Tätigkeit kann durch die Betriebsparteien näher konkretisiert werden. Die

18 Fitting, § 87 Rn. 321
19 Fitting, § 87 Rn. 326.
20 Fitting, a. a. O.

Ausweitung oder Einschränkung der Teilnahmeverpflichtung an den Sitzungen des → **Arbeitsschutzausschusses** ist jedoch unzulässig.[21] Insoweit sind die gesetzlichen Vorgaben nach § 11 Satz 4 ASiG abschließend und erlauben keinen Gestaltungsspielraum.

21 BAG 8.12.2015 – 1 ABR 83/13.

Gefahr / Gesundheitsgefahr

I. Einführung

Im Arbeitsleben können aus verschiedenen Umständen und Situationen Gefahren für die Gesundheit und das Leben der Arbeitnehmer entstehen. Der Gefahrenschutz setzt an verschiedenen Gefahrenquellen an und unterscheidet verschiedene Arten von Gefahren. So können Gefahren u. a. von Betriebs- und Arbeitsstoffen (z. B. Chemikalien), gefährlichen Abfällen, Betriebs- und Arbeitsmitteln (z. B. scharfe Schneidewerkzeuge, mechanisch arbeitende Maschinen), besonderen Arbeitssituationen (z. B. Arbeiten in der Höhe) und anderen Arbeitsbedingungen (z. B. Hitze, Kälte) ausgehen. Auch wenn durch das Arbeitsschutzgesetz 1996 der Gefährdungsschutz und der Präventionsgedanke eingeführt wurden, so bleibt doch die Abwehr von Gefahren weiterhin wichtiger Bestandteil des Arbeitsschutzes.

Bestehen also Gefahren im Arbeitsleben, löst dieser Umstand je nach Art und Eintrittswahrscheinlichkeiten des Schadens unterschiedliche Pflichten der Arbeitgeber, aber auch Pflichten und Rechte der Arbeitnehmer aus.

II. Einzeldarstellung

1. Begriff der Gefahr bzw. Gesundheitsgefahr

Der Begriff der **Gefahr** beschreibt eine Sachlage, die bei ungehindertem Ablauf des objektiv zu erwartenden Geschehens zu einem (Gesundheits-)Schaden führt. Dem Schadenseintritt muss eine hinreichende Wahrscheinlichkeit zugrunde liegen. Welcher Grad der Wahrscheinlichkeit ausreicht, ist unter Beachtung des Verhältnismäßigkeitsgrundsatzes nach der Art der betroffenen Rechtsgüter zu bestimmen. Die Wahrscheinlichkeit des Schadenseintritts muss umso geringer sein, je schwerwiegender die möglichen Folgen sind. So ist eine ungesicherte Tätigkeit in einer großen Höhe auf einer Baustelle ohne mehrfache Absicherung gegen Absturz kein hinnehmbares Risiko, weil beim Absturz immer das Leben bedroht ist. Im Arbeitsschutz, bei dem es um Leben und Gesundheit der Arbeitnehmer geht, genügt ein geringeres Maß an Wahrscheinlichkeit des Schadenseintritts als bei einer Gefahr für Sachgüter.[1]

Im Rahmen des präventiven Gedankens des gesamten Arbeits- und Gesundheitsschutzes bestehen aber bereits im Vorfeld einer Gesundheitsgefahr Pflichten des Arbeitgebers. Er muss bereits entsprechende Maßnahmen zur Vermeidung oder Verminderung von festgestellten Gefährdungen ergreifen, um so überhaupt eine Gefahr zu verhindern. Eine **Gefährdung** tritt schon früher ein als eine Gefahr und bezeichnet im Unterschied zur Gefahr die Möglichkeit eines Schadens oder einer gesundheitlichen Beeinträchtigung ohne bestimmte Anforderungen an ihr Ausmaß oder ihre Eintrittswahrscheinlichkeit (→ **Gesundheitsgefährdung**).[2]

Gesundheitsgefahr und Gesundheitsgefährdung stehen begrifflich also nicht gegenüber, sondern ergänzen sich und stehen in einem abgestuften Verhältnis.

Bestehen Gefahren, differenziert man bezüglich der zu ergreifenden Maßnahmen, der Pflichten und Rechte der Arbeitgeber und der Beschäftigten weiter zwischen verschiedenen Gefahrensituationen und betroffenen Beschäftigtengruppen.

2. Spezielle Gefahren

In § 4 Nr. 6 ArbSchG wird der Grundsatz für den Arbeitsschutz aufgestellt, dass spezielle Gefahren für besonders schutzbedürftige Beschäftigtengruppen auch spezielle Schutzmaßnahmen erforderlich machen. Diese Regelung ergänzt den allgemeinen Arbeitsschutz, nach dem ohne Berücksichtigung der speziellen Situation von besonders schutzbedürftigen Beschäftigtengruppen sowieso vorrangig die Gefahren zu beseitigen sind. Nur wenn diese allgemeinen Arbeitsschutzmaßnahmen aufgrund der Besonderheiten der schutzbedürftigen Beschäftigtengruppen keinen ausreichenden Schutz bieten, sind zusätzliche Arbeitsschutzmaßnahmen zu ergreifen. Zu den schutzbedürftigen Beschäftigtengruppen können ältere, behinderte, ausländische, jugendliche Beschäftigte oder Leiharbeitnehmer sowie werdende oder stillende Mütter zählen. Dass diese Beschäftigtengruppen bei der Untersuchung von Gefahrenabwehrmaßnahmen besondere Beachtung finden müssen, ergibt sich auch daraus, dass in weiteren Einzelgesetzen der Arbeitsschutzgedanke extra verankert wurde (→ **Sozialer Arbeitsschutz**). So wird in §§ 3ff. MuSchG der spezielle arbeitszeitgesetzliche (z. B. Verbot von Mehrarbeit, Nachtarbeit und Sonn- und Feiertagsarbeit), in §§ 9ff. MuSchG der spezielle betriebliche (z. B. bzgl. des Umgangs mit Gefahrstoffen) und in § 16 MuSchG der

---

1 BT-Drucks. 13/3540 S. 16; BAG 12.8.2008 – 9 AZR 1117/06.

2 BT-Drucks. 13/3540 S. 16; BAG 12.8.2008 – 9 AZR 1117/06.

ärztliche Gesundheitsschutz geregelt. Ein anderes Beispiel sind die Regelungen im Jugendarbeitsschutzgesetz, wie z. B. die Regelungen in § 22 JArbSchG bezüglich gefährlicher Arbeiten und in § 28 JArbSchG bezüglich Maßnahmen zum Schutz von Gesundheitsgefahren. Besondere Unterrichtungsrechte der Entleiher in Bezug auf die bei ihm eingesetzten Leiharbeitnehmer regelt § 11 Abs. 6 AÜG. Schwerbehinderte Menschen haben aufgrund ihrer speziellen Arbeitssituation einen Anspruch gemäß § 164 Abs. 4 Nr. 4 SGB IX auf behinderungsgerechte Einrichtung der Arbeitsstätten, der Arbeitsplätze usw. unter besonderer Berücksichtigung von Unfallgefahren (→ **Schwerbehinderte Beschäftigte**).

3. Besondere Gefahren

Bei einer besonderen Gefahr, die auch als qualifizierte Gefahr bezeichnet wird, handelt es sich nicht um einen eigenen Gefahrenbegriff, sondern um besondere Umstände, die mit der Gefahr verbunden sind. Die besondere Gefahr kann darin bestehen, dass der gefahrverursachende Umstand zu einem schweren Schaden, z. B. Eintritt von Erwerbsunfähigkeit oder sogar Tod des Beschäftigten, führen kann oder die Wahrscheinlichkeit des Schadenseintritts erhöht ist oder der Schadenseintritt kurz bevor steht[3]. Es geht also nicht darum, das Risiko des Schadenseintritts zu vermeiden, sondern um Pflichten der Arbeitgeber und Rechte der Arbeitnehmer, die in bestimmten Gefahrensituationen bestehen.
So sind bei besonders gefährlichen Arbeitsbereichen gemäß § 9 Abs. 1 ArbSchG, in denen z. B. mit gefährlichen Arbeitsstoffen hantiert wird und dies nicht zu vermeiden ist, Zugangsbeschränkungen zu erlassen und besondere Arbeitsschutzunterweisungen (→ **Unterweisung**) zu erteilen. Arbeitsbereiche sind dann besonders gefährlich, wenn die Schwere der möglichen Schädigung von Beschäftigten und die Eintrittswahrscheinlichkeit der Gefahren sehr hoch sind. Dies kann durch Gefahrstoffe, Strahlungen usw. verursacht werden.
Bestehen unmittelbar erhebliche Gefahren für die Arbeitnehmer, so hat der Arbeitgeber nach § 9 Abs. 2 ArbSchG ebenfalls entsprechende spezielle Arbeitsschutzunterweisungen zu erteilen (→ **Unterweisung**). Zusätzlich hat der Arbeitnehmer nach § 9 Abs. 2 und 3 ArbSchG das Recht, sich aus dem Gefahrenbereich zu entfernen und/oder selbst Maßnahmen zur Gefahrenabwehr bzw. zur Schadensbegrenzung zu treffen (Entfernungs- und Selbsthilferecht).

4. Grundsätze für die Gefahrenabwehr

Für den Gefahrenschutz gelten, genauso wie für den Gefährdungsschutz, die allgemeinen Grundsätze des Arbeitsschutzes. Nach § 4 Nr. 1 ArbSchG hat die

3 BT-Drucks. 13/3540, S. 25; Pieper, ArbSchR, § 9 ArbSchG Rn. 1.

Vermeidung von Gefahren oberste Priorität, danach kommt erst die Verminderung von Gefahren. In § 4 Nr. 2 ArbSchG wird festgelegt, dass eine Gefahr an ihrer Quelle zu bekämpfen ist. Erst wenn die Gefahr an der Quelle nicht auszuschalten ist, kommen nachgelagerte Arbeitsschutzmaßnahmen in Betracht. Bei der Festlegung der Schutzmaßnahmen gilt das sogenannte **TOP-Prinzip**, d. h., dass zunächst **t**echnische, dann **o**rganisatorische und erst nachrangig **p**ersönliche Schutzmaßnahmen ergriffen werden müssen. So kann man in einem Kühlhaus, in dem künstlich eine Temperatur für das Einlagern zum Beispiel von Lebensmitteln um die 0 Grad erzeugt werden muss, nicht die Gefahr der Unterkühlung der in diesem Kühlhaus arbeitenden Menschen verhindern, indem man die Temperatur auf 21 Grad erwärmt. Daher muss man organisatorische Arbeitsschutzmaßnahmen, z. B. die zeitliche Begrenzung des Aufenthalts in dem Kühlhaus, und persönliche Schutzmaßnahmen, z. B. das Tragen von besonderer Schutzkleidung, ergreifen.

5. Arbeitsbedingte Gesundheitsgefahren im Sozialrecht

Der Begriff der »arbeitsbedingten Gesundheitsgefahren« wird im Sozialrecht in den §§ 14 bis 25 SGB VII und in § 20 SGB I verwendet, aber dort nicht definiert. Im Rahmen des Sozialrechts rühren arbeitsbedingte Gesundheitsgefahren aus Arbeitsbedingungen aller Art und Belastungen am Arbeitsplatz, z. B. Einwirkung von Gefahrstoffen, Raumklima, Schichtarbeit, Nässe, Schmutz, Staub, Gase, Dämpfe, Lärm, Licht, Zwangshaltung, Stress, Monotonie, her. Es geht dabei um die Prävention, da nach § 14 SGB VII die Unfallversicherungsträger mit allen geeigneten Mitteln für die Verhütung von Arbeitsunfällen, Berufskrankheiten und arbeitsbedingte Gesundheitsgefahren zu sorgen haben. Dazu können die Unfallversicherungsträger nach § 15 SGB VII Unfallverhütungsvorschriften erlassen, die sich an die Unternehmer richten. Die Unternehmer sind nach § 21 SGB VII für die Durchführung der Maßnahmen zur Verhütung von Arbeitsunfällen und Berufskrankheiten sowie zur Verhütung von arbeitsbedingten Gesundheitsgefahren und für eine wirksame Erste Hilfe verantwortlich.

Neben den Aufgaben der Unfallversicherungsträger werden im Sozialrecht auch im SGB V den Krankenkassen Aufgaben im Bereich der Prävention zugewiesen. So sollen die Krankenkassen nach § 20c SGB V die Träger der gesetzlichen Unfallversicherung bei ihren Aufgaben zur Verhütung arbeitsbedingter Gesundheitsgefahren unterstützen, z. B. bei auf spezifische arbeitsbedingte Gesundheitsrisiken ausgerichtete Maßnahmen im Rahmen der betrieblichen Gesundheitsförderung.

6. Pflichten des Arbeitgebers

Der Arbeitgeber hat bereits gemäß § 618 BGB im Rahmen der allgemeinen Fürsorgepflicht die vertragliche Pflicht, Räume, Vorrichtungen oder Gerätschaften so einzurichten und zu unterhalten und Dienstleistungen so zu regeln, dass der Beschäftigte gegen Gefahr für Leben und Gesundheit soweit geschützt ist, als die Natur der Dienstleistung es gestattet. Auch wenn die Arbeitsschutznormen zum Bereich des öffentlich-rechtlichen Rechts gehören und der Staat die Einhaltung der entsprechenden Arbeitsschutzvorschriften zu überwachen hat, ist anerkannt, dass die Arbeitsschutznormen auch zum Inhalt der Vertragspflichten des Arbeitgebers in Bezug auf seine Arbeitnehmer gehören.[4] Somit hat der Arbeitnehmer einen Anspruch gegenüber seinem Arbeitgeber, dass dieser die öffentlich-rechtlichen Arbeitsschutzvorschriften und die im Rahmen des Arbeitsschutzes erlassenen untergesetzlichen Regelwerke erfüllt.[5]
Neben den in den Arbeitsschutzgesetzen festgelegten Pflichten des Arbeitgebers gegenüber dem einzelnen Arbeitnehmer beinhaltet auch das Betriebsverfassungsgesetz eine Unterrichtungspflicht des Arbeitgebers. Nach § 81 BetrVG hat der Arbeitgeber vor Beginn der Beschäftigung über Unfall- und Gesundheitsgefahren zu belehren.

7. Rechte und Pflichten der Arbeitnehmer

Verletzt der Arbeitgeber seine Fürsorgepflichten im Rahmen des Arbeitsschutzes, entstehen Rechte des Arbeitnehmers vom Erfüllungsanspruch über ein Zurückbehaltungsrecht bis zum Schadensersatzanspruch. Neben diesen Rechten hat der Arbeitnehmer aber auch arbeitsvertragliche Nebenpflichten, um den Arbeitgeber vor Schäden zu schützen bzw. auf Gefahren und Gefährdungen im Bereich des Arbeitsschutzes hinzuweisen bzw. diese zu melden.

a) Rechte der Arbeitnehmer

Vorschlagsrecht der Beschäftigten, § 17 Abs. 1 ArbSchG

Die Beschäftigten sind nach § 17 Abs. 1 ArbSchG berechtigt, dem Arbeitgeber Vorschläge zu allen Fragen der Sicherheit und des Gesundheitsschutzes bei der Arbeit zu machen. Dieses Vorschlagsrecht betrifft natürlich auch die Beseitigung von bestehenden Gefahren am Arbeitsplatz.

---

4 BAG 10.3.1976 – 5 AZR 34/75.
5 HK-ArbSchR-Nebe, § 618 BGB Rn. 11ff.

Außerbetriebliches Beschwerderecht bei Behörden, § 17 Abs. 2 ArbSchG
§ 17 Abs. 2 ArbSchG regelt ein abgestuftes Beschwerderecht. Wenn Beschäftigte aufgrund konkreter Anhaltspunkte der Auffassung sind, dass die vom Arbeitgeber getroffenen Maßnahmen und bereitgestellten Mittel nicht ausreichen, um die Sicherheit und den Gesundheitsschutz bei der Arbeit zu gewährleisten, müssen sie sich zunächst darüber beim Arbeitgeber beschweren. Hilft der Arbeitgeber diesen Beschwerden nicht ab, können sich die Beschäftigten an die zuständige Behörde wenden. Hierdurch dürfen den Beschäftigten keine Nachteile entstehen.

Erfüllungsanspruch, § 618 BGB
Kommt der Arbeitgeber seinen Pflichten aus § 618 BGB nicht oder nicht ordnungsgemäß nach, so hat der Arbeitnehmer einen einklagbaren Erfüllungsanspruch auf Herstellung eines arbeitsschutzkonformen Zustandes.[6] Da ein Klagverfahren in der Regel eine längere Zeit in Anspruch nimmt, ist dieses Rechtsmittel ungeeignet, eine unmittelbar bestehende Gesundheitsgefahr abzuwenden. Insofern versprechen andere Rechte eine wirksamere Schutzwirkung, wie z. B. das Zurückbehaltungsrecht.

Zurückbehaltungsrecht, §§ 273 Abs. 1, 618 BGB
Erfüllt der Arbeitgeber seine Schutzpflichten im Arbeitsschutz nicht, so kann der Arbeitnehmer seine Arbeitsleistung zurückbehalten, d. h. seine Arbeit einstellen.[7] Der Vergütungsanspruch des Arbeitnehmers bleibt bestehen. Wann die Arbeitsleistung eingestellt werden darf, hängt von den Umständen des Einzelfalls ab. Nicht in jedem Fall darf der Arbeitnehmer seine Arbeitsleistung einstellen. Da das Zurückbehaltungsrecht nicht erst besteht, wenn eine Gefahr für Leben und Gesundheit besteht, kann die Arbeitsleistung auf alle Fälle eingestellt werden, wenn eine unmittelbare Gefahr besteht. Diese liegt z. B. vor, wenn eine Leiter benutzt werden soll, die offensichtlich defekt ist. Übersteigt die Raumtemperatur + 35 Grad, dann ist der Raum als Arbeitsraum nicht geeignet, sofern der Arbeitgeber nicht spezielle Maßnahmen ergriffen hat.[8] Auch hier ist eine Zurückbehaltung der Arbeitsleistung zulässig, solange nicht die speziellen Maßnahmen ergriffen werden. Es reicht auch eine nachgewiesene Gesundheitsgefährdung aus. So hat z. B. ein Arbeitnehmer ein Zurückbehaltungsrecht, solange der Betrieb nicht entsprechend den Asbestrichtlinien endgültig saniert ist.[9]

---

6 BAG 10. 3. 1976 – 5 AZR 34/75.
7 BAG 8. 5. 1996 – 5 AZR 315/95;MüKoBGB – Henssler, § 618 BGB Rn. 92–94.
8 Vgl. ASR A3.5 Ziffer 4. 4.
9 LAG Köln 22. 1. 1993 – 12 Sa 872/92. Fitting BetrVG, § 87 Rn. 279–292.

Auf der anderen Seite darf die Arbeitsleistung bei geringfügigen oder nicht langandauernden Verstößen des Arbeitgebers, die keinen Schaden auslösen, nicht eingestellt werden. Dies liegt z. B. vor, wenn im Sommer für kurze Zeit die maximalen Höchstwerte für die Raumtemperatur aus der ASR A3.5 überschritten werden. Soll der Arbeitgeber nach der ASR A3.5 bei einer Raumtemperatur von +26 Grad bestimmte Schutzmaßnahmen[10] ergreifen, so ist der Arbeitnehmer nur solange berechtigt, die Arbeitsleistung zu verweigern, bis der Arbeitgeber initiativ geworden ist. Kündigt der Arbeitgeber also an, dass in Kürze eine mobile Klimaanlage aufgestellt wird, um die Raumtemperatur auf unter 26 Grad zu bringen, dann müsste der Arbeitnehmer die Arbeit wiederaufnehmen.

Schadensersatzanspruch, §§ 280, 276 Abs. 1 BGB
Werden die nach § 618 BGB bestehenden Arbeitsschutzpflichten vom Arbeitgeber vorsätzlich oder fahrlässig verletzt und entsteht dadurch ein Personenschaden, so hat der Arbeitnehmer einen Schadensersatzanspruch nach § 280 Abs. 1 BGB. In der Regel trifft den Arbeitgeber diese Haftung nicht, weil nach § 104 SGB VII bei Arbeitsunfällen und Berufskrankheiten die zuständige Berufsgenossenschaft eintritt. Eine Ausnahme ist nur gegeben, wenn der Arbeitgeber den Versicherungsfall vorsätzlich verursacht hat. Hat der Arbeitgeber eine Schutzpflicht verletzt und hat der Arbeitnehmer einen Personenschaden erlitten, muss der Arbeitnehmer nur beweisen, dass ein ordnungswidriger Zustand vorgelegen hat, der geeignet war, den eingetretenen Schaden herbeizuführen; es ist dann Sache des Arbeitgebers zu beweisen, dass ihn kein Verschulden trifft.[11]

b) Pflichten der Arbeitnehmer

Neben der (Haupt-) Pflicht des Arbeitnehmers, Arbeitsleistung zu erbringen, bestehen auch sogenannte vertragliche Nebenpflichten. Im Arbeitsschutzgesetz sind daneben noch öffentlich-rechtliche Pflichten der Arbeitnehmer geregelt, die zugleich die vertraglichen Nebenpflichten konkretisieren.

Schadensabwendung, § 241 Abs. 2 BGB
Genauso wie der Arbeitgeber als vertragliche Nebenpflicht eine Fürsorgepflicht bezüglich der Gesundheit und des Lebens der Arbeitnehmer hat, hat der Arbeitnehmer eine Schadensabwendungspflicht. Der Arbeitnehmer muss dem Arbeitgeber melden, falls er eine Situation wahrnimmt, in der einem anderen Arbeitnehmer oder ihm selbst aufgrund von Mängeln bei Arbeitsstoffen, Be-

10 Vgl. ASR A3.5 Ziffer 4.3, 4.4.
11 BAG 27.2.1970 – 1 AZR 258/69.

triebsmitteln oder Schutzeinrichtungen Schaden droht. Der Arbeitnehmer darf also nicht abwarten bis ein Schaden eintritt.

Sorgfaltspflichten, § 15 ArbSchG
Die Arbeitnehmer sind verpflichtet, nach ihren Möglichkeiten sowie gemäß der Unterweisung und Weisung des Arbeitgebers für ihre Sicherheit und Gesundheit Sorge zu tragen. Diese Pflicht besteht auch für die Sicherheit und Gesundheit der Personen, die von ihren Handlungen oder Unterlassungen bei der Arbeit betroffen sind. Ebenso sind die Arbeitnehmer verpflichtet, die Maschinen, Geräte, Werkzeuge, Arbeitsstoffe, Transportmittel und sonstigen Arbeitsmittel sowie Schutzvorrichtungen und die ihnen zur Verfügung gestellte persönliche Schutzausrüstung bestimmungsgemäß zu verwenden.

Meldepflichten, § 16 ArbSchG
Stellen Arbeitnehmer unmittelbare erhebliche Gefahren für die Sicherheit und Gesundheit sowie Defekte an Schutzsystemen fest, ist dies dem Arbeitgeber nach § 16 Abs. 1 ArbSchG unverzüglich zu melden. Ebenso hat eine Meldung nach § 16 Abs. 2 Satz 2 ArbSchG an die → **Fachkraft für Arbeitssicherheit**, den → **Betriebsarzt** oder den → **Sicherheitsbeauftragten** nach § 22 SGB VII zu erfolgen. Daneben sollen sie gemeinsam mit dem Betriebsarzt und der Fachkraft für Arbeitssicherheit den Arbeitgeber darin unterstützen, die Sicherheit und den Gesundheitsschutz der Arbeitnehmer bei der Arbeit zu gewährleisten und seine Pflichten entsprechend den behördlichen Auflagen zu erfüllen.

III. Hinweise für die Mitbestimmung

1. Mitbestimmung nach dem BetrVG

§ 87 Abs. 1 Nr. 7 BetrVG legt ein Mitbestimmungsrecht bei Regelungen über die Verhütung von → **Arbeitsunfällen** und → **Berufskrankheiten** sowie über den Gesundheitsschutz im Rahmen der gesetzlichen Vorschriften oder der Unfallverhütungsvorschriften fest. Es bedarf für das Bestehen der Mitbestimmung einer durch die Betriebsparteien auszufüllenden Rahmenvorschrift des Arbeitsschutzes (→ **Betriebsrat**). Eine derartige Rahmenvorschrift ist § 3 Abs. 1 ArbSchG. Danach ist der Arbeitgeber verpflichtet, die erforderlichen Maßnahmen des Arbeitsschutzes unter Berücksichtigung der Umstände zu treffen, die Sicherheit und Gesundheit der Beschäftigten bei der Arbeit beeinflussen. Die Mitbestimmung des Betriebsrates nach § 87 Abs. 1 Nr. 7 BetrVG bei § 3 Abs. 1 ArbSchG knüpft an das Vorliegen von Gefährdungen an, die entweder feststehen oder im

Rahmen einer Gefährdungsbeurteilung festzustellen sind.[12] § 3 Abs. 1 ArbSchG setzt also nicht einmal eine konkrete Gesundheitsgefahr für eine Handlungspflicht des Arbeitgebers voraus. Trotzdem umfasst diese Verpflichtung zwingend auch die Maßnahmen zur Abwehr von Gesundheitsgefahren. Insofern besteht sowohl bei Gesundheitsgefahren als auch bei festgestellten oder ermittelten Gesundheitsgefährdungen eine Mitbestimmung. Der Unterschied ist nur, dass die Gefährdungen erst durch eine Gefährdungsbeurteilung ermittelt werden müssen, sofern sie nicht bereits feststehen (→ **Gefährdungsbeurteilung**). Hingegen kann man nicht erst eine langwierige Gefährdungsbeurteilung durchführen, wenn konkrete Gesundheitsgefahren bestehen. Bei konkreten Gesundheitsgefahren ist der Arbeitgeber verpflichtet, sofort die erforderlichen Maßnahmen zu treffen. Sind solche Eilmaßnahmen zur Abwendung einer Gefahr unverzüglich durchzuführen, versagen die Mitbestimmungsrechte des Betriebsrats über eine Gefährdungsbeurteilung, aber auch die Regelungen über die Anrufung des Arbeitsgerichts oder einer Einigungsstelle. Der Betriebsrat hat dann ausnahmsweise nicht vor Durchführung der Maßnahme zur Gefahrenabwehr mitzubestimmen. Abgeleitet wird dies aus den Vorschriften der §§ 21 ff. ArbSchG, wonach die Anordnung unaufschiebbarer Maßnahmen Sache der zuständigen Aufsichtsbehörden ist.[13] Unberührt bleibt trotzdem das Recht des Betriebsrates, nachträglich noch über die Eilmaßnahmen mitzubestimmen.[14]

Die Mitbestimmung des Betriebsrates nach § 91 BetrVG scheint nur auf dem ersten Blick ein Instrument zu sein, auftretende Gesundheitsgefahren zu verhindern. Zwar geht es bei diesem Mitbestimmungsrecht um besondere Belastungen der Arbeitnehmer. Allerdings müssen diese besondere Belastungen im Zusammenhang mit einer Änderung von Arbeitsplätzen, des Arbeitsablaufs oder der Arbeitsumgebung entstehen. Bestehende belastende Arbeitsbedingungen können zwar gesicherten arbeitswissenschaftlichen Erkenntnissen über die menschengerechte Gestaltung der Arbeit offensichtlich widersprechen, sie sind jedoch nicht von der Mitbestimmung erfasst.[15]

Im Rahmen der Rechte des § 89 Abs. 1 BetrVG hat der Betriebsrat bei der Bekämpfung von Unfall- und Gesundheitsgefahren die für den Arbeitsschutz zuständigen Behörden, die Träger der gesetzlichen Unfallversicherungen und die sonstigen in Betracht kommenden Stellen zu unterstützen. Insofern kann und muss der Betriebsrat zum Beispiel im Rahmen der Besichtigungen oder Untersuchungen nach § 89 Abs. 2 BetrVG die oben genannten Stellen über bestehende Gesundheitsgefahren unterrichten und die Durchführung von Abhilfemaß-

---

12 BAG 28.3.2017 – 1 ABR 25/15.
13 BAG 28.3.2017 – 1 ABR 25/15, NZA 2017, 1132; GK-BetrVG-Wiese, § 87 Rn. 641.
14 Fitting BetrVG, § 87 Rn. 279–292.
15 BAG 28.7.1981 – 1 ABR 65/79.

nahmen fordern. Weitgehender sind jedoch die oben geschilderten Mitbestimmungsrechte.

2. Mitbestimmung nach dem BPersVG

In § 80 Abs. 1 Nr. 16 BPersVG n. F. (§ 75 Abs. 3 Nr. 11 BPersVG a. F.[16]) ist die Mitbestimmung des Personalrats bei Maßnahmen des Arbeitsschutzes zur Verhütung von Dienst- und Arbeitsunfällen und Berufskrankheiten sowie sonstigen Gesundheitsschädigungen geregelt. Dies schließt alle Maßnahmen zur Verhütung arbeitsbedingter Gesundheitsgefahren ein. Arbeitsbedingte Gesundheitsgefahren sind Vorgänge, die in nachvollziehbarem Zusammenhang mit dem Arbeitsplatz oder der Tätigkeit über das allgemeine Lebensrisiko hinaus die Gesundheit beeinflussen können. Der Anerkennung arbeitsbedingter Gesundheitsgefahren steht nicht entgegen, dass die Gefahren auch durch Ereignisse aus der Umwelt oder durch die persönliche Konstitution oder Situation der Beschäftigten ebenso beeinflusst werden können.[17] Bestehen feststehende Gesundheitsgefahren oder werden durch eine Gefährdungsbeurteilung gesundheitsgefährdende Arbeitsbedingungen festgestellt, hat der Personalrat bei den zu ergreifenden Gesundheitsschutzmaßnahmen mitzubestimmen.

16 BPersVG v. 15. 3. 1974 (BGBl. I S. 693); zuletzt geändert durch Gesetz vom 9. 6. 2021 (BGBl. I S. 1614).

17 BVerwG 14. 2. 2013 – 6 PB 1/13.

Gefährdung / Gesundheitsgefährdung

I. Einführung

Der Arbeitsschutz in Deutschland ist als präventiver Gesundheitsschutz ausgestaltet.[1] War der frühere Arbeitsschutz hauptsächlich darauf ausgerichtet, → **Gefahren** für die Gesundheit der Arbeitnehmer abzuwehren, so wurde 1996 durch das Arbeitsschutzgesetz u. a. der Begriff der Gefährdung (§ 4 ArbSchG) und die → **Gefährdungsbeurteilung** (§ 5 ArbSchG) eingeführt. Die Maßnahmen des Arbeitsschutzes sind nach § 4 ArbSchG insbesondere danach auszurichten, dass eine Gefährdung für das Leben sowie die physische und die psychische Gesundheit möglichst vermieden und die verbleibenden Gefährdungen möglichst geringgehalten werden. Durch diese Ausrichtung des Arbeitsschutzes wird der Arbeitgeber verpflichtet, bereits bei der Planung von Arbeitsstätten, Arbeitsplätzen und Arbeitsbedingungen Maßnahmen zur Vermeidung von Gefährdungen zu berücksichtigen. Diese Verpflichtung setzt also schon beim Einrichten und nicht nur beim Betreiben von Arbeitsstätten an.[2] Ziel ist es, die Arbeit von Anfang an gefährdungsfrei zu gestalten. Maßnahmen des Gefährdungsschutzes haben somit Vorrang vor Maßnahmen der Gefahrenabwehr.[3]
Der Gedanke des Gefährdungsschutzes aus dem ArbSchG hat sich in der Folge auch in anderen Gesetzen (wie in §§ 9, 10 MuSchG), in mehreren Verordnungen (wie in § 3 ArbStättV und in § 3 BetrSichV) und in Richtlinien (wie in der Arbeitssicherheitsrichtlinie ASR V3, → **Technische Regeln**), niedergeschlagen. Die Kernnormen sind jedoch die §§ 3, 4, 5 ArbSchG.

1 In Umsetzung der europäischen Richtlinie 89/391/EWG des Rates vom 12. Juni 1989 über die Durchführung von Maßnahmen zur Verbesserung der Sicherheit und des Gesundheitsschutzes der Arbeitnehmer bei der Arbeit.

2 In § 3 ArbStättV ist von »Einrichten« und »Betreiben« von Arbeitsstätten die Rede.

3 HK-ArbSchR-Blume/Faber, § 4 Rn. 12.

II. Einzeldarstellung

1. Begriff der Gefährdung bzw. Gesundheitsgefährdung

Das Verhältnis zwischen → **Gesundheitsgefahr** und Gesundheitsgefährdung im Arbeitsschutz ist eindeutig. Die Vermeidung von Gesundheitsgefährdungen hat Vorrang. Der Begriff der Gefährdung bezeichnet im Unterschied zur → **Gefahr** die Möglichkeit eines Gesundheitsschadens oder einer gesundheitlichen Beeinträchtigung ohne bestimmte Anforderungen an ihr Ausmaß oder ihre Eintrittswahrscheinlichkeit.[4] Bereits aus dieser Begriffsbestimmung geht hervor, dass bei der Ermittlung und Feststellung der Gefährdung nicht gefragt wird, ob ein kleineres, mittleres oder größeres Ausmaß einer Gefährdung vorliegt und eventuell hinzunehmen ist. Zunächst ist jede festgestellte Gefährdung relevant und muss mit einer Maßnahme möglichst vermieden werden. Dies bedeutet, dass aufgrund der belastenden Arbeitsbedingungen nicht mehr mit einer hinreichenden Wahrscheinlichkeit eine Gesundheitsschädigung eintreten muss, sondern es reicht bereits die Möglichkeit einer Gesundheitsschädigung.[5] Damit wird der vorbeugende präventive Charakter des Arbeitsschutzes herausgestellt.
Es müssen nicht erst Erkenntnisse vorliegen, dass langes Stehen an der Kasse im Einzelhandel auf hartem Betonboden mit hinreichender Wahrscheinlichkeit die Gelenke schädigt, sondern es reicht die Möglichkeit. Daher müssen hier Arbeits- und Gesundheitsschutzmaßnahmen ergriffen werden, wie einen anderen Fußbodenbelag verlegen, eine Stehhilfe zur Entlastung der Gelenke zur Verfügung stellen und die Tätigkeitszeiten an der Kasse reduzieren.

2. Gefährdungen aus zusammenwirkenden Faktoren

Wie in § 4 Nr. 1 ArbSchG festgelegt, ist die Arbeit so zu gestalten, dass eine Gefährdung vermieden werden muss. Der Begriff Arbeit zeigt, dass damit nicht nur auf einzelne Arbeitsbedingungen und ihre belastenden Wirkungen abgestellt wird, sondern dass sich die Gefährdungen auch aus dem Zusammenwirken aller Arbeitsbedingungen, die die Arbeit ausmachen, ergeben können. Auch die Regelung in § 4 Nr. 4 ArbSchG zeigt, dass die Maßnahmen nicht nur selektiv auf eine Gefährdung zu richten sind, sondern dass die Maßnahmen mit dem Ziel zu planen sind, Technik, Arbeitsorganisation, sonstige Arbeitsbedingungen, soziale Beziehungen und Einfluss der Umwelt auf den Arbeitsplatz sachgerecht zu verknüpfen.

---

4 BT-Drucks. 13/3540 S. 16; BAG 12.8.2008 – 9 AZR 1117/06; ASR V3 4.2.
5 HK-ArbSchR-Blume/Faber, § 2 Rn. 110.

Diese ganzheitliche Betrachtung ergibt sich auch aus der Regelung in § 5 Abs. 3 ArbSchG, in der eine nicht abschließende Aufzählung von Belastungsfaktoren aufgezählt ist. Auch wenn die mit der Arbeitsstätte verbundenen Gefährdungen unabhängig voneinander zu ermitteln und zu beurteilen sind, so sind mögliche Wechselwirkungen zwischen den einzelnen Arbeitsbedingungen zu berücksichtigen. Laut der ASR V3 in Ziffer 4.2 können sich die Gefährdungen insbesondere auch im Zusammenwirken von Arbeitsmitteln, Arbeitsstoffen, Arbeitsabläufen bzw. der Arbeitsorganisation sowie den Gefährdungsfaktoren gemäß Punkt 5.2.2 ergeben. Im Anhang der ASR V3 sind die Gefährdungsfaktoren, die zusammenwirken können, aufgelistet. Dazu gehören mechanische und elektrische Gefährdungen, Gefahrstoffe, biologische Arbeitsstoffe, Brand- und Explosionsgefährdungen, thermische Gefährdungen, Gefährdungen durch spezielle physikalische Einwirkungen, Gefährdungen durch Arbeitsumgebungsbedingungen (z. B. Hitze, Klima, Beleuchtung), Gefährdungen durch physische Belastung/Arbeitsschwere (z. B. Zwangshaltung, Stehen, Sitzen), Gefährdungen durch psychische Faktoren und Gefährdungen durch sonstige Einwirkungen (z. B. Gewaltandrohung, Tiere, Pflanzen). So können sich z. B. Gefährdungen der Gesundheit bei einer Tätigkeit, die eine hohe Konzentration erfordert, bereits aus dem Zusammenwirken von Lärm und Klima, die unterhalb der jeweiligen obersten Grenzwerte aus den technischen Regeln für Arbeitsstätten Raumtemperatur (ASR A3.5; → **Raumklima**) und den technischen Regeln für Arbeitsstätten Lärm (ASR A3.7; → **Akustik/Lärm**) liegen, ergeben. Psychische Belastungen haben in der Regel auch nicht nur eine Ursache, sondern resultieren aus mehreren Gefährdungsfaktoren. Neben den oben beschriebenen Faktoren sind oft auch der Termindruck, die Arbeitszeit, die unzureichende Qualifikation und der Personalmangel für die Arbeitnehmer belastend. Werden Arbeitnehmer dauernd bei ihrer Arbeit durch andere Tätigkeiten, die vom Vorgesetzten angewiesen werden oder zwangsläufig anfallen, unterbrochen und müssen sie darüber hinaus diese Tätigkeiten auch in einer bestimmten Zeit oder bis zum einem bestimmten Zeitpunkt fertig haben, können dadurch psychische Belastungen entstehen. Diese Belastungen können verstärkt werden, wenn zusätzlich die technischen Arbeitsbedingungen (wie z. B. Hitze oder/und Zugluft oder/und Lärm) ungenügend sind.

3. Handlungspflichten des Arbeitgebers

Zwar bestimmt § 3 Abs. 1 ArbSchG, dass der Arbeitgeber die erforderlichen Maßnahmen des Arbeitsschutzes, die die Sicherheit und Gesundheit der Beschäftigten bei der Arbeit beeinflussen, zu treffen hat, aber es ist nicht festgelegt, welche Maßnahmen dies sind. Diese umfassende und präventive Handlungspflicht des Arbeitgebers, Arbeits- und Gesundheitsschutzmaßnahmen zu ergreifen, setzt keine konkrete Gesundheitsgefahr voraus, es reicht das Vorliegen einer konkreten Gefährdung.[6] Aber diese konkreten Gefährdungen müssen entweder feststehen oder im Rahmen einer → **Gefährdungsbeurteilung** erst festgestellt werden.

4. Feststellungen von Gefährdungen

Ob eine Gefährdung durch die Arbeitsbedingungen in der Arbeitsstätte oder am konkreten Arbeitsplatz und damit eine Handlungspflicht des Arbeitgebers zum Ergreifen von Arbeits- und Gesundheitsschutzmaßnahmen vorliegt, muss zunächst festgestellt werden.

Der Arbeitgeber ist nach § 5 ArbSchG verpflichtet, eine Beurteilung der für die Beschäftigten mit ihrer Arbeit verbundenen Gefährdungen zu ermitteln, um dann erforderliche Maßnahmen des Arbeitsschutzes zu ergreifen (→ **Gefährdungsbeurteilung**). Dass allerdings Gefährdungen ohne Ermittlung durch eine Gefährdungsbeurteilung festgestellt werden können, ist auch möglich.[7] So ist keine vorherige Durchführung einer Gefährdungsbeurteilung erforderlich, wenn sich die erforderlichen und geeigneten Maßnahmen bereits aus anderen Rechtsgrundlagen, Richtlinien (z. B. bei Erreichen der Grenzwerte aus den technischen Regeln für Arbeitsstätten) oder wissenschaftlichen Erkenntnissen ergeben. So sind in Ziffer 6 des Anhangs zur Arbeitsstättenverordnungen bezüglich der Gestaltung von Bildschirmarbeitsplätzen nicht nur Maßnahmen beschrieben, die noch einen Beurteilungsspielraum aufweisen, sondern auch Maßnahmen, die aufgrund von arbeitswissenschaftlichen Erkenntnissen ergriffen werden müssen. Dazu zählt z. B., dass die Arbeitstische reflexionsarme Oberflächen aufweisen müssen oder ein Auflegen der Handballen zu ermöglichen ist. Um dies festzustellen, bedarf es keiner Gefährdungsbeurteilung.[8] Auch auf anderen Wegen können Gefährdungen festgestellt werden, so zum Beispiel aufgrund von Erkenntnissen von Arbeitsplatzbegehungen, Mitarbeiterbefragungen oder im Rahmen der Verfahren des → **Betrieblichen Eingliederungsmanagements**.[9] Das wichtigste Instrument zur Feststellung von Gefährdungsfaktoren bleibt aber die Gefährdungsbeurteilung nach § 5 ArbSchG, zumal die Arbeitgeber in der Regel bestreiten, dass eine Gefährdung der Gesundheit vorliegt.

---

6 BAG 28. 3. 2017 – 1 ABR 25/15.
7 LAG Niedersachsen 11. 1. 2017 – 13 TaBV 109/15.
8 LAG Niedersachsen 11. 1. 2017 – 13 TaBV 109/15.
9 LAG Hamburg 20. 1. 2015 – TaBVGa 1/15; HK-ArbSchR-Blume/Faber, § 3 Rn. 15.

5. Pflicht zur Vermeidung von Gefährdungen

Das ArbSchG stellt auf der Grundlage des präventiven Schutzes den Grundsatz in § 4 Nr. 1 auf, dass Gefährdungen zu vermeiden sind.[10] Dies bedeutet, dass z. B. Tätigkeiten in gefährlichen Bereichen oder mit gefährlichen Arbeitsstoffen nicht durch den Arbeitnehmer ausgeführt werden dürfen, sondern durch einen Roboter oder eine Maschine. Müssen Arbeiten in der Höhe ausgeführt werden und sind sie nicht gänzlich zu vermeiden, dann sollte zunächst geprüft werden, ob und welche Montagetätigkeiten zu ebener Erde ausgeführt werden können und ob ggf. nur noch die Endmontage der vorgefertigten Bauteile in der Höhe unter Absicherung der dort arbeitenden Personen stattfinden muss.
Nur wenn eine Gefährdung nicht zu vermeiden ist, muss die verbleibende Gefährdung möglichst geringgehalten werden. Hier spielt ein weiterer Grundsatz des Arbeitsschutzes eine wichtige Rolle. Nicht nur die Gefahr, sondern auch die Gefährdung soll nach § 4 Nr. 2 ArbSchG an der Quelle bekämpft werden. Es wäre systemwidrig, diesen Grundsatz nur auf die Gefahrenbekämpfung anzuwenden.

6. Das TOP-Prinzip bei der Vermeidung von Gefährdung

Die Ursachen für Gefährdungen sind an ihrer Quelle zu bekämpfen, d. h. die Arbeitsschutzmaßnahmen müssen darauf zielen, durch technische Maßnahmen die Gefährdungsursachen auszuschalten oder zu reduzieren. Das TOP-Prinzip besagt, dass zunächst technische, dann organisatorische und nachrangig gemäß § 4 Nr. 5 ArbSchG persönliche Schutzmaßnahmen zu ergreifen sind. Kann Lärm durch Abschirmung der verursachenden Quelle nicht ganz beseitigt werden, z. B. bei Laufbändern in der Gepäck- oder Paketabfertigung, weil Arbeitnehmer die Gepäckstücke manuell vom Band nehmen müssen, ist zu prüfen, ob durch geräuschärmere Rollen und Antriebsmotoren der Lärm reduziert werden kann.
Bleibt trotzdem eine Lärmbelästigung bestehen, sind organisatorische Maßnahmen zu treffen, wie z. B. die Arbeitszeiten in den Lärmbereichen durch mehrere Pausen zu unterbrechen. Letztlich sind dem Arbeitnehmer → **Persönliche Schutzausrüstungen** (PSA), hier Gehörschutz, zur Verfügung zu stellen.

7. Gefährdungsschutz in der Planungsphase von Arbeitsplätzen

Der gesamte Arbeitsschutz geht davon aus, dass bereits bei der Planung von Arbeitsplätzen und Arbeitsstätten die möglichen zukünftig auftretenden Gefährdungen zu ermitteln und zu vermeiden sind. § 4 Nr. 1 ArbSchG spricht daher

10 HK-ArbSchR-Blume/Faber, § 4 Rn. 14.

von Gestaltung der Arbeit. § 3 Abs. 1 ArbStättV verpflichtet den Arbeitgeber beim Einrichten von Arbeitsstätten eine Beurteilung vorzunehmen, ob die Arbeitnehmer einer Gefährdung ausgesetzt sind oder ausgesetzt sein können. Nach § 3 Abs. 4 ArbStättV hat der Arbeitgeber die Gefährdungsbeurteilung vor Aufnahme der Tätigkeiten zu dokumentieren. Dieser Grundgedanke, dass bereits in der Planungsphase der Gesundheitsschutz beginnt, findet sich auch in der Betriebssicherheitsverordnung (BetrSichV) wieder. Nach § 3 Abs. 3 BetrSichV soll die Gefährdungsbeurteilung bereits vor der Auswahl und der Beschaffung der Arbeitsmittel begonnen werden. Dabei sind insbesondere die Eignung des Arbeitsmittels für die geplante Verwendung, die Arbeitsabläufe und die Arbeitsorganisation zu berücksichtigen. Zu den Grundpflichten des Arbeitgebers gehört es nach § 4 Abs. 1 BetrSichV, dass Arbeitsmittel erst verwendet werden dürfen, nachdem der Arbeitgeber eine Gefährdungsbeurteilung durchgeführt hat.

8. Pflichten und Rechte der Arbeitnehmer

Führt der Arbeitgeber keine Gefährdungsbeurteilung durch, hat der einzelne Arbeitnehmer einen Anspruch darauf. Sind Gefährdungen festgestellt, hat der Arbeitnehmer einen Anspruch auf Durchführung der Abhilfemaßnahme. Diese Rechte der Arbeitnehmer beschreiben auch gleichzeitig die Pflichten des Arbeitsgebers im Rahmen seiner Fürsorgepflichten. Neben diesen Rechten hat der Arbeitnehmer aber auch arbeitsvertragliche Nebenpflichten, um den Arbeitgeber vor Schäden zu schützen bzw. auf Gefahren und Gefährdungen im Bereich des Arbeitsschutzes hinzuweisen bzw. diese zu melden.

a) Rechte der Arbeitnehmer

Vorschlagsrecht nach § 17 Abs.1 ArbSchG
Dieses Vorschlagsrecht des Beschäftigten bezüglich aller Fragen der Sicherheit und des Gesundheitsschutzes betrifft natürlich auch die Beseitigung von bestehenden Gefährdungen am Arbeitsplatz.

Außerbetriebliches Beschwerderecht bei Behörden, § 17 Abs. 2 ArbSchG
Muss der Arbeitgeber aufgrund festgestellter Gefährdungen Arbeits- und Gesundheitsschutzmaßnahmen durchführen und führt diese Maßnahmen nicht durch, müssen sich die Beschäftigten zunächst darüber beim Arbeitgeber beschweren. Hilft der Arbeitgeber diesen Beschwerden nicht ab, können sich die Beschäftigten an die zuständige Behörde wenden. Hierdurch dürfen den Beschäftigten keine Nachteile entstehen.

Erfüllungsanspruch, § 618 BGB
Sind zur Beseitigung von Gefährdungen Arbeits- und Gesundheitsschutzmaßnahmen entweder mit dem Betriebsrat vereinbart worden oder von der zuständigen Behörde im Rahmen einer Auflage gegenüber dem Arbeitgeber festgelegt worden und kommt der Arbeitgeber seinen Pflichten nicht nach, so hat der Arbeitnehmer einen einklagbaren Erfüllungsanspruch auf Herstellung eines arbeitsschutzkonformen Zustandes.[11]

Zurückbehaltungsrecht, §§ 273, 618 BGB
Erfüllt der Arbeitgeber seine obliegenden Schutzpflichten nicht, so kann der Arbeitnehmer seine Arbeitsleistung zurückbehalten, d. h. seine Arbeit einstellen.[12] Der Vergütungsanspruch des Arbeitnehmers bleibt bestehen. Wann die Arbeitsleistung eingestellt werden darf, hängt von den Umständen des Einzelfalls ab. Nicht in jedem Fall darf der Arbeitnehmer seine Arbeitsleistung einstellen. Ist eine Gesundheitsgefährdung nachgewiesen, so kann der Arbeitnehmer seine Arbeitsleistung zurückbehalten, solange der Arbeitgeber die Abhilfemaßnahme nicht durchgeführt hat.[13] Auf der anderen Seite darf die Arbeitsleistung bei geringfügigen oder nicht langandauernden Verstößen des Arbeitgebers, die keinen Schaden auslösen, nicht eingestellt werden. Dies liegt z. B. vor, wenn im Sommer für kurze Zeit die maximalen Höchstwerte für die Raumtemperatur aus der ASR A3.5 überschritten werden. Soll der Arbeitgeber nach der ASR A3.5 bei einer Raumtemperatur von +26 Grad bestimmte Schutzmaßnahmen[14] ergreifen, so ist der Arbeitnehmer nur solange berechtigt, die Arbeitsleistung zu verweigern, bis der Arbeitgeber initiativ geworden ist. Kündigt der Arbeitgeber also an, dass in Kürze eine mobile Klimaanlage aufgestellt wird, um die Raumtemperatur auf unter 26 Grad zu bringen, dann müsste der Arbeitnehmer die Arbeit wiederaufnehmen.

Kein Schadensersatzanspruch, §§ 280, 276 Abs. 1 BGB
Da die Gefährdung nicht auf den Eintritt eines Schadens abstellt, wird allein das Bestehen einer Gefährdung nicht ausreichen, um einen Schadensersatzanspruch zu begründen. Denn dieser besteht erst, wenn der Arbeitgeber die nach § 618 BGB bestehenden Arbeitsschutzpflichten vorsätzlich oder fahrlässig verletzt und daraus ein Personenschaden entsteht.

---

11 BAG 10. 3. 1976 – 5 AZR 34/75.
12 BAG 8. 5. 1996 – 5 AZR 315/95; Henssler, in MüKo-BGB, § 618 Rn. 91.
13 LAG Köln 22. 1. 1993 – 12 Sa 872/92.
14 Vgl. ASR A3.5 Ziffer 4.3, 4.4.

b) Pflichten der Arbeitnehmer

Auch im Bereich des Bestehens von Gefährdungen hat der Arbeitnehmer bestimmte vertragliche Nebenpflichten. Im Arbeitsschutzgesetz sind daneben noch öffentlich-rechtliche Pflichten der Arbeitnehmer geregelt, die zugleich die vertraglichen Nebenpflichten konkretisieren.

Schadensabwendung, § 241 Abs. 2 BGB
Die Schadensabwendungspflicht des Arbeitnehmers wird bei Gefährdungslagen in der Regel nicht eintreten, da dies eine Situation voraussetzt, in der einem anderen Arbeitnehmer oder ihm selbst aufgrund von Mängeln bei Arbeitsstoffen, Betriebsmitteln oder Schutzeinrichtungen Schaden droht. Bei Gefahrenlagen mag dies gegeben sein, bei Gefährdungslagen eher nicht.

Sorgfaltspflichten, § 15 ArbSchG
Die Sorgfaltspflichten betreffen auch Gefährdungslagen, da gerade Unterweisungen durch den Arbeitgeber und Weisungen des Arbeitgebers auch Gefährdungslagen verhindern sollen. Daher sind die Arbeitnehmer verpflichtet, nach ihren Möglichkeiten sowie gemäß der Unterweisung und Weisung des Arbeitgebers für ihre Sicherheit und Gesundheit Sorge zu tragen. Diese Pflicht besteht auch für die Sicherheit und Gesundheit der Personen, die von ihren Handlungen oder Unterlassungen bei der Arbeit betroffen sind. Ebenso sind die Arbeitnehmer verpflichtet, die Maschinen, Geräte, Werkzeuge, Arbeitsstoffe, Transportmittel und sonstige Arbeitsmittel sowie Schutzvorrichtungen und die ihnen zur Verfügung gestellte persönliche Schutzausrüstung bestimmungsgemäß zu verwenden. All dies dient dazu, nicht nur Gefahren, sondern auch Gefährdungen zu vermeiden.

Meldepflichten, § 16 ArbSchG
Die Meldepflichten setzen an unmittelbaren erheblichen Gefahren für die Sicherheit und Gesundheit sowie Defekten an Schutzsystemen an. Insofern besteht bei einer Gefährdungslage keine Verpflichtung, dies dem Arbeitgeber sowie der → **Fachkraft für Arbeitssicherheit**, → **Betriebsarzt** oder dem → **Sicherheitsbeauftragten** nach § 22 SGB VII unverzüglich zu melden.

III. Hinweise für die Mitbestimmung

1. Mitbestimmung nach dem BetrVG

§ 87 Abs. 1 Nr. 7 BetrVG legt ein Mitbestimmungsrecht bei Regelungen über die Verhütung von → **Arbeitsunfällen** und → **Berufskrankheiten** sowie über den Gesundheitsschutz im Rahmen der gesetzlichen Vorschriften oder der **Unfallverhütungsvorschriften** (→ **Deutsche Gesetzliche Unfallversicherung**) fest. Es bedarf für das Bestehen der Mitbestimmung einer durch die Betriebsparteien auszufüllenden Rahmenvorschrift des Arbeitsschutzes (→ **Betriebsrat,** → **Personalrat**). Eine derartige Rahmenvorschrift ist § 3 Abs. 1 ArbSchG. Danach ist der Arbeitgeber verpflichtet, die erforderlichen Maßnahmen des Arbeitsschutzes unter Berücksichtigung der Umstände zu treffen, die Sicherheit und Gesundheit der Beschäftigten bei der Arbeit beeinflussen. Die Mitbestimmung des Betriebsrats nach § 87 Abs. 1 Nr. 7 BetrVG bei § 3 Abs. 1 ArbSchG knüpft an das Vorliegen von Gefährdungen an, die entweder feststehen oder im Rahmen einer Gefährdungsbeurteilung festzustellen sind.[15] Ist zwischen den Betriebsparteien strittig, ob und welche Arbeitsbedingungen Gefährdungsfaktoren darstellen, hat der Betriebsrat auch nach § 87 Abs. 1 Nr. 7 BetrVG i. V. m. § 5 ArbSchG ein Initiativrecht, eine Regelung zur Gefährdungsbeurteilung zu erzwingen. Einigen sich die Betriebsparteien nicht auf die Durchführung und die Einzelheiten einer Gefährdungsbeurteilung, kann der Betriebsrat die Einigungsstelle nach §§ 87 Abs. 2, 76 BetrVG anrufen (→ **Gefährdungsbeurteilung**).

2. Mitbestimmung nach dem BPersVG

In § 80 Abs. 1 Nr. 16 BPersVG n. F. (§ 75 Abs. 3 Nr. 11 BPersVG a. F.[16]) ist die Mitbestimmung des Personalrats bei Maßnahmen des Arbeitsschutzes zur Verhütung von Dienst- und Arbeitsunfällen und Berufskrankheiten sowie sonstigen Gesundheitsschädigungen geregelt. Bestehen feststehende Gesundheitsgefahren oder werden durch eine Gefährdungsbeurteilung gesundheitsgefährdende Arbeitsbedingungen festgestellt, hat der Personalrat bei den zu ergreifenden Gesundheitsschutzmaßnahmen mitzubestimmen. Allerdings hat nach der Rechtsprechung des Bundesverwaltungsgerichts der Personalrat keine Mitbestimmung bei den Einzelheiten und bei der Durchführung einer Gefährdungsbeurteilung.[17] Der Personalrat muss also die Gefährdungsbeurteilung abwarten. Da der Personalrat aber bei der aus der Gefährdungsbeurteilung abgeleiteten

---

15 BAG 28. 3. 2017 – 1 ABR 25/15, NZA 2017, 1132.

16 BPersVG v. 15. 3. 1974 (BGBl. I S. 693); zuletzt geändert durch Gesetz vom 9. 6. 2021 (BGBl. I S. 1614).

17 BVerwG 5. 3. 2012 – 6 PB 25.11.

Arbeits- und Gesundheitsschutzmaßnahme mitzubestimmen hat, kann er die Ablehnung dieser einzelnen Maßnahme damit begründen, dass die durchgeführte Gefährdungsbeurteilung Mängel aufweist und nicht alle Gefährdungen zutreffend ermittelt oder/und beurteilt wurden.[18]

18 BVerwG 5.3.2015 – 6 PB 25.11.

Gefährdungsanzeige

I. Einführung

Verschiedene Umfragen und Studien der vergangenen Jahre haben gezeigt, dass der Wandel der Arbeitswelt durch Umstrukturierung und Umorganisation von vielen Beschäftigten als belastend wahrgenommen wird.[1] Insbesondere der Anstieg von Arbeitsmenge, Termindruck und der Stress über das übliche Maß hinaus, bergen Gefahren für die Gesundheit der Beschäftigten. Aber auch den Unternehmen droht unmittelbarer Schaden, wenn Arbeits- und Dienstleistungen nicht mehr ordnungsgemäß von den Beschäftigten erbracht werden. In der Schnittstelle zwischen dem Schutz der Beschäftigten vor Gesundheitsgefahren einerseits und der Abwendung von Schäden für den Arbeitgeber andererseits liegt die Gefährdungsanzeige.

II. Einzeldarstellung

1. Begriffsbestimmung

Die Gefährdungsanzeige ist eine Mitteilung des Arbeitsnehmers an den Arbeitgeber, in der → **Gefahren** oder → **Gefährdungen** angezeigt werden, die entweder die eigene Gesundheit oder die Qualität der Arbeitserbringung gegenüber Dritten (z. B. Arbeitskollegen, Kunden, insb. Patienten) betreffen.[2] Synonym ist auch der Begriff Überlastungsanzeige[3] anzutreffen. Die Gefährdungsanzeige selbst ist gesetzlich nicht definiert. Sie wird jedoch insbesondere im Arbeitsschutzgesetz als Mittel zur Erkennung, Behebung und Verhinderung von

---

1 Bspw. für den öffentlichen Dienst: BIBB/BAuA, Erwerbstätigenbefragung 2018, abrufbar unter *https://www.baua.de/DE/Angebote/Publikationen/Fakten/BIBB-BAuA-32.pdf?__blob=publicationFile&v=5.*

2 Lück, AiB 3/2019, 39ff.; s. auch Fortunato, PersR 11/2020, 8ff.

3 Kritisch hierzu: Bell, AiB 10/2011, 600ff.; Weuthen, Gute Arbeit 1/2019, 28ff.

Gesundheitsgefahren vorausgesetzt (vgl. §§ 15, 16 ArbSchG). In diesem Sinne ist die Gefährdungsanzeige ein Instrument, um den Arbeitgeber auf mangelhafte Arbeitsbedingungen hinzuweisen und diese beheben zu lassen. Die Gefährdungsanzeige befreit den Arbeitnehmer jedoch nicht von seiner Arbeitspflicht. Er bleibt weiterhin dazu verpflichtet, seiner Arbeit nachzukommen.

2. Rechtsgrundlage

Hinsichtlich der Gefährdungsanzeige ist in erster Linie der Arbeitnehmer in der Pflicht. Als Nebenpflicht aus dem Arbeitsverhältnis ist er verpflichtet, etwaige Schäden von dem Arbeitgeber abzuwenden. Dies ergibt sich aus §§ 611a, 241 Abs. 1, 2 BGB. Die Pflicht wird in §§ 15, 16 ArbSchG nochmals konkretisiert. Beschäftigte sind demnach verpflichtet, im Rahmen ihrer Möglichkeiten sowie der Weisung und → **Unterweisung** des Arbeitgebers für ihre eigene Sicherheit und Gesundheit am Arbeitsplatz zu sorgen. Dasselbe gilt bei Gefahren und Gefährdungen für Personen, die mit ihrer Arbeit in Berührung kommen, also insbesondere Kollegen, aber auch Kunden und Geschäftspartner des Arbeitgebers. Unmittelbare Gefahren für Sicherheit und Gesundheit müssen von den Beschäftigten unverzüglich gemeldet werden.

Umgekehrt ist der Arbeitgeber nach § 618 BGB dazu verpflichtet, die ihm durch Anzeige oder auf sonstigem Wege zur Kenntnis gelangte Gefahren abzuwenden und Schutzmaßnahmen zu ergreifen (allgemeine Fürsorgepflicht). Gesundheitsgefahren resultieren oftmals aus einer fehlerhaften Arbeitsorganisation. Diese unterliegt dem Verantwortungsbereich des Arbeitgebers, der nach § 618 BGB Arbeitsräume, Gerätschaften und Dienstleistungen, die unter seiner Leitung zu verrichten sind, so auszustatten und zu regeln hat, dass Beschäftigte vor Gefahren für Leben und Gesundheit geschützt sind. Das Arbeitsschutzgesetz erhebt es zu den Grundpflichten des Arbeitgebers, für die Gesundheit und Sicherheit seiner Beschäftigten zu sorgen und auf Grundlage einer → **Gefährdungsbeurteilung** entsprechende Maßnahmen zu ergreifen und laufend auf ihre Wirksamkeit zu überprüfen.

Die Regelungen zur Gefährdungsanzeige sind insoweit als arbeitsvertragliche Pflicht des Arbeitnehmers beschrieben. Entsprechend können insbesondere an einer unterbliebenen Anzeige arbeitsrechtliche Sanktionen anknüpfen. Gleichzeitig begründet sie aber auch eine Handlungspflicht des Arbeitgebers, die zu gleichen Teilen dem Schutz der Beschäftigten als auch der Kunden des Arbeitgebers dient.

3. Rechtsfolgen

a) Verstoß des Arbeitnehmers gegen die Anzeigepflicht

Ein Verstoß des Arbeitnehmers gegen die Anzeigepflicht kann als (neben-) vertragliche Pflichtverletzung zu arbeitsrechtlichen Konsequenzen führen. Der Arbeitgeber hat nicht nur einen Anspruch auf Mitteilung von Gefahrenlagen, sondern er kann beim Schadenseintritt möglicherweise auch Schadensersatzansprüche gegen den betreffenden Arbeitnehmer haben. Darüber hinaus kommen weitere arbeitsrechtliche Sanktionen von der Abmahnung bis zur Kündigung in Betracht. Im Regelfall ist vor der (ordentlichen) verhaltensbedingten Kündigung eine Abmahnung erforderlich, wenn der Arbeitnehmer bestehende Gefahren nicht angezeigt hat. Bei vorsätzlichen Verstößen kann eine Abmahnung entbehrlich bzw. sogar eine außerordentliche Kündigung begründet sein, insbesondere wenn es durch die pflichtwidrige Nichtanzeige einer Gefahrenlage zu einem gravierenden, bewusst in Kauf genommenen Personenschaden gekommen ist.[4]
Umgekehrt kann der Arbeitnehmer aber grundsätzlich nicht dafür bestraft werden, dass er eine Gefährdungsanzeige abgibt. Anderes gilt allenfalls dann, wenn er leichtfertig und ohne jegliche Prüfung eine Gefahr anzeigt, die gar nicht besteht.[5]

b) Haftung des Arbeitgebers

Die Gefährdungsanzeige dient dem Zweck, den Arbeitgeber auf bestehende Defizite in der Arbeitsorganisation aufmerksam zu machen, damit bestehende Gefahren für Gesundheit und Sicherheit der Belegschaft sowie Dritter behoben werden können. Kommt es trotz entsprechender Anzeige des Arbeitnehmers zu einem Schadensfall, so verlagert sich die Haftung (mit) auf den Arbeitgeber.[6] Der Arbeitgeber muss sich sein eigenes Unterlassen anrechnen lassen, wenn er die Defizite trotz Anzeige nicht behoben hat. Eventuelle Schadensersatzansprüche gegen den Arbeitnehmer sind entsprechend um eine Mitverschuldensquote zu kürzen (§ 254 BGB). Die Gefährdungsanzeige erleichtert dem Arbeitnehmer im Streitfall den Beweis, dass etwaige Fehler aufgrund einer Überlastung eingetreten sind.[7]
Tritt der Schaden bei dem Arbeitnehmer selbst ein, so begründet die vorgehende Gefährdungsanzeige unter bestimmten Voraussetzungen eine zivilrechtliche Haftung des Arbeitgebers wegen Vorsatzes. Besonders relevant ist dies im Falle

4 Kollmer/Klindt/Schucht-Schucht, ArbSchG § 16 Rn. 88.
5 LAG Niedersachsen 12.9.2018 – 14 Sa 140/18.
6 Hierzu Weuthen, Gute Arbeit 1/2019, 30.
7 Weuthen, a.a.O.

eines Personenschadens. Nach § 104 SGB VII haftet im Arbeitsverhältnis grundsätzlich die gesetzliche Unfallversicherung bei Personenschäden im Betrieb – es sei denn, der Arbeitgeber verursacht den Personenschaden vorsätzlich.

c) Öffentlich-rechtliche bzw. strafrechtliche Folgen

Verstößt der Arbeitnehmer gegen seine Anzeigepflicht nach §§ 15, 16 ArbSchG, kommen auch öffentlich-rechtliche oder gar strafrechtliche Sanktionen in Betracht. Insbesondere ist hierbei an die Bußgeldvorschrift des § 25 ArbSchG zu denken oder auch an die Körperverletzungsdelikte (§§ 223 ff. StGB) bzw. die Sachbeschädigung (§ 303 StGB).[8] Die Gefährdungsanzeige kann in diesem Fall eine Haftung möglicherweise nicht gänzlich ausschließen. Sie kann jedoch bei der Bewertung des Haftungsmaßstabs zu einer Entlastung des betreffenden Arbeitnehmers führen.

III. Hinweise zur Mitbestimmung

Die Gefährdungsanzeige selbst ist ein primär individualrechtliches Instrument und ergibt sich nicht unmittelbar aus dem ArbSchG. Aufgrund einer Gefährdungsanzeige können jedoch verschiedene Mitbestimmungstatbestände berührt sein. Dies sind beispielsweise:[9]
- § 87 Abs. 1 Nr. 1 BetrVG: Ordnung des Betriebs, wenn der Arbeitgeber die Nutzung eines Formulars zur Gefährdungsanzeige vorschreibt
- § 87 Abs. 1 Nr. 2 BetrVG: Beginn und Ende der Arbeitszeit, hier insbesondere gesunde Schichtplangestaltung
- § 87 Abs. 1 Nr. 3 BetrVG: Überstunden
- § 87 Abs. 1 Nr. 5 BetrVG: Bei Nichtgewährung des Urlaubs wegen hohen Arbeitsaufkommens oder hohem Krankenstand
- § 87 Abs. 1 Nr. 7 BetrVG: u. a. Gefährdungsbeurteilung nach § 5 Abs. 1 ArbSchG

Der Betriebsrat hat zudem die Möglichkeit, eine insbesondere von mehreren Arbeitnehmern vorgetragene Gefährdungsanzeige als Beschwerde nach §§ 84, 85 BetrVG zu werten. Insoweit kann sie auch Grundlage eines Einigungsstellenspruchs nach § 85 Abs. 2 BetrVG sein.[10] Die Einigungsstelle darf jedoch selbst keine konkreten Abhilfemaßnahmen vorgeben. Sie muss konkret darlegen, wel-

8 Hierzu allg. Kollmer/Klindt/Schucht-Schucht, ArbSchG § 16 Rn. 66ff.
9 Aufzählung nach Lück, AiB 3/2019, 41.
10 BAG 22.11.2005 – 1 ABR 50/04.

che Missstände sie als abhilfebedürftige Beeinträchtigung ansieht, damit der Arbeitgeber entsprechend reagieren und selbst Abhilfemaßnahmen festlegen kann.
In den wesentlichen Zügen entspricht dies auch der Mitbestimmung des Personalrats. Der Dienstherr ist nach Eingang der Gefährdungsanzeige verpflichtet zu prüfen, ob der örtliche Personalrat und ggf. die Schwerbehindertenvertretung hinzuziehen ist. Im Rahmen des § 80 Abs. 1 Nr. 16 BPersVG n. F. (§ 75 Abs. 3 Nr. 11 BPersVG a. F.[11]) haben Personalräte ein Mitbestimmungsrecht bei Maßnahmen zur Verhütung von Dienst- und Arbeitsunfällen und Berufskrankheiten sowie Gesundheitsschädigungen. Das umfasst auch ein eigenes Initiativrecht, Personalräte können also von sich aus Maßnahmen zum Arbeits- und Gesundheitsschutz vorschlagen. Grundlage der Initiative kann z. B. die Gefährdungsanzeige eines Beschäftigten sein.

IV. Inhalt einer Betriebs- und Dienstvereinbarung

Soweit sich die Betriebsparteien darauf verständigen, die Gefährdungsanzeige zu standardisieren, empfiehlt sich eine klare Regelung zu Form und Inhalt der Anzeige. Dies kann etwa durch ein Standardformular erfolgen. Dies sollte die Möglichkeit geben, zumindest folgende Inhalte in der Gefährdungsanzeige[12] aufzunehmen:

- Datum
- Name des Arbeitnehmers
- betroffene Abteilung
- möglichst präzise Beschreibung der Gefährdungssituation
- mutmaßlicher Grund für die Gefährdung (z. B. Überlastung durch Mehrarbeit, Fehlzeiten anderer Beschäftigter durch Urlaub oder Arbeitsunfähigkeit, Belastung durch Lärm, Schmutz, schlechte klimatische Verhältnisse oder defekte Arbeitsgeräte)
- mögliche Folgen für den Betrieb, den betroffenen Arbeitnehmer, andere Beschäftigte und gegebenenfalls Dritte
- Zeugen (mit Namen und gegebenenfalls Anschriften, diese brauchen mit ihrer Nennung nicht einverstanden sein)
- Hinweis auf gegebenenfalls bereits erfolgte vorherige Gefährdungsanzeigen
- Unterschrift

11 BPersVG v. 15. 3. 1974 (BGBl. I S. 693); zuletzt geändert durch Gesetz vom 9. 6. 2021 (BGBl. I S. 1614).

12 Aufstellung nach Bell, AiB 10/2011, 601.

Zudem sollten sich in der Betriebs- oder Dienstvereinbarung Regelungen dazu finden,

- wer verantwortlicher Ansprechpartner im Betrieb ist,
- dass der Arbeitnehmer eine Bestätigung über den Eingang erhält und
- welcher Personenkreis (Vorgesetzter, Betriebs- bzw. Personalrat) über die Gefährdungsanzeige informiert wird.

Gefährdungsbeurteilung

I. Einführung

Der Gesetzgeber hat die Gefährdungsbeurteilung (§ 5 ArbSchG) 1996 in das Arbeitsschutzgesetz (ArbSchG) eingeführt.[1] § 5 ArbSchG verpflichtet den Arbeitgeber, die gesamten Arbeitsbedingungen im Betrieb zu untersuchen, um zu ermitteln, ob → **Gefährdungen** für die Gesundheit der Arbeitnehmer bestehen. Falls Gefährdungen bestehen, entsteht eine Handlungspflicht des Arbeitgebers, abhelfende Arbeits- und Gesundheitsschutzmaßnahmen zu ergreifen. Dies ergibt sich unmittelbar aus § 3 Abs. 1 und § 4 Nr. 1 ArbSchG. Damit wird die Gefährdungsbeurteilung zum zentralen Instrument des Arbeits- und Gesundheitsschutzes, der vom Grundsatz der Prävention geprägt ist.

In der Folge hat der Gesetzgeber den Gedanken des Gefährdungsschutzes auch in anderen Gesetzen (wie z. B. in §§ 9, 10 MuSchG, § 28a JArbSchG) und in mehreren Verordnungen (wie in § 3 ArbStättV, § 3 BetrSichV) und in Richtlinien (wie in der ASR V3) aufgenommen. Damit wollte der Gesetzgeber bestimmten Situationen im Arbeitsleben (z. B. Einführung neuer Arbeitsmittel) und dem besonderen Schutz von bestimmten Personengruppen (z. B. werdende und stillende Mütter) gerecht werden. Andererseits sollen aber auch bestimmte Arbeitssituationen durch eine Gefährdungsbeurteilung berücksichtigt werden. So muss z. B. ein Arbeitsplatz, an dem Gegenstände mit Gewichten bewegt und gehoben werden, entsprechend § 2 (2) Lastenhandhabungsverordnung (LasthandhabV) mit besonderen Methoden auf Gefährdungen untersucht werden.

1 Im Rahmen der Umsetzung der europäischen Richtlinie 89/391/EWG des Rates vom 12. Juni 1989 über die Durchführung von Maßnahmen zur Verbesserung der Sicherheit und des Gesundheitsschutzes der Arbeitnehmer bei der Arbeit.

II. Einzeldarstellung

1. Begriff der Gefährdungsbeurteilung

Nach der seit Juli 2017 bestehenden technischen Regel für Arbeitsstätten (ASR V3) wird die Gefährdungsbeurteilung als die auf das Einrichten und Betreiben der Arbeitsstätte ausgerichtete systematische Ermittlung und Beurteilung aller möglichen → **Gefährdungen** der Beschäftigten einschließlich der Festlegung der erforderlichen Maßnahmen für Sicherheit und Gesundheit bei der Arbeit bezeichnet. Danach gehören also drei Elemente zur Gefährdungsbeurteilung: die Ermittlung der Gefährdungen, die Beurteilung der Gefährdungen und die Festlegung von Maßnahmen.

2. Zielsetzung

Ziel der Gefährdungsbeurteilung ist es, durch eine umfassende Untersuchung den »Ist-Zustand« der Arbeitsbedingungen an den Arbeitsplätzen zu erfassen, um diesen dann mit dem sogenannten »Soll-Zustand« zu vergleichen und zu beurteilen.[2] Wird eine Gefährdung ermittelt, also nur die Möglichkeit eines Gesundheitsschadens oder einer gesundheitlichen Beeinträchtigung, ohne dass bestimmte Anforderungen an ihr Ausmaß oder ihre Eintrittswahrscheinlichkeit gestellt werden,[3] besteht eine Pflicht des Arbeitgebers, entsprechende abhelfende Arbeits- und Gesundheitsschutzmaßnahmen zu ergreifen. Die Gefährdungsbeurteilung verfolgt nicht das Ziel, nur eine Beurteilung der Gefährdungen durchzuführen, sozusagen als Selbstzweck. Vielmehr ist das Ziel einer Gefährdungsbeurteilung immer die Vermeidung von Gefährdungen durch das Ergreifen von entsprechenden Arbeits- und Gesundheitsschutzmaßnahmen. Die Gefährdungsbeurteilung ist also Mittel zum Zweck. Leider erkennen viele Arbeitgeber nicht ihre Pflicht nach § 5 ArbSchG und müssen daher oft entweder durch die Aufsichtsbehörden oder Betriebsräte und Personalräte zur Durchführung einer Gefährdungsbeurteilung gezwungen werden.

3. Zeitpunkt der Gefährdungsbeurteilung und Wiederholung

Unabhängig der Tatsache, dass viele Arbeitgeber bisher noch keine Gefährdungsbeurteilung durchgeführt haben, schreibt die ASR V 3 Ziffer 4 (2) in Verbindung mit § 3 ArbStättV, aber auch im Zusammenhang mit anderen Gesetzen (z. B. MuSchG) und Verordnungen (z. B. BetrSichV) vor, dass die Gefährdungsbeur-

---

2 HK-ArbSchR-Blume/Faber, § 2 Rn 3.

3 BT-Drucks. 13/3540 S. 16; BAG 12.8.2008 – 9 AZR 1117/06; ASR V3 4.2.

teilung systematisch und fachkundig durchzuführen ist, insbesondere beim Einrichten von Arbeitsstätten und beim Betreiben von Arbeitsstätten. Der Begriff Einrichten deutet darauf hin, dass bereits in der Planung von Arbeitsstätten eine vorausschauende Gefährdungsbeurteilung durchzuführen ist.
Nach ASR V 3 Ziffer 4 (4) ist die bereits durchgeführte Gefährdungsbeurteilung zu überprüfen und bei Bedarf zu aktualisieren, insbesondere bei wesentlichen Veränderungen in der Arbeitsstätte (z. B. der Umgestaltung der bestehenden Arbeitsstätte, der Festlegung von Arbeitsplätzen, der Änderung von Arbeitsverfahren, der Änderung der Arbeitsabläufe und der Arbeitsorganisation, im Zusammenhang mit dem Einsatz anderer Arbeitsmittel oder Arbeits-stoffe, im Zusammenhang mit der Änderung oder Beschaffung von Maschinen, Geräten und Einrichtungen). Eine Aktualisierung der Gefährdungsbeurteilung ist auch erforderlich, wenn sich relevante Rechtsvorschriften oder → **Technische Regeln** ändern oder neue arbeitswissenschaftliche Erkenntnisse bzw. Veränderungen des Standes der Technik, der Arbeitsmedizin und der Hygiene vorliegen. Anlass einer Gefährdungsbeurteilung können auch aktuelle (Beinahe-)Unfälle, Fehlzeiten infolge arbeitsbedingter Gesundheitsbeeinträchtigungen sowie Erkenntnisse aus der arbeitsmedizinischen Vorsorge oder einem → **Betrieblichen Eingliederungsmanagement** nach § 167 SGB IX, Bekanntwerden einer Behinderung bei Beschäftigten oder → **Arbeitsunfälle** und → **Berufskrankheiten** sein.
Die Gefährdungsbeurteilung ist also keine einmalige Ermittlung der Gefährdungen, sondern ein dauerhaft angelegter Prozess im Betrieb. Daher muss die Gefährdungsbeurteilung auch ein Bestandteil der betrieblichen → **Arbeitsschutzorganisation** sein, in der festgelegt wird, wer, wann, wo und mit welchen personellen, arbeitstechnischen und finanziellen Mitteln die Gefährdungsbeurteilung durchführt.

4. Gefährdungsbeurteilung bei der Planung von Arbeitsstätten und Arbeitsplätzen

Auf der Grundlage des Grundsatzes, dass → **Gefährdungen** an ihrer Quelle zu vermeiden sind, sind die Regeln in ASR V3 Ziffer 4.2.1 (2) nur folgerichtig. Sie regeln die Integration des Arbeitsschutzes in die Planung von Arbeitsstätten, um zusätzlichen Aufwand und Kosten zu einem späteren Zeitpunkt zu vermeiden. Nach dem Einrichten einer Arbeitsstätte lassen sich Veränderungen nur mit einem zusätzlichen Aufwand realisieren. In der ASR V3 Ziffer 4.2.1 (2) heißt es dazu:

»Um dies zu vermeiden, sind zweckmäßigerweise bereits im Planungsprozess von Neu- oder Umbauten die Nutzung der Arbeitsstätte und der Stand der Technik, Arbeitsmedizin und Hygiene sowie die ergonomischen Anforderungen zu ermit-

teln und als Anforderung an die Arbeitsstätte festzuhalten. Werden Grundsätze der barrierefreien Gestaltung bereits bei der Planung von Arbeitsstätten berücksichtigt, können vorausschauende Lösungen die Kosten für eine nachträgliche Anpassung und einen aufwendigen Umbau von Arbeitsstätten bei einer künftigen Beschäftigung von Menschen mit Behinderungen verringern oder vermeiden.«

Die Pflicht, dass der Arbeitgeber bereits vor Verwendung von Arbeitsmitteln (z. B. neuer Maschinen, Betriebseinrichtungen und EDV-Anlagen) eine Gefährdungsbeurteilung durchzuführen hat, schlägt sich auch in der Betriebssicherheitsverordnung (BetrSichV) nieder. In § 3 Abs. 1 BetrSichV ist geregelt, dass der Arbeitgeber vor Verwendung der Arbeitsmittel die auftretenden Gefährdungen zu beurteilen und daraus notwendige und geeignete Schutzmaßnahmen abzuleiten hat. Des Weiteren schreibt § 3 Abs. 3 BetrSichV vor, dass die Gefährdungsbeurteilung bereits vor Auswahl und Beschaffung der Arbeitsmittel begonnen werden soll. Zur Grundpflicht des Arbeitgebers gehört es nach § 4 Abs. 1 BetrSichV, ein Arbeitsmittel erst zu verwenden, wenn eine Gefährdungsbeurteilung durchgeführt wurde und die dabei ermittelten Schutzmaßnahmen getroffen wurden, sodass festgestellt werden kann, dass die Verwendung der konkreten Arbeitsmittel nach dem Stand der Technik sicher ist.
Der gesetzgeberische Wille ist also eindeutig: Die Gefährdungsbeurteilung soll bereits bei der Planung von Arbeitsstätten und Arbeitsmitteln durchgeführt werden.

5. Ablauf der Gefährdungsbeurteilung

In Ziffer 5 der ASR V3 sind die allgemein anerkannten Prozessschritte einer Gefährdungsbeurteilung dargestellt:

Vorbereitung
In der Planung einer Gefährdungsbeurteilung muss berücksichtigt werden, welche Arbeitsplätze oder Tätigkeitsgruppen mit welchen Besonderheiten und Arbeitsbedingungen untersucht werden. Dabei sind die besonderen Arbeitsformen (z. B. Springertätigkeit als arbeitsplatzübergreifende Tätigkeit) zu berücksichtigen. Auch spielen die jeweiligen Tageszeiten der zu leistenden Tätigkeit (Tag-, Spät- oder Nachtschicht, Wechselschicht) eine Rolle, da die Arbeitsbedingungen jeweils anders sein können. Wechselnde Örtlichkeiten der Arbeitsleistung bzw. die Tätigkeit auf Telearbeitsplätzen (Homeoffice) können den Umfang der Gefährdungsbeurteilung ebenfalls beeinflussen. Dabei ist zu untersuchen, ob die Arbeitsbedingungen der einzelnen zu untersuchenden Arbeitsplätze und -bereiche so gleichartig sind, dass sie zu einer Untersuchungseinheit zusammengefasst werden können. Diese Gleichartigkeit ist aber selten gegeben, da selbst in

einem Großraumbüro die Arbeitsbedingungen der einzelnen Büroarbeitsplätze je nach Lage im Großraumbüro vollkommen anders sein können, z. B. aufgrund der Lichteinstrahlung, Wärme- oder Lärmentwicklung. Auch muss vorher geklärt werden, welche und wie viele Personen in den Arbeitsbereichen bzw. auf den Arbeitsplätzen arbeiten. So können auch Beschäftigte von Fremdfirmen, Zeitarbeitsfirmen, Kunden und Besucher, aber auch andere Beschäftigte, die nur zeitweise auf den konkreten Arbeitsplätzen eingesetzt werden, eine Gefährdung auslösen.

Hat man die einzelnen Bedingungen an den Arbeitsplätzen untersucht, verglichen und bilanziert, so ist danach die Gefährdungsbeurteilung auszurichten.

Ermittlung der Gefährdungen

Um die → **Gefährdungen** zu ermitteln, müssen die geeigneten Verfahren und Methoden entsprechend den Gefährdungspotenzialen ausgewählt werden. Die Ermittlung beginnt aber nicht erst bei der Begehung einer Arbeitsstätte bzw. Messung einer bestimmten Arbeitsbedingung, sondern schon in der Vorbereitung der Gefährdungsbeurteilung. Es müssen zunächst alle Informationen gesammelt und gesichtet werden, die Auskunft über Gefährdungen geben können. Dazu gehören Informationen z. B. über betriebliche Unfälle, Erkrankungen, kritische Situationen im Betrieb, Beschwerden von Arbeitnehmern. Aber auch bestehende Protokolle von Betriebsbegehungen und Sitzungen des → **Arbeitsschutzausschusses** bzw. bereits bestehende Befragungsergebnisse müssen einbezogen werden. Sämtliche Unterlagen zur Arbeitssicherheit und zum Arbeitsschutz muss der Beurteiler vor Durchführung der Ermittlung von Gefährdungen erhalten und sichten, so unter anderem Arbeits- und Betriebsanweisungen, besondere behördliche Anordnungen und Genehmigungen, Hersteller-Informationen über Maschinen, Arbeits- und Betriebsstoffe usw.

Sodann muss der konkrete Beurteilungs- und Ermittlungsvorgang an den einzelnen Arbeitsplätzen bzw. Arbeitsbereichen geplant werden. Dazu gehört die Festlegung der zu untersuchenden Arbeitsbereiche und Tätigkeitsgruppen, der jeweiligen Gefährdungsfaktoren, der Methoden der Untersuchung (Begehung, Beobachtung, Befragung, Workshops, Messungen usw.), des genauen Zeitplans, der zu beteiligenden Personen (Betriebs- und Personalrat, → **Betriebsarzt**, → **Fachkraft für Arbeitssicherheit** usw.).

Mit welchen Methoden und Verfahren sodann die Gefährdungen ermittelt werden, ist ebenso festzulegen. Die Methoden unterscheiden sich danach, welche Gefährdungen untersucht werden.

Beurteilung der Gefährdungen
Die Beurteilung der Gefährdungen und Belastungen an den jeweiligen Arbeitsplätzen erfolgt durch Vergleich des ermittelten »Ist-Zustandes« mit dem »Soll-Zustand«. Der »Soll-Zustand« kommt zum Ausdruck in

1. normierten Mindestanforderungen, die sich aus Gesetzen, Verordnungen, Unfallverhütungsvorschriften oder sonstigen technischen Regeln ergeben, bspw. etwaiger Grenzwerte für Gefahrstoffe und Lärmbelastung (→ **Akustik/Lärm**) oder Vorgaben für Sicherheitsabstände (→ **Raumgröße**), → **Beleuchtung** und → **Raumklima**;
2. bekannten sicheren bzw. gesundheitsgerechten Gestaltungslösungen nach dem Stand der Technik, Arbeitsmedizin und → **Hygiene** sowie den gesicherten arbeitswissenschaftlichen Erkenntnissen.

Dabei sollen insbesondere die speziellen Situationen von besonders schutzwürdigen Arbeitnehmergruppen berücksichtigt werden, wie z. B. von schwerbehinderten Personen, werdenden und stillenden Müttern oder jugendlichen Arbeitnehmern.
Zunächst ist also gemäß der ASR V3 Ziffer 5.3.1 zu prüfen, ob die in der ArbStättV aufgeführten Schutzziele durch Technische Regeln für Arbeitsstätten konkretisiert werden. In der ASR V3 wird ausgeführt:

»Sofern in den Technischen Regeln für Arbeitsstätten Anforderungen, Maße oder Werte vorhanden sind, bilden diese einen konkreten Maßstab für das Beurteilen der Gefährdung. Bei Einhaltung dieses konkreten Maßstabs und einer diesem Maßstab entsprechenden Maßnahmenumsetzung erlangt der Arbeitgeber nach § 3a Absatz 1 Satz 3 ArbStättV die Vermutungswirkung, dass die Anforderungen erfüllt sind.«

Wenn keine konkreten Aussagen in diesen Regelwerken enthalten sind, müssen Soll-Angaben aus anderen gesicherten arbeitswissenschaftlichen Erkenntnisse abgeleitet werden, z. B. aus Veröffentlichungen der Unfallversicherungsträger, der Bundesanstalt für Arbeitsschutz und Arbeitsmedizin (BAuA) oder des Länderausschusses für Arbeitsschutz und Sicherheitstechnik (LASI). Zudem sind auch **arbeitswissenschaftliche Erkenntnisse** mit qualitativen Maßstäben heranzuziehen, z. B. Forschungsberichte, wissenschaftliche Veröffentlichungen sowie einschlägige Normen. Können aus diesen Dokumenten keine (ausreichenden) Anhaltspunkte für die Beurteilung gewonnen werden, sind betriebliche Beurteilungsmaßstäbe zu entwickeln.
Da nach der Begriffsbestimmung das Vorliegen einer Gefährdung nicht an deren Ausmaß oder an der Eintrittswahrscheinlichkeit gemessen bzw. beurteilt wird, verbietet sich eine Klassifizierung der Gefährdungen nach Möglichkeit des Scha-

densumfangs (leichte Verletzung bis hin zum Tod) und/oder der Wahrscheinlichkeit des Schadenseintritts.[4]

Festlegung der Schutzmaßnahmen

Auf der Grundlage der ermittelten → **Gefährdungen** werden die einzelnen Arbeits- und Gesundheitsschutzmaßnahmen festgelegt. Zunächst müssen die konkreten Maßnahmen überhaupt geeignet sein, die Gefährdung zu beseitigen oder zumindest zu mildern. Gemäß den Bestimmungen in der ASR V3 Ziffer 5.4.1 ist dabei dem Stand der Technik, Arbeitsmedizin und → **Hygiene** sowie den Anforderungen der → **Ergonomie** zu entsprechen. Sowohl die arbeitswissenschaftlichen Erkenntnisse als auch sämtliche → **Technische Regeln** für Arbeitsstätten, sofern sie Maßnahmen(-vorschläge) enthalten, sind dabei zu berücksichtigen. Ergreift der Arbeitgeber eine Maßnahme, die in einer Arbeitsstättenrichtlinie (ASR) vorgeschlagen ist, so spricht die Vermutung dafür, dass dann die Schutzziele der Arbeitsstättenverordnung erreicht sind. Bei der Festlegung der Maßnahmen ist zu berücksichtigen, welche Zusammenhänge und Wechselwirkungen mit den anderen Arbeitsbedingungen entstehen können, um so das Entstehen von neuen Gefährdungen zu vermeiden.

Bei der Auswahl der Arbeits- und Gesundheitsschutzmaßnahmen ist nach dem TOP-Prinzip vorzugehen. Die Ursachen für → **Gefährdungen** sind an ihrer Quelle zu bekämpfen, d. h. die Arbeitsschutzmaßnahmen müssen darauf zielen, durch technische Maßnahmen die Gefährdungsursachen auszuschalten oder zu reduzieren. Das TOP-Prinzip besagt, dass zunächst **t**echnische, dann **o**rganisatorische und nachrangig gemäß § 4 Nr. 5 ArbSchG **p**ersönliche Schutzmaßnahmen zu ergreifen sind.

Umsetzung der Schutzmaßnahmen

Für die Umsetzung der Arbeits- und Gesundheitsschutzmaßnahmen ist der Arbeitgeber verantwortlich. Bei der Umsetzung von Maßnahmen ist zu berücksichtigen, ob

- das Ergebnis der Beurteilung eine unverzügliche und zügige Umsetzung erfordert,
- technische und bauliche Voraussetzungen geschaffen werden müssen, die die zeitliche Umsetzung beeinflussen,
- die Lieferbedingungen von technischen Einrichtungen eine sofortige Umsetzung ermöglichen,
- die finanziellen Mittel für die Durchführung der Maßnahmen aktuell bereitstehen und vorhanden sind,

---

4 So auch HK-ArbSchR-Blume/Faber, § 5 Rn. 60.

- die betroffenen Arbeitnehmer durch entsprechende Unterweisungen und Qualifikationsmaßnahmen auf die Durchführung der Maßnahme vorbereitet sind,
- die betriebliche Arbeitsschutzorganisation für die Durchführung der Maßnahme geeignet ist oder weitere organisatorische Veränderungen erforderlich sind.

Sofern die Umsetzung, d.h. die Einzelheiten der Einführung, der Zeitplan und die Verantwortlichkeiten festgelegt sind, muss die Umsetzung auch in jeder Phase überprüft und kontrolliert werden.

Überprüfen der Schutzmaßnahmen

In § 3 Abs. 1 S. 2 ArbSchG ist festgelegt, dass die Maßnahmen des Arbeits- und Gesundheitsschutzes auf ihre Wirksamkeit zu überprüfen und erforderlichenfalls an sich ändernde Gegebenheiten anzupassen sind. Ziel der Überprüfung der Wirksamkeit ist es, zunächst festzustellen, ob und wie die festgelegten Arbeits- und Gesundheitsschutzmaßnahmen durchgeführt wurden. Sodann ist zu untersuchen, ob die konkrete Maßnahme zur Beseitigung oder Reduzierung der Gefährdung beigetragen hat. Gleichzeitig ist zu beachten und zu prüfen, ob die Maßnahme selbst neue Gefährdungen verursacht hat. Diese Überprüfung jeder Maßnahme ist mit Ermittlungsmethoden durchzuführen, die auf die jeweilige Maßnahme abgestimmt sein müssen. Ergebnis der Überprüfung kann sein, dass die Maßnahme wirksam war, verbessert werden muss oder eine andere Arbeits- und Gesundheitsschutzmaßnahme erforderlich ist.
Die Wirksamkeitsüberprüfung ist ebenfalls nach den oben genannten Prozessschritten vorzubereiten und durchzuführen.

Dokumentationspflicht

In § 6 ArbSchG ist eine Verpflichtung des Arbeitgebers zur Dokumentation der Gefährdungsbeurteilung unabhängig der Betriebsgröße festgelegt. Danach sind alle hier dargestellten Prozessschritte mit ihren jeweiligen Besonderheiten schriftlich zu dokumentieren. Die Mindestanforderungen an diese Dokumentation sind in der ASR V3 in Ziffer 5.7.2 Abs. 1 beschrieben.
Diese sind

- die jeweilige Bezeichnung der erfassten Arbeitsplätze, Arbeitsbereiche und Tätigkeiten sowie ggf. der zusammengefassten gleichartigen Arbeitsplätze oder Tätigkeiten,
- die jeweils festgestellten Gefährdungen,
- die Ergebnisse der Beurteilung der festgestellten Gefährdungen,
- die bezogen auf die festgestellten Gefährdungen jeweils festgelegten Maßnahmen inklusive Umsetzung sowie
- das Ergebnis der Wirksamkeitsüberprüfung.

In ASR V3 in Ziffer 5.7.2 Abs. 2 ist geregelt, dass aus den im Rahmen der Gefährdungsbeurteilung erstellten bzw. aus den mitgeltenden Unterlagen (z. B. Organigramme, Dienstverteilungspläne, Pflichtenübertragung) die für die Durchführung der Gefährdungsbeurteilung und die Wirksamkeitskontrolle Verantwortlichen sowie das Datum der Erstellung bzw. der Aktualisierung hervorgehen müssen.
Zweck der Dokumentation ist es, die Durchführung der Gefährdungsbeurteilung für die Aufsichtsbehörden transparent und nachvollziehbar zu machen. Gleichzeitig soll sie Grundlage für die Arbeit sämtlicher Akteure im Betrieb im Bereich des Arbeitsschutzes sein, so auch für Betriebs- und Personalräte.

Fortschreibung und Aktualisierung der Gefährdungsbeurteilung
Da die Gefährdungsbeurteilung kein einmaliger Akt des Gesundheitsschutzes, sondern als andauernder Prozess ausgestaltet ist, muss die einmal durchgeführte Gefährdungsbeurteilung fortgeschrieben bzw. aktualisiert werden. Dazu wurde bereits oben unter Ziffer 3. »Zeitpunkt der Gefährdungsbeurteilung und Wiederholung« ausgeführt.

6. Beteiligung der Beschäftigten

Ein wichtiger Grundsatz der gesamten Gefährdungsbeurteilung ist, dass die betroffenen Beschäftigten in jedem Prozessschritt beteiligt werden. Dies kommt zum Beispiel in der Regelung in § 3 Abs. 2 Nr. 2 ArbSchG zum Ausdruck. Hierin ist festgelegt, dass der Arbeitgeber im Rahmen der Durchführung seiner Pflichten zu gewährleisten hat, dass die Beschäftigten ihren Mitwirkungspflichten nachkommen können. Die Pflichten und Rechte der Beschäftigten sind u. a. in §§ 15, 16 und 17 ArbSchG beschrieben. So sollen die Beschäftigten Vorschläge für Arbeits- und Gesundheitsschutzmaßnahmen in die Gefährdungsbeurteilung einbringen. Unter Beachtung dieses Grundsatzes sind auch die Verfahren und Methoden der Gefährdungsbeurteilung zu bewerten. Je intensiver und direkter die Beschäftigten bei der Gefährdungsbeurteilung in jeder Phase mitwirken können, z. B. bei den Befragungen, Begehungen oder Workshops, umso genauer und belastbarer können die Gefährdungen der Arbeitsbedingungen und die zu ergreifenden Maßnahmen ermittelt werden. Auch die ASR V3 fordert in Ziffer 5.3.2, dass bei der Beurteilung der Gefährdungen an den Arbeitsplätzen die den Gefährdungen ausgesetzten Beschäftigten, einschließlich der besonderen Personengruppen, einbezogen werden.

7. Methoden und Verfahren

Welche Methoden und Verfahren man zur Gefährdungsermittlung und -beurteilung verwendet, hängt davon ab, ob man die psychischen oder die physikalisch-technischen Belastungen der jeweiligen Arbeitsbedingungen ermittelt. So kann man die psychischen Belastungen nicht messen. Hingegen kann man Lärm, Licht und Klima im Rahmen der physikalisch-technischen Belastungen messen.
Des Weiteren unterscheidet man zwischen einer Grob- und Feinanalyse. Zur Grobanalyse im Bereich der Ermittlung der psychischen Belastung gehören zum Beispiel Fragebögen an die gesamte Belegschaft. Entscheidend ist dabei, dass zum einen die Ermittlungsmethode so ausgestaltet ist, dass sie eine belastbare Aussage über die Gefährdungen gibt, und zum anderen, dass ein hoher Grad an Beteiligung der betroffenen Arbeitnehmer abgesichert ist. Zum Beispiel sind Kurzfragebögen, die vom Vorgesetzten ausgefüllt werden, ein ungeeignetes Ermittlungsinstrument, da dies keine Methode ist, die belastbare Ergebnisse erzeugt. Die jeweiligen Instrumente sind auf die betrieblichen Bedingungen und auf die Betriebsgröße abzustimmen. Bei der Festlegung der Ermittlungsmethode ist zu berücksichtigen, dass es sich um die Untersuchung der Arbeitsbedingungen und Belastungen handelt, und nicht um die Untersuchung der psychischen oder körperlichen Verfassung der beschäftigten Arbeitnehmer. Insofern ist abzusichern, dass die Erhebung und Auswertung von Arbeitsplatzdaten an den datenschutzrechtlichen Anforderungen (z. B. dem Grundsatz der Anonymität) ausgerichtet sind.

Ermittlung von psychischen Belastungen

Im Bereich der Ermittlung von psychischen Belastungen hat sich ein Mix von Ermittlungsinstrumenten bewährt. Vor oder während der Gefährdungsbeurteilung sollte auf jeden Fall eine Begehung der Arbeitsbereiche und Arbeitsplätze stattfinden, um die Umgebungseinflüsse und Arbeitsbedingungen durch die beurteilenden Personen aufzunehmen und zu dokumentieren. Sodann sollte eine anonyme Befragung der gesamten Belegschaft erfolgen, nach deren Struktur und Durchführung zum einen eine Auswertung nach Tätigkeiten, Tätigkeitsbereichen, Abteilungen oder Gruppen/Teams und zum anderen nach den Belastungsfaktoren gemäß § 5 ArbSchG möglich ist.
Bei den einzelnen Fragenkomplexen ist nicht nur zu berücksichtigen, dass die Belastungsfaktoren nach dem Arbeitsschutzgesetz berücksichtigt werden, sondern ebenso, dass auch Besonderheiten der zu untersuchenden Arbeitsbereiche und Betriebe berücksichtigt und aufgenommen werden. So sind spezielle Arbeitsbedingungen und Arbeitsformen auch durch entsprechende Fragenkomplexe auf ihre Belastungen hin zu untersuchen. Spielt eine bestimmte Arbeitszeitform

(z. B. Schichtarbeit oder Vertrauensarbeitszeit), eine bestimmte Entlohnungsform (z. B. Zielvereinbarungen mit variabler Vergütung) oder eine bestimmte Arbeitsform (z. B. Tätigkeiten im Home Office oder Außendienst) eine Rolle, so sind Fragen zu stellen, die auf diese besonderen Belastungen zugeschnitten sind. Standardisierte und von außen vorgegebene Fragenkataloge sind diesbezüglich nicht immer geeignet.
Im Rahmen einer zweiten Stufe, der Feinanalyse, werden in der Regel die Ergebnisse einer Befragung vertieft und Belastungsschwerpunkte behandelt.[5] Im Rahmen einer derartigen Feinanalyse können entweder moderierte Workshops oder sogenannte »Experteninterviews« durchgeführt werden, um die Ursachen der einzelnen Belastungsschwerpunkte und mögliche Maßnahmen des Arbeits- und Gesundheitsschutzes zu erörtern.
In jeder Phase der Gefährdungsbeurteilung sollten die Zwischen- bzw. Endergebnisse den betroffenen Beschäftigten vorgestellt und erklärt werden.

Ermittlung von physikalisch-technischen Belastungen
Auch bei der Ermittlung von physikalisch-technischen Belastungen ist eine vorherige Begehung der Arbeitsbereiche und Arbeitsplätze dringend erforderlich, um die vorhandenen Belastungsfaktoren konkret zu erfassen und zu überprüfen. Zur Systematisierung der Belastungsfaktoren gibt es sogenannte Checklisten, so z. B. zu finden im Anhang 2 Leitlinie Gefährdungsbeurteilung und Dokumentation der → **Gemeinsamen Deutschen Arbeitsschutzstrategie (GDA)**.[6] Diese Checklisten müssen betrieblich konkretisiert werden. Bereits im Vorfeld einer weiteren Begehung kann dann beraten und eventuell festgelegt werden, welche Gefährdungsfaktoren vorliegen und ob bestimmte spezielle Ermittlungsinstrumente, wie Messungen von Lärm, Klima usw. oder eine Lastenhandhabungsanalyse, erfolgen müssen. Bei der Begehung unter Beteiligung der Personal- und Betriebsräte und anderer betrieblicher Akteure des Arbeitsschutzes und → **Fachkraft für Arbeitssicherheit** sollten dann die Arbeitsbedingungen an den einzelnen Arbeitsplätzen untersucht und Gefährdungen ermittelt werden. Wenn möglich, sollten bei diesen Begehungen auch die dort arbeitenden Beschäftigten durch Interviews und festgelegte Fragen einbezogen werden.

5 HK-ArbSchR-Blume/Faber, § 5 Rn. 56.
6 Leitlinie Gefährdungsbeurteilung und Dokumentation Stand: 22. Mai 2017 Herausgeber: Geschäftsstelle der Nationalen Arbeitsschutzkonferenz.

III. Hinweise für die Mitbestimmung

1. Mitbestimmung nach dem BetrVG

§ 87 Abs. 1 Nr. 7 BetrVG legt ein Mitbestimmungsrecht bei Regelungen über die Verhütung von → **Arbeitsunfällen** und → **Berufskrankheiten** sowie über den Gesundheitsschutz im Rahmen der gesetzlichen Vorschriften oder der **Unfallverhütungsvorschriften** (→ gesetzliche Unfallversicherung) fest. Es bedarf für das Bestehen der Mitbestimmung einer durch die Betriebsparteien auszufüllenden Rahmenvorschrift des Arbeitsschutzes (→ **Betriebsrat**). Derartige Rahmenvorschriften sind § 5 ArbSchG[7], aber auch § 10 MuSchG, § 3 ArbStättV und § 4 BetrSichV[8].

Der Betriebsrat hat nach § 87 Abs. 1 Nr. 7 BetrVG i. V. m. § 5 ArbSchG ein Initiativrecht, eine Regelung zur Gefährdungsbeurteilung zu erzwingen. Der Betriebsrat bestimmt im Rahmen der Gefährdungsbeurteilung mit, an welchen Arbeitsplätzen (= Festlegung von Arbeitsplätzen und Arbeitsbereichen und Feststellung der Gleichartigkeit) welche Gefährdungen anhand welcher Kriterien und Methoden nach welchem Zeitplan zu beurteilen sind, welche Maßnahmen abzuleiten und durchzuführen sind sowie welche Qualifikationen die durchführenden Personen besitzen müssen. Die Mitbestimmung betreffend diese Einzelheiten der Gefährdungsbeurteilung wird durch die Vergabe der Aufgaben an Dritte gem. § 13 Abs. 2 ArbSchG nicht eingeschränkt. Zwar hat der Betriebsrat kein Mitbestimmungsrecht nach § 87 Abs. 1 Nr. 7 BetrVG, wenn der Arbeitgeber externe Personen oder Stellen mit der Durchführung von Gefährdungsbeurteilungen oder → **Unterweisungen** beauftragt, aber die Mitbestimmungsrechte des Betriebsrats nach § 87 Abs. 1 Nr. 7 BetrVG bei Gefährdungsbeurteilungen werden dadurch nicht verkürzt. Insbesondere ist es dem Betriebsrat unbenommen, im Rahmen dieser Mitbestimmung gegenüber dem Arbeitgeber oder erforderlichenfalls auch in der Einigungsstelle dafür zu sorgen, dass in einer Betriebsvereinbarung generalisierende Regelungen darüber getroffen werden, welche Qualifikationen und Kenntnisse die mit der Durchführung der Gefährdungsbeurteilungen und der Unterweisungen befassten Personen besitzen müssen.[9]

Aus den ermittelten Gefährdungen leiten sich wiederum die durch den Arbeitgeber zu ergreifenden Maßnahmen nach § 3 ArbSchG. Nur wenn sich hierbei ein Entscheidungsspielraum des Arbeitgebers ergibt, hat der Betriebsrat bei der

7 BAG 8.6.2004 – 1 ABR 13/03.
8 Richardi, in Richardi BetrVG, § 87 Rn. 556–563.
9 BAG 18.8.2009 – 1 ABR 43/08.

Auswahl mitzuentscheiden.[10] Die Gefährdungsermittlung und die Ergreifung von Maßnahmen ist insoweit voneinander zu trennen.[11]
Festzuhalten ist, dass für die Regelung der Gefährdungsbeurteilung der örtliche Betriebsrat zuständig ist, da es immer um eine spezielle auf die örtlichen Gegebenheiten und betrieblichen Arbeitsbedingungen an den Arbeitsplätzen zugeschnittenes Verfahren geht.
Einigen sich die Betriebsparteien nicht auf die Durchführung und die Einzelheiten einer Gefährdungsbeurteilung, kann der Betriebsrat die Einigungsstelle nach §§ 87 Abs. 2, 76 BetrVG anrufen (→ **Betriebsrat**).

2. Mitbestimmung nach dem BPersVG

Zwar hat auch der Personalrat nach § 80 Abs. 1 Nr. 16 BPersVG n. F. (§ 75 Abs. 3 Nr. 11 BPersVG a. F.[12]) bei den zu ergreifenden Gesundheitsschutzmaßnahmen bei Bestehen feststehender Gesundheitsgefahren oder durch eine Gefährdungsbeurteilung festgestellten gesundheitsgefährdenden Arbeitsbedingungen mitzubestimmen. Aber die Rechtsprechung des Bundesverwaltungsgerichts hat dem Personalrat keine Mitbestimmung bei den Einzelheiten und bei der Durchführung einer Gefährdungsbeurteilung zugestanden.[13] Der Personalrat kann die Ablehnung einzelner Gesundheitsschutzmaßnahmen damit begründen, dass die durchgeführte Gefährdungsbeurteilung Mängel aufweist und nicht alle Gefährdungen zutreffend ermittelt oder/und beurteilt hat.[14] Damit endet aber die Mitbestimmung der Personalräte.

IV. Inhalt einer Betriebs- und Dienstvereinbarung

In einer Betriebsvereinbarung müssen die einzelnen Phasen und oben genannten Prozessschritte abgebildet werden. Die Betriebsvereinbarung sollte auf jeden Fall für jede Phase der Gefährdungsbeurteilung die Beteiligung der Belegschaft konkret beschreiben und regeln.
Ob die Betriebsvereinbarung die Gefährdungsbeurteilung der psychischen und physikalisch- technischen Belastungen getrennt oder gemeinsam regelt und diese

10 BAG 13.8.2019 – 1 ABR 6/18.
11 BAG 13.8.2019 – 1 ABR 6/18.
12 BPersVG v. 15.3.1974 (BGBl. I S. 693); zuletzt geändert durch Gesetz vom 9.6.2021 (BGBl. I S. 1614).
13 BVerwG 5.3.2012 – 6 PB 25.11.
14 BVerwG 5.3.2015 – 6 PB 25.11.

auch gemeinsam untersucht werden, hängt von den betrieblichen Bedingungen ab. Das ArbSchG kennt eine derartige Trennung nicht, da die Wechselwirkungen der Belastungen immer einheitlich beurteilt werden.
Sodann sollten die einzelnen Prozessschritte zeitlich in einen organisatorischen Ablauf gegossen werden, sodass es nicht allein in der Hand des Arbeitgebers liegt, wann er welchen Prozessschritt macht.
Dazu sind in manchen Betrieben, vor allem in Betrieben mit einer großen Arbeitnehmerschaft und einem großen Betriebsrat, sogenannte Steuerkreise (bestehend aus Betriebsrat und Arbeitgeber) vereinbart worden.
Kern einer Betriebsvereinbarung könnten folgende Regelungen sein:

- Festlegung der zu untersuchenden Arbeitsplätze und Arbeitsbereiche,
- Erfassung aller relevanten Umstände, die neben den Arbeitsbedingungen Gefährdungsfaktoren darstellen könnten, wie z. B. Arbeitszeitsysteme, Vertragsarten, besondere Personengruppen, besondere Leistungsentlohnungssysteme,
- Untersuchung und Feststellung der Gleichartigkeit der Arbeitsbedingungen an den verschiedenen Arbeitsplätzen,
- Festlegung der Ermittlungsmethoden, die auf alle Fälle einen Methodenmix beinhalten sollte,
- die Festlegung der Untersuchung der Arbeitsplätze anhand von Checklisten mit den relevanten Gefährdungsfaktoren,
- Begehungen der Arbeitsplätze und Befragungen der Beschäftigten, die nicht allein durch eine Person erfolgen soll, sondern unter Beteiligung der Betriebsparteien,
- die übersichtliche und kurze Gestaltung des zeitlichen Ablaufs vom Start der Gefährdungsbeurteilung bis zur Ableitung der Arbeits- und Gesundheitsschutzmaßnahmen,
- die Festlegung der Beurteilungsmethoden und Bezug dieser auf die Dringlichkeit der Maßnahmen und nicht auf eine Risikoeinstufungen der Gefährdungen nach Ausmaß der zu erwartenden Schäden und Eintrittswahrscheinlichkeit,
- die festgestellten Gefährdungen und alle möglichen Maßnahmenvorschläge zum Gegenstand der Verhandlungen und einer möglichen Einigungsstelle machen,
- Festlegung der Zeiträume für die regelmäßige Wiederholung der Gefährdungsbeurteilung sowie Beschreibung der Anlässe, die eine Aktualisierung der Gefährdungsbeurteilung erforderlich machen,
- Festlegung der Anforderungen an die fachliche (Kenntnisse und Erfahrung) und persönliche Eignung der durchführenden Person,
- die Dokumentation der Gefährdungsbeurteilung, d. h. welche Unterlagen und Maßnahmen müssen wie festgehalten werden;

- Regelung der datenschutzrechtlichen Aspekte, wie z. B. Online-Befragungen, Auswertung der Fragen durch technische Einrichtungen, Festlegung der Größe der zu untersuchenden und auszuwertenden Arbeitsbereiche, um eine Individualisierung der Daten und Auswertungen zu verhindern.

Gemeinsame Deutsche Arbeitsschutzstrategie (GDA)

I. Einführung

Mit der Reform der gesetzlichen Unfallversicherung im Jahr 2008[1] wurden in den §§ 20a, 20b ArbSchG Regelungen zur Gemeinsamen Deutschen Arbeitsschutzstrategie (GDA) aufgenommen. Auf dieser Grundlage verpflichten sich Bund, Länder und die Träger der → **Deutschen Gesetzlichen Unfallversicherung,** ein gemeinsames Konzept zur Festlegung gemeinsamer Arbeitsschutzziele, Handlungsfelder und Arbeitsprogramme zur betrieblichen Sicherheits- und Gesundheitsprävention zu schaffen. Wesentliche Aufgabe der GDA ist es daher, den aus dem dualen staatlichen Arbeitsschutzsystem resultierenden Abstimmungsbedarf zu gewährleisten und ein praktikables und aufeinander abgestimmtes Regelwerk für den deutschen Arbeitsschutz zu schaffen.[2]

II. Einzeldarstellung

1. Aufgaben und Arbeitsweise

Die GDA gibt den beteiligten Akteuren die Möglichkeit, sich untereinander abzustimmen und auf diesem Wege, die in der (Vollzugs-)Zuständigkeit der Länder liegende Aufsicht über den betrieblichen Gesundheitsschutz (zumeist durch die Gewerbeaufsichtsämter) bundesweit zu koordinieren. Damit schafft die GDA eine praxisorientierte Grundlage für die Zusammenarbeit der primär präventiv ausgerichteten Unfallversicherungsträger auf der einen Seite und der staatlichen

1 Gesetz zur Modernisierung der gesetzlichen Unfallversicherung (Unfallversicherungsmodernisierungsgesetz–UVMG) vom 30. Oktober 2008 (BGBl. I, S. 2130).
2 Leitlinienpapier zur Neuordnung des Vorschriften- und Regelwerks im Arbeitsschutz vom 31.8.2011, abrufbar unter: *www.gda-portal.de.*

Arbeitsschutzaufsicht der Länder auf der anderen Seite (Duales Arbeitsschutzsystem) bei der Umsetzung der Vorgaben nach dem ArbSchG und der ArbStättV.[3] Die GDA schafft damit eine länderübergreifende Struktur für die methodische Vorgehensweise bei

- der Beratung und Überwachung der Betriebe,
- der Festlegung inhaltlicher Beratungs- und Überwachungsschwerpunkte, aufeinander abgestimmter oder gemeinsamer Schwerpunktaktionen und Arbeitsprogramme und
- der Förderung eines Daten- und sonstigen Informationsaustausches, insbesondere über Betriebsbesichtigungen und deren wesentliche Ergebnisse (§ 21 Abs. 3 S. 2 ArbSchG).

Koordiniert wird diese Zielsetzung durch die Nationale Arbeitsschutzkonferenz (NAK). Als zentrales Steuerungselement legt die NAK die strategische Ausrichtung der GDA und die primären Arbeitsschutzziele, Handlungsfelder und Arbeitsprogramme fest. Hieran sind neben Bund, Ländern und DGUV als stimmberechtigten Mitgliedern auch Vertreter der Sozialpartner in beratender Funktion beteiligt.

Praktische Bedeutung gewinnt die GDA über die Zusammenarbeit von Bund, Ländern und Unfallversicherungsträgern hinaus, indem sie auf die Schaffung »eines wirksamen Arbeitsschutzes« (§ 20a Abs. 1 ArbSchG) durch koordinierte Betriebskontrollen und eine Förderung bei der Umsetzung des betrieblichen Arbeitsschutzes abzielt. Hierbei handelt es sich um eine Zielbestimmung,[4] die nach § 20a Abs. 2 ArbSchG erfolgt durch:

- die Entwicklung gemeinsamer Arbeitsschutzziele,
- die Festlegung vorrangiger Handlungsfelder und von Eckpunkten für Arbeitsprogramme sowie deren Ausführung nach einheitlichen Grundsätzen,
- die Evaluierung der Arbeitsschutzziele, Handlungsfelder und Arbeitsprogramme mit geeigneten Kennziffern,
- die Festlegung eines abgestimmten Vorgehens der für den Arbeitsschutz zuständigen Landesbehörden und der Unfallversicherungsträger bei der Beratung und Überwachung der Betriebe, und
- die Herstellung eines verständlichen, überschaubaren und abgestimmten Vorschriften- und Regelwerks.

Hierfür erlässt die GDA entsprechende Leitlinien, die als Referenzrahmen für die Gesundheitsaufsicht dient und erarbeitet bestimmte branchen- oder themenspezifische Arbeitsprogramme, die für einen Zeitraum von drei bis fünf Jahre den Schwerpunkt der GDA-Arbeit ausmachen.

3 Hierzu insb. Michels, Gute Arbeit 2/2019, 8 ff.
4 Schucht, in: Kollmer/Klindt/Schucht, ArbSchG § 20a Rn. 7.

In der ersten Periode von 2008 bis 2012 wurden folgende drei Arbeitsschutzziele vereinbart, um Sicherheit und Gesundheit bei der Arbeit zu verbessern:
- Verringerung der Häufigkeit und Schwere von Arbeitsunfällen,
- Verringerung der Häufigkeit und Schwere von Muskel-Skelett-Erkrankungen und
- Verringerung der Häufigkeit und Schwere von Hauterkrankungen.

Die Arbeitsprogramme von 2013 bis 2018 umfassten folgende Bereiche:
- Verbesserung der Organisation des betrieblichen Arbeitsschutzes,
- Verringerung von arbeitsbedingten Gesundheitsgefährdungen und Erkrankungen im Muskel-Skelett-Bereich und
- Schutz und Stärkung der Gesundheit bei arbeitsbedingter psychischer Belastung

Insbesondere aus dem Arbeitsprogramm »Verbesserung der Organisation des betrieblichen Arbeitsschutzes« ist das Webportal GDA-OrgaCheck.de entstanden, dass Unternehmen dabei helfen soll, ihre Arbeitsschutzorganisation rechtskonform zu gestalten.[5]

Bei der derzeitigen GDA-Periode lautet die Überschrift »Arbeit sicher und gesund gestalten: Prävention mit Hilfe der Gefährdungsbeurteilung« und umfasst folgende drei Arbeitsschutzziele:
- gute Arbeitsgestaltung bei Muskel-Skelett-Belastungen,
- gute Arbeitsgestaltung bei psychischen Belastungen und
- sicherer Umgang mit krebserzeugenden Gefahrstoffen.

2. GDA-Leitlinien

Im Rahmen der jeweiligen Arbeitsprogramme werden zudem regelmäßig GDA-Leitlinien veröffentlicht.[6] Diese GDA-Leitlinien richten sich primär an die Aufsichtspersonen der Länder und bei den Unfallversicherungsträgern. Bislang wurden Leitlinien zu folgenden Themen veröffentlicht:
- Organisation des betrieblichen Arbeitsschutzes vom 15. 12. 2011,
- Planung und Ausführung von Bauvorhaben vom 13. 6. 2013,
- Gefährdungsbeurteilung und Dokumentation vom 5. 5. 2015,
- Beratung und Überwachung bei psychischer Belastung am Arbeitsplatz vom 19. 11. 2015,
- Staubminimierung beim Bauen vom 7. 11. 2018,
- Arbeitsschutz bei der Kooperation mehrerer Arbeitgeber im Rahmen von Werkverträgen vom 16. 7. 2019 und

5 Abrufbar über *www.gda-orgacheck.de.*

6 Diese sind abrufbar über *www.gda-portal.de.*

- Beratung und Überwachung während der SARS-CoV2-Epidemie vom 17.8.2020.

Die GDA-Leitlinien behandeln zentrale Arbeitsschutzthemen und geben damit den wesentlichen Referenzrahmen für die Beratung und Überwachung von Betrieben. Sie stellen selbst keine Verwaltungsvorschriften dar und binden daher die Aufsichtsbehörden bzw. Unfallversicherungsträger nicht.[7] Gleichwohl beschreiben sie das gemeinsame Verständnis der Träger der GDA, an den sich die Aufsichtsbehörden im Rahmen der Förderungspflicht nach § 20a Abs. 1 S. 2 ArbSchG zu orientieren haben.[8]

Für die betriebliche Praxis bieten sie zugleich eine verlässliche Orientierung über die erforderlichen Maßnahmen zur Umsetzung der betrieblichen Arbeitsschutzvorschriften. Sie benennen die Vorgehensweise der Arbeitsschutzaufsicht und formulieren die zu beachtenden Punkte und Aufgaben der jeweiligen Zielgruppe. Hilfreich ist zudem die Zusammenfassung der jeweils einschlägigen rechtlichen Grundlagen auf Bundes- sowie Landesebene und der von den Unfallversicherungsträgern autonom erlassenen → **Technischen Regeln** und DGUV Vorschriften (→ **Deutsche Gesetzliche Unfallversicherung**).

7 Wiebauer, in: Landmann/RohmerGewO ArbSchG § 20a Rn. 44.

8 So auch Wiebauer a. a. O.

Gemeinsames Ministerialblatt (GMBl)

Das Gemeinsame Ministerialblatt (GMBl) ist das gemeinsame amtliche Bekanntmachungsorgan der Bundesregierung und der Bundesministerien, das seit 1950 vom Bundesministerium des Inneren herausgegeben wird. Hierin veröffentlichen die meisten Bundesministerien die von Ihnen erlassenen oder ergänzten Allgemeinen Verwaltungsvorschriften, Verordnungen, Richtlinien, Erlasse, Anordnungen, Rundschreiben und Bekanntmachungen von allgemeiner Bedeutung sowie Stellenausschreibungen. Dazu gehört insbesondere auch der Tarifvertrag für den öffentlichen Dienst.
Das GMBl erscheint nach Bedarf und daher unregelmäßig, meistens jedoch zwei- bis dreimal im Monat. Alle Ausgaben des GMBl sind online einsehbar unter der Internetadresse: *www.gmbl-online.de.*
Für den Arbeits- und Gesundheitsschutz ist von besonderer Bedeutung, dass auch das Bundesministerium für Arbeit und Soziales seit 2007 seine amtlichen Bekanntmachungen im GMBl veröffentlicht. Entsprechend sind dort etwa alle → **Technischen Regeln** der → **Bundesanstalt für Arbeitsschutz und Arbeitsmedizin (BAuA)** veröffentlicht.

Gleichstellung

I. Einführung

Schwerbehinderten Menschen gleichgestellt werden sollen gem. § 2 Abs. 3 SGB IX behinderte Menschen,

- bei denen nicht der für schwerbehinderte Menschen erforderliche GdB von 50, aber zumindest ein GdB von 30 nach Feststellung des Versorgungsamts gem. § 152 SGB IX vorliegt, im Übrigen aber die Voraussetzungen der Schwerbehinderung gegeben sind,
- wenn sie infolge ihrer Behinderung ohne die Gleichstellung einen geeigneten Arbeitsplatz i. S. des § 156 SGB IX nicht erlangen (Vermittlungserschwernis) oder nicht behalten (Sicherungserschwernis) können.[1]

II. Einzeldarstellung

1. Verfahren

Eine solche Gleichstellung erfolgt nur auf (formfreien) Antrag des behinderten Menschen bei der örtlich zuständigen Agentur für Arbeit (Wohnort oder gewöhnlicher Aufenthaltsort des behinderten Menschen) durch Bescheid der Agentur für Arbeit. Wird dem Antrag stattgegeben, wird die Gleichstellung mit dem Tag des Antragseingangs (rückwirkend) wirksam (§ 151 Abs. 2 SGB IX).
Bei Vorliegen der Voraussetzungen muss dem Antrag stattgegeben werden, wenn nicht ein atypischer Ausnahmefall vorliegt (z. B. bereits Bezug einer Altersrente oder kein Interesse an Erlangung eines Arbeitsplatzes).[2] Die Agentur für Arbeit ist an die GdB-Feststellung des Versorgungsamts gebunden, nicht jedoch an die zur Begründung angegebenen Gesundheitsstörungen und Funktionsbein-

1 BSG 6. 8. 2014 – B 11 AL 16/13 R.
2 BSG 2. 3. 2000 – B 7 AL 46/99 R.

trächtigungen.[3] Werden – was durchaus zulässig und bei drohender Kündigung sehr ratsam ist – der Gleichstellungsantrag bei der Agentur für Arbeit und der Feststellungsantrag beim Versorgungsamt gleichzeitig gestellt, muss die Agentur für Arbeit daher ihre Entscheidung über die Gleichstellung bis zum Vorliegen des Feststellungsbescheids zum GdB aussetzen.[4] Ist der Antrag beim Versorgungsamt noch nicht gestellt, muss die Agentur für Arbeit auf das Erfordernis als Voraussetzung für seine Entscheidung gem. §§ 14, 16 Abs.3 SGB I hinweisen.
Das Entscheidungsermessen der Agentur für Arbeit bezieht sich mithin nur auf die Beurteilung des Vermittlungs- oder Sicherungserschwernisses im Einzelfall.
Ein Vermittlungserschwernis für einen behinderten Menschen liegt nicht nur bei Arbeitslosigkeit vor, sondern auch dann, wenn er einen nicht behindertengerechten Arbeitsplatz hat. Es genügt, dass der behinderte Mensch wegen seiner Behinderung schwerer als ein nicht Behinderter einen Arbeitsplatz finden kann.
Ein Sicherungserschwernis besteht dagegen nur, wenn der behinderte Mensch einen behindertengerechten Arbeitsplatz hat, dieser jedoch gefährdet ist, etwa durch geplanten Wegfall durch betriebsbedingte Kündigung[5] oder ein erhöhtes Arbeitstempo. Das setzt keine akute Gefährdung voraus. Es genügt ein deutlich erhöhtes Risiko.[6] Anhaltspunkte sind z. B. häufige behinderungsbedingte Fehlzeiten, dauernd verminderte Belastbarkeit, Abmahnungen im Zusammenhang mit der Behinderung.[7]
Ein tariflicher oder vertraglicher Sonderkündigungsschutz (Ausschluss der ordentlichen Kündigung) führt nicht schon zum Ausschluss eines Sicherungs- oder Vermittlungserschwernisses, zumal ja nach der BAG-Rechtsprechung in solchen Fällen eines außerordentliche Kündigung mit sozialer Auslauffrist in Betracht kommt (vgl. näher → **Krankheitsbedingte Kündigung**).[8]
Grundsätzlich erfolgt die Gleichstellung durch Verwaltungsakt der Agentur für Arbeit[9] auf unbestimmte Zeit. Sie kann gem. § 151 Abs.2 S.3 SGB IX aber ausnahmsweise befristet werden, etwa bei ihrerseits befristeter GdB-Feststellung des

3 BSG 2.3.2000 – B 7 AL 46/99 R.
4 Stevens-Bartol in: Feldes/Kohte/Stevens-Bartol, § 2 Rn. 30: Dau in: Dau/Düwell/Joussen, § 151 SGB IX, Rn. 10.
5 LSG NRW 7.6.2001 – L 9 AL 49/00.
6 BSG 17.7.2009 – B 11 AL 168/08; BSG 2.3.2000 – B 7 AL 46/99 R.
7 Stevens-Bartol in: Feldes/Kohte/Stevens-Bartol, § 2 Rn. 33; Joussen in: Dau/Düwell/Joussen, § 2 SGB IX, Rn. 17,18.
8 BSG 7.4.2011 – B 9 SB 3/10 R.
9 BAG 18.11.2008 – 9 AZR 643/07.

Versorgungsamts, befristeter Arbeitserlaubnis oder zu erwartender Besserung des Gesundheitszustands.[10]
Gegen einen die Gleichstellung ablehnenden Bescheid der Agentur für Arbeit kann binnen Monatsfrist nach Zustellung Widerspruch eingelegt werden, über den gem. § 203 SGB IX der Widerspruchsausschuss bei der Agentur für Arbeit zu entscheiden hat. Wird der Widerspruch zurückgewiesen, kann Anfechtungs- und Verpflichtungsklage beim örtlich zuständigen Sozialgericht erhoben werden.

2. Rechtsfolgen der Gleichstellung

Gem. § 151 Abs. 3 SGB IX werden auf gleichgestellte behinderte Menschen die besonderen Regelungen für schwerbehinderte Menschen (§§ 151 ff. SGB IX) angewendet, mit Ausnahme des § 208 SGB IX (Zusatzurlaub von fünf Tagen) und des Teil 3., Kapitel 13 SGB IX (unentgeltliche Beförderung schwerbehinderter Menschen im öffentlichen Personenverkehr). Nach Auffassung des BAG kann die Ausnahme des § 208 SGB IX (kein Zusatzurlaub) auch für entsprechenden tariflichen Zusatzurlaub für schwerbehinderte Menschen gelten.[11]
Sämtliche anderen Schutzregelungen hinsichtlich Bewerbung, Einstellung, behindertengerechter Beschäftigung einschließlich Anspruch auf Teilzeitbeschäftigung, Freistellung von Mehrarbeit, Diskriminierungsschutz beim Arbeitsentgelt und Prävention, sowie der Sonderkündigungsschutz bei Beendigung des Arbeitsverhältnisses mit Zustimmungserfordernis des Integrationsamts, aber auch die Ausnahmeregelungen gelten also auch für gleichgestellte behinderte Menschen (vgl. näher → **Schwerbehinderte Beschäftigte**).
Bei Kündigungen gilt also insbesondere auch § 173 Abs. 3 SGB IX entsprechend, wonach der Sonderkündigungsschutz gem. §§ 168 SGB IX ff. entfällt, wenn zum Zeitpunkt der Kündigung noch kein Gleichstellungsbescheid der Agentur für Arbeit vorliegt oder nicht jedenfalls drei Wochen zuvor ein Anerkennungsantrag beim Versorgungsamt – und nach Auffassung des BAG auch der Gleichstellungsantrag bei der Agentur für Arbeit[12] – gestellt und die Mitwirkungspflicht erfüllt wurde.
Ob gleichgestellte behinderte Menschen auch Ansprüche aufgrund der schwerbehinderte Menschenbegünstigenden Vorschriften außerhalb des SGB IX haben, ergibt sich aus dem Wortlaut der jeweiligen Regelung bzw. deren Auslegung.
Demnach gilt der vorzeitige Anspruch auf Altersrente gem. §§ 33, 37, 236a SGB VI ausschließlich für bei Beginn der Altersrente als schwerbehindert anerkannte

---

10 Soost/Weber in: Feldes/Kohte/Stevens-Bartol, SGB IX § 151 Rn. 8; Dau in: Dau/Düwell/Joussen, § 151 SGB IX. Rn. 9.
11 BAG 18.7.2017-9 AZR 850/16.
12 BAG 1.3.2007 – 2 AZR 217/06.

Menschen (GdB mindestens 50). Entsprechendes soll für das Beitrittsrecht zur gesetzlichen Krankenversicherung gem. § 9 Abs. 1 Nr. 4 SGB V gelten.[13] Arbeitsrechtliche Bestimmungen zugunsten schwerbehinderter Menschen in anderen Gesetzen, Verordnungen, Tarifverträgen, Betriebsvereinbarungen, Dienstvereinbarungen und insbesondere Inklusionsvereinbarungen gem. § 166 SGB IX (vgl. näher → **schwerbehinderte Beschäftigte**) sind dagegen regelmäßig so auszuzulegen, dass sie auch gleichgestellte behinderte Menschen begünstigen, es sei denn, dies ist ausdrücklich ausgeschlossen.[14] Gleichgestellte behinderte Menschen – nicht jedoch Menschen, deren Gleichstellungsantrag noch nicht positiv beschieden ist[15] – haben darüber hinaus das aktive Wahlrecht zur Schwerbehindertenvertretung und werden von dieser auch wie schwerbehinderte Menschen vertreten(→ **Schwerbehindertenvertretung**).

3. Gleichgestellte Menschen i.S. § 151 Abs. 4 SGB IX

Die in § 151 Abs. 4 SGB IX genannten Jugendlichen oder jungen Erwachsenen während der Zeit ihrer Berufsausbildung oder einer beruflichen Orientierung werden, soweit bei Ihnen kein GdB von mindestens 30 und kein Gleichstellungsbescheid vorliegt, von den o.a. Sonderregegelungen für gleichgestellte behinderte Menschen nicht erfasst. Bei diesen behinderten Menschen bewirkt lediglich ein erleichterter Nachweis ihrer Behinderung gem. § 151 Abs.4 S.2 SGB IX, dass der Arbeitgeber Leistungen des Integrationsamts gem. § 185 Abs. 3 Nr. 2c) SGB IX (Prämien und Zuschüsse zu den Kosten der Berufsausbildung) erhalten kann.

---

13 Soost/Weber in: Feldes/Kohte/Stevens-Bartol, § 151 Rn. 12; Dau in: Dau/Düwell/Joussen, SGB IX-Kommentar, § 151 SGB IX Rn. 14, auch zur Kritik hieran.

14 Z.B. für das Beamtenrecht OVG NRW 27.1.2010 – 6 A 3545/07.

15 BAG 22.01.2020 – 7 ABR 18/18-

Homeoffice / Telearbeit

I. Einführung

Die Begriffe »Telearbeitsplatz« und »Homeoffice« werden in der Praxis häufig synonym verwendet.[1] Bei Telearbeit hat der Arbeitgeber im Privatbereich der Beschäftigten einen Arbeitsplatz fest eingerichtet. Die vom BMAS am 20. 8. 2020 bekannt gemachte SARS-CoV-2-Arbeitsschutzregel versteht dagegen unter Homeoffice eine Form der → **Mobilen Arbeit**, bei dem die Beschäftigten an beliebigen anderen Orten, zum Beispiel beim Kunden, in Verkehrsmitteln oder in einer Wohnung, tätig werden. Für die vorliegende Darstellung soll gleichwohl die bislang übliche Gleichsetzung von Homeoffice und Telearbeit zugrunde gelegt werden.
Auch wenn die Ausübung von Telearbeit dazu führen kann, dass Beruf und Familie besser in Einklang gebracht und mitunter lange Arbeitswege erspart werden, gehen mit ihr erhebliche Gefährdungspotenziale einher. Zu denken ist dabei primär an die Entgrenzung der Arbeit durch ein Verschwimmen von Beruflichem und Privatem. Die fehlende ergonomische Gestaltung des Telearbeitsplatzes kann zu physischen, der mangelnde persönliche Kontakt zu Kolleginnen und Kollegen zu psychischen Belastungen führen. Zudem dürfte im Homeoffice eine erhöhte Gefahr bestehen, dass der Arbeitnehmer seiner Arbeit auch krank nachgeht.

---

1 Küttner-Röller, Homeoffice Rn. 1; Oberthür, NZA 2013, 246; Müller, Home-Office in der arbeitsrechtlichen Praxis, § 1 Rn. 2.

II. Einzeldarstellung

1. Begriffsbestimmung

Telearbeitsplätze sind vom Arbeitgeber fest eingerichtete Bildschirmarbeitsplätze im Privatbereich des Beschäftigten, für die der Arbeitgeber mit den Beschäftigten eine wöchentliche Arbeitszeit und die Dauer der Einrichtung vereinbart hat. Eingerichtet ist das Homeoffice dabei erst dann, wenn die Bedingungen der Telearbeit vertraglich vereinbart sind und die für den häuslichen Arbeitsplatz benötigte Ausstattung durch den Arbeitgeber bereitgestellt und installiert ist.
Die Telearbeit kann alternierend erfolgen oder ausschließlich vom Homeoffice aus. In der Praxis weiter verbreitet ist dabei wohl die alternierende Telearbeit, bei der der Arbeitnehmer zusätzlich auch noch über einen Arbeitsplatz im Betrieb verfügt, den er regelmäßig aufsucht.[2]
Von der Arbeit im Homeoffice zu unterscheiden ist die Heimarbeit nach dem Heimarbeitsgesetz (HAG). Der Heimarbeiter arbeitet an selbstgewählter Arbeitsstätte für seinen Auftraggeber, von dem er wirtschaftlich abhängig ist. Er kann im Unterschied zum Arbeitnehmer persönlich selbstständig sein und die Erledigung und Einteilung seiner Arbeit selbst bestimmen.[3] Durch den Wechsel in das – auch permanente – Homeoffice ändert sich nichts am Status des Arbeitnehmers, dieser wird dadurch nicht zum Heimarbeiter.

2. Rechtsgrundlagen

Im deutschen Arbeitsschutzrecht findet sich die Definition des Telearbeitsplatzes in § 2 Abs. 7 ArbStättV. Der Begriff ist recht eng gefasst, sodass schon keine Telearbeit im Sinne der ArbStättV vorliegt, wenn es an einer vertraglichen Grundlage hierfür fehlt oder keine Ausstattung des häuslichen Arbeitsplatzes durch den Arbeitgeber erfolgt ist. Umstritten ist, ob bei Vorliegen der sonstigen Voraussetzungen auch dann von einem Telearbeitsplatz gesprochen werden kann, wenn der Beschäftigte ganz oder zum Teil sein eigenes Mobiliar in das Homeoffice einbringt.[4] Jedenfalls dann, wenn dieses vorab durch den Arbeitgeber unter allen relevanten Gesichtspunkten des Arbeitsschutzes beurteilt und für geeignet befunden wurde, spricht nach hier vertretener Auffassung nichts gegen eine Beurteilung als Telearbeitsplatz.
Ein konkret gesetzlich geregelter Anspruch auf die Einrichtung eines Telearbeitsplatzes besteht derzeit noch nicht. Allerdings kann sich für schwerbehinderte Beschäftigte aus § 164 Abs. 4 S. 1 Nr. 1 SGB IX ein Anspruch auf einen Telearbeits-

2 HK-ArbSchR-Faber/Feldhoff, ArbStättV Rn. 180.
3 Eder, AiB 3/2017, 10ff.
4 Hidalgo, NZA 2019, 1449ff.

platz ableiten.[5] Hiernach kann der Schwerbehinderte von seinem Arbeitgeber verlangen, so beschäftigt zu werden, dass er seine Fähigkeiten und Kenntnisse möglichst voll verwerten und weiterentwickeln kann. Der Arbeitgeber muss dem Anspruch insbesondere aber dann nicht nachkommen, wenn seine Erfüllung unzumutbar oder mit unverhältnismäßigen Aufwendungen verbunden ist.
Auf europäischer Ebene besteht eine Rahmenvereinbarung über Telearbeit, die am 16.7.2002 zwischen den zuständigen Sozialpartnern abgeschlossen wurde. Diese enthält u.a. Bestimmungen zu Gesundheitsschutz und Sicherheit am Telearbeitsplatz. Der Arbeitgeber ist hiernach für den Gesundheitsschutz und die Sicherheit des Telearbeitnehmers am Arbeitsplatz nach Maßgabe der Richtlinie 89/391/EWG und der einschlägigen Folgerichtlinien und einzelstaatlichen Rechtsvorschriften und Tarifverträge verantwortlich. Die Umsetzung der in der Rahmenvereinbarung enthaltenen Sozial- und Schutzstandards hat auf nationaler Ebene durch Dienst- und Betriebsvereinbarungen zu erfolgen.[6]

3. Arbeitsschutz im Homeoffice

Für den Arbeitnehmer im Homeoffice sind grundsätzlich keine geringeren Schutzstandards anzunehmen als für die Beschäftigten in Betrieb oder Dienststelle. Gleichwohl treten in der Praxis auch bei der Telearbeit weitgehend die gleichen Gefahren für die Gesundheit der Beschäftigten auf wie bei anderen Formen der → **Mobilen Arbeit**.

a) Arbeitszeitgesetz

Auch wenn im Homeoffice die Grenzen zwischen Privatleben und Arbeit mitunter verschwimmen, sind die Vorgaben des ArbZG umfassend einzuhalten. Als Teil des öffentlichen Arbeitsschutzrechts ist das ArbZG für Arbeitgeber und Arbeitnehmer unverzichtbar.[7] Trotz der zeitlichen und organisatorischen Spielräume für die Beschäftigten einerseits und einem Weniger an Kontrollmöglichkeiten für den Arbeitgeber andererseits, bleibt dieser dazu verpflichtet, die Einhaltung des ArbZG auch im Homeoffice sicherzustellen. Dazu gehören neben den gesetzlichen → **Pausenzeiten** sowie → **Ruhezeiten** auch die tägliche Höchstarbeitszeit und das grundsätzliche Verbot der Sonn- und Feiertagsbeschäftigung. Das auf Basis der EuGH-Entscheidung vom 14.5.2019[8] einzuführende System zur vollständigen Arbeitszeiterfassung (das in Deutschland der Mitbestimmung unterliegt) kann dafür Sorge tragen, dass die arbeitszeitrechtlichen Vorgaben um-

5 LAG Hamburg 15.4.2014 – 5 Sa 107/12; LAG Niedersachsen 6.12.2010 – 12 Sa 860/10.
6 Prinz, NZA 2002, 1268ff.
7 Wiebauer, NZA 2016, 1430ff.
8 EuGH 14.5.2019 – C-55/18.

gesetzt werden. Bei Verstößen gegen die gesetzlichen Bestimmungen, die nach § 1 Abs. 1 ArbZG explizit der Sicherheit und dem Gesundheitsschutz der Arbeitnehmer dienen, drohen dem Arbeitgeber gem. §§ 22f. ArbZG empfindliche Geldbußen, Geld- oder Freiheitsstrafen.

b) Arbeitsschutzgesetz

Ebenso wie das ArbZG dient auch das ArbSchG der Sicherheit und dem Gesundheitsschutz der Beschäftigten bei der Arbeit und damit auch am Telearbeitsplatz. Kernstück des Gesetzes ist die gem. § 5 ArbSchG durchzuführende arbeitsplatzbezogene Gefährdungsbeurteilung. Aus dieser ergibt sich, welche geeigneten technischen, organisatorischen oder persönlichen Schutzmaßnahmen der Arbeitgeber durchzuführen hat. Für die Arbeit im Homeoffice ergibt sich die Schwierigkeit, dass der Arbeitgeber grundsätzlich keinen Anspruch auf Zugang zu der Wohnung des Beschäftigten hat, sodass dieses Recht für begründete Fälle vertraglich zu vereinbaren ist. Sachgerecht kann die Gefährdungsbeurteilung nur vor Ort beim Beschäftigten durchgeführt werden, da nur auf diese Weise auch die ganze Arbeitsumgebung nebst sämtlicher Einflussfaktoren bewertet werden kann.[9] Selbstverständlich gilt in der Folge die gem. § 12 ArbSchG geregelte Unterweisungsverpflichtung bzgl. Sicherheit und Gesundheitsschutz auch für die Arbeitnehmer im Homeoffice. Schließlich finden sich mit den §§ 25f. ArbSchG auch Bußgeld- und Strafvorschriften im Gesetz.

c) Arbeitsstättenverordnung

Anders als für die → **Mobile Arbeit** gilt die Arbeitsstättenverordnung (ArbStättV) in Teilen auch für häusliche Telearbeitsplätze. Diese gehören ausweislich der Regelung in § 2 Abs. 7 ArbStättV zur Arbeitsstätte. Durch § 1 Abs. 4 ArbStättV ist die Geltung für das Homeoffice nach ihrem Wortlaut allerdings eingeschränkt auf die erstmalige Gefährdungsbeurteilung, die Unterweisung des Beschäftigten sowie die Maßnahmen zur Gestaltung von Bildschirmarbeitsplätzen[10] (Anhang Nr. 6 ArbStättV). Die Gefährdungsbeurteilung ist aber (als zu überprüfender und fortzuschreibender Prozess) bereits durch das ArbSchG geregelt, das auch im Homeoffice voll zur Anwendung kommt. Daher kann durch eine dem Gesetz nachrangige Verordnung keine Einschränkung auf eine einmalige Gefährdungsbeurteilung erfolgen. Auch im Homeoffice muss die durchgeführte Gefährdungsbeurteilung dementsprechend regelmäßig auf den Prüfstand.

---

9 HK-ArbSchR-Faber/Feldhoff, ArbStättV Rn. 185.

10 Diese ergaben sich früher aus der Bildschirmarbeitsverordnung.

d) Betriebssicherheitsverordnung

Da der Arbeitgeber dem Arbeitnehmer im Homeoffice zwingend **Arbeitsmittel** zur Verfügung stellen muss, findet zudem die Betriebssicherheitsverordnung (BetrSichV) Anwendung. Gem. § 3 Abs. 1 S. 1 BetrSichV hat der Arbeitgeber vor der Verwendung von Arbeitsmitteln die auftretenden Gefährdungen zu beurteilen (→ **Gefährdungsbeurteilung**) und daraus notwendige und geeignete Schutzmaßnahmen abzuleiten. Nachdem gem. § 3 Abs. 2 BetrSichV auch die Arbeitsumgebung in die Gefährdungsbeurteilung einzubeziehen ist, wird erneut deutlich, dass sich der Arbeitgeber selbst ein Bild von den Bedingungen im Homeoffice machen muss.

III. Hinweise zur Mitbestimmung

1. Mitbestimmung nach dem BetrVG

Aus § 5 Abs. 1 Satz 1 BetrVG ergibt sich explizit, dass Arbeitnehmer in Telearbeit dem Geltungsbereich des BetrVG und damit der Zuständigkeit des Betriebsrats unterfallen.
Der Wechsel in das Homeoffice bzw. auch die Beendigung der (alternierenden) Telearbeit stellt dabei regelmäßig eine Versetzung gem. § 95 Abs. 3 BetrVG dar. Der Betriebsrat ist dementsprechend im Vorfeld gemäß § 99 BetrVG vom Arbeitgeber über entsprechende Planungen zu unterrichten. In den gesetzlich normierten Fällen kann der Betriebsrat seine Zustimmung zu der jeweiligen personellen Einzelmaßnahme verweigern.
Möchte der Arbeitgeber den Telearbeitsplatz kündigen und kann er sich hierfür nicht auf sein Weisungsrecht oder ein Widerrufsrecht stützen, ist eine (Änderung-)Kündigung auszusprechen, bei der eine Beteiligung des Betriebsrats gem. § 102 BetrVG zu erfolgen hat.
Aus dem Katalog des § 87 Abs. 1 BetrVG sind insbesondere folgende Mitbestimmungstatbestände relevant:

- § 87 Abs. 1 Nr. 2 BetrVG, insbesondere bzgl. des Arbeitszeitrahmens und der Verfügbarkeitszeiten nebst der Verteilung der Homeoffice-Tage
- § 87 Abs. 1 Nr. 3 BetrVG, insbesondere bzgl. der Ableistung von Überstunden im Homeoffice
- § 87 Abs. 1 Nr. 6 BetrVG, da die Beschäftigten im Homeoffice mit technischen Einrichtungen arbeiten, die eine Leistungs- und Verhaltenskontrolle zulassen
- § 87 Abs. 1 Nr. 7 BetrVG, zur Regelung der auszufüllenden Rahmenvorschriften des ArbSchG bzw. der ArbStättV

- § 87 Abs. 1 Nr. 14 BetrVG, als Auffangvorschrift zur Ausgestaltung von mobiler Arbeit, die mittels Informations- und Kommunikationstechnik erbracht wird.

Plant der Arbeitgeber zudem in größerem Umfang Bereiche des Betriebs in Telearbeit zu überführen, kann dies als Verlagerung gem. § 111 S. 3 Nr. 2 BetrVG oder als grundlegende Änderung der Betriebsorganisation oder der Betriebsanlagen gem. § 111 S. 3 Nr. 4 BetrVG eine beteiligungspflichtige Betriebsänderung darstellen. Der Arbeitgeber hat dann mit dem Betriebsrat Verhandlungen über den Abschluss eines Interessenausgleichs und ggf. Sozialplans aufzunehmen.
Mit der Zunahme von Homeoffice oder anderen Formen des mobilen Arbeitens geht nicht selten auch »Desksharing« einher. Die Beschäftigten verfügen dabei nicht mehr über einen festen Arbeitsplatz im Betrieb, sondern müssen diesen nach Verfügbarkeit wählen. Auch diese Form des »agilen Arbeitens« kann dabei als Betriebsänderung gem. § 111 S. 3 Nr. 4 BetrVG anzusehen sein. [11]

2. Mitbestimmung nach dem BPersVG

Auch für den Personalrat ergibt sich eine Reihe von Mitbestimmungsrechten bei der Einführung von Arbeitsplätzen im Homeoffice. Zu denken ist etwa an:

- § 80 Abs. 1 Nr. 1 BPersVG n. F. (§ 75 Abs. 3 Nr. 1 BPersVG a. F.[12]) zu Beginn und Ende der täglichen Arbeitszeit und der Pausen sowie die Verteilung der Arbeitszeit auf die einzelnen Wochentage mit Blick auf das Homeoffice
- § 80 Abs. 1 Nr. 5 BPersVG n. F. zu Einführung, Änderung und Aufhebung von Arbeitsformen außerhalb der Dienststelle (= mobile Arbeit/Telearbeit)[13]
- § 80 Abs. 1 Nr. 11 BPersVG n. F. (§ 75 Abs. 3 Nr. 9 BPersVG a. F.), soweit durch Beurteilungsrichtlinien Voraussetzungen für die Teilnahme an Telearbeit festgelegt werden
- § 80 Abs. 1 Nr. 16 BPersVG n. F. (§ 75 Abs. 3 Nr. 11 BPersVG a. F.), wenn Maßnahmen zur Verhütung von Dienst- und Arbeitsunfällen und Berufskrankheiten sowie sonstigen Gesundheitsschädigungen für Telearbeitsplätze ergriffen werden sollen
- § 80 Abs. 1 Nr. 4 BPersVG n. F. (§ 75 Abs. 3 Nr. 16 BPersVG a. F.) bzgl. der Gestaltung der Arbeitsplätze im Homeoffice

---

11 ErfK-Kania, BetrVG § 111 Rn. 17.

12 BPersVG v. 15.3.1974 (BGBl. I S. 693); zuletzt geändert durch Gesetz vom 9.6.2021 (BGBl. I S. 1614).

13 Neu in das BPersVG eingefügt durch »Gesetz zur Änderung des Bundespersonalvertretungsgesetzes« vom 9.6.2021 (BGBl. I Nr. 31 S. 1614). Die Mitbestimmung wird nun klarstellend ausdrücklich normiert, die bereits geltenden Mitbestimmungstatbestände gelten unverändert fort.

- § 80 Abs. 1 Nr. 21 BPersVG n. F. (§ 75 Abs. 3 Nr. 17 BPersVG a. F.), weil im Homeoffice mit technischen Einrichtungen gearbeitet wird, die eine Leistungs- und Verhaltenskontrolle zulassen
- § 80 Abs. 1 Nr. 19 BPersVG n. F. (76 Abs. 2 Nr. 5 BPersVG a. F.), soweit man in der Einführung von Telearbeit eine Maßnahme zur Hebung der Arbeitsleistung und Erleichterung des Arbeitsablaufs sieht
- § 80 Abs. 1 Nr. 20 BPersVG n. F. (§ 76 Abs. 2 Nr. 7 BPersVG a. F.) aufgrund der Einführung grundlegend neuer Arbeitsmethoden durch die Einführung von Telearbeit

IV. Inhalt einer Betriebs- oder Dienstvereinbarung

Insbesondere die folgenden Bestimmungen können Gegenstand einer »Betriebsvereinbarung /Dienstvereinbarung Homeoffice« sein:
- Begriffsklärung: »Homeoffice« als Telearbeitsplatz
- Freiwilligkeit des Wechsels in Homeoffice
- Festlegung des Beantragungsverfahrens
- Evtl. Verankerung eines Anspruchs auf Homeoffice
- Vorgaben zum maximalen Umfang der Arbeit von zu Hause aus
- Umsetzung bzw. Anpassung der Gefährdungsbeurteilung
- Festlegung der zu beachtenden Arbeitsschutzvorgaben
- Ausstattung des Arbeitsplatzes im Homeoffice
- Kostenübernahme durch Arbeitgeber für laufende Kosten
- Rückkehrrecht in den Betrieb und Beibehaltung eines betrieblichen Arbeitsplatzes
- Festlegung von Ankündigungsfristen bei Kündigung des Homeoffice
- Regelungen zum Zugangsrecht am außerbetrieblichen Arbeitsplatz
- Benachteiligungsverbot für Beschäftigte im Homeoffice
- Gleichstellung und Informationsmanagement
- Vorgaben bzw. Unterweisung zu Datenschutz und -sicherheit im Homeoffice
- Einschränkung der Arbeitnehmerhaftung im Homeoffice
- Beteiligung des Betriebsrats bei Wechsel ins Homeoffice/Beendigung der Arbeit im Homeoffice durch Arbeitgeber

Hygiene

Schon im Hinblick auf die allgemeine Fürsorgepflicht des Arbeitgebers bzw. Dienstherrn hat dieser den Einsatz von Arbeitsmaterialien und Arbeitsmitteln (→ **Arbeitsbedingungen**) so zu gestalten, dass allgemeine Hygienevorgaben eingehalten werden. Allgemeine Hygienevorgaben leiten sich schon aus der Fürsorgepflicht des Arbeitsgebers ab. Konkrete Vorgaben machen die Arbeitsstättenverordnung und ihre → **Technischen Regeln**. Besondere Bedeutung hat die Hygiene im Gesundheitswesen, aber nicht nur dort.
Um diesen Schutz zu gewährleisten, müssen sich Unternehmen unter anderem mit folgenden Themen befassen:

- Reinigung und Desinfektion von Räumlichkeiten und Arbeitsmitteln
- Regelungen zur Handhygiene der Beschäftigten
- Umgang mit infektiösem Material
- Bereitstellung der → **Persönlichen Schutzausrüstung (PSA)**

§ 4 Abs. 2 ArbStättV stellt insoweit die Verpflichtung des Arbeitgebers fest, Arbeitsplätze, Arbeitsflächen und Arbeitsmittel regelmäßig zu reinigen und Verunreinigungen und Ablagerungen, die zu Gefährdungen führen können, unverzüglich zu beseitigen. Häufigkeit und Intensität der Reinigung richtet sich nach den Vorgaben des jeweiligen Arbeitsplatzes und sind ggf. im Rahmen einer → **Gefährdungsbeurteilung** zu bestimmen. Daneben existieren branchenspezifische Regelungen, für die insbesondere die Berufsgenossenschaften jeweils gesonderte Regelungen erlassen haben. So etwa beispielsweise für Entsorgungsbetriebe, Laboratorien, Gebäudereiniger oder das Gesundheitswesen.
Gegebenenfalls sind die Beschäftigten durch entsprechende → **Unterweisung** und Schulungen zu Hygienethemen zu sensibilisieren und über Möglichkeiten zur Integration in den eigenen Alltag aufzuklären.

Integrationsamt

I. Einführung

Das Integrationsamt (frühere Bezeichnung: Hauptfürsorgestelle) ist gem. § 185 Abs.1 SGB IX die zuständige Behörde für

- die Erhebung und Verwendung der Ausgleichsabgabe, die die Arbeitgeber bei Nichterfüllung der Beschäftigungsquote schwerbehinderter und gleichgestellter Arbeitnehmer im Betrieb bzw. in der Dienststelle jährlich zu zahlen haben (§160 SGB IX);
- den besonderen Kündigungsschutz schwerbehinderter und gleichgestellter Menschen (→ **schwerbehinderte Beschäftigte**);
- die begleitende Hilfe im Arbeitsleben;
- die zeitweilige Entziehung der besonderen Hilfen für schwerbehinderte Menschen gem. § 200 SGB IX, insbesondere bei Zurückweisung oder Aufgabe eines zumutbaren Arbeitsplatzes ohne berechtigten Grund (z. B. durch Eigenkündigung oder Aufhebungsvertrag).

II. Einzeldarstellung

1. Organisation und Verfahren

Die Integrationsämter sind Behörden der einzelnen Bundesländer (§ 184 Abs.1 Nr.1 SGB IX i.V. Art 83 GG). Sie sind dementsprechend in den einzelnen Ländern unterschiedlichen Verwaltungseinheiten angegliedert, so z. B. in Baden-Württemberg dem Kommunalverband für Jugend und Soziales, in Bayern dem Inklusionsamt beim Zentrum Bayern Familie und Soziales, in Hessen dem Landeswohlfahrtsverband Hessen, in Nordrhein-Westfalen den Landschaftsverbänden Rheinland und Westfalen-Lippe, in Sachsen-Anhalt dem dortigen Landesver-

waltungsamt.[1] Die Landesregierungen oder die von ihnen bestimmten Stellen können zudem die Aufgaben und Befugnisse des Integrationsamts auf örtliche Fürsorgestellen übertragen (§ 190 Abs.2 SGB IX). Das ist in Berlin, Hessen, Nordrhein-Westfalen, Niedersachsen und Schleswig-Holstein geschehen.[2]
Entscheidungen der Integrationsämter im Rahmen ihrer Zuständigkeit (s. o.) erfolgen durch Verwaltungsakte. Über Widersprüche gegen diese Entscheidungen entscheidet der aus sieben Mitgliedern (darunter zwei schwerbehinderte Arbeitnehmer/innen) bestehende Widerspruchsausschuss beim Integrationsamt (§§ 201 Abs. 1, 202, 204 SGB IX). Wird der Widerspruch zurückgewiesen, ist der Klageweg zum Verwaltungsgericht eröffnet.
Das Integrationsamt erfüllt seine Aufgaben in enger Zusammenarbeit mit der Bundesagentur für Arbeit (§ 184 Abs. 1 SGB IX). Deren am SGB III orientierte Aufgaben bei der Gewährleistung der Teilhabe schwerbehinderter und gleichgestellter Menschen (vgl. → **Behinderte Menschen**) am Arbeitsleben sind in § 187 SGB IX detailliert aufgelistet.[3]
Die Aufgaben im Bereich der begleitenden Hilfen im Arbeitsleben führt das Integrationsamt in enger Zusammenarbeit nicht nur mit der Agentur für Arbeit, sondern auch mit den übrigen Rehabilitationsträgern durch, also gesetzliche Krankenversicherung, Unfallversicherung, Rentenversicherung, Kriegsopferversorgung, öffentliche Jugendhilfe, Trägern der Eingliederungshilfe (§ 185 Abs. 2 SGB IX). Die den Rehabilitationsträgern obliegenden Aufgaben bleiben i.Ü. unberührt und werden von diesen selbständig und eigenverantwortlich wahrgenommen (§§ 184 Abs. 2, 6 Abs. 2 SGB IX).
Für schwerbehinderte und gleichgestellte Menschen, aber auch für die Schwerbehindertenvertretung (→ **Schwerbehindertenvertretung**) und die Arbeitgeber stellt sich angesichts der Vielzahl der in Betracht kommenden Teilhabe-Leistungen vielfach die Frage, ob das Integrationsamt oder einer oder mehrere der Rehabilitationsträger zuständig sind. Grundsätzlich besteht die vorrangige Leistungspflicht der jeweils zuständigen Rehabilitationsträger, häufig z. B. der Rentenversicherung (§ 185 Abs. 6 SGB IX).
Um eine rasche Klärung zu ermöglichen, gelten auch für das Integrationsamt ein umfassender Beratungs-, Auskunfts-, Antragsweiterleitungs- und rascher Ausführungsanspruch (§ 185 Abs. 7 SGB IX). Es kann also stets so vorgegangen werden, dass Anfragen und Anträge zunächst an das Integrationsamt gerichtet werden. Dieses muss dann, falls es nicht selbst die Leistung erbringt, über den richtigen Leistungsträger beraten und Anträge dorthin weiterleiten. Ist eine unverzügliche Erbringung einer Teilhabeleistung erforderlich, kann das Integrati-

1 Vgl. jeweils Integrationsamt – Wikipedia.
2 Vgl. Küttner Personalbuch 2018-*Kania*, Behinderte, Rn. 2.
3 Zum Widerspruchsverfahren gegen Verwaltungsakte der Agentur für Arbeit vgl. §§ 201 Abs. 2, 203, 204 SGB IX, sodann Rechtsweg zum Sozialgericht.

onsamt in Vorleistung treten und ggf. Erstattung vom zuständigen Rehabilitationsträger verlangen (§ 185 Abs.7 S.3 SGB IX).

2. Aufgabenausführung

a) Zustimmungsverfahren bei Kündigung

Zur besonders praxisrelevanten erforderlichen Zustimmung des Integrationsamts bei der Beendigung von Arbeitsverhältnissen schwerbehinderter und gleichgestellter Menschen durch Arbeitgeberkündigung oder auflösende Bedingung bei Erwerbsminderung etc. (§§ 185 Abs. 1 Nr. 2, §§ 168–175 SGB IX), wird auf die Ausführungen bei → **schwerbehinderte Beschäftigte** verwiesen.

b) Begleitende Hilfen im Arbeitsleben

Das Integrationsamt wird nicht erst auf Antrag oder Anrufung tätig (§ 185 Abs.7 S.3 SGB IX).

Vielmehr stellt es von sich aus proaktiv fest (etwa durch Betriebsbesuche), ob begleitende Hilfen zur Sicherung und Förderung der schwerbehinderten und gleichgestellten Menschen i. S. § 185 Abs. 2 S. 2 SGB IX erforderlich sind.[4] Die begleitenden Hilfen umfassen auch

- im Einzelfall psychosoziale Betreuung ggf. mit Hinzuziehung psychosozialer Dienste freier Träger;
- Beteiligung von Integrationsfachdiensten i. S. §§ 192 ff SGB IX (→ **Integrationsfachdienst**);
- Schulungs- und Bildungsmaßnahmen für Vertrauenspersonen (→ **Schwerbehindertenvertretung**), Inklusionsbeauftragte der Arbeitgeber (vgl. § 181 SGB IX), Betriebs- und Personalräte usw.;
- Benennung von Ansprechpartnern für die Arbeitgeber bei den Handwerks- und Industrie- und Handelskammern.

Sehr praxisrelevant sind darüber hinaus die in § 185 Abs. 3 und 4 SGB IX im Einzelnen aufgeführten zu erbringenden **Geldleistungen** an schwerbehinderte und gleichgestellte Menschen, Arbeitgeber, Integrationsfachdienste einschl. psychosozialer Dienste z. B. für

- technische Arbeitshilfen;
- Mittel zum Erreichen des Arbeitsplatzes, z. B. ein notwendiges Kraftfahrzeug im Rahmen der Kfz-Hilfe-Verordnung;[5]

---

4 Vgl. Krämer/Voigt in: Feldes/Kohte/Stevens-Bartol, SGB IX-Kommentar, § 185 Rn. 8; Dau in: Dau/Düwell/Joussen, SGB IX-Kommentar, 4. Aufl. 2014, zu § 102 SGB IX a. F., Rn. 6.

5 Vgl. Krämer/Voigt in: Feldes/Kohte/Stevens-Bartol, SGB IX-Kommentar, § 185 Rn. 10.

- Teilnahme an Maßnahmen zur Erhaltung und Erweiterung beruflicher Kenntnisse und Fertigkeiten;
- behindertengerechte Einrichtung von Arbeits- und Ausbildungsplätzen;
- Prämien und Zuschüsse für Berufsausbildung und Einführung eines betrieblichen Eingliederungsmanagements.

Alle diese Leistungen müssen aus der dem Integrationsamt zufließenden Ausgleichsabgabe gem. § 160 SGB IX gezahlt werden. Weiter wird aus der Ausgleichsabgabe auch die Durchführung von Aufklärungs-, Schulungs- und Bildungsmaßnahmen finanziert.

Nähere Regelungen enthält auch noch die Schwerbehinderten-Ausgleichsabgabenverordnung.[6]

Regelmäßig sind spätestens im Rahmen des Präventionsverfahrens bei Gefährdung des Beschäftigungsverhältnisses gem. 167 Abs. 1 SGB IX, bei dem der Arbeitgeber das Integrationsamt einzuschalten hat, bei der Beratung im Betrieb bzw. in der Dienststelle sämtliche Optionen für begleitende Hilfen im Arbeitsleben zu prüfen und ggf. die entsprechenden Hilfen zu leisten, um die Schwierigkeiten zu beseitigen und eine möglichst dauerhafte Fortsetzung des Arbeitsverhältnisses zu gewährleisten.

---

6 Abdruck in Dau/Düwell/Joussen, SGB IX-Kommentar, 4. Aufl. 2014, Anhang 10.

Integrationsfachdienst

I. Einführung

Integrationsfachdienste sind gem. §§ 192, 195 SGB IX »Dienste Dritter«, die im Auftrag der Integrationsämter oder der Rehabilitationsträger (vgl. § 6 SGB IX) tätig werden, wenn für die Teilhabe schwerbehinderter oder gleichgestellter Menschen (u. U. auch anderer behinderter Menschen) am Arbeitsleben zusätzliches psychosoziales und arbeitspädagogisches Spezialwissen gebraucht wird.[1] »Dienste Dritter« (vgl. § 192 SGB IX) bedeutet, dass es sich bei Integrationsfachdiensten um Institutionen handelt, die eigenverantwortlich und unabhängig von den Trägern der Rehabilitation und dem Integrationsamt (also als externe Dienste) tätig werden. Eigene Dienste des Integrationsamtes oder der Rehabilitationsträger können daher keine Integrationsfachdienste sein.[2]

II. Einzeldarstellung

1. Entwicklung

Nach Erprobung in Modellprojekten in den 1980er und 1990er Jahren wurden die Integrationsfachdienste mit dem Gesetz zur Bekämpfung der Arbeitslosigkeit Schwerbehinderter vom 29. 9. 2000[3] gesetzlich im SGB IX verankert mit dem Ziel, flächendeckend in Deutschland ein ortsnahes Angebot solcher Anlaufstellen für Arbeitgeber und behinderte Menschen in Deutschland aufzubauen.[4] Mittlerweile

1 Vgl. Faber/Kiesche in: Feldes/Kohte/Stevens-Bartol, SGB IX-Kommentar, § 195 SGB IX, Rn. 4; Deusch, in: Dau/Düwell/Joussen, SGB IX-Kommentar, § 192 SGB IX, Rn. 5.

2 Vgl. Faber/Kiesche in: Feldes/Kohte/Stevens-Bartol, SGB IX-Kommentar, § 192 SGB IX, Rn. 3.

3 BGBl. I S.1394.

4 Zur Geschichte: Faber/Kiesche in: Feldes/Kohte/Stevens-Bartol, SGB IX-Kommentar, § 192 SGB IX, Rn. 2; Deusch, in: Dau/Düwell/Joussen, SGB IX-Kommentar, § 192 SGB IX, Rn. 5ff.

gibt es in jedem Bezirk einer Agentur für Arbeit einen Integrationsfachdienst, häufig in der Rechtsform eines eingetragenen Vereins. Insgesamt existieren so – flächendeckend – 192 Integrationsfachdienste (Stand: 2018).[5]
Die praktische Bedeutung der Integrationsfachdienste für die Eingliederung behinderter Menschen ist erheblich: Im Jahr 2017 konnten 2837 Personen mit Behinderungen durch die Integrationsfachdienste auf den allgemeinen Arbeitsmarkt vermittelt werden. In 18 506 Fällen konnten durch Interventionen von Integrationsfachdiensten im Rahmen der begleitenden Hilfen im Arbeitsleben Arbeitsplätze – z. B. bei drohenden Kündigungen – gesichert werden. Insgesamt wurden 2017 ca. 68 511 Personen in die Betreuung durch die Integrationsfachdienste übernommen.[6]

2. Organisation

Die Integrationsfachdienste sind bundesweit in der Bundesarbeitsgemeinschaft der Integrationsämter und Hauptfürsorgestellen (BIH) zusammengeschlossen, die jedoch nicht gegenüber den behinderten Menschen, Vertrauenspersonen der schwerbehinderten Menschen, Arbeitgebern usw., sondern nur gegenüber den Integrationsämtern und Rehabilitationsträgern tätig wird.
Die örtlichen Integrationsfachdienste werden gem. § 194 Abs.1 SGB IX ausschließlich im Auftrag der regional zuständigen Integrationsämter (→ **Integrationsamt**), ggf. auch einem der Rehabilitationsträger (vgl. § 6 SGB IX), z. B. Agentur für Arbeit oder Deutsche Rentenversicherung, tätig. Diese bleiben für die Ausführung der Leistung verantwortlich, sodass sich betroffene behinderte Menschen, Vertrauenspersonen der Schwerbehinderten (→ **Schwerbehindertenvertretung**) im Konfliktfall an das regional zuständige → **Integrationsamt** wenden müssen.

3. Aufgaben

Die bestehenden Integrationsfachdienste bündeln die arbeits- und berufsbegleitende Betreuung schwerbehinderter und gleichgestellter Mensch, indem sie die behinderten Menschen und die Arbeitgeber informieren, beraten und anderweitig unterstützen. Die Aufgabenstellung umfasst auch die Ermittlung von Fähigkeits- und Interessenprofilen der Klienten, die betriebliche Berufsausbildungs- und Qualifikationsbegleitung, die Erschließung geeigneter Arbeitsplätze, die

5 BIH-Datenbank aller Integrationsfachdienste mit Suchfunktion für alle regionalen Integrationsfachdienste s. *https://www.integrationsaemter.de/integrationsfachdienste.*

6 Vgl. BIH, Integrationsfachdienste (IFD) Entwicklung 2013 bis 2017, S. 14f; zur weiteren Entwicklung BIH Integrationsfachdienste – Entwicklung 2014–2018 (PDF).

Nachbetreuung und Krisenintervention. Im Einzelnen zählt nach § 193 Abs. 2 SGB IX zählt zu den Aufgaben:

1. die Fähigkeiten der zugewiesenen schwerbehinderten Menschen zu bewerten und einzuschätzen und dabei ein individuelles Fähigkeits-, Leistungs- und Interessenprofil zur Vorbereitung auf den allgemeinen Arbeitsmarkt in enger Kooperation mit den schwerbehinderten Menschen, dem Auftraggeber und der abgebenden Einrichtung der schulischen oder beruflichen Bildung oder Rehabilitation zu erarbeiten,
2. die Bundesagentur für Arbeit auf deren Anforderung bei der Berufsorientierung und Berufsberatung in den Schulen einschließlich der auf jeden einzelnen Jugendlichen bezogenen Dokumentation der Ergebnisse zu unterstützen,
3. die betriebliche Ausbildung schwerbehinderter, insbesondere seelisch und lernbehinderter, Jugendlicher zu begleiten,
4. geeignete Arbeitsplätze auf dem allgemeinen Arbeitsmarkt zu erschließen,
5. die schwerbehinderten Menschen auf die vorgesehenen Arbeitsplätze vorzubereiten,
6. die schwerbehinderten Menschen, solange erforderlich, am Arbeitsplatz oder beim Training der berufspraktischen Fähigkeiten am konkreten Arbeitsplatz zu begleiten,
7. mit Zustimmung des schwerbehinderten Menschen die Mitarbeiter im Betrieb oder in der Dienststelle über Art und Auswirkungen der Behinderung und über entsprechende Verhaltensregeln zu informieren und zu beraten,
8. eine Nachbetreuung, Krisenintervention oder psychosoziale Betreuung durchzuführen sowie
9. als Ansprechpartner für die Arbeitgeber zur Verfügung zu stehen, über die Leistungen für die Arbeitgeber zu informieren und für die Arbeitgeber diese Leistungen abzuklären,
10. in Zusammenarbeit mit den Rehabilitationsträgern und den Integrationsämtern die für den schwerbehinderten Menschen benötigten Leistungen zu klären und bei der Beantragung zu unterstützen.

Die Aufgabenwahrnehmung erfordert gem. § 194 Abs. 3 SGB IX die enge Zusammenarbeit nicht nur mit den Klienten, sondern auch mit dem Integrationsamt und den zuständigen Rehabilitationsträgern, den Arbeitgebern und den Schwerbehindertenvertretungen und Betriebs- bzw. Personalräten. Zu diesem Zweck erfolgen durch die Integrationsämter z. B.:

- Unterstützung bei Problemen am Arbeitsplatz;
- Hilfe bei der Rückkehr an den Arbeitsplatz nach einer Erkrankung;
- Hilfe bei Konfliktgesprächen zwischen Arbeitgeber und Arbeitnehmer, vgl. z. B. § 167 Abs.1 SGB IX;

- Ermittlung einer möglichen finanziellen Beteiligung des Integrationsamts oder von Rehabilitationsträgern bei innerbetrieblichem Betreuungsaufwand und/oder Minderleistung;
- enge Zusammenarbeit mit den Institutionen der psychosozialen Versorgung und Hilfe bei der Kontaktaufnahme zu einer außerbetrieblichen Betreuung;
- ggf. Hausbesuche.

III. Hinweise für die Mitbestimmung

Nach § 176 SGB IX haben Betriebsrat und Personalrat die Förderung schwerbehinderter Menschen zu fördern und darauf zu achten, dass der Arbeitgeber seinen Verpflichtungen nach dem SGB IX nachkommt. Insofern kann der Integrationsfachdienst ein wertvoller Ansprechpartner des Betriebsrats/Personalrats bei Themen mit Bezug auf behinderte Menschen sein, um unterstützende Informationen und Hilfe zu erhalten.

Krankheitsbedingte Kündigung

I. Einführung

Eine durch den Arbeitgeber beabsichtigte krankheitsbedingte Kündigung sollte für den Betriebs- bzw. Personalrat regelmäßig Anlass zur Abklärung eines möglichen betrieblichen Zusammenhangs mit der Arbeitsunfähigkeit (besondere physische und/oder psychische Belastung) sein. Spätestens im Rahmen des → **Betrieblichen Eingliederungsmanagements** gem. § 167 Abs. 2 SGB IX müsste er einzelfallbezogen diesem Zusammenhang (auch durch vorhergehendes Gespräch mit dem betroffenen Arbeitnehmer) und der Möglichkeit der weitgehenden Vermeidung weiterer Arbeitsunfähigkeit (AU) durch leidensgerechte Weiterbeschäftigung nachgehen.

Nimmt er aktiv seine Unterrichtungs- und Mitbestimmungsrechte zum Arbeits- und Gesundheitsschutz wahr, insbesondere bei der Gefährdungsbeurteilung gem. § 87 Abs. 1 Nr. 7 BetrVG bzw. § 80 Abs. 1 Nr. 16, 68 BPersVG n. F. (§§ 75 Abs. 3 Nr. 11, 81 BPersVG a. F.) i. V. m. § 5 ArbSchG (→ **Gefährdungsbeurteilung**), so stehen ihm schon dadurch zahlreiche Daten über gesundheitliche Belastungssituationen im Betrieb/in der Dienststelle für die Beurteilung des Einzelfalls und mögliche Abhilfen zur Verfügung. Maßnahmen aufgrund einer Gefährdungsbeurteilung müssten sich zudem i. S. einer tendenziellen Verringerung der AU-Zeiten im Betrieb/in der Dienststelle auswirken.

Tendenziell sind die AU-Zeiten in Deutschland seit 2005 erheblich angestiegen – allein zwischen 2008 und 2016 um mehr als 60% (insg. 560 Millionen AU-Tage im Jahr 2016). Dabei sind Ursache der AU immer häufiger Überlastung und Erschöpfung. Die Zahl der daraus resultierenden Fehltage stieg von 19,97 Millionen AU-Tagen im Jahr 2012 auf 30,53 Millionen AU-Tage im Jahr 2016.

Gemäß DAK-Gesundheitsreport 2020 entfielen im Jahr 2019 an erster Stelle 21,2-% der AU auf Erkrankungen des Muskel-Skelett-Systems (insbesondere Rückenleiden). An zweiter Stelle folgen als Ursache mit 17,1 % bereits psychi-

sche Erkrankungen (insbesondere Depressionen), zugleich mit steigenden Fehltagen.[1]
Krankheitsbedingte Kündigungen sind nicht selten ein deutliches Indiz dafür, dass betrieblichen (physischen oder psychischen) Belastungen jahrelang nicht gegengesteuert wurde.

II. Einzeldarstellung

1. Definition

Die krankheitsbedingte Kündigung ist nicht gesetzlich, sondern durch die ständige Rechtsprechung des BAG als Hauptanwendungsfall der personenbedingten Kündigung gem. § 1 Abs.2 S.1 KSchG definiert.
Als krankheitsbedingte Kündigungen werden danach ordentliche Arbeitgeberkündigungen[2] von Beschäftigten mit Kündigungsschutz nach dem Kündigungsschutzgesetz (KSchG)[3] wegen zu erwartender zukünftiger häufiger oder langandauernder Arbeitsunfähigkeitszeiten bezeichnet. Da es sich um einen Unterfall der personenbedingte Kündigung handelt, geht es nicht um einen Verstoß des Arbeitnehmers gegen vertragliche Pflichten (wie bei der verhaltensbedingten Kündigung). Auf ein Verschulden – etwa hinsichtlich der persönlichen Lebensführung – kommt es nicht an. Eine vorherige Abmahnung ist nicht erforderlich.[4]
Bis auf den – z.T. als Unterfall der krankheitsbedingten Kündigung angesehenen – Fall der dauernden Leistungsminderung (→ **Low Performer**), knüpft die krankheitsbedingte Kündigung tatsächlich nicht an Krankheit im medizinischen Sinn an, also einen regelwidrigen körperlichen oder geistigen Zustand (einschließlich Suchterkrankung), der eine Heilbehandlung notwendig macht.[5] Wer mit einer Diabetes, einer Sinusitis, als »trockener« Alkoholiker oder mit einer Migräne seine vertragliche Arbeitsleistung erbringt, kann nicht krankheitsbedingt gekündigt werden.

---

1 DAK-Gesundheitsreport 2020, S. 16ff., siehe dort auch Arbeitsstress vor dem Hintergrund der Digitalisierung der Arbeit sowie Interaktionsarbeit, S. 28ff.

2 Nur ausnahmsweise bei Beschäftigten mit vertraglichem/tariflichen Sonderkündigungsschutz: außerordentliche Arbeitgeberkündigungen.

3 Also nach mehr als 6 Monaten Bestand des Arbeitsverhältnisses in demselben Betrieb oder Unternehmen (Wartefrist), § 1 Abs.1 KSchG und soweit es sich nicht um einen Kleinbetrieb gem. § 23 Abs. 1 Satz 2 – 4 KSchG handelt.

4 BAG 21.4.2016 – 2 AZR 609/15; Küttner-*Eisemann*, Kündigung, personenbedingte, Rn. 2.

5 BAG 5.4.1976 – 5 AZR 397/75.

Vielmehr geht es um einen **arbeitsrechtlichen Krankheitsbegriff**, der dem versicherungsrechtlichen Begriff der Arbeitsunfähigkeit entspricht (→ **Arbeitsunfähigkeit**).[6] Arbeitsunfähigkeit liegt wiederum nicht nur dann vor, wenn eine akute Krankheit im medizinischen Sinn gegeben ist, wegen der der Arbeitnehmer nach ärztlicher Beurteilung die Tätigkeit auf dem ihm zugewiesenen Arbeitsplatz nicht oder jedenfalls nur mit eingeschränkter Leistungskraft oder nur zeitweilig ausüben kann (möglicherweise aber eine andere Tätigkeit). Arbeitsunfähigkeit liegt auch dann vor, wenn bei Wiederaufnahme der Tätigkeit erneute AU zu erwarten ist.[7]

In diesem Sinne erfolgen krankheitsbedingte Kündigungen nicht als **Sanktion** für häufige oder langandauernde AU-Zeiten in der **Vergangenheit** bzw. auch noch zum Zeitpunkt der Kündigung. Derartige AU-Zeiten sind vielmehr die Grundlage einer **Zukunftsprognose**, dass auch weiterhin mit häufigen oder langdauernden AU-Zeiten in einem solchen Umfang zu rechnen ist, dass dem Arbeitgeber die dadurch bedingten Belastungen nicht mehr zugemutet werden können.[8] Ein Arbeitnehmer kann danach nicht nur »wegen Krankheit«, sondern auch während einer bestehenden AU gekündigt werden.[9] In den (nachfolgend dargestellten) durch die Rechtsprechung gezogenen engen Grenzen wird die krankheitsbedingte Kündigung auch unionsrechtlich grundsätzlich für zulässig erachtet.[10]

Bei einer lang andauernden oder immer wieder auftretenden AU (mit derselben Krankheitsursache) kann zwar im unionsrechtlichen Sinn auch eine Behinderung i. S. der RL 2000/78/EG i.V. § 1 AGG vorliegen.[11] Eine darauf gestützte Kündigung indiziert jedoch nicht schon per eine Diskriminierung wegen einer Behinderung gem. § 22 AGG.[12] Eine tatsächlich durch die – u. a. zusätzlich durch lang anhaltende AU-Zeiten indizierte – Behinderung des Arbeitnehmers

6 Vgl. Richtlinie des gemeinsamen Bundeausschusses über die Beurteilung der AU und die Maßnahmen zur stufenweisen Wiedereingliederung nach § 92 Abs. 1 Satz 2 Nr. 7 SGB V idF. v. 14. 11. 2013, zuletzt geändert am 15. 10. 2020, BAnZ AT 12. 11. 2020; BAG 13. 3. 2012 – 1 ABR 78/10; so auch: HK-ArbR-*Roos/Bufalica*, § 1 KSchG, Rn. 68.

7 BAG 9. 4. 2014 – 10 AZR 637/13; anders dagegen, wenn der Arbeitnehmer bei sonst voller Leistungsfähigkeit nur außerstande ist, die volle Bandbreite der geschuldeten Arbeitsleistung (z. B. auch Nachtschicht) zu erbringen – vgl. BAG 26. 1. 2017 – 2 AZR 68/16; Küttner-Eisemann, Kündigung, personenbedingte, Rn. 7, Teil-Arbeitsfähigkeit gibt es danach nicht.

8 BAG 12. 4. 2002 – 2 AZR 148/01.

9 Vgl. Küttner-*Eisemann*, Kündigung, personenbedingte, Rn.7; HK-ArbR-*Roos/Bufalica*, § 1 KSchG, Rn. 67.

10 EuGH 11. 7. 2006 – C-13/05 – (Chacon Navas/Eures Colectividades SA).

11 BAG 3. 4. 2007 – 9 AZR 823/06.

12 BAG 22. 10. 2009 – 8 AZR 642/08.

motivierte Kündigung kann allerdings auch außerhalb des Geltungsbereichs des KSchG unwirksam sein (vgl. ausführlich → **Behinderte Beschäftigte**).[13]

2. Drei-Stufen-Theorie

Das BAG unterscheidet zwischen drei Fallgruppen krankheitsbedingter Kündigungen, nämlich

- wegen häufiger Kurzzeiterkrankungen,
- wegen langandauernder Erkrankung und
- wegen dauerhafter Leistungsunfähigkeit.

Für die arbeitsgerichtliche Prüfung der Wirksamkeit der Kündigung (= soziale Rechtfertigung, § 1 Abs.2 KSchG) hat das BAG für alle drei Fallgruppen eine dreistufige Prüfung entwickelt (sog. Drei-Stufen-Theorie). Für die jeweiligen Voraussetzungen jeder Stufe trägt der Arbeitgeber die Darlegungs- und Beweislast (§ 1 Abs.2 S.4 KSchG). Die Voraussetzungen müssen kumulativ vorliegen, sonst ist die Kündigung rechtsunwirksam (= sozial ungerechtfertigt).[14] Es ist bei hinreichendem Gegenvortrag des Arbeitnehmers für den Arbeitgeber i. d. R. sehr schwierig, einen ausreichend substantiierten Vortrag zu allen drei Stufen zu leisten.

a) 1. Stufe: Negative Gesundheitsprognose

(1) Aus den bisherigen (häufigen oder langandauernden) AU-Zeiten zum Zeitpunkt des Zugangs der Kündigung[15] muss sich die **Prognose weiterer unzumutbarer AU-Zeiten** im (zumindest) bisherigen Umfang ergeben.
Der Arbeitgeber kennt regelmäßig die den AU-Zeiten zugrundeliegenden ärztlichen Diagnosen nicht. Diese werden lediglich der Krankenversicherung mitgeteilt, der Arbeitnehmer hat keine Auskunftspflicht gegenüber dem Arbeitgeber. Der Arbeitgeber genügt seiner diesbezüglichen Darlegungslast im Kündigungsschutzverfahren daher zunächst, wenn er präzise die Fehlzeiten nach Zeitpunkt, Anzahl, Dauer und zeitlicher Abfolge und die danach in Zukunft zu erwartenden AU-Zeiten im bisherigen Umfang vorträgt.[16]
Die dadurch gegebene Indizwirkung kann der Arbeitnehmer sodann durch Gegen**vortrag** erschüttern (Gegen**beweis** ist nicht erforderlich). Das kann er da-

13 Hierzu auch: HK-ArbR-*Roos/Bufalica*, § 1 KSchG, Rn. 69.

14 St. Rspr. des BAG u.a. 16.2.1989 – 2 AZR 299/88 (grundlegend) 8.11.2007 – 2 AZR 292/06; 20.11.2014 – 2 AZR 755/13 (Kurzzeiterkrankungen); 20.11.2014 – 2 AZR 664/13 (Langzeiterkrankungen).

15 Spätere Entwicklung kann grundsätzlich nicht zur Bestätigung oder Korrektur der Prognose herangezogen werden, vgl. BAG 12.4.2002 – 2 AZR 148/01.

16 So schon BAG 6.9.1989 – 2 AZR 19/89 –

hingehend, dass die behaupteten AU-Zeiten nicht zutreffen oder sich aus ihnen jedenfalls keine negative Gesundheitsprognose für die Zukunft ergibt. Dazu kann er entweder konkret mit Gegenbeweisantritt (insbes. unter Berufung auf ärztliches Zeugnis i.V. mit Entbindung der benannten Ärzte von der Schweigepflicht) vortragen, dass und warum aufgrund der diagnostizierten früheren Krankheiten (z.B. Fahrradunfall, Blinddarmoperation) bzw. deren Verlauf und Behandlung (endgültige Ausheilung) diese nicht als Prognosegrundlage herangezogen werden können[17], oder sich aus ihr jedenfalls keine oder wesentlich geringere (hinzunehmende) AU-Zeiten für die Zukunft ergeben werden als vom Arbeitgeber behauptet.
Soweit – wie häufig – der Arbeitnehmer mangels medizinischer Fachkenntnis bzw. hinreichender ärztlicher Abklärung nicht zu einem solchen konkreten Gegenvortrag in der Lage ist, soll es aber unter Voraussetzung einer schon erfolgten ärztlichen Behandlung auch genügen, die Prognosebehauptung des Arbeitgebers zu bestreiten und die behandelnden Ärzte zum Gegenbeweis zu benennen und von der Schweigepflicht zu entbinden.[18]
Bei entsprechendem, die Indizwirkung der bisherigen AU-Zeiten erschütterndem Vortrag des Arbeitnehmers, scheitert die krankheitsbedingte Kündigung vielfach schon an diesem Punkt, u.a. weil die Ärzte häufig eine durchaus positive Gesundheitsprognose vortragen.
(2) Das Vorliegen einer negativen Prognose ist noch nicht ausreichend für die Prüfung der ersten Stufe. Der Arbeitgeber muss vielmehr auch vortragen und beweisen, dass es **keine leidensgerechte**, im Rahmen des Arbeitsvertrags zuweisbare oder ggf. (als milderes Mittel) mit Änderungskündigung i.S.d. § 2 KSchG anzubietende leidensgerechte **Beschäftigungsalternative** im Betrieb oder Unternehmen gibt.
Dies ergibt sich bereits aus § 1 Abs. 2 Satz 2 und 3 KSchG und entspricht dem kündigungsschutzrechtlichen Verhältnismäßigkeitsgrundsatz (Kündigung als ultima ratio). Im Rahmen seines Weisungsrechts muss der Arbeitgeber gem. §§ 106 GewO, 241 Abs. 2 BGB von sich aus vor Ausspruch einer Kündigung solche Beschäftigungsalternativen prüfen und ggf. umsetzen. Das reicht bis hin zum »Freimachen« eines geeigneten Arbeitsplatzes durch Versetzung des bisherigen Stelleninhabers; nicht aber muss der Arbeitgeber einen leidensgerechten Arbeitsplatz erst neu schaffen (vgl. zur Verpflichtung zur leidensgerechten Beschäftigung auch noch → **Behinderte Beschäftigte**).[19] Bei einer AU kann der Arbeitgeber zudem vor Ausspruch einer Kündigung verpflichtet sein, dem

---

17 BAG 7.11.2002 – 2 AZR 599/01.

18 So schon BAG 23.6.1983 – 2 AZR 15/82; BAG 16.2.1989 – 2 AZR 299/88; BAG 2.11.1989 – 2 AZR 335/89; näher: HK-ArbR-*Roos/Bufalica*, § 1 KSchG, Rn.78.

19 BAG 9.4.2014 – 10 AZR 637/13; BAG 20.11.2014 – 2 AZR 664/13; BAG 19.5.2010 – 5 AZR 162/09; BAG 28.6.2017 – 5 AZR 263/16.

Arbeitnehmer eine Heilbehandlung (z. B. Reha) zu ermöglichen, um dadurch künftige AU-Zeiten zu vermeiden.[20]
(3) Bei AU von mehr als sechs Wochen (ununterbrochen oder wiederholt) innerhalb eines Jahres (wie bei krankheitsbedingter Kündigung regelmäßig) ist der Arbeitgeber zudem gem. § 167 Abs. 2 SGB IX zur Durchführung eines Betrieblichen Wiedereingliederungsmanagements (BEM) verpflichtet (vgl. näher → **Betriebliches Eingliederungsmanagement**).
Nach Auffassung des BAG soll ein zuvor durchgeführtes BEM keine Wirksamkeitsvoraussetzung für eine krankheitsbedingte Kündigung sein. Der Arbeitgeber muss sich bei einer krankheitsbedingten Kündigung (bei Geltung des KSchG) ohne vorhergehendes BEM aber vorhalten lassen, vorschnell gekündigt zu haben.[21] Er kann dann mit seinem Vortrag zur negativen Gesundheitsprognose nur noch durchdringen, wenn er stichhaltig darlegen und beweisen kann, dass ein BEM nutzlos gewesen wäre, sich also auch dann keine leidensgerechte Beschäftigungsalternative ergeben hätte.[22] Das wird i. d. R. nicht gelingen.
Ob für den Fall, dass noch während der Kündigungsfrist eine an sich zum Kündigungszeitpunkt begründete negative Gesundheitsprognose völlig ausgeräumt ist, ein Wiedereinstellungsanspruch vom Arbeitnehmer erfolgreich geltend gemacht werden kann (diesbezügliche Darlegungs- und Beweislast beim Arbeitnehmer), ist bislang durch die Rechtsprechung nicht geklärt.[23]

b) 2. Stufe: Erhebliche Beeinträchtigung der betrieblichen Interessen

Derartige Beeinträchtigungen können in Betriebsablaufstörungen und/oder wirtschaftlichen Belastungen infolge der zu prognostizierenden AU-Zeiten bestehen.[24]
Schwerwiegende Störungen des Arbeits-/Produktionsprozesses (z. B. Maschinenstillstand, erheblicher Verlust von Kundenaufträgen) können nur angenommen werden, wenn sie nicht durch zumutbare Überbrückungsmaßnahmen (z. B. Überstunden anderer Arbeitnehmer, befristete Ersatzeinstellungen, Heranziehung vorhandener Personalreserven) vermieden werden können.[25]

---

20 BAG 2.11.2014 – 2 AZR 755/13.

21 BAG 18.10.2017 – 10 AZR 47/17; BAG 22.10.2015 – 2 AZR 720/14; BAG 20.11.2014 – 2 AZR 664/13.

22 BAG 12.7.2007 – 2 AZR 716/06; BAG 20.11.2014 – 2 AZR 664/1; BAG 9.5.2010 – 5 AZR 162/09; LAG Hamm 29.5.2018-7 Sa 48/18; LAG Niedersachsen 13.9.2018 – 6 Sa 180/18 –

23 Vgl. hierzu BAG 17.6.1999 – 2 AZR 639/98.

24 St. Rspr. seit BAG 6.9.1989 – 2 AZR 118/89.

25 Vgl. schon BAG 2.11.1983 – 7 AZR 272/82; BAG 6.9.1989 – 2 AZR 224/89; jedoch soll das Vorhalten einer Personalreserve der – lediglich beschränkt gerichtlich überprüfba-

Besondere wirtschaftliche Belastungen ergeben sich regelmäßig nicht schon durch Kosten für **Ersatzpersonal.** Denn nach einer AU von mehr als sechs Wochen fallen keine Entgeltkosten für den arbeitsunfähigen Arbeitnehmer mehr an, da dieser dann Krankengeld von der Krankenkasse bezieht.

c) 3. Stufe: Interessenabwägung

Hier handelt es sich um eine – für die letztendliche Beurteilung der Rechtmäßigkeit der Kündigung besonders wichtige – einzelfallbezogene Abwägung der zugunsten des Arbeitnehmers einerseits und der zugunsten des Arbeitgebers andererseits wirkenden Umstände. Es gibt insoweit keine generellen Maßstäbe.[26]
Abwägungsgesichtspunkte zugunsten des Arbeitnehmers sind insbesondere:
- betriebliche Verursachung der Erkrankung (insbes. Arbeitsunfall, Berufskrankheit)[27]
- geringere AU-Zeiten als durchschnittlich bei der Gruppe der Arbeitnehmer im Betrieb mit gleicher Tätigkeit[28]
- bisheriger ungestörter Verlauf des Arbeitsverhältnisses[29]
- soziale Schutzbedürftigkeit des Arbeitnehmers: z. B. aus Dauer der Betriebszugehörigkeit, Unterhaltspflichten, Behinderung (insbesondere bei Kenntnis des Arbeitgebers hiervon bei Einstellung), Lebensalter (bei älteren Arbeitnehmern muss mit mehr AU-Zeiten gerechnet werden als bei jüngeren), Vermittelbarkeit[30]

Abwägungsgesichtspunkte zugunsten des Arbeitgebers sind insbesondere:
- deutlich überdurchschnittliche AU-Zeiten und Entgeltfortzahlungskosten[31]
- Vorhalten einer Personalreserve: Einbeziehung der diesbezüglichen anteiligen Kosten in die Ermittlung der wirtschaftlichen Belastung[32]
- Mitverschulden der häufigen bzw. langandauernden AU durch den Arbeitnehmer durch sorgloses, riskantes Verhalten (Risikosport, genesungswidriges Verhalten)[33]

---

ren – freien unternehmerischen Entscheidung unterliegen, vgl. BAG 29.7.1993 – 2 AZR 155/93.

26 BAG 20.1.2000 – 2 AZR 378/99.

27 BAG 20.11.2014 – 2 AZR 664/13; BAG 6.9.1989 – 2 AZR 224/89.

28 BAG 10.3.1977 – 2 AZR 79/76.

29 BAG 29.7.1993 – 2 AZR 155/93.

30 BAG 20.1.2002 – 2 AZR 378/99; LAG Berlin 28.8.2001 – 10 Sa 1166/01.

31 BAG 15.2.1984 – 2 AZR 572/82.

32 BAG 29.7.1993 – 2 AZR 155/93.

33 BAG 7.11.1985 – 2 AZR 657/84.

3. Kündigung wegen häufiger Kurzerkrankungszeiten

Hier gelten – über die Hinweise zur 3-Stufen-Prüfung hinaus – noch folgende Besonderheiten:

a) Negative Gesundheitsprognose

Als Grundlage für eine negative Gesundheitsprognose ist grundsätzlich (vorbehaltlich besonderer Umstände des Einzelfalls) eine Referenzzeitraum von drei Jahren vor Zugang der Kündigung maßgeblich.[34] Eine AU-Fehlzeitenquote von durchschnittlich bis zu 6 Wochen in diesem Zeitraum ist als Grundlage für eine negative Gesundheitsprognose ungeeignet.[35]
Wird diese Quote deutlich überschritten, kann dies zunächst einmal die Grundlage für die Prognose sein, auch in Zukunft müsse mit Kurzzeiterkrankung in diesem Ausmaß gerechnet werden.[36] In der Rechtsprechung wurde das beispielsweise bei einer AU-Quote ab 25% (d. h. bei einer 5-Tage-Woche insgesamt 13 Wochen Arbeitsunfähigkeit) und sogar bis zu 43% angenommen.[37] Es müssen aber darüber hinaus weitere objektive Tatsachen vorliegen, welche diese Prognose bestätigen.[38] Dies ist häufig bei näherer Betrachtung der Krankheitsursachen und -verläufe nicht der Fall, so z. B. bei nicht »prognosefähigen« Erkrankungen (Unfall, erfolgreiche OP oder Therapie).[39] Unter Umständen können allerdings auch den AU-Zeiten zugrundliegende Erkrankungen mit verschiedenen Ursachen auf eine allgemeine Krankheitsanfälligkeit als Grundlage für eine negative Zukunftsprognose hindeuten.[40]

b) Erhebliche wirtschaftliche Belastungen

Bei häufigen Kurzzeiterkrankungen (und praktisch nur hier) kann es darüber hinaus zu für den Arbeitgeber nicht mehr zumutbaren wirtschaftlichen Belastungen kommen, wenn die zukünftig wahrscheinlich anfallende Entgeltfortzahlung gem. § 3 EFZG pro Jahr 6 Wochen überschreitet (bis zu 6 Wochen jährlich

34 BAG 25.4.2018 – 2 AZR 6/18; BAG 23.1.2014 – 2 AZR 582/13; BAG 8.11.2007 – 2 AZR 292/06-; BAG 24.11.2005 – 2 AZR 514/04.

35 BAG 8.11.2007 – 2 AZR 292/06; BAG 24.11.2005 – 2 AZR 514/04.

36 BAG 24.11.2005 – 2 AZR 514/04.

37 Küttner-*Eisemann*, Kündigung, personenbedingte, Rn. 21m. w. N.; nach BAG 25.4.2018 – 2 AZR 6/18 ist »Eintrittswert« für einen außerordentliche krankheitsbedingte Kündigung eine Fehlzeitenquote von 33%.

38 BAG 8.11.2007 – 2 AZR 292/06; BAG 10.11.2005 – 2 AZR 44/05.

39 BAG 20.11.2014 – 2 AZR 755/13; BAG 10.12.2009 – 2 AZR 400/08; BAG 14.1.1993 – 2 AZR 343/92.

40 BAG 20.11.2014 – 2 AZR 755/13; BAG 10.11.2005 – 2 AZR 44/05.

sind vom Arbeitgeber hinzunehmen).[41] Als Prognosegrundlage können die tatsächlich in den letzten drei Jahren aufgewendeten Entgeltfortzahlungskosten allerdings wiederum nur insoweit herangezogen werden, als sie sich nicht auf einmalige Erkrankungen beziehen.[42]

4. Kündigung wegen lang andauernder Erkrankung

Hier gelten – über die Hinweise zur 3-Stufen-Prüfung hinaus – noch folgende Besonderheiten:

a) Negative Gesundheitsprognose

Voraussetzung für die negative Gesundheitsprognose ist hier, dass die AU des Arbeitnehmers schon lange (z. B. 18 Monate) und zum Kündigungszeitpunkt noch immer andauert und von nicht absehbar fortbestehender AU für die Zukunft auszugehen ist. Dies nimmt das BAG an, wenn zum Zeitpunkt des Kündigungszugangs für mindestens weitere 24 Monate mit einer anderen Prognose nicht gerechnet werden kann.[43] Auch hier sind die langen ununterbrochenen AU-Zeiten lediglich eine Ausgangsgrundlage für die negative Gesundheitsprognose. Es müssen weitere objektive Tatsachen hinzukommen. Häufig werden ärztliche Auskünfte eine negative Prognose für weitere 24 Monate gerade nicht bestätigen, zumal, wenn Reha-Maßnahmen noch ausstehen. Etwas anderes gilt bei unheilbaren, chronisch sich immer mehr verschlimmernden Krankheiten, nicht z. B. aber ohne Weiteres bei Krebs.
Auch hier müssen zudem vorab mildere Mittel i. S. eines leidensgerechten Arbeitsplatzes, insbesondere auch durch ein (auch während der AU möglichen) BEM, geklärt werden.[44]

b) Erhebliche Beeinträchtigung der betrieblichen Interessen

In diesen Fällen werden durchweg gerade keine erheblichen wirtschaftlichen Belastungen durch Entgeltfortzahlung entstehen, da nicht mehr als 6 Wochen Entgeltfortzahlung zu Beginn der fortlaufenden AU anfallen.
Auch besondere Belastungen im Betriebsablauf lassen sich hier zumeist besser vermeiden als bei häufigen Kurzzeiterkrankungen, da der Arbeitgeber längerfristig eine Ersatzkraft einstellen kann, entweder mit einem zeitbefristeten Vertrag

41 BAG 8. 11. 2007 – 2 AZR 292/06; BAG 25. 11. 1982 – 2 AZR 140/81.
42 BAG 6. 9. 1989 – 2 AZR 19/89.
43 BAG 20. 11. 2014 – 2 AZR 664/13.
44 BAG 20. 11. 2014 – 2 AZR 664/13.

als Krankheitsvertretung gem. § 14 Abs. 1 Satz 2 Nr. 3 TzBfG[45] oder sogar als Aushilfskraft mit unbefristetem Vertrag.[46]
Das BAG nimmt jedoch an, dass bei völliger Ungewissheit der Wiederherstellung der Arbeitsfähigkeit die erhebliche Beeinträchtigung der betrieblichen Interessen allein schon darin liegt, dass der Arbeitgeber auf unabsehbare Zeit gehindert ist, sein Direktionsrecht auszuüben.[47]
Eine besondere wirtschaftliche Belastung könnte evtl. auch durch Kumulierung von Urlaubsansprüchen/Urlaubsabgeltungsansprüchen in Betracht kommen.[48] Nach der neueren Rechtsprechung des EuGH und BAG, nach der fortlaufend arbeitsunfähige Arbeitnehmer ihre gesetzlichen Urlaubsansprüche nach 15 Monaten nach Ablauf des Urlaubsjahres verlieren,[49] kann von einer außerordentlich hohen wirtschaftlichen Belastung dadurch aber nicht mehr ausgegangen werden.

c) Interessenabwägung

Es liegt auf der Hand, dass gerade in diesen Fällen (zumeist lange bestehende Arbeitsverhältnisse älterer Arbeitnehmer, nur geringe wirtschaftliche Belastungen des Arbeitgebers) jedenfalls die Interessenabwägung häufig zugunsten des Arbeitnehmers ausgehen muss.
In der Praxis wird bei Arbeitnehmern mit lang andauernder AU zumeist – oft jahrelang – auf eine krankheitsbedingte Kündigung verzichtet. Diese Arbeitnehmer geraten dann selbst zunehmend in eine prekäre Situation, wenn die Krankengeldleistungen der Krankenversicherung nach 78 Wochen enden (§ 48 SGB V) und auch anschließende Leistungen der Agentur für Arbeit (vgl. §§ 145, 147 SGB III) auslaufen. Sofern sie nicht durch Bewilligung von → **Erwerbsminderungsrente** (vgl. § 43 SGB VI) ihren Lebensunterhalt sichern können, müssen sie ggf. von sich aus versuchen, über ein BEM einen leidens- oder (bei Anerkennung als schwerbehinderte oder gleichgestellte Menschen) behindertengerechten Arbeitsplatz beim bisherigen Arbeitgeber durchzusetzen.

---

45 BAG 13.5.2015 – 2 AZR 565/14.
46 BAG 25.11.1982 – 2 AZR 140/81.
47 BAG 20.11.2014 – 2 AZR 664/13.
48 BAG 4.5.2010 – 9 AZR 183/09.
49 EuGH 3.5.2012 – C 337/10; BAG 22.9.2015 – 9 AZR 170/14, vgl. auch Küttner-Röller, Urlaubsanspruch, Rn. 19.

5. Kündigung wegen dauerhafter Leistungsunfähigkeit

a) Negative Gesundheitsprognose

Bei dieser Fallgruppe ist zunächst der Nachweis durch den Arbeitgeber (§ 1 Abs. 2 Satz 4 KSchG) erforderlich, dass der Arbeitnehmer auf Dauer nicht mehr in der Lage ist, seine arbeitsvertraglich geschuldete Leistung zu erbringen. Das kommt zumeist nur bei schweren chronischen Krankheiten – meist Schwerbehinderungsfällen – in Betracht. Dies ist ggf. durch Einholung eines Sachverständigengutachtens zu klären.[50] Ein bloßes Attest, die geschuldete Leistung nicht mehr ausüben zu können, genügt nicht. Es muss vielmehr ein dauerndes Unvermögen vorliegen, auch jegliche andere leidensgerechte Tätigkeit im Betrieb oder Unternehmen (ggf. Versetzung oder vorrangige Änderungskündigung, § 2 KSchG) ausüben zu können.[51]

Aus der Bewilligung von voller oder teilweiser Erwerbsminderungsrente ergibt sich nicht schon selbst ein Kündigungsgrund.[52] Allerdings sehen verschiedene Tarifverträge (z. B. § 33 Abs. 2 TV-L/TVöD) eine entsprechender Bewilligung als auflösende Bedingung vor, sodass das Arbeitsverhältnis dann (nach erfolglosem BEM gem. § 167 Abs. 2 SGB IX) im Fall der Schwerbehinderung oder Gleichstellung nach vorheriger Zustimmung des Integrationsamts gem. § 175 SGB IX (vgl. näher → **Schwerbehinderte Beschäftigte**) ggf. »automatisch« ohne Kündigung endet.[53]

b) Erhebliche Beeinträchtigung der betrieblichen Interessen:

Das vollständige und dauerhafte Unvermögen, die vertraglich geschuldete Leistung und auch jegliche in Betracht kommende leidensgerechte Tätigkeit im Betrieb oder Unternehmen zu erbringen, indiziert die erhebliche Beeinträchtigung der betrieblichen Interessen, ohne dass es noch auf sonstige Betriebsablaufstörungen oder wirtschaftliche Belastungen für den Arbeitgeber ankommt.[54]

6. Kündigung wegen dauernder Minderleistung (»Low-Performer«)

Diese nicht notwendig mit AU-Zeiten und Krankheiten zusammenhängenden »Low-Performer«-Sachverhalte werden z. T. als Fallgruppe der krankheitsbe-

---

50 BAG 10.6.2010 – 2 AZR 1020/08; BAG 22.9.2005 – 2 AZR 519/04; BAG 28.2.1990 – 2 AZR 401/89.

51 HK-ArbR-*Roos/Bufalica*, § 1 KSchG, Rn. 106,107 m. w. N.

52 HK-ArbR-*Roos/Bufalica*, § 1 KSchG, Rn. 106.

53 Hierzu BAG 30.8.2017 – 7 AZR 204/16, auch zur Verpflichtung zur leidensgerechten Weiterbeschäftigung im Fall von § 33 Abs. 3 TV-L.

54 BAG 3.12.1998 – 2 AZR 773/98.

dingten Kündigung behandelt, weil das BAG teilweise eine ähnliche rechtliche Prüfung vornimmt.[55] Sie werden näher unter → **Low Performer** behandelt.

7. Krankheitsbedingte Kündigung bei Sonderkündigungsschutz

a) Gesetzlicher Sonderkündigungsschutz

(1) Teilweise gilt bei Kündigungen ein **behördliches Zustimmungserfordernis**, z. B. bei

- schwerbehinderten und gleichgestellten Menschen (§§ 168 SGB IX ff., näher → **Schwerbehinderte Beschäftigte**)
- bei Arbeitnehmern in Elternzeit (§ 18 BEEG)
- bei Frauen in Schwangerschaft oder Mutterschutz (§ 17 MuSchG)

In diesen Fällen kann zwar **nach** Zustimmung bzw. Zulässigkeitserklärung eine ordentlichen krankheitsbedingte ausgesprochen werden. Die Anforderungen an die Zustimmungs- bzw. Zulässigkeitserklärung sind jedoch hoch. Bei schwerbehinderten oder gleichgestellten Arbeitnehmern ist insbesondere ein Zusammenhang der AU-Zeiten mit der Behinderung naheliegend und schon deshalb eine Zustimmung unwahrscheinlich, wenn nicht sämtliche behindertengerechten Beschäftigungsmöglichkeiten abgeklärt und ausgeschlossen wurden.

(2) In den Fällen des Sonderkündigungsschutzes, der auf der **Kandidatur**, der **Amtstätigkeit** und einem **nachwirkenden Schutzzeitraum** beruht, sind ordentliche Kündigungen gem. § 103 BetrVG bzw. § 55 BPersVG n. F. (§ 47 BPersVG a. F.) und entsprechender Regelungen in den Landespersonalvertretungsgesetzen sowie gem. § 15 KSchG ausgeschlossen.

Es kommen gem. § 15 KSchG nur – u. U. nach vorheriger Zustimmung des Gremiums oder der gerichtlichen Zustimmungsersetzung – außerordentliche fristlose Kündigungen in Betracht. Damit scheiden für die betroffenen Arbeitnehmer krankheitsbedingte Kündigungen aus, weil diese selbst, wenn sie ausnahmsweise als außerordentliche Kündigungen möglich sind, richtigerweise lediglich mit einer der ordentlichen Kündigungsfrist entsprechenden sozialen Auslauffrist möglich sind.[56]

b) Vertraglicher und tariflicher (Alterssonder)Kündigungsschutz

In Fällen von vertraglichem oder tariflichen Sonderkündigungsschutz (z. B. § 34 Abs. 2 TVöD bzw. TV-L, § 4.4. ERA-MTV Metallindustrie Baden-Württemberg) soll nach der Rechtsprechung des BAG ausnahmsweise unter strengen Voraus-

---

55 Küttner-Eisemann, Kündigung, personenbedingte, Rn.28f; HK-ArbR-*Roos/Bufalica*, § 1 KSchG, Rn. 97f.

56 Anders bei einer Betriebsratskündigung wohl noch BAG 18.2.1993 – 2 AZR 526/92.

setzungen eine außerordentliche Kündigung (§ 626 BGB) mit einer der höchstmöglichen ordentlichen Kündigungsfrist entsprechenden sozialen Auslauffrist möglich sein.[57] Die Fallgruppen der häufigen Kurzerkrankungszeiten und der langandauernden Erkrankung stellen allerdings gerade keinen wichtigen Grund für eine außerordentliche Kündigung dar. Dem Arbeitgeber ist vielmehr die Einhaltung der ordentlichen Kündigungsfrist zuzumuten.
Dennoch sollen außerordentliche Kündigungen mit sozialer Auslauffrist möglich sein bei weit über die – ohnehin schon hohen – Anforderungen für ordentliche krankheitsbedingte Kündigung hinausgehenden Sachverhalten, die durch ein dauerhaft sehr gravierendes Missverhältnis von Leistung und Gegenleistung geprägt sind.[58]
Davon geht das BAG aus, wenn der Arbeitnehmer dauerhaft außerstande ist, die vertraglich geschuldete (ggf. leidensgerecht umgestaltete) Arbeitsleistung zu erbringen.[59] Aber auch dann, wenn der Arbeitgeber damit rechnen muss, jährlich für mehr als ein Drittel der Arbeitstage Entgeltfortzahlung im Krankheitsfall leisten zu müssen, soll eine außerordentliche Kündigung mit sozialer Auslauffrist in Betracht kommen. Dies jedenfalls dann, wenn die tarifliche oder vertragliche Sonderschutzregelung auch bereits relativ junge und/oder noch nicht lang beschäftigte Arbeitnehmer erfasst und ein entsprechender Fall vorliegt.[60]

8. Andere Kündigungen im Zusammenhang mit Krankheit oder Arbeitsunfähigkeit

Keine Fälle von krankheitsbedingten (personenbedingten), sondern vielmehr von **verhaltensbedingten** (ggf. sogar fristlosen) Kündigungen sind bestimmte Verhaltensweisen von Arbeitnehmern im Zusammenhang mit (u. U. nur angeblicher) AU bzw. Krankheit:

- Verletzung der Anzeige und Nachweispflicht bzgl. Einer AU gem. § 5 Abs. 1 Satz 1 EFZG (verhaltensbedingter Kündigungsgrund gem. § 1 Abs. 2 KSchG nach vorhergehender fruchtloser Abmahnung)
- genesungswidriges Verhalten (evtl. verhaltensbedingter Kündigungsgrund nach fruchtloser Abmahnung, streitig)
- Vortäuschen der AU, ggf. fristloser Kündigungsgrund gem. § 626 BGB (Betrug, unberechtigtes Erschleichen von Entgeltfortzahlung, allerdings hoher Beweiswert der ärztlichen AU-Bescheinigung)

---

57 BAG 23.1.2014 – 2 AZR 582/13; BAG 20.3.2014 – 2 AZR 825/12-; BAG 13.5.2015 – 2 AZR 531/14; näher: Küttner-Eisemann, Kündigung, außerordentliche, Rn. 57.
58 BAG 23.1.2014 – 2 AZR 582/11; BAG 25.4.2018 – 2 AZR 6/18.
59 BAG 28.10.2010 – 2 AZR 688/09.
60 BAG 25.4.2018 – 2 AZR 6/18.

- Androhung von AU für den Fall der Verweigerung von Urlaubs- oder Freitzeitgewährung, ggf. nach den Umständen des Einzelfalls fristloser Kündigungsgrund[61]

III. Hinweise für die Mitbestimmung

Von großer Bedeutung ist die Nutzung der Unterrichtungs-, Beteiligungs- und Mitbestimmungsrechte im Vorfeld der Einleitung von krankheitsbedingten Kündigungsverfahren, insbesondere bei Arbeitsschutz, Gefährdungsbeurteilung und betrieblichem Eingliederungsmanagement.

Will der Arbeitgeber eine krankheitsbedingte Kündigung aussprechen, ist Voraussetzung die ordnungsgemäße Beteiligung

- des Betriebsrats gem. § 102 BetrVG (bei ordentlicher und außerordentlicher Kündigung nur Anhörung, keine Mitbestimmung) bzw.
- des Personalrats (bei ordentlicher Kündigung gem. §§ 85, 81 BPersVG n. F.[62] »Mitwirkung«, bei außerordentlicher Kündigung gem. § 86 BPersVG n. F. »Anhörung«)
- der Schwerbehindertenvertretung bei schwerbehinderten oder gleichgestellten Arbeitnehmern (vgl. → **Schwerbehinderte Beschäftigte**)

Dabei gilt für die krankheitsbedingte außerordentliche Kündigung mit sozialer Auslauffrist (vgl. oben): Sie steht bei der Beteiligung von Betriebsrat bzw. Personalrat hinsichtlich einzuhaltender Fristen und Beteiligungsverfahren einer ordentlichen Kündigung gleich.[63]

Sowohl bei der Beteiligung des Betriebsrats als auch des Personalrats ist die ordnungsgemäße (vollständige und wahrheitsgemäße) Unterrichtung zum Kündigungssachverhalt und die Einhaltung der Äußerungsfristen gem. § 102 Abs. 1 Satz 1 und 2 BetrVG (eine Woche) bzw. §§ 85 Abs. 1 Satz 1, 81 Abs. 2 BPersVG n. F. (10 Arbeitstage) Wirksamkeitsvoraussetzung für die Kündigung gem. § 102 Abs. 1 BetrVG bzw. §§ 85 Abs. 3, 128 BPersVG n. F.

Bei einer krankheitsbedingten Kündigung muss der Arbeitgeber – neben den stets anzugebenden Sozialdaten des Arbeitnehmers – konkret mitteilen:

---

61 HK-ArbR-*Markowski*, § 1 KSchG, Rn. 320 – 326 m. w. N.

62 BPersVG v. 15. 3. 1974 (BGBl. I S. 693); zuletzt geändert durch Gesetz vom 9. 6. 2021 (BGBl. I S. 1614).

63 BAG 5. 2. 1998 – 2 AZR 227/97; BAG 18. 10. 2000 – 2 AZR 627/99; BAG 12. 1. 2006 – 2 AZR 242/05.

- die Art der krankheitsbedingten Kündigung (häufige Kurzzeiterkrankungen, langandauernde Erkrankung, außerordentliche krankheitsbedingte Kündigung)
- die Anzahl und Dauer der bisherigen AU-Zeiten im Einzelnen
- ggf. durchgeführtes BEM
- die durch die AU-Zeiten aufgetretenen erheblichen Beeinträchtigungen betrieblicher Interessen
- die Gesichtspunkte der Interessenabwägung

Der Betriebsrats bzw. Personalrat muss sich ohne eigene Nachforschungen ein Bild über die Berechtigung der Kündigung und zum Gebrauchmachen von seinen Widerspruchs- bzw. Einwendungsrechten machen können.[64]

Trotz der vom BAG angenommenen subjektiven Determination der Unterrichtung zum Kündigungssachverhalt darf der Arbeitgeber ihm bekannte Umstände (z. B. Fortsetzung einer Heilbehandlung), die sich bei objektiver Betrachtung zugunsten des Arbeitnehmers auswirken können, dem Betriebsrat nicht deshalb vorenthalten, weil sie für seinen eigenen Kündigungsentschluss unbedeutend waren.[65]

Betriebsrat bzw. Personalrat sollten in der ihnen jeweils zur Verfügung stehenden Frist schriftlich und substantiiert Widerspruchsgründe gem. § 102 Abs. 3 Nr. 1 bis 5. BetrVG bzw. Einwendungsgründe gem. § 85 Abs. 1 Satz 3 Nr. 1 – 5 BPersVG n. F. (§ 79 Abs. 1 Satz 3 Nr. 1 bis 5 BPersVG a. F.) vortragen, die bei krankheitsbedingten Kündigungen durchaus häufig gegeben sind.

Bei ordnungsgemäßem Widerspruch bzw. Einwendungen ist zwar der Arbeitgeber nach Ablauf der jeweiligen Fristen (bzw. ggf. gem. §§ 81, 82 BPersVG n. F. [§ 72 BPersVG a. F.] Abschluss des Mitwirkungsverfahrens) dennoch nicht gehindert, dem Arbeitnehmer die Kündigung zuzustellen. Dem Arbeitnehmer muss aber dann mit der Kündigung eine Kopie des Widerspruchsschreibens bzw. Einwendungsschreibens zugestellt werden.

Erhebt er sodann fristgemäß Kündigungsschutzklage, hat der Arbeitgeber ihn gem. § 102 Abs. 5 BetrVG bzw. § 85 Abs. 2 BPersVG n. F. (§ 79 Abs. 2 BPersVG a. F.) über die Kündigungsfrist hinaus bis zum rechtskräftigen Abschluss des Kündigungsrechtsstreits weiter zu beschäftigen. Von dieser Verpflichtung kann er sich nur unter strengen (tatsächlich selten vorliegenden) Voraussetzungen im einstweiligen Verfügungsverfahren vom Arbeitsgericht entbinden lassen.

---

64 Vgl. im Einzelnen D/K/W-*Bachner*, § 102 BetrVG Rn. 91 ff. m. w. N.

65 BAG 16. 7. 2015 – 2 AZR 15/15; BAG 23. 10. 2014 – 2 AZR 736/13.

Low Performer

I. Einführung

Der Begriff »Low Performer« (englisch; deutsch etwa »Minderleister«[1]) wird seit ca. 20 Jahren vor allem von Arbeitgeberseite forciert in der Diskussion über betriebliche Entwicklungen verwendet. Er soll solche Arbeitnehmer von der übrigen Belegschaft abgrenzen, die angeblich dauerhaft unter ihrer körperlichen und/oder psychischen Leistungsfähigkeit oder angeblich üblichen Leistungsanforderungen bleiben und gegen die deshalb Maßnahmen bis hin zur Kündigung ergriffen werden müssten.[2]

Dieser Diskurs hat sich nicht zufällig entwickelt, während tatsächlich in vielen Betrieben die Leistungsanforderungen in quantitativer und qualitativer Hinsicht nicht zuletzt durch technische Neuerungen und Umstrukturierungen ständig gesteigert werden.[3] Viele Arbeitnehmer versuchen – z. T. auch motiviert durch Zielvereinbarungen, Prämien, Boni, Überstunden- oder Schichtzuschlägen – diesen Anforderungen selbst über ihre subjektive Leistungsfähigkeit hinaus nachzukommen (»Overperformer«).[4] Die Folge ist u. a. die Zunahme von Arbeitsunfähigkeits-Tagen seit 2005 infolge Überlastung und Erschöpfung (»Burnout«) (→ **Krankheitsbedingte Kündigung**).

Für Betriebs- und Personalräte ist von wesentlicher Bedeutung, wie sie mit Hilfe ihrer Beteiligungsrechte zugleich der zunehmenden Arbeitsbelastung und Überforderung der Arbeitnehmer und der Ausgrenzung »Leistungsschwacher« entgegenwirken können.

---

1 Vgl. Minderleister – Wikipedia.

2 Tschöpe, BB 2006, 216.

3 Zum Problem des Wegfalls der »Eignung« von Arbeitnehmern infolge neuer Anforderungen vgl. D/D/Z-Deinert, § 1 KSchG Rn.186.

4 Vgl. hierzu: DAK-Gesundheitsreport 2020, Arbeitsstress vor dem Hintergrund der Digitalisierung sowie Interaktionsarbeit, 28ff.; Wewers, AE 2017, 146; vgl. zum Problem des Nach-oben-Treibens der »Durchschnittsleistung« durch »Overperformer«: HK-ArbR-Markowski, § 1 KSchG Rn. 291.

Zentral ist hier die Mitbestimmung zum Arbeits- und Gesundheitsschutz (vgl. auch → **Gefährdungsbeurteilung**). Darüber hinaus sollte aber auch beachtet werden, dass nicht etwa Betriebs- oder Dienstvereinbarungen über technische Verhaltens- oder Leistungsüberwachung von Arbeitnehmern, Beurteilungsrichtlinien und Prämienregelungen (auf der Grundlage von Leistungserfassungen) zur angeblich »objektiven« Ermittlung von »Low Performern« genutzt werden können.[5]

II. Einzeldarstellung

1. Arbeitsrechtliche Definition

Ausgehend vom Arbeitsvertragsbegriff gem. §§ 611, 611a BGB als Sonderform des Dienstvertrags ist – entgegen der Vorstellung mancher Arbeitgeber – eine objektive Definition einer vom Arbeitnehmer zu erbringenden Leistung und mithin eines »Low Performers« als eines unter dieser angenommenen Standardleistung liegenden Arbeitnehmers rechtlich nicht möglich. Im Unterschied zum Werkvertragsunternehmer (§ 631 BGB) schuldet ein Arbeitnehmer kein bestimmtes Produktionsergebnis, insbesondere auch keine »Durchschnittsleistung«, die vom Arbeitgeber etwa durch ein bestimmtes »Anforderungsprofil« definiert oder aus statistischen Erhebungen (z. B. der Leistung vergleichbarer Arbeitnehmer im Betrieb) ermittelt wurde.[6]
Das Dienstleistungsrecht kennt gerade keinen geschuldeten Erfolg.[7] Vielmehr gilt: *»Der Arbeitnehmer muss tun, was er soll, und zwar so gut, wie er kann. Die Leistungspflicht ist nicht starr, sondern dynamisch und orientiert sich an der Leistungsfähigkeit des Arbeitnehmers. Ein objektiver Maßstab ist nicht anzusetzen. [...] Der Dienstverpflichtete schuldet das Wirken, nicht das Werk.«*[8] Es gibt mithin arbeitsvertragstypisch ein **breites Spektrum** von persönlichen **Leistungsfähigkeiten** von Arbeitnehmern, welches der Arbeitgeber als vertragsgemäße Leistung hinnehmen muss. Zudem ist in Vergleichsgruppen stets ein Gruppenangehöriger

5 Vgl. aber i.d.S. BAG 17.1.2008 – 2 AZR 536/06: »low perfomer«- Ermittlung mit Hilfe von Leistungsdaten aus der EDV und einer »Betriebsvereinbarung Prämienentlohnung«.

6 BAG 11.12.2003 – 2 AZR 667/02; BAG 17.1.2008 – 2 AZR 536/06; BAG 27.11.2008 – 2 AZR 675/07; Küttner-Eisemann, Kündigung, verhaltensbedingte, Rn. 38; HK-ArbR-Markowski, 4. Aufl. 2017, § 1 KSchG Rn. 291; D/D/Z-Deinert,§ 1 KSchG Rn. 186,206ff.

7 ErfK-Preis, § 611a BGB Rn. 682; ErfK-Oetker, § 1 KSchG, Rn. 167.

8 So BAG 11.12.2003 – 2 AZR 667/02 mwN.; ebenso BAG 17.1.2008 – 2 AZR 536/06 mwN.

das »Schlusslicht«. Darüber hinaus kann es auch sein, dass andere Gruppenangehörige sich überfordern oder gar durch nicht erfasste Mehrarbeit mehr leisten. Die Unterschreitung eines – oft problematisch behaupteten – »Mittelwerts« ist also keineswegs ausreichend für den Vorwurf vertragswidrigen Verhaltens oder auch fehlender Eignung und damit für eine verhaltens- oder personenbedingte Kündigung.[9]

Ein Ansatzpunkt für eine arbeitsrechtlich erhebliche Störung des Arbeitsverhältnisses wird vom BAG daher erst angenommen bei einem deutlichen und längerfristigen Unterschreiten des von vergleichbaren Arbeitnehmern erreichten Mittelwerts.[10]

Doch schon die Feststellung eines solchen »Mittelwerts« ist durchweg problematisch. Dies nicht nur durch Verzerrungen nach oben durch »Overperformer«.[11] Vielmehr scheitert ein stichhaltiger objektiver Vergleich der Arbeitsleistung einer bestimmten Gruppe von Arbeitnehmern im Betrieb häufig schon daran, dass sie von ihnen nicht oder nur begrenzt beeinflussbaren Faktoren abhängt, z. B. Qualität der zu bearbeitenden Produkte, Mängel in der Zuarbeit durch andere Arbeitnehmer, Witterung, Kundenstamm, Nachfrage (Vertrieb, Verkauf).[12]

2. Bestehendes Arbeitsverhältnis

Individualrechtlich wird, soweit Arbeitnehmer nicht durch leistungsbezogene Vergütungssysteme, Prämien, Boni, Zielvereinbarungen usw. zu quantitativ oder qualitativ höheren Leistungen veranlasst werden können, von Arbeitgebern häufig versucht, durch Beurteilungsgespräche und ggf. Abmahnungen und Versetzungen auf das Leistungsverhalten von angenommenen »Low Performern« Einfluss zu nehmen (zu den diesbezüglichen kollektivrechtlichen Beteiligungen vgl. III.).

a) Leistungsbeanstandung

Ist der Arbeitnehmer mit Beanstandungen seiner Leistungen konfrontiert, sollte er frühzeitig den Betriebs- bzw. Personalrat einschalten und ggf. auch Rechtsrat einholen – nicht erst, wenn eine Kündigung erfolgt (vgl. näher nachfolgend II.3.). Es sollte abgeklärt werden, inwieweit es sich überhaupt um objektivierbare Beanstandungen handelt (vgl. schon II.1.), aber auch, ob evtl. eine personenbe-

---

9 BAG 11.12.2003 – 2 AZR 667/02.

10 BAG 11.12.2003 – 2 AZR 667/02.

11 HK-ArbR-Markowski, § 1 KSchG, Rn. 291.

12 BAG 27.11.2008 – 2 AZR 675/07: Unwirksamkeit einer Abmahnung eines Außendienstmitarbeiters im Vertriebsbereich wegen angeblicher Minderleistung, da der Arbeitgeber kein aussagekräftiges Zahlenwerk hierzu vorlegen konnte.

dingte Leistungsbeeinträchtigung ggf. auch i. V. mit einer Behinderung vorliegt, die dann zu einer die verminderte Leistungsfähigkeit berücksichtigenden Beschäftigung führen müsste.

Bei Leistungsbeurteilungen kann der Arbeitnehmer gem. § 82 Abs. 2 BetrVG nähere Erörterung – unter Hinzuziehung eines Betriebsratsmitglieds – verlangen. Er kann sich durch sein Personalakteneinsichtsrecht – auch dies unter Hinzuziehung eines Betriebsratsmitglieds – Kenntnis von dort enthaltenen Unterlagen über seine Leistungen verschaffen. Er kann, wenn er sich benachteiligt oder ungerecht behandelt sieht, von seinem Beschwerderecht gem. § 84 BetrVG Gebrauch machen und auf Behandlung durch den Betriebsrat gem. § 85 BetrVG hinwirken. Der Betriebsrat kann wiederum bei Meinungsverschiedenheiten mit dem Arbeitgeber über eine von ihm als berechtigt angesehene Beschwerde sogar gem. § 85 Abs. 2 BetrVG die Einigungsstelle anrufen kann.

Im Bereich des öffentlichen Dienstes besteht bei leistungsbezogenen Beurteilungen – im Rahmen mitbestimmter Beurteilungsrichtlinien und ggf. Zielvereinbarungssystemen – im Einzelfall kein Mitbestimmungsrecht und kein Anspruch des Personalrats auf Teilnahme am Beurteilungsgespräch.[13] Allerdings sind dem Personalrat auf Verlangen des beurteilten Beschäftigten dienstliche Beurteilungen gem. § 66 Abs. 2 Satz 2 BPersVG n. F. (§ 68 Abs. 2 Satz 4 BPersVG a. F.) zur Kenntnis zu bringen.

Gem. § 62 Nr. 3 BPersVG n. F. (§ 68 Abs. 1 Nr. 3 BPersVG a. F.) kann der Arbeitnehmer beim Personalrat bei angenommener Benachteiligung (z. B. durch ungerechtfertigte negative Beurteilung durch Dienstvorgesetzte) Beschwerde erheben. Der Personalrat hat dann, wenn die Beschwerde berechtigt erscheint, beim Dienststellenleiter auf Erledigung hinzuwirken.

Für Arbeitnehmer des öffentlichen Dienstes ist – anders als für Beamte – das Personalakteneinsichtsrecht zwar nur tarifvertraglich explizit geregelt (vgl. z. B. § 3 Abs. 5 TVöD). Über § 66 Abs. 2 Satz 1 BPersVG n. F. (§ 68 Abs. 2 Satz 3 BPersVG a. F.) kann jedoch auch hier der betreffende Arbeitnehmer die Personalakteneinsicht auch eines von ihm bestimmten Personalratsmitglieds erreichen.

b) Abmahnung

(1) Bei einer Abmahnung – die zumindest vor einer verhaltensbedingten Kündigung regelmäßig erforderlich ist (§ 314 Abs. 2 BGB) – wegen quantitativer unterdurchschnittlicher Arbeitsleistung soll nach Auffassung des BAG die konkrete Angabe der objektiven Minderleistung genügen. Anders als sonst[14] müsse das

13 Altvater/Baden/Baunack-Baden, § 76 BPersVG Rn. 42.

14 Vgl. z. B. BAG 9. 8. 1984 – 2 AZR 400/83; HK-ArbR-Kreuder/Matthiessen-Kreuder, §§ 611,611a BGB Rn. 565.

Verschulden des Arbeitnehmers durch Nichtausschöpfen seiner persönlichen Leistungsfähigkeit nicht konkret angegeben werden, weil dies der Arbeitgeber nicht wissen könne bzw. dafür einen unvertretbaren Kontrollaufwand betreiben müsse.[15]

(2) Erhebt der Arbeitnehmer Klage auf Entfernung der Abmahnung aus der Personalakte[16] und trägt vor, warum er jedenfalls auch bei deutlich unterdurchschnittlicher Leistung seine persönliche Leistungsfähigkeit ausgeschöpft hat (altersbedingte Leistungsdefizite, Krankheit, Behinderung, betriebliche Umstände),[17] muss der Arbeitgeber dies widerlegen. Andernfalls ist die Abmahnung aus der Personalakte zu entfernen.

(3) Der Betriebsrat hat kein Mitbestimmungsrecht bei der Erteilung von Abmahnungen (anders bei sog. Betriebsbußen wegen Verstoß gegen die betriebliche Ordnung: Mitbestimmungsrecht gem. § 87 Abs. 1 Nr. 1 BetrVG)[18]. Bei schwerbehinderten und gleichgestellten Menschen ist dagegen gem. § 178 Abs. 2 SGB IX die Schwerbehindertenvertretung zu beteiligen.[19]

Auch im Anwendungsbereich des BPersVG wird ein Mitbestimmungs- oder Mitwirkungsrecht des Personalrats bei einer Abmahnung verneint.[20] Etwas anders sind dagegen die Regelungen einzelner Landespersonalvertretungsgesetze, vgl. z. B. Mitwirkung auf Antrag des Beschäftigten gem. § 81 Abs.2 Nr.2 LPVG Baden-Württemberg.

c) Versetzung

Nicht selten gehen Arbeitgeber gegen von ihnen ausgemachte »Low Performer« mit Zuweisung einer geänderten – evtl. auch niedriger vergüteten – Tätigkeit oder sogar eines anderen Arbeitsplatzes im Betrieb und/oder an einem anderen Ort vor. Dies wird z. T. unter euphemistischer Berufung auf »Fürsorge« wegen deren »Überforderung« am bisherigen Arbeitsplatz begründet.

(1) Individualrechtlich kann dies, wenn es sich dabei um einen Eingriff in den Vertragsbestand handelt, nur im Wege einer Änderungskündigung gem. § 2

15 BAG 27. 11. 2008 – 2 AZR 675/07; bei sog. »qualitativen Minderleistungen« müssen darüber hinaus Angaben über Art und Schwere sowie Folgen der fehlerhaften Arbeitsleistung gemacht werden, da eine Bandbreite von kaum zu vermeidenden Fehlern ohne gravierende Auswirkungen und Fehlern mit schwerwiegenden Folgen (z. B. von Piloten, Lokführern) besteht, vgl. BAG 17. 1. 2008 – 2 AZR 536/06.

16 HK-ArbR-Kreuder/Matthiessen-Kreuder, §§ 611,611a BGB Rn. 568.

17 BAG 17. 1. 2008 – 2 AZR 536/06.

18 D/K/W-Klebe, § 87 BetrVG Rn. 79 – aber (entgegen h. M. und BAG) Mitbestimmung, wenn in dem zu tadelnden Verhalten auch ein Verstoß gegen die betriebliche Ordnung zu sehen ist

19 Feldes/Kohte/Stevens-Bartol, § 178 SGB IX, Rn. 23.

20 Altvater/Baden/Baunack-Berg, § 75 BPersVG, Rn. 142

KSchG erfolgen. Andernfalls kann die Maßnahme in Ausübung des Direktionsrechts gem. § 106 GewO nach billigem Ermessen unter Berücksichtigung der berechtigten Interessen des Arbeitnehmers gem. § 241 Abs. 2 BGB umgesetzt werden.[21]
Durch arbeitsgerichtliche Klage auf Feststellung der Unwirksamkeit der Weisung ggf. i. V. m. einer Leistungsklage auf Weiterbeschäftigung zu den bisherigen Bedingungen oder auch zu näher definierten anderen der Leistungsfähigkeit entsprechenden Bedingungen kann der Arbeitnehmer gegen die Maßnahme vorgehen. Der Arbeitgeber trägt dann im Prozess die Darlegungs- und Beweislast dafür, dass die Ausübung des Weisungsrechts im Rahmen der gesetzlichen, einzel- und ggf. kollektivvertraglichen Grenzen erfolgt ist und zudem billigem Ermessen entspricht.[22]
Bei Versetzung unter Berufung auf Minderleistung muss der Arbeitgeber nicht nur stichhaltig die objektiven Fakten einer unterdurchschnittlichen Leistung beweisen (zu den diesbezüglichen Problemen s. schon zuvor). Für die Ausübung billigen Ermessens wird regelmäßig auch der Nachweis einer dauerhaften und erheblich unterdurchschnittlichen Leistung erforderlich sein und die vorherigen (erfolglosen) Bemühungen, den Problemen mit weniger gravierenden Eingriffen beizukommen.
Zudem müssen personenbedingte Umstände berücksichtig und dementsprechend u. U. dauernde Leistungsminderungen vom Arbeitgeber hingenommen werden. Diese Verpflichtung zur Rücksichtnahme ist in § 106 Satz 3 GewO ausdrücklich für den Fall einer (bei dauernder gravierender Minderleistung durchaus naheliegender) Behinderung gesetzlich vorgeschrieben (vgl. zum Behindertenbegriff und zum behindertengerechten Beschäftigungsanspruch → **Behinderte Beschäftigte**; zum behindertengerechten Beschäftigungsanspruch schwerbehinderter und gleichgestellter Menschen vgl. → **Schwerbehinderte Beschäftigte**).
(2) Der Betriebsrat hat bei Versetzungen i. S. d. (lediglich kollektivrechtlichen) Legaldefinition des § 95 Abs. 3 BetrVG (Zuweisung eines anderen Arbeitsbereichs usw.)[23] ein Mitbestimmungsrecht gem. § 99 Abs. 1 BetrVG. Dabei liegt eine Versetzung i. d. S. auch bereits bei einer Änderung – insbes. auch Reduzierung – des bisherigen Aufgabenbereichs (z. B. Entziehung bestimmter Einzelaufgaben) in erheblichem Umfang vor. Quantitativ ist dafür nach der Rechtsprechung des BAG eine Reduzierung im Umfang von zumindest 20% nötig.[24]

---

21 Zur Abgrenzung: HK-ArbR-Becker, § 106 GewO Rn.3ff.
22 Vgl. hierzu näher: HK-ArbR-Becker, § 106 GewO, Rn. 23, 29.
23 Vgl. zur Abgrenzung von kollektivrechtlichem und individualrechtlichem Versetzungsbegriff: D/K/W-Bachner, § 99 BetrVG Rn. 98.
24 Vgl. näher: D/K/K-Bachner, § 99 BetrVG Rn. 111; BAG 19.2.1990 – 1 ABR 33/90.

Zustimmungsverweigerungsgründe zur Versetzung können sich vor allem ergeben aus

- § 99 Abs. 3 Nr. 1 BetrVG: insbesondere wegen Verstoß gegen AGG (Behinderten- oder Altersdiskriminierung) oder SGB IX (Verstoß gegen behindertengerechten Beschäftigungsanspruch, § 164 Abs. 4 SGB IX)[25] und
- § 99 Abs. 2 Nr. 4 BetrVG: Benachteiligung des betroffenen Arbeitnehmers ohne Rechtfertigung durch betriebliche oder in der Person des Arbeitnehmers liegende Gründe[26].

Ohne Zustimmung des Betriebsrats oder arbeitsgerichtliche Zustimmungsersetzung gem. § 99 Abs. 4 BetrVG darf die Maßnahme nicht umgesetzt werden. Die Voraussetzungen für eine vorläufige personelle Maßnahme gem.§ 100 BetrVG dürften gerade hier nicht ersichtlich sein. Hat der Arbeitgeber (etwa in Verkennung einer Versetzung i. S. d. § 95 Abs. 3 BetrVG) den Betriebsrat überhaupt nicht beteiligt, ergibt sich die – ggf. im Klageverfahren geltend zu machende – Unwirksamkeit der Maßnahme bereits daraus.

Im Personalvertretungsrecht liegt eine mitbestimmungspflichtige Versetzung nur im Falle einer nicht nur vorübergehenden Versetzung zu einer anderen Dienststelle vor, § 78 Abs. 1 Nr. 5 BPersVG n. F. (§ 75 Abs. 1 Nr. 3 BPersVG a. F.).[27] Darüber hinaus ist auch eine Umsetzung auf einen anderen gleich bewerteten Arbeitsplatz innerhalb der Dienststelle (nur) dann mitbestimmungspflichtig, wenn sie mit einem Wechsel des Dienstorts verbunden ist, § 78 Abs. 1 Nr. 6 BPersVG n. F. (§ 75 Abs. 1 Nr. 3 BPersVG a. F.).[28]

d) Prävention, Betriebliches Eingliederungsmanagement

(1) Eine Verpflichtung des Arbeitgebers zu einem Präventionsverfahren unter Beteiligung des Betriebs- bzw. Personalrats und der Schwerbehindertenvertretung ist gem. § 167 Abs. 1 SGB IX nur für schwerbehinderte und gleichgestellte Arbeitnehmer ausdrücklich vorgeschrieben (vgl. hierzu näher → **Schwerbehinderte Beschäftigte**); zur ggf. analogen Anwendung für behinderte Arbeitnehmer vgl. → **Behinderte Beschäftigte**).

(2) Liegen bei dauerhaft erheblich leistungsgeminderten Arbeitnehmern zugleich AU-Zeiten von mehr als sechs Wochen innerhalb eines Jahres vor, müssten angenommene Minderleistungen regelmäßig zugleich Gegenstand eines betrieblichen Eingliederungsmanagements gem. § 167 Abs. 2 SGB IX mit dem Ziel einer leidensgerechten (also u. U. an das verringerte Leistungsvermögen angepassten) Weiterbeschäftigung sein (vgl. → **Betriebliches Eingliederungsma-**

---

25 D/K/W-Bachner, § 99 BetrVG, Rn. 197.

26 D/K/W-Bachner, § 99 BetrVG Rn. 226, 227.

27 Vgl. näher: Altvater/Baden/Baunack-Baden, § 75 BetrVG Rn. 36ff.

28 Vgl. näher: Altvater/Baden/Baunack-Baden, § 75 BetrVG, Rn. 39ff.

nagement, auch zur Beteiligung von Betriebs- bzw. Personalrat). Das BEM ist im Gegensatz zum Präventionsverfahren auch für nicht behinderte Arbeitnehmer zwingend vorgeschrieben.

3. Kündigung

Nach der ständigen Rechtsprechung des BAG kommen für »Low Performer« verhaltens-, personen-, ausnahmsweise auch betriebsbedingte Kündigungen gem. § 1 Abs. 2 KSchG in Betracht, die allerdings besonderen Anforderungen unterliegen. Die Kündigung kann dabei auch gleichzeitig (hilfsweise) auf unterschiedliche Gründe gestützt werden, die aber alle auf demselben Sachverhalt der Minderleitung beruhen (»Mischtatbestand«). Eine Kündigung kann also gleichzeitig aus verhaltens- und auch aus personenbedingten Gründe, unter besonderen Umständen auch aus betriebsbedingten Gründen (mit z. T. unterschiedlichen Anforderungen) erfolgen.

a) Verhaltensbedingte Kündigung

(1) Nach der BAG-Rechtsprechung kann sowohl

- die längerfristige deutliche Unterschreitung der durchschnittlichen Arbeitsmenge vergleichbarer Arbeitnehmer (zu langsames Arbeiten = **quantitative Minderleistung**) oder
- die längerfristige deutliche Überschreitung der durchschnittlichen Fehlerquote, je nach tatsächlicher Fehlerzahl, Schwere und Folgen der fehlerhaften Arbeitsleistung (zu viele Fehler bei der Arbeit = **qualitative Minderleistung**),

Anhaltspunkt dafür sein, dass der Arbeitnehmer vorwerfbar seine vertraglichen Pflichten verletzt.

Legt der Arbeitgeber im Prozess eine quantitative oder qualitative Minderleistung und vorherige fruchtlose Abmahnung substantiiert dar und behauptet unter Mitteilung von Indizien hierfür die jedenfalls fahrlässige Nichtausschöpfung der Leistungsfähigkeit,[29] muss der Arbeitnehmer nach (zu Recht kritisierter) Auffassung des BAG seinerseits erläutern, warum er trotz der erheblich unterdurchschnittlichen Leistung seine Leistungsfähigkeit ausschöpft.[30] Bei Berufung auf krankheitsbedingte Gründe für die Minderleistung muss der Arbeitnehmer zu diesem Zusammenhang substantiiert vortragen und ggf. seine behandelnden

---

29 BAG 17.1.2008 – 2 AZR 536/06; D/D/Z-Däubler, § 1 KSchG Rn. 704.

30 BAG 11.12.2003 – 2 AZR 667/02 (quantitative Minderleistung); BAG 17.1.2008 – 2 AZR 536/06 (qualitative Minderleistung); zur (berechtigten) Kritik an dieser die Beweislast des Arbeitgebers entgegen § 1 Abs. 2 S. 4 KSchG zulasten des Arbeitnehmers einschränkenden Rechtsprechung vgl. HK-ArbR-Markowski, § 1 KSchG Rn. 293, 294.

Ärzte von der Schweigepflicht entbinden.[31] Ohne schlüssiges Gegenvorbringen des Arbeitnehmers gilt der schlüssige Vortrag des Arbeitgebers gem. § 138 Abs. 3 ZPO als zugestanden – bei Fehlen sonstiger Unwirksamkeitsgründe mit der Folge der Rechtswirksamkeit der verhaltensbedingten Kündigung gem. § 1 Abs. 2 Satz 1 Var. 2 KSchG (im Hinblick auf auch in Zukunft zu erwartender derartiger pflichtwidriger Minderleistung).[32]

Allerdings sind in der Praxis derartige verhaltensbedingte Kündigungen aus zwei Gründen nur selten erfolgreich:

- Schon die vom BAG festgelegten Ausgangsvoraussetzungen sind in der Rechtsprechung nicht hinreichend geklärt: Was ist – je nach Tätigkeit – die »Durchschnittsleistung«? Wie wird sie und die jeweilige Minderleistung gemessen? Was ist eine »deutliche Abweichung«? Was ist »längerfristig«?[33] Einzelfallentscheidungen des BAG (z. B. dauerhaftes Unterschreiten der »Normalleistung« um 1/3 durch einen schwerbehinderten Arbeitnehmer[34]; in einer anderen Entscheidung um 2/3[35] erfasste deutliche Minderleistungen über 2 Jahre[36]) geben allenfalls Anhaltspunkte.
- Den Arbeitgebern gelingt es häufig schon nicht, stichhaltig eine »Normalleistung« und eine demgegenüber längerfristig deutlich abweichende Minderleistung des gekündigten Arbeitnehmers darzulegen – umso mehr, wenn der Arbeitnehmer Gegenvortrag zur Unbrauchbarkeit der entsprechenden Arbeitgeberbehauptungen leistet.[37]

Selbst wenn die objektiven und subjektiven Tatbestandsmerkmale einer verhaltensbedingten Kündigung wegen längerfristiger deutlicher Minderleistung feststehen, kommt eine Unwirksamkeit der Kündigung aufgrund einer umfassenden Interessenabwägung in Betracht[38] (vgl. auch → **Krankheitsbedingte Kündigung**). Zudem kommt eine Unwirksamkeit auch in Betracht, wenn mildere Mittel – insbesondere eine (ggf. nochmalige) Abmahnung oder eine Änderungskündigung– nicht geprüft wurden.[39]

---

31 BAG 3.11.2011 – 2 AZR 748/10; Küttner-Eisemann, Kündigung, verhaltensbedingte, Rn. 38.

32 BAG 17.1.2008 – 2 AZR 536/06; zum Erfordernis einer negativen Zukunftsprognose vgl. BAG 12.4.2002 – 2 AZR 148/01.

33 So zutreffend: D/D/Z- Deinert, § 1 KSchG Rn. 206f.

34 BAG 26.9.1991 – 2 AZR 132/91.

35 BAG 11.12.2002 – l2 AZR 667/02.

36 BAG 11.12.2003 – 2 AZR 667/02.

37 Vgl. z.B. BAG 11.12.2003 – 2 AZR 667/02; BAG 17.1.2008 – 2 AZR 536/06: BAG 27.11.2008 – 2 AZR 675/07.

38 D/D/Z-Däubler, § 1 KSchG, Rn. 707–709.

39 BAG 11.12.2003 – 2 AZR 667/02; BAG 7.2.1991 – 2 AZR 205/90; BAG 29.1.1997 – 2 AZR 9/96.

(2) Zu unterscheiden von diesen für Arbeitgeber überwiegend wenig aussichtsreichen Fällen verhaltensbedingter Kündigung sind Fälle, in denen der Arbeitnehmer versucht, seine Minderleistungen (etwa durch Manipulation elektronischer Arbeits(zeit)erfassung oder Aktenmanipulation) zu vertuschen.
Ein derartiges Verhalten[40] kann – u. U. auch ohne Abmahnung – eine (fristlose) verhaltensbedingte Kündigung rechtfertigen.

b) Personenbedingte Kündigung

(1) Kann ein Verstoß gegen vertragliche Pflichten durch zumindest fahrlässige Nichtausschöpfung der Leistungsfähigkeit nicht belegt werden, kann eine personenbedingte Kündigung gem. § 1 Abs. 2 Satz 1, 1. Alt. KSchG in Betracht kommen.
Das BAG geht davon aus, dass »*der Arbeitnehmer, der trotz angemessener Bemühung die Normalleistung unterschreitet oder nicht erbringt [...], die nicht zur Vertragsbedingung erhobene berechtigte Erwartung des Arbeitgebers von einem ausgewogenen Verhältnis von Leistung und Gegenleistung [unterschreitet]*«. Dies könne eine personenbedingte Kündigung rechtfertigen, denn in diesen Fällen liegt nach BAG in der Regel eine schwere und dauerhafte Störung des Austauschverhältnisses vor.[41]
Allerdings kann nur eine »schwerwiegende« Abweichung von den i. d. S. berechtigten Gleichwertigkeitserwartungen des Arbeitgebers in einem Maße, »*dass ihm ein Festhalten an dem (unveränderten) Arbeitsvertrag unzumutbar wird*«, eine personenbedingte Kündigung (häufig i. S. einer Änderungskündigung) begründen.[42] Es muss also i. d. R. eine höhere Abweichung vom Durchschnittsniveau vorliegen, als bei der verhaltensbedingten Kündigung.[43]
Auch hier bestehen für den Arbeitgeber zunächst einmal schon die Darlegungs- und Beweisprobleme zur »Durchschnittsleistung«, Messung der »schwerwiegenden« Minderleistung, Langfristigkeit usw.
Aus einer bereits langfristig vorliegenden schwerwiegenden Minderleistung muss sich zudem eine Zukunftsprognose i. S. einer dauerhaften Störung des Verhältnisses von Leistung und Gegenleistung ergeben. Eine entsprechende personenbedingte Kündigung setzt stets voraus, dass auch für die Zukunft nicht mit einer Wiederherstellung des Gleichgewichts von Leistung und Gegenleistung zu

40 BAG 23. 1. 2014 – 2 AZR 638/13; Küttner-Eisemann, Kündigung, verhaltensbedingte, Rn. 38.
41 BAG 11. 12. 2003 – 2 AZR 667/02.
42 BAG 11. 12. 2003 – 2 AZR 667/02.
43 D/D/Z-Däubler, § 1 KSchG, Rn. 704

rechnen ist und kein milderes Mittel zur Wiederherstellung des Vertragsgleichgewichts zur Verfügung steht.[44]

Wie bei der krankheitsbedingten Kündigung – als deren Unterfall die personenbedingte Kündigung wegen Minderleistung durchweg behandelt wird[45] – soll auch hier die 3-stufige Prüfung gem. ständiger BAG-Rechtsprechung erfolgen (vgl. → **Krankheitsbedingte Kündigung**)[46]:

- In der ersten Stufe (negative Zukunftsprognose) kann der Arbeitnehmer also den auf den bisherigen Verlauf gestützten Vortrag des Arbeitgebers (s. hierzu zuvor) durch Gegenvortrag i. S. einer positiven Prognose (verbesserte Leistungsfähigkeit) erschüttern, etwa auch durch Benennung behandelnder Ärzte.
- In der zweiten Stufe muss der Arbeitgeber unzumutbare wirtschaftliche Belastungen infolge der erheblichen Minderleistung darlegen und beweisen, die jedenfalls bei einer Abweichung von 2/3 der tatsächlich erbrachten Leistung von der Normalleistung angenommen wird.[47]

Für die Interessenabwägung (dritte Stufe) können die für die krankheitsbedingte Kündigung angeführten Gesichtspunkte entsprechend herangezogen werden (vgl. → **Krankheitsbedingte Kündigung**).

(2) Hinsichtlich der besonderen Anforderungen an personenbedingte Kündigungen wegen längerfristiger schwerwiegender Minderleistung bei behinderten, gleichgestellten und schwerbehinderten Arbeitnehmern, sowie bei Arbeitnehmern mit gesetzlichem, tariflichen und vertraglichen Sonderkündigungsschutz wird auf die diesbezüglichen Ausführungen an entsprechender Stelle verwiesen (vgl. → **Schwerbehinderte Beschäftigte**; → **Behinderte Beschäftigte**; → **Krankheitsbedingte Kündigung**).

c) Betriebsbedingte Kündigung

Ausnahmsweise kommt auch eine betriebsbedingte Kündigung gem. § 1 Abs. 2 Satz 1, 3. Alt. KSchG in Betracht, wenn durch eine unternehmerische Organisationsentscheidung das Anforderungsprofil auf dem Arbeitsplatz derartig geändert wird, dass der Arbeitnehmer aufgrund seiner eingeschränkten Leistungsfähigkeit die so geänderte Tätigkeit nicht mehr ausüben kann.[48]

---

44 BAG 11.12.2003 – 2 AZR 667/02; BAG 12.4.2002 – 2 AZR 148/01; BAG 29.1.1997 – 2 AZR 9/96.

45 Küttner-Eisemann, Kündigung, personenbedingte, Rn. 28; HK-ArbR- Roos/Bufalica, § 1 KSchG, Rn. 97 ff.

46 BAG 22.10.2015 – 2 AZR 550/14; Küttner-Eisemann, Kündigung, personenbedingte Kündigung, Rn. 28.

47 BAG 11.12.2002 – 2 AZR 667/02; HK-ArbR- Roos/Bufalica, § 1 KSchG Rn. 101.

48 D/D/Z-Deinert, § 1 KSchG Rn. 186.

Da – vor allem bei langjährig beschäftigten, aus Sicht des Arbeitgebers aber leistungsschwachen Arbeitnehmern – jedoch die Gefahr der rechtsmissbräuchlichen Berufung auf die Freiheit der unternehmerischen Organisationsentscheidung besteht, sind nach der BAG-Rechtsprechung erhöhte Anforderungen an die Darlegungs- und Beweislast des Arbeitgebers zu stellen: Der Arbeitgeber muss substantiiert vortragen, wofür die Anforderungsprofiländerung nach nachvollziehbaren arbeitsplatzbezogenen Kriterien erforderlich ist. Zudem muss er darlegen, warum nicht insbesondere durch Umschulungs- und Fortbildungsmaßnahmen der bisherige Arbeitnehmer auf dem Arbeitsplatz – ggf. leidensgerecht – weiterbeschäftigt werden kann oder an anderer Stelle im Betrieb oder Unternehmen beschäftigt werden kann.[49]
Zudem kann der höhere Sozialschutz solcher Arbeitnehmer jedenfalls zur Unwirksamkeit der Kündigung wegen mangelhafter Sozialauswahl gem. § 1 Abs. 3 KSchG führen, weil vergleichbare Arbeitnehmer im Betrieb wegen geringerem Sozialschutz (hinsichtlich Betriebszugehörigkeit, Lebensalter, Unterhaltspflichten und/oder Schwerbehinderung) zuvor hätten gekündigt oder auf den umstrukturierten Arbeitsplatz versetzt hätten werden müssen und die angeblich hierfür nicht mehr geeigneten Arbeitnehmer auf deren Arbeitsplatz hätten versetzt werden können.

III. Hinweise für die Mitbestimmung

1. Bestehendes Arbeitsverhältnis

a) Beteiligungsrechte bei einzelnen Arbeitnehmern

Hinsichtlich der Beteiligungsrechte von Betriebs- bzw. Personalrat bei einzelnen vom Arbeitgeber als »Low Performer« beurteilten Arbeitnehmern wird auf die diesbezüglichen Ausführungen zuvor (II.2.) hingewiesen.

b) Mitbestimmungsrechte hinsichtlich aller Arbeitnehmer

Darüber hinaus ist die aktive Nutzung der Mitbestimmungsrechte zum Arbeits- und Gesundheitsschutz, insbes. § 87 Abs. 1 Nr. 7 BetrVG bzw. §§ 80 Abs. 1 Nr. 16, 68 BPersVG n. F. (§§ 75 Abs. 3 Nr. 11, 81 BPersVG a. F.[50]) jeweils i. V. m. § 5 Arb-

49 BAG 16.12.2010-2 AZR 770/09; hierzu näher: HK-ArbR-M. Schubert, § 1 KSchG Rn. 444.

50 BPersVG v. 15.3.1974 (BGBl. I S. 693); zuletzt geändert durch Gesetz vom 9.6.2021 (BGBl. I S. 1614).

SchG (vgl. näher → **Gefährdungsbeurteilung**) von entscheidender Bedeutung, um generell der psychischen und physischen Überlastung der Arbeitnehmer im Betrieb und der Ausgrenzung sog. »Low Performer« entgegenzuwirken.
Flankierend ist wichtig, dass der Betriebs- bzw. Personalrat seine Mitbestimmungsrechte wahrnimmt zur Verhinderung der Ausgrenzung von »Low Performern«, insbesondere

- hinsichtlich des Verhaltens der Arbeitnehmer (Compliance, Verhinderung von Mobbing leistungsschwächerer Arbeitnehmer): gem. § 87 Abs. 1 Nr. 1 BetrVG bzw. § 80 Abs. 1 Nr. 18 BPersVG n. F. (§ 75 Abs. 3 Nr. 15 BPersVG a. F.)
- hinsichtlich technischer Verhaltens- oder Leistungsüberwachung von Arbeitnehmern: gem. § 87 Abs. 1 Nr. 6 BetrVG bzw. § 80 Abs. 1 Nr. 21 BPersVG n. F. (§ 75 Abs. 3 Nr. 17 BPersVG a. F.)
- bei Beurteilungsrichtlinien: gem. § 94 BetrVG bzw. § 80 Abs. 1 Nr. 11 BPersVG n. F. (§ 75 Abs. 3 Nr. 9 BPersVG a. F.)
- bei Prämienregelungen (auf Grundlage von Leistungserfassungen): gem. § 87 Abs. 1 Nr. 11 BetrVG

Es geht hier vor allem auch darum, dass diesbezügliche Betriebs- bzw. Dienstvereinbarungen vom Arbeitgeber auf der Basis entsprechender Daten nicht gezielt zur Ermittlung von »Low Performern« und zum Vorgehen gegen diese genutzt werden können. Denn die einschlägige Rechtsprechung zur verhaltens- und personenbedingten Kündigung von angeblichen »Low Performern« zeigt, dass sich die Arbeitgeber gerade auf unter die Mitbestimmung fallende Daten berufen konnten. Dies war offenbar der Fall, weil in den betreffenden Betriebsvereinbarungen keine Einschränkungen oder Verbote der Verwertung der Daten für entsprechende Leistungs- und Verhaltensbeurteilungen vereinbart worden waren.[51]

2. Kündigung

Zu den Beteiligungsrechten von Betriebs- bzw. Personalrat bei Kündigung gem. § 102 BetrVG bzw. §§ 85 Abs. 1 und 2, 81, 82, 86 BPersVG n. F. (§§ 79 Abs. 1 und 2, 72, 79 Abs. 3 BPersVG a. F.) wird zunächst auf die diesbezüglichen Ausführungen zur krankheitsbedingten Kündigung (vgl. → **Krankheitsbedingte Kündigung**), sowie zu behinderten Beschäftigten (vgl. → **Behinderte Beschäftigte**) und schwerbehinderten und gleichgestellten Beschäftigten (vgl. → **Schwerbehinderte Beschäftigte**) verwiesen.

---

51 Vgl. z. B. BAG 11.12.2003 – 2 AZR 667/02: Low-Performer-Daten auf der Grundlage einer Prämien-Betriebsvereinbarung; BAG 17.1.2008 – 2 AZR 536/06: Low-Performer-Daten aufgrund einer elektronischen Fehlerdokumentation; BAG 27.11.2008 – 2 AZR 675/07: Low-Perfomer-Daten aufgrund Leistungsbemessung in Nettowerteinheiten bei Agenturleitern einer Versicherung und deren elektronischer Erfassung.

Zusätzlich ist für »Low Performer«-Kündigungen noch das Folgende zu beachten.

a) Änderungskündigung und Versetzung

Im Fall einer – in diesen Fällen besonders praxisrelevanten – Änderungskündigung gem. § 2 KSchG muss regelmäßig auch eine Beteiligung des Betriebsrats wegen einer Versetzung gem. § 99 BetrVG erfolgen (Mitbestimmung in Form des Zustimmungserfordernisses!). Im Personalvertretungsrecht liegt dagegen eine mitbestimmungspflichtige Versetzung bzw. Umsetzung nur bei geplantem Einsatz in einer anderen Dienststelle oder an einem anderen Dienstort vor. Vor Abschluss des jeweiligen Mitbestimmungsverfahrens darf die Versetzung bzw. Umsetzung vom Arbeitgeber nicht durchgeführt werden.

b) Kündigung wegen mehrerer Kündigungssachverhalte

Will der Arbeitgeber zugleich eine verhaltensbedingte und (ggf. hilfsweise) eine personenbedingte Kündigung wegen Minderleistung aussprechen (»Mischtatbestand«), muss er dies unter ausdrücklicher Bezeichnung beider Kündigungssachverhalte von Vorherein dem Betriebsrat bzw. Personalrat im jeweiligen Beteiligungsverfahren mitteilen. Ein Wechsel der Betrachtungsweise ist später nicht mehr möglich.[52] Der Arbeitgeber kann also z. B. nicht erst im Kündigungsschutzprozess ohne entsprechende vorherige Beteiligung des Betriebsrats bzw. Personalrats von einer verhaltens- zu einer personenbedingten Kündigung wechseln, wenn er bemerkt, dass er die Voraussetzungen einer verhaltensbedingten Kündigung nicht stichhaltig darlegen kann. Er muss vielmehr ein neues Beteiligungsverfahren zu dem bisher nicht genannten Kündigungssachverhalt einleiten.
Dies ergibt sich i. Ü. auch daraus, dass für verhaltens-, personen- und ggf. betriebsbedingte Kündigungen unterschiedliche tatbestandliche Voraussetzungen bestehen. Diese müssen dem Betriebsrat also auch jeweils als Voraussetzung einer ordnungsgemäßen Unterrichtung mitgeteilt werden.
Mangelhafte Unterrichtung über die aus Sicht des Arbeitgebers wesentlichen, die Kündigung rechtfertigenden Tatsachen führt jedoch bereits zur kollektivrechtlichen Unwirksamkeit der Kündigung.[53] Eine aus Arbeitgebersicht zwar vollständige und zutreffende Unterrichtung (subjektive Determination), die jedoch objektiv unvollständig ist, verwehrt es dem Arbeitgeber jedenfalls, im

52 D/K/W-Bachner, § 102 BetrVG, Rn. 83, 69, 64; BAG 23. 9. 1992 – 2 AZR 63/92; BAG 5. 2. 1981; zur Rolle des Personalrats: Altvater/Baden/Baunack-Dierßen, Rn. 25 ff.

53 Vgl. D/K/W-Bachner, § 102 BetrVG Rn. 78 ff., 83, 85; Altvater/Baden/Baunack-Dierßen, § 79 BPersVG Rn. 12 ff., 41, 43.

Kündigungsprozess dem Betriebsrat bzw. Personalrat nicht mitgeteilte Tatsachen nachzuschieben, die über die bloße Erläuterung der dem Gremium schon mitgeteilten Tatsachen hinausgehen.[54]

c) Inhalt der Unterrichtung

Der Arbeitgeber muss je nach der von ihm beabsichtigten – verhaltens-, personen- und/oder betriebsbedingten – Kündigung die dafür jeweils wesentlichen Tatsachen dem Betriebsrat bzw. Personalrat substantiiert mitteilen, also insbesondere auch die konkreten Daten, aus denen sich eine längerfristige deutliche bzw. unzumutbare Minderleistung des betroffenen Arbeitnehmers ergeben soll, und die vorherigen vergeblichen Abhilfebemühungen.[55]
Bei einer beabsichtigten personenbedingten Kündigung müssen insbesondere die dem Arbeitgeber bekannten Tatsachen für eine negative Leistungsprognose, insbesondere Gesundheitsprognose und deren betriebliche Auswirkungen mitgeteilt werden.[56]

54 BAG v. 23.2.2010 – 2 AZR 804/08; HK-ArbR-Braasch, § 102 BetrVG Rn. 15; D/K/W-Bachner, § 102 BetrVG Rn. 63.

55 Vgl. zu den jeweils für verhaltens-, personen- und betriebsbedingte Kündigung mitzuteilenden wesentlichen Tatsachen: D/K/W-Bachner, § 102 BetrVG Rn. 91 ff., 97 ff., 100 ff.

56 D/K/W-Bachner, § 102 BetrVG, Rn. 96.

Mobile Arbeit

I. Einführung

Mobile Arbeit wird hier verstanden als Arbeit, die nicht an einen festen betrieblichen Tätigkeitsort gebunden ist, sondern ganz oder teilweise außerhalb des Betriebes erfolgt. Betroffen sind sowohl teilweise mobil Beschäftigte, die neben der betrieblichen Arbeit auch mobil arbeiten müssen, z. B. bei Kundenbesuchen oder auswärtigen Meetings. Erfasst sind ferner Arbeitnehmer mit mehreren betrieblichen Arbeitsplätzen. Mobil Beschäftigte sind schließlich all diejenigen, deren Hauptaufgabe in mobiler Arbeit besteht (z. B. Kraftfahrer) oder diese voraussetzt (mobile Pflege, Kundenbetreuer usw.). Das → **Homeoffice** (»Telearbeit«) weist teilweise Probleme mobiler Arbeit auf. Während im Homeoffice ein fester Arbeitsplatz eingerichtet ist, muss das beim »mobile Office« nicht unbedingt der Fall sein, da ggf. von überall gearbeitet werden kann.

Gefahren können bei mobiler Arbeit zunächst von der Umwelt sowie eigenen Arbeits- und Transportmitteln ausgehen. Spezifische Gefahren resultieren aber auch aus der geringeren oder gar fehlenden Einbettung in betriebliche Abläufe. Mobile Arbeit kann neben Selbstüberforderung, erhöhten Erwartungen und Druck durch Vorgesetzte oder entgrenzten Arbeitszeiten auch mit Ausgrenzung, Benachteiligung und Vereinzelung sowie fehlender Berücksichtigung durch Betriebsrat und Gewerkschaft verbunden sein. Grenzen zwischen Arbeits- und Privatleben drohen hier vielfach zu verwischen, wie sich insbesondere bei der Erwartung ständiger außerbetrieblicher → **Erreichbarkeit** zeigt. Andererseits kann mobiles Arbeiten Teilhabe am Arbeitsleben erleichtern und die Vereinbarkeit zwischen Arbeit und Privatleben verbessern. Mangels gesetzlicher Regelungen kommt hier Tarifverträgen und Betriebs-/Dienstvereinbarungen eine entscheidende Bedeutung zu.

II. Einzeldarstellung

1. Interessenlage

Interessenkonflikte bei mobiler Arbeit einschließlich damit verbundener Gesundheitsgefahren betreffen insbesondere Fragen der Überwachung, der Arbeitszeiterfassung einschließlich der Zeitautonomie, sowie der Arbeitsinstrumente und Arbeitsbedingungen im weiteren Sinn.

Im Zuge der zunehmenden Nutzung mobiler, internetbasierter Geräte haben Arbeitgeber häufig ein Interesse daran, zwecks Optimierung von Arbeitsvorgängen diese genau aufzuzeichnen und automatisiert auszuwerten sowie aus Arbeitgeberperspektive optimale Arbeitsabläufe technisch vorzugeben. Vielfach werden diese Aufzeichnungen zudem gezielt für personelle Maßnahmen wie Abmahnungen und Kündigungen genutzt. Das führt auf Arbeitnehmerseite leicht zu einem Gefühl der (anonymen) Totalüberwachung, aber auch der Fremdsteuerung und Unselbstständigkeit.

Bei Einführung »smarter Arbeitsplätze«, »agilen Arbeitens« und vielfach zunehmender Steuerung der Arbeitsplätze über Ergebnisse (Zielvereinbarungen, Leistungsentgelte) werden größere Freiheiten häufig von Selbstausbeutung, entgrenzter Arbeit und ständiger → **Erreichbarkeit** begleitet. Damit verbunden sind wachsende Gefahren für die psychische Gesundheit der Arbeitnehmer – gerade dann, wenn die eigene Belastung nicht täglich mit Kollegen besprochen und verglichen werden kann. Problematisch ist hier, dass den Arbeitnehmern selbst vielfach die langfristigen Gefahren für ihre Gesundheit erst zu spät bewusst werden.

Mobile Arbeit beinhaltet schließlich auch häufig Konflikte um Ressourcen. Wie gut und gesundheitlich verträglich sind die mobilen oder Homeoffice-Arbeitsplätze ausgestattet? Wer trägt die Kosten für ein Automatikgetriebe bei rheumatischen Erkrankungen oder die hinreichende Einrichtung und Ausstattung des häuslichen Arbeitszimmers? Wie werden also der Arbeitsschutz, aber natürlich auch der Datenschutz und die Kostentragung gelöst? Soweit der Arbeitsplatz nicht von vornherein mobil ausgestattet ist, stellt sich zudem die Frage nach der Freiwilligkeit der Einführung (teil-)mobiler Arbeit.

2. Mobile Arbeit und Arbeitszeit

Um einer Entgrenzung der Arbeit nicht zuletzt bei Vertrauensarbeitszeit entgegenzuwirken, kommt der betrieblichen Regulierung der Arbeitszeiterfassung eine zentrale Rolle zu. Mit der EuGH-Rechtsprechung[1] zur Arbeitszeitregulie-

1 EuGH 14.5.2019 – C-55/18.

rung ist klargestellt, dass das Fehlen einer vollständigen Arbeitszeiterfassung einschließlich des Zugangs der Arbeitnehmer zu den erhobenen Daten nicht mit der Arbeitszeitrichtlinie in Einklang steht. Die vollständige Erfassung beinhaltet dabei Anfangs- und End- sowie Pausenzeiten, damit die Einhaltung der gesetzlichen → **Ruhepausen** und → **Ruhezeiten** sowie der wöchentlichen Höchstarbeitszeiten (→ **Arbeitszeit**) durch Arbeitnehmer wie Betriebsrat überwacht und Verstöße ggf. geahndet werden können.

3. Gesetzliche Bestimmungen zu mobiler Arbeit

Besondere gesundheitsbezogene gesetzliche Bestimmungen für alle mobil Beschäftigten existieren bislang nicht[2]. Allerdings existieren hier beachtliche Sondernormen für Arbeitnehmer, die in spezifischen Verkehrsberufen beschäftigt sind. Für Fahrer im Straßenverkehr gelten nach der EU-Lenkzeiten-Verordnung, dem Europäischen Übereinkommen über die Arbeit des im internationalen Straßenverkehr beschäftigten Fahrpersonals (AETR), dem Fahrpersonalgesetz, der Fahrpersonalverordnung und insbesondere durch Sonderregelungen in § 21a ArbZG beispielsweise besondere Regeln über Ruhezeiten, Ruhepausen und Arbeitszeiten allgemein. Weitere Sonderregelungen, die weitgehend auf Europäisches Recht zurückgehen, finden sich für abhängige Beschäftigung in Luftfahrt, Seefahrt sowie Binnenschifffahrt.

4. Tarifverträge

Problemkreise mobiler Arbeit spielen zunehmend in Manteltarifverträgen eine Rolle. Auch werden zunehmend gesonderte Tarifverträge zu mobiler Arbeit abgeschlossen.

Tarifverträge regeln häufig zunächst die Frage des Initiativrechts und der Freiwilligkeit mobiler Arbeit in nicht typischerweise mobilen Berufen einschließlich des Rechts auf eine Begründung im Fall der Ablehnung. Geregelt werden ferner Fragen der Lage und Dokumentation einschließlich Bezahlung aller Formen der Arbeitszeit. Die Häufigkeit mobilen Arbeitens (einschließlich der Einhaltung von Pausen- und Ruhezeiten sowie Schutzzeiten der Nichterreichbarkeit) spielt dabei ebenfalls eine Rolle.

---

2 Ein Gesetz zu mobiler Arbeit liegt bei Redaktionsschluss dieses Buches als Referentenentwurf vor. Es sieht u. a. eine Erörterungspflicht von Arbeitnehmeranträgen, die vollständige Erfassung der Arbeitszeit sowie einen verbesserten Unfallversicherungsschutz vor. Zeitpunkt des Inkrafttretens und endgültiger Inhalt sind derzeit noch offen.

III. Hinweise für die Mitbestimmung

1. Mitbestimmung nach dem BetrVG

Während einige Aspekte mobiler Beschäftigung nur im Rahmen einer freiwilligen Betriebsvereinbarung nach § 88 BetrVG geregelt werden können, unterliegen bestimmte Aspekte gemäß § 87 BetrVG der zwingenden Mitbestimmung. Dazu gehören

- Ausgestaltung (das »Wie«) von mobiler Arbeit (§ 87 Abs. 1 Nr. 14 BetrVG[3]), z. B.
- zeitlicher Umfang mobiler Arbeit
- Beginn und Ende der täglichen Arbeitszeit
- Ort, von welchem aus mobil gearbeitet werden kann und darf
- konkrete Anwesenheitspflichten in der Betriebsstätte
- Erreichbarkeit
- Umgang mit Arbeitsmitteln der mobilen Arbeit
- einzuhaltende Sicherheitsaspekte
- Fragen der Arbeitszeitgestaltung einschließlich der Arbeitszeiterfassung (§ 87 Abs. 1 Nr. 2, 3 BetrVG)
- Nutzung zur Überwachung geeigneter technischer Einrichtungen bei mobiler Arbeit einschließlich der automatischen Arbeitszeiterfassung (§ 87 Abs. 1 Nr. 6 BetrVG)
- Durchführung von Gefährdungsbeurteilungen bei mobil Beschäftigten, insbesondere auch im Hinblick auf psychische Belastungen (§ 87 Abs. 1 Nr. 7 BetrVG)

2. Mitbestimmung nach dem BPersVG

Für das Personalvertretungsrecht gelten die Ausführungen zum BetrVG weitgehend entsprechend. Der zwingenden Mitbestimmung unterliegen

- Einführung, Änderung und Aufhebung von Arbeitsformen außerhalb der Dienststelle (= mobile Arbeit/Telearbeit) (§ 80 Abs. 1 Nr. 5 BPersVG n. F.[4])

---

3 Neu in das BetrVG eingefügt durch die Regelungen des »Betriebsrätemodernisierungsgesetzes« vom 14. 6. 2021 (BGBl. I Nr. 32 S. 1762). Dieses Mitbestimmungsrecht bildet einen Auffangtatbestand für alle Regelungen, mit denen mobile Arbeit bereits vorher ausgestaltet werden konnten. Diese bereits bestehenden Mitbestimmungsrechte gelten unverändert fort.

4 Neu in das BPersVG eingefügt durch »Gesetz zur Änderung des Bundespersonalvertretungsgesetzes« vom 9. 6. 2021 (BGBl. I Nr. 31 S. 1614). Die Mitbestimmung wird nun klarstellend ausdrücklich normiert, die bereits geltenden Mitbestimmungstatbestände gelten unverändert fort.

- Fragen der Arbeitszeitgestaltung (§ 80 Abs. 1 Nr. 1 BPersVG n. F. – § 75 Abs. 3 Nr. 1 BPersVG)
- Nutzung zur Überwachung geeigneter technischer Einrichtungen bei mobiler Arbeit einschließlich der automatischen Arbeitszeiterfassung (§ 80 Abs. 1 Nr. 21 BPersVG n. F. – § 75 Abs. 3 Nr. 17 BPersVG)
- Ableitung von Maßnahmen aus Gefährdungsbeurteilungen (§ 80 Abs. 1 Nr. 16 BPersVG n. F. – § 75 Abs. 3 Nr. 11 BPersVG)[5]

IV. Inhalt einer Betriebs- und Dienstvereinbarung

Soweit nicht tarifvertraglich geregelt, können insbesondere folgende Punkte in einer Betriebs- bzw. Dienstvereinbarung[6] zur mobilen Arbeit geregelt werden:

- Freiwilligkeit der Einführung mobiler Arbeit; Begründungsbedürftigkeit bei Ablehnung und Beendigung sowie Ankündigungsfristen bei Beendigung,
- Erhalt eines betrieblichen Arbeitsplatzes,
- Sicherstellung regelmäßiger gemeinsamer Teamzeiten und andere Anforderungen an betriebliche Anwesenheitszeiten,
- konkrete Regelungen zur Lage der Arbeitszeiten einschließlich der Grenzen der Erreichbarkeit,
- Art der Dokumentation der Arbeitszeiten einschließlich der Pausen und Ruhezeiten,
- Sicherstellung von Datenschutz und Vertraulichkeit der mobil verwendeten Daten,
- technische Ausstattung mobiler Arbeitsplätze,
- Schulung der Arbeitnehmer in Bezug auf Gesundheits- und Arbeitsschutz sowie Selbstorganisation im Zusammenhang mit mobiler Arbeit.

---

5 Vgl. dazu BVerwG 5. 3. 2012 – 6 PB 25/11.

6 Weiterführende Hinweise zu Handlungsmöglichkeiten: ver.di-Broschüre »Mobile Arbeit. Empfehlungen für die tarif- und betriebspolitische Gestaltung«, Stand März 2019; Bundesministerium für Arbeit und Soziales (Hrsg.), »Gute Praxis. Zeit- und ortsflexibles Arbeiten in Betrieben«, 2015.

Nachtarbeit, Schichtarbeit

I. Einführung

Aufgrund der von ihnen ausgehenden besonderen gesundheitlichen Belastung, aber auch wegen der Schwierigkeiten für die Vereinbarkeit von Familie bzw. Privatleben und Beruf, sind Nacht- und Schichtarbeit in § 6 ArbZG gesetzlich besonders geregelt. Die im Alltag zu beachtenden Regeln sind dem Gesetz allerdings nicht vollständig zu entnehmen. Von besonderer Bedeutung für die betriebliche Arbeit sind vielmehr auch die europäische Arbeitszeitrichtlinie (RL 2003/88/EG) sowie daneben die Grund- und Menschenrechte.
Trotz des Rückgangs an Industriearbeit wächst Schichtarbeit in den letzten Jahrzehnten kontinuierlich an. Dabei gilt grundsätzlich: Aus gesundheitlichen Gründen ist »keine Schichtarbeit« immer besser als eine »gut gestaltete«.

II. Einzeldarstellung

1. Grundbegriffe

Nachtarbeit ist nach § 2 Abs. 4 ArbZG jede Arbeit, die mehr als 2 Stunden der Nachtzeit umfasst. **Nachtzeit** wiederum ist nach § 2 Abs. 3 ArbZG die Zeit von 23 bis 6 Uhr, in Bäckereien und Konditoreien von 22 bis 5 Uhr. Beachtlich ist auch bei der Nachtarbeit, dass die Bestimmungen des ArbZG hinter den europarechtlichen Vorgaben teilweise stark zurückbleiben. **Nachtarbeitnehmer** sind allerdings nur Arbeitnehmer, die aufgrund ihrer Arbeitszeitgestaltung normalerweise Nachtarbeit in Wechselschicht zu leisten haben oder an mindestens 48 Tagen pro Jahr Nachtarbeit leisten, § 2 Abs. 5 ArbZG. Aufgrund der 2-Stunden-Regel reicht hier ein Arbeitsbeginn um 4 Uhr morgens aus.
Das ArbZG enthält keine Definition der **Schichtarbeit**. Die EU-Arbeitszeitrichtlinie definiert Schichtarbeit als jede Form der Arbeitsgestaltung kontinuierlicher oder nicht kontinuierlicher Art mit Belegschaften, bei der Arbeitnehmer nach ei-

nem bestimmten Zeitplan, auch im Rotationsturnus, sukzessive an den gleichen Arbeitsstellen eingesetzt werden, sodass sie ihre Arbeit innerhalb eines Tages oder Wochen umfassenden Zeitraums zu unterschiedlichen Zeiten verrichten müssen. Von kontinuierlicher Schichtarbeit spricht man dabei, wenn in einem Dreischichtbetrieb die Arbeit ununterbrochen läuft. Wochenendunterbrechungen führen zu teilkontinuierlicher Schichtarbeit. Nicht kontinuierlich ist dagegen der Zweischichtbetrieb mit Früh- und Spätschicht. Zur Schichtarbeit gehören neben Wechselschichten auch Arbeitszeitsysteme mit konstanter, aber ungewöhnlicher Zeit.

2. Grenzen von Nacht- und Schichtarbeit

Da von Nacht- und Schichtarbeit starke gesundheitliche Belastungen und erhebliche Gefahren ausgehen, hält das Arbeitszeitgesetz gerade zur Begrenzung von Nachtarbeit umfangreiche Regelungen bereit.
So bestimmt § 6 Abs. 1 ArbZG, dass die Arbeitszeit der Nacht- und Schichtarbeitnehmer nach den **gesicherten arbeitswissenschaftlichen Erkenntnissen** über die menschengerechte Gestaltung der Arbeit festzulegen ist. Die menschengerechte Gestaltung der Arbeitszeit hat damit Vorrang vor ökonomischen und technischen Erfordernissen. Gesicherte Erkenntnisse sind dabei u. a. den Veröffentlichungen der Bundesanstalt für Arbeitsschutz und Arbeitsmedizin (BAuA) zu entnehmen. Werden gesicherte arbeitswissenschaftliche Erkenntnisse nicht beachtet, steht den betroffenen Arbeitnehmern ggf. ein Leistungsverweigerungsrecht gem. § 273 BGB zu – sie dürfen die Arbeit also ggf. verweigern, wenn durch die Arbeitsbedingungen eine Gefahr für die Gesundheit besteht.[1]
Die Regelung in § 6 Abs. 1 ArbZG ist im Lichte der Arbeitszeitrichtlinie zu lesen. Die Arbeitszeitrichtlinie enthält in Art. 13 eine den **Arbeitsrhythmus** betreffende Regelung. Demnach treffen die Mitgliedstaaten die erforderlichen Maßnahmen, damit ein Arbeitgeber, der beabsichtigt, die Arbeit nach einem bestimmten Rhythmus zu gestalten, dem allgemeinen Grundsatz Rechnung trägt, dass die Arbeitsgestaltung dem Menschen angepasst sein muss, insbesondere im Hinblick auf die Verringerung der eintönigen Arbeit und des maschinenbestimmten Arbeitsrhythmus, nach Maßgabe der Art der Tätigkeit und der Erfordernisse der Sicherheit und des Gesundheitsschutzes, insbesondere was die Pausen während der Arbeitszeit betrifft. Während die Bundesregierung diese Vorgabe bislang jedenfalls im ArbZG nicht erfüllt hat, sollte jedenfalls § 87 Abs. 1 Nr. 2 und 3 BetrVG im Lichte dieser Vorgabe ausgelegt werden.

1 BAG 8. 5. 1996 – 5 AZR 315/95.

Ein arbeitswissenschaftlich gestaltetes Schichtsystem soll die negativen Effekte von Schichtarbeit auf ein Minimum reduzieren.[2] Dabei werden gesundheitliche, private und betriebliche Interessen optimal aufeinander abgestimmt, indem Schlaf- und Gesundheitsbeeinträchtigungen verringert werden, die Gestaltungsräume des Privatlebens verbessert werden, die Teilnahme an Weiterbildung und gesellschaftlichen Aktivitäten nicht behindert und die Leistung während der Arbeitszeit verbessert wird. Eckpunkte sind bei Wechselschichten:

- geringe Anzahl von aufeinander folgenden Nachtschichten (max. 3),
- Nachtschichten sollten früh enden (zwischen 5:00 und 6:00 Uhr),
- möglichst lange Ruhephasen nach Nachtschichtphase (mind. 2 Tage),
- Vorwärtswechsel bevorzugen (Früh-Spät-Nacht),
- Vermeidung ungünstiger Schichtfolgen,
- möglichst geringe Anzahl hintereinander liegender Frühschichten,
- Gewährung geblockter Wochenendfreizeit,
- Abhängigkeit der Schichtdauer von der Arbeitsbelastung,
- Flexibilität nach persönlichen Bedürfnissen (Höchstmaß an Arbeitssouveränität, → **Arbeitszeit**),
- Vermeidung von überlangen Arbeitszeiten, d.h. mehr als 8 Stunden,
- Vermeidung kurzfristiger Schichtplanänderungen (Vereinbarkeit von Privatleben und Beruf),
- zusätzliche Freizeit für Schichtbeschäftigte im Vergleich zu Normalbeschäftigten zwecks Ausgleichs der Mehrbelastung,
- mindestens ein freier Abend unter der Woche für gesellschaftliche Teilhabe.

Für Nachtarbeitnehmer, die mindestens 2 Stunden Nachtarbeit leisten, gilt wie sonst auch, dass die werktägliche Arbeitszeit 8 Stunden nicht überschreiten soll und 10 Stunden nicht überschreiten darf, § 3 ArbZG. Auch hier ist im Durchschnitt ein Wert von maximal 48 Stunden zu erreichen. In Abweichung von § 3 Satz 2 ArbZG ist der Ausgleichszeitraum auf einen wöchentlichen 48-Stunden-Durchschnitt gem. § 6 Abs. 2 ArbZG auf 1 Monat bzw. 4 Wochen verkürzt. Allerdings lässt § 7 Abs. 1 Nr. 4b) ArbZG Abweichungen durch Tarifvertrag hinsichtlich des Ausgleichszeitraums auch zulasten der Nachtarbeitnehmer zu. Fallen in die Arbeitszeit regelmäßig und in erheblichem Umfang Arbeitsbereitschaft oder Bereitschaftsdienst, ist zudem auf tarifvertraglicher Basis eine Verlängerung der Arbeitszeit über 10 Stunden hinaus zulässig, § 7 Abs. 1 Nr. 4a ArbZG. Allerdings ist in jedem Fall der 48-Stunden-Durchschnitt einzuhalten.

2 Ausführlich hierzu Meine/Schumann/Wagner, Handbuch Arbeitszeit, S. 206–280.

3. Vorsorgeuntersuchungen und Versetzung in Tagarbeit

Nachtarbeitnehmer unter 50 Jahren sind berechtigt, sich vor Beginn der Nachtarbeit sowie anschließend regelmäßig im 3-Jahres-Rhythmus **arbeitsmedizinisch untersuchen** zu lassen, § 6 Abs. 4 ArbZG. Ab dem Alter von 50 Jahren verkürzt sich die Zeit auf einen jährlichen Rhythmus. Der Anspruch umfasst dabei alle Anforderungen des Arbeitsschutzes, die im Zusammenhang mit dem Arbeitsplatz stehen. Macht der Arbeitnehmer vor Beschäftigungsbeginn von seinem Recht auf die arbeitsmedizinische Untersuchung Gebrauch, besitzt er bis zum Vorliegen der Ergebnisse das Recht, Nachtarbeit zu verweigern.[3] Der Arbeitgeber hat im Übrigen die Kosten der Untersuchung einschließlich der Nebenkosten (Anfahrt usw.) zu tragen.

Nachtarbeitnehmer haben in drei unterschiedlichen Fallgruppen zudem einen **Anspruch auf Umsetzung auf einen geeigneten Tagesarbeitsplatz** (d. h. außerhalb der Nachtarbeitszeit), wenn und soweit dem keine dringenden betrieblichen Interessen gegenüberstehen. Den Arbeitgeber trifft insofern die Darlegungs- und Beweislast. Behauptet der Arbeitgeber das Vorliegen entgegenstehender dringender betrieblicher Interessen, ist zudem der Betriebs-/Personalrat zu hören. Dieser hat das Recht, dem Arbeitgeber Umsetzungsvorschläge zu unterbreiten. Die Fallgruppen betreffen dabei die Gesundheit des Arbeitnehmers selbst wie auch dessen familiäre Situation. Der Umsetzungsanspruch besteht grundsätzlich, wenn

1. die weitere Verrichtung von Nachtarbeit den Arbeitnehmer in seiner Gesundheit gefährdet und dies arbeitsmedizinisch festgestellt wurde,
2. der Arbeitnehmer alleinerziehend ist, d. h. in einem Haushalt mit einem Kind unter zwölf Jahren lebt, das nicht von einem anderen im Haushalt lebenden Angehörigen versorgt werden kann, oder
3. der Arbeitnehmer einen schwerpflegebedürftigen Angehörigen zu versorgen hat, der nicht von einem anderen im Haushalt lebenden Angehörigen versorgt werden kann.

Ein betriebliches Interesse ist dabei nur dann dringend, wenn dem Betrieb bei Abwägung der beiderseitigen Interessen die Umsetzung nicht zumutbar ist. Aufgrund des hohen Ranges der Schutzgüter ist das nur ganz ausnahmsweise der Fall. Erforderlich ist, dass objektiv keine Beschäftigungsmöglichkeit in Tagarbeit vorhanden ist bzw. geschaffen werden kann. Dabei sind ggf. auch erforderliche Umschulungs- und Qualifizierungsmaßnahmen anzubieten.

Vor Ablehnung ist im Übrigen der Betriebs-/Personalrat anzuhören. Dabei ist der Arbeitgeber verpflichtet, alle von ihm unternehmensbezogen geprüften Al-

3 Buschmann/Ulber, § 6 Rn. 15.

ternativen darzulegen. Im Übrigen kann der Betriebs-/Personalrat aus eigener Initiative Vorschläge unterbreiten.

4. Freizeitausgleich oder Nachtarbeitszuschläge

Nachtarbeit berechtigt im Übrigen den Nachtarbeitnehmer gem. § 6 Abs. 5 ArbZG stets dann, wenn keine tarifvertraglichen Regelungen bestehen, für die während der Nachtarbeit geleisteten Arbeitsstunden eine angemessene Zahl bezahlter freier Tage oder einen angemessenen Zuschlag auf das ihm dafür zustehende Arbeitsentgelt zu erhalten. Regelungen, nach denen mit der Grundvergütung zugleich Zuschläge für Nachtarbeit abgegolten sind, sind unwirksam.[4]
Die **Höhe des Zuschlags bzw. des Freistellungsanspruchs** hängt dabei auch von Art und Umfang der Belastung ab. Angemessen ist der Freizeitausgleich bzw. der Zuschlag im Regelfall, wenn ein Prozentsatz von 25 % zugrunde gelegt wird. Bei Dauernachtarbeit erhöht sich der Ausgleichsanspruch regelmäßig auf 30 %.[5] Anders als die Freistellung dient der Geldzuschlag dabei nur mittelbar dem Gesundheitsschutz. Der Arbeitgeber soll angehalten werden, Nachtarbeit zu vermeiden. Dieser Zweck wird verfehlt, wenn die Leistung von Nachtarbeit für den Arbeitgeber ohne deutliche finanzielle Folgen bleibt. Die Wahlmöglichkeit steht dabei dem Arbeitgeber zu, soweit keine tarif- oder einzelvertraglichen Regelungen existieren. Allerdings ist aus gesundheitlichen Gründen grundsätzlich dem Freizeitzuschlag Vorrang zu geben. Durch Betriebsvereinbarung ist eine Abweichung davon nicht möglich.

III. Hinweise für die Mitbestimmung

a) Mitbestimmung nach dem BetrVG

Die Einführung, Beendigung und Änderung von Schichtplänen unterliegt der zwingenden Mitbestimmung durch den Betriebsrat, § 87 Abs. 1 Nr. 2 BetrVG. Aufgrund der gesundheitlichen Belastung ist in diesem Fall insbesondere auch die → **Gefährdungsbeurteilung** ein wichtiges Mittel der Beteiligung.
Mitbestimmungsbedürftig ist jeder einzelne Schichtplan. Auch eine Änderung ohne Beteiligung des Betriebsrats ist unzulässig. Das gilt nicht zuletzt auch bei Neueinstellungen, bei denen neben § 99 BetrVG eine zwingende Beteiligung auch bei der Schichtplangestaltung gegeben ist.

4 BAG 27.5.2003 – 9 AZR 180/02.
5 BAG 9.12.2015 – 10 AZR 423/14.

Die Art der Mitbestimmung richtet sich dabei nach Art und Größe des Betriebs. So kann jeder einzelne Schichtplan beispielsweise im Monatsrhythmus individuell abgestimmt werden. Bei größeren Betrieben bietet sich hier eher ein Regelungsrahmen in Form von Betriebsvereinbarungen an. Im Idealfall ist die Erstellung des konkreten Dienstplans dann nur noch ein Abarbeiten des Regelwerks, dessen Einhaltung der Betriebsrat oder ein Ausschuss im Wege des Genehmigungsverfahrens prüft.
Bei Einführung und grundlegender Änderung von Schichtsystemen ist eine → **Gefährdungsbeurteilung** durchzuführen. Zwecks Prüfung des Erfordernisses und der genauen Ausgestaltung ist zudem die Einschaltung eines Sachverständigen gem. § 80 Abs. 3 BetrVG sinnvoll, soweit der Arbeitgeber dem zustimmt.
Kommt es über die Rahmenvereinbarung oder den konkreten Dienstplan nicht zur Einigung, entscheidet die Einigungsstelle.

b) Mitbestimmung nach dem BPersVG

Für das Personalvertretungsrecht gelten die zum BetrVG erfolgten Aussagen mangels wesentlicher Unterschiede an dieser Stelle entsprechend. Die Mitbestimmung folgt hier aus § 80 Abs. 1 Nr. 1 BPersVG n. F. (§ 75 Abs. 3 Nr. 1 BPersVG a. F.[6]). Auch hier gilt, dass in Form einer generellen oder einzelfallbezogener Regelungen jeder Dienstplan mitbestimmungspflichtig ist.

IV. Inhalt einer Betriebs- und Dienstvereinbarung

Für eine Betriebsvereinbarung bieten sich insbesondere folgende Aspekte[7] an:
Präambel:
- Unterstützung der Gesundheit durch ergonomische Schichtplangestaltung
- Vereinbarkeit von Familie/Privatleben und Beruf durch verlässliche, langfristige und auf individuelle Bedürfnisse abgestimmte Schichtplangestaltung

Geltungsbereich:
- Festlegung der Bereiche mit Nacht-/Schichtarbeit

Grundsätze der Schichtplangestaltung:

---

6 BPersVG v. 15. 3. 1974 (BGBl. I S. 693); zuletzt geändert durch Gesetz vom 9. 6. 2021 (BGBl. I S. 1614).
7 Ausführlich Beckmann/Steiner, Arbeitszeit und Mitbestimmung von A bis Z, 2018, »Schichtarbeit und Schichtpläne«.

- zentrale arbeitswissenschaftliche Erkenntnisse, die bei der Schichtplangestaltung zu berücksichtigen sind
- Lage der Arbeitszeit
- Lage der Schichten
- Verteilung der Arbeitszeit in Rahmenschichtplänen
- Dauer der Einsatzblöcke und Ruhezeitregelungen nach den Blöcken
- Umgang mit planbaren und ungeplanten Abwesenheitszeiten (Urlaub, Krankheit)
- Schichtübergabe und Bezahlung der Übergabezeiten
- Pausenregelungen (Lage und Bezahlung der Pausen)

Arbeitszeitkonten:
- Ausgleichszeitraum, ggf. Schwankungsbreite
- Verfügungsrechte der Beschäftigten einschließlich der Absicherung individueller Interessen beim Saldoabbau

Konkretisierung des Rahmendienstplans:
- Zuordnung der Beschäftigten zu konkreten Dienstplänen
- Verfahren zur Berücksichtigung familiärer und privater Bedürfnisse bei der Planung
- Verfahrensregeln zum Schichttausch

Gremien und Rhythmen der Schichtplanung:
- Vorlagezeitpunkt
- Genehmigungsverfahren
- Ankündigungsfristen für Änderungen

Nichtraucherschutz

I. Einführung

Der Schutz der Arbeitnehmer vor den negativen Folgen des Rauchens am Arbeitsplatz ist ein Sonderfall der generellen Schutzpflicht des Arbeitgebers nach § 618 Abs. 1 BGB und dient damit unmittelbar dem Gesundheitsschutz der Belegschaft. Die für Betriebe maßgebliche Vorschrift findet sich in § 5 Arbeitsstättenverordnung (ArbStättVO). Demnach hat der Arbeitgeber die erforderlichen Maßnahmen zu treffen, damit die nicht rauchenden Beschäftigten in Arbeitsstätten wirksam vor den Gesundheitsgefahren durch Tabakrauch geschützt sind. Die einzelnen Arbeitnehmer haben im Regelfall sogar einen Anspruch auf Zuweisung eines tabakrauchfreien Arbeitsplatzes.[1]
Unabhängig von den arbeitsrechtlichen Regelungen in § 5 ArbStättVO ergibt sich die Pflicht zum Nichtraucherschutz auch nach dem Bundesnichtraucherschutzgesetz für die Einrichtungen des Bundes, Verkehrsmittel des öffentlichen Personenverkehrs und Personenbahnhöfe der öffentlichen Eisenbahnen. Alle Bundesländer haben ebenfalls entsprechende gesetzliche Rauchverbote für öffentliche Gebäude sowie Raucherregelungen für die Gastronomie erlassen.

II. Einzeldarstellung

Adressat des Nichtraucherschutzes ist – wie immer im Arbeitsschutz – der Arbeitgeber. Ihn trifft die Pflicht, einen wirksamen Schutz für die nicht rauchende Belegschaft zu schaffen und die hierfür erforderlichen Maßnahmen zu ergreifen.

1 BAG 19.5.2009 – 9 AZR 241/08.

1. Rauchverbot

Im Interesse des bezweckten Gesundheitsschutzes ist im Regelfall und ohne Rücksicht auf die Konzentration von Tabakrauch ein tabakrauchfreier Arbeitsplatz einzurichten. Tabakrauch darf dort nicht sinnlich wahrnehmbar, also nicht zu sehen, nicht zu schmecken und nicht zu riechen sein.[2] In diesem Rahmen hat der Arbeitgeber aber ein weitgehendes Auswahlermessen. Neben dem Erlass eines allgemeinen Rauchverbots kommen auch eine Vielzahl von technischen und/oder organisatorischen Maßnahmen in Betracht, um das Ziel des Nichtraucherschutzes zu erreichen. Die Vorschrift des § 5 Abs. 1 S. 2 ArbStättVO beschränkt das Rauchverbot daher auf das erforderliche Maß.

Eine rein technische Lösung durch Be- und Entlüftungsanlagen dürfte in der Regel jedoch nicht ausreichen, da eine sinnliche Wahrnehmung auch weiterhin nicht ausgeschlossen ist. Je nach den örtlichen Verhältnissen müssen weitere organisatorische Maßnahmen hinzutreten. Der Nichtraucherschutz ist in der gesamten Arbeitsstätte zu gewährleisten. Dies erfasst sämtliche Räumlichkeiten, die von Arbeitnehmern im Zusammenhang mit ihrer Arbeit betreten werden müssen, insbesondere auch Pausen- und Bereitschaftsräume. Im Einzelfall ist darauf zu schauen, ob ein effektiver Nichtraucherschutz nur durch ein allgemeines Rauchverbot oder zumindest abgestufte, räumlich beschränkte Verbote erreicht werden kann.

Im Anwendungsbereich des Bundesnichtraucherschutzgesetzes bzw. der landesrechtlichen Regelungen gilt ein ausnahmsloses Rauchverbot.

2. Einschränkungen des Nichtraucherschutzes

Eine grundlegende Einschränkung des Nichtraucherschutzes beschreibt § 5 Abs. 2 ArbStättVO für Arbeitsstätten mit Publikumsverkehr. Der Arbeitgeber ist in Betrieben mit regelmäßigem Publikumsverkehr (Kunden, Gäste, Besucher, Antragsteller) nur dazu angehalten, durch angepasste technische oder organisatorische Vorkehrungen betrieblich zumutbare Maßnahmen zum Nichtraucherschutz umzusetzen. Der Arbeitgeber hat Maßnahmen zum Gesundheitsschutz der nicht rauchenden Beschäftigten aber nur insoweit zu treffen, als die Natur des Betriebs und die Art der Beschäftigung es zulassen. So darf der Arbeitgeber zum Beispiel von der Einführung eines Rauchverbots absehen, wenn dies für ihn unzumutbar ist, weil zu seinem Kundenkreis viele Raucher gehören, deren Fernbleiben dazu führt, dass der Betrieb nicht mehr wirtschaftlich rentabel geführt werden kann. In diesem Fall muss er den Gesundheitsschutz der nicht rauchenden Beschäftigten durch andere Maßnahmen gewährleisten; z. B. durch

2 BAG 17.2.1998 – 9 AZR 84/97.

bessere Raumbelüftung, Einsatz von Nichtrauchern an anderen Orten, zeitliche Höchstgrenzen für die Beschäftigung oder die Einrichtung von häufigeren Pausenzeiten.
Für Schwangere und jugendliche Arbeitnehmer besteht jedoch ein absolutes Beschäftigungsverbot auf rauchbelasteten Arbeitsplätzen. Dies gilt auch für Arbeitsstätten mit Publikumsverkehr.[3] Die § 5 Nr. 3 MuSchArbV und § 22 Nr. 6 JArbSchG verbieten es, werdende oder stillende Mütter bzw. Jugendliche den schädlichen Einwirkungen krebserzeugender Gefahrstoffe auszusetzen.

3. Individualrechtliche Folgen

Arbeitnehmer haben im Regelfall einen Anspruch auf Zurverfügungstellung eines tabakrauchfreien Arbeitsplatzes.[4] Dieser Anspruch ergibt sich bereits unmittelbar aus der Fürsorgepflicht des Arbeitgebers nach § 618 Abs. 1 BGB. Mit Ausnahme von Arbeitsstätten mit Publikumsverkehr[5] ist dieser Anspruch darauf gerichtet, dass die betroffenen Arbeitnehmer der Einwirkung von Tabakrauch nicht ausgesetzt werden. Wie der Arbeitgeber seiner Pflicht nachkommt, bleibt ihm jedoch überlassen. Ein Anspruch auf eine konkrete Schutzmaßnahme, wie der Erlass eines generellen Rauchverbots, besteht grundsätzlich nicht. Ein Anspruch auf Schadensersatz wegen der Verletzung der Fürsorgepflicht wird jedoch im Regelfall wegen des Haftungsprivilegs nach § 105 Abs. 1 S. 1 SGB VII ausgeschlossen sein.[6]
Auf der anderen Seite haben die Raucher grundsätzlich einen Anspruch darauf, ihnen das Rauchen zu zumutbaren Bedingungen im Betrieb bzw. auf dem Betriebsgelände zu ermöglichen.[7] Der Arbeitgeber kann dabei aber frei entscheiden, wie er diese Möglichkeit schafft. Er hat dabei einen weiten Gestaltungsspielraum. Ein Anspruch auf Einrichtung eines Raucherraums besteht nicht.[8] Ein Anspruch auf Vergütung der Raucherpausen besteht ebenfalls nicht. Der Arbeitgeber muss den Rauchern zwar das Verlassen des Arbeitsplatzes zum Zwecke des Rauchens ermöglichen, ist jedoch nicht dazu verpflichtet, den Rauchern diese Zeit als Arbeitszeit zu vergüten.[9]
Der Verstoß gegen ein betriebliches Rauchverbot kann Grundlage für den Ausspruch einer Abmahnung oder einer ordentlichen verhaltensbedingten Kündi-

3 VG Bayreuth 12.7.2005 – B 3 S 05.592.
4 BAG 19.5.2009 – 9 AZR 241/08; BAG 17.2.1998 – 9 AZR 84/97.
5 Hierzu BAG 10.5.2016 – 9 AZR 347/15.
6 A.A. Kollmer/Klindt/Schucht-Lorenz, § 5 ArbStättV Rn. 18.
7 BAG 19.1.1999 – 1 AZR 499/98.
8 OVG Münster 29.3.2010 – 1 A 812/08; VG Köln 29.2.2009 – 19 K 3549/07.
9 LAG Nürnberg 5.11.2015 – 2 Sa 132/15.

gung sein.[10] Unter besonderen Bedingungen, etwa bei besonders brandgefährdeten Betrieben bzw. Arbeitsplätzen, kann dieser Verstoß sogar einen wichtigen Grund für eine außerordentliche Kündigung nach § 626 Abs. 1 BGB darstellen.[11]

4. Unfallversicherung

Gesundheitliche Beeinträchtigungen durch Tabakrauch am Arbeitsplatz begründen keinen Anspruch auf Leistungen der gesetzlichen Unfallversicherung. Eine Berufskrankheit wird nur dann anerkannt, wenn die Krankheit durch besondere Einwirkung verursacht ist, denen bestimmte Personengruppen durch ihre Arbeit in erheblich höherem Grad als die übrige Bevölkerung ausgesetzt sind. Die Unfallversicherungsträger lehnen eine solche besondere Einwirkung bei Rauch am Arbeitsplatz ab.
Raucherpausen gelten nicht als Arbeitszeit im sozialversicherungsrechtlichen Sinne, sodass Unfälle in dieser Zeit auch nicht dem gesetzlichen Unfallversicherungsschutz unterliegen.[12]

III. Hinweise für die Mitbestimmung

Maßnahmen zum Nichtraucherschutz unterliegen der zwingenden Mitbestimmung des Betriebsrats nach § 87 Abs. 1 Nr. 7 BetrVG bzw. des Personalrats nach § 80 Abs. 1 Nr. 16 BPersVG n. F. (§ 75 Abs. 3 Nr. 11 BPersVG a. F.[13]). Neben Fragen des Gesundheitsschutzes sind hiervon aber ebenso Fragen der Ordnung im Betrieb, wie auch der Arbeitszeit- und Pausenregelung erfasst.
Arbeitgeber und Betriebsrat haben bei der Einführung und Ausgestaltung betrieblicher Rauchverbote einen weiten Regelungsspielraum.[14] Ein Eingriff in die private Lebensführung der Raucher ist jedoch unzulässig.
Besondere Schwierigkeiten bei der praktischen Umsetzung ergeben sich aus dem Gebot der Gleichbehandlung. Dies betrifft die Vergleichbarkeit der Leistungen der rauchenden sowie nicht rauchenden Beschäftigten sowie den Schutz vor willkürlichen Einzelfallregelungen.

---

10 LAG Köln 20.1.2011 – 7 Sa 848/10; LAG Rheinland-Pfalz 27.8.2009 – 11 Sa 207/09.
11 Für das Bsp. einer Druckerei: BAG 27.9.2012 – 2 AZR 955/11.
12 SG Berlin 23.1.2013 – S 68 U 577/12.
13 BPersVG v. 15.3.1974 (BGBl. I S. 693); zuletzt geändert durch Gesetz vom 9.6.2021 (BGBl. I S. 1614).
14 BAG 19.1.1999, a. a. O.

Werden spezielle Raucherbereiche bzw. Raucherräume eingerichtet, stellt sich regelmäßig die Frage nach dem Umgang bei der Zeiterfassung. Erfolgt diese elektronisch, unterliegt dies zudem der Mitbestimmung nach § 87 Abs. 1 Nr. 6 BetrVG; der Betriebsrat hat sicherzustellen, dass die Auswertungen nur zu Zwecken der Arbeitszeiterfassung und -abrechnung genutzt werden. Die Erhebung von Gesundheitsdaten (wie etwa Rauchverhalten und -häufigkeit) auf diesem Wege ist unzulässig.

Ebenso ist die Einführung von Gesundheitsprogrammen im Wege der freiwilligen Mitbestimmung denkbar. Insoweit kommt sogar eine Förderung betrieblicher Gesundheitsprogramme durch die Krankenkassen in Betracht, § 65a Abs. 2 SGB V. Bis zu einem Betrag von 500 EUR pro Beschäftigten sind diese Programme steuer- und sozialversicherungsfrei, § 3 Nr. 34 EStG.

Unter sehr engen Voraussetzungen ist auch die Einführung einer Geldbuße für den Fall der Zuwiderhandlung eines Mitarbeiters gegen das Rauchverbot in einer Betriebs- bzw. Dienstvereinbarung denkbar. Die Einführung einer solchen Betriebsbuße ohne Mitbestimmung des Arbeitnehmervertretung ist unwirksam.[15]

IV. Inhalt einer Betriebs- und Dienstvereinbarung

Bei der inhaltlichen Gestaltung des betrieblichen Rauchverbots durch Betriebsbzw. Dienstvereinbarung ist genau zu klären, welches Ziel von den Betriebsparteien bezweckt ist.

Geht es um die Einführung eines umfassenden oder teilweisen Rauchverbots, haben die Betriebsparteien insbesondere darauf zu achten, dass der Umfang des Rauchverbots und die ggf. erforderliche Einrichtung von Nichtraucher- und Raucherzonen hinreichend deutlich geregelt sind.

Soweit die Betriebsparteien sich zudem auf die Einführung und Gestaltung von Raucherpausen verständigen, ist auch eine Regelung über die zeitliche Verteilung nach § 87 Abs. 1 Nr. 2 BetrVG sowie über die Organisation der Pausen aufzunehmen. Selbst unbezahlte Raucherpausen sollten in ihrem organisatorischen Ablauf klar geregelt sein.

Besonderes Augenmerk ist auch auf die Durchführung der Schutzmaßnahmen bzw. der Maßnahmen zur Gesundheitsförderung zu werfen. Nur durch eine klare Definition der Verantwortungsbereiche und ggf. durch Einführung eines Berichtssystems kann der Betriebsrat anschließend seiner Überwachungsfunktion nach § 80 Abs. 1 BetrVG nachkommen.

---

15 BAG 17.10.1989 – 1 ABR 100/88.

Pandemie

I. Einführung

Wie vielleicht keine andere Krankheit vor ihr hat die potenziell tödliche Lungenkrankheit Covid-19, die durch das SARS-CoV-2-Virus (umgangssprachlich: Coronavirus) verursacht wird, das gesellschaftliche und wirtschaftliche Leben in Deutschland und weltweit seit 2020 vollkommen verändert. Das Coronavirus hat erhebliche Auswirkungen auf das Leben jedes Einzelnen. Es ist daher wenig verwunderlich, wenn es aufgrund der von Corona ausgehenden Gefahren zu einer Vielzahl gesetzgeberischer Maßnahmen kam. Dies hat nicht zuletzt im Bereich des Arbeits- und Gesundheitsschutzes zu massiven Änderungen geführt. Es ist daher nicht übertrieben, wenn man hier von einer »Belastungsprobe für das arbeitsrechtliche Immunsystem« spricht.[1]

Der Arbeitsschutz hat dabei eine so große Bedeutung wie noch nie. Denn ein angemessener betrieblicher Arbeitsschutz kann Infektionen am Arbeitsplatz verhindern und so einen wichtigen Beitrag zur allgemeinen Gefahrenabwehr leisten. Betroffen von Covid-19 sind alle Wirtschaftszweige und Branchen. Die bisherige Praxis bei der Anerkennung von → **Berufskrankheiten** zeigt aber, dass das Infektionsrisiko typischerweise im Gesundheitsdienst, in der Wohlfahrtspflege oder in Laboratorien besonders hoch ist.[2]

In welchem Umfang eine Pflicht zur Abwehr der Infektionsgefahr am Arbeitsplatz besteht, ist naturgemäß umstritten.[3] Schlussendlich trägt jedoch jeder → **Arbeitgeber** die Verantwortung für einen angemessenen betrieblichen Gesundheitsschutz entsprechend dem Ergebnis einer → **Gefährdungsbeurteilung**. Auf dieser Grundlage hat er sodann ein betriebliches Maßnahmenkonzept zum Schutz der Beschäftigten durch technische, organisatorische und personenbe-

---

1 Schubert, in: Helm/Bundschuh/Wulf, Arbeitsrechtliche Beratung Praxis in Krisenzeiten, § 1, S. 19.

2 Antwort der Bundesregierung auf die Kleine Anfrage der Fraktion DIE LINKE vom 8.12.2020, BT-Drs. 19/24982.

3 Vgl. etwa Sagan/Brockfelder, NJW 2020, 1112.

zogene Maßnahmen zu schaffen. Hierbei hat er sich mit der → **Fachkraft für Arbeitssicherheit**, dem → **Betriebsarzt** sowie den betrieblichen Beschäftigtenvertretern und/oder dem → **Arbeitsschutzausschuss** beraten zu lassen und mit ihnen abzustimmen.
Der rechtliche Rahmen für die zu ergreifenden Maßnahmen ergibt sich aus der Pflicht des Arbeitgebers, alle erforderlichen Maßnahmen für die Sicherheit und Gesundheit der Beschäftigten zu ergreifen, § 3 ArbSchG. Im Mittelpunkt stehen dabei die Ermittlung der bestehenden Gefahren durch eine Gefährdungsbeurteilung sowie die → **Unterweisung** der Beschäftigten. Konkretisiert werden die allgemeinen Vorgaben des ArbSchG durch die SARS-CoV-2-Arbeitsschutzregel sowie den SARS-CoV-2-Arbeitsschutzstandard, die den Stand der Arbeitsmedizin beim Umgang mit dem Virus bei der → **arbeitsmedizinischen Vorsorge** definieren.

II. Einzeldarstellung

1. Gefährdungsbeurteilung

Um den betrieblichen Handlungsbedarf erst einmal zu klären, hat der Arbeitgeber die bestehenden Gefährdungen mit Blick auf das pandemische Geschehen zu überprüfen und ggf. zu aktualisieren.[4] Das bedeutet, dass schon vorhandene Gefährdungsbeurteilungen auf den Prüfstand kommen. Geprüft wird, ob und inwieweit eine Umgestaltung der Arbeitsbedingungen stattfinden kann durch eine Anpassung von

- Arbeitsaufgaben,
- Arbeitszeit,
- Einrichtung bzw. Ausweitung von → **Homeoffice**.

Soweit noch keine Gefährdungsbeurteilung stattgefunden hat, ist diese zwingend nachzuholen. Dabei sind Gefahren im Sinne des TOP-Prinzips unmittelbar durch technische (T) Maßnahmen direkt an der Gefahrenquelle zu beseitigen. Erst wo dies allein nicht zum Ziel führt, sind nachrangig organisatorische (O) bzw. personenbezogene (P) Maßnahmen zu ergreifen. Eine wichtige Hilfestellung geben die branchenspezifischen Konkretisierungen der gesetzlichen Unfallversicherungsträger.

---

4 Vgl. auch Stockhausen, Gute Arbeit 6/2020, S. 8; Wurzberger, AiB 11/2020, S. 32.

a) Rechtliche Grundlagen

Rechtsgrundlage der Gefährdungsbeurteilung ist das Arbeitsschutzgesetz, das durch die einschlägigen Verordnungen wie beispielsweise die Betriebssicherheitsverordnung (BetrSichV), die Arbeitsstättenverordnung (ArbStättV) und die Arbeitsmedizin-Vorsorgeverordnung (ArbMedVV) ergänzt wird. Aufgrund der besonderen Gefährdung, die mit dem Coronavirus einhergeht, sind bei der aktuellen Pandemielage zudem die Vorgaben der Biostoffverordnung zu beachten. Nach den Technischen Regeln für Biologische Arbeitsstoffe (TRBA 462) zählen Viren zu den Biostoffen, die unabhängig von Branche und Wirtschaftszweig zu beachten sind. Hierbei ist das SARS-COV-2-Virus der Risikogruppe 3 zugeordnet.[5] Demnach ist der Arbeitgeber über das allgemeine Maß hinaus dazu verpflichtet, Gefährdungsbeurteilungen und schriftliche Betriebsanweisungen arbeitsbereichs- und biostoffbezogen durchzuführen, § 14 BioStoffV. Entgegen einer landläufigen Praxis genügt es daher nicht, wenn die Beschäftigten lediglich mit Schutzmasken ausgestattet werden. Wichtig ist, dass zudem konkrete Maßnahmen zur Reinigung und Desinfektion von Arbeitsmaterialien sowie zum Umgang in besonders gefährlichen Situationen (etwa bei Kontakt mit betriebsfremden Personen oder auf Dienstreisen) ergriffen und die Beschäftigten hierüber in verständlicher Sprache informiert werden.

b) Das TOP-Prinzip

Bei der Gestaltung der arbeitsschützenden Maßnahmen steht die präventive Verhinderung einer Infektion durch das TOP-Prinzip im Vordergrund.
Gerade die **technischen Maßnahmen (T)** zielen dabei vor allem auf die Arbeitsplatzgestaltung und müssen dabei auf die pandemiespezifischen Gefahren Bezug nehmen. Beim Coronavirus bedeutet dies etwa, dass die durch eine Tröpfcheninfektion und die Aerosole ausgehende Gefahr verhindert werden muss.[6] Zu diesen Maßnahmen gehört unter anderem die Einhaltung der AHA+L-Regeln:

- »Abstand halten!« von mindestens 1,5m,
- »Hygienemaßnahmen beachten!«, insbesondere durch regelmäßiges Händewaschen und Desinfektion,
- »Alltagsmaske tragen!«, also Tragen einer Mund-Nasen-Bedeckung bzw. der → **persönlichen Schutzausrüstung** und
- das regelmäßige Lüften der Arbeitsräume.

Arbeitsplatzspezifisch kommen weitere Maßnahmen in Betracht wie etwa die verstärkte Reinigung und Desinfektion von Arbeits- oder gemeinschaftlich

5 Kohte, Gute Arbeit 5/2020, S. 21f.
6 Dazu auch Kiesche/Kohte, Arbeits- und Gesundheitsschutz in Zeiten von Corona, S. 28ff.

genutzten Räumen und Oberflächen, die personenbezogene Nutzung von Arbeitsmitteln, der verstärkte Einsatz von digitalen Medien zur Aufgabenerledigung (→ **Mobile Arbeit**) sowie eine Verringerung des unmittelbaren Kontakts zu betriebsfremden Personen. Eine ergänzende Schutzmaßnahme kann auch der Einsatz von transparenten Abtrennungen zum Publikumsverkehr bzw. zu Arbeitskollegen sein. Gerade bei Büroarbeiten ist aber vorrangig die Möglichkeit zum Homeoffice für die Beschäftigten zu eröffnen, wenn eine Einzelbelegung je Büroraum nicht gewährleistet werden kann.
Bei der Umsetzung **organisatorischer Maßnahmen (O)** gewinnt insbesondere die Anpassung der betrieblichen Arbeitszeit- und Pausenregelungen an Bedeutung. Durch eine Entzerrung der Arbeits- und Pausenzeiten ist eine geringere Belegung der Arbeitsbereiche möglich, um so gemeinsam genutzte Einrichtungen und so auch die innerbetrieblichen Personenkontakte zu verringern. Wenn nicht anders möglich müssen nicht hinreichend belüftbare Räumlichkeiten geschlossen werden. Dabei darf im Einzelfall aber nicht übersehen werden, dass etwa die Schließung einer Kantine die Gefahr beinhaltet, dass die Beschäftigten in den Pausenzeiten außerhalb des Betriebes mit anderen Menschen in Kontakt kommen.
Im Vordergrund der **personenbezogenen Maßnahmen (P)** steht etwa, dass der Arbeitgeber bei unvermeidbarem Kontakt zu anderen Personen bzw. bei nicht einhaltbaren Schutzabständen einen hinreichenden Zugriff auf Mund-Nasen-Schutz bzw. auf persönliche Schutzausrüstung gewährleistet. Zudem müssen die eingeleiteten Präventions- und Arbeitsschutzmaßnahmen durch eine aktive Kommunikation im Betrieb sowie durch eine umfangreiche Unterweisung nach § 12 ArbSchG bei den Beschäftigten gewährleistet sein. Dazu gehört auch die Erklärung der Schutzmaßnahmen durch hinreichende und verständliche Hinweise, etwa durch Schilder, Aushänge, Bodenmarkierungen etc.

c) Besonders gefährdete Personengruppen

Zu den allgemein aus der Gefährdungsbeurteilung resultierenden Pflichten treten bei besonders gefährdeten Personengruppen weitere Handlungspflichten des Arbeitgebers hinzu.
Nach § 10 MuSchG ist die mutterschutzrechtliche Gefährdungsbeurteilung mit Blick auf die pandemische Entwicklung zu aktualisieren. Insbesondere ist bei der Arbeitsplatzgestaltung zu klären, ob die Schwangere bzw. stillende Mutter einer unverantwortbaren → **Gefährdung** durch den Kontakt mit Biostoffen der Risikogruppe 3 ausgesetzt ist. Insbesondere ist zu prüfen, ob ein angemessener Schutz der betroffenen Frauen durch die Umgestaltung der Arbeitsbedingungen erreicht werden kann. Ist dies auch durch den Einsatz → **persönlicher Schutzausrüstung** nicht möglich, hat eine Versetzung nach § 13 Abs. 1 Nr. 2 MuSchG

zu erfolgen oder der Arbeitgeber ist dazu verpflichtet, ein Beschäftigungsverbot auszusprechen.
Einen besonderen Schutz erfahren auch Jugendliche.[7] Nach § 22 Abs. 1 Nr. 7 JArbSchG ist eine Beschäftigung untersagt, wenn die Gefahr besteht, dass die Jugendlichen einer schädlichen Einwirkung durch biologische Stoffen ausgesetzt sind, zu denen auch das Coronavirus zählt. Als schützende Maßnahme kommt unter anderem die Versetzung in eine andere Abteilung in Betracht, bei der kein Kundenkontakt besteht.[8]
Nach § 4 Nr. 6 ArbSchG hat der Arbeitgeber auch auf die Situation anderer besonders schutzbedürftiger Personengruppen Rücksicht zu nehmen. Dazu zählen auch chronisch kranke oder behinderte Beschäftigte sowie ältere Menschen über 60 Jahre. Dies kann im Einzelfall bedeuten, dass diese Beschäftigten in andere Arbeitsbereiche oder ins Homeoffice versetzt werden müssen, um so einen gefährdenden Personen- oder Kundenkontakt zu vermeiden. Eventuell müssen sie gar unter Fortzahlung der Bezüge von der Arbeitsverpflichtung freigestellt werden. Dem Arbeitnehmer steht insofern ein Leistungsverweigerungsrecht zu.[9] Gerade mit Blick auf diese Personengruppen gilt eine gesteigerte Aufklärungs- und Informationspflicht durch den Arbeitgeber.

d) Arbeitsmedizinische Vorsorge

Eine große Bedeutung zu Pandemiezeiten hat auch die arbeitsmedizinische Beratung und die → **Arbeitsmedizinische Vorsorge** nach der Verordnung zur arbeitsmedizinischen Vorsorge (ArbMedVV). Über die allgemeinen Vorsorgeuntersuchungen hinaus ist der Arbeitgeber nach § 14 Abs. 2 S. 3 BioStoffV dazu verpflichtet, auf die Voraussetzungen der Vorsorgeuntersuchung hinzuweisen. Wie sich aus den Vorgaben des SARS-CoV-2-Arbeitsschutzstandard ergibt, umfasst dies insbesondere auch die Wunschvorsorge, die auf eigene Initiative der Beschäftigten zu gewähren ist. Beschäftigte haben demnach einen Anspruch darauf, sich durch den → **Betriebsarzt** auch zu den besonderen Gefährdungen aufgrund ihrer Vorerkrankungen oder der individuellen Disposition beraten zu lassen.

2. SARS-Cov-2-Arbeitsschutzverordnung

Am 21. Januar 2021 hat das Bundesministerium für Arbeit und Soziales auf Grundlage des § 18 Abs. 3 ArbSchG die SARS-Cov-2-Arbeitsschutzverordnung

7 Fortunato in: Helm/Bundschuh/Wulf, Arbeitsrechtliche Beratung Praxis in Krisenzeiten, § 9, S. 120ff.
8 Zu weiteren Maßnahmen etwa: Fortunato, a. a. O., S. 124.
9 Dazu etwa auch Stück, CCZ 2020, 208f.

(Corona-ArbSchV) erlassen. Als Reaktion auf die pandemische Lage regelt diese Verordnung befristet zunächst bis zum 15. März 2021 die besonderen Anforderungen an die Betriebe während der Corona-Pandemie.[10] Hiermit ist zumindest für diesen Zeitraum eine rechtlich verbindliche Regelung zum Umgang mit der Corona-Pandemie festgehalten.

Bereits zuvor hatte das BMAS im April 2020 einen Corona-Arbeitsschutzstandard veröffentlicht, welcher technische, organisatorische und personenbezogene Maßnahmen zur Verhinderung einer Verbreitung des Corona-Virus beinhaltet. In der Praxis blieb jedoch unklar, welchen Rechtscharakter dieser Standard haben sollte. Einerseits kann ein Verstoß hiergegen ein Leistungsverweigerungsrecht des Arbeitnehmers begründen.[11] Andererseits hat das ArbG Hamm festgestellt, dass keine Unterlassungsansprüche des Betriebsrats auf Grundlage des § 87 Abs. 1 Nr. 7 BetrVG begründet werden können.[12]

Unter anderem in Reaktion hierauf hat der → **Ausschuss für Arbeitsstätten** (ASTA) gemeinsam mit den anderen beim BMAS eingerichteten Arbeitsschutzausschüssen eine SARS-CoV-2-Arbeitsschutzregel erlassen.[13] Hierbei handelt es sich zwar noch immer nicht um eine rechtsverbindliche Regelung. Sie beschreibt jedoch den Stand der Arbeitsmedizin und hat insoweit normkonkretisierenden Charakter, die der Arbeitgeber nach § 4 Nr. 3 ArbSchG und die die Betriebsärzte nach § 6 Abs. 1 S. 1 ArbMedVV einzuhalten haben. Inhaltlich entsprechen die Anforderungen der SARS-Cov-2-Arbeitsschutzregel weitgehend der Corona-ArbSchV bzw. konkretisiert diese noch weiter.

Die Corona-ArbSchV selbst beschreibt ein Mindestmaß an Schutzmaßnahmen, die jeweils vor Ort konkret umgesetzt werden müssen und insofern als Rahmenvorschriften eine Beteiligung von Betriebsrat und Personalrat zulassen. Inhaltlich regelt die Verordnung folgende Pflichten:

- Überprüfung und Aktualisierung der Gefährdungsbeurteilung,
- Reduzierung der betriebsbedingten Personenkontakte,
- Ermöglichung von Homeoffice bei Büroarbeiten und ähnlichen Tätigkeiten,
- Einrichtung getrennter Arbeitsplätze (Verbot von Desksharing[14]),
- Mindestabstandsgebote,
- Ermöglichung von zeitversetztem Arbeiten sowie
- Zurverfügungstellung und Tragepflicht von Mund-Nasen-Schutz (Schutzstandard gem. § 3 Corona-ArbSchV).

---

10 Zum Zeitpunkt der Fertigstellung dieses Textes war noch unklar, ob die SARS-Cov-2-Arbeitschutzverordnung um weitere zwei Monate verlängert wird.

11 ArbG Mainz 8.6.2020 – 4 Ga 10/20.

12 ArbG Hamm 4.5.2020 – 2 BVGa 2/20.

13 Veröffentlicht am 20.8.2020, GMBl. 2020, 484–495; aktualisiert am 22.2.2021, GMBl. 227–232.

14 Hierzu schon Kohte, NZA-RR 2018, 368 (374).

3. Homeoffice

Gerade die Pflicht der Arbeitgeber zur Ermöglichung von Homeoffice nach § 2 Abs. 4 ArbSchV hat in der betrieblichen Praxis eine große Bedeutung erlangt. Zunächst ist festzuhalten: Der Arbeitgeber ist seinerseits verpflichtet, dem Arbeitnehmer das Angebot zum Homeoffice anzubieten. Eine Pflicht des Arbeitnehmers zum Homeoffice besteht indes nicht. Die Arbeit »in der Wohnung der Beschäftigten« – wie es in der Verordnung zutreffend heißt – darf also nicht einseitig vom Arbeitgeber angewiesen werden. Umstritten ist aber, ob dies mit einem Anspruch des Arbeitnehmers aus Einrichtung eines Homeoffice-Arbeitsplatzes einhergeht.[15] Die Corona-ArbSchV ist zwar als öffentlich-rechtliche Pflicht des Arbeitgebers ausformuliert ist, die durch die Gesundheitsschutzbehörden durchgesetzt werden muss. Über die allgemeine Fürsorgepflicht des → **Arbeitgebers** nach § 618 BGB leitet sich jedoch nach zutreffender Ansicht ein ebensolches individuelles Recht des Arbeitnehmers her, das auch gerichtlich durchgesetzt werden kann.

4. Kurzarbeit

Die Covid-19-Pandemie wirkt sich über das Arbeits- und Gesundheitsschutzrecht hinaus auch auf die wirtschaftlichen Belange der Belegschaft aus. Aufgrund der besonderen praktischen Relevanz sei neben dem Arbeitsschutz auch in der gebotenen Kürze auf das Stichwort Kurzarbeit eingegangen.

Um die wirtschaftlichen Einbußen, die mit der Verbreitung des Corona-Virus einhergegangen sind, aufzufangen, führen viele Betriebe Kurzarbeit ein.[16] Durch einseitige Anordnung ist dies jedoch nur dann möglich, wenn eine solche Befugnis des Arbeitgebers individualvertraglich, durch Betriebsvereinbarung oder tarifvertraglich vorgesehen ist. Fehlt es an dieser Anordnungsbefugnis, so fehlt es an den Voraussetzungen für den Anspruch auf Kurzarbeitergeld und der Arbeitnehmer behält seinen vollen Lohnanspruch gegenüber dem Arbeitgeber.

Die Einführung von Kurzarbeit ist mitbestimmungspflichtig nach § 87 Abs. 1 Nr. 3 BetrVG, da es sich insoweit um eine vorübergehende Verkürzung der betrieblichen Arbeitszeit handelt. Die Zustimmung des Betriebsrats zur Einführung von Kurzarbeit kann aber davon abhängig gemacht werden, dass Zuschüsse zum Kurzarbeitergeld gezahlt werden oder eine zumindest befristete Beschäftigungssicherung durch den Ausschluss von betriebsbedingten Kündigungen erfolgt. Im Übrigen stellt die Einführung von Kurzarbeit ein milderes Mittel gegenüber dem Ausspruch betriebsbedingter Kündigung dar, was zu deren Unwirksamkeit führt. Ist Kurzarbeit eingeführt und besteht ein Anspruch auf Kurzarbeitergeld,

---

15 Krit. Reiserer/Hagen/Tormählen, DStR-Aktuell 2021, 33.

16 Hierzu auch Geulen/Vogt, ArbRAktuell 2020, 182ff.

entfällt dem Grunde nach die Möglichkeit zum Ausspruch betriebsbedingter Kündigungen.[17] Kurzarbeit setzt voraus, dass es nur vorübergehend zum Wegfall des Beschäftigungsbedarfs kommt. Die betriebsbedingte Kündigung setzt demgegenüber den dauerhaften Wegfall des Beschäftigungsbedarfs voraus.[18]

III. Hinweise zur Mitbestimmung

1. Mitbestimmung bei Fragen des Arbeits- und Gesundheitsschutzes

Die pandemische Entwicklung wirkt sich auf diverse Bereiche der betrieblichen und dienstrechtlichen Mitbestimmung aus. Die Beschäftigtenvertretungen sind nicht allein auf ihre allgemeine Überwachungspflicht zur Einhaltung der arbeitsschützenden Gesetze und Verordnungen beschränkt, sondern haben ein eigenes Initiativrecht bei der Gestaltung der Maßnahmen zum Umgang mit der Pandemie.

Dabei steht die Mitbestimmung beim Arbeits- und Gesundheitsschutz nach § 87 Abs. 1 Nr. 7 BetrVG bzw. § 80 Abs. 1 Nr. 16 BPersVG n. F. (§ 75 Abs. 3 Nr. 11 BPersVG a. F.[19]) im Vordergrund. Die erforderliche Umgestaltung der Arbeitsplätze und Arbeitszeiten begründet insoweit ein Mitbestimmungsrecht von Betriebs- und Personalrat, das eigeninitiativ wahrgenommen werden und im Streitfall auch durch das Einigungsstellenverfahren durchgesetzt werden kann.

a) Mitbestimmungsrechte des Betriebsrats[20]

Neben den allgemeinen Unterrichtungs- und Beratungsrechten nach § 80 Abs. 1, 2 BetrVG hat der Betriebsrat verschiedene Möglichkeiten. Zu den wichtigsten Handlungsmöglichkeiten gehören dabei:

- die gemeinsame Begehung von Arbeitsplätzen mit den für den Arbeitsschutz zuständigen Behörden, um Gefahrenquellen für eine Infektion zu entdecken, § 89 Abs. 1 BetrVG,
- die Einbringung von Vorschlägen zur Vermeidung von Infektionsgefahren bei der Planung von neuen Arbeitsplätzen, § 90 Abs. 2 BetrVG,

---

17 Bundschuh in: Helm/Bundschuh/Wulf, Arbeitsrechtliche Beratung Praxis in Krisenzeiten, § 23, S. 277 f.

18 BAG 26. 6. 1997 – 2 AZR 494/96.

19 BPersVG v. 15. 3. 1974 (BGBl. I S. 693); zuletzt geändert durch Gesetz vom 9. 6. 2021 (BGBl. I S. 1614).

20 Dazu etwa Wulff, in: Helm/Bundschuh/Wulf, Arbeitsrechtliche Beratung Praxis in Krisenzeiten, § 17, S. 199 ff.

- die Einbringung des Themas Pandemie im Arbeitsschutzausschuss, § 11 ASiG.

Im Vordergrund werden im Regelfall aber die Mitbestimmungsrechte nach § 87 Abs. 1 BetrVG stehen. Neben der Mitbestimmung zum Arbeits- und Gesundheitsschutz nach § 87 Abs. 1 Nr. 7 umfasst dies die Themenbereiche:

- die Aufstellung von Hygiene- und Verhaltensvorschriften nach § 87 Abs. 1 Nr. 1 BetrVG,
- die Neuverteilung von → **Arbeitszeiten** und → **Pausenzeiten** zur Verringerung der Ansteckungsgefahren nach § 87 Abs. 1 Nr. 2, 3 BetrVG,
- Grundsätze zur Auszahlung des Kurzarbeitergeldes oder von Prämien, § 87 Abs. 1 Nr. 4 BetrVG,
- Grundsätze zur Gewährung von → **Urlaub** unter Pandemiebedingungen, § 87 Abs. 1 Nr. 5 BetrVG,
- Einführung von Kommunikationstools und anderer technischer Einrichtungen für → **Mobile Arbeit** und → **Homeoffice**, § 87 Abs. 1 Nr. 6 BetrVG,
- Schließung von Kantinen, Betriebskindergärten und anderen Sozialeinrichtungen, § 87 Abs. 1 Nr. 8 BetrVG,
- Umgang mit den wirtschaftlichen Pandemiefolgen für die Auszahlung von Prämien und variablen Entgeltbestandteilen, § 87 Abs. 1 Nr. 10 BetrVG,
- Ausgestaltung von mobiler Arbeit, die mittels Informations- und Kommunikationstechnik erbracht wird, § 87 Abs. 1 Nr. 14 BetrVG[21].

b) Mitbestimmungsrechte des Personalrats

Zumindest vom Ausgangspunkt her verläuft die Mitbestimmung des Personalrats nach dem BPersVG parallel zu den betriebsverfassungsrechtlichen Ausführungen. Insbesondere trifft den Personalrat dieselbe Aufgabe der Überwachung über die zugunsten der Beschäftigten geltenden arbeitsschützenden Vorschriften nach § 62 Nr. 2 BPersVG n. F. (§ 68 Abs. 1 Nr. 2 BPersVG). Ergänzend besteht zudem die Möglichkeit zur gemeinsamen Begehung von Arbeitsplätzen mit den für den Arbeitsschutz zuständigen Behörden, um Gefahrenquellen für eine Infektion zu entdecken, § 68 BPersVG n. F. (§ 81 BPersVG a. F.). Hinsichtlich der Befassung mit dem Thema im Arbeitsschutzausschuss steht dem Personalrat ebenfalls das Mitwirkungsrecht nach § 11 ASiG zu.

---

21 Neu in das BetrVG eingefügt durch die Regelungen des »Betriebsrätemodernisierungsgesetzes« vom 14. 6. 2021 (BGBl. I Nr. 32 S. 1762). Dieses Mitbestimmungsrecht bildet einen Auffangtatbestand für alle Regelungen, mit denen mobile Arbeit bereits vorher ausgestaltet werden konnten. Diese bereits bestehenden Mitbestimmungsrechte gelten unverändert fort.

Besondere Bedeutung kommt dem Personalrat naturgemäß bei der Mitbestimmung nach § 80 BPersVG n. F. (§ 75 BPersVG a. F.) bei sozialen Angelegenheiten der Arbeitnehmer zu, welche folgende Themenbereiche erfasst:

- die Neuverteilung von → **Arbeitszeiten** und → **Pausenzeiten** zur Verringerung der Ansteckungsgefahren der nach § 80 Abs. 1 Nr. 1 BPersVG n. F. (§ 75 Abs. 3 Nr. 1 BPersVG a. F.),
- die effektive Gestaltung der Arbeitsplätze, um eine Infektion innerhalb der Räumlichkeiten der Dienststelle zu vermeiden, § 80 Abs. 1 Nr. 4 BPersVG n. F. (§ 75 Abs. 3 Nr. 16 BPersVG a. F.),
- die Einführung, Änderung und Aufhebung von Arbeitsformen außerhalb der Dienststelle (mobiler Arbeit/Telearbeit) (§ 80 Abs. 1 Nr. 5 BPersVG n. F.[22]),
- Grundsätze zur Gewährung von → **Urlaub** unter Pandemiebedingungen, § 80 Abs. 1 Nr. 6 BPersVG n. F. (§ 75 Abs. 3 Nr. 3 BetrVG a. F.),
- die Aufstellung von Hygiene- und Verhaltensvorschriften nach § 80 Abs. 1 Nr. 18 BPersVG n. F. (§ 75 Abs. 3 Nr. 15 BPersVG a. F.),
- Einführung von Kommunikationstools und anderer technischer Einrichtungen für → **Mobile Arbeit** und → **Homeoffice**, § 80 Abs. 1 Nr. 21 BPersVG n. F. (§ 75 Abs. 3 Nr. 17 BPersVG a. F.)

2. Eilbedürftigkeit

Auch wenn die akute Pandemiesituation oftmals ein schnelles Handeln erforderlich macht, macht dies eine Beteiligung der Gremien nicht entbehrlich. Die Pandemie begründet keinen Notfall. Es handelt sich um »Eilfälle nicht Notfälle«.[23] Das heißt, dass auch während einer Pandemie regelmäßig keine unvorhersehbare oder schwerwiegende Extremsituation vorliegen wird, die zur Verhinderung von nicht wieder gutzumachenden Schäden zu unaufschiebbaren Maßnahmen zwingen.[24] Dies wäre allenfalls bei Fällen höherer Gewalt wie etwa Naturkatastrophen oder unvorhersehbaren Unfällen der Fall. Mitbestimmungs- und Mitwirkungsrechte von Betriebsrat und Personalrat entfallen also auch unter Pandemiebedingungen nicht.

Allerdings ist bei der betriebsverfassungsrechtlichen Mitbestimmung bei personellen Einzelmaßnahmen zu beachten, dass der Arbeitgeber unter Umständen dazu berechtigt ist, die geplante Maßnahme vorläufig umzusetzen. Wurde der

22 Neu in das BPersVG eingefügt durch »Gesetz zur Änderung des Bundespersonalvertretungsgesetzes« vom 9. 6. 2021 (BGBl. I Nr. 31 S. 1614). Die Mitbestimmung wird nun klarstellend ausdrücklich normiert, die bereits geltenden Mitbestimmungstatbestände gelten unverändert fort.

23 Ausführlich hierzu: Bartl, in: Helm/Bundschuh/Wulf, Arbeitsrechtliche Beratung Praxis in Krisenzeiten, § 23, S. 209 ff.

24 BAG 13. 7. 1977 – 1 AZR 336/75.

Betriebsrat vorher rechtzeitig und unter Vorlage der erforderlichen Unterlagen unterrichtet, kann der Arbeitgeber eine für erforderlich gehaltene Maßnahme (wie etwa die Versetzung eines oder mehrerer Arbeitnehmer) auch ohne Zustimmung des Betriebsrats umsetzen, wenn er unverzüglich beim zuständigen Arbeitsgericht beantragt, dass diese personelle Maßnahme aus sachlichen Gründen dringend erforderlich sei.
Auch wenn die Mitbestimmungs- und Mitwirkungsrechte der Personalräte ebenso wenig entfallen, geht die vorläufige Anordnungsbefugnis der Dienstellenleitungen sowohl in personellen, als auch sozialen Angelegenheiten weiter. Bei Maßnahmen, die der Natur der Sache nach keinen Aufschub dulden, kann die Dienstellenleitung bis zur endgültigen Entscheidung eine vorläufige Regelung treffen, § 76 BPersVG n. F. (§ 69 Abs. 5 BPersVG a. F.). Aber auch im Falle der vorläufigen Anordnung sind die Parteien berechtigt, die Einigungsstelle anzurufen und auf diesem Wege eine verbindliche Lösung des Streites herbeizuführen.

Pausenräume

I. Einführung

Für größere Betriebe sowie in bestimmten Kleinbetrieben schreibt die Arbeitsstättenverordnung (ArbStättV) die Einrichtung von Pausenräumen oder Pausenbereichen sowie Bereitschaftsräumen und Einrichtungen zum Hinlegen und Ausruhen für schwangere Frauen und stillende Mütter vor. Zweck der Räume ist es, den Arbeitnehmern bei → **Pausenzeiten** und Arbeitsunterbrechungen eine angemessene Umgebung für Aufenthalt, Erholung und Nahrungsaufnahme sicherzustellen. Ausstattung und Einrichtung der Pausenräume sind dabei mitbestimmt.

II. Einzeldarstellung

1. Begriffe

Bei Pausenräumen handelt es sich um allseits umschlossene Räume, die der Erholung oder dem Aufenthalt der Beschäftigten während der Pause oder bei Arbeitsunterbrechung dienen. Pausenbereiche sind dagegen durch einen Sichtschutz (z. B. Trennwände, Möbel oder geeignete Pflanzen) abgetrennte Bereiche innerhalb von Räumen der Arbeitsstätte, die demselben Zweck dienen. Für sie gelten im Übrigen die gleichen Regeln wie für Pausenräume.
Bereitschaftsräume sind allseits umschlossene Räume, die dem Aufenthalt der Beschäftigten während der Arbeitsbereitschaft oder bei Arbeitsunterbrechungen dienen. Sie sind einzurichten, wenn während der Arbeitszeit regelmäßig und in erheblichem Umfang (mindestens 25 % der Arbeitszeit) Arbeitsbereitschaft oder Arbeitsunterbrechungen auftreten. Für sie gelten grundsätzlich dieselben Anforderungen wie für Pausenräume, wobei sich bei nächtlicher Nutzung und Einsatzzeiten über 12 Stunden Sonderanforderungen ergeben.

2. Pflicht zur Einrichtung

Die Pflicht zur Einrichtung von Pausenräumen basiert auf zwei EU-Richtlinien und ist in Ziff. 4.2 des Anhangs der ArbStättV geregelt und in ASR A4.2 der Technischen Regeln für Arbeitsstätten im Einzelnen beschrieben.
Einzurichten sind Pausenräume zunächst grundsätzlich in Betrieben mit mehr als 10 Mitarbeitern. Mitzurechnen sind dabei alle Arbeitnehmer einschließlich der Leiharbeitskräfte, die einen Pausenanspruch nach dem ArbZG haben – also alle Beschäftigten, die mehr als sechs Stunden am Tag arbeiten. Unberücksichtigt bleiben hingegen Außendienstmitarbeiter und andere Arbeitnehmer, die überwiegend außerhalb der betrieblichen Räume tätig sind.
Die Einrichtung von gesonderten Pausenräumen ist auch in größeren Betrieben nicht erforderlich, wenn die Tätigkeiten in Büroräumen erfolgen und diese zu Pausenzeiten störungsfrei zu Erholungszwecken genutzt werden können. Das ist nicht der Fall, wenn auch während der Pausenzeiten Anrufe eingehen oder Publikumsverkehr erfolgt.
Pausenräume sind hingegen unabhängig von der Betriebsgröße einzurichten, wenn dies aus Gründen der Sicherheit oder des Gesundheitsschutzes erforderlich ist. Das ist stets dann der Fall, wenn die normale Arbeitsumgebung für Entspannungs- und Erholungszwecke ungeeignet ist, also unter erschwerten oder gefährlichen → **Arbeitsbedingungen** gearbeitet wird. Überwiegende Arbeit im Freien, Hitze oder Kälte, Staub oder Nässe, starker Lärm oder Vibrationen wie auch unzuträgliche Gerüche oder der nicht gefahrlose Umgang mit biologischen Arbeits- oder Gefahrstoffen sind Beispiele hierfür. Gleiches gilt für schwere körperliche Arbeit, stark einseitig belastende Arbeit (z. B. im Stehen), stark schmutzende Arbeit (z. B. in Werkstätten) oder Arbeit in Räumen ohne Tageslicht. Schließlich sind Pausenräume auch in Räumen mit Publikumsverkehr einzurichten, wie beispielsweise Ladengeschäften.
Sind keine Pausenräume vorhanden und fallen in die Arbeitszeit typischerweise längere Bereitschaftszeiten oder Arbeitsunterbrechungen, so sind auch für diesen Fall geeignete Räume bereitzustellen. Durch Bereitstellung entsprechender Räumlichkeiten ist ferner sicherzustellen, dass schwangere und stillende Frauen sich während der Pausen sowie ggf. auch während der Arbeitszeit unter geeigneten Bedingungen hinlegen und ausruhen können.
Aus § 618 Abs. 1 BGB i. V. m. der ArbStättVO folgt zugleich ein individualrechtlicher Anspruch der Arbeitnehmer gegen den Arbeitgeber auf Bereitstellung eines Pausenraums.[1]

1 LAG Hamm 10.7.1992 – 5 Sa 1614/91.

3. Lage, Größe und Ausstattung

Pausenräume müssen so liegen, dass sie leicht und sicher innerhalb von fünf Minuten erreichbar sind. Sie müssen so angelegt sein, dass ein gefahrloser Aufenthalt möglich und der Erholungszweck nicht gefährdet ist. Entsprechend sind Lärmbelastungen und arbeitsbedingte Störungen wie Publikumsverkehr oder Anrufe auszuschließen. Ferner ist eine ausreichende Beleuchtung, möglichst durch Tageslicht, eine angemessene Raumtemperatur und eine ausreichende Lüftung zu gewährleisten.

Nach dem Erholungszweck richten sich auch Größe und Ausstattung. So muss im Raum für jeden zeitgleich anwesenden Benutzer mindestens $1 m^2$ Nutzungsfläche zur Verfügung stehen, grundsätzlich muss der Raum aber mindestens $6 m^2$ groß sein. Neben einem Tisch muss für alle zeitgleichen Nutzer eine Sitzgelegenheit vorhanden sein. Tisch und Sitzgelegenheiten müssen leicht zu reinigen sein, damit die Pausenzeit nicht zur Reinigungszeit wird. Eine Kantine oder ein Restaurant sind als Pausenraum geeignet, wenn hier kein Verzehrzwang besteht.

Steht keine Kantine zur Verfügung oder ist ein Mitarbeiter laut ärztlichem Attest auf eine bestimmte Diät angewiesen, muss der Arbeitgeber Kühlschrank und Herd oder Mikrowelle zur Verfügung stellen.

Pausenräume können außerhalb der Pausenzeiten für andere Zwecke wie Besprechungen oder Schulungen genutzt werden, soweit sichergestellt wird, dass sie zur Pausenzeit hinreichend gereinigt und gelüftet sind.

Pausenräume sind typischerweise auch auf Baustellen einzurichten. Allerdings gelten hier Besonderheiten. So ist ein Pausenraum ausnahmsweise nicht erforderlich, wenn maximal vier Arbeitnehmer eines Arbeitgebers maximal eine Woche oder insgesamt nicht mehr als 20 Personentage tätig sind. In diesem Fall müssen sie allerdings die Möglichkeit haben, sich an einer im Übrigen gleichwertigen Stelle gegen Witterungseinflüsse geschützt zu waschen, zu wärmen, umzukleiden und eine Mahlzeit einzunehmen und ggf. zuzubereiten. Dabei sind, soweit die übrigen Anforderungen erfüllt werden, auch in den Pausen nutzbare Unterkünfte ausreichend. In jedem Fall muss für Pausenräume oder -bereiche auf Baustellen, in denen sich die Beschäftigten umziehen, sichergestellt sein, dass hier eine getrennte Aufbewahrung von Arbeits-/Schutzkleidung und von Straßenkleidung gewährleistet ist.

Für Bereitschaftsräume gilt neben den allgemeinen Regeln, dass im Fall regelmäßiger nächtlicher Bereitschaftszeiten oder Arbeitsunterbrechungen sowie bei Einsatzdauern einschließlich der Bereitschaftszeit von mehr als 12 Stunden der Raum mit Liegen ausgestattet sein muss; eine → **Gefährdungsbeurteilung** kann zusätzliche Anforderungen ermitteln. Dabei müssen die Liegen gepolstert und mit einem waschbaren oder wegwerfbaren Belag wie beispielsweise Bettzeug ausgestattet sein. Entsprechende Bereitschaftsräume müssen zudem verschließ-

bar, abdunkelbar und von außen nicht einsehbar sein. Den Nutzern soll eine Waschgelegenheit zur Verfügung stehen.
Ist eine Ausstattung mit Liegen erforderlich, ist zudem eine getrennte Nutzung durch Männer und Frauen sicherzustellen. Das kann durch organisatorische Maßnahmen (Einsatzplanung), aber auch durch die Bereitstellung mehrerer Räume erfolgen. In Zeiten der Liegennutzung muss ferner eine anderweitige Nutzung, auch als Pausenraum, ausgeschlossen sein. Darüber hinaus ist sicherzustellen, dass im Hinblick auf die Erreichbarkeit die Privatsphäre geschützt ist. Das kann beispielsweise durch ein Haustelefon gewährleistet werden.
Im Fall der Beschäftigung schwangerer oder stillender Frauen gelten die Regeln für Bereitschaftsräume mit Liegenausstattung entsprechend. Sicherzustellen ist hier, dass sie am Arbeitsplatz oder in unmittelbarer Nähe in ausreichender Anzahl vorhanden sind, damit für alle Betroffenen eine jederzeitige Nutzbarkeit gewährleistet ist.

III. Hinweise für die Mitbestimmung

Das Mitbestimmungsrecht ergibt sich zunächst aus § 87 Abs. 1 Nr. 7 BetrVG bzw. § 80 Abs. 1 Nr. 16 BPersVG n. F. (§ 75 Abs. 3 Nr. 11 BPersVG a. F.[2]) i. V. m. der ArbStättVO.[3] Die Mitbestimmung bezieht sich hier beispielsweise auf die Frage der konkreten Lage des Pausenraums, Einzelfragen der Ausstattung[4], Nutzungsregeln usw.; sie wird typischerweise im Rahmen einer → **Gefährdungsbeurteilung** vorzunehmen sein.
Die → **Technischen Regeln** für Arbeitsstätten stellen im Übrigen kein zwingendes Recht dar; sie spiegeln lediglich den → **Stand der Technik** wieder. Sie begründen also keine Handlungspflichten des Arbeitgebers, sondern geben lediglich Empfehlungen und begründen daher auch kein Mitbestimmungsrecht. Setzt der Arbeitgeber die Technischen Regeln um, kann er davon ausgehen, dass er in die Vorgaben der ArbStättV erfüllt hat (sogenannte Vermutungswirkung). Da die ASR aber nicht angewendet werden müssen, können auch andere Schutzmaßnahmen ergriffen werden. Diese müssen dann aber das gleiche Schutzniveau bieten. Wenn bei Interesse des Betriebs- oder Personalrats oder aus sonstigen Gründen also gleichwertige Regeln gefunden werden, um ausreichende Räumlichkeiten für Pausen zur Verfügung zu stellen, ist das möglich.

---

2 BPersVG v. 15. 3. 1974 (BGBl. I S. 693); zuletzt geändert durch Gesetz vom 9. 6. 2021 (BGBl. I S. 1614).
3 BAG 18. 7. 2017 – 1 ABR 59/15; LAG Niedersachsen 21. 12. 2007 – 1 TaBV 111/07.
4 LAG Köln 28. 1. 2008 – 14 TaBV 70/07.

IV. Inhalt einer Betriebs- und Dienstvereinbarung

Bei einer Betriebs- oder Dienstvereinbarung sollte insbesondere auf folgende Aspekte geachtet werden:

- Ausreichende Abstimmung der Räumlichkeiten auf die allgemeinen Pausenregeln
- Bei langen und/oder nächtlichen Bereitschaftsdiensten: Aufstellung von Verfahrensregeln für den Einsatz von Männern und Frauen, soweit nur ein Bereitschaftsraum mit Liegen zur Verfügung steht
- Ist die Bereitstellung von Kühlschrank und Herd oder Mikrowelle erforderlich?
- Genügen Lage und Ausstattung der Räumlichkeiten den praktischen Anforderungen bei Pausen?
- Ist ein Rauchverbot erforderlich?
- Sind zusätzliche Räumlichkeiten für schwangere oder stillende Frauen erforderlich?
- Regeln zur Reinigung, insbesondere auch bei Nutzung von Liegen

Pausenzeiten

I. Einführung

Ruhepausen dienen der Erholung, der Nahrungsaufnahme, der Vorbeugung gegen Ermüdung sowie der Unfallvermeidung. Arbeitnehmer haben bei einer Arbeitszeit von mehr als sechs Stunden einen gesetzlichen Mindestanspruch auf Ruhepausen. Lage und Dauer der Pausen unterliegen der Mitbestimmung.

II. Einzeldarstellung

1. Begriff und gesetzliche Regelung

Pausen sind im Voraus feststehende Unterbrechungen der Arbeit, in denen der Arbeitnehmer weder Arbeit zu leisten noch sich dafür bereitzuhalten hat und frei über die Nutzung des Zeitraums bestimmen kann.[1]
Kennzeichnend für die Pause ist, dass der Arbeitnehmer freie Verfügung darüber hat, wo und wie er die Zeit verbringen möchte. Eine Ruhepause liegt daher nicht vor, wenn der Arbeitgeber sich vorbehält, den Arbeitnehmer jederzeit aus der Pause zurückzurufen.[2] Ruhephasen während der Arbeitsbereitschaft oder des Bereitschaftsdiensts sind daher keine Pausen. Auch Zeiten des An- und Ablegens von Schutzkleidung, betrieblich notwendige Wegezeiten oder aus Gründen des Arbeitsschutzes erforderliche Arbeitsunterbrechungen wie z. B. Lärmpausen[3] oder Pausen wegen Bildschirmarbeit[4] stellen keine Pausenzeiten dar und sind zu vergüten.[5]

1 BAG 25.2.2015 – 5 AZR 886/12.
2 BAG 5.8.1988 – 6 AZR 658/85.
3 BAG 28.7.1981 – 1 ABR 65/79.
4 BAG 6.12.1983 – 1 ABR 43/81.
5 Weitere Beispiele bei Fitting, BetrVG, § 87 Rn. 119.

Der Arbeitgeber hat dabei darauf zu achten, dass die festgelegten Ruhepausen auch tatsächlich von den Beschäftigten eingehalten werden.[6] Es ist dem Arbeitgeber zudem untersagt, Verstöße gegen Pausenzeiten auch nur hinzunehmen.[7]

2. Dauer und Lage der Pausen

§ 4 S. 1 Arbeitszeitgesetz (ArbZG) sieht vor, dass bei einer Arbeitszeit von mehr als sechs bis zu neun Stunden eine Pausen von mindestens 30 Minuten zu gewähren ist. Werden mehr als neun Stunden gearbeitet, muss die Gesamtpausenzeit bei mindestens 45 Minuten liegen. Die in § 4 ArbZG geregelten Ruhepausen stellen lediglich das Mindestmaß dar und verwehren es dem Arbeitgeber nicht, kraft seines Weisungsrechts längere Pausen vorzusehen.[8]

Bei Jugendlichen unter 18 Jahren beträgt die Mindestpausendauer bei Arbeitszeiten zwischen 4,5 und 6 Stunden 30 Minuten und bei mehr als sechs Stunden 60 Minuten (§ 11 Abs. 1 JArbSchG).

Kurzpausen mit einer Dauer von weniger als 15 Minuten stellen keine Pausenzeit dar; sie gelten als Arbeitszeit.[9] Etwas anderes gilt allerdings, wenn ein Tarifvertrag in einem Schichtbetrieb oder einem Verkehrsbetrieb die Gesamtdauer der Ruhepausen auf Kurzpausen von angemessener Dauer aufteilt (§ 7 Abs. 1 Nr. 2 ArbZG). Angemessen ist in diesem Fall noch eine Dauer von acht Minuten.[10] Entsprechend sind Toilettengänge, Trinkpausen usw. regelmäßig keine unbezahlten Ruhepausen. Ob bei einem Achtstundentag zwei (oder mehr) Pausen à mindestens 15 Minuten oder eine Pause à 30 Minuten festgesetzt wird, ist arbeitsschutzrechtlich insofern nicht erheblich.

Ebenfalls sind tarifvertragliche Sonderregelungen hinsichtlich der Pausenzeiten bei der Behandlung, Pflege und Betreuung von Personen sowie bei Verwaltungen und Betrieben des öffentlichen Dienstes zulässig (§ 7 Abs. 2 Nr. 3 und 4 ArbZG).

Da die Arbeit nach § 4 ArbZG zu »unterbrechen« ist, darf die Pause weder am Anfang noch am Ende der Arbeit liegen. Bei Personen unter 18 Jahren muss die Pausenzeit frühestens eine Stunde nach Beginn und spätestens eine Stunde vor Ende der Arbeitszeit liegen (§ 11 Abs. 2 JArbSchG).

Der Arbeitgeber kann längere als die gesetzlich vorgeschriebenen Pausen anordnen. Allerdings hat der Arbeitgeber hier die Grenzen des Weisungsrechts gem. § 106 GewO zu beachten und seine eigenen Interessen mit den legitimen Inter-

---

6 ArbG Hamm 30.1.2013 – 3 Ca 1634/11.
7 BAG 7.2.2012 – 1 ABR 77/10.
8 BAG 16.12.2009 – 5 AZR 157/09.
9 BAG 27.4.2000 – 6 AZR 861/98.
10 BAG 13.10.2009 – 9 AZR 139/08.

essen der Arbeitnehmer in Ausgleich zu bringen.[11] Aus Arbeitgeberperspektive ist eine besonders lange Pause von Interesse, wenn es gilt, Leerläufe zu überbrücken. Allerdings hat der Arbeitgeber hier die berechtigten Privatinteressen, bei Teilzeitkräften auch eventuelle Interessen an einer zweiten Beschäftigung zu berücksichtigen und die Mindestruhezeiten von elf Stunden täglich (§ 5 ArbZG) zu beachten. Hier ist im Zweifel der Betriebs- bzw. Personalrat besonders gefragt. Stillende Mütter haben gem. § 7 MuSchG Anspruch darauf, im erforderlichen Umfang für das Stillen freigestellt zu werden. Mindestens sind dafür zwei zusätzliche Pausen à 30 Minuten oder einmal 60 Minuten zu gewähren. Dauert die zusammenhängende Arbeitszeit länger als neun Stunden, erweitert sich der Zusatzanspruch auf zweimal 45 Minuten, soweit in der Nähe der Arbeitsstätte eine Stillgelegenheit vorhanden ist. Ist das nicht der Fall, muss auf Verlangen der Mutter eine einmalige Stillzeit von mindestens 90 Minuten gewährt werden.

3. Bezahlung

Ruhepausen i. S. d. ArbZG sind, vorbehaltlich anderer tarifvertraglicher Regelungen, nicht zu vergüten. Auch allein im Interesse der Arbeitnehmer liegende Arbeitsunterbrechungen wie Raucherpausen (→ **Nichtraucherschutz**) sind, vorbehaltlich anderer tarifvertraglicher oder vertraglicher Regelungen, nicht zu vergüten. Zu vergüten sind hingegen Arbeitsunterbrechungen aus produktionstechnischen oder aus Gründen des Arbeitnehmerschutzes wie Lärmpausen,[12] aber auch kurze Arbeitsunterbrechungen durch Toilettengänge.

III. Hinweise für die Mitbestimmung

Der Betriebsrat besitzt in Bezug auf die Pausenzeiten ein zwingendes Mitbestimmungsrecht aus § 87 Abs. 1 Nr. 2 BetrVG. Für Personalräte ergibt sich diese zwingende Mitbestimmung aus § 80 Abs. 1 Nr. 1 BPersVG n. F. (§ 75 Abs. 3 Nr. 1 BPersVG a. F.[13]). Das Mitbestimmungsrecht bezieht sich bei unbezahlten Pausenzeiten sowohl auf die Lage als auch auf die Dauer der Pause. Handelt es sich dagegen um bezahlte Pausen, ist das Mitbestimmungsrecht auf die Lage der Pausen beschränkt.

---

11 BAG 16. 12. 2009 – 5 AZR 157/09.

12 Vgl. BAG 28. 7. 1981 – 1 ABR 65/79.

13 BPersVG v. 15. 3. 1974 (BGBl. I S. 693); zuletzt geändert durch Gesetz vom 9. 6. 2021 (BGBl. I S. 1614).

Dabei sind alle Formen von Pausen mitbestimmt, nicht nur auf Pausen nach dem ArbZG. Auch Raucherpausen oder besondere Pausen nach dem Arbeitsschutz unterliegen der Mitbestimmung.
Gegen einen Verstoß gegen sein Mitbestimmungsrecht kann sich die Arbeitnehmervertretung mit einem Unterlassungsantrag wehren.[14] Soweit die allgemeinen Voraussetzungen hierfür gegeben sind, kann die Unterlassung auch im einstweiligen Verfahren durchgesetzt werden.

IV. Inhalt einer Betriebs- und Dienstvereinbarung

Betriebs- oder Dienstvereinbarungen zur Arbeitszeit einschließlich (Rahmen-) Dienstplänen können insbesondere folgende Aspekte berücksichtigen:

- Dauer der Ruhepausen unter Berücksichtigung der gesetzlichen und tariflichen Mindestdauer
- Lage der Pausen sowie Art und Zeitpunkt der Mitteilung an die Mitarbeiter
- Verfahren der Abstimmung der Pausenlage unter den Kollegen, z. B. bei erforderlicher Mindestbesetzung einer Abteilung oder Arbeitsgruppe
- Arbeitszeiterfassung in Bezug auf die Ruhepausen und weitere Unterbrechungen wie Raucherpausen (→ **Nichtraucherschutz**): ist bei Ruhepausen und/ oder anderen Unterbrechungen die Pausenzeit zu erfassen oder erfolgt das pauschaliert und automatisch? Wie ist bei automatischem Pausenabzug darauf zu achten, dass die Pausen tatsächlich genommen werden?

14 BAG 7.2.2012 – 1 ABR 77/10.

Personalrat

I. Einführung

Der Personalrat, welcher durch die Wahl der Beschäftigten legitimiert wird, nimmt die Interessen der Beschäftigten auf kollektiver Ebene gegenüber der Dienststellenleitung wahr. Vom Personalvertretungsrecht werden öffentlich-rechtliche Rechtsträger erfasst, bei denen Personalräte zu bilden sind. Die Abtrennung des öffentlichen Dienstes vom allgemeinen System der betrieblichen Interessenvertretung erfolgte erst in den fünfziger Jahren.[1] Der öffentliche Dienst wurde aus dem BetrVG entfernt und die umfassenden Rechte des Personalrats zukünftig im Bundespersonalvertretungsgesetz und den jeweiligen Landespersonalvertretungsgesetzen der Länder normiert. Aufgrund des weitreichenden Spielraums des Landesgesetzgebers im Bereich des Mitbestimmungsrechts, existieren auf Landesebene teilweise Regelungen, die das Niveau des BetrVG überschreiten. In den meisten Punkten entspricht die Personalvertretung der Betriebsvertretung. Dem Personalrat kommen im Bereich Arbeitsschutz und Arbeitssicherheit Überwachungsrechte (§ 62 Nr. 2 BPersVG n. F. – § 68 Abs. 1 Nr. 2 BPersVG a. F.), Informations- und Beteiligungsrechte (§ 68 BPersVG n. F. – § 81 BPersVG a. F.) und Mitbestimmungsrechte (§ 80 Abs. 1 Nr. 16 BPersVG n. F. – § 75 Abs. 3 Nr. 11 BPersVG a. F.[2]) zu. Dieses Mitbestimmungsrecht verfolgt den Zweck, durch Beteiligung des Personalrats den Arbeitsschutz als präventiven Gesundheitsschutz effektiv zu gestalten und sicherzustellen.[3] Der Arbeitsschutz spielt auch eine Rolle bei der Zurverfügungstellung von Arbeitsmitteln und Räumen für den Personalrat, beim Schulungsanspruch (§ 54 Abs. 1 BPersVG n. F. – § 46 Abs. 6 BPersVG a. F.) und bei der Mitbestimmung des Personalrats bei der Festlegung der Arbeitszeit (§ 80 Abs. 1 Nr. 1 BPersVG n. F. – § 75 Abs. 3 Nr. 1 BPersVG a. F.).

---

1 Richardi/Dörner/Weber-Richardi, Einleitung Rn. 11.

2 BPersVG v. 15.3.1974 (BGBl. I S. 693); zuletzt geändert durch Gesetz vom 9.6.2021 (BGBl. I S. 1614).

3 HK-ArbSchR/Nitsche, BPersVG § 68 Abs. 1 Rn. 11.

II. Einzeldarstellung

1. Rechte und Aufgaben des Personalrats

Zunächst werden in § 2 BPersVG n. F. (§ 67 BPersVG a. F.) die Grundregeln für die Aufgabenstellung der Personalverfassungsorgane festgelegt.[4] Danach hat die Personalvertretung **darüber zu wachen**, dass alle Angehörigen der Dienststelle nach **Recht und Billigkeit** behandelt werden. Um dies umsetzen zu können ist jedoch Voraussetzung, dass die zuständige Personalvertretung vom Leiter der Dienststelle einen Überblick über alle bedeutsamen Fakten und Vorhaben bekommt damit sie in der Lage ist, frühzeitig Rechtsverstöße und Unbilligkeiten entgegenzuwirken (vgl. § 66 BPersVG n. F. – § 68 Abs. 2 BPersVG a. F.).[5] Der Personalvertretung steht dabei nicht das Recht zu, sich in laufende Personal- und Verwaltungsangelegenheiten einzuschalten.[6]

Die **allgemeinen Aufgaben bzw. Rechte** des Personalrats auf Bundesebene, welche dieser neben den förmlichen Beteiligungsrechten wahrnimmt, sind in § 62 BPersVG n. F. (§ 68 BPersVG a. F.) geregelt. Im Rahmen dieser Aufgaben kann er dem Leiter der Dienststelle jederzeit Vorschläge erteilen. Darüber hinaus erhält der Personalrat in bestimmten Fällen ein gesetzliches Initiativrecht, wenn der Leiter der Dienststelle sich dem Vorschlag nicht anschließt (§ 77 BPersVG n. F. – § 70 BPersVG).[7] Dies führt zum förmlichen Mitbestimmungsverfahren. Nach § 62 Nr. 2 BPersVG n. F. (§ 68 Abs. 1 Nr. 2 BPersVG a. F.) hat der Personalrat darüber zu wachen, dass die zugunsten der Beschäftigten geltenden Gesetze, Verordnungen, Tarifverträge, Dienstvereinbarungen und Verwaltungsanordnungen durchgeführt werden. Hierzu zählen insbesondere Vorschriften zum Arbeitsschutz und zur Unfallverhütung.

Bei **Maßnahmen zur Verhütung von Dienst- und Arbeitsunfällen** und **Berufskrankheiten** sowie sonstigen Gesundheitsschädigungen hat der Personalrat nach § 80 Abs. 1 Nr. 16 BPersVG n. F. (§ 75 Abs. 3 Nr. 11 BPersVG a. F.) ein Mitbestimmungsrecht und nach § 77 Abs. 1 BPersVG n. F. (§ 70 Abs. 1 BPersVG a. F.) ein Initiativrecht. Anders als das BAG im Bereich des BetrVG (→ Betriebsrat), legt das BVerwG die erforderliche Finalität der Maßnahme eng aus; sie muss unmittelbar dem Arbeits- und Gesundheitsschutz dienen.[8] Aus der systematischen Gleichsetzung von Dienst- und Arbeitsunfällen einerseits und sonstigen Gesundheitsschädigungen andererseits ergibt sich ein weites Verständnis, nach dem

4 Ilbertz/Widmaier/Sommer, BPersVG vor § 67 Rn. 1.
5 Ilbertz/Widmaier/Sommer, BPersVG vor § 67 Rn. 1.
6 Richardi/Dörner/Weber-Richardi, § 2 Rn. 11.
7 Dazu: Altvater/Baden/Baunack-Altvater/Berg, § 70 Rn. 1 ff.
8 HK-ArbSchR/Nitsche, BPersVG § 68 Abs. 1 Rn. 15.

lediglich ein kausaler Bezug zum Arbeitsleben gegeben sein.[9] Dabei orientiert sich diese Auslegung am Begriff der »sonstigen Gesundheitsschädigungen« im § 2 Abs. 1 ArbSchG. Demnach gilt das Mitbestimmungs- und Initiativrecht auch in Bezug auf Maßnahmen, die psychische Belastungen verhindern bzw. mildern sollen (»Maßnahmen zur menschengerechten Gestaltung der Arbeit«).[10]
Bei der **Bestellung von Vertrauens- und Betriebsärzten** steht dem Personalrat nach § 78 Abs. 1 Nr. 14 BPersVG n. F. (§§ 75 Abs. 3 Nr. 10, 76 Abs. 2 Nr. 4BPersVG a. F.) ein uneingeschränktes Mitbestimmungsrecht zu. Dem Personalrat steht zudem nach § 77 Abs. 1 BPersVG n. F. (§ 70 Abs. 2 BPersVG a. F.) ein eingeschränktes Initiativrecht zu.
Die **Mitbestimmung im Bereich Arbeitsschutz** ergibt sich auch aus § 80 Abs. 1 Nr. 4 BPersVG n. F. (Gestaltung der Arbeitsplätze, § 75 Abs. 3 Nr. 16 BPersVG a. F.). Hierdurch sollen die Beschäftigten vor Überbeanspruchungen und Gefährdungen ihrer körperlichen und seelischen Gesundheit geschützt und eine menschengerechte Gestaltung der Arbeit sichergestellt werden.[11]
§ 68 BPersVG n. F. (§ 81 BPersVG a. F.) ergänzt die im Bereich des Arbeitsschutzes bestehenden Mitbestimmungs- und Initiativrechte und Überwachungsaufgaben, um so einen effektiven und optimal Arbeitsschutz zu gewährleisten.[12] Nach § 68 Abs. 1 BPersVG n. F. (§ 81 Abs. 1 BPersVG a. F.) hat der Personalrat bei der Bekämpfung von Unfall- und Gesundheitsgefahren die **für den Arbeitsschutz zuständigen** Behörden, die Träger des gesetzlichen Unfallversicherung und die übrigen in Betracht kommenden **Stellen** durch Anregungen, Beratung und Auskunft **zu unterstützen** und sich für die Durchführung der Vorschriften über den Arbeitsschutz und die Unfallverhütung in der Dienststelle einzusetzen.

2. Mitbestimmungstatbestände im Einzelnen

Die Beteiligungsrechte des Personalrats nach dem BPersVG und den speziellen LPersVG unterscheiden sich, genauso wie in der Betriebsverfassung, in Mitbestimmungs-, Mitwirkungs-, Anhörungs-, Informations- und Überwachungsrechte. Kommt in dem im BPersVG geregelten Stufenverfahren (§§ 70, 71 BPersVG n. F. – § 69 BPersVG a. F.) keine Einigung zustande, dann entscheidet im Bereich der sogenannten »uneingeschränkten« Mitbestimmung nach §§ 78 – 80 BPersVG n. F. (§ 75 BPersVG a. F.) die Einigungsstelle. Im Bereich der »eingeschränkten« Mitbestimmung wird die Einigungsstelle nur eine Empfehlung aussprechen.

---

9 BVerwG 13.10.2002 – 6 P 7/01.
10 HK-ArbSchR/Nitsche, BPersVG § 68 Abs. 1 Rn. 18/19.
11 HK-ArbSchR/Nitsche, BPersVG § 68 Abs. 1 Rn. 60; BVerwG 15.12.1978 – 6 P 13/78.
12 Altvater/Baden/Baunack-Herget, BPersVG § 81 Rn. 1 ff.

a) Überwachungsrechte nach § 62 BPersVG n. F. (§ 68 BPersVG a. F.)

Auch der Personalrat muss, genauso wie der Betriebsrat, nach § 62 Nr. 2 BPersVG n. F. (§ 68 Abs. 1 Nr. 2 BPersVG a. F.) darüber wachen, dass die zugunsten der Beschäftigten geltenden Gesetze, Verordnungen, Tarifverträge, Dienstvereinbarungen und Verwaltungsanordnungen durchgeführt werden. Darunter fallen auch alle Normen des Arbeitsschutzes und der Arbeitssicherheit. Diese Überwachungsrechte beinhalten keine Mitbestimmungsrechte und der Personalrat kann daher die Einhaltung nicht gerichtlich durchsetzen. Es muss vielmehr auf die Einhaltung bei dem Dienststellenleiter hinwirken.[13] Im Übrigen verweisen wir auf die Ausführungen zu § 80 Abs. 1 Nr. 1 BetrVG (→ **Betriebsrat**).

b) Beteiligung beim Arbeitsschutz, § 68 BPersVG n. F. (§ 81 BPersVG a. F.)

§ 68 BPersVG n. F. ergänzt die im Bereich des Arbeitsschutzes bestehenden Mitbestimmungs- und Initiativrechte und Überwachungsaufgaben, um so einen effektiven und optimal Arbeitsschutz zu gewährleisten.[14] Im Wesentlichen sind die Beteiligungsrechte aus § 68 BPersVG n. F. der Bestimmung des § 89 BetrVG bezüglich des Arbeitsschutzes nachgezeichnet. Daher verweisen wir auf die Ausführungen zu § 89 BetrVG (s. S. XX). Die Regelungen in § 68 BPersVG n. F. ergänzen die Antragsrechte aus § 62 Nr. 2 BPersVG n. F. (§ 68 Abs. 1 BPersVG a. F.) und die Überwachungsrechte aus § 66 BPersVG n. F. (§ 68 Abs. 2 BPersVG a. F.), aber erweitern das Tätigkeitsfeld des Personalrats auf die Zusammenarbeit den Behörden und Stellen außerhalb der Dienststelle, die Aufgaben des Arbeitsschutzes haben.

Nach § 68 Abs. 1 BPersVG n. F. hat der Personalrat bei der Bekämpfung von Unfall- und Gesundheitsgefahren die für den Arbeitsschutz zuständigen Behörden, die Träger der gesetzlichen Unfallversicherung und die übrigen in Betracht kommenden Stellen durch Anregungen, Beratung und Auskunft zu unterstützen und sich für die Durchführung der Vorschriften über den Arbeitsschutz und die Unfallverhütung in der Dienststelle einzusetzen. Von besonderer Bedeutung sind in diesem Zusammenhang das Arbeitsschutzgesetz (ArbSchG) und die auf dessen Grundlage erlassenen Arbeitsschutzverordnungen. Das ArbSchG findet nach den § 1 Abs. 1 S. 2, § 2 Abs. 5 auch Anwendung im öffentlichen Dienst und bezieht sich nach § 2 Abs. 2 Nr. 1 und 4 bis 6 ArbSchG neben Arbeitnehmern auch auf Beamte, Richter und Soldaten.

---

13 BVerwG 26. 3. 1985 – 6 P 31.82.

14 Altvater/Baden/Baunack-Noll-Herget, BPersVG § 81 Rn. 1 ff.

c) Bestellung von Vertrauens- oder Betriebsärzten, § 78 Abs. 1 Nr. 14 BPersVG n. F. (§ 75 Abs. 3 Nr. 10 BPersVG a. F.)

Wird ein Beamter zum Betriebsarzt bestellt, besteht zwar die Mitbestimmung des Personalrats, aber die Einigungsstelle kann nicht final darüber entscheiden, sondern nur eine Empfehlung aussprechen. Hingegen besteht bei der mitbestimmungspflichtigen Bestellung eines angestellten Arztes keine Einschränkung der Einigungsstelle, die Mitbestimmung besteht im vollen Umfang.[15] Ausgeschlossen von der Mitbestimmung § 75 Abs. 3 Nr. 10 BPersVG ist die Bestellung von freiberuflichen Betriebsärzten. Diesen Fall kann man aber unter die Mitbestimmung nach § 75 Abs. 3 Nr. 11 BPersVG einordnen, da die Bestellung eine Maßnahme zur Verhütung von Dienst- und Arbeitsunfällen und Berufskrankheiten ist.[16] Neben der Bestellung kann auch § 75 Abs. 1 Nr. 1 BPersVG einschlägig sein, wenn der Betriebsarzt als angestellter Betriebsarzt eingestellt wird.

d) Mitbestimmung bei Arbeits- und Gesundheitsschutzmaßnahmen, § 80 Abs. 1 Nr. 16 BPersVG n. F. (§ 75 Abs. 3 Nr. 11 BPersVG a. F.)

Der Personalrat hat nach § 80 Abs. 1 Nr. 16 BPersVG n. F. (§ 75 Abs. 3 Nr. 11 BPersVG a. F.) mitzubestimmen bei den zu ergreifenden Gesundheitsschutzmaßnahmen bei Bestehen feststehender Gesundheitsgefahren oder durch eine Gefährdungsbeurteilung festgestellten gesundheitsgefährdenden Arbeitsbedingungen. Der Begriff der Gesundheitsschädigung wird weit ausgelegt und umfasst nicht nur unmittelbare Gesundheitsgefahren, sondern orientiert sich an dem Begriff aus § 2 Abs. 1 ArbSchG und soll dem vorbeugenden Gesundheitsschutz dienen. Ziel ist es, Gesundheitsschädigung zu verhindern. Insofern hat der Personalrat nach § 80 Abs. 1 Nr. 16 BPersVG n. F. (§ 75 Abs. 3 Nr. 11 BPersVG a. F.) in Verbindung mit § 3 Abs. 1 ArbSchG die gleichen Rechte wie der Betriebsrat. Diese Mitbestimmung besteht aber darüber hinaus auch bei vom Dienstherrn freiwillig geplanten Arbeits- und Gesundheitsschutzmaßnahmen.[17] Umfasst von der Mitbestimmung sind alle Arbeits- und Gesundheitsschutzmaßnahmen technischer, organisatorischer und personeller Art.[18] Allerdings wird die Mitbestimmung des Personalrats bei diesen Maßnahmen des Arbeitsschutzes in mehrfacher Hinsicht eingeschränkt. Betrifft die jeweilige Arbeitsschutzmaßnahme auch die Aufgabenwahrnehmung nach außen, so kann die Reichweite der Mitbestim-

---

15 HK-ArbSchR/Nitsche BPersVG § 68 Abs. 1 Rn. 58; Richardi/Dörner/Weber-Kaiser/Annuß, § 76 Rn. 412.

16 OVG NRW 10.12.2003 – 1 A 556/02.PVL.

17 BVerwG 14.2.2013 – 6 PB 1/13.

18 HK-ArbSchR/Nitsche BPersVG § 68 Abs. 1 Rn. 13, mit Hinweisen auf die Rechtsprechung des BVerwG.

mung dadurch eingeschränkt werden. Auch können der Dienststelle durch eine Einigungsstelle keine Maßnahmen des Arbeitsschutzes auferlegt werden, für die es keine Haushaltsmittel gibt.[19] Die Rechtsprechung des Bundesverwaltungsgerichts hat dem Personalrat keine Mitbestimmung bei den Einzelheiten und bei der Durchführung einer Gefährdungsbeurteilung zugestanden. Der Personalrat kann die Ablehnung einzelner Gesundheitsschutzmaßnahmen damit begründen, dass die durchgeführte Gefährdungsbeurteilung Mängel aufweist und nicht alle Gefährdungen zutreffend ermittelt oder/und beurteilt hat. Damit endet aber die Mitbestimmung hinsichtlich der Gefährdungsbeurteilung.

e) Arbeitsschutzorganisation, § 80 Abs. 1 Nr. 16 BPersVG n. F. (§ 75 Abs. 3 Nr. 11 BPersVG a. F.) i. V. m. § 3 ArbSchG

Hinsichtlich der Mitbestimmung bei der Ausgestaltung der konkreten Arbeitsschutzunterweisung nach § 12 ArbSchG verweisen wir auf die Ausführungen zu den Rechten des Betriebsrats, da hier im BPersVG die Mitbestimmung identisch ist.

f) Gestaltung von Arbeitsplätzen, § 80 Abs. 1 Nr. 4 BPersVG n. F. (§ 75 Abs. 3 Nr. 16 BPersVG a. F.)

Dieses Mitbestimmungsrecht hat einen unmittelbaren Berührungspunkt zum Arbeitsschutz und zur Arbeitssicherheit, denn der Zweck dieser Norm ist die Verhinderung von negativen und belastenden Einflüssen auf die Beschäftigten. Die Regelung dient genauso wie §§ 90, 91 BetrVG der Verwirklichung der menschengerechten Gestaltung der Arbeit und der Durchsetzung der gesicherten arbeitswissenschaftlichen Erkenntnissen. Da mit dem Begriff »Arbeitsplatz« nicht nur der unmittelbare Arbeitsplatz, sondern der gesamte Arbeitsbereich und die Arbeitsumgebung gemeint ist, in dem der Beschäftigte seine Arbeit verrichtet, sind alle Arbeitsbedingungen und Arbeitsmittel einbezogen.

4. Schulungen zum Thema Arbeitssicherheit und Arbeitsschutz

Nach § 54 Abs. 1 BPersVG n. F. (§ 46 Abs. 6 BPersVG a. F.) sind die Mitglieder des Personalrats unter Fortzahlung der Bezüge für die Teilnahme an Schulungs- und Bildungsveranstaltungen vom Dienst freizustellen, soweit diese Kenntnisse vermitteln, die für die Tätigkeit im Personalrat erforderlich sind. Es kommt sowohl die Vermittlungen von Kenntnissen in Grundschulungen als auch in Spezialschulungen in Betracht.

---

19 HK-ArbSchR/Nitsche BPersVG § 68 Abs. 1 Rn 24ff.

Grundkenntnisse des allgemeinen Arbeitsrechts und des Beamtenrechts sind für den Personalrat und dessen Mitglieder erforderlich. Demnach ist auch ein dahingehender Schulungsbedarf eines neu gewählten Personalratsmitglieds anzuerkennen, wenn und soweit entsprechende Kenntnisse nicht bereits in einer Grundschulung zum Personalvertretungsrecht vermittelt worden sind.[20] Zu dem allgemeinen Arbeitsrecht gehören auch Kenntnisse zum Arbeitsschutz, zu Arbeitssicherheit und Unfallverhütung. Daher ist diese Kenntnisvermittlung zu diesem Themenbereich stets als erforderlich i. S. v. § 54 Abs. 1 BPersVG n. F. (§ 46 Abs. 6 BPersVG a. F.) anzusehen. Werden in den Schulungen spezielle Fragen zum Thema Arbeitsschutz und Arbeitssicherheit behandelt, liegt eine Spezialschulung vor. Für diese muss der Personalrat einen aktuellen und einen dienststellenbezogenen oder personalratsbezogenen Anlass darlegen, aus dem sich der konkrete Schulungsbedarf ergibt.[21]

5. Arbeitsschutz und Arbeitssicherheit im Personalrat

Nach § 46 BPersVG n. F. (§ 44 BPersVG a. F.) hat der Arbeitgeber dem Personalrat Büro- und Sitzungsräume zur Verfügung zu stellen. Bezüglich des erforderlichen Sachaufwands hat der Personalrat somit einen Überlassungsanspruch gegen die Dienststelle.[22] Die Zahl der zu überlassenden Räume hängt vom Umfang der Geschäftstätigkeit des Personalrats ab.[23] Aus dem Kriterium der Erforderlichkeit muss bereits folgen, dass die Ausstattung der Räume die Mindestvorgaben des Arbeitsschutzes und der Arbeitssicherheit erfüllen. Andernfalls kann der Personalrat seine Aufgaben nicht ordnungsgemäß wahrnehmen.

20 BVerwG 14.6.2006 – 6 P 13.05.
21 BAG 19.7.1995 – 1 ABR 49/94; BVerwG 25.6.1992 – 6 P 29.90.
22 Altvater/Baden/Baunack-Noll, BPersVG § 44 Rn. 43.
23 Altvater/Baden/Baunack-Noll, BPersVG § 44 Rn. 47.

Persönliche Schutzausrüstung

I. Einführung

Zu den erforderlichen Maßnahmen des → **Arbeitgebers** bei der Gestaltung der Arbeitsbedingungen nach § 3 ArbSchG zählt auch die Zurverfügungstellung von besonderer Arbeitsschutzkleidung, der sog. persönlichen Schutzausrüstung (PSA). Es handelt sich dabei um alle Ausrüstungen, die dazu bestimmt sind, von den Beschäftigten benutzt oder getragen zu werden, um sich gegen eine aus den konkreten Bedingungen an ihrem Arbeitsplatz ergebende → **Gefährdung** für ihre Sicherheit und Gesundheit zu schützen, sowie jede mit demselben Ziel verwendete und mit den persönlichen Schutzausrüstungen verbundene Zusatzausrüstung, Art. 2 Abs. 1 PSA-Benutzungsrichtlinie.[1] Hierzu gehören beispielsweise[2]:

- Schutzkleidung
- Hand- und Armschutz
- Schnitt- und Stechschutz
- Atemschutz
- Fuß- und Knieschutz
- Augen- und Gesichtsschutz
- Kopfschutz
- Gehörschutz
- Hautschutzmittel
- PSA gegen Absturz
- PSA zum Retten aus Höhen und Tiefen
- PSA gegen Ertrinken

---

1 Richtlinie 89/656/EWG des Rates v. 30.11.1989 über Mindestvorschriften für Sicherheit und Gesundheitsschutz bei Benutzung persönlicher Schutzausrüstungen durch Arbeitnehmer bei der Arbeit.

2 Aufzählung nach DGUV Information 212-515, abrufbar unter: *https://publikationen.dguv.de/widgets/pdf/download/article/276.*

Die weitgehend europäisch geprägten Regeln zu PSA werden national durch die »Verordnung über Sicherheit und Gesundheitsschutz bei der Benutzung persönlicher Schutzausrüstungen bei der Arbeit (PSA-Benutzungsverordnung (PSA-BV))« umgesetzt und konkretisieren die sehr allgemein formulierten Anforderungen der §§ 3, 5, 12 ArbSchG. Daneben treten die Vorgaben der europäischen Verordnung über persönliche Schutzausrüstungen (PSA-VO).[3]
Das Tragen von PSA zählt zu den persönlichen Maßnahmen zur Vermeidung von Verletzungen und Gesundheitsbeeinträchtigungen im Arbeitsschutz nach § 4 Nr. 5 ArbSchG. Die PSA kommt daher erst nachrangig zur Geltung, wenn bestehende Gefährdungen nicht schon durch technische oder organisatorische Maßnahmen vermeiden werden können (TOP-Prinzip, → **Gefährdung**).

II. Einzeldarstellung

1. Anforderungen an die PSA

Bei den PSA-Regeln handelt es sich um eine Querschnittsmaterie aus Arbeitsschutzrecht und Produktsicherheitsrecht.[4] Entsprechend enthalten europäisches und nationales Recht diverse Regeln, die sich nicht nur mit der Benutzung der PSA, sondern auch mit dem Inverkehrbringen derselben beschäftigen.

a) Risikokategorien nach der PSA-VO

Grundlage der Produktion und des Vertriebs von PSA ist die Unterteilung nach Risikokategorien, wie sie sich aus der europäischen PSA-VO ergeben. Diese unterscheidet drei Kategorien:

- Kategorie I umfasst ausschließlich geringfügige Risiken.

Kategorie II umfasst Risiken, die nicht unter Kategorie I oder Kategorie III aufgeführt sind. Jede PSA, die nicht der Kategorie I und III unterliegen, sind automatisch Kategorie II.

- Kategorie III umfasst ausschließlich die Risiken, die zu sehr schwerwiegenden Folgen wie Tod oder irreversiblen Gesundheitsschäden führen können.

Die Kategorisierung hat nicht nur Bedeutung für den betrieblichen Arbeitsschutz, sondern für jedwede Schutzausrüstung, die auch im privaten Bereich zum Einsatz kommt. Entsprechend weit gefasst sind die Beispiele für die jewei-

3 Verordnung (EU) 2016/425 des Europäischen Parlaments und des Rates vom 9.3.2016 über persönliche Schutzausrüstungen und zur Aufhebung der Richtlinie 89/686/EWG des Rates; hierzu Schucht, EuZW 2016, 407–411.

4 Schucht, EuZW 2016, 407f.

ligen Kategorien. Zu **Kategorie I** zählen abschließend Gegenstände zum Schutz gegen:
- oberflächliche mechanische Verletzungen,
- Kontakt mit schwach aggressiven Reinigungsmitteln, wie z. B. Gummihandschuhe,
- Verbrennungen von heißen Oberflächen, deren Temperatur 50 °C nicht übersteigt,
- Sonneneinstrahlung (z. B. Sonnenbrillen) sowie
- nicht extreme Witterungsbedingungen (z. B. Regenjacken).

Zu der abschließenden Aufzählung[5] der Kategorie III gehören Gegenstände zum Schutz gegen:
- gesundheitsgefährdende Stoffe und Gemische
- Sauerstoffmangel
- hochansteckende biologische Erreger und Gifte (Agenzien)
- ionisierende Strahlung
- heiße Umgebungen, die sich vergleichbar auswirken wie eine Lufttemperatur von 100 °C oder mehr
- kalte Umgebungen, die sich vergleichbar auswirken wie eine von – 50 °C oder weniger
- Abstürze aus der Höhe
- Stromschlag und Arbeit an unter Spannung stehenden Teilen
- Ertrinken
- Schnittverletzungen durch handgeführte Kettensägen
- Hochdruckstrahl
- Verletzungen durch Projektile oder Messerstiche
- schädlichen Lärm

Zu der **Kategorie II** zählen alle PSA, die keiner der beiden anderen Kategorien zuzuordnen sind. Oftmals sind dies auch alltägliche Gegenstände, die den Schutz vor mechanischen Risiken gewährleisten, wie z. B. Fahrradhelme, Arbeitshandschuhe und Sicherheitsschuhe. Aber auch Schwimmhilfen, wie Schwimmflügel für Kinder unterliegen der Kategorie II.

b) CE-Zertifizierung

Die individuellen Anforderungen an die PSA richten sich nach der einschlägigen Kategorie. Dieser Bereich ist geregelt im Produktsicherheitsgesetz (ProdSG) und in den dieses Gesetz ergänzenden Verordnungen. Das ProdSG setzt damit die europäischen Vorgaben der PSA-VO um. Ob die gesetzlichen Vorgaben eingehalten werden, ist anhand der CE-Zertifizierung erkennbar. Das steht CE für

5 S. auch Schwab/Weber/Winkelmüller-Hussing, DGUV 1 § 31 Rn. 4.

»Conformité Européenne« (»Übereinstimmung mit den EUR-Richtlinien«). Der jeweilige Hersteller weist dadurch zwingend und gut sichtbar nach, dass die PSA den Anforderungen ihrer jeweiligen Kategorie entsprechen. PSA, die der Kategorie III zuzuordnen sind, sind zudem mit einer vierstelligen Kennnummer der zugelassenen Prüfstelle versehen. Ohne die Kennzeichnung mit dem CE-Zeichen darf die Ware nicht in der EU in Verkehr gebracht werden.

2. Arbeitgeberpflichten

Der Arbeitgeber ist dazu verpflichtet, seinen Beschäftigten die erforderliche PSA zur Verfügung zur stellen (§ 618 BGB, § 3 ArbSchG). Dabei darf er ausschließlich PSA verwenden, die CE-zertifiziert sind, keine größere Gefährdung für Leben und Gesundheit als der Arbeitsplatz selbst zur Folge haben und den ergonomischen Anforderungen der Beschäftigten entsprechen, § 2 Abs. 1 PSA-BV. Entsprechend ist etwa das Tragen von Schutzhandschuhen an Bohr- oder Drehmaschinen wegen der Gefahr des Eindrehens verboten. Grundsätzlich muss jedem Beschäftigten eine individuelle PSA für die Eigennutzung zur Verfügung gestellt werden.

a) Unterweisungspflicht

Die Pflichten des Arbeitgebers erschöpfen sich nicht allein in der Zurverfügungstellung der PSA. Nach § 3 PSA-BV hat der Arbeitgeber die Beschäftigten darin zu unterweisen, wie die PSA sicherheitsgerecht benutzt wird und erforderlichenfalls eine entsprechende Schulung in der Benutzung durchzuführen. Die Unterweisung hat mit Übungen jeweils vor der ersten Benutzung zu erfolgen. Danach soll die Unterweisung jährlich erfolgen, um so nicht nur den sicheren Umgang mit der PSA zu gewährleisten, sondern auch das richtige Verhalten in kritischen Situationen zu üben.

Diese allgemeine Anforderung wird hinsichtlich der PSA mit besonderer Schutzfunktion vor tödlichen Gefahren und bleibenden Gesundheitsschädigungen der Kategorie III durch § 31 DGUVV 1 konkretisiert.[6]

Weitere Vorgaben zur Nutzung von PSA finden sich in den nachfolgenden DGUV-Regeln. Auf eine Einzeldarstellung wird an dieser Stelle verzichtet.

- DGUV Regel 112-189 – Benutzung von Schutzkleidung
- DGUV Regel 112-190 – Benutzung von Atemschutzgeräten
- DGUV Regel 112-191 – Benutzung von Fuß- und Knieschutz
- DGUV Regel 112-192 – Benutzung von Augen- und Gesichtsschutz
- DGUV Regel 112-193 – Benutzung von Kopfschutz

---

6 Hussing, a. a. O. Rn. 3.

- DGUV Regel 112-194 – Benutzung von Gehörschutz
- DGUV Regel 112-195 – Benutzung von Schutzhandschuhen
- DGUV Regel 112-198 – Einsatz von persönlichen Schutzausrüstungen gegen Absturz
- DGUV Regel 112-199 – Benutzung von persönlichen Schutzausrüstungen zum Retten aus Höhen und Tiefen
- DGUV Regel 112-201 – Einsatz von persönlichen Schutzausrüstungen gegen Ertrinken.

b) Kostentragung

Die Pflicht, die PSA zur Verfügung zu stellen, zählt zu den Grundpflichten nach § 3 ArbSchG. Die Kosten hierfür zählen zu den Betriebskosten und sind nach § 3 Abs. 3 ArbSchG vom Arbeitgeber selbst zu tragen.[7] Der Arbeitgeber kann sich dabei auch nicht darauf berufen, dass sich die PSA ggf. abnutzt und damit unbrauchbar wird oder dass die PSA dazu bestimmt ist, nur durch eine Person genutzt zu werden (vgl. § 2 Abs. PSA-BV).

Lediglich für den Fall, dass die PSA nicht ausschließlich arbeitsbezogen, sondern auch im privaten Bereich von dem Beschäftigten genutzt wird, kann ausnahmsweise eine Kostenbeteiligung erfolgen.[8] Voraussetzung hierfür ist:

- Die Nutzung der PSA ist nicht auf die Arbeit beschränkt und
- der Beschäftigte wünscht eine private Nutzung.

Da der Beschäftigte in diesem Fall einen Vorteil für seine private Lebensführung zieht, ist es zulässig, ihn an den Kosten zu beteiligen. Die Rechtsgrundlage für die Kostenbeteiligung ist hier eine einzelvertragliche Vereinbarung oder möglicherweise eine Betriebs- oder Dienstvereinbarung. Eine einseitige Abwälzung der Kosten auf den Beschäftigten ist auf jeden Fall unzulässig.[9] Auch die bloße Billigung des Privatgebrauchs genügt nicht.[10] Auch eine Betriebs- oder Dienstvereinbarung, die keine freiwillige Entscheidung des Beschäftigten zulässt, ist unwirksam.[11]

Der Abschluss einer Betriebsvereinbarung zur Kostentragung ist nicht im Wege der Einigungsstelle möglich, sondern allenfalls als freiwillige Betriebsvereinbarung nach § 88 BetrVG. Im Geltungsbereich des BPersVG ist der Abschluss freiwilliger Dienstvereinbarungen indes nicht möglich.[12] Die Kostentragung im

7 BAG 18.08.1982 – 5 AZR 493/80.

8 BAG, a. a. O.; hiervon geht etwa auch BT-Drs. 123/3540, S. 16 aus.

9 BAG, a. a. O.

10 Aligbe, Abschnitt M, Kosten und Steuern Rn. 27.

11 BAG 10.03.1976 – 5 AZR 34/75.

12 Altvater/Baden/Baunack-Berg, § 73 Rdnr. 5; vgl. zu den landesrechtlichen Bestimmungen: Albicker/Wiesenecker, NZA 2007, 842 f.

öffentlichen Dienst kann daher nur durch einzelvertragliche Vereinbarung erreicht werden.
Der Arbeitgeber hat die erforderliche PSA vor der konkreten Arbeitserbringung am Arbeitsplatz vorzuhalten. Stehen dem Beschäftigten die erforderlichen PSA nicht oder nicht rechtzeitig zur Verfügung, ist er berechtigt, sich diese auf eigene Kosten zu besorgen, soweit er dies nach den Umständen für erforderlich halten durfte. In diesem Fall hat er gegen den Arbeitgeber einen Anspruch auf Erstattung der Kosten nach § 670 BGB. Es ist dabei unerheblich, ob der Arbeitgeber seiner Pflicht schuldhaft nicht nachkommt oder ob er den Umstand nicht zu vertreten hat.[13]

3. Pflicht der Beschäftigten

Arbeitnehmer und Beamte haben die zur Verfügung gestellten PSA entsprechend der Unterweisung zu nutzen und in bestimmungsgemäßen Zustand zu halten, § 16 ArbSchG iVm. § 17 DGUVV 1. Hierzu gehört auch die Pflicht zur regelmäßigen Prüfung auf äußerlich erkennbare Mängel und deren unverzügliche Meldung beim Arbeitgeber.

III. Hinweise für die Mitbestimmung

1. Entscheidungsspielraum bei der Auswahl der PSA

Trotz der hohen Regelungsdichte hinsichtlich der PSA lassen die gesetzlichen Bestimmungen einen hinreichenden Spielraum, um der jeweiligen betrieblichen Situation gerecht werden zu können. Insofern besteht jedenfalls bei der Frage, welche PSA im Einzelfall geeignet ist, ein hinreichender Entscheidungsspielraum. Insoweit hat der Arbeitgeber ein Ermessen bei der Auswahl der geeigneten PSA.[14] In diesem Rahmen haben Arbeitgeber und Betriebsrat gemeinsam nach § 87 Abs. 1 Nr. 7 BetrVG zu entscheiden, mit welchen Mitteln der gesetzliche Sicherheitsstandard erreicht werden soll.[15] Dasselbe gilt nach § 80 Abs.1 Nr. 16 BPersVG n. F. (§ 75 Abs. 3 Nr. 11 BPersVG a. F.[16]).[17]

---

13 Aligbe, a. a. O., Rn. 28–32.
14 BAG 16. 6. 1998 – 1 ABR 68/97.
15 BAG 16. 6. 1998 – 1 ABR 68/97.
16 BPersVG v. 15. 3. 1974 (BGBl. I S. 693); zuletzt geändert durch Gesetz vom 9. 6. 2021 (BGBl. I S. 1614).
17 Vgl. etwa VGH Baden-Württemberg 27. 9. 1994 – 15 S 2844/93.

2. Zuständigkeitsfragen

a) Zuständigkeit bei Leiharbeitnehmern

Für Leiharbeitnehmer ist der Betriebsrat im Entleiherbetrieb zuständig, §§ 87 Abs. 1 Nr. 7, 11 Abs. 6 S. 1 AÜG. Der Betriebsrat eines Verleiherbetriebs hat regelmäßig kein Mitbestimmungsrecht.[18] Etwas anderes ergibt sich nur, wenn der Verleiherbetrieb sich gegenüber dem Entleiher auf Stellung der PSA verpflichtet. In diesem Fall bleibt es gleichwohl bei der Aufsichtspflicht des Betriebsrats im Entleiherbetrieb nach § 80 Abs. 1, 2 BetrVG.

b) Zuständigkeit des Gesamtbetriebsrats

Denkbar ist auch die Zuständigkeit des GBR, soweit es sich um Arbeitsanweisungen handelt, die unternehmensweit einheitlich durchgeführt werden, bspw. bei Montagearbeiten, die typischerweise im Außendienst erbracht werden.[19]

IV. Inhalt einer Betriebs- und Dienstvereinbarung

Der Inhalt einer Betriebs- oder Dienstvereinbarung hängt von dem jeweiligen Einzelfall ab. Einzelfragen der PSA lassen sich aber sinnvoll im Zusammenhang mit einer Vereinbarung zur Durchführung einer → **Gefährdungsbeurteilung** regeln. Dabei kann insbesondere auf folgende Aspekte eingegangen werden:
- Bedarfsermittlung, insb. Beteiligung der Beschäftigtenvertretung
- Regelung der Instandsetzung, Wartung und Reinigung
- Kostentragungspflicht, soweit dies zulässig ist, oder
- Haftungsfragen bei Beschädigung

Insbesondere im Anwendungsbereich des TVöD/TV-L sind bei letztgenanntem Punkt die Vorschriften der Haftungsprivilegierung der Beschäftigten zu beachten, § 3 Abs. 6, 7 TVöD/§ 3 Abs. 7 TV-L.

---

18 BAG 7.6.2016 – 1 ABR 25/14.

19 BAG 16.6.1998 – 1 ABR 68/97

Psychische Erkrankungen / Psychische Belastungen

I. Einführung

Eine psychische Erkrankung ist ein Zustand, der durch krankheitswertige Veränderungen des Erlebens und Verhaltens gekennzeichnet ist. Es kann mit Abweichungen der Wahrnehmung, des Denkens, Fühlens oder auch des Selbstbilds (Selbstwahrnehmung) einhergehen. Die häufigsten psychischen Erkrankungen sind Depressionen und Angststörungen. Als psychische Erkrankungen zählen aber auch Burnout und das chronische Müdigkeits-/Erschöpfungssyndrom. Auch der Begriff »Burnout« beschreibt eine Phase tiefster Erschöpfung, resultierend aus permanentem Stress. Burnout ist keine fest umrissene Krankheit, sondern beschreibt einen Prozess, der oft durch Stress bei der Arbeit ausgelöst wird. Auch wenn psychische Erkrankungen nicht zwingend im Arbeitsverhältnis ihre (alleinige) Ursache haben, spielen sie in der Arbeitswelt eine immer größere Rolle, insbesondere weil in vielen Berufen der Leistungsdruck zunimmt. Dies wird durch Zahlen eindrucksvoll belegt:

So ergab eine Studie der BAuA, dass im Jahre 2012 11,4 % aller betrieblichen Arbeitsunfähigkeitstage auf die Diagnose »Psychische und Verhaltensstörungen« zurückgingen, im Jahr 2016 waren es sogar 16,2 %.[1] Aus derselben Studie geht hervor, dass im Jahr 2016 auch 42,8 % – und damit die meisten – aller Frühverrentungen darauf beruhten.

Allerdings wird davon ausgegangen, dass psychische Störungen in den letzten Jahren nicht derartig drastisch zugenommen haben. Vielmehr besteht eine erhöhte Sensibilität, einhergehend mit einer größeren Anzahl an Diagnosen und Behandlungen.[2]

Welche enormen Konsequenzen eine psychische Erkrankung für das Arbeitsverhältnis haben kann, belegt der Bericht der BAuA für 2016: Hiernach waren

1 Sicherheit und Gesundheit bei der Arbeit – Berichtsjahr 2012 und 2016 der BAuA.

2 Sasse/Schönfeld, RdA 2016, 346.

in 2016 Arbeitnehmer im Durchschnitt rund 19 Tage krankgeschrieben, bei psychischen Störungen hingegen lag der Mittelwert bei 28,5 Tagen.[3] Die Diagnosegruppe »Psychische und Verhaltensstörungen« verursachte 21,5 Milliarden Euro Ausfall an Bruttowertschöpfung und 12,2 Milliarden Euro an Produktionsausfallkosten.[4]
Zu unterscheiden vom Begriff der psychischen Erkrankung ist der Begriff der psychischen Belastung. Dieser wird definiert als »Gesamtheit aller erfassbaren Einflüsse, die von außen auf den Menschen zukommen und psychisch auf ihn einwirken«.[5] Psychische Belastungen bei der Arbeit sind Risikofaktoren, die eine psychische Erkrankung (mit)verantworten können.

II. Einzeldarstellung

1. Handlungspflichten des Arbeitgebers

a) Gefährdungsbeurteilung

Der Gesetzgeber hat sich in den letzten Jahren verstärkt des Themas psychische Erkrankungen bzw. Belastungen angenommen. So ist beispielsweise in § 4 Nr. 1 ArbSchG festgehalten, dass die Arbeit so zu gestalten ist, dass eine Gefährdung für das Leben sowie die physische und psychische Gesundheit möglichst vermieden und die verbleibende Gefährdung möglichst gering gehalten wird. Eine entsprechende Verpflichtung des Arbeitgebers folgt auch aus der allgemeinen, in den §§ 241 Abs. 1, 618 BGB normierten Fürsorgepflicht.
Wichtigstes Instrument stellt aber § 5 ArbSchG dar. § 5 ArbSchG verpflichtet den Arbeitgeber, eine → **Gefährdungsbeurteilung** durchzuführen, d. h. mögliche Gefahrenquellen zu identifizieren und erforderliche Maßnahmen zu treffen. In § 5 Abs. 3 Nr. 6 ArbSchG ist festgehalten, dass sich eine Gefährdung insbesondere auch durch psychische Belastungen bei der Arbeit ergeben kann. Der Arbeitgeber hat im Rahmen der Gefährdungsbeurteilung die DIN EN ISO 10075 »Ergonomische Grundlagen bezüglich psychischer Arbeitsbelastung« zu berücksichtigen. Hierbei handelt es sich um einen internationalen Standard (siehe auch Stichwort → **DIN-Normen**), der die Berücksichtigung des Stands der Technik näher beschreibt. In drei Teilen beschreibt diese DIN-Norm

- Allgemeine Aspekte, Konzepte und Begriffe (Teil 1),
- Gestaltungsgrundsätze (Teil 2) und

---

3 Sicherheit und Gesundheit bei der Arbeit – Berichtsjahr 2016 der BAuA.
4 BAuA – Arbeitswelt im Wandel: Zahlen-Daten-Fakten 2018, S. 50.
5 DIN EN ISO 1075-1, Ziff. 3.1.

- Grundsätze und Anforderungen an Verfahren zur Messung und Erfassung psychischer Arbeitsbelastung (Teil 3).

Des Weiteren legt § 3 Abs.2 Nr. 3 BetrSichV fest, dass der Arbeitgeber die physischen und psychischen Belastungen der Beschäftigten, die bei der Verwendung von Arbeitsmitteln auftreten, berücksichtigen muss.

Im Übrigen enthält auch das Jugendarbeitsschutzgesetz Schutznormen bezüglich psychischer Belastungen: So dürfen Jugendliche mit Arbeiten, die ihre physische oder psychische Leistungsfähigkeit übersteigen, nicht beschäftigt werden (§ 22 Abs.1 Nr. 1 JArbSchG). Zudem hat der Arbeitgeber vor Beginn der Beschäftigung Jugendlicher und bei wesentlicher Änderung ihrer Arbeitsbedingungen die damit verbundenen Gefährdungen zu beurteilen (§ 28a Satz 1 JArbSchG).

Psychische Belastungen können aus folgenden Aspekten des Arbeitsverhältnisses herrühren:

- Arbeitsaufgabe
- Arbeitsmittel
- Arbeitsumgebung
- Arbeitsorganisation
- Arbeitsplatz

Belastungen können dabei insbesondere entstehen durch Arbeitsverdichtung (Mehrarbeit), Über-/Unterforderung, Beschleunigung, Entgrenzung (ständige Erreichbarkeit), Flexibilisierung, Multitasking, Arbeitsunterbrechungen, die Umgebung (Hitze, Schmutz, Staub, etc.), schlechtes Vorgesetztenverhalten oder schlechtes Betriebsklima.[6]

Im Rahmen der psychischen Gefährdungsbeurteilung geht es nicht darum, die psychische Situation des einzelnen Beschäftigten zu analysieren, sondern zunächst die gefährdenden Faktoren der Arbeitsumwelt festzustellen, zu ermitteln und zu beurteilen.

Denkbare **Methoden** sind z. B. Mitarbeiterfragebögen, Interviews und/oder Workshops.[7] Die »ideale« Methode zur Ermittlung der Gefährdungen gibt es nicht, sondern ist auf den jeweiligen Betrieb angepasst auszuwählen. Beispielweise können in dem einen Betrieb längere Fragebögen sinnvoll sein, in dem anderen Betrieb kürzere.[8] Nachdem die Gefährdungen ermittelt und beurteilt wurden, sind entsprechende Maßnahmen zu ergreifen, z. B. die Reduktion von Störungen, die Zuweisung anderer, nicht mehr nur monotoner Arbeiten etc.

Obwohl die Arbeitgeber bereits seit 1996 die Verpflichtung aus dem ArbSchG haben, eine Gefährdungsbeurteilung durchzuführen, wird diese Verpflichtung

---

6 Balikciouglu, NZA 2015, 1424, 1426; Stück, ArbR Aktuell 2015, 515, 516; Sasse/Schönfeld, RdA 2016, 346f.

7 Balikciouglu, NZA 2015, 1424, 1426.

8 Balikciouglu, NZA 2015, 1424, 1427, die auch ein konkretes Beispiel für den Ablauf einer solchen Gefährdungsbeurteilung darstellt.

nicht ernst genommen. Im Jahr 2008/2009 haben nur 20 % aller befragten mitbestimmten Betriebe eine Gefährdungsbeurteilung durchgeführt.[9] 2015 führte die Gemeinsame Deutsche Arbeitsschutzstrategie (GDA) eine Betriebsbefragung in 6500 Betrieben durch und stellte fest, dass 52,4 % der Betriebe Gefährdungsbeurteilungen durchgeführt haben. Über die inhaltliche Ausgestaltung der Gefährdungsbeurteilung und über die ermittelten Arbeits- und Gesundheitsschutzmaßnahmen gibt es keine Zahlen.[10]

b) Betriebliches Eingliederungsmanagement

Der Arbeitgeber ist nach § 167 Abs. 2 SGB IX verpflichtet, ein → **Betriebliches Eingliederungsmanagement** anzubieten, wenn jemand aufgrund einer psychischen Erkrankung länger als sechs Wochen innerhalb eines Kalenderjahres arbeitsunfähig krank ist.

2. Handlungspflichten und Rechte der Beschäftigten

Beschäftigte müssen Gefährdungen für die psychische Gesundheit für sich und/oder die Arbeitskollegen anzeigen. Verpflichtungen bestehen u. a. nach den §§ 15, 16 ArbSchG. Insoweit werden die Einzelheiten im Zusammenhang mit der → **Gefährdungsanzeige** näher dargelegt.
Des Weiteren können Beschäftigte nach § 17 ArbSchG auch Vorschläge zum Gesundheitsschutz unterbreiten.
Der Beschäftigte hat zudem nach § 5 Abs. 1 ArbSchG i. V. m. § 618 BGB Anspruch auf Durchführung einer Gefährdungsbeurteilung, kann die Durchführung also vom Arbeitgeber verlangen. Allerdings kann der Beschäftigte, da der Betriebsrat entsprechend mitzubestimmen hat, nicht verlangen, dass die Gefährdungsbeurteilung nach von ihm vorgegebenen Kriterien durchgeführt wird.[11]

3. Kündigung und Sonderkündigungsschutz

Eine personenbedingte Kündigung wegen erheblicher Fehlzeiten aufgrund der psychischen Erkrankung ist zwar denkbar, aber an sehr strenge Voraussetzungen geknüpft (→ **krankheitsbedingte Kündigung**). Es müssen Fehlzeiten in einem erheblichen Ausmaß eingetreten sein (entweder durch sehr häufige Kurzerkrankungen oder eine sehr lange Dauererkrankung). Zudem muss eine negative Prognose bestehen, dass sich dieser Zustand auf absehbare Zeit nicht bessern wird

9 BT-Drucksache 17/9478.
10 BAuA – Arbeitswelt im Wandel: Zahlen-Daten-Fakten 2018, S.74,75.
11 BAG 12. 8. 2008 – 9 AZR 1117/06.

und es somit erneut bzw. weiterhin zu erheblichen Fehlzeiten kommt und dies für den Arbeitgeber nicht mehr hinnehmbar ist (siehe dazu auch die Ausführungen zum → **Betrieblichen Eingliederungsmanagement**).
Eine psychische Erkrankung kann dazu führen, dass der Beschäftigte letztlich auch eine Behinderung hat. Ist diese so schwerwiegend, dass der Grad der Behinderung mindestens 50 beträgt, gilt der Beschäftigte als schwerbehindert, § 2 Abs. 2 SGB IX (→ **Schwerbehinderung**). Bei einem Grad der Behinderung von mindestens 30 kann sich der Beschäftigte einem schwerbehinderten Menschen gleichstellen lassen (→ **Gleichstellung**). In beiden Fällen bedarf eine krankheitsbedingte Kündigung des Beschäftigten dann der Zustimmung des → **Integrationsamtes** (§ 168 SGB IX). Das Integrationsamt hat die Zustimmung nach pflichtgemäßem Ermessen zu treffen. Ein wichtiger Aspekt im Rahmen der Entscheidung ist, ob die Kündigung im Zusammenhang mit den Gründen steht, die bereits zur Behinderung geführt haben. Bei hohen Fehlzeiten aufgrund einer psychischen Erkrankung, die auch Basis für die anerkannte Behinderung ist, ist dies zu bejahen. Zwar ist auch in einer solchen Konstellation eine Zustimmung zur Kündigung nicht ausgeschlossen, an die Zumutbarkeitsgrenze sind für den Arbeitgeber aber besonders hohe Anforderungen zu stellen.[12]

III. Hinweise zur Mitbestimmung

Gem. § 87 Abs. 1 Nr. 7 BetrVG hat der Betriebsrat mitzubestimmen in Angelegenheiten des betrieblichen Gesundheitsschutzes, solange der Arbeitgeber aufgrund öffentlich-rechtlicher Rahmenvorschriften Regelungen zu treffen hat, bei deren Ausgestaltung ihm Handlungsspielräume verbleiben. Dies ist hinsichtlich der §§ 4, 5 ArbSchG der Fall, da diese weder genau festlegen, wie die Gefährdungsbeurteilung durchzuführen ist noch welche konkreten Maßnahmen aus ihr abzuleiten sind. Insoweit hat der Betriebsrat auch ein Initiativrecht, kann also von sich aus Maßnahmen vorschlagen.
Wenn der Arbeitgeber eine → **Arbeitsschutzorganisation** (vgl. § 3 Abs. 2 ArbSchG) aufbauen möchte, hat der Betriebsrat ebenfalls nach § 87 Abs. 1 Nr. 7 BetrVG mitzubestimmen. Demgegenüber besteht kein Mitbestimmungsrecht des Betriebsrats bei der Übertragung einzelner Aufgaben nach § 13 Abs. 2 ArbSchG.[13] Letzteres gilt auch dann, wenn die Durchführung der Gefährdungsbeurteilung auf Dritte delegiert wird.[14] In diesem Fall kann der Betriebsrat aber

12 BVerwG 19.10.1995 – 5 C 24/93.
13 BAG 18.3.2014 – 1 ABR 73/12.
14 BAG 18.08.2009 – 1 ABR 43/08.

zumindest im Rahmen seiner Mitbestimmung darauf hinwirken, dass generalisierende Regelungen darüber getroffen werden, welche Qualifikationen und Kenntnisse die beauftragten Personen besitzen müssen.[15]

Des Weiteren hat der Betriebsrat die Pflicht, gem. § 80 Abs. 1 Nr. 1 BetrVG die Einhaltung der Arbeitsschutzvorschriften als gesetzliche Vorschriften zu überwachen.

Der Betriebsrat kann einer Versetzung auf einen Arbeitsplatz nicht deshalb widersprechen, weil zuvor keine Gefährdungsbeurteilung durchgeführt wurde (§ 99 Abs. 2 Nr. 1 BetrVG i. V. m. § 5 ArbSchG, § 3 Abs. 1 ArbStättV). Begründet wird dies damit, dass nicht die Maßnahme an sich (die Versetzung) gegen gesetzliche Vorschriften verstößt.[16]

Der Personalrat hat gem. § 80 Abs.1 Nr. 16 BPersVG n. F. (§ 75 Abs. 3 Nr. 11 BPersVG a. F.[17]) bzw. nach den entsprechenden landesrechtlichen Vorschriften mitzubestimmen bei Maßnahmen zur Verhütung von Dienst- und Arbeitsunfällen und Berufskrankheiten sowie sonstigen Gesundheitsschädigungen. Nach der Rechtsprechung hat der Personalrat allerdings (anders als der Betriebsrat) nicht bei der Durchführung der Gefährdungsbeurteilung mitzubestimmen, sondern erst bei der Frage der aus der Gefährdungsbeurteilung abzuleitenden Maßnahmen.[18]

15 BAG a. a. O.

16 LAG München 30. 11. 2011 – 11 TaBV 62/11.

17 BPersVG v. 15. 3. 1974 (BGBl. I S. 693); zuletzt geändert durch Gesetz vom 9. 6. 2021 (BGBl. I S. 1614).

18 BVerwG 5. 3. 2012 – 6 PB 25/11.

Raumgröße

Im Hinblick auf das Wohlbefinden der Beschäftigten sowie auf die Schaffung eines hinreichenden Arbeitsschutzes machen diverse → **Technische Regeln** konkrete Vorgaben für die Raumgröße und -gestaltung. Diese technischen Regeln beschreiben allgemein die Raumabmessung und die Vorgabe zu Bewegungsflächen sowohl hinsichtlich des konkreten Arbeitsplatzes (ASR A1.2), als auch hinsichtlich von Sanitärräumen (ASR A4.1), Pausen- und Bereitschaftsräumen (ASR A4.2) oder die barrierefreie Gestaltung von Arbeitsstätten (ASR V3a.2, siehe auch → **Behinderte Beschäftigte**).

Im Vordergrund der technischen Vorgaben steht dabei die Einhaltung der erforderlichen Grundflächen in Arbeitsräumen, die folgende Bereiche umfassen:

- Bewegungsflächen der Beschäftigten am Arbeitsplatz,
- Flächen für Verkehrswege einschließlich der Fluchtwege und Gänge zu den Arbeitsplätzen und sonstigen Betriebseinrichtungen,
- Stellflächen für Arbeitsmittel, Einbauten und Einrichtungen,
- Funktionsflächen für alle Betriebs-bzw. Benutzungszustände von Arbeitsmitteln, Einbauten und Einrichtungen und
- Flächen für Sicherheitsabstände, soweit sie nicht bereits in den Stell- oder Funktionsflächen berücksichtigt sind.

Die jeweiligen Vorgaben variieren je nach Raumnutzung. So sollen Einzelbüros mind. 8–10 qm groß sein, Großraumbüros müssen zudem mind. 12 - 15 qm pro Person umfassen. Die Bewegungsflächen am Arbeitsplatz müssen zudem alle während der Tätigkeit einzunehmen Körperhaltungen berücksichtigen und für jeden Arbeitnehmer mindestens 1,50 qm betragen. Bei unmittelbar nebeneinander angeordneten Arbeitsplätzen muss die Breite der Bewegungsfläche an jedem Arbeitsplatz mindestens 1,20m betragen; bei Einzelarbeitsplätzen genügt eine Mindestbreite von 1,00m.

In Abhängigkeit von der Grundfläche muss die lichte Höhe von Arbeitsräumen betragen:

- Bei bis zu 50 qm mindestens 2,50m,
- bei mehr als 50 qm mindestens 2,75m,
- bei mehr als 100 qm mindestens 3,00m und

- bei mehr als 2000 qm mindestens aber 3,25m.

Im Ausnahmefall kann die lichte Höhe auch herabgesetzt werden, wenn keine gesundheitlichen Bedenken bestehen. Dies ist im Rahmen einer → **Gefährdungsbeurteilung** zu ermitteln.

Pausen- und Sanitärräume (→ **Pausenräume**) müssen so gestaltet sein, dass sie der Sicherheit und der Gesundheit der Beschäftigten zuträglich eingerichtet und betrieben werden. Ein Pausenraum oder Pausenbereich ist zwingend zur Verfügung zu stellen, wenn mehr als 10 Beschäftigte einschließlich Leiharbeitnehmern gleichzeitig in der Arbeitsstätte tätig sind. Bei den räumlichen Vorgaben gelten dieselben Regeln wie für die Arbeitsplätze.

Die → **Arbeitsbedingungen** sind hinsichtlich von Raumgröße und -gestaltung durch die teils sehr konkreten gesetzlichen Vorgaben weitgehend technisch vorgegeben und unterliegen insoweit lediglich dem allgemeinen Überwachungs- und Informationsrecht des Betriebsrats nach § 80 Abs. 1, 2 BetrVG bzw. des Personalrats nach § 62, 66 BPersVG n. F. (§ 68 Abs. 1, 2 BPersVG a. F.[1]).

1 BPersVG v. 15. 3. 1974 (BGBl. I S. 693); zuletzt geändert durch Gesetz vom 9. 6. 2021 (BGBl. I S. 1614).

Raumklima

Arbeits- und Aufenthaltsräume sind so einzurichten, dass in ihnen während der Arbeitszeit und unter Berücksichtigung der Arbeitsverfahren, der körperlichen Beanspruchung des Beschäftigten ein der Gesundheit zuträgliches Raumklima besteht. Das subjektive Klimaempfinden hat nachweisliche Auswirkungen auf den körperlichen und psychischen Gesundheitszustand der betroffenen Personen Das Raumklima bestimmt sich dabei durch Raumtemperatur, Luftfeuchtigkeit, Zugluft und Wärmestrahlung. Genaueres beinhalten die → **Technischen Regeln** für Arbeitsstätten »Raumtemperatur (ASR A3.5)«[1] und die Technischen Regeln für Arbeitsstätten »Lüftung (ASR A3.6)«.[2]
Für die meisten Arbeitsplätze reicht die Lufttemperatur zur Beurteilung, ob ein gesundheitlich zuträgliches Raumklima vorhanden ist, aus. Im Einzelfall und gerade im Hinblick auf die Hitzeentwicklung im Sommer sind die Betriebsparteien dazu angehalten, eine → **Gefährdungsbeurteilung** durchzuführen. Dabei soll die Lufttemperatur in Arbeits- und Pausenräumen +26 °C nicht übersteigen. Steigen die Außentemperaturen insbesondere im Sommer auf über +26 °C, kann auch eine höhere Raumtemperatur zulässig sein. Der Arbeitgeber soll in diesem Fall aber geeignete Maßnahmen zum Schutz der Beschäftigten ergreifen.[3] Dies können z. B. sein:

- Steuerung des Sonnenschutzes z. B. durch Jalousien,
- Steuerung des Raumklimas durch Lüftungseinrichtungen,
- Lüftung in den frühen Morgenstunden,
- Arbeitszeitverlagerung durch Gleitzeitregelungen,
- Lockerung der Bekleidungsregeln,
- Bereitstellung von Getränken.

1 GMBl 2010, S. 751, zuletzt geändert GMBl 2018, S. 474.
2 GMBl 2012, S. 92, zuletzt geändert GMBl 2018, S. 474.
3 Näheres zur Beurteilung und zu möglichen Maßnahmen zur Verbesserung des Raumklimas findet sich in: DGUV Information 215–510 Beurteilung des Raumklimas 12/2016.

Überschreitet die Raumtemperatur +35 °C, ist dieser Raum ohne technische oder organisatorische Maßnahmen wie Klimaanlagen oder zusätzliche Pausen nicht als Arbeitsraum geeignet.
Zugluft und trockene Luft sind gerade in Büroräumen und im Winter oftmals ein besonderes Problem und können zu verschiedenen Haut-, Augen- und Atemwegserkrankungen führen.[4] Technische Lösungen durch Klimaanlagen und Luftbefeuchter können im Einzelfall Abhilfe schaffen. Jedoch ist dabei besonders zu beachten, dass eine regelmäßige Wartung und Reinigung der Geräte erfolgt. Auch sind die Beschäftigten im Umgang mit den Geräten entsprechend zu schulen, um eine ordnungsgemäße Bedienung zu gewährleisten.
Betriebsrat und Personalrat haben die Möglichkeit, auf Defizite hinzuweisen und im Rahmen der Mitbestimmung auf Abhilfe hinzuwirken.

4 DGUV Information 215–520 Klima im Büro 12/2016.

Ruhezeiten

I. Einführung

Ruhezeiten dienen der Erholung, d. h. der Wiederherstellung verausgabter Kräfte, insbesondere durch Schlaf. Die Hauptzwecke der gesetzlichen Regelung liegen im Schutz der Gesundheit sowie in der Sicherheit vor Gefahren, die auf Übermüdung und Überarbeitung zurückzuführen sind. Sie dienen darüber hinaus aber auch der freien Entfaltung der Arbeitnehmer.

Arbeitnehmer haben grundsätzlich Anspruch auf eine tägliche ununterbrochene Ruhezeit von elf Stunden sowie wöchentlich eine zusammenhängende Mindestruhezeit von 35 Stunden (i. d. R. als Sonntagsruhe). Lage und Dauer der Ruhezeiten sind unter Beachtung des gesetzlichen Mindestschutzes mitbestimmt.

II. Einzeldarstellung

1. Begriff und gesetzliche Regelung

Die tägliche Ruhezeit ist in § 5 ArbZG geregelt, die wöchentliche in § 9 ArbZG (»Sonntagsruhe«). Beide Regelungen dienen der Umsetzung der EU-Arbeitszeitrichtlinie (RL 2003/88/EG). Soweit möglich, ist die Arbeitszeitrichtlinie daher maßgeblich für die Auslegung. Zu den Ruhezeiten im weiteren Sinne gehört zudem die in § 9 ArbZG geregelte Feiertagsruhe, die keine europarechtlichen Grundlagen hat.

Ruhezeit ist jede Zeitspanne außerhalb der Arbeitszeit (Art. 2 Nr. 2 Arbeitszeitrichtlinie). Der → **Arbeitszeitbegriff** ist hier weit zu verstehen und umfasst Zeiten der Arbeitsbereitschaft, des Bereitschaftsdienstes sowie, mit Ausnahme der Anfahrtszeiten von und zur privaten Wohnung, auch erforderliche Wege-, Umkleide-, Vor- und Nachbereitungszeiten. Wie § 21a Abs. 3 Satz 3 ArbZG klar-

stellt, sind auch Zeiten der Rufbereitschaft grundsätzlich keine Ruhezeiten.[1] Vielmehr sind Ruhezeiten bei Fehlen anderweitiger Regelungen nur die Zeiträume, in denen der Arbeitnehmer völlig frei über den Aufenthaltsort und den Inhalt seiner (In-)Aktivität entscheiden kann.
Hauptzweck der Ruhezeiten ist es, sicherzustellen, dass Arbeitnehmer nicht wegen Übermüdung oder wegen eines unregelmäßigen Arbeitsrhythmus sich selbst oder andere gefährden und weder kurz- noch langfristig Gesundheitsschäden erleiden (Art. 2 Nr. 9 Arbeitszeitrichtlinie; § 1 ArbZG).

2. Dauer und Lage der Ruhezeiten

Nach Beendigung der täglichen Arbeitszeit und innerhalb jedes 24-Stunden-Zeitraums ist Arbeitnehmern eine ununterbrochene Mindestruhezeit von 11 zusammenhängenden Stunden zu gewähren (§ 5 Abs. 1 ArbZG; Art. 3 Arbeitszeitrichtlinie). Ununterbrochen heißt, dass jede Unterbrechung, sei sie auch noch so kurz, den Neubeginn der Messung erfordert. Ein Schichtbeginn um 7:00 Uhr morgens ist damit rechtswidrig, wenn nach 20 Uhr abends noch ein dienstlicher Anruf des Vorgesetzten erfolgt. Nichts anderes gilt für das Checken dienstlicher E-Mails. Da es sich bei den Ruhezeiten um öffentlich-rechtlichen zwingenden Arbeitnehmerschutz handelt, kann der Arbeitnehmer nicht freiwillig auf den Schutz verzichten. Hier hat der Arbeitgeber im Zweifel Sorge dafür zu tragen, dass die Ruhezeiten eingehalten werden (ständige → **Erreichbarkeit**).
Innerhalb jedes 7-Tages-Zeitraums (Art. 5 Arbeitszeitrichtlinie) ist zudem eine ununterbrochene Mindestruhezeit von 24 Stunden zuzüglich 11 Stunden täglicher Ruhezeit zu gewähren. Die tägliche Ruhezeit von 11 Stunden darf damit nicht auf die wöchentliche Ruhezeit von 24 Stunden angerechnet werden. Vielmehr muss sich bei der wöchentlichen Ruhezeit grundsätzlich ein Gesamtzeitraum von 35 Stunden ergeben, soweit nicht technische oder arbeitsorganisatorische Gründe entgegenstehen (§ 11 Abs. 4 ArbZG).
Nach dem deutschen, verfassungsrechtlich abgesicherten Sonn- und Feiertagsrecht fällt die wöchentliche Mindestruhezeit dabei typischerweise auf den Sonntag (§ 9 Abs. 1 ArbZG). Hier ist grundsätzlich der Zeitraum zwischen 0:00 und 24:00 Uhr beschäftigungsfrei zu halten.
Die konkrete Lage und Dauer der Ruhezeiten richten sich im Übrigen nach Tarifvertrag und/oder Betriebsvereinbarung. Existieren keine Kollektivverträge, unterliegen Lage und Dauer dem Weisungsrecht des Arbeitgebers (§ 106 GewO). Bei Ausübung des Weisungsrechts hat der Arbeitgeber dabei angemessen auf die familiären und sonstigen privaten Interessen des Arbeitnehmers (freie Entfaltung der Persönlichkeit) Rücksicht zu nehmen.

1 Buschmann/Ulber, Arbeitszeitgesetz, 8. Aufl. 2015, § 5 Rn. 4.

3. Ausnahmen

Gesetzliche Ausnahmen für tägliche Ruhezeiten sind in § 5 Abs. 2 und 3 ArbZG, für wöchentliche Ruhezeiten in § 9 Abs. 2 und 3 und § 10 ArbZG geregelt. §§ 7 und 12 ArbZG regeln den Rahmen für abweichende kollektivvertragliche Regelungen.

In bestimmten Betrieben ist eine **Verkürzung der Ruhezeit** von 11 auf 10 Stunden zulässig, wenn eine andere Ruhezeit auf mindestens 12 Stunden verlängert wird (§ 5 Abs. 2 ArbZG). Betroffen hiervon sind Betriebe, die aufgrund des Arbeitsanfalls häufig länger unterbrochene Arbeitszeiten aufweisen, und die zugleich einen dauerhaften Betrieb aufrechterhalten müssen. Erlaubt sind solche Verkürzungen in Pflegeeinrichtungen (Krankenhäuser sowie andere Betriebe zur Pflege oder Betreuung von Menschen wie Altenheime, häusliche Pflege usw.), im Gastgewerbe (Hotels, Gaststätten und sonstige Beherbergungs- und Bewirtungsbetriebe), in Verkehrsbetrieben, Rundfunkeinrichtungen sowie der Landwirtschaft einschließlich sonstiger Tierhaltungsbetriebe (Reitclubs, Zoohandlungen usw.). Dabei ist zu beachten, dass bereits eine Unterschreitung der Mindestruhezeit von 11 Stunden um wenige Minuten zur Ausgleichspflicht auf einmalig 12 Stunden führt.

Beachtlich ist ferner, dass der Ausgleich der verkürzten Ruhezeit am unmittelbar folgenden Arbeitstag erfolgt. Zwar reicht nach dem Wortlaut von § 5 Abs. 2 ArbZG ein Ausgleich innerhalb eines Ausgleichszeitraums von einem Kalendermonat bzw. von vier Wochen aus. Ein Ausnutzen dieses Zeitraums verstößt jedoch gegen EU-Recht. Nach der Arbeitszeitrichtlinie ist ein Ausgleich durch aus gesundheitlicher Perspektive gleichwertige Ausgleichsruhezeiten oder in Ausnahmefällen, in denen die Gewährung gleichwertiger Maßnahmen aus objektiven Gründen nicht möglich ist, durch angemessene Schutzmaßnahmen erforderlich. Der EuGH hat hier zurecht erkannt, dass gleichwertige Ausgleichsruhezeiten im unmittelbaren Anschluss an die Verkürzung gewährt werden müssen,[2] d.h. am folgenden Arbeitstag. Denn die Verkürzung der Ruhezeiten an mehreren aufeinanderfolgenden Tagen hätte zur Folge, dass Erschöpfungszustände drohen, die gerade vermieden werden sollen. Ein Ausgleich erst nach mehreren Tagen oder Wochen wäre nicht gleichwertig.

Wird die tägliche Arbeitszeit auf Grundlage eines Tarifvertrags gem. § 7 Abs. 1 Nr. 1a) ArbZG um mehr als 2 Stunden überschritten, muss die darauffolgende Ruhezeit mindestens 11 Stunden betragen (§ 7 Abs. 9 ArbZG). Eine Verkürzung auf 10 Stunden ist hier also nicht möglich.

In Krankenhäusern und anderen Pflege- und Betreuungseinrichtungen ist zudem eine Verkürzung der Ruhezeiten bis zur Hälfte durch **Inanspruchnahme**

---

2 EuGH 9.9.2003 – C- 151/02 (Jaeger); EuGH 23.12.2015 – C- 180/14.

während der Rufbereitschaft (→ **Arbeitszeit**) zulässig, wenn diese zu anderen Zeiten ausgeglichen werden. Auch hier ist zu beachten, dass dieser Ausgleich unmittelbar im Anschluss an den auf die Verkürzung folgenden Arbeitstag gewährt wird. Unter dieser Voraussetzung ist in Fällen der Rufbereitschaft die durch Einsätze erfolgte Verkürzung der ununterbrochenen Ruhezeit auf minimal 5 Stunden möglich. Dabei ist allerdings die tägliche Höchstarbeitszeit von 10 Stunden zu beachten.

§ 7 Abs. 1 Nr. 3 ArbZG ermöglicht es, durch oder aufgrund eines → **Tarifvertrags** die tägliche Mindestruhezeit von 11 Stunden um bis zu 2 Stunden zu verkürzen. Notwendig ist dafür, dass die Art der Arbeit eine solche Verkürzung erfordert und ein Ausgleich innerhalb eines festzulegenden Ausgleichszeitraums erfolgt. Da auch hier nach der Arbeitszeitrichtlinie (Art. 18 Abs. 3) wie bei gesetzlichen Abweichungen gleichwertige Ausgleichsruhezeiten oder ausnahmsweise sonstiger angemessener Schutz zu gewährleisten ist, muss der Ausgleich nach dem auf die Verkürzung folgenden Arbeitstag gewährt werden.

In Bezug auf die Sonntagsruhe (wöchentliche Ruhezeit) gibt es für mehrschichtige Betriebe Abweichungsmöglichkeiten. Wenn zumindest ein bedeutender Teil der Belegschaft in mehreren Gruppen abwechselnd auf denselben Arbeitsplätzen arbeitet, besteht die Möglichkeit, die 24-stündige Sonntagsruhe (0:00 bis 24:00 Uhr) um bis zu sechs Stunden vorzuziehen oder später beginnen zu lassen (§ 9 Abs. 2 ArbZG). Praktisch setzt die Ausnahme einen Wechselschichtbetrieb mit regelmäßiger Nachtschicht voraus. In jedem Fall hat der Betrieb hier für 24 Stunden zu ruhen. Eine Verkürzung der Betriebsruhe kommt hier nicht in Betracht.

§ 10 ArbZG regelt zahlreiche Ausnahmen für die Beschäftigung von Arbeitnehmern an Sonn- und Feiertagen. Ausnahmen betreffen das öffentliche Interesse (Notdienste, Sicherheit und Ordnung, Gesundheitseinrichtungen, Abs. 1 Nr. 1–3), kulturelle, gesellschaftliche und religiöse Zwecke (Abs. 1 Nr. 4–11), aber auch betriebliche Interessen wie z. B. Reinigungs- und Instandhaltungsarbeiten, die außerhalb der regelmäßigen Produktionszeiten liegen müssen, oder zur Vermeidung nachhaltig schädlicher Produktionsunterbrechungen usw. (Abs. 1 Nr. 12–16). Für Sonntagsarbeit muss ein Ersatzruhetag innerhalb eines Zweiwochenzeitraums gewährt werden (§ 11 ArbZG). Dabei sind auch dort, wo Sonntagsarbeit ausnahmsweise erlaubt ist, mindestens 15 Sonntage im Jahr arbeitsfrei zu halten (§ 11 Abs. 1 ArbZG).

III. Hinweise für die Mitbestimmung

Der Betriebsrat besitzt hinsichtlich der Lage der Ruhezeiten ein zwingendes Mitbestimmungsrecht aus § 87 Abs. 1 Nr. 2 und 3 BetrVG, der Personalrat gem. § 80 Abs.1 Nr. 1 BPersVG n. F. (§ 75 Abs. 3 Nr. 1 BPersVG a. F.[3]). Bei der Mitbestimmung der Lage der Arbeitszeit sind spiegelbildlich die Ruhezeiten zu beachten. Vom Mitbestimmungsrecht erfasst ist daher auch die Einführung von Sonn- und Feiertagsarbeit, die Lage von Ersatzruhetagen für Sonntagsarbeit oder Arbeit an anderen Tagen, an denen Tarifvertrag oder Betriebsvereinbarung Ruhetage vorsehen.[4]

Aufgrund des zwingenden Charakters der Regelungen zu täglichen und wöchentlichen Ruhezeiten einschließlich der Sonn- und Feiertagsruhe ist es Tarifvertrags- und Betriebsparteien grundsätzlich untersagt, die gesetzlichen Schutzregeln zu unterschreiten. Ausnahmen gelten hier nur im Rahmen der gesetzlichen Ausnahmebestimmungen sowie der tariflichen Abweichungsmöglichkeiten gem. §§ 7, 12 ArbZG. Betriebs-/Dienstvereinbarungen dürfen dabei nur auf Grundlage eines Tarifvertrags zum Nachteil der Arbeitnehmer vom Gesetz abweichen.

Im Fall der nachteilhaften Abweichung von Mindestruhezeiten ist insbesondere die EuGH-Rechtsprechung zu Ausgleichszeiträumen zu beachten. Entgegen dem gesetzlichen Wortlaut in § 5 Abs. 2 ArbZG ist der Ausgleich spätestens am nächsten Arbeitstag zu gewähren. Vertritt man die Auffassung, dass § 5 Abs. 2 ArbZG nicht entsprechend auslegbar ist, muss die Vorschrift wegen Verstoßes gegen EU-Recht unangewendet bleiben. In diesem Fall ist eine Abweichung ausschließlich gem. § 7 Abs. 1 Nr. 3 auf Grundlage eines Tarifvertrags möglich. Ein längerer Ausgleichszeitraum als am Folgetag ist daher jedenfalls ausgeschlossen.

Beim Abschluss von Betriebs-/Dienstvereinbarungen ist die Ausgestaltung des Gesundheitsschutzes wie auch der Schutz privater familiärer Interessen sowie der freien Entfaltung der Persönlichkeit angemessen zu berücksichtigen und in Ausgleich mit betrieblichen Interessen zu bringen. Das gilt insbesondere in Fällen mit unregelmäßigem Arbeitsrhythmus wie z. B. bei Wechselschichten, sowie bei der Einführung und Ausgestaltung einschließlich der Minimierung von Sonntagsarbeit.

---

3 BPersVG v. 15.3.1974 (BGBl. I S. 693); zuletzt geändert durch Gesetz vom 9.6.2021 (BGBl. I S. 1614).

4 LAG Köln 24.9.1998 – 10 TaBV 57/97; LAG Schleswig-Holstein 17.1.2007 – 6 TaBV 46/05.

IV. Inhalt einer Betriebs- und Dienstvereinbarung

Betriebs-/Dienstvereinbarungen zur Arbeitszeit einschließlich (Rahmen-) Dienstplänen können insbesondere folgende Aspekte berücksichtigen:

- Dauer der Ruhezeiten unter Berücksichtigung der gesetzlichen und tariflichen Mindestdauer.
- Dauer und Lage zusammenhängender Ruhezeiten, insbesondere im Zusammenhang mit 5-Tage-Woche, 4-Tage-Woche usw.
- Lage der Ruhezeiten und Verlängerung von Ruhezeiten im Zusammenhang mit Wechselschichten.
- Form und Zeitpunkt des Ausgleichs von Ruhezeitverkürzungen.
- Regeln der Lastentragung bei ruhezeitbedingten Arbeitsausfällen, z. B. dem Fall, dass eine Schicht wegen eines erforderlichen Einsatzes außerhalb der Normalarbeitszeiten nicht angetreten werden kann. Hier ist darauf zu achten, dass das Betriebsrisiko beim Arbeitgeber verbleibt und ein entsprechender Arbeitsausfall dem Arbeitszeitkonto des Arbeitnehmers gutgeschrieben bzw. entgelttechnisch als Einsatzzeit gewertet wird.
- Technische und arbeitsorganisatorische Regelungen zur Vermeidung von Sonn- und Feiertagsarbeit.
- Arbeitszeiterfassung im Zusammenhang mit Beginn, Ende und Unterbrechung von Ruhezeiten, insbesondere im Zusammenhang mit ständiger Erreichbarkeit und mobiler Arbeit sowie Vertrauensarbeitszeit.
- Aufsichts- bzw. Kontrollmechanismen hinsichtlich der Einhaltung der Ruhezeiten, insbesondere auch bei Vertrauensarbeitszeit, Arbeitszeitkonten usw., einschließlich der Vorlagepflichten des Arbeitgebers und der Auskunftsrechte des Betriebsrats.

Schwerbehinderte Beschäftigte

I. Einführung

Die Anzahl schwerbehinderter Menschen in Deutschland steigt seit Jahren ständig an (2011 ca. 3,3 Mio. Menschen im erwerbsfähigen Alter[1]). Mithin steigen auch die Herausforderungen an ihre betriebliche Eingliederung und Förderung.

Für schwerbehinderte Menschen folgt ein besonderer Schutz- und Förderungsanspruch bei Aufnahme einer Beschäftigung, im bestehenden Arbeitsverhältnis und bei Beendigung ihres Arbeitsverhältnisses bereits aus den Benachteiligungsverboten gem. Art. 3 Abs. 3 Satz 2 GG (dementsprechend analog für Betriebe § 75 Abs. 1 BetrVG, für Dienststellen § 2 BPersVG n. F. [§ 67 BPersVG a. F.]) und der Rahmen-Richtlinie 2000/78/EG für die Verwirklichung der Gleichbehandlung in Beschäftigung und Beruf vom 27. 11. 2000, sowie der UN-Behindertenrechtskonvention.[2] Einfachgesetzlich befinden sich umfangreiche und detaillierte besondere Arbeitsschutz- und Förderungsregelungen für schwerbehinderte Menschen in §§ 151 ff. des Sozialgesetzbuchs IX (Teil 3 des SGB IX) in der seit 1. 1. 2018 geltenden Fassung aufgrund des Bundesteilhabegesetzes vom 23. 12. 2016[3],darüber hinaus in §§ 1, 6, 7, 8, 15, 16, 22 AGG, § 1 Abs. 3 KSchG (Schwerbehinderung als eines der vier Sozialauswahlkriterien bei betriebsbedingter Kündigung) und kollektivrechtlich in §§ 176 ff. SGB IX (einschließlich Regelungen zur Schwerbehindertenvertretung und des Inklusionsbeauftragten des Arbeitgebers → **Schwerbehindertenvertretung**), sowie in § 80 Abs. 1 Nr. 4, § 88 Nr. 4, § 92 Abs. 3 Satz 2, § 99 Abs. 2 Nr. 1 und 2 BetrVG bzw. §§ 62 Nr. 4, 78 Abs. 5 Nr. 1 BPersVG n. F. (§§ 68 Abs. 1 Nr. 4 und 5, 77 Abs. 2 Nr. 1 BPersVG a. F.) i.V. §§ 164 Abs. 1 Satz 1, 165 SGB IX (und entsprechende Regelungen in den Landespersonalvertretungsgesetzen).

---

1 Vgl. Dau/Düwell/Joussen, SGB, Vorbemerkungen zum Schwerbehindertenrecht, Rn. 6f. mwN.

2 Vgl. eingehend: BVerfG 30. 1. 2020 – 2 BvR 1005/18.

3 BGBl I S. 3234 – zuletzt geändert durch Gesetz v. 1 28. 10. 2020 (BGBl. I S. 2075).

II. Einzeldarstellung

1. Definition

Der Begriff des schwerbehinderten Menschen in § 2 Abs. 2 SGB IX – als Ausgangsvoraussetzung für die besonderen Schutz- und Förderungsansprüche gem. § 151 ff. SGB IX – baut unmittelbar auf dem Begriff der Menschen mit Behinderung in § 2 Abs. 1 SGB IX auf (siehe → **Behinderte Beschäftigte**). Zusätzlich dazu sind zwei weitere Voraussetzungen erforderlich:

- Es muss ein Grad der Behinderung (GdB) von wenigstens 50 vorliegen und
- es muss ein Wohnsitz, ein gewöhnlicher Aufenthalt oder eine Beschäftigung auf einem Arbeitsplatz i. S. § 156 SGB IX rechtmäßig in der Bundesrepublik Deutschland vorliegen.

Für das Vorliegen der Schwerbehinderung, insbesondere den GdB von 50 und mehr, und den sich daraus ergebenden besonderen Schutz kommt es nicht auf die förmliche Feststellung durch Bescheid des insoweit zuständigen Versorgungsamts gem. § 152 SGB IX an, auch nicht auf Offensichtlichkeit, ja nicht einmal auf Kenntnis.[4]

Auf Antrag des behinderten Menschen stellt die für die Durchführung des Bundesversorgungsgesetzes zuständige Behörde (Versorgungsamt) je nach Auswirkung der Behinderung auf die Teilhabe am Leben in der Gesellschaft gem. § 152 SGB IX das Vorliegen einer Behinderung und den GdB fest – diesen in Zehnergraden ab einem GdB von mindestens 20.

Gleichgestellte Menschen (mindestens 30 GdB u. a. → **Gleichstellung**) haben mit Ausnahme von § 208 SGB IX (Zusatzurlaub) und §§ 228 bis 237 SGB IX (unentgeltliche Beförderung im öffentlichen Personenverkehr) die gleichen Ansprüche wie schwerbehinderte Menschen (§ 151 Abs. 3 SGB IX). Nur hinsichtlich Leistungen des Integrationsamts im Rahmen der beruflichen Orientierung und der Berufsausbildung (§ 185 Abs. 3 Nr. 2c) SGB IX) werden auch behinderte Jugendliche und junge Erwachsene unter den dort genannten weiteren Voraussetzungen gleichgestellt, selbst bei weniger als 30 GdB.

2. Bewerbung, Einstellung

a) Stellenausschreibung, Besetzung von Arbeitsplätzen

Im Sinne des Benachteiligungsverbots ist nicht nur die diskriminierungsfreie Stellenausschreibung geboten. Vielmehr besteht bei der Besetzung freier Arbeitsplätze für die Arbeitgeber eine besondere gesetzliche Prüfungspflicht für

4 BAG 9. 6. 2011 – 2 AZR 703/09, s. jedoch nachfolgend einschränkend hierzu, insbesondere zum Kündigungsschutz § 173 SGB IX und die BAG-Rechtsprechung.

mögliche Einstellungen schwerbehinderter Menschen – insbesondere von bei der Agentur für Arbeit gemeldeten Schwerbehinderten (§§ 164 Abs. 1 SGB IX). Bewerbungen schwerbehinderter Menschen und Vermittlungsvorschläge der Agentur für Arbeit oder eines Integrationsfachdienstes (→ **Integrationsfachdienst**) sind mit der Schwerbehindertenvertretung zu erörtern und mit ihrer Stellungnahme dem Betriebsrat bzw. Personalrat mitzuteilen (vgl. § 164 Abs. 1 SGB IX).[5]

Weitergehend gilt für Dienststellen öffentlicher Arbeitgeber (nach erfolgloser interner Prüfung) eine frühzeitige Meldepflicht für neu zu besetzende sowie neue Arbeitsplätze gegenüber den Agenturen für Arbeit. Die Meldung gilt dann gleichzeitig als Zustimmung zur Veröffentlichung der Stellenangebote. Bei Bewerbung schwerbehinderter Menschen auf solche Stellenangebote oder Vorschlag durch die Agentur für Arbeit oder einen beauftragten Integrationsfachdienst, müssen die öffentlichen Arbeitgeber sie zu einem Vorstellungsgespräch einladen – außer bei offensichtlichem Fehlen der fachlichen Eignung (§ 165 SGB IX).[6]

Flankiert werden diese Verpflichtungen durch §§ 154ff. SGB IX, wonach grundsätzlich private und öffentliche Arbeitgeber mit jahresdurchschnittlich monatlich mindestens 20 Arbeitsplätzen i.S. § 156 SGB IX auf wenigstens 5 Prozent dieser Arbeitsplätze schwerbehinderte Menschen – darunter auch in angemessenem Umfang Schwerstbehinderte (§ 155 SGB IX) – zu beschäftigen (§ 154 SGB IX) und bei Nichteinhaltung eine Ausgleichsabgabe (zwischen €125 und € 320 monatlich) an das Integrationsamt zu leisten haben (§ 160 SGB IX).

Bei der Berechnung der Quote sind sechs Gruppen von Beschäftigungsstellen (u.a. solche mit nicht vorrangig dem Erwerb dienenden Beschäftigungen, Beschäftigungen in Arbeitsbeschaffungsmaßnahmen u.a.) und auf die Dauer von höchstens acht Wochen bzw. weniger als 18 Stunden wöchentlich zu besetzende Beschäftigungsstellen nicht einzubeziehen (§ 156 Abs. 2 und 3 SGB IX).

Weiter müssen die Arbeitgeber durch geeignete Maßnahmen die Schaffung von mindestens der Pflichtquote (§ 154 SGB IX) entsprechenden dauerhaften Arbeitsplätzen für schwerbehinderte Menschen sicherstellen (§ 164 Abs. 3 SGB IX).

b) Entschädigung und Schadensersatz bei Pflichtverstoß

Die Nichteinhaltung dieser Verpflichtungen einschließlich der Unterrichtungs- und Beteiligungspflichten gegenüber Betriebsrat und Schwerbehindertenvertretung begründet eine (vom Arbeitgeber zu widerlegende) Vermutung einer Be-

5 Vgl. LAG Berlin-Brandenburg 12.4.2019 – 3 TaBV 724/18.

6 Vgl. LAG Berlin-Brandenburg 13.11.2020 – 9 Sa 18/20; BAG 23.1.2020 – 8 AZR 484/18.

nachteiligung wegen der Behinderung (nicht nur Schwerbehinderung!) durch den Arbeitgeber i. S. § 164 Abs. 2 SGB IX i.V. § 22 AGG.[7]
Allerdings ergibt sich hieraus – selbst bei (für den Entschädigungs- und Schadensersatzanspruch erforderlichem) Hinweis auf die Schwerbehinderteneigenschaft des Bewerbers[8] – grundsätzlich gem. § 15 Abs. 6 AGG kein Anspruch schwerbehinderter Bewerber auf Einstellung, sondern lediglich ein Entschädigungsanspruch für den immateriellen Schaden (Diskriminierung/Persönlichkeitsrechtsverletzung, § 15 Abs. 2 AGG) und ggf. ein Schadensersatzanspruch für den materiellen Schaden (§ 5 Abs. 1 AGG). Anders ist die Rechtslage bei Bewerbung im öffentlichen Dienst. Hier kann ggf. im Wege der sog. Konkurrentenklage gem. Art. 33 Abs. 2 GG ein Beschäftigungsanspruch erreicht werden.[9]
Der Entschädigungsanspruch ist nach dem Wortlaut des § 15 Abs. 2 AGG und nach richtiger Auffassung der Höhe nach nicht begrenzt. Häufig wird für den Entschädigungsanspruch ein Betrag von sechs Monatsentgelten zugrunde gelegt, es handelt sich aber um eine richterliche Einzelfallzumessung.[10] Nur für den – vom Arbeitgeber zu beweisenden – Fall, dass die Bewerberin/der Bewerber auch bei benachteiligungsfreier Auswahl nicht eingestellt worden wäre, ist der Entschädigungsanspruch auf drei Monatsgehälter begrenzt (§ 15 Abs. 2 Satz 2 AGG).
Unbedingt beachtet werden müssen bei der Geltendmachung von Entschädigungs- und Schadensersatzansprüchen nach dem AGG die sehr kurze Frist zur schriftlichen Geltendmachung binnen zwei Monaten (§ 15 Abs. 4 AGG) und sodann für die gerichtliche Geltendmachung von drei Monaten (§ 61b ArbGG) – zweistufige Ausschlussfrist.[11]

c) Offenbarungspflicht, Fragerecht des Arbeitgebers

Nach richtiger Auffassung besteht eine Auskunftspflicht schwerbehinderter (und auch sonstiger behinderter) Menschen zum Vorliegen der Behinderung nur, wenn der Bewerber wegen seiner Schwerbehinderung in keiner Weise die vertraglich vorgesehene Arbeit (i. S. einer wesentlichen und entscheidenden Voraus-

---

7 BAG 28.9.2017 – 8 AZR 492/16; BAG 23.01.2020 – 8 AZR 484/18; LAG Berlin-Brandenburg 27.11.2019 – 15 Sa 949/19, näher: Küttner-*Kania*, Behinderte, Rn. 23.

8 BAG 26.9.2013 – 8 AZR 650/12; BAG 18.9.2014 – 8 AZR 759/13.

9 Vgl. Feldes/Kohte/Stevens-Bartol-*Faber/Rabe-Rosendahl*, § 164 SGB IX, Rn. 119ff.; Dau/Düwell/Joussen-*Düwell*, §164 SGB IX, Rn. 79ff.; Dickerhof-Borello/Nollert-Borasio/Wenckebach, § 15 AGG, Rn. 45f.

10 LAG Berlin-Brandenburg 26.11.2008 – 15 Sa 517/08; Übersicht bei: Dickerhof-Borello/Nollert-Borasio/Wenckebach, § 15 AGG, Rn. 21–25; Feldes/Kohte/Stevens-Bartol-*Faber/Rabe-Rosendahl*, § 164 SGB IX, Rn. 123; Dau/Düwell/Joussen-*Düwell*, § 164 SGB IX, Rn. 79ff.; vgl. auch HK-ArbR-Berg, zu § 15 AGG, Rn. 6 (auch zu den unterschiedlichen Rechtsansichten).

11 Vgl. Dickerhof-Borello/Nollert-Borasio/Wenckebach, § 15 AGG, Rn. 32ff.

setzung für die Tätigkeit) ausführen kann. Dies ergibt sich – entgegen früherer BAG-Rechtsprechung[12] – aus Art. 3 Abs. 3 Satz 2 GG, RL 2000/78/EG und § 164 Abs. 2 SGB IX i.V. §§ 1, 2 Abs. 1 Nr. 1, 7, 8 AGG.[13]
Ansonsten kann der schwerbehinderte Bewerber wegen der rechtlichen Unzulässigkeit eine Frage nach vorliegender Schwerbehinderung sogar verneinen (Fall der »erlaubten Lüge« – mithin kein Anfechtungsgrund für den Arbeitgeber bei nachträglicher Kenntniserlangung wegen arglistiger Täuschung gem. § 123 BGB).[14]
Zulässig ist die Frage nach Schwerbehinderung ausnahmsweise bei einer gerade auf Einstellung behinderter Menschen abzielenden Stellenausschreibung (»Bewerbungen behinderter Menschen erwünscht«). Auch diesem Fall scheidet jedoch bei Falschbeantwortung eine Anfechtung gem. § 242 BGB aus.[15]
Dafür, dass auch das BAG dieser Auffassung angesichts der geänderten Rechtslage folgen wird, spricht immerhin das Urteil des BAG v. 16.2.2012[16], wonach die Frage nach Schwerbehinderung jedenfalls nach 6 Monaten im Arbeitsverhältnis zulässig ist. Denn zuvor besteht gem. § 173 Abs. 1 Nr. 1 SGB IX noch kein Schwerbehinderten-Sonderkündigungsschutz, sodass der schwerbehinderte Arbeitnehmer in diesem Zeitraum, in dem ja gem. § 1 Abs. 2 KSchG auch kein Kündigungsschutz nach dem KSchG besteht, fristgemäß gekündigt werden könnte (vgl. noch näher nachfolgend).

3. Behindertengerechte Beschäftigung

a) Behindertengerechter Beschäftigungsanspruch

Aus § 164 Abs. 4 Nr. 1 SGB IX ergibt für schwerbehinderte (und gleichgestellte) Arbeitnehmer ein – ggf. auch einklagbarer – Anspruch auf tatsächliche behindertengerechte Beschäftigung, »bei der sie ihre Kenntnisse und Fähigkeiten möglichst voll verwerten und weiterentwickeln können.«[17] Der Anspruch auf behindertengerechte Beschäftigung umfasst gem. § 164 Abs. 4 Nr. 2 bis 5 SGB IX auch:

- bevorzugte Berücksichtigung bei innerbetrieblichen Maßnahmen der beruflichen Bildung zur Förderung ihres beruflichen Fortkommens;

---

12 BAG 5.10.199 – 2 AZR 923/94.

13 Vgl. Dickerhof-Borello/Nollert-Borasio/Wenckebach, § 1 AGG, Rn. 27; § 2 AGG, Rn. 17ff.

14 BAG 15.12.2011 – 6 AZR 339/11; vgl. auch Küttner-*Kania*, Behinderte, Rn. 25; Küttner-*Kreitner*, Auskunftspflichten Arbeitnehmer, Rn. 10, 23, 24, 29.

15 Vgl. Küttner-*Kania*, Behinderte, Rn. 25.

16 BAG 16.2.2012 – 6 AZR 553/10.

17 BAG 4.10.2005 – 9 AZR 632/04.

- Erleichterungen zur Teilnahme an außerbetrieblichen Maßnahmen der beruflichen Bildung;
- behinderungsgerechte Einrichtung und Unterhaltung der Arbeitsstätten einschließlich der Betriebsanlagen, Maschinen und Geräte, sowie der Gestaltung der Arbeitsplätze, des Arbeitsumfelds, der Arbeitsorganisation und der Arbeitszeit unter besonderer Berücksichtigung von Unfallgefahr;
- Ausstattung des Arbeitsplatzes mit den erforderlichen technischen Arbeitshilfen.

Diese behindertengerechte Beschäftigung erfolgt mit (ggf. auch finanzieller) Unterstützung der Agentur für Arbeit und des Integrationsamts und natürlich mit Beteiligung und in enger Abstimmung mit Betriebsrat bzw. Personalrat und Schwerbehindertenvertretung (§ 164 Abs. 4 Satz 2 SGB IX).

Der behindertengerechte Beschäftigungsanspruch erstreckt sich, soweit er nicht im Rahmen des bisherigen Vertragsinhalts bzw. auf dem bisherigen Arbeitsplatz erfüllt werden kann, auch auf anderweitige Beschäftigung (ggf. auch durch Versetzung des bisherigen Stelleninhabers), entsprechende Vertragsänderung und Umgestaltung der Arbeitsorganisation.[18]

Die Grenze für diese Ansprüche liegt gem. § 164 Abs. 4 Satz 3 SGB IX erst bei der Unzumutbarkeit oder Verbindung mit unverhältnismäßigen Aufwendungen[19] oder ist erreicht, soweit die staatlichen oder berufsgenossenschaftlichen Arbeitsschutzvorschriften entgegenstehen. Dies hat der Arbeitgeber bei Verweigerung eines vom Arbeitnehmer geltend gemachten behindertengerechten Beschäftigungsanspruchs im Prozess substantiiert darzulegen.[20]

b) Anspruch auf Teilzeitbeschäftigung

Darüber hinaus haben schwerbehinderte Menschen gem. § 164 Abs. 5 Satz 3 SGB IX einen Anspruch auf Teilzeitbeschäftigung, wenn die kürzere Arbeitszeit wegen Art oder Schwere der Behinderung notwendig ist (was ggf. durch ärztliche Bescheinigung belegt werden kann). Auch dies kann der Arbeitgeber – der i.Ü. zur Förderung der Einrichtung von Teilzeitarbeitsplätzen mit Unterstützung des Integrationsamts verpflichtet ist – gem. § 164 Abs. 5 Satz 4 SGB IX nur unter den

---

18 BAG 3.12.2019 – 9 AZR 78/19; BAG 14.3.2006 – 9 AZR 411/05; BAG 10.5.2005 – 9 AZR 230/04; Hessisches LAG 2.11.2015 – 16 Sa 473/15; LAG Schleswig-Holstein 8.6.2005 – 3 Sa 30/05; vgl. auch: HK-ArbR-*Nacken*, § 81 SGB IX a.F. Rn. 11.

19 Vgl. aber § 185 Abs. 3 SGB IX – Übernahme von Aufwendungen durch das Integrationsamt u.a.

20 BAG 14.3.2006 – 9 AZR 411/05; LAG Berlin-Brandenburg 26.10.2016 – 15 Sa 936/16 (Darlegungslast des Arbeitgebers zur Unzumutbarkeit leidensgerechter Beschäftigung); ArbG Berlin 27.1.2017 – 28 Ca 9818/16 (auch Ringtausch oder eine »gewisse asymetrische Aufteilung von Arbdeiten« als gebotene Anpassungsmaßnahmen).

strengen Anforderungen der Unzumutbarkeit u. a. entsprechend § 164 Abs. 4 Satz 3 SGB IX ablehnen (s. o.).

c) Anspruch auf Freistellung von Mehrarbeit

Schwerbehinderte Menschen können ohne weitere Begründung und ohne Verweigerungsrecht des Arbeitgebers ihre Freistellung von jeglicher Mehrarbeit (auch Bereitschaftsdienst) verlangen (§ 207 SGB IX). Es kommt nicht darauf an, ob die Mehrarbeit zusätzliche Belastungen mit sich bringt. Der Freistellunganspruch soll vielmehr auch ausreichende Zeit für die gleichberechtigte Teilhabe am Leben in der Gemeinschaft ermöglichen.[21]

d) Anspruch auf Zusatzurlaub

(Nur) schwerbehinderte Menschen – nicht Gleichgestellte – haben Anspruch auf einen Zusatzurlaub von fünf Arbeitstagen im Urlaubsjahr über ihren gesetzlichen, tariflichen bzw. vertraglichen Erholungsurlaubsanspruch hinaus, bei weniger oder mehr als fünf Arbeitstagen in der Woche entsprechend weniger oder mehr Zusatzurlaub (§ 208 SGB IX). Bei Bestehen der Schwerbehinderteneigenschaft nicht während des ganzen Jahres hat der schwerbehinderte Arbeitnehmer einen quotalen Anspruch (1/12 des Zusatzurlaubs pro vollem Monat der Schwerbehinderteneigenschaft). Kann der Zusatzurlaub wegen längerer Arbeitsunfähigkeit bis zur Beendigung des Arbeitsverhältnisses nicht mehr gewährt werden, ist er nach denselben Grundsätzen wie der gesetzliche Mindesturlaub (§ 3 Bundesurlaubsgesetz, mindestens 24 Werktage) gem. § 7 Abs. 4 BUrlG abzugelten.[22]

e) Diskriminierungsschutz beim Arbeitsentgelt

Über das sich schon aus dem AGG ergebende Verbot, einem schwerbehinderten Menschen allein wegen seiner Behinderung eine geringere Vergütung als einem nichtbehinderten Arbeitnehmer mit gleicher Tätigkeit zu zahlen, regelt § 206 SGB IX unabdingbar,[23] dass bei der Bemessung des Arbeitsentgelts Renten und vergleichbare Leistungen, die wegen der Behinderung bezogen werden – also Renten nach dem BVG, Unfallrenten, Renten wegen Berufs- oder Erwerbsminderung/unfähigkeit –, nicht berücksichtigt, insbesondere nicht auf das Arbeitsentgelt angerechnet werden dürfen.

---

21 BAG 3.12.2002 – 9 AZR 462/01; Feldes/Kohte/Stevens-Bartol-*Soost*, § 207 SGB IX, Rn. 2; Dau/Düwell/Joussen-*Düwell*, § 207 SGB IX, Rn. 3.

22 Vgl. hierzu Küttner-Röller, Urlaubsabgeltung (auch zur neuesten Rechtsprechung des EuGH und BAG).

23 BAG 21.8.1984 – 3 AZR 565/83.

f) Präventionsverfahren

Schließlich ergibt sich aus § 167 Abs. 1 SGB IX eine Verpflichtung des Arbeitgebers, »bei Eintreten von personen-, verhaltens- oder betriebsbedingten Schwierigkeiten«, die zur Gefährdung des Arbeits- (oder sonstigen Beschäftigungs-) Verhältnisses führen können, »möglichst frühzeitig« die Schwerbehindertenvertretung, den Betriebsrat bzw. den Personalrat und das Integrationsamt einzuschalten. Mit diesen muss er sämtliche – auch finanziellen – Hilfsmöglichkeiten erörtern mit dem Ziel der Überwindung der Schwierigkeiten und möglichst dauerhaften Fortsetzung des Arbeitsverhältnisses. Dies soll allerdings nach Auffassung des BAG entgegen dem Gesetzeswortlaut noch nicht in den ersten sechs Monaten des Arbeitsverhältnisses gelten.[24]
Die Durchführung des Präventionsverfahrens ist nach Auffassung des BAG keine formelle Wirksamkeitsvoraussetzung für die Kündigung eines schwerbehinderten Menschen. Die Nichtdurchführung soll lediglich im Kündigungsschutzprozess die Anforderungen an die Darlegungs- und Beweislast dahingehend erhöhen, dass der Arbeitgeber zu beweisen hat, dass auch bei Durchführung des Präventionsverfahrens die Kündigung nicht hätte vermieden werden können – was durchweg schwierig sein dürfte.[25]
Daneben ist auch bei schwerbehinderten Menschen (wie i. Ü. bei allen Arbeitnehmern) bei mehr als sechs Wochen Arbeitsunfähigkeit innerhalb eines Jahres ein betriebliches Eingliederungsmanagement mit Beteiligung der Schwerbehindertenvertretung und des Betriebsrats bzw. Personalrats, sowie des Betriebsarztes durchzuführen (→ **Betriebliches Eingliederungsmanagement**, § 167 Abs. 2 SGB IX.

4. Beendigung von Arbeitsverhältnissen

a) Sonderkündigungsschutz, Beteiligung des Integrationsamts bei Kündigungen

(1) Die Kündigung von schwerbehinderten (und gleichgestellten) Arbeitnehmern bedarf der vorherigen Zustimmung des Integrationsamts (§ 168 SGB IX). Das gilt auch für leitende Angestellte, Auszubildende und Heimarbeiter (§ 210 Abs. 2 SGB IX), nicht dagegen arbeitnehmerähnliche Personen[26]. Die Zustimmung des Integrationsamts ist Wirksamkeitsvoraussetzung der Kündigung (Ausnahmen s. nachfolgend). Sie setzt einen entsprechenden schriftlichen oder elektronischen Antrag des Arbeitgebers beim für den Sitz des Betriebs oder der

---

24 BAG 21.4.2016 – 8 AZR 402/14.
25 BAG 25.1.2018 – 2 AZR 382/17; BAG 7.12.2006 – 2 AZR 182/06.
26 Vgl. Küttner-*Kania*, Behinderte, Rn. 38.

Dienststelle zuständigen Integrationsamt voraus (§ 170 Abs. 1 SGB IX). Die – zustimmende oder ablehnende – Entscheidung ist dem Arbeitgeber und dem schwerbehinderten Menschen zuzustellen (§ 171 SGB IX). Geht das Integrationsamt von fehlendem Sonderkündigungsschutz aus, erteilt es ein sog. Negativattest. Dies gilt sowohl für ordentliche Kündigungen (auch Änderungskündigungen) – hier Mindestkündigungsfrist vier Wochen (§ 169 SGB IX) – als auch für außerordentliche Kündigungen (§ 174 SGB IX).

Das Integrationsamt muss vor seiner Entscheidung eine Stellungnahme des Betriebsrats bzw. Personalrats und der Schwerbehindertenvertretung des Betriebs bzw. der Dienststelle einholen und den schwerbehinderten Menschen anhören (§ 170 Abs. 2 SGB IX). Das geschieht regelmäßig über vom Integrationsamt zugesandte Formulare, »falls erforderlich« (tatsächlich regelmäßig schon zur Sachaufklärung geboten)[27] auch durch mündliche Verhandlung (§ 171 Abs. 1 SGB IX). Es ist häufig sinnvoll, ausdrücklich eine solche mündliche Verhandlung zu verlangen, wenn der schwerbehinderte Mensch nicht mit einer Kündigung seines Arbeitsverhältnisses einverstanden ist oder frühzeitig eine gütliche Einigung auf eine anderweitige Beschäftigung oder eine Abfindungsregelung erreichen möchte. Das Integrationsamt muss in jeder Lage des Verfahrens auf eine gütliche Einigung hinwirken (§ 170 Abs. 3 SGB IX).

Die Entscheidung des Integrationsamts soll innerhalb eines Monats ab Antragstellung getroffen werden (§ 171 Abs. 1 SGB IX). Sie erfolgt nach Sachverhaltsaufklärung von Amts wegen nach pflichtgemäßem Ermessen[28] (zu diesbezüglichen Einschränkungen vgl. nachfolgend). Dabei hat das Integrationsamt die Interessen des schwerbehinderten Arbeitnehmers unter Zugrundelegung der einschlägigen Schutzregelungen und Zielsetzungen des SGB IX und AGG und unter Berücksichtigung der Nachteile auf dem Arbeitsmarkt mit den Interessen des Arbeitgebers abzuwägen. Nicht nur Entscheidungen über Zustimmungen zu personenbedingten (insbesondere krankheitsbedingten) Kündigungen, sondern auch solche zu verhaltens- und betriebsbedingte Kündigungen sind mithin keine »Selbstläufer«.[29]

Sie sind deshalb nicht nur dann erfolgversprechend durch Widerspruch (innerhalb eines Monats ab Zustellung der schriftlichen Entscheidung mit entsprechender Rechtsmittelbelehrung – vgl. i.Ü. §§ 201 bis 204 SGB IX)und bei dessen Scheitern durch Anfechtungsklage beim Verwaltungsgericht angreifbar, wenn die in § 170 Abs. 2 SGB IX vorgeschriebenen Beteiligungen unterblieben sind. Vielmehr kann auch die Verletzung der Amtsaufklärungspflicht und die Ermessensfehlerhaftigkeit der Entscheidung geltend gemacht werden.

---

27 Vgl. Dau/Düwell/Joussen-*Düwell*, § 171 SGB IX, Rn. 5.

28 Vgl. Küttner-*Kania*, Behinderung, Rn. 49.

29 Vgl. OVG NRW 26.10.2020 – 12 A 3861/18.

Allerdings ergibt sich aus § 171 Abs. 4 SGB IX, dass Widerspruch und Anfechtungsklage gegen eine Zustimmungsentscheidung des Integrationsamts keine aufschiebende Wirkung haben. Der Arbeitgeber kann deshalb sogleich nach Zustellung der Zustimmungsentscheidung und sodann innerhalb eines Monats (§ 171 Abs. 3 SGB IX) dem schwerbehinderten Arbeitnehmer die schriftliche ordentliche (Änderungs- oder Beendigungs-)Kündigung zustellen. Der Arbeitnehmer muss dann seinerseits gem. § 4 KSchG innerhalb von drei Wochen ab Zustellung der Kündigung Kündigungsschutzklage beim zuständigen Arbeitsgericht erheben. Das gilt auch dann, wenn er bereits gegen die Zustimmungsentscheidung Widerspruch eingelegt hat. Geht die Zustimmungsentscheidung des Integrationsamts erst später zu als die Kündigung, beginnt die dreiwöchige Klagefrist erst mit Zustellung der Entscheidung des Integrationsamtes zu laufen allerdings (§ 4 S. 4 KSchG).

Dadurch entsteht dann ein doppelter (aufgespaltener) Rechtsweg. Für den schwerbehinderten Arbeitnehmer ist ein solches Vorgehen regelmäßig ratsam. Denn wird im Nachhinein im Widerspruchs- oder Anfechtungsklagerfahren die Zustimmungsentscheidung des Integrationsamts aufgehoben, ist auch die schon ausgesprochene Kündigung bereits deshalb unwirksam. Auf sonstige Unwirksamkeitsgründe – etwa gem. § 1 Abs. 2 KSchG oder § 102 Abs. 1 Satz 3 BetrVG – kommt es dann nicht mehr an. Häufig finden aber Gütetermin und ggf. Kammertermin aufgrund der Kündigungsschutzklage zu Zeitpunkten statt, zu denen eine verwaltungsrechtliche Entscheidung über die Rechtmäßigkeit der Zustimmungsentscheidung des Integrationsamts noch nicht vorliegt.

Vor einer streitigen Entscheidung muss das Arbeitsgericht dann eine Aussetzung des Rechtsstreits gem. § 148 ZPO prüfen. Es kann nämlich die Entscheidung des Integrationsamts nicht durch eine eigene ersetzen.[30] Es soll von einer Aussetzung nicht nur dann absehen können, wenn es schon aus kündigungsschutzrechtlichen Gründen von der Unwirksamkeit der Kündigung ausgeht. Vielmehr soll dies – im Hinblick auf den Beschleunigungsgrundsatz gem. §§ 56, 61a ArbGG – auch dann möglich sein, wenn es erheblichen Anzeichen für die Aussichtslosigkeit des verwaltungsrechtlichen Verfahrens sieht.[31] Hat das verwaltungsrechtliche Verfahren dennoch Erfolg, muss das arbeitsgerichtliche Verfahren gem. § 580 Nr. 6 ZPO wieder aufgenommen werden.[32]

---

30 Vgl. Neumann/Pahlen/Greiner/Winkler/Jabben, zu § 168 SGB IX a. F., Rn. 19; vgl. auch zur Unzulässigkeit der Umdeutung der Zustimmung zu einer außerordentlichen Kündigung in eine solche zu einer ordentlichen Kündigung: LAG Schleswig-Holstein 8. 9. 1998 – 1 Sa 111/98.

31 Küttner-*Kania*, Behinderung, Rn. 65.

32 BAG 15. 8. 1984 – 7 AZR 228/82.

(2) Das grundsätzlich pflichtgemäße Ermessen des Integrationsamts bei der Zustimmungsentscheidung ist (nur) in folgenden in § 172 SGB IX aufgeführten Fällen eingeschränkt:

- Bei nicht nur vorübergehender Einstellung oder Auflösung von Betrieben oder Dienststellen. Hier muss die Zustimmung erteilt werden, wenn zwischen dem Tag der Kündigung und dem Tag, bis zu dem Arbeitsvergütung bezahlt wird, mindestens drei Monate liegen – es sei denn, es ist, mit Einverständnis des Schwerbehinderten, eine anderweitige Weiterbeschäftigung möglich und für den Arbeitgeber zumutbar (vgl. näher § 172 Abs. 1 Satz 3 SGB IX).[33]
- Bei nicht nur vorübergehender wesentlicher Einschränkung von Betrieben oder Dienststellen. Hier soll (nicht muss) die Zustimmung erteilt werden, wenn die dann noch verbleibende Beschäftigungsquote schwerbehinderter Menschen jedenfalls § 154 SGB IX entspricht und auch keine anderweitige Weiterbeschäftigung (§ 172 Abs. 1 Satz 3 SGB IX) möglich und zumutbar ist.
- Bei bereits vorliegender Zusicherung eines anderen angemessenen und zumutbaren Arbeitsplatzes für den schwerbehinderten Arbeitnehmer. Auch hier soll (nicht muss) das Integrationsamt zustimmen (§ 172 Abs. 2 SGB IX).
- Schließlich nach Eröffnung des Insolvenzverfahrens über das Vermögen des Arbeitgebers, bei Vorliegen von 4 weiteren – in § 172 Abs. 3 Nr. 1. – 4. SGB IX genannten – Voraussetzungen, auch hier i. S. einer Soll-Vorschrift.

(3) Für außerordentliche Kündigungen gelten gem. § 174 SGB IX folgende Besonderheiten:

- Der Zustimmungsantrag des Arbeitgebers muss (analog § 626 Abs. 2 BGB) innerhalb von zwei Wochen ab Kenntnis der maßgebenden Tatsachen (durchweg außerordentlich schwere Verstöße gegen arbeitsvertragliche Pflichten, z. B. Straftaten gegen den Arbeitgeber) beim Integrationsamt eingehen.
- Das Integrationsamt muss die Zustimmungsentscheidung innerhalb von zwei Wochen ab Antragseingang treffen (was nichts an seinen Anhörungs- und Aufklärungspflichten ändert). Andernfalls gilt die Zustimmung als erteilt. Es genügt, wenn die Entscheidung in dieser Frist in irgendeiner Form (z. B. auch telefonisch) dem Arbeitgeber bekannt gegeben ist. Der Arbeitgeber kann sich nicht einfach auf die Zustimmungsfiktion nach Ablauf der 2-Wochen-Frist berufen, sondern muss sich vor Kündigungsausspruch seinerseits ggf. beim Integrationsamt erkundigen.[34]
- Bei fehlendem Zusammenhang mit der Behinderung (häufig durchaus klärungsbedürftig) soll das Integrationsamt im Regelfall die Zustimmung ertei-

---

33 Vgl. OVG NRW 26. 10. 2020 – 12 A 3861/18.

34 BAG 19. 4. 2012 – 2 AZR 118/11.

len – es sei denn, dass die Unwirksamkeit der außerordentlichen Kündigung offensichtlich ist.[35]

- Unverzüglich nach Zustimmungserteilung (bzw. Eintritt der Zustimmungsfiktion) muss der Arbeitgeber sodann die außerordentliche Kündigung erklären mit der Folge, dass er dann nicht auf die 2-Wochen-Frist des § 626 Abs. 2 BGB verwiesen werden kann.
- Nach zutreffender Auffassung – und entgegen der Rechtsauffassung des BAG – müssen in Fällen von außerordentlichen Kündigungen mit sozialer Auslauffrist bei schwerbehinderten Arbeitnehmern mit (zusätzlich) tariflichem oder vertraglichen Sonderkündigungsschutz die Regelungen zum Zustimmungsverfahren bei ordentlicher Kündigung gem. §§ 168 SGB IX ff. (s. o.) entsprechend Anwendung finden, um nicht ausgerechnet in solchen Fällen den Arbeitgebern Verfahrensvergünstigungen zu verschaffen.[36]

b) Ausnahmen vom Sonderkündigungsschutz, § 173 SGB IX

§ 173 SGB IX enthält Ausnahmen vom Sonderkündigungsschutz der §§ 168 SGB IX ff. für schwerbehinderte Arbeitnehmer in folgenden Fällen:

- Das Arbeitsverhältnis besteht bei Kündigungszugang ohne Unterbrechung noch nicht länger als sechs Monate, § 173 Abs. 1 Nr. 1 SGB IX (analog § 1 Abs. 1 KSchG, sog. Wartefrist). Betriebsrat, Personalrat bzw. Schwerbehindertenvertretung sind gleichwohl zu beteiligen.[37]
- Es handelt sich um schwerbehinderte Menschen, die auf nicht auf die Pflichtquote anzurechnenden Arbeitsplätzen i. S. § 156 Abs. 2 Nr. 2 – 5 SGB IX beschäftigt werden, § 173 Abs. 1 Nr. 2 SGB IX.
- Es handelt sich um Arbeitnehmer, die das 58. Lebensjahr vollendet und Anspruch auf Abfindung, Entschädigung oder ähnliche Leistungen aus einem Sozialplan oder Anspruch auf Knappschaftsausgleichsleistungen nach SGB IV oder Anpassungsgeld für entlassene Arbeitnehmer des Bergbaus haben. Weitere Voraussetzung ist in diesen Fällen, dass der Arbeitgeber die Kündigungsabsicht rechtzeitig mitgeteilt und die betroffenen Arbeitnehmer nicht bis zu deren Ausspruch widersprochen haben, § 173 Abs. 1 Nr. 3a) und b) SGB IX.
- Die Entlassungen erfolgen aus Witterungsgründen, sofern die Wiedereinstellung der schwerbehinderten Menschen bei Wiederaufnahme der Arbeit gewährleistet ist, § 173 Abs. 2 SGB IX.

---

35 BVerwG 2.7.1992 – 5 C 31/91, 5 C 39/90; HK-ArbR-*Dette*, § 91 SGB IX a. F., Rn. 4.

36 LAG Köln 31.10.2012 – 3 Sa 1062/11; D/D/Z-*Söhngen*, § 174 SGB IX, Rn. 2, 13; a. A. BAG 22.10.2015 – 2 AZR 381/14; BAG 21.4.2005 – 2 AZR 255/04.

37 Vgl. BAG 13.12.2018 – 2 AZR 378/18.

- Besonders praxisrelevant in Fällen, in denen erst kurz vor Kündigungszugang oder noch gar nicht ein Antrag auf Anerkennung als schwerbehinderter Mensch (oder auf Gleichstellung bei der Agentur für Arbeit) gestellt wurde, ist § 173 Abs. 3 SGB IX. Danach entfällt der Sonderkündigungsschutz,
  - sofern nicht die Schwerbehinderung offenkundig (insbesondere äußerlich erkennbar) ist,[38]
  - wenn entweder zum Zeitpunkt des Kündigungszugangs noch kein (ggf. auch noch nicht rechtskräftiger)[39] Bescheid des Versorgungsamts (mit GdB 50 oder mehr) vorliegt oder
  - jedenfalls mindestens drei Wochen vor dem Kündigungszugang (diese Frist ergibt sich aus § 152 Abs. 1 Satz 3 i. V. m. §§ 14 Abs. 2, 17 SGB IX) der Arbeitnehmer einen Anerkennungsantrag beim Versorgungsamt gestellt, seine Mitwirkungspflichten im dortigen Verfahren erfüllt, aber noch keinen Anerkennungsbescheid erhalten hat.[40]

Aus dieser Einschränkung des Sonderkündigungsschutzes ergibt sich, dass Menschen, bei denen eine Schwerbehinderung oder jedenfalls Gleichstellung nahe liegt, unbedingt frühzeitig einen Anerkennungsantrag beim Versorgungsamt und ggf. einen Gleichstellungsantrag bei der Agentur für Arbeit stellen sollten.

c) Prozessuale Besonderheiten bei Unkenntnis des Arbeitgebers

Zwar geht das BAG von einem Auskunftsanspruch des Arbeitgebers zum Vorliegen einer Schwerbehinderung nach Ablauf der 6-Monats-Frist des § 173 Abs. 1 Nr. 1 SGB IX aus.[41] Die Kenntnis des Arbeitgebers von der Schwerbehinderung ist ja auch die Voraussetzung für die Erfüllung der Pflichten zur behindertengerechten Beschäftigung und Prävention.

In den häufigen Fällen, in denen bei der Einstellung (zulässigerweise) keine Angaben gemacht wurden (vgl. schon oben II. 2. c)), oder sich erst im Lauf des Arbeitsverhältnisses oder gar erst kurz vor der Kündigung eine Schwerbehinderung ergibt (vgl. aber hierzu II. 4. b)), der Arbeitnehmer von sich aus diesen Sachverhalt nicht mitteilt und die Schwerbehinderung auch nicht offensichtlich ist, stellt sich die Frage, ob und ggf. wie er sich nach Zugang der Kündigung noch auf seinen Sonderkündigungsschutz gem. § 168 SGB IX ff. berufen kann – mit der Folge, dass die Kündigung dann bereits deshalb unwirksam ist. Hierzu hat die Rechtsprechung des BAG problematische Einschränkungen entwickelt, die sich dem Gesetz so nicht entnehmen lassen:

---

38 Vgl. Neumann/Pahlen/Greiner/Winkler/Jabben, § 168 SGB IX, Rn. 34.

39 BAG 6.9.2007 – 2 AZR 324/06.

40 BAG 1.3.2007 – 2 AZR 217/06; Küttner-*Kania*, Behinderte, Rn. 42.

41 BAG 16.2.2012 – 6 AZR 553/10.

- Zum einen soll die verlängerte Klagefrist des § 4 Satz 4 KSchG (Lauf der 3-Wochen-Klagefrist erst ab Zugang der Zustimmungsentscheidung des Integrationsamts) in solchen Fällen nicht gelten, sondern § 4 Satz 4 KSchG mangels Kenntnis des Arbeitgebers vor der Kündigung nicht anwendbar sein.[42]
- Zum anderen soll der schwerbehinderte Arbeitnehmer sich in solchen Fällen binnen drei Wochen ab Kündigungszugang dem Arbeitgeber gegenüber auf seine Schwerbehinderung berufen bzw. diese jedenfalls in der in der 3-Wochen-Frist des § 4 Satz 1 KSchG beim Arbeitsgericht zu erhebenden Kündigungsschutzklage vortragen müssen. Dabei soll dann allerdings auch die Zugangsfrist gem. § 167 ZPO noch hinzugerechnet werden, sodass der Arbeitgeber erst durch die Klagezustellung durch das Arbeitsgericht von der Schwerbehinderung erfährt. Ansonsten soll sich der Arbeitnehmer nicht mehr auf Sonderkündigungsschutz gem. §§ 168ff. SGB IX berufen können.[43]

Hat der Arbeitgeber allerdings von anderer Stelle – etwa der Schwerbehindertenvertretung oder dem Betriebsrat oder dem Betriebsveräußerer – von der Schwerbehinderung des Arbeitnehmers erfahren, muss er sich natürlich auch dann auf den Sonderkündigungsschutz verweisen lassen, wenn der Arbeitnehmer selbst ihn nicht mitgeteilt hat.[44]

d) Kündigungsschutzrechtliche Anforderungen

(1) Liegt die Zustimmung des Integrationsamts vor oder kann sich der Arbeitnehmer nicht auf deren Erfordernis als Wirksamkeitsvoraussetzung berufen, müssen unabhängig davon im Kündigungsschutzprozess bei entsprechendem Vortrag des Arbeitnehmers – Höchstfrist insoweit § 6 KSchG – die Schwerbehinderteneigenschaft und die besonderen Anforderungen hinsichtlich behindertengerechter (Weiter)Beschäftigung berücksichtigt werden.

Insbesondere führt – gleichermaßen bei personen-, verhaltens- oder betriebsbedingten Kündigungen – die Nichtdurchführung des Präventionsverfahrens gem. § 167 Abs. 1 SGB IX im Hinblick auf denkbare, gegenüber einer Beendigungskündigung mildere Mittel zu erhöhten Anforderungen an die Darlegungs- und Beweislast des Arbeitgebers, dahingehend, dass auch dadurch die Kündigung nicht hätte vermieden werden können. Die erhöhte Darlegungslast entfällt nicht deshalb, weil das Integrationsamt der Kündigung zugestimmt hat.[45] Dies alles gilt sowohl bei ordentlicher Beendigungs- oder Änderungskündigung gem. §§ 1 und 2 KSchG als auch bei außerordentlicher Kündigung gem. § 626 BGB, hier

42 BAG 13.2.2008 – 2 AZR 864/06.
43 BAG 23.2.2010 – 2 AZR 659/08; BAG 22.9.2016 – 2 AZR 700/15.
44 BAG 20.1.2005 – 2 AZR 675/03; BAG 11.12.2008 – 2 AZR 395/07.
45 BAG 25.1.2018 – 2 AZR 382/17.

insbesondere im Rahmen der Interessenabwägung (→ **Krankheitsbedingte Kündigung**).[46]

(2) Ausschließlich für betriebsbedingte Kündigungen bestimmt § 1 Abs. 3 KSchG die Schwerbehinderung als einen der vier Gesichtspunkte der Sozialauswahl. Nach entsprechender Rüge im Kündigungsschutzprozess muss der Arbeitgeber hierzu substantiiert vortragen. Schwerbehinderte Arbeitnehmer sind insbesondere bei betriebsbedingten Massenentlassungen – nach Zustimmung des Integrationsamts und Fehlen eines sonstigen Sonderkündigungsschutzes – unter Berücksichtigung ihrer Schwerbehinderung zu ihren Gunsten in die Sozialauswahl einzubeziehen. Die mangelhafte Sozialauswahl – insbesondere die vollständige Nichtberücksichtigung eines Auswahlgesichtspunkts – führt als solche zur Unwirksamkeit der Kündigung.[47]

Haben die Tarif- oder Betriebsparteien allerdings in einer Betriebsvereinbarung gem. § 95 Abs. 1 und 2 BetrVG (Auswahlrichtlinie bei Kündigungen) oder einer entsprechenden Richtlinie nach dem einschlägigen Personalvertretungsgesetz festgelegt, wie die vier sozialen Auswahlgesichtspunkte im Verhältnis zueinander zu bewerten sind (üblicherweise mit einer bestimmten Punktezahl für die Sachverhalte der vier Auswahlgesichtspunkte), kann diese Bewertung im Kündigungsschutzverfahren gem. § 1 Abs. 4 KSchG nur noch auf grobe Fehlerhaftigkeit überprüft werden.[48]

Zu den insbesondere aufgrund der Neuregelung in § 178 Abs. 2 Satz 3 SGB IX zur Beteiligung der Schwerbehindertenvertretung als Wirksamkeitsvoraussetzung der Kündigung wichtigen Beteiligungsrechten von Betriebsrat bzw. Personalrat und Schwerbehindertenvertretung wird auf die nachfolgenden Ausführungen verwiesen.

e) Beteiligung des Integrationsamts bei anderen Beendigungsfällen

Der Sonderkündigungsschutz gilt grundsätzlich nicht bei einverständlicher Beendigung durch Auflösungsvertrag, bei Beendigung durch Befristung des Arbeitsvertrags oder bei Eigenkündigung durch den schwerbehinderten Arbeitnehmer (§§ 168 bis 175 SGB IX). Achtung: Bei Eigenkündigung ohne berechtigten Grund kann das Integrationsamt im Benehmen mit der Agentur für Arbeit gem. § 200 den Schwerbehindertenschutz für einen Zeitraum bis zu sechs Monaten entziehen!

Eine wichtige Ausnahme hiervon enthält jedoch § 175 SGB IX. Danach bedarf die Beendigung des Arbeitsverhältnisses eines schwerbehinderten Menschen

46 Vgl. D/D/Z-*Soehngen*, § 168 SGB IX, Rn. 9 und eingehend Rn. 43ff.

47 Vgl. näher auch zur problematischen Beschränkung auf Schwerbehinderung statt Erstreckung auf Behinderung insgesamt: HK-ArbR-*Schubert*, § 1 KSchG, Rn. 572–574.

48 Vgl. HK-ArbR-*Schubert*, § 1 KSchG, Rn. 607 ff, vgl. auch Beispiel Rn. 586.

auch dann der vorherigen Zustimmung des Integrationsamts, wenn sie im Falle des Eintritts einer teilweisen Erwerbsminderung, der Erwerbsminderung auf Zeit, der Berufsunfähigkeit oder der Erwerbsunfähigkeit auf Zeit ohne Kündigung erfolgt. Festzuhalten ist zunächst, dass grundsätzlich eine »automatische« Beendigung von Arbeitsverhältnissen durch derartige Sachverhalte gerade nicht erfolgt.[49]
Da auch in diesen Fällen die vorherige Zustimmung des Integrationsamts Wirksamkeitsvoraussetzung für die Beendigung des Arbeitsverhältnisses ist, gelten die o.a. Grundsätze für Beendigungen durch Kündigung entsprechend. Bei Kenntnis des Arbeitgebers von der Schwerbehinderung beginnt die 3-wöchige Klagefrist für die Bedingungskontrollklage erst mit der Zustellung der Zustimmungsentscheidung des Integrationsamts (§§ 21, 17 TzBfG analog § 4 Satz 4 KSchG).[50]
Es handelt sich mithin um Sonderfälle, in denen das Arbeitsverhältnis gemäß einer ausdrücklichen vertraglichen oder tariflichen Regelung (vgl. z.B. §§ 33 TV-L bzw. TVöD) aufgrund eines entsprechenden Bewilligungsbescheids der Deutschen Rentenversicherung über Erwerbsminderungsrente ohne Kündigung durch auflösende Bedingung gem. § 21 TzBfG beendet wird.

5. Sonderregelungen für weitere schwerbehinderte Beschäftigte

a) Inklusionsbetriebe

Inklusionsbetriebe (früher: Integrationsprojekte) sind Unternehmen oder unternehmensinterne oder von öffentlichen Arbeitgebern geführte Betriebe zur Beschäftigung schwerbehinderter Menschen, »deren Teilhabe an einer sonstigen Beschäftigung auf dem allgemeinen Arbeitsmarkt aufgrund von Art und Schwere der Behinderung oder wegen sonstiger Umstände voraussichtlich trotz Ausschöpfens aller Fördermöglichkeiten« und des Einsatzes von Integrationsfachdiensten auf besondere Schwierigkeiten stößt.« (§ 215 Abs. 1 SGB IX). In § 215 Abs. 2 SGB IX werden insbesondere vier solcher Gruppen schwerbehinderter Menschen aufgeführt.
In Inklusionsbetrieben müssen mindestens 30 Prozent solcher schwerbehinderter Menschen beschäftigt sein, zugleich soll der Anteil 50 Prozent nicht übersteigen (§ 215 Abs. 3 SGB IX)[51]. Die Aufgaben der Inklusionsbetriebe und die besonderen finanziellen Leistungen, die sie hierfür und im Hinblick auf ihre ein-

49 Vgl. HK-ArbR-*Dette*, § 92 SGB IX a.F., Rn. 1, 2.

50 BAG 9.12.2011 – 7 AZR 221/10; BAG 16.1.2018 – 7 AZR 622/15 auch zur Geltung von § 175 SGB IX für Gleichgestellte.

51 Zur Anrechnung auch von psychisch kranken behinderten oder von Behinderung bedrohten Menschen auf die Quoten vgl. § 215 Abs. 4 SGB IX.

geschränkte betriebswirtschaftliche Leistungsfähigkeit erhalten, ergeben sich aus §§ 216 und 217 SGB IX.

Die Beschäftigung in solchen Inklusionsbetrieben erfolgt gem. § 215 Abs. 1 SGB IX »auf dem allgemeinen Arbeitsmarkt« und dem entsprechend regelmäßig in Arbeitsverhältnissen. Es gelten mithin auch hier die dargestellten Schutzregelungen und Beteiligungsrechte von Betriebsrat bzw. Personalrat und Schwerbehindertenvertretung für schwerbehinderte Bewerber und Arbeitnehmer.

b) Werkstätten für behinderte Menschen

Anders verhält es sich dagegen für in Werkstätten für behinderte Menschen (vgl. §§ 219 bis 227 SGB IX).

(1) In diesen Einrichtungen zur Teilhabe behinderter Menschen am und zur Eingliederung in das Arbeitsleben werden nicht lediglich schwerbehinderte Menschen beschäftigt, sondern darüber hinaus auch andere behinderte oder von Behinderung bedrohte Menschen (vgl. §§ 49 SGB IX ff.), die wegen Art und Schwere nicht, noch nicht oder noch nicht wieder auf dem allgemeinen Arbeitsmarkt beschäftigt werden können (§ 219 SGB IX). Sie sollen eine angemessene berufliche Bildung und eine Beschäftigung zu einem ihrer Leistung angemessenen Arbeitsentgelt aus dem Arbeitsergebnis angeboten bekommen. Zugleich soll ermöglicht werden, ihre Leistungs- oder Erwerbsfähigkeit zu erhalten, zu entwickeln, zu erhöhen oder wiederzugewinnen und dabei ihre Persönlichkeit weiterzuentwickeln.

Mit einem möglichst breiten Angebot an Berufsbildungs- und Arbeitsplätzen, sowie mit qualifiziertem Personal und einem begleitenden Dienst soll auch der Übergang von geeigneten Beschäftigten auf den allgemeinen Arbeitsmarkt gefördert werden.

Mindestvoraussetzung für Beschäftigung in einer Behindertenwerkstatt ist jedoch, dass erwartet werden kann, dass die Beschäftigten nach Teilnahme an Maßnahmen im Berufsbildungsbereich wenigstens ein Mindestmaß wirtschaftlich verwertbarer Arbeitsleistung erbringen (§ 219 Abs. 2 SGB IX).

Zur Aufnahme von behinderten Menschen in anerkannte Behindertenwerkstätten ist neben der o.a. Mindestvoraussetzung erforderlich, dass Leistungen durch die Rehabilitationsträger (vgl. die Auflistung in § 6 SGB IX) gewährleistet sind (§ 220 Abs. 1 SGB IX).

(2) Aus diesem besonderen Charakter der Behindertenwerkstätten folgt, dass die dort beschäftigten behinderten oder von Behinderung bedrohten Menschen nur ausnahmsweise Arbeitnehmer sind. Dies nämlich nur dann, wenn entsprechend § 611a BGB im Rahmen eines persönlichen Abhängigkeitsverhältnisses und einer Eingliederung in den Betrieb weisungsgebundene Arbeit

im wirtschaftlichen Sinn (kontinuierliche echte Arbeitsleistung) erbracht wird.[52] Überwiegend dient die Beschäftigung aber nicht vorrangig dem Erwerb, sondern der Betreuung.[53] Diese Beschäftigten befinden sich gem. § 221 SGB IX in einem arbeitnehmerähnlichen Rechtsverhältnis zu den Werkstätten, soweit sich aus dem zugrundeliegenden Sozialversicherungsverhältnis (Leistungen durch Rehabilitationsträger, s. oben) nichts anderes ergibt.[54] Der Inhalt dieses arbeitnehmerähnlichen Rechtsverhältnisses muss in einem Werkstattvertrag zwischen dem behinderten Menschen und der Werkstatt geregelt werden (§ 221 Abs. 3 SGB IX). Diesbezüglich ist ausdrücklich die Verpflichtung zur Zahlung eines Arbeitsentgelts geregelt, das sich aus einem dort näher definierten Grundbetrag und einem »leistungsangemessenen Steigerungsbetrag« zusammensetzt (§ 221 Abs. 2 SGB IX).[55] Soweit es sich nicht um ein Arbeitsverhältnis handelt, soll kein Anspruch auf den gesetzlichen Mindestlohn bestehen.[56]
Mangels Arbeitsverhältnis finden zudem weder das KSchG noch der Sonderkündigungsschutz gem. §§ 168 SGB IX ff. Anwendung.[57] Allerdings beschränkt § 220 Abs. 2 SGB IX die Kündigung des Beschäftigungsverhältnisses auf den Wegfall der Leistungserbringung durch den Rehabilitationsträger und/oder den Wegfall der Werkstattfähigkeit i. S. d. § 219 Abs. 2 S. 1 SGB IX[58] (analog gem. § 221 Abs. 6 SGB IX auch für geschäftsunfähige volljährige behinderte Beschäftigte). Zudem bedarf die Kündigung (»Lösungserklärung«) durch den Träger der Behindertenwerkstatt gem. § 221 Abs. 7 SGB IX der Schriftform und der schriftlichen Begründung.[59]
Für weitere vertragliche Ansprüche wie Persönlichkeitsschutz, eingeschränkte Haftung, Arbeitsschutz und Erholungsurlaub wird zutreffend von entsprechender Anwendung der für leistungserbringende Teilnehmer in Einrichtungen zur beruflichen Rehabilitation gem. § 52 SGB IX geltenden arbeitsrechtlichen Grundsätze, d. h. entsprechenden Rechtsansprüchen, ausgegangen.[60]
(3) Die behinderten Beschäftigten in Werkstätten, soweit sie nicht ausnahmsweise Arbeitnehmer sind (s. o.)., sind gem. § 5 Abs. 2 Nr. 4 BetrVG auch keine

52 BSG 10. 5. 2007 – B 7a AL 30/06 R, OS 3; Feldes/Kohte/Stevens-Bartol-*Ritz/Kohte*, § 221 SGB IX Rn. 5 ff.; Dau/Düwell/Joussen-*Jacobs*, § 221 SGB IX, Rn. 14; näher auch Küttner-*Poeche*, Teilhabe und Inklusion, Rn. 5–9.

53 LAG Berlin 12. 3. 1990 – 9 TaBV 1/90.

54 Vgl. hierzu näher Dau/Düwell/Joussen-*Joussen*, § 221 SGB IX, Rn. 14 ff.

55 Vgl. zur Unzulässigkeit der Staffelung schon des Grundbetrags nach Leistung BAG 3. 3. 1999 – 5 AZR 162/98.

56 LAG Schleswig-Holstein 11. 1. 2016 – 1 Sa 224/15.

57 LAG Düsseldorf 11. 11. 2013 – 9 Sa 469/13.

58 LAG Hamm 7. 2. 2013 – 15 Sa 994/12.

59 BAG 17. 3. 2015 – 9 AZR 994/13.

60 Vgl. Feldes/Kohte/Stevens-Bartol-*Ritz/Kohte*, § 221 SGB IX, Rn. 6; Dau/Düwell/Joussen-*Jacobs*, § 138 SGB IX a. F., Rn. 7.

Arbeitnehmer im betriebsverfassungsrechtlichen Sinn, werden mithin nicht von einem etwa existierenden Betriebsrat vertreten. Zur teilweisen Kompensation regelt § 222 SGB IX:

- die Mitbestimmung und Mitwirkung der in § 221 Abs. 1 SGB IX genannten behinderten Menschen (unabhängig von ihrer Geschäftsfähigkeit) durch einen von ihnen gewählten **Werkstattrat** mit mindestens drei Mitgliedern. Nähere Regelungen hierzu enthält die Werkstätten-Mitwirkungsverordnung (WMVO).[61]
- die Unterrichtung von Eltern bzw. gesetzlichen Vertretern der in der Werkstatt beschäftigten behinderten Menschen einmal jährlich in einer Eltern- und Betreuerversammlung und – im Einvernehmen mit dem Träger – die Möglichkeit der Errichtung eines **Eltern- und Betreuerbeirats**.
- die Wahl einer **Frauenbeauftragten** und einer Stellvertreterin durch die behinderten Frauen i. S. d. § 221 Abs. 1 SGB IX in jeder Werkstatt.

III. Hinweise für die Beteiligung und Mitbestimmung

Für die Beteiligung des Betriebsrats bzw. Personalrats und – in diesen Fällen von großer Bedeutung – der Schwerbehindertenvertretung gelten angefangen von der Bewerbung und Einstellung über die Beschäftigung bis zur Kündigung eine Reihe besonders zu beachtender Beteiligungsrechte.

1. Bewerbung, Einstellung

a) Gegenüber der Einstellung in anderen Fällen gelten erheblich gesteigerte Anforderungen an die **Beteiligung** des Betriebsrats bzw. des Personalrats und der Schwerbehindertenvertretung (§ 164 Abs. 1 Satz 4 – 9 SGB IX i. V. m. § 2 Abs. 1 Nr. 1 AGG). Der Arbeitgeber muss diese Gremien

- unmittelbar nach Eingang von Vermittlungsvorschlägen der Agentur für Arbeit bzw. eines Integrationsfachdienstes oder von Bewerbungen schwerbehinderter Menschen unterrichten;
- bei der Prüfung der eingegangenen Vermittlungsvorschläge und Bewerbungen beteiligen (Schwerbehindertenvertretung gem. § 178 Abs. 2 SGB IX) bzw. anhören (Betriebsrat bzw. Personalrat);

61 Vgl. Feldes/Kohte/Stevens-Bartol-*Ritz/Kohte*, § 222 SGB IX, Rn. 11ff., § 227 SGB IX Rn. 10ff.; Dau/Düwell/Joussen-*Jacobs*, § 222 SGB IX und WMVO v. 25.7.2001, BGBl I S. 1297.

- bei Nichterfüllung der Beschäftigungspflicht (§ 154 SGB IX) und fehlendem Einverständnis eines der Gremien mit der beabsichtigten Arbeitgeberentscheidung beteiligen durch Darlegung der Gründe und Erörterung; zugleich muss der betroffene schwerbehinderte Mensch angehört werden;
- über die getroffene Entscheidung unter Darlegung der Gründe unverzüglich unterrichten (diese Unterrichtungsplicht besteht auch gegenüber dem betroffenen schwerbehinderten Bewerber).

b) Die Nichteinhaltung dieser gesetzlichen Bestimmungen ist ein Indiz i. S. d. § 22 AGG für eine Benachteiligung wegen der Behinderung und kann damit einen Entschädigungs- und/oder **Schadensersatzanspruch** begründen.[62] Außerdem ergibt sich daraus auch für den Betriebsrat ein Zustimmungsverweigerungsgrund bei beabsichtigter Einstellung eines anderen Arbeitnehmers gem. § 99 Abs. 2 Nr. 1 i. V. m. § 164 Abs. 1 SGB IX (Gesetzesverstoß) bzw. entsprechend für den Personalrat gem. §§ 78 Abs. 5 Nr. 1 i. V. m. 79 Abs. 1 BPersVG n. F. (§§ 77 Abs. 2 Nr. 1 i. V. m. § 75 Abs. 1 BPersVG a. F.[63]) bzw. analoge Vorschriften in den LPVGen i. V. m. § 164 Abs. 1 SGB IX.[64]

c) Ein **Zustimmungsverweigerungsgrund** ergibt sich, wenn die Schwerbehindertenvertretung nicht gem. §§ 164 Abs. 1 Satz 4 – 9, 178 SGB IX beteiligt wurde. Er ergibt sich auch bereits dann, wenn vor der Einstellung vom Arbeitgeber die Prüfungspflicht zur Besetzung freier Arbeitsplätze mit schwerbehinderten Menschen gem. § 164 Abs. 1 Satz 1 – 3 SGB IX nicht eingehalten wurde. Dies gilt selbst bei beabsichtigter Einstellung eines Leiharbeitnehmers.[65]

Eine entsprechende Zustimmungsverweigerung des Betriebsrats könnte folgenden Textbaustein enthalten:

»Der Betriebsrat verweigert die Zustimmung zur Einstellung des Arbeitnehmers … gem. § 99 Abs. 2 Nr. 1 BetrVG. Denn es liegt ein Verstoß gegen § 164 Abs. 1 S. 1 und 2 SGB IX vor. Vor der beantragten Einstellung dieses nicht schwerbehinderten Arbeitnehmers wurde die Agentur für Arbeit nicht mit Bitte um Vermittlung eines schwerbehinderten Menschen eingeschaltet (vgl. BAG 23. 6. 2010 – 7 ABR 3/09). Eine schriftliche Bestätigung der Agentur für Arbeit, dass kein schwerbehinderter Arbeitnehmer vermittelbar ist, liegt ersichtlich nicht vor, obwohl der Arbeitgeber zur Einholung einer entsprechenden Bestätigung der Agentur für Arbeit verpflichtet

62 BAG 28. 9. 2017 – 8 AZR 492/16.

63 BPersVG v. 15. 3. 1974 (BGBl. I S. 693); zuletzt geändert durch Gesetz vom 9. 6. 2021 (BGBl. I S. 1614).

64 Vgl. D/K/W-Bachner, § 99 Rn. 197; Altvater/Baden/Baunack-Baden, § 77 BPersVG, Rn. 17.

65 Vgl. BAG 23. 6. 2010 – 7 ABR 3/09; vgl. auch LAG Berlin-Brandenburg 12. 12. 2013 – 26 TaBV 1164/13 zur Verpflichtung des Arbeitgebers, einen konkreten Vermittlungsauftrag durch die Agentur für Arbeit zu erteilen und den Rücklauf abzuwarten.

ist (vgl. LAG Berlin-Brandenburg 21.8.2014 – 10 TaBV 671/14). Darüber hinaus besteht bei fehlender Einschaltung der Agentur für Arbeit die Vermutung einer Diskriminierung schwerbehinderter Bewerber (vgl. BAG 12.09.2006 – 9 AZR 807/05), sodass auch ein Verstoß gegen das AGG vorliegt.«

d) Hat der Betriebsrat eine Auswahlrichtlinie gem. § 95 Abs. 1 und 2 BetrVG für Einstellungen mit noch zusätzlichen Regelungen zur besonderen Berücksichtigung schwerbehinderter Menschen mit dem Arbeitgeber vereinbart, kann er bei Nichtbeachtung die Zustimmung zur Einstellung eines nicht schwerbehinderten Bewerbers auch gem. § 99 Abs. 2 Nr. 2 BetrVG verweigern.
e) Im öffentlichen Dienst kann der Personalrat zusätzlich auch bei Verstoß der Dienststelle gegen die besonderen Verpflichtungen aus § 165 SGB IX, u.a. Einladung zu einem Vorstellungsgespräch, außer bei offensichtlichem Fehlen der fachlichen Eignung[66] die Zustimmung zur Einstellung eines nicht schwebehinderten Bewerbers verweigern.
f) Die Schwerbehindertenvertretung hat zwar kein eigenständiges Zustimmungsverweigerungsrecht, jedoch das auf ihre spezifischen Aufgaben gem. § 178 Abs. 1 SGB IX zugeschnittene, unverzügliche und umfassende Unterrichtungs-, Anhörungs- und Mitteilungsrecht hinsichtlich jeder »Entscheidung« betr. schwerbehinderte Menschen (also weitergehend als nach BetrVG z.B. auch vor Abmahnungen, Zuweisung eines neuen Arbeitsplatzes u.a.). Im Rahmen ihrer entsprechenden Beteiligung bei der Stellenbesetzung gem. § 164 Abs. 1 SGB IX hat die Schwerbehindertenvertretung auch das Recht, beim Vorliegen von Vermittlungsvorschlägen der Bundesagentur für Arbeit oder von Bewerbungen schwerbehinderter Menschen in die entscheidungsrelevanten Bewerbungsunterlagen Einsicht zu nehmen und an Vorstellungsgesprächen teilzunehmen (§ 178 Abs. 2 Satz 4 SGB IX). Das spezifische Beteiligungsrecht der Schwerbehindertenvertretung beinhaltet auch die Verpflichtung des Arbeitgebers zur Aussetzung der Durchführung oder Vollziehung einer ohne die Beteiligung getroffenen Entscheidung und zur Nachholung binnen sieben Tagen vor endgültiger Entscheidung (§ 178 Abs. 2 Satz 2 SGB IX).
Bei Verletzung von § 178 Abs. 2 S. 1 und 2 SGB IX kann wiederum der Betriebsrat bzw. Personalrat eine Zustimmungsverweigerung mit Gesetzesverstoß begründen.

2. Behindertengerechte Beschäftigung

a) Die allgemeine Verpflichtung von Arbeitgeber und Betriebsrat gem. § 75 Abs. 1 BetrVG bzw. Dienststelle und Personalrat gem. § 2 Abs. 4 BPersVG n.F.

66 Vgl. BAG 21.7.2009 – 9 AZR 431/08.

(§ 67 Abs. 1 BPersVG a. F.), darüber zu wachen, dass jede Benachteiligung von Personen im Betrieb bzw. in der Dienststelle wegen ihrer Behinderung unterbleibt, hat für alle Beteiligungen und Mitbestimmungsfälle fundamentalte Bedeutung.

So müssen Betriebsräte darauf achten, dass bei Auswahlrichtlinien über Einstellungen, Kündigungen u. a. gem. § 95 Abs. 1 und 2 BetrVG jede Benachteiligung von behinderten, insbesondere schwerbehinderten Arbeitnehmern vermieden wird.

Beim Abschluss von Sozialplänen dürfen schwerbehinderte Menschen hinsichtlich der Abfindungshöhe nicht deshalb schlechter gestellt werden, weil sie gem. § 37 SGB VI einen vorzeitigen Rentenanspruch haben. Das folgt aus § 75 Abs. 1 BetrVG i.V. §§ 1, 3 AGG und RL 2000/78/EG.[67]

b) Darüber hinaus enthalten das BetrVG und auch das BPersVG selbst auch besondere Regelungen zum Schutz schwerbehinderter Arbeitnehmer im Betrieb, so

- Förderung der Eingliederung schwerbehinderter Menschen einschließlich des Abschlusses von Inklusionsvereinbarungen nach § 166 SGB IX und sonstiger besonders schutzbedürftiger Personen (allgemeine Aufgabe gem. § 80 Abs. 1 Nr. 4 BetrVG; § 62 Nr. 4 BPersVG n. F. – § 68 Abs. 1 Nr. 4 und 5 BPersVG)
- Daraus folgt auch ein entsprechender Unterrichtungs- und Beratungsanspruch und ggf. Anspruch auf Hinzuziehung eines Sachverständigen (§ 80 Abs. 2 und 3 BetrVG);
- Abschluss einer freiwilligen Betriebsvereinbarung über Maßnahmen zur Eingliederung schwerbehinderter Menschen (§ 88 Nr. 5 BetrVG);
- im Rahmen der Unterrichtungs- und Beratungsansprüche zur Personalplanung als Aufgabe des Betriebsrats insbesondere, auf Maßnahmen für die behindertengerechte Beschäftigung schwerbehinderter Menschen und Einhaltung zumindest der Pflichtquote gem. § 154 SGB IX ff. hinzuwirken (§ 92 Abs. 3 S. 2 BetrVG). Dies kann sodann auch ein wichtiger Gesichtspunkt bei Vorschlägen zur Beschäftigungssicherung gem. § 92a BetrVG sein.

Weiter kann der Betriebsrat auch im Rahmen seiner Mitbestimmung gem. § 99 BetrVG bei personelle Maßnahmen im laufenden Arbeitsverhältnis (Versetzung, Umgruppierung) aus den oben (III. 1.) genannten Gründen der Nichteinhaltung der besonderen Schutzvorschriften für schwerbehinderte Menschen die Zustimmung gem. § 99 Abs. 2 Nr. 1 BetrVG verweigern.

c) Das SGB IX enthält für Betriebs- und Personalräte und für die Schwerbehindertenvertretung zusätzlich besondere Beteiligungsrechte, so

---

67 Vgl. EuGH 6. 12. 2012 – Rs-C 152/11; i.d.S. auch BAG 21. 11. 2017 – 9 AZR 141/17; näher: HK-ArbR-*Schubert* zu §§ 111–113 BetrVG, Rn. 54.

- Abschluss eine Inklusionsvereinbarung (§ 166 SGB IX): Arbeitgeber, Schwerbehindertenvertretung und Betriebs- bzw. Personalrat schließen in Zusammenarbeit mit dem Inklusionsbeauftragten des Arbeitgebers, ggf. unter Hinzuziehung des Integrationsamts, auf Antrag der Schwerbehindertenvertretung (bei Fehlen: des Betriebs- bzw. Personalrats) eine sog. Inklusionsvereinbarung ab. Sie enthält Regelungen im Zusammenhang mit der Eingliederung schwerbehinderter Menschen mit dem Ziel der gleichberechtigten Teilhabe am Arbeitsleben. § 166 Abs. 3 enthält in Nr. 1 – 6. Beispiele zum Regelungsinhalt (vgl. nachfolgend das Muster einer Integrationsvereinbarung).
- Bei der Inklusionsvereinbarung handelt es sich um das entscheidende betriebliche Regelungswerk zur Realisierung der gleichberechtigten Teilhabe schwerbehinderter Menschen. Die kategorische Formulierung in § 166 Abs. 1 Satz 1 SGB IX spricht zudem für eine Abschlussverpflichtung des Arbeitgebers. Dennoch wird – unter Berufung auf Fehlen einer § 76 BetrVG (Einigungsstelle) entsprechenden Regelung – in der Rechtsprechung die Auffassung vertreten, es bestehe für den Arbeitgeber nur eine Verhandlungs-, nicht aber eine Abschlusspflicht.[68] Die Gegenmeinung in der Literatur überzeugt demgegenüber.[69]
- Für die Praxis sollte bei Blockadehaltung des Arbeitgebers vom Betriebsrat auf die erzwingbaren Mitbestimmungsrechte für eine Regelung in Gestalt einer Betriebsvereinbarung zurückgegriffen werden, z. B. §§ 87 Abs. 1 Nr. 7, 97 Abs. 2, 98 ggf. i. V. m. 95 Abs. 2 BetrVG.[70]
- Präventionsverfahren (§ 167 Abs. 1 SGB IX): Der Arbeitgeber muss bei personen-, verhaltens- oder betriebsbedingten »Schwierigkeiten« (d. h. Unzuträglichkeiten, die gerade noch nicht den Charakter von Kündigungsgründen haben müssen)[71], die zur Gefährdung des Arbeitsverhältnisses führen können, möglichst frühzeitig die Schwerbehindertenvertretung, den Betriebs- bzw. Personalrat und das Integrationsamt einschalten. Mit diesen müssen dann »alle Möglichkeiten und alle zur Verfügung stehenden Hilfen zur Beratung und mögliche finanzielle Leistungen« erörtert werden, mit denen die Schwierigkeiten beseitigt werden können und das Arbeitsverhältnis möglichst dauerhaft fortgesetzt werden kann. Zusätzlich ist natürlich auch für schwerbehinderte Menschen das BEM-Verfahren gem. § 167 Abs. 2 SGB IX einzuhalten (→ **Betriebliches Eingliederungsmanagement**).

---

68 LAG Hamm 19. 1. 2007 – 13 TaBV 58/06.

69 Feldes/Kohte/Stevens-Bartol-*Feldes*, § 166 SGB IX, Rn. 57f.; HK-ArbR-*Nacken*, zu § 83 SGB IX a. F., Rn. 3.

70 HK-ArbR-*Nacken*, zu § 83 SGB IX a. F., Rn. 3.

71 BAG 7. 12. 2006 – 2 AZR 182/06.

3. Kündigung von Arbeitsverhältnissen

Sowohl die ordnungsgemäße Beteiligung des Betriebsrats bzw. Personalrats als auch die ordnungsgemäße Beteiligung der Schwerbehindertenvertretung sind Wirksamkeitsvoraussetzungen für die Kündigung eines/r schwerbehinderten Beschäftigten.

a) Die Verpflichtung des Arbeitgebers zur Anhörung bzw. **Beteiligung von Betriebsrat bzw. Personalrat** stellt lediglich auf eine einzuhaltende Frist vor Ausspruch der Kündigung ab (beim Betriebsrat eine Woche bei ordentlicher Kündigung, drei Tage bei außerordentlicher Kündigung, § 102 Abs. 2 BetrVG). Daher soll deren Anhörung/Beteiligung sowohl schon bei Antragstellung des Arbeitgebers an das Integrationsamt, als auch während des laufenden Verfahrens beim Integrationsamt (in dem das Integrationsamt gem. § 170 Abs. 2 SGB IX ja ohnehin beim Betriebsrat bzw. Personalrat eine Stellungnahme einzuholen hat), als auch nach Zustimmungsentscheidung unter Wahrung dieser jeweiligen Frist zulässig sein.[72]

Die mangelhafte Beteiligung von Betriebsrat bzw. Personalrat – insbesondere bei unvollständiger oder gar wahrheitswidriger Unterrichtung etwa zu maßgeblichen Gesichtspunkten der Behinderung oder Nichteinhaltung der gesetzlichen Erklärungsfristen – führt zur Unwirksamkeit der Kündigung (§ 102 Abs. 1 Satz 3 KSchG bzw. § 128 BPersVG n. F. [§ 108 Abs. 2 BPersVG]).

Die Beteiligung hat i.Ü. unabhängig von den Ausnahmeregelungen in §173 SGB IX zu erfolgen, also insbesondere auch in den ersten sechs Monaten des Arbeitsverhältnisses.

b) Aufgrund der Neufassung des SGB IX durch das Bundesteilhabegesetz vom 23.12.2016 führt nunmehr auch – die nicht erfolgte oder mangelhafte Beteiligung der → **Schwerbehindertenvertretung** zur Unwirksamkeit der Kündigung von schwerbehinderten bzw. gleichgestellten Beschäftigten: Es heißt nunmehr: *»Die Kündigung eines schwerbehinderten Menschen, die der Arbeitgeber ohne eine Beteiligung nach* S. *1 ausspricht, ist unwirksam.«* (§ 178 Abs. 2 Satz 3 SGB IX)

Der Kündigungsschutz schwerbehinderter (und gleichgestellter) Menschen wird damit zusätzlich gestärkt und der Arbeitgeber dazu angehalten, die Beteiligung der Schwerbehindertenvertretung ernst zu nehmen. Zudem ist das Unterlassen der ordnungsgemäßen Beteiligung eine Ordnungswidrigkeit gem. § 238 Abs. 1 Nr. 8 SGB IX (Geldbuße bis zu 10 000 €).

- Auch bei den schwerbehinderten und gleichgestellten Menschen, bei denen nicht die Zustimmung des Integrationsamts zur Kündigung eingeholt werden muss – insbesondere in den ersten sechs Monaten des Arbeitsverhältnisses –, führt die nicht ordnungsgemäße Beteiligung der Schwerbehindertenvertre-

72 Vgl. D/D/Z-*Soehngen*, § 168 SGB IX, Rn. 48; Küttner-*Kania*, Behinderung, Rn. 47.

tung zur Unwirksamkeit der Kündigung gem. § 178 Abs. 2 Satz 3 SGB IX. Dies dürften die praxisrelevantesten Fälle für den zusätzlichen Kündigungsschutz durch die neue Vorschrift sein.

- Zu verschiedenen streitigen Fragen zur Auslegung des § 178 Abs. 2 Satz 2 SGB IX auch im Hinblick auf die besonderen gesetzlichen Schutzaufgaben der Schwerbehindertenvertretung[73] hat das Bundesarbeitsgericht sich mit Urteil vom 13.12.2018 positioniert.[74] Es geht danach davon aus, dass der Arbeitgeber die SBV vor Ausspruch jeder Kündigung (auch schon in den ersten sechs Monaten des Arbeitsverhältnisses) entsprechend den für die Beteiligung des Betriebsrats gem. § 102 Abs. 1 und 2 BetrVG geltenden Grundsätzen und inhaltlich in gleichem Umfang anzuhören hat. Wie für den Betriebsrat soll es nicht erforderlich sein, die SBV vor dem Zustimmungsantrag an das Integrationsamt anzuhören und auch nicht vor dem Betriebsrat. Der Arbeitgeber soll nicht gehindert sein, eine versäumte Beteiligung rechtzeitig vor der Kündigung gem. § 78 Abs. 2 Satz 2 SGB IX nachzuholen. Die Unwirksamkeitsfolge soll nicht eintreten, wenn der Arbeitgeber lediglich die Mitteilung seiner Kündigungsentscheidung an die SBV versäumt hat. Als ausreichende Frist für die Stellungnahme der SBV legt das BAG – unter Berufung auf eine diesbezügliche »planwidrige Regelungslücke« des § 178 Abs. 2 SGB IX – die Wochenfrist des § 102 Abs. 2 BetrVG zugrunde. [75] Insbesondere die Auffassung des BAG von der Irrelevanz der Nachholung der versäumten Beteiligung, der versäumten Mitteilungspflicht und der Beteiligung der SBV erst nach der Stellung des Zustimmungsantrags beim Integrationsamt für die Wirksamkeit der Beteiligung der SBV werden mit überzeugenden Argumenten kritisiert.[76]
- Auch nach Auffassung des BAG gilt (wie bei § 102 BetrVG): nicht nur eine gar nicht erfolgte, sondern auch eine mangelhafte Unterrichtung der Schwerbehindertenvertretung führt bereits zur Unwirksamkeit der Kündigung gem. § 178 Abs. 2 Satz 3 SGB IX. i. V. m. § 134 BGB. Die Schwerbehindertenvertretung muss so umfassend und frühzeitig unterrichtet werden, dass sie ihre gesetzliche Aufgabe als Beraterin und Helferin eines jeden schwerbehinderten und gleichgestellten Beschäftigten, ggf. auch durch zusätzliche eigene Recherchen, effektiv wahrnehmen kann. Sie muss übrigens bereits im Vorfeld zu ver-

---

73 Vgl. die Zusammenfassung hierzu bei Feldes/Kohte/Stevens-Bartol-*Krämer*, Rn. 27ff.; Bayreuther, NZA 2017, 87ff.; Grimm/Freh, ArbRB 2017, 16ff.; Gundel, ZAT 2017, 50ff. – alle noch vor dem Urteil des BAG 13.12.2018 – 2 AZR 378/18.

74 BAG 13.12.2018 – 2 AZR 378/18; so auch: LAG Baden-Württemberg, 19.12.2019 – 3 Sa 30/1.

75 So nun auch Neumann/Pahlen/Greiner/Winkler/Jabben, Rn. 11d) ff.; Küttner-*Kania*, Behinderte, Rn. 47; ErfK-*Rolfs*, § 178 SGB IX Rn. 58.

76 vgl. D/D/Z-*Soehngen*, § 178 SGB IX Rn. 6; vgl. auch schon LAG Hamm 11.10.2018 – 15 Sa 379/18.

haltensbedingten Kündigungen auch schon zu beabsichtigten Abmahnungen beteiligt werden (§ 178 Abs. 2 Satz 1 SGB IX).

- Zusätzlich ist für Kündigungsschutzklageverfahren noch zu klären (und vom BAG noch nicht beantwortet), ob und bis wann sich klagende Arbeitnehmer auf den neuen Unwirksamkeitsgrund des § 178 Abs. 2 Satz 3 SGB IX berufen können, wenn sie ihre Schwerbehinderung nicht dem Arbeitgeber zuvor mitgeteilt oder nicht schon mindestens 3 Wochen zuvor einen Antrag beim Versorgungsamt gestellt haben.
- Klar ist jedenfalls: § 173 Abs. 3 SGB IX (eingeschränkte Berufung auf Schwerbehinderung), gilt nur für das 4. Kapitel, also §§ 168 – 175 SGB IX. Da die Schwerbehinderung gem. § 2 Abs. 2 SGB IX ein objektiver Sachverhalt ist (s. oben), müsste es also möglich sein, sich auch ohne Bescheid des Versorgungsamts oder Anerkennungsantrag jedenfalls auf die Unwirksamkeit der Kündigung gem. § 178 Abs. 2 Satz 3 SGB IX zu berufen. Jedenfalls kann für den Antrag beim Versorgungsamt nicht auf die Frist von drei Wochen vor Kündigungszugang verwiesen werden.[77]
- Nach der Rechtsprechung des BAG[78] wird man allerdings davon ausgehen müssen, dass eine solche Berufung auf § 178 Abs. 2 Satz 3 SGB IX jedenfalls dann ausgeschlossen ist, wenn der Arbeitnehmer die Frage des Arbeitgebers nach einer Schwerbehinderung bzw. einer entsprechenden Antragstellung – nach Erwerb des Sonderkündigungsschutzes nach sechs Monaten im Arbeitsverhältnis – ausdrücklich verneint hat und die Schwerbehinderung nicht offenkundig ist oder dem Arbeitgeber auf anderem Wege bekannt geworden ist.

4. Sonstige Beendigungen von Arbeitsverhältnissen

Anders als der Betriebsrat bzw. Personalrat muss die SBV gem. § 178 Abs. 2 Satz 1 und 2 SGB IX vom Arbeitgeber auch vor Abschluss von Aufhebungsverträgen mit schwerbehinderten Menschen und beim erweiterten Beendigungsschutz gem. § 175 SGB IX beteiligt werden. [79]

Allerdings führt die mangelhafte Beteiligung hier nicht zur Unwirksamkeit, sondern lediglich zur Aussetzung der Vollziehung und Verpflichtung zur Nachholung der Beteiligung innerhalb von sieben Tagen. Erst dann kann endgültig entschieden werden (§ 178 Abs. 2 Satz 2 SGB IX). Immerhin kann die Nichtbeteiligung der SBV vor Abschluss eines Aufhebungsvertrags ein Indiz für das

77 So auch Feldes/Kohte/Stevens-Bartol-*Krämer*, § 178 SGB IX, Rn. 30.

78 BAG 16.2.2012 – 6 AZR 553/10.

79 Vgl. zum Aufhebungsvertrag BAG 14.03.2012-7 ABR 67/10; D/D/Z-*Soehngen*, § 178 SGB IX, Rn. 3.

Zustandekommen des Vertrags durch Drohung sein, sodass er gem. § 123 BGB angefochten werden kann.[80]
Zu den weiteren Aufgaben der Schwerbehindertenvertretung s. auch → **Schwerbehindertenvertretung**.

IV. Muster für eine Inklusionsvereinbarung gem. § 166 SGB IX[81]

Vorbemerkung: Inklusionsvereinbarungen sollen gem. § 166 SGB IX als verbindliche schriftliche Vereinbarung – möglichst als Betriebsvereinbarung bzw. Dienstvereinbarung mit zusätzlicher Beteiligung der Schwerbehindertenvertretung – sowohl für alle Betriebe als auch für alle Dienststellen abgeschlossen werden. Dies kann auch überbetrieblich durch Gesamtbetriebsvereinbarung bzw. Gesamtdienstvereinbarung geschehen.
Dass nachfolgende Muster einer Gesamtdienstvereinbarung dient auch als Muster für eine entsprechende Betriebsvereinbarung. Inhaltlich ergeben sich keine wesentlichen Unterschiede zwischen Privatwirtschaft und öffentlichem Dienst, bis auf einzelne Sonderregelungen für den öffentlichen Dienst (vgl. § 165 SGB IX). Natürlich muss jede Inklusionsvereinbarung auf die spezifischen Verhältnisse des jeweiligen Betriebs bzw. der jeweiligen Dienststelle »zugeschnitten« werden.

(Gesamt-)Dienstvereinbarung zur Integration schwerbehinderter Menschen

Zwischen der
… Dienststelle,
vertreten durch …
und dem
Personalrat der Dienststelle,
vertreten durch …
wird folgende **(Gesamt-)Dienstvereinbarung zur Integration von Schwerbehinderten Menschen in der Dienststelle** getroffen:

Inhalt

§ 1 Ziele
§ 2 Geltungsbereich
§ 3 Zusammenwirken der Dienststelle und Schwerbehindertenvertretung

80 Vgl. D/D/Z-*Soehngen*, § 178 SGB IX, Rn. 9.
81 Quelle: Norbert Warga, Handbuch Dienstvereinbarung, 3. Aufl. 2019, Bund-Verlag.

§ 1 Ziele

(1) Die Parteien dieser Vereinbarung begreifen die Integration von Menschen mit Schwerbehinderung in das Berufsleben nicht nur als gesetzliche Verpflichtung, sondern vor allem als soziale Aufgabe, deren Erfüllung allen Beteiligten gemeinschaftlich obliegt. Ziel der Bestrebungen ist es, den Anforderungen des Artikel 3 Absatz 3 Satz 2 des Grundgesetzes Rechnung zu tragen und Menschen mit Schwerbehinderungen eine berufliche Existenzgrundlage zu schaffen und zu sichern, sowie ihr berufliches Fortkommen zu fördern. Dabei sollen sie nicht passiv fürsorglichen Aktivitäten ausgesetzt werden, sondern im Sinne von aktiver Selbstbestimmung gleichberechtigt am Berufsleben teilhaben.
(2) Wer körperlich, geistig oder psychisch behindert ist oder wem eine solche Behinderung droht, hat ein Recht auf Hilfe, um die Behinderung abzuwenden, zu beseitigen, zu bessern, ihre Verschlimmerung zu verhüten oder ihre Folgen zu mildern.
(3) Neben der Gewährung von Nachteilsausgleichen gehören dazu auch die Hilfen, die diesen Schwerbehinderten Menschen einen ihren Neigungen und Fähigkeiten entsprechenden Platz im Arbeitsleben sichern und die dem individuellen Hilfebedarf Rechnung tragen.
(4) Die Förderung basiert auf der Erkenntnis, dass alle Arbeitsplätze grundsätzlich auch für Schwerbehinderte Menschen geeignet sind. Alle Betriebe und Funktionseinheiten sind deshalb verpflichtet, bei eintretender Schwerbehinderung alle Möglichkeiten zur behindertengerechten Arbeitsplatzgestaltung und Arbeitsorganisation zu prüfen und entsprechende Maßnahmen umzusetzen.
(5) Ziele dieser Vereinbarung sind insbesondere:
- Wiederherstellung und Erhaltung der Gesundheit der Beschäftigten
- Erhaltung der Arbeitsplätze und berufliche Förderung schwerbehinderter, gleichgestellter und behinderter Menschen
- Qualifizierung und Weiterbildung der im Betrieb beschäftigten Behinderten

- betriebliche Integrationsmaßnahmen zur Schaffung und Erhaltung von behindertengerechten Arbeitsplätzen
- Berücksichtigung sämtlicher Aspekte der Barrierefreiheit im umfassenden Sinne
- Wahrnehmung der Fürsorgepflicht gegenüber Behinderten durch die Führungskräfte sowie Beachtung der gesetzlichen Grundlagen des Behindertenrechts.

§ 2 Geltungsbereich

(1) Diese Inklusionsvereinbarung gilt persönlich für
- alle nach § 152 Abs. 1 Satz 1 SGB IX anerkannt behinderten Beschäftigten,
- im Anerkennungsverfahren gemäß § 152 SGB IX befindlichen Beschäftigten und
- alle Beschäftigten mit einem Grad der Behinderung (GdB) von mindestens 30 % und solche, die anerkannt gleichgestellt sind.

Nachstehend ist der gesamte Personenkreis als schwerbehinderte Menschen bezeichnet; Abweichungen werden besonders hervorgehoben.
(2) Die Vereinbarung gilt räumlich unbegrenzt für alle Beschäftigungsverhältnisse mit der Dienststelle und deren verbundene Einrichtung ohne Rücksicht auf deren Rechtsform in Deutschland (und darüber hinaus).

§ 3 Zusammenwirken der Dienststelle und Schwerbehindertenvertretung

(1) Die Dienststelle hat die Aufgabe, ein Verzeichnis der bei ihr beschäftigten Schwerbehinderten zu führen und einmal jährlich bis zum 31. März der Agentur für Arbeit für das vergangene Jahr die in § 163 SGB IX genannten Angaben mitzuteilen.
(2) Diese Informationen werden zeitgleich an die jeweilige Schwerbehindertenvertrauensperson bzw. die Gesamtschwerbehindertenvertretung weitergeleitet.
(3) Zur Gestaltung sowie Erhaltung der Arbeitsplätze und zum Erhalt diesbezüglicher Zuschüsse pflegt die Dienststelle Kontakte zu den Integrationsämtern, der Agentur für Arbeit und allen anderen Rehabilitationsträgern.
(4) Die Schwerbehindertenvertretung ist von der Dienststellenleitung in allen Angelegenheiten, die einzelne schwerbehinderte Menschen oder die schwerbehinderten Menschen als Gruppe berühren, rechtzeitig und umfassend zu unterrichten und vor der Entscheidung zu hören; die getroffene Entscheidung ist ihr unverzüglich mitzuteilen.
(5) Die Gesamtschwerbehindertenvertretung trifft sich mit allen gewählten Schwerbehindertenvertrauenspersonen mindestens zweimal im Jahr.
(6) Die Dienststelle berichtet hierbei über die Angelegenheiten schwerbehinderter Beschäftigter und gibt einen Sachstandsbericht über die Ziele und Maßnahmen des letzten Berichtszeitraumes.
(7) Die Beteiligung der örtlichen und Gesamtschwerbehindertenvertretung erfolgt zwingend nach § 178 SGB IX. Sie kann nicht durch das Recht dieser Vertretungen an Sitzungen des Personalrates teilzunehmen, ersetzt werden.
(8) Die Schwerbehindertenvertreter/innen und deren Stellvertreter/innen haben das Recht und die Verpflichtung, sich über die Grundlagen und aktuellen Aspekte des

Behindertenrechts und der anzuwendenden Rechtsgrundlagen zu informieren und schulen zu lassen.
(9) Für die ordnungsgemäße Durchführung ihrer Aufgaben, auch bezogen auf die besonderen Aufgaben im Rahmen der Inklusionsvereinbarung, der betrieblichen Prävention, des Eingliederungsmanagements und des Gesundheitsschutzes, hat die Gesamtschwerbehindertenvertretung das Recht, sich mit einem Stellenanteil von ______ Prozent von ihrer sonstigen Tätigkeit freistellen zu lassen.
(10) Die Schwerbehindertenvertreter/innen und deren Stellvertreter/innen können eine interne Geschäftsverteilung vereinbaren.

§ 4 Integrationsteam

(1) Zur Durchsetzung der Interessen Behinderter wird in jeder Dienststelle oder in jedem selbständigen, Teil einer Dienststelle die einen eigenen Personalrat wählen kann, sowie auf der Ebene des Gesamt- bzw. Hauptpersonalrats ein Integrationsteam gebildet, das aus
- einem/r Vertreter/in der Schwerbehindertenvertretung,
- einem/r Vertreter/in des Personalrates,
- der/m in jedem Landesbezirk zu bestellenden Arbeitgeberbeauftragten nach § 181 SGB IX und
- einer/m Beauftragten für Arbeitssicherheit und Gesundheit besteht.

(2) In jeder personalratsfähigen Dienststelle oder in jedem selbständigen Teil einer Dienststelle, ist ein/e Beauftragte/r der Dienststellenleitung zur Einrichtung und Gewährleistung der behindertengerechten Arbeitsplätze zu bestellen.
(3) Zu ihren/seinen Aufgaben gehören insbesondere,
- die Inklusionsvereinbarung umzusetzen und zu überwachen,
- weitere Konzepte für die behördliche Rehabilitation, Integration und Prävention zu erstellen und umzusetzen sowie
- die Dienststellenleitung bezüglich der Förderungsmöglichkeiten behinderter Beschäftigter zu beraten.

(4) Bei Bedarf werden zu den Beratungen des Integrationsteams eingeladen:
- der Vertrauens- bzw. Betriebsarzt
- die Frauenbeauftragte
- die (Gesamt-)Jugend- und Ausbildungsvertretung
- ein/e Vertreter/in des Integrationsamtes und/oder
- sonstige Sachverständige (z. B. die/der Suchtbeauftragte)

§ 5 Stellenausschreibung, Auswahl und Besetzungsverfahren

(1) Die Personalplanung der Dienststelle ist so auszurichten, dass alle Möglichkeiten zum Erreichen der gesetzlichen Beschäftigungsquote und gegebenenfalls darüber hinaus ausgeschöpft werden.

(2) Schwerbehinderte Beschäftigte, die sich auf eine intern ausgeschriebene Stelle bewerben, sind bei gleichwertiger fachlicher Qualifikation vorrangig zu berücksichtigen und vorrangig zu qualifizieren.
(3) Ein/e schwerbehinderte/r Beschäftigte/r erhält mit der rechtzeitigen Einladung zum Stellenbesetzungsgespräch eine detaillierte Stellenbeschreibung, aus der die/der Beschäftigte die Anforderungsprofile der begehrten Planstelle entnehmen kann.
(4) Nach einem erfolglosen dienststelleninternen Ausschreibungs- und Stellenbesetzungsverfahren ist vor der Besetzung von freien Arbeitsplätzen zu prüfen, ob insbesondere bei der Agentur für Arbeit arbeitslos oder arbeitsuchend gemeldete schwerbehinderte Menschen auf diesen freien Arbeitsplätzen beschäftigt werden können oder ob schwerbehinderten Jugendlichen ein Ausbildungsplatz angeboten werden kann. Hierzu wird die Dienststellenleitung rechtzeitig mit der Agentur für Arbeit Verbindung aufnehmen und ihr den Personalbedarf darstellen.
(5) Einer/m schwerbehinderten Bewerber/in ist mit der rechtzeitigen Einladung zum Vorstellungsgespräch eine detaillierte Stellenbeschreibung auszuhändigen, aus der die/der Bewerber/in die Anforderungsprofile der Planstelle entnehmen kann.
(6) Die Schwerbehindertenvertretung nimmt an den Stellenbesetzungs- bzw. Vorstellungsgesprächen mit schwerbehinderten Menschen teil, unabhängig davon, ob die Bewerbung intern oder extern erfolgte, es sei denn, die/der jeweilige Schwerbehinderte lehnt die Teilnahme der Schwerbehindertenvertretung ausdrücklich ab.
(7) Kopien der Einladung der Schwerbehinderten zum Stellenbesetzungs- bzw. Vorstellungsgespräch und Kopien der Stellenbeschreibung erhält die Schwerbehindertenvertretung zur Kenntnis.
(8) Die zu berücksichtigenden Fristen entsprechen denen der Vereinbarung über die Auswahlrichtlinien, die um diese Inhalte ergänzt werden.
(9) Die Verpflichtung zur Beschäftigung schwerbehinderter Menschen wird durch andere gesetzliche Verpflichtungen zur bevorzugten Einstellung und Beschäftigung bestimmter Personengruppen nicht berührt (§ 205 SGB IX).

§ 6 Personalplanung und -entwicklung zur Förderung des Integrationsgedankens und Individualrechte

(1) Schwerbehinderte Beschäftigte sind zur Förderung ihres beruflichen Fortkommens bei dienstlichen Maßnahmen der beruflichen Bildung bevorzugt zu berücksichtigen. Die Behinderung darf sich keinesfalls zum Nachteil für die Betroffenen auswirken.
(2) Für schwerbehinderte Beschäftigte sind die der Behinderung angemessenen Arbeitsbedingungen herzustellen. Der Arbeitsplatz ist bezüglich der jeweiligen persönlichen Behinderung der/s Beschäftigten mit entsprechenden geeigneten technischen Hilfsmitteln auszustatten.
(3) Schwerbehinderte Beschäftigte haben gegenüber der Dienststellenleitung zur Förderung ihrer auszuführenden Tätigkeit und deren Zumutbarkeit einen Anspruch auf

- eine behindertengerechte Eingliederung in das behördliche Arbeitsleben,

- die angemessene Anpassung ihres Arbeitsplatzes an ihre Behinderung,
- Beachtung und Berücksichtigung des Leistungsvermögens, der Fähigkeiten und Kenntnisse auch bei tarifvertraglich geschuldeten Leistungsbezügen wie z. B. dem Leistungsentgelt des TVöD und
- eine Teilzeitbeschäftigung und/oder alternierende Telearbeit in den jeweils möglichen Fällen der Behörde.

(4) Treten bei der Schaffung und Einrichtung des entsprechenden Arbeitsplatzes Probleme auf, ist binnen eines Monats die Gesamtschwerbehindertenvertretung einzuschalten, um sie bei dem Bemühen um eine Lösung zu beteiligen. Sollte trotz deren Beteiligung dies nicht binnen eines weiteren Monats zu einem Ergebnis mit der Lösung des Problemfalles geführt haben, informiert die Dienststellenleitung den (Gesamt)Personalrat.

§ 7 Arbeitszeitregelungen und Pausen

(1) Dem Antrag eines schwerbehinderten Menschen auf die Festsetzung individueller Arbeitszeiten ist den medizinischen Erfordernissen entsprechend grundsätzlich stattzugeben. Behördliche Erfordernisse sind mit den individuellen zeitlichen Möglichkeiten in Einklang zu bringen.
(2) Eltern mit schwerbehinderten Kindern werden auf Antrag ebenso flexible Arbeitszeitregelungen gestattet.
(3) Die Instrumente der flexibel zu handhabenden Arbeitszeiten und dezentrales Arbeiten (z. B. Heimarbeit, alternierende Teleheimarbeit, Teilzeit) sind für die Integration der schwerbehinderten Menschen anzuwenden. Dabei sind die persönlichen Vorstellungen und sozialen Gegebenheiten der Betroffenen zu berücksichtigen.
(4) Wegen des Erfordernisses medizinischer Maßnahmen ist die individuelle Arbeitszeit der Betroffenen flexibel darauf abzustimmen und fördernd zu gestalten.
(5) Beschäftigte, die wegen Art und Schwere ihrer Behinderung oder gesundheitlichen Problematik einen erhöhten Pausenbedarf (Insulineinnahme, Diabetiker, Dialysepatienten usw.) haben, erhalten nach Absprache mit der/m Betriebsärztin/arzt und den jeweiligen Vorgesetzten zusätzliche Pausen im erforderlichen Umfang zur Nahrungsaufnahme und medizinischen Versorgung.
(6) Schwerbehinderte Menschen dürfen zur Schichtarbeit herangezogen werden, wenn medizinisch gesichert ist, dass dies zu keinerlei Beeinträchtigung ihres Gesundheitszustandes führen kann.
(7) Die Dienststelle ist verpflichtet Schwerbehinderte auf ihr Verlangen von jeder Mehrarbeit freizustellen. Mehrarbeit ist die Arbeitszeit, die über die individualrechtlich vereinbarte Arbeitszeit hinausgeht.
(8) Die Beteiligungsrechte des Personalrates und der Schwerbehindertenvertretung bezüglich der zu treffenden Arbeitszeitregelungen sind zu wahren.
(9) Die Dienststelle gewährt der/m anerkannten schwerbehinderten Menschen im Kalenderjahr einen zusätzlichen bezahlten Urlaub von sieben Arbeitstagen; damit ist der Anspruch auf Zusatzurlaub nach § 208 SGB IX erfüllt.

(10) Schwerbehinderte ab einem Grad von 30 % erhalten drei zusätzliche Urlaubstage je Kalenderjahr.

§ 8 Tätigkeit an Bildschirmarbeitsplätzen

(1) Nach einer ununterbrochenen Arbeitszeit von jeweils 50 Minuten am Bildschirm ist eine bezahlte Erholungszeit von zehn Minuten einzuhalten.
(2) Für Beschäftigte, die das 50. Lebensjahr vollendet haben, beträgt sie nach einer ununterbrochenen Arbeitszeit von 45 Minuten 15 Minuten.
(3) Ein Zusammenziehen solcher Erholungszeiten ist unzulässig.
(4) Die Arbeitsorganisation ist so zu gestalten, dass die tägliche unmittelbare Arbeitszeit am Bildschirm (dauernder Blickkontakt) in der Regel höchstens vier Stunden beträgt.
(5) Sofern diese Zeitspanne überschritten wird, ist einvernehmlich mit dem örtlichen Personalrat und der Schwerbehindertenvertretung eine Lösung zur Minimierung der zusätzlichen Belastung herbeizuführen.

§ 9 Schutz bezüglich einer Versetzung

(1) Schwerbehinderte Menschen genießen grundsätzlich einen Versetzungsschutz.
(2) In den Fällen, in denen die Dienststelle eine mit den Betroffenen einvernehmliche Versetzung schwerbehinderter Beschäftigter beabsichtigt, hat sie diese zuvor mit der Schwerbehindertenvertretung zu erörtern und mit ihr Vorschläge zu entwickeln.
(3) Um die bei einer erwogenen Versetzung entstehenden Hemmnisse und eventuelle soziale Härten möglichst zu begrenzen, bietet die Dienststelle den schwerbehinderten Beschäftigten nur im Einvernehmen mit der Schwerbehindertenvertretung einen angemessenen, zumutbaren Arbeitsplatz an.
(4) Bei dem Gespräch über eine mögliche einvernehmliche Versetzung mit der/m Betroffenen ist die Schwerbehindertenvertretung zu beteiligen.
(5) Für den Fall, dass schwerbehinderte Beschäftigte einvernehmlich versetzt werden, darf die tägliche Pendelzeit 1,5 Stunden nicht übersteigen.

§ 10 Ausschluss betriebsbedingter Kündigungen

Während der Wirksamkeit dieser Inklusionsvereinbarung sind betriebsbedingte Kündigungen und Änderungskündigungen von schwerbehinderten Menschen ausgeschlossen.

§ 11 Bescheid über eine befristete Gewährung einer teilweisen Erbsminderungsrente

(1) Schwerbehinderte Menschen haben die Dienststellenleitung über den Erhalt eines Rentenbescheides über die Gewährung einer teilweisen Erwerbsminderungsrente umgehend zu unterrichten.

(2) In diesen Fällen ist eine angemessene Tätigkeit auf Teilzeitbasis in dem vom Rentenversicherungsträger jeweils vorgegebenen Zeitrahmen der befristeten teilweisen Erwerbsminderungsrente festzustellen und der/m betroffenen Behinderten zur Verfügung zu stellen.
(3) Hierbei wird das Integrationsteam beteiligt.

§ 12 Qualifizierungsmaßnahmen für Führungskräfte

Zur Umsetzung der Inklusionsvereinbarung sind die Führungskräfte über Rechte der Behinderten und Pflichten der Dienststellenleitung sowie diese Inklusionsvereinbarung zu schulen. Die Teilnahme an entsprechenden Schulungsmaßnahmen ist zu dokumentieren. (Gesamt-)Personalrat und (Gesamt-)Schwerbehindertenvertretung haben das Recht zur Teilnahme an diesen Schulungen.

§ 13 Veröffentlichung

Diese Inklusionsvereinbarung wird allen Beschäftigten zugänglich gemacht, hierfür in geeigneter Weise veröffentlicht und dem Integrationsamt und der Bundesagentur für Arbeit mitgeteilt.

§ 14 Arbeitsrechtliches Verwertungsverbot, Benachteiligungsverbot

(1) Jede mögliche Information, die bei Nichtbeachtung bzw. Missachtung der in dieser (Gesamt-)Dienstvereinbarung erhaltenen Bestimmungen gewonnen wurde, darf nicht als Grundlage oder Rechtfertigung oder Beweismittel für eine personelle Einzelmaßnahme zum Nachteil der/s Beschäftigten herangezogen werden; stattdessen wird dies als Rechtsverstoß seitens der Dienststellenleitung unterbunden und zumindest gerügt.
(2) Der in Satz 1 verwandte Begriff der Information ist umfassend in lexikalischem Sinne und beinhaltet sowohl automatisierte als auch nicht-automatisierte Daten und Dateien und geht über einen bloßen technischen Dateibegriff weit hinaus.
(3) Die Dienststelle darf Beschäftigte nicht wegen einer Inanspruchnahme von Rechten nach dieser Dienstvereinbarung benachteiligen. Jede Benachteiligung eines schwerbehinderten Menschen, der seine Rechte nach dieser Vereinbarung oder anderen Rechtsvorschriften wahrnimmt oder auch einer/s Beschäftigten, die/der sich für die Wahrnehmung der Rechte eines schwerbehinderten Menschen einsetzt, ist untersagt. Unter Benachteiligung ist auch zu verstehen, wenn eine Person eine schlechtere oder andere Behandlung erfährt, weil sie sich über eine Diskriminierung bezüglich einer Schwerbehinderung beschwert hat oder weil sie eine Kollegin bzw. einen Kollegen, der sich beschwert hat, unterstützt.

§ 15 Inkrafttreten, Kündigung, Nachwirkung

(1) Diese Dienstvereinbarung tritt mit ihrer Unterzeichnung in Kraft. Sie wird auf unbestimmte Zeit geschlossen.
(2) Sie ist mit einer Frist von sechs Monaten zum Jahresende, frühestens zum 31. Dezember 20__, kündbar. Die Vertragsparteien verpflichten sich, im Falle der Kündigung die Verhandlungen bei Vorliegen eines Änderungsvorschlages unverzüglich aufzunehmen.
(3) Teilkündigungen dieser Dienstvereinbarung sind zulässig, ohne dass dies die Wirksamkeit der evtl. speziellen Dienstvereinbarungen zu Einzelanwendungen und der weiteren Anlagen dieser Rahmendienstvereinbarung berührt.
(4) In Fällen der Kündigung wirken die gekündigten Bestimmungen solange nach, bis sie durch eine neue Vereinbarung oder einen Einigungsstellenspruch ersetzt werden.

§ 16 Salvatorische Klausel und Schlussbestimmungen

(1) Sofern einzelne Bestimmungen dieser Dienstvereinbarung unwirksam sind oder werden, wird davon die Wirksamkeit der übrigen Bestimmungen nicht berührt.
(2) Sollte den Vertragsschließenden dieser Dienstvereinbarung eine eventuelle Unwirksamkeit bekannt werden, verpflichten sie sich schnellstmöglich eine neue Regelung zu treffen, die dem gewollten Sinn und Zweck der unwirksamen Bestimmung soweit wie möglich entspricht.
(3) Sollten Tatbestände durch diese Dienstvereinbarung nicht geregelt sein, die den Vertragschließenden dieser Dienstvereinbarung bekannt werden, so verpflichten sie sich umgehend eine Regelung ergänzend zu vereinbaren, die den Grundsätzen dieser Dienstvereinbarung entspricht.
Ort, Datum
Unterschriften
Dienststellenleitung (Gesamt-)Personalrat
(Gesamt-)Schwerbehinderten-vertretung

Schwerbehindertenvertretung

I. Einführung

Die Schwerbehindertenvertretung ist neben den Betriebs- bzw. Personalräten in den Betrieben und Dienststellen zuständig für die Förderung der Eingliederung schwerbehinderter Menschen sowie gleichgestellter Menschen (vgl. insoweit § 2 Abs. 3 SGB IX, § 151 Abs. 3 SGB IX). Weiter überwacht Sie die Erfüllung der gesetzlichen Verpflichtungen des Arbeitgebers, insbesondere gemäß §§ 154, 155, 164 – 167 SGB IX, aber auch gemäß Artikel 3 Abs. 3 GG, AGG sowie § 75 Abs. 1 BetrVG bzw. § 2 Abs. 1 BPersVG n. F. (§ 67 Abs. 1 BPersVG a. F.) bzw.nach den entsprechenden Vorschriften der Landespersonalvertretungsgesetze. Zugleich ist die Schwerbehindertenvertretung die Interessenvertretung der schwerbehinderten (und gleichgestellten) Beschäftigten im Betrieb oder der Dienststelle und steht ihnen beratend und helfend zur Seite (vgl. § 178 Abs. 1 SGB IX).
Wahl und Amtszeit der Schwerbehindertenvertretung, Persönliche Rechte und Pflichten der Schwerbehindertenvertretung – d. h. der Vertrauensperson der schwerbehinderten Menschen und ihrer Stellvertreter – Bildung von Konzern-, Gesamt-, Bezirks- oder Hauptschwerbehindertenvertretungen, spezifische Aufgaben und Beteiligungsrechte der Schwerbehindertenvertretung, sowie Zusammenarbeit mit Betriebs- bzw. Personalräten und den Inklusionsbeauftragten des Arbeitgebers (vgl. § 181 SGB IX) sind in den §§ 176 – 183 SGB IX in der Fassung des Bundesteilhabegesetzes vom 23. 12. 2016 [1] im Einzelnen geregelt.
Durch das Bundesteilhabegesetz wurden die Rechte der Schwerbehindertenvertretung in mehreren Punkten gestärkt, so hinsichtlich

- Freistellung der Vertrauenspersonen der schwerbehinderten Menschen auf ihren Wunsch ohne Minderung des Arbeitsentgelts bereits ab 100 (bisher 200) im Betrieb bzw. in der Dienststelle in der Regel beschäftigten schwerbehinderten (bzw. gleichgestellten) Menschen, § 179 Abs. 4 Satz 2 SGB IX;
- Recht zur Heranziehung je eines Stellvertreters durch die Vertrauensperson pro jeweils 100 weiterer schwerbehinderter Menschen (vorher insgesamt ma-

1 BGBl I, S. 3234 – zuletzt geändert durch Gesetz vom 28. 11. 2018 – BGBl I, S. 2016.

ximal 2 Stellvertreter, erster ab 100, zweiter ab 200 schwerbehinderte Beschäftigte), § 178 Abs. 1 Satz 4 SGB IX;

- Ausdrücklicher Klarstellung, dass die Kostentragungspflicht des Arbeitgebers (analog BetrVG, BPersVG) für die Tätigkeit der Schwerbehindertenvertretung auch eine Bürokraft in erforderlichem Umfang umfasst, § 179 Abs. 8 Satz 3 SGB IX;
- Anspruch auf Teilnahme an Fortbildungen für die Stellvertreter der Vertrauenspersonen wie diese selbst (bislang nur Fortbildungsanspruch für den ersten Stellvertretern nach den Umständen des Einzelfalls), § 179 Abs. 4 Satz 3 SGB IX;
- Von besonderer praktischer Bedeutung: Unwirksamkeit der Kündigung eines schwerbehinderten (oder gleichgestellten) Menschen wenn die Schwerbehindertenvertretung nicht zuvor ordnungsgemäß beteiligt wurde, § 178 Abs. 2 Satz 3 SGB IX (→ **Schwerbehinderte Beschäftigte**).[2]

II. Einzeldarstellung

1. Wahl, Amtszeit

Gem. § 177 Abs. 1 Satz 1 SGB IX werden in Betrieben und Dienststellen (gleicher Begriff wie im BetrVG bzw. BPersVG)[3], in denen wenigstens fünf schwerbehinderte Menschen nicht nur vorübergehend beschäftigt sind, eine Vertrauensperson und wenigstens ein stellvertretendes Mitglied gewählt, das die Vertrauensperson im Falle der Verhinderung vertritt. Gem. § 177 Abs. 1 Satz 4 und 5 SGB IX können durch Arbeitgeberentscheidung im Benehmen mit dem zuständigen Integrationsamt (→ **Integrationsamt**) auch räumlich nahe liegende Betriebe oder gleichstufige Dienststellen derselben Verwaltung zur Bildung einer Schwerbehindertenvertretung zusammengefasst, die für sich genommen die Voraussetzungen des § 177 Abs. 1 Satz 1 SGB IX nicht erfüllen.

Die Schwerbehindertenvertretung besteht also unabhängig von der Größe des Betriebs oder der Dienststelle und der Anzahl der dort beschäftigten schwerbehinderten Menschen stets nur aus der einen Vertrauensperson. Diese kann jedoch – über die Vertretung im Fall ihrer Verhinderung hinaus – bei in der Regel mehr als 100 beschäftigten schwerbehinderten Menschen die/den mit der

2 Vgl. *Feldes/Kohte/Stevens-Bartol-Krämer*, § 178 SGB IX, Rn. 27ff.; Grimm/Freh, ArbRB 2017, S.16; Gundel, ZAT 2017, S. 50ff.

3 Vgl. Feldes/Kohte/Stevens-Bartol-*Kämer/Gün*, § 177 SGB IX, Rn. 12; Küttner-*Kania*, Schwerbehindertenvertretung, Rn. 1, mithin kann es sich auch um einen Gemeinschaftsbetrieb mehrerer Unternehmen handeln.

nächsthöheren Stimmenzahl gewählten Stellvertreter/in nach Unterrichtung des Arbeitgebers zu bestimmten Aufgaben heranziehen, ab 200, 300 usw. beschäftigten schwerbehinderten Menschen auch die mit der jeweils mit der nächsthöheren Stimmzahl, § 178 Abs. 1 S. 4 – 6 SGB IX.

Aktives Wahlrecht zur Schwerbehindertenvertretung haben gem. § 177 Abs. 2 SGB IX alle im Betrieb bzw. in der Dienststelle beschäftigten schwerbehinderten Menschen. Damit sind nicht nur gem. § 151 Abs. 3 SGB IX auch die gleichgestellten Menschen erfasst. Anders als gem. §§ 5, 7 BetrVG bzw. § 14 BPersVG n. F. (§ 13 BPersVG a. F.) sind vielmehr auch schwerbehinderte oder gleichgestellte leitende Angestellte, Rehabilitanden, Jugendliche und nicht Geschäftsfähige gem. § 104 Nr. 2 BGB wahlberechtigt. § 177 Abs. 2 SGB IX stellt nicht auf das Arbeitsverhältnis, sondern auf den weiteren Begriff des Beschäftigungsverhältnisses ab.[4]

Auf all diese Personen und darüber hinaus auch noch die zur Vermittlung von der Agentur für Arbeit vorgeschlagenen oder sich selbst bewerbenden schwerbehinderten oder gleichgestellten Menschen und ggf. auch entsprechend § 14 Abs. 2 Satz 2 und 3 AÜG schwerbehinderte oder gleichgestellte Leiharbeitnehmer erstreckt sich mithin auch die Zuständigkeit der Schwerbehindertenvertretung, nicht dagegen auf behinderte Beschäftigte in Werkstätten für behinderte Menschen gem. §§ 219 SGB IX ff. (→ **Schwerbehinderte Beschäftigte**).[5]

Das passive Wahlrecht ist dagegen gem. § 177 Abs. 3 SGB IX auf nicht nur vorübergehend Beschäftigte beschränkt, die am Wahltag das 18. Lebensjahr vollendet haben und dem Betrieb bzw. der Dienststelle seit mindestens sechs Monaten angehören (letzteres dann nicht, wenn der Betrieb bzw. die Dienststelle weniger als ein Jahr besteht). Vertrauensperson bzw. Stellvertreter müssen ihrerseits nicht schwerbehindert sein.[6]

Die regelmäßige Amtszeit der Schwerbehindertenvertretung beträgt – wie bei Betriebsräten, § 21 BetrVG – vier Jahre, § 177 Abs. 7 Satz 1 SGB IX. Die regelmäßigen Wahlen der Vertrauensperson und ihres Stellvertreters erfolgen dann in der Zeit vom 1. Oktober bis 30. November, § 177 Abs. 5 Satz 1 SGB IX. Die letzten regulären Neuwahlen fanden in 2018 statt.

Die Regelungen für Wahlen außerhalb dieser Zeit, zum vorzeitigen Erlöschen des Amts und zum Nachrücken entsprechen weitgehend § 13 Abs. 2 und 3 BetrVG, vgl. § 177 Abs. 5 S. 2 – 4, Abs. 7 Satz 3 und 4 SGB IX. Analog § 23 Abs. 1 BetrVG können gem. § 177 Abs. 7 Satz 5 können ein Viertel der wahlberechtig-

4 Vgl. BAG 27.6.2001 – 7 ABR 50/99; Feldes/Kohte/Stevens-Bartol-*Krämer/Gün*, § 177 SGB IX, Rn. 21, 22; Dau/Düwell/Joussen-*Düwell*, § 93 SGB IX a. F., Rn. 18 und § 94 SGB IX a. F., Rn. 13.

5 Vgl. Dau/Düwell/Joussen-*Düwell*, § 93 SGB IX a. F., Rn. 8.

6 Vgl. Feldes/Kohte/Stevens-Bartol-*Krämer/Gün*, § 177 SGB IX, Rn. 28; Küttner-*Kania*, Personalbuch 2018, Schwerbehindertenvertretung, Rn. 2.

ten schwerbehinderten Menschen auf die Ablösung der Vertrauensperson wegen grober Pflichtverletzung hinwirken. Ein evtl. Beschluss über das Erlöschen des Amts der betr. Vertrauensperson erfolgt jedoch in einem besonderen Verfahren beim Widerspruchsausschuss des zuständigen Integrationsamts.
Gem. § 177 Abs. 6 SGB IX werden die Vertrauensperson und ihre Stellvertreters stets in geheimer und unmittelbarer Wahl nach den Grundsätzen der Mehrheitswahl gewählt[7], in den meisten Betrieben oder Dienststellen (weniger als 50 wahlberechtigte schwerbehinderte Menschen) im vereinfachten Wahlverfahren, i.Ü. auch hier analog den entsprechenden Regelungen im Betriebs- oder Personalvertretungsrecht. Seit der Neufassung durch das BTHG (s.o.) gibt es auch für die Vertrauensperson in Betrieben ein Übergangsmandat entsprechend § 21a BetrVG, § 177 Abs. 8 SGB IX.
Detailvorschriften befinden sich i.Ü. in der gem. § 183 SGB IX erlassenen Wahlordnung Schwerbehindertenvertretungen.[8]

2. Persönliche Rechte und Pflichten der Vertrauenspersonen

Gem. § 179 SGB IX gelten für die Vertrauenspersonen und die/den Stellvertreter/in und ggf. auch für die gem. § 178 Abs. 1 Satz 4 – 6 SGB IX herangezogenen mit nächsthöheren Stimmzahlen Gewählten persönliche Rechte und Pflichten analog den entsprechenden Regelungen im BetrVG bzw. Personalvertretungsrecht.
Dies gilt insbesondere

- für das Benachteiligungs- und Begünstigungsverbot, auch hinsichtlich der beruflichen Entwicklung, vgl. § 78 BetrVG;
- für den – auch nachwirkenden – Sonderkündigungsschutz entsprechend § 15 KSchG und § 103 BetrVG. Hinsichtlich der danach auch für amtierende Vertrauenspersonen bzw. Stellvertreter erforderlichen Zustimmung zu ihrer außerordentlichen Kündigung (andernfalls Zustimmungsersetzung durch das Arbeitsgericht) geht das BAG davon aus, dass diese durch den Betriebsrat des betr. Betriebs zu erfolgen habe.[9] Nach (überzeugender) Gegenauffassung ist die Zustimmung der/des Stellvertreters/in erforderlich.[10]
- für den Anspruch auf Arbeitsbefreiung während der Arbeitszeit für die Erfüllung der Aufgaben ohne Minderung des Arbeitsentgelts, Freizeitausgleich für aus betriebsbedingten oder dienstlichen Gründen außerhalb der Arbeitszeit

7 Vgl. zu den diesbezüglichen Anforderungen BAG 21.3.2018-7 ABR 29/16.
8 Vgl. Abdruck bei Dau/Düwell/Joussen, Anhang 9; vgl. auch tabellarischer Ablaufplan bei Feldes/Kohte/Stevens-Bartol-*Krämer/Gün*, § 177 SGB IX, Rn. 44
9 Vgl. BAG 19.7.2012 – 2 AZR 989/11.
10 Vgl. LAG Hamm 21.1.2011 – 13 TaBV 72/10; Feldes/Kohte/Stevens-Bartol-*Krämer*, § 179 SGB IX, Rn. 15; Dau/Düwell/Joussen-*Düwell*, § 96 SGB IX a.F., Rn. 61.

auszuführenden Aufgaben[11] und für gem. §§ 179 Abs. 4 Satz 2 SGB IX unter Vergütungsfortzahlung freigestellte Vertrauenspersonen Gewährleistung von Berufsförderung einschließlich Nachholung von wegen der Freistellung unterbliebener beruflicher Entwicklung, entsprechend §§ 37, 38 BetrVG;

- für das Recht auf Teilnahme an Schulungs- und Bildungsveranstaltungen entsprechend § 37 Abs. 6 BetrVG;
- für die Kostentragung des Arbeitgebers für Schulungs- und Bildungskosten, sowie für Räume, Gerätschaften, Büromaterial etc., eine Bürokraft in erforderlichem Umfang (vgl. § 179 Abs. 8 Satz 3 SGB IX) entsprechend § 40 BetrVG, wobei primär die entsprechenden Räume und Sachmittel des Betriebsrats bzw. Personalrats mitgenutzt werden sollen;
- für Geheimhaltungspflichten hinsichtlich Personaldaten und vom Arbeitgeber ausdrücklich als geheimhaltungsbedürftig bezeichnete Betriebs- oder Geschäfts-geheimnisse, auch nach Ausscheiden aus dem Amt entsprechend § 79 BetrVG. Gem. § 179 Abs. 7 Satz 3 SGB IX gelten die Geheimhaltungspflichten jedoch nicht gegenüber der Bundesagentur für Arbeit, dem Integrationsamt und den Rehabilitationsträgern (vgl. § 6 SGB X), soweit deren Aufgaben den schwerbehinderten Menschen gegenüber es erfordern, ebenso nicht gegenüber den Vertrauenspersonen in der Stufenvertretung und gegenüber jeweiligem Betriebsrat bzw. Personalrat.

3. Konzern-, Gesamt-, Bezirks-, Hauptschwerbehindertenvertretung

Durch § 180 SGB IX wird bei Bestehen von Gesamt- und Konzernbetriebsräten im Unternehmen bzw. Konzern (vgl. §§ 47 – 53 und 54 – 59a BetrVG) bzw. im Bereich des öffentlichen Dienstes bei Bestehen von Stufenvertretungen (Bezirks- und Hauptpersonalräten) oder Gesamtpersonalräten (vgl. §§ 89 – 94 BPersVG n. F. – §§ 53 – 56 BPersVG a. F.) eine entsprechende parallele Struktur von Schwerbehindertenvertretungen durch Wahl einer jeweiligen Vertrauensperson und einer/s Stellvertreters/in (vgl. § 180 Abs. 5 SGB IX) durch die jeweils vorgelagerten Vertrauenspersonen gewährleistet (zu den entsprechend geltenden Wahlvorschriften aus §§ 177 bis 179 SGB IX, vgl. § 180 Abs. 7 SGB IX).
Für die Zuständigkeiten der entsprechenden Gesamt- und Konzernschwerbehindertenvertretung bzw. Bezirks- und Hauptschwerbehindertenvertretung gilt zunächst einmal die Zuständigkeitsabgrenzung wie im BetrVG bzw. Personalvertretungsrecht: Die betr. Schwerbehindertenvertretungen sind nicht den örtlichen Schwerbehindertenvertretungen rechtlich übergeordnet. Es gilt vielmehr der Grundsatz, dass diese besonderen Schwerbehindertenvertretungen nur auf ihrer

11 Vgl. aber BAG 14. 3. 1990 – 7 AZR 147/89 – kein Anspruch auf bezahlten Freizeitausgleich für außerhalb der Arbeitszeit durchgeführte Schulungsveranstaltungen.

Ebene für Angelegenheiten zuständig sind und tätig werden dürfen, die nur auf dieser Ebene oder Stufe geregelt werden können (vgl. § 50 Abs. 1 BetrVG).[12]
Im Interesse eines erhöhten Schutzes für schwerbehinderte Menschen gilt aber darüber hinaus eine Auffangzuständigkeit für schwerbehinderte Menschen in Betrieben im Unternehmen bzw. Konzern bzw. der nachgeordneten Dienststelle, die ansonsten keine Vertretung hätten:
Dem entsprechend

- nimmt gem. § 180 Abs. 1 Satz 2 SGB IX, wenn eine Schwerbehindertenvertretung nur in einem Betrieb oder einer Dienststelle gewählt worden ist, diese die Rechte und Pflichten der Gesamtschwerbehindertenvertretung wahr. Für mehrstufige Verwaltungen im öffentlichen Dienst gilt eine analoge Regelung, vgl. § 180 Abs. 3 SGB IX;
- ist gem. § 180 Abs. 6 Satz 1 und 2 SGB IX die Gesamtschwerbehindertenvertretung – analog auch die Konzern-, Bezirks- oder Hauptschwerbehindertenvertretung – für die Vertretung der schwerbehinderten Menschen aus einem zugeordneten Betrieb bzw. Dienststelle zuständig, für die eine Schwerbehindertenvertretung nicht gewählt ist.[13]

4. Aufgaben und Beteiligungsrechte der Schwerbehindertenvertretung

a) Aufgaben und Beteiligung

Die Schwerbehindertenvertretung ist zwar eine eigenständige und von den anderen gesetzlich vorgesehenen Beschäftigtenvertretungen – insbesondere Betriebs- und Personalrat – unabhängige Vertretung der schwerbehinderten (und gleichgestellten) Menschen in Betrieb oder Dienststelle mit einem umfassenden eigenständigen Aufgabenkatalog (vgl. insbesondere § 178 Abs. 1 SGB IX) und besonderen Beteiligungsrechten (§ 178 Abs. 2 SGB IX).[14]
Sie hat aber keine eigenständigen echten (erzwingbaren) Mitbestimmungsrechte – nach h. M. nicht einmal zur Durchsetzung einer Inklusionsvereinbarung gem. § 166 SGB IX (→ **Schwerbehinderte Beschäftigte**). Insoweit ist sie auf enge Zusammenarbeit mit dem Betriebs- bzw. Personalrat, sowie mit dem Inklusionsbeauftragten des Arbeitgebers und entsprechende Einflussnahme angewiesen. Dies soll über §§ 178 Abs. 4, 5 und 8, sowie 181 und 182 SGB IX gewährleistet werden.
(1) Aus § 178 Abs. 1 SGB IX ergeben sich zunächst 3 große Aufgabenkomplexe, nämlich

---

12 Vgl. Feldes/Kohte/Stevens-Bartol-*Krämer*, § 180 SGB IX, Rn. 16; Dau/Düwell/Joussen-*Düwell*, § 97 SGB IX a. F., Rn. 29 ff.

13 Vgl. Feldes/Kohte/Stevens-Bartol-*Krämer*, § 180 SGB IX, Rn. 3.

14 Vgl. Dau/Düwell/Joussen-*Düwell*, § 95 SGB IX a. F., Rn. 5.

- Überwachungsaufgaben hinsichtlich der Durchführung der zugunsten schwerbehinderter Menschen im Betrieb bzw. in der Dienststelle bzw. schon für deren Einstellung geltenden Gesetze – insbesondere Arbeitgeberpflichten gem. §§ 154, 155 SGB IX (Beschäftigungs-Pflichtquote) und §§ 164–167 SGB IX[15] –, Verordnungen, Tarifverträge, Betriebs- oder Dienstvereinbarungen und Verwaltungsanordnungen, § 178 Abs. 1 Satz 2 Nr. 1 SGB IX;
- Eigenständige Beantragung von – insbesondere auch präventiven – den schwerbehinderten Menschen dienlichen Maßnahmen bei den zuständigen Stellen. Dies sind insbesondere die in § 182 SGB IX genannten Stellen, vor allem Integrationsämter und Rehabilitationsträger (§ 6 SGB IX), § 178 Abs. 1 Satz 2 Nr. 2 SGB IX;
- individuelle Betreuung und Beratung der von der Vertrauensperson zu vertretenden schwerbehinderten und gleichgestellten Beschäftigten (dazu schon oben), insbesondere Entgegennahme von Anregungen und Beschwerden und bei angenommener Berechtigung Hinwirken auf Abhilfe (analog §§ 84, 85 BetrVG, allerdings ohne Einigungsstelle) und darüber hinaus sogar Unterstützung von bislang nicht als schwerbehinderte oder gleichgestellte Menschen anerkannten Beschäftigten – also u. U. nur einfach Behinderten – bei der Antragstellung beim Versorgungsamt bzw. der Agentur für Arbeit, § 178 Abs. 1 Satz 2 Nr. 3. und Satz 3 SGB IX. Aus § 178 Abs. 1 Satz 3 SGB IX folgt allerdings nicht eine weitergehende Zuständigkeit für alle behinderten Beschäftigten im Betrieb bzw. in der Dienststelle;[16]
- weitere spezifische Aufgabenzuweisungen ergeben sich noch aus § 164 Abs. 1 Satz 6 SGB IX (Beteiligung bei der Besetzung freier Arbeitsplätze mit schwerbehinderten Menschen), § 166 SGB IX (Abschluss von Inklusionsvereinbarungen) und § 167 Abs. 1 SGB IX (Beteiligung im Präventionsverfahren bei personen-, verhaltens- oder betriebsbedingten Schwierigkeiten).

(2) Aus § 178 Abs. 2 SGB IX ergibt sich sodann das spezifische Beteiligungsverfahren der Schwerbehindertenvertretung in drei Phasen:

- unverzügliche und umfassenden Unterrichtungspflicht des Arbeitgebers sowohl in allen Angelegenheiten, die einen einzelnen schwerbehinderten Menschen betreffen, als auch in allen Angelegenheiten, die die schwerbehinderten Menschen als Gruppe berühren – also weitergehend als etwa gegenüber dem Betriebsrat gem. § 80 Abs. 2 BetrVG, jedoch nur hinsichtlich und bei Auswirkung i. S. spezifischer Schwerbehinderten-Belange,[17]

---

15 Vgl. auch die Übersicht zu den wichtigsten Arbeitgeberpflichten bei Feldes/Kohte/Stevens-Bartol-*Krämer*, § 176 SGB IX, Rn. 4; Dau/Düwell/Joussen-*Düwell*, § 93 SGB IX a. F., Rn. 10 und 11.

16 Vgl. Dau/Düwell/Joussen- *Düwell*, § 95 SGB IX a. F., Rn. 8.

17 Vgl. BAG 17. 8. 2010 – 9 ABR 83/09; BAG 26. 1. 2017 – 8 AZR 736/15; BAG 22. 8. 2013 – 8 AZR 574/12; LAG Köln 8. 4. 2009 – 8 TaBV 113/08.

- Anhörung der Schwerbehindertenvertretung vor einer Entscheidung des Arbeitgebers – durchweg unter Wahrung zumindest einer Wochenfrist analog § 102 Abs. 2 Satz 1 BetrVG. Folglich ist die Schwerbehindertenvertretung auch vor beabsichtigten Abmahnungen, Versetzungen, Ein- und Umgruppierungen, Kündigungen, ja sogar beabsichtigten Vertragsänderungen und Aufhebungsverträgen umfassend zu unterrichten und anzuhören,[18]
- unverzügliche Mitteilung der getroffenen Entscheidung durch den Arbeitgeber (eine bestimmte Form – etwa Schriftform – ist nicht vorgeschrieben.

Die »Sanktion« für die Verletzung dieser Arbeitgeberpflichten ist gem. § 178 Abs. 2 Satz 2 SGB IX lediglich, dass die Durchführung oder Vollziehung der ohne die entsprechende Beteiligung getroffenen Entscheidung auszusetzten, die Beteiligung innerhalb von sieben Tagen nachzuholen und dann endgültig zu entscheiden ist. Individualrechtlich soll ein Verstoß gegen die Beteiligung nach h. M. keine Auswirkungen haben, allerdings kann ggf. der Betriebsrat u. U. die Zustimmung gem. § 99 Abs. 2 Nr. 1 BetrVG verweigern und ein anschließender Verwaltungsakt, z. B. des Integrationsamts, fehlerhaft sein.[19]

Abweichend hiervon ist nunmehr jedoch gem. § 178 Abs. 2 Satz 3 SGB IX die Kündigung eines schwerbehinderten bzw. gleichgestellten Menschen ohne Beteiligung der Schwerbehindertenvertretung unwirksam (→ **Schwerbehinderte Beschäftigte**)[20].

Zusätzlich ist in § 178 Abs. 2 Satz 4 SGB IX noch die Beteiligung der Schwerbehindertenvertretung bei beabsichtigten Einstellungen gem. § 164 Abs. 1 SGB IX vorgeschrieben (hierzu → **Schwerbehinderte Beschäftigte**).

Zur Beteiligung der Schwerbehindertenvertretung wird i. Ü. noch auf die diesbezüglichen Ausführungen beim Stichwort schwerbehinderte Beschäftigte verwiesen (→ **Schwerbehinderte Beschäftigte**).

Weiter gewährleistet § 178 Abs. 3 SGB IX das Personalakteneinsichtsrecht der schwerbehinderten Menschen und die diesbezügliche Hinzuziehung der Schwerbehindertenvertretung.

Durch das in § 178 Abs. 6 SGB IX bestimmte Recht der Schwerbehindertenvertretung, mindestens einmal im Kalenderjahr während der Arbeitszeit eine Versammlung schwerbehinderter Menschen im Betrieb bzw. in der Dienststelle

---

18 Vgl. Feldes/Kohte/Stevens-Bartol-*Krämer*, § 178 SGB IX, Rn. 23; BAG 17.8.2010 – 9 ABR 83/09; BAG 14.3.2012 – 7 ABR 67/10 allerdings soll bei Aufhebungsverträgen entgegen dem Gesetzeswortlaut die nachträgliche Unterrichtung genügen; vgl. auch Dau/Düwell/Joussen-*Düwell*, § 95 SGB IX, Rn. 37 und Rn. 46 – zur Kritik der BAG-Rechtsprechung, Rn. 49.

19 Vgl. schon BAG 28.7.1983 – 2 AZR 122/82; im Einzelnen: Dau/Düwell/Joussen-*Düwell*, § 95 SGB IX a. F., Rn. 53 ff.

20 Feldes/Kohte/Stevens-Bartol-*Krämer*, § 178 SGB IX, Rn. 27 ff.

durchzuführen, soll zudem die Kommunikation mit den von ihr vertretenen Beschäftigten ermöglicht werden.
(3) Die selbständige Rechtsdurchsetzung – ohne Zustimmung des Betriebsrats bzw. Personalrats – hinsichtlich der ihr gesetzlich zugewiesenen Aufgaben durch die Schwerbehindertenvertretung erfolgt auch für den Bereich des öffentlichen Dienstes (hier anders als für Personalräte – Zuständigkeit der Verwaltungsgerichte) im arbeitsgerichtlichen Beschlussverfahren gem. §§ 2a Abs. 1 Nr. 3a), 80ff. ArbGG.[21]

b) Zusammenarbeit mit Betriebs- und Personalräten sowie Inklusionsbeauftragten des Arbeitgebers

(1) § 182 SGB IX verpflichtet den Arbeitgeber, dessen Inklusionsbeauftragten (§ 181 SGB IX), Betriebs- bzw. Personalrat und Schwerbehindertenvertretung zur Teilhabe schwerbehinderter Menschen am Arbeitsleben im betr. Betrieb bzw. der betr. Dienststelle zur engen Zusammenarbeit und darüber hinaus zur Kooperation mit Integrationsamt, Versorgungsamt und Rehabilitationsträger (vgl. § 6 SGB IX) i. S. gegenseitiger Unterstützung bei der jeweiligen Aufgabenerfüllung. Schon daraus folgt auch der Anspruch der Schwerbehindertenvertretung gegenüber dem Arbeitgeber auf namentliche Benennung der von ihm zu vertretenden schwerbehinderten und gleichgestellten Menschen einschließlich der Rehabilitanden. [22]
Der Arbeitgeber ist in diesem Zusammenhang gem. § 181 SGB IX zur Bestellung eines Inklusionsbeauftragen – möglichst selbst eines schwerbehinderten Menschen – als seinem verantwortlichen Vertreter in Angelegenheiten schwerbehinderter Menschen verpflichtet. Es muss nur ein Inklusionsbeauftragter für ein Unternehmen – auch bei mehreren Betrieben – bestellt werden. Für öffentliche Arbeitgeber muss entsprechend gem. § 154 Abs. 2 SGB IX nur ein Inklusionsbeauftragter bei der obersten Bundes- bzw. Landesbehörde etc. für mehrere nachgeordnete Dienststellen bestellt werden. Allerdings können – z. B. bei räumlich weiter Entfernung oder erheblicher Größe der einzelnen Betriebe oder Dienststellen – auch mehrere Inklusionsbeauftragte bestellt werden. Die Schwerbehindertenvertretung ist gem. § 178 Abs. 2 SGB IX bei der Bestellung des Inklusionsbeauftragten zu beteiligen.[23]
(2) Für die Schwerbehindertenvertretung ist im Konfliktfall jedoch angesichts des Fehlens eigener effektiver Mitbestimmungsrechte entscheidend, wie sie

---

21 Vgl. BAG 21. 3. 2018-7 ABR 29/16; BAG 30. 3. 2010 – 7 AZB 32/09; im Einzelnen vgl. Feldes/Kohte/Stevens-Bartol-*Krämer*, § 178 SGB IX, Rn. 58ff.; Dau/Düwell/Joussen-*Düwell*, § 95 SGB IX a. F., Rn. 104ff.
22 Vgl. BAG 16. 4. 2003 – 7 ABR 27/02.
23 Vgl. BAG 17. 8. 2010 – 9 ABR 83/09.

durch die enge Zusammenarbeit mit jeweiligem Betriebsrat bzw. Personalrat dessen Gebrauchmachen von den ihm zustehenden Mitbestimmungsrechten, z. B. gem. §§ 87, 88 Nr. 5, 93 – 95, 98, 99 bis 101 BetrVG, erreichen kann.
Betriebs- und Personalrat haben gem. § 176 SGB IX ebenfalls die Pflicht zur Förderung der Eingliederung schwerbehinderter Menschen (→ **Schwerbehinderte Beschäftigte**) einschließlich des Hinwirkens auf die Wahl einer Schwerbehindertenvertretung.
Die Schwerbehindertenvertretung ihrerseits hat zum Bewirken einer effektiven Nutzung der Mitbestimmungsrechte des Betriebs- bzw. Personalrats zur Förderung schwerbehinderter Menschen gem. § 178 Abs. 4 SGB IX ein umfassendes beratendes Teilnahmerecht[24] an allen Sitzungen und Ausschüssen – einschließlich paritätischer Ausschüsse und des Wirtschaftsausschusses[25]. Sie hat darüber hinaus ein Antragsrecht, mit dem sie erreichen kann, dass Angelegenheiten, die einzelne oder die schwerbehinderten Menschen als Gruppe besonders betreffen, auf die Tagesordnung der nächsten Sitzung gesetzt werden müssen. Weiter kann sie bei Nichtbeteiligung an Sitzungen oder von ihr angenommener erheblicher Beeinträchtigung wichtiger Interessen schwerbehinderter Menschen gem. § 178 Abs. 4 Satz 2 SGB IX die Aussetzung der Beschlussfassung für eine Woche erreichen.
Flankierend hierzu enthält § 178 Abs. 5 SGB IX ein Teilnahmerecht der Schwerbehindertenvertretung bei den Monatsgesprächen des Betriebs- bzw. Personalrats mit dem Arbeitgeber (§ 74 Abs. 1 BetrVG bzw. § 65 BPersVG n. F. – § 66 Abs. 1 BPersVG a. F.[26]) und § 178 Abs. 8 SGB IX ein Teilnahme- und Rederecht bei den jeweiligen Betriebs- bzw. Personalversammlungen.

24 Keine Beschränkung des Beratungsrechts auf Angelegenheiten schwerbehinderter oder gleichgestellter Menschen, vgl. Hessisches LAG 4. 12. 2001 – 15 Sa 384/01.

25 Vgl. BAG 8. 2. 1989 – 7 ABR 83/86; BAG 21. 4. 1993 – 7 ABR 44/92.

26 BPersVG v. 15. 3. 1974 (BGBl. I S. 693); zuletzt geändert durch Gesetz vom 9. 6. 2021 (BGBl. I S. 1614).

Sicherheitsbeauftragter

I. Einführung

Arbeitgeber sind für eine funktionierende Arbeitsschutzorganisation in ihrem Betrieb verantwortlich. Dazu gehört insbesondere die Organisation der → **Ersten Hilfe**, die regelmäßige → **Unterweisung** der Beschäftigten, die Bereitstellung der → **persönlichen Schutzausrüstung** und die vorausschauenden Planungen für besondere Gefahren und Notfallmaßnahmen.[1] Die Sicherheitsbeauftragten haben die Aufgabe, den Arbeitgeber dabei zu unterstützen. Der Sicherheitsbeauftragte wird dafür aus der Belegschaft des Betriebs ausgewählt.

II. Einzeldarstellung

1. Bestellung des Sicherheitsbeauftragten

Beschäftigt der Arbeitgeber mehr als 20 Personen, so ist nach § 22 Abs. 1 SGB VII ein Sicherheitsbeauftragter zu bestellen. Neben den Beschäftigten sind dabei auch folgende Personengruppen mitzuzählen:

- Lernende während der beruflichen Aus- und Fortbildung in Betriebsstätten, Lehrwerkstätten, Schulungskursen und ähnlichen Einrichtungen,
- Kinder, die in Tageseinrichtungen oder bei sogenannten Tagespflegepersonen betreut werden oder an einem vorschulischen Sprachförderkurs teilnehmen,
- Schüler während des Besuchs von allgemein- oder berufsbildenden Schulen und
- Personen, die in Unternehmen zur Hilfe bei Unglücksfällen oder im Zivilschutz unentgeltlich, insbesondere ehrenamtlich, tätig sind.

In Unternehmen mit besonderen Gefahren für Leben und Gesundheit kann der Unfallversicherungsträger anordnen, dass Sicherheitsbeauftragte auch dann zu

1 DGUV Information 211-042 März 2017.

bestellen sind, wenn die Mindestbeschäftigtenzahl von 20 nicht erreicht wird. Für Unternehmen mit geringen Gefahren für Leben und Gesundheit kann der Unfallversicherungsträger die Mindestbeschäftigtenzahl in seiner Unfallverhütungsvorschrift auch erhöhen (§ 22 Abs. 1 SGB VII).

Wie viele Sicherheitsbeauftragte zu bestellen sind, ist anhand der DGUV Vorschrift 1 »Grundsätze der Prävention« zu ermitteln. Ziel der Regelung ist es, durch eine geeignete Auswahl und eine geeignete Anzahl Sicherheitsbeauftragter eine möglichst hohe Wirkung im Arbeitsschutz zu erzielen.

Die Ermittlung einer angemessenen Anzahl von Sicherheitsbeauftragten erfolgt hierbei unter folgenden fünf Kriterien:

- räumliche Nähe der Sicherheitsbeauftragten zu den Beschäftigten,
- zeitliche Nähe der Sicherheitsbeauftragten zu den Beschäftigten,
- fachliche Nähe der Sicherheitsbeauftragten zu den Beschäftigten,
- Unfall- und Gesundheitsgefahr im Unternehmen,
- Anzahl der Beschäftigten.

Alle fünf Kriterien sind zu berücksichtigen, damit Sicherheitsbeauftragte wirkungsvoll tätig werden können und feststeht, dass eine angemessene Anzahl Sicherheitsbeauftragter im Unternehmen ermittelt worden ist.[2] Im Regelfall erfolgen die Festlegungen innerhalb der Unternehmen nach einer Diskussion im → **Arbeitsschutzausschuss**, weil dann alle betrieblichen Akteure des Arbeitsschutzes eingebunden worden sind.[3] Die einzelnen → **Unfallversicherungsträger** stellen zur Unterstützung der Diskussion im Arbeitsschutzausschuss auch branchenspezifische Empfehlungen mit konkreten Beispielen und Vorschlägen für die Vorgehensweise zur Verfügung.

2. Funktion und Bedeutung

Der Sicherheitsbeauftragte bildet auf Arbeitgeberseite die Grundlage für den betrieblichen Arbeits- und Gesundheitsschutz. Er ist Ansprechpartner für die Belegschaft und Führungskräfte, um diese bei der Gestaltung der Arbeitsumgebung und Arbeitsabläufe zu unterstützen.

Diese Aufgabe üben die Sicherheitsbeauftragten ehrenamtlich aus.[4] Persönliche Vorteile sind mit dieser ehrenamtlichen Tätigkeit nicht verbunden. Es besteht lediglich ein Anspruch auf Zahlung des vereinbarten Arbeitsentgelts für die Dauer der Fortbildung zum Sicherheitsbeauftragten und für die Zeit zur Erfüllung der gesetzlichen Aufgaben.

---

2 DGUV Information 211-042 März 2017.

3 DGUV Information 211-042 März 2017.

4 DGUV Information 211-042 März 2017.

Wegen der Erfüllung der ihnen übertragenen Aufgaben dürfen die Sicherheitsbeauftragten nicht benachteiligt werden (vgl. § 22 Abs. 3 SGB VII). Sicherheitsbeauftragte tragen nicht mehr Verantwortung im Arbeitsschutz als jeder andere Beschäftigte. Deshalb können sie auch keine Weisungen erteilen oder Aufsicht führen. Anders ist es jedoch, wenn der Sicherheitsbeauftragte zugleich Vorgesetzter ist und als solcher Verantwortung für die regelgerechte Wahrnehmung der arbeitsschutzrechtlichen Anforderungen trägt.[5] Auch im Falle einer konkreten Mängelfeststellung ist der Sicherheitsbeauftragte verpflichtet, von sich aus tätig zu werden.
Um dem Aufgabenfeld gerecht zu werden, ist der Arbeitgeber verpflichtet, dem Sicherheitsbeauftragten die Möglichkeit zur Aus- und Fortbildung zu geben, § 20 Abs. 6 DGUV Vorschrift 1. Sie arbeiten mit Geschäftsleitung, → **Fachkraft für Arbeitssicherheit** und → **Betriebsarzt** zusammen und sind von diesen regelmäßig zu informieren. Die Berufsgenossenschaften bieten entsprechende Ausbildungen an. Eine sachgerechte und vollständige Aufgabenwahrnehmung ist im Regelfall nur nach einer entsprechenden Ausbildung möglich. Je nach Umfang und Intensität der Ausbildung und in Abhängigkeit vom Gefährdungspotential ist eine Auffrischung oder Ergänzung durch eine interne oder externe Fortbildung spätestens 3 bis 5 Jahre nach der Ausbildung zielführend.[6]

3. Anforderungen an die Sicherheitsbeauftragten

Der Sicherheitsbeauftragte ist aus der Belegschaft des Unternehmens zu bestellen. Um einen effektiven und effizienten Arbeitsschutz zu gewährleisten, muss die bestellte Person jedoch eine hinreichende Zuverlässigkeit und Geeignetheit aufweisen. Aufgrund seiner Funktion als Ansprechpartner ist auch darauf zu achten, dass die betreffende Person eine größtmögliche Akzeptanz bei der Belegschaft und ausgeprägte soziale Kompetenzen aufweist.
Soweit möglich, sollen jedoch nicht leitende Angestellte, Meister oder Vorarbeiter, der Unternehmensinhaber selbst oder dem Betrieb nicht angehörige Personen bestellt werden.[7]
Nach § 22 Abs. 1 SGB VII sind die Sicherheitsbeauftragten unter Beteiligung des Betriebs- bzw. Personalrats zu bestellen. Die Bestellung kann formlos erfolgen. Insbesondere in größeren Betrieben erfolgt sie allerdings über ein Formblatt oder eine Ernennungsurkunde, auf dem auch die Aufgaben der Sicherheitsbeauftragten kurz umrissen sind[8]. Auch der Zuständigkeitsbereich ist auf diesem

5 Übersicht über das Arbeitsrecht/Arbeitsschutzrecht 2017/2018, BMAS, 7/89.
6 DGUV Information 211-042 – Sicherheitsbeauftragte, dort Kapitel 2.5.
7 Kittner/Zwanziger-Litzig, § 116 Rn. 27.
8 DGUV Information 211-042 März 2017.

Formblatt aufgeführt. Die Bestellung muss jedoch durch den Beauftragten angenommen werden.[9]

III. Hinweise für die Mitbestimmung

Betriebs- und Personalrat sind bei der Bestellung und Abberufung nach § 22 Abs. 1 SGB VII zu beteiligen. Das Beteiligungsrecht bezieht sich auf die Person des Sicherheitsbeauftragten oder die personelle Auswahlentscheidung[10]. Diese Beteiligung ist mehr als eine bloße »Anhörung«; ein Mitbestimmungsrecht i. S. eines Zustimmungserfordernisses besteht jedoch nicht. Der Arbeitgeber hat die geplante Bestellung von Sicherheitsbeauftragten mit dem Ziel einer Verständigung rechtzeitig und eingehend mit Betriebsrat und Personalrat zu beraten.[11] Weiterhin bezieht sich das Beteiligungsrecht auch auf die Anzahl der Sicherheitsbeauftragten und ihre Zuteilung zu den Betriebsbereichen. Daneben können sich hinsichtlich der Konkretisierung der Aufgaben der Sicherheitsbeauftragten im Sinne des § 22 SGB VII Mitbestimmungsrechte des Betriebsrates gemäß § 87 Abs. 1 Nr. 7 BetrVG bzw. des Personalrats nach § 80 Abs. 1 Nr. 16 BPersVG n. F. (§ 75, Abs. 3 Nr. 11 BPersVG a. F.[12]) ergeben.[13] Die Rechte des Betriebsrates nach §§ 90ff. BetrVG bleiben unberührt. An gemeinsamen Besprechungen des Arbeitgebers oder eines Beauftragten des Arbeitgebers mit den Sicherheitsbeauftragten können beauftragte Mitglieder des Betriebsrates teilnehmen. Der Interessenvertretung sind die Besprechungsniederschriften auszuhändigen.[14]

IV. Inhalt einer Betriebs- und Dienstvereinbarung

Gegenstand einer Betriebs- oder Dienstvereinbarung können nur die nach dem ASiG und die sie konkretisierenden Richtlinien und Verordnungen, insbesondere die → **DGUV** Vorschrift 2 sein. So ist etwa die Ermittlung der Einsatzzeiten, beispielsweise durch eine von Arbeitnehmervertretung und Arbeitgeber gemeinsam gebildeten Kommission, möglich. Aber auch der Umfang der Tätigkeit

9 Kittner/Zwanziger-Litzig, § 116 Rn. 27.
10 Fitting, BetrVG, § 89 Rn. 34.
11 Fitting, BetrVG, § 89 Rn. 34.
12 BPersVG v. 15. 3. 1974 (BGBl. I S. 693); zuletzt geändert durch Gesetz vom 9. 6. 2021 (BGBl. I S. 1614).
13 Übersicht über das Arbeitsrecht/Arbeitsschutzrecht 2017/2018, BMAS, 4/326.
14 Fitting BetrVG, § 89 Rn. 37; ErfK-Kania, § 89 Rn. 7.

kann durch die Betriebsparteien näher konkretisiert werden. Die Ausweitung oder Einschränkung der Teilnahmeverpflichtung an den Sitzungen des → **Arbeitsschutzausschusses** ist jedoch unzulässig.[15] Insoweit sind die gesetzlichen Vorgaben nach § 11 Satz 4 ASiG abschließend und erlauben keinen Gestaltungsspielraum.

15 BAG 8.12.2015 – 1 ABR 83/13.

Sicherheitsdatenblatt

I. Einführung

Um einen sicheren Umgang mit → **Gefahrstoffen** im Unternehmen und am Arbeitsplatz zu gewährleisten, sind die Hersteller und Importeure von Gefahrstoffen dazu verpflichtet, diese gesondert mit einem sog. Gefahrenpiktogramm zu kennzeichnen und dazu ein Sicherheitsdatenblatt zu fertigen. Diese dienen als Warnhinweise für den berufsmäßigen Verwender beim Umgang mit diesen gefährlichen Stoffen und Gemischen, um so die für den Gesundheitsschutz, die Sicherheit am Arbeitsplatz und den Schutz der Umwelt erforderlichen Maßnahmen treffen zu können.

II. Einzeldarstellung

Sicherheitsdatenblätter sind die zentrale Informationsquelle für einen sicheren Umgang mit → **Gefahrstoffen** im Betrieb. Die Kennzeichnung als Gefahrstoff ist nur der erste Schritt beim Arbeitsschutz. Es muss zusätzlich auch die jeweilige Tätigkeit betrachtet werden. Die vorhandene Kennzeichnung weist zwar auf einen Gefahrstoff hin, sie gibt jedoch keinen Aufschluss über die tatsächliche Belastung bei der täglichen Verwendung. Die Informationen auf dem Datenblatt sind die wesentliche Grundlage für den Arbeitgeber zur Durchführung der → **Gefährdungsbeurteilung** und die Erstellung von Betriebsanweisungen. Der Arbeitgeber hat seinen Beschäftigten jederzeit den Zugang zu den für Sie relevanten Sicherheitsdatenblättern zu ermöglichen.
Nach den gesetzlichen Vorgaben enthält ein Sicherheitsdatenblatt mindestens folgenden Inhalt:

- mögliche Gefahren
- Erste-Hilfe-Maßnahmen

- Expositionsbegrenzung und → **persönliche Schutzausrüstungen**
- physikalische und chemische Eigenschaften

Inhalt und Struktur des Sicherheitsdatenblatts legt die europäische REACH-Verordnung fest.[1]

Eine besondere Bedeutung erfahren die Sicherheitsdatenblätter bei der Durchführung einer → **Gefährdungsbeurteilung**. Gerade bei Tätigkeiten mit Gefahrstoffen genügt es aber nicht, die Angaben des Sicherheitsdatenblatts lediglich zu übernehmen. Unter Umständen sind im betrieblichen Arbeitsschutz auch Maßnahmen gegen unbekannte Gefährdungen zu ergreifen. Unvollständige, widersprüchliche oder fehlerhafte Angaben im Sicherheitsdatenblatt sind zu aktualisieren und zu korrigieren.

III. Hinweise für die Mitbestimmung

Die Sicherheitsdatenblätter sind die zentrale Informationsquelle für die betrieblichen Akteure im Arbeitsschutz. Betriebsrat und Personalrat kommt hierbei die Aufgabe zu, darüber zu wachen, dass den betroffenen Arbeitnehmern zumindest die Möglichkeit zur Einsichtnahme gegeben wird (**Überwachungsfunktion**). Dies kann allgemein in einer Rahmenregelung zum Arbeitsschutz oder zur Gefährdungsbeurteilung festgelegt werden oder spezifisch in einer Einzelbetriebsvereinbarung oder Einzeldienstvereinbarung mit Arbeitsschutzbezug.

Aus dem Arbeitsschutzrecht selbst lässt sich keine direkte Mitbestimmung des Betriebsrats bzw. des Personalrats ableiten. Jedoch unterliegt die inhaltliche Gestaltung von Betriebsanweisungen (für die das Sicherheitsdatenblatt wesentliche Grundlage ist) beispielsweise nach § 14 GefStoffV oder § 9 BetrSichV der Mitbestimmung nach § 87 Abs. 1 Nr. 7 BetrVG bzw. § 80 Abs. 1 Nr. 16 BPersVG n. F. (§ 75, Abs. 3 Nr. 11 BPersVG a. F.[2]). Die betrieblichen Personalorgane haben insoweit sogar ein Initiativrecht zur Umsetzung eines besseren Arbeits- und Gesundheitsschutzes. Auf Ebene der freiwilligen Mitbestimmung gemäß § 88 BetrVG dürfen sogar ergänzende Regelungen aufgenommen werden, solange Bestimmungen der Gesetze und der Unfallverhütungsvorschriften nicht unterschritten werden.

---

1 Art. 31 der Verordnung 1907/2006/EG.

2 BPersVG v. 15. 3. 1974 (BGBl. I S. 693); zuletzt geändert durch Gesetz vom 9. 6. 2021 (BGBl. I S. 1614).

Sozialer Arbeitsschutz

I. Einführung

Unter dem Begriff »sozialer Arbeitsschutz« versteht man Normen des öffentlich-rechtlichen Arbeitsschutzes, die Regelungen zur → **Arbeitszeit** und zum Schutze besonderer Personengruppen enthalten.[1] Anders als bei anderen Arbeitsschutznormen, wie etwa dem Arbeitsschutzgesetz, geht es bei diesen Normen nicht (vorrangig) um die Regelung der konkreten Ausgestaltung des Arbeitsplatzes (→ **Arbeitsbedingungen**) selbst, sondern um die Arbeitnehmer und deren besondere Schutzbedürfnisse aufgrund individueller Merkmale.

Neben dem Arbeitszeitgesetz werden zum sozialen Arbeitsrecht daher insbesondere das Mutterschutzgesetz (und teilweise das BEEG- Gesetz zum Elterngeld und zur Elternzeit), das Jugendarbeitsschutzgesetz, das Sozialgesetzbuch IX und das Heimarbeitsgesetz gezählt.

Teilweise finden sich auch in Tarifverträgen Normen, die dem sozialen Arbeitsschutz zuzurechnen sind. Gerade hinsichtlich der → **Arbeitszeit** werden häufig die gesetzlichen Regelungen noch weiter eingeschränkt, so hinsichtlich der Länge der Arbeitszeit oder der Möglichkeit des Einsatzes bzw. der Anzahl an Einsätzen an Samstagen/Sonntagen. Insoweit treffen auch landesgesetzliche Vorschriften teilweise Sonderregelungen, so die Ladenöffnungsgesetze der Länder, die vorsehen, dass Arbeitnehmer mindestens einen oder zwei freie Samstage im Monat haben müssen.

---

1 Ausführlich hierzu: Viethen/Mußhoff, in: BMAS, Übersicht über das Arbeitsrecht/Arbeitsschutzrecht 2017/2018, Kap. 6, Überblick.

II. Einzeldarstellung

1. Arbeitszeitgesetz

Das Arbeitszeitgesetz[2] enthält vielfältige Regelungen zur Länge der Arbeitszeit und etwaigen Pausen. Ausweislich des § 1 ArbZG ist dabei ein Zweck des Gesetzes auch, den Gesundheitsschutz der Arbeitnehmer bei der Arbeitszeitgestaltung zu verbessern (siehe dazu auch → **Arbeitszeit**). Ausnahmen zu den ansonsten zwingenden Regelungen im ArbZG finden sich in § 7 Abs. 1 – 9 ArbZG.

a) Arbeitszeitdauer

In § 3 Satz 1 ArbZG ist geregelt, dass die werktägliche Arbeitszeit 8 Stunden nicht überschreiten darf (→ **Arbeitszeit**). Nur im Ausnahmefall darf die Arbeitszeit nach § 3 Satz 2 ArbZG auf bis zu 10 Stunden verlängert werden. Dies setzt voraus, dass in einem Ausgleichzeitraum von 24 Wochen bzw. sechs Monaten die tägliche Arbeitszeit durchschnittlich acht Stunden nicht übersteigt. Dem Arbeitnehmer muss in diesem Zeitraum die Möglichkeit gegeben werden, an anderen Tagen entsprechend weniger zu arbeiten. Aber Vorsicht: Das Gesetz knüpft hierbei an den Begriff des Werktags, also die Tage von Montag bis Samstag an. Arbeiten die Beschäftigten lediglich in einer 5-Tage-Woche, also von Montag bis Freitag, gilt auch der arbeitsfreie Samstag als Ausgleichstag. Mittelbar ergibt sich so eine wöchentliche Höchstarbeitszeit von 48 Stunden.[3]
Durch Tarifvertrag bzw. aufgrund eines Tarifvertrags in einer Betriebs-/Dienstvereinbarung kann die werktägliche Arbeitszeit auf 10 Stunden erhöht werden, wenn in die Arbeitszeit regelmäßig im erheblichen Umfang Arbeitsbereitschaft/Bereitschaftsdienst fällt (§ 7 Abs. 1 Nr. 1a ArbZG). Ebenfalls durch Tarifvertrag bzw. aufgrund eines Tarifvertrags in einer Betriebs-/Dienstvereinbarung kann der Ausgleichszeitraum verändert werden (§ 7 Abs.1 Nr.1b ArbZG). Wichtig: Diese Verlängerung der regelmäßigen Arbeitszeit bedarf der Regelung in einem Tarifvertrag. Es genügt nicht, dass die Betriebsparteien ohne einen solchen Anknüpfungspunkt eigene betriebliche Regelungen treffen.

b) Nachtarbeit

Besondere Regelungen gelten für Arbeitnehmer, die nach § 6 ArbZG Nachtarbeit[4] erbringen. Der Nachtarbeitszeitraum umfasst die Zeit von 23:00 bis 06:00, in Konditoreien und Bäckereien von 22:00 bis 05:00 Uhr (§ 2 Abs. 3 ArbZG).

---

2 Beckmann/Steiner, Arbeitszeit und Mitbestimmung von A bis Z, 2018.
3 So insbesondere auch Art. 6 der Arbeitszeitrichtlinie 2003/88/EG.
4 Hierzu ausführlich Beckmann/Steiner-*Heitmann*, S. 276ff.

Als Nachtarbeit gilt jede Arbeit, die mindestens zwei Stunden der Nachtzeit umfasst (§ 2 Abs. 4 ArbZG). Nachtarbeitnehmer ist, wer regelmäßig Nachtarbeit in der Wechselschicht ableistet bzw. an mindestens 48 Tagen im Kalenderjahr (§ 2 Abs. 5 ArbZG).
Die Arbeitszeit der Nachtarbeitnehmer darf acht Stunden nicht überschreiten. Sie kann auf bis zu zehn Stunden nur verlängert werden, wenn innerhalb von einem Kalendermonat oder innerhalb von vier Wochen im Durchschnitt acht Stunden werktäglich nicht überschritten werden (§ 6 Abs. 2 ArbZG).
Der Nachtarbeitnehmer hat Anspruch auf eine dreijährliche arbeitsmedizinische Untersuchung auf Kosten des Arbeitgebers, ab Vollendung des 50. Lebensjahres sogar jährlich, § 6 Abs. 3 ArbZG (→ **Arbeitsmedizin**). In den in § 6 Abs. 4 ArbZG geregelten Fällen kann der Nachtarbeitnehmer verlangen, auf einen Tagesarbeitsplatz versetzt zu werden. Unter anderem ist dies der Fall, wenn nach arbeitsmedizinischer Feststellung die weitere Verrichtung von Nachtarbeit den Arbeitnehmer in seiner Gesundheit gefährdet und betriebliche Gründe dem nicht entgegenstehen. Stehen nach Auffassung des Arbeitgebers dringende betriebliche Gründe entgegen, ist der Betriebsrat bzw. Personalrat vorab zu hören und kann Vorschläge zur Umbesetzung unterbreiten (§ 6 Abs. 4 Nr. 3 ArbZG).
Durch Tarifvertrag bzw. aufgrund eines Tarifvertrags in einer Betriebs-/Dienstvereinbarung kann die Nachtarbeitszeit über zehn Stunden werktäglich hinaus verlängert werden, wenn in die Arbeitszeit regelmäßig und in erheblichem Umfang Arbeitsbereitschaft oder Bereitschaftsdienst fällt, § 7 Abs. 1 Nr. 4 ArbZG.

c) Ruhepausen

Nach § 4 ArbZG müssen bei einer Arbeitszeit von sechs bis neun Stunden mindestens 30 Minuten Pause eingelegt werden, bei einer Arbeitszeit von mehr als neun Stunden mindestens 45 Minuten (→ **Pausenzeiten**). Durch Tarifvertrag bzw. aufgrund eines Tarifvertrags in einer Betriebs-/Dienstvereinbarung kann die Gesamtdauer der Ruhepausen in Schichtbetrieben und Verkehrsbetrieben auf Kurzpausen von angemessener Dauer aufgeteilt werden, § 7 Abs. 1 Nr. 2 ArbZG. Das BAG hat in einem Einzelfall eine Kurzpause von mindestens 8 Minuten für angemessen gehalten.[5]

d) Ruhezeiten

Das ArbZG regelt auch eine → **Ruhezeit** von mindestens 11 Stunden, § 5 ArbZG. Ruhezeit ist die Zeit zwischen Arbeitsende und erneuter Wiederaufnahme der Arbeitsleistung. In einigen Bereichen, z. B. in Krankenhäusern, kann sie auf 10

5 BAG 13.10.2009 – 9 AZR 139/08.

Stunden verkürzt werden, wenn binnen vier Wochen ein Ausgleich dergestalt stattfindet, dass die Ruhezeit auf 12 Stunden verlängert wird, § 5 Abs. 2 ArbZG.
Durch Tarifvertrag bzw. aufgrund eines Tarifvertrags in einer Betriebs-/Dienstvereinbarung kann die Ruhezeit um bis zu zwei Stunden gekürzt werden, wenn die Art der Arbeit dies erfordert und die Kürzung der Ruhezeit innerhalb eines festzulegenden Ausgleichszeitraums ausgeglichen wird, § 7 Abs. 1 Nr. 3 ArbZG.

e) Sonntags- und Feiertagsruhe

In § 9 ArbZG ist der Grundsatz aufgestellt, wonach ein Verbot für Sonntags- und Feiertagsbeschäftigung besteht.[6] Dem stehen jedoch diverse Ausnahmen in § 10 ArbZG entgegen. So ist die Arbeit an Sonn- und Feiertagen bspw. in folgenden Fällen erlaubt:
- in Krankhäusern, bei Not- und Rettungsdiensten sowie bei der Feuerwehr,
- bei Beschäftigung zur Aufrechterhaltung der öffentlichen Sicherheit und Ordnung,
- im Gastronomiebereich,
- in Verkehrsbetrieben u.s.w.

Auch hier lassen tarifvertragliche Regelungen oder Betriebs-/Dienstvereinbarungen auf Basis eines Tarifvertrags abweichende Regelungen zu (§ 12 ArbZG).

f) Dokumentationspflicht

Als Regelung des mittelbaren Arbeitsschutzes ist noch § 16 Abs.2 ArbZG zu beachten, wonach der Arbeitgeber verpflichtet ist, die über werktäglich acht Stunden hinausgehende Arbeitszeit sowie die Sonn- und Feiertagsarbeit zu dokumentieren und die Nachweise mindestens zwei Jahre aufzubewahren.[7]

2. Mutterschutz

Ziel des Mutterschutzgesetzes ist der Schutz von Schwangeren und Frauen nach der Entbindung und während der Stillzeit (§ 1 Abs. 1 Satz 1 MuSchG).

---

6 Hierzu ausführlich Beckmann/Steiner-*Mittländer*, S. 356ff.
7 ErfK-*Wank*, § 16 ArbZG, Rn. 3 – 8.

a) Beschäftigungsverbot

Das Gesetz normiert Zeiträume, binnen derer die Schwangere vor der Entbindung bzw. die Mutter nach der Entbindung grundsätzlich nicht arbeiten darf. So darf eine schwangere Frau nach § 3 Abs. 1 Satz 1, 3 MuSchG in den letzten sechs Wochen vor Entbindung – gerechnet ab dem mutmaßlichen Tag der Entbindung laut ärztlichem Attest – nicht beschäftigt werden, außer sie bietet ausdrücklich ihre Arbeitsleistung an.
Des Weiteren darf die Mutter nach § 3 Abs. 2 Satz 1 MuSchG auch bis acht Wochen nach Entbindung nicht beschäftigt werden. Die Frist verlängert sich gegebenenfalls bei früherer Entbindung und bei Früh- und Mehrlingsgeburten. Auch außerhalb der Schutzfristen sind schwangere oder stillende Mütter besonders geschützt: So dürfen schwangere und stillende Frauen grundsätzlich keine Mehrarbeit leisten (§ 4 MuSchG) und nicht zur Nachtzeit (20 Uhr bis 6 Uhr) beschäftigt werden (§ 5 MuSchG). Auch an Sonn- und Feiertagen dürfen schwangere und stillende Frauen grundsätzlich nicht beschäftigt werden, wobei das Gesetz hier in § 6 MuSchG einige Ausnahmen zulässt.
Im Übrigen kommt auch außerhalb dieser Schutzfristen ein sogenanntes individuelles Beschäftigungsverbot in Betracht, wenn bei einer Schwangeren nach dem ärztlichen Zeugnis ihre Gesundheit oder die Gesundheit des Kindes bei Fortdauern der Beschäftigung gefährdet wäre, § 16 Abs.1 MuSchG. Im Übrigen darf der Arbeitgeber eine Frau, die nach einem ärztlichen Zeugnis in den ersten Monaten nach der Entbindung nicht voll leistungsfähig ist, nicht mit Arbeiten beschäftigen, die ihre Leistungsfähigkeit übersteigen, § 16 Abs. 2 MuSchG.

b) Anforderungen an den Tätigkeitsbereich

In den §§ 9 bis 16 MuSchG finden sich einige Anforderungen an die Gestaltung der Arbeitsbedingungen von schwangeren Frauen und stillenden Müttern. In den §§ 11,12 MuSchG werden Tätigkeiten aufgezählt, mit denen Schwangere und stillende Mütter nicht beschäftigt werden dürfen, z. B. den Umgang mit gefährlichen Stoffen.
Der Arbeitgeber ist verpflichtet, die Gefährdungen für die Schwangere bzw. stillende Mutter zu beurteilen und zu ermitteln, inwieweit etwa Schutzmaßnahmen ergriffen werden müssen oder ob gar eine Fortsetzung der Tätigkeit nicht möglich ist, § 10 Abs. 1 und 2 MuSchG. Der Arbeitsplatz muss so gestaltet sein, dass die betroffenen Frauen hinreichende

- Sitzgelegenheit zum kurzen Ausruhen,
- Gelegenheit zur kurzen Unterbrechung der Arbeit und
- einen Liegeraum zur Verfügung haben.

§ 9 MuSchG normiert daran anknüpfend das generelle Gebot an den Arbeitgeber, die Arbeitsbedingungen so zu gestalten, dass Gefährdungen für die Schwangere/Stillende und das Kind möglichst vermieden werden bzw. ggf. entsprechende Maßnahmen zu treffen. Werden unverantwortbare Gefährdungen festgestellt, hat der Arbeitgeber diese in erster Linie abzustellen. Erst wenn dies nicht möglich ist, muss die Schwangere/Stillende auf einen anderen geeigneten Arbeitsplatz umgesetzt werden. Ist auch letzteres nicht möglich, darf die Schwangere/Stillende nicht mehr beschäftigt werden, § 13 MuSchG.
Das MuSchG sieht zudem besondere Beschäftigungsverbote für bestimmte Arbeiten vor. Die Beschäftigung einer Schwangeren mit Akkordarbeit und Fließbandarbeiten ist generell verboten. Aber auch der Einsatz mit schweren körperlichen Arbeiten ist untersagt. Das gilt auch für Arbeiten, bei denen sie schädlichen Einwirkungen, vor allem von gesundheitsgefährdenden Stoffen oder Strahlen, von Staub, Gasen oder Dämpfen, von Hitze, Kälte oder Nässe, von Erschütterungen oder Lärm ausgesetzt sind. Insbesondere dürfen sie nicht beschäftigt werden

- mit Arbeiten, bei denen regelmäßig Lasten von mehr als 5 kg Gewicht gehoben werden,
- nach Ablauf des 5. Schwangerschaftsmonats mit Arbeiten, bei denen sie ständig stehen müssen,
- mit Arbeiten, bei denen sie sich häufig erheblich strecken oder beugen, oder bei denen sie dauernd hocken oder sich gedrückt halten müssen,
- mit Arbeiten, bei denen sie erhöhten Unfallgefahren ausgesetzt sind.

Aufgrund der besonderen Gefährdung von Schwangeren schreibt § 10 MuSchG besondere Anforderungen an die Gefährdungsbeurteilung nach dem Arbeitsschutzgesetz vor. Die hierdurch ermittelten Gefährdungen und erforderlichen Schutzmaßnahmen sind durch den Arbeitgeber unmittelbar ab Mitteilung der Schwangerschaft umzusetzen. Der Arbeitgeber darf eine schwangere oder stillende Frau nur diejenigen Tätigkeiten ausüben lassen, für die er die erforderlichen Schutzmaßnahmen auch tatsächlich getroffen hat, § 10 Abs. 3 MuSchG. Um im Falle einer eintretenden Schwangerschaft schnell handeln zu können, müssen Arbeitgeber seit dem 1. 1. 2019 jeden Arbeitsplatz – unabhängig davon, ob eine Frau oder ein Mann dort tätig ist – nach möglichen auftretende Risiken für Schwangere oder Stillende untersuchen. Die Gefährdungsbeurteilungen müssen dahingehend ergänzt werden.

c) Mutterschaftslohn und Mutterschaftsgeld

Kann eine Arbeitnehmerin wegen eines Beschäftigungsverbots nicht arbeiten, erhält sie gleichwohl ihr Gehalt, ähnlich wie im Fall der → **Arbeitsunfähigkeit** oder des bezahlten Erholungsurlaubs (→ **Urlaub**). Ist das Beschäftigungsverbot

der alleinige Grund für das Fernbleiben von der Arbeit, erhält sie den sogenannten Mutterschutzlohn. Der Mutterschutzlohn errechnet sich aus dem Durchschnittsverdienst der letzten 13 Wochen oder 3 Monate vor Beginn des Monats, in dem die Schwangerschaft eingetreten ist.
Außerhalb der Beschäftigungsverbote bekommen Arbeitnehmerin während der gesetzlichen Schutzfristen Mutterschaftsgeld sowie einen Arbeitgeberzuschuss zu diesem. Das Mutterschaftsgeld ist eine Leistung der gesetzlichen Krankenversicherung. Der Arbeitgeberzuschuss entspricht der Differenz zwischen dem um die gesetzlichen Abzüge verminderten durchschnittlichen kalendertäglichen Arbeitsentgelt und dem Höchstbetrag des Mutterschaftsgelds von 13 Euro pro Tag.
Sonstige Sonderzahlungen, wie Jahresprämien oder Weihnachtsgeld, erhalten die betroffenen Arbeitnehmerinnen auch dann, soweit diese ohne die Schwangerschaft oder Geburt auch gezahlt worden wären. Dies gilt auch für die Dauer der Elternzeit.

3. Elternzeit (BEEG)

Das Gesetz zum Elterngeld und zur Elternzeit (BEEG) trifft neben Regelungen zum Elterngeld auch solche zur Elternzeit und zu einer Tätigkeit während der Elternzeit (→ **Vereinbarkeit von Familie und Beruf**). Besondere (Arbeits-)Schutzvorschriften enthält das BEEG nicht. Als einzige Ausnahme könnte man insoweit § 15 Abs. 4 BEEG betrachten, der vorschreibt, dass bei einer Tätigkeit während der Elternzeit die wöchentliche Arbeitszeit 30 Stunden nicht überschreiten darf.

4. Jugendarbeitsschutz

Besonderes Augenmerk erhalten jugendliche Beschäftigte. Neben dem grundsätzlichen Verbot der Beschäftigung von Kindern (= unter 15 Jahren) – mit Ausnahmen für sogenannte leichte Tätigkeiten ab einem Alter von 13 Jahren, § 5 Abs. 3 ArbSchG (Beispiel: Zeitungsaustragen) – regelt der → **Jugendarbeitsschutz** also die Rahmenbedingungen für die Beschäftigung von Jugendlichen, die das achtzehnte Lebensjahr noch nicht vollendet haben, § 1 JArbSchG.

a) Allgemeine Arbeitsbedingungen

Nach § 8 Abs.1 JArbSchG dürfen Jugendliche grundsätzlich nicht mehr als acht Stunden täglich und 40 Stunden wöchentlich beschäftigt werden. In Ausnahmefällen darf die Arbeitszeit auf maximal 8,5 Stunden ausgeweitet werden. Beson-

derheiten gibt es auch für in der Landwirtschaft tätige Jugendliche, § 8 Abs. 3 JArbSchG.
Hinsichtlich der Arbeitstage regelt § 15 JArbSchG, dass Jugendliche nicht an mehr als fünf Tagen in der Woche beschäftigt werden dürfen. Nach den §§ 16, 17 JArbSchG ist eine Beschäftigung an Samstagen und Sonntagen grundsätzlich nicht zulässig. Die jeweiligen Absätze 2 normieren aber gewisse Ausnahmen, z. B. in Krankenhäusern. An Feiertagen sowie am 24. und 31. Dezember nach 14 Uhr dürfen Jugendliche jedenfalls grundsätzlich nicht beschäftigt werden, § 18 Abs. 1 JArbSchG. Auch hier werden für gewisse Bereiche und gewisse Feiertage Ausnahmen definiert.
Nach maximal 4,5 Stunden ist den Jugendlichen eine Ruhepause zu ermöglichen, § 11 Abs. 3 Satz 2 JArbSchG. Die Pausenzeiten betragen mindestens 30 Minuten bei einer Arbeitszeit von 4,5 bis 6 Stunden, bei einer längeren Arbeitszeit 60 Minuten.
Des Weiteren ist geregelt, dass zumindest eine Ruhezeit von 12 Stunden bestehen muss (§ 13 JArbSchG) und dass Jugendliche nur in der Zeit von 6 Uhr bis 20 Uhr beschäftigt werden dürfen, § 14 Abs. 1 JArbSchG. Ausnahmen gelten nur für bestimmte Berufszweige, z. B. in der Gastronomie.
Zudem haben Jugendliche einen gesetzlichen Mindesterholungsurlaubsanspruch in Höhe von 25 bis 30 Werktagen, abhängig vom Alter des Jugendlichen, § 19 Abs. 2 JArbSchG.

b) Anforderungen an die Arbeitsplatzgestaltung

Bestimmte Beschäftigungsverbote bzw. -beschränkungen kennen die §§ 22 ff. ArbSchG für gefährliche Arbeiten bzw. tempoabhängige Arbeiten. So dürfen Jugendliche nach § 22 Abs. 1 Nr. 1 JArbSchG nicht mit Arbeiten beschäftigt werden,

- die ihre physische oder psychische Leistungsfähigkeit übersteigen,
- bei denen sie sittlichen Gefahren ausgesetzt werden,
- bei denen besondere Unfallgefahren bestehen, die für Jugendliche mangels Sicherheitsbewusstsein und Erfahrung nicht erkennbar sind oder
- besondere Gefahren von den Arbeitsstoffen (Gefahrstoffe etc.) und von der Arbeitsplatzgestaltung (Kälte, Hitze, etc.) ausgehen.

§ 22 Abs. 2 JArbSchG normiert eine Ausnahme, wenn dies zur Erreichung ihres Ausbildungszieles erforderlich ist, der Schutz des Jugendlichen durch die Aufsicht eines Fachkundigen gewährleistet ist und der Luftgrenzwert bei gefährlichen Stoffen (Absatz 1 Nr. 6) unterschritten wird.

5. Schwerbehinderte Beschäftigte

Das Sozialgesetzbuch (SGB) IX enthält diverse Regelungen für Menschen mit Behinderungen (→ **Schwerbehinderte Beschäftigte**).
Als schwerbehindert im Sinne des Gesetzes gilt ein Arbeitnehmer, der einen Grad der Behinderung von (mindestens) 50 aufweist, § 2 Abs. 2 SGB IX. Jemand, der einen Grad der Behinderung von 30 aufweist, kann sich mit einem schwerbehinderten Menschen gleichstellen lassen, wenn er infolge seiner Behinderung ohne die Gleichstellung einen geeigneten Arbeitsplatz nicht erlangen oder nicht behalten kann, § 2 Abs. 3 SGB IX.
In arbeitsschutzrechtlicher Hinsicht interessant ist die Vorschrift des § 164 Abs. 4 Nr. 4, 5 SGB IX. Danach haben schwerbehinderte Menschen und ihnen Gleichgestellte gegenüber ihrem Arbeitgeber einen grundsätzlichen Anspruch auf behinderungsgerechte Einrichtung und Unterhaltung der Arbeitsstätten einschließlich der Betriebsanlagen, Maschinen und Geräte sowie der Gestaltung der Arbeitsplätze, des Arbeitsumfelds, der Arbeitsorganisation und der Arbeitszeit, unter besonderer Berücksichtigung der Unfallgefahr sowie auf Ausstattung des Arbeitsplatzes mit den erforderlichen technischen Arbeitshilfen.
Hierzu gehört z. B., dass Schwerbehinderte und Gleichgestellte vor sie besonders belastendem Lärm, Schwingungen, Nässe, Hitze, Kälte und Staub geschützt werden. Nach der Vorschrift des § 164 Abs. 1 Nr. 4 SGB IX besteht auch ein grundsätzlicher Anspruch auf eine → **Stufenweise Wiedereingliederung** nach längerer Arbeitsunfähigkeit.
Des Weiteren müssen schwerbehinderte Menschen auf Verlangen keine Mehrarbeit leisten (§ 207 SGB IX) und haben einen Anspruch auf fünf zusätzliche Tage Erholungsurlaub im Jahr (§ 208 SGB IX).

6. Heimarbeiter

Das Heimarbeitsgesetz regelt die Rechtsverhältnisse der sogenannten Heimarbeiter. Heimarbeiter ist, wer in selbstgewählter Arbeitsstätte (eigener Wohnung oder selbstgewählter Betriebsstätte) allein oder mit seinen Familienangehörigen im Auftrag von Gewerbetreibenden oder Zwischenmeistern erwerbsmäßig arbeitet, jedoch die Verwertung der Arbeitsergebnisse dem unmittelbar oder mittelbar auftraggebenden Gewerbetreibenden überlässt, § 2 Abs. 1 HAG.
Auch bei der Heimarbeit gelten die allgemeinen Vorschriften zum Arbeits- und Gesundheitsschutz. Insbesondere § 12 HAG schreibt vor, dass die Arbeitsstätten so zu gestalten sind, dass »keine Gefahren für Leben, Gesundheit und Sittlichkeit der Beschäftigten« entstehen.

III. Hinweise zur Mitbestimmung

Betriebsrat und Personalrat kommt in besonderem Maße die Aufgabe zu, die Einhaltung der beschriebenen gesetzlichen und ggf. tariflichen Bestimmungen zu überwachen und auf Einhaltung bei Arbeitgeber bzw. Dienststellenleitung hinzuwirken. Dies gilt insbesondere für:

- die Gestaltung der → **Arbeitsbedingungen**, z. B. Beschaffung von Arbeitsmitteln, Durchführung von Arbeitsverfahren,
- die Bereitstellung von → **persönlicher Schutzausrüstung**,
- die Beseitigung von Gefahrenquellen und Durchführung von Schutzmaßnahmen und der Sicherheitsunterweisung.

Mit den jeweiligen Besonderheiten für die Betroffene Personengruppe haben Betriebsrat und Personalrat insbesondere im Rahmen der → **Gefährdungsbeurteilung** nach § 5 ArbSchG bei der Beurteilung der Arbeitsbedingungen und Bestimmung der Gefährdung nach Art, Ausmaß und Dauer mitzuwirken. Insbesondere § 10 MuSchG stellt hierzu besondere Anforderungen.

Je nach Einzelfall richtet sich auch der Umfang der Mitbestimmung der Vertretungsorgane der Beschäftigten. Insbesondere bei der Gestaltung der → **Arbeitszeit** haben Betriebsrat (§ 87 Abs. 1 Nr. 2 und 3 BetrVG) bzw. Personalrat (§ 80 Abs. 1 Nr. 16 BPersVG n. F. – § 75, Abs. 3 Nr. 11 BPersVG a. F.[8]) teilweise sehr weit gehend bei der Verteilung der Arbeitszeit auf die einzelnen Wochentage bzw. über Beginn und Ende der täglichen Arbeitszeit und die Verteilung der Pausen mitzubestimmen.

8 BPersVG v. 15. 3. 1974 (BGBl. I S. 693); zuletzt geändert durch Gesetz vom 9. 6. 2021 (BGBl. I S. 1614).

Staub

Staub kann die Ursache für schwere Erkrankungen sein. Entsprechend sind Arbeitsplätze durch eine Gefährdungsbeurteilung auch auf Risiken durch Stäube zu untersuchen. Gesundheitliche Gefahren gehen dabei sowohl von zu großen Mengen von Partikeln in der Luft, als auch von besonders gefährlichen Stoffen in kleiner Menge in der Atemluft aus. Auch kleine Konzentrationen von giftigen, krebs- oder allergieauslösenden Stoffen können gravierende Gesundheitsschäden hervorrufen. Grenzwerte und besondere Schutzmaßnahmen werden durch die Gefahrstoffverordnung sowie verschiedene → **Technische Regeln** für Gefahrstoffe (TRGS) festgelegt.[1] Die Messung und Beurteilung einer möglichen Staubbelastung am Arbeitsplatz wird durch die TRGS 402[2] geregelt. Angaben zu den Grenzwerten finden sich in der TRGS 900. Insgesamt existieren über 60 verschiedene TRGS zu unterschiedlichen Arbeitsbereichen bzw. Gefahrengebieten.

Als allgemeiner Staubgrenzwert ist eine Belastung mit Staubpartikeln von maximal 1,25 Milligramm pro Kubikmeter Luft am Arbeitsplatz zulässig. Die Einhaltung dieses Grenzwertes wird in 3 Schritten ermittelt:

- Erfassung und Beschreibung der Tätigkeit und Festlegung des Arbeitsbereichs,
- Erfassung der Gefahrstoffe und
- Ermittlung der Einwirkung der Umgebungseinflüsse auf den menschlichen Organismus.

Anhand des so ermittelten Ergebnisses sind dann verschiedene Schutzmaßnahmen vorzunehmen und regelmäßig auf ihre Wirksamkeit zu überprüfen. Vorrangig sind dabei solche Stoffe einzusetzen, die mit einem geringeren Gesundheitsrisiko einhergehen (Substitutionsgebot). Dies kann zu Beispiel auch so erfolgen, dass keine Rohstoffpulver, sondern Granulate in den Arbeitsbereichen eingesetzt werden.

---

1 Vollständig abrufbar unter: *https://www.baua.de/DE/Angebote/Rechtstexte-und-Technische-Regeln/Regelwerk/TRGS/TRGS.html.*

2 GMBl 2010, S. 231, zuletzt geändert GMBl 2016, S. 843.

Können bestimmte Gefahrstoffe arbeitstechnischen nicht ersetzt werden, sind die Arbeitsabläufe und -Verfahren so zu gestalten, dass gefährliche Dämpfe und Stäube nicht frei werden. Dies lässt sich etwa durch staubdichte Anlagen oder durch technische Absaugvorrichtungen realisieren. Der Einsatz einer → **persönlichen Schutzausrüstung** (PSA) kommt in der Reihenfolge der Schutzmaßnahmen an letzter Stelle. Erst wenn andere Maßnahmen nicht ausreichen, dürfen beispielsweise Atemmasken oder ähnliche Atemschutzmaßnahmen zum Einsatz kommen.

Die Festlegung der Schutzmaßnahmen erfolgt also in der Reihenfolge nach dem sogenannten STOP-Prinzip (S= Substitution, T= Technische, O= Organisatorische und P= Persönliche Maßnahmen), vgl. Anhang I Nr. 2.3 zur GefStoffVO.

Auf jeden Fall sind die Beschäftigten durch entsprechende → **Unterweisung** und Schulungen über bestehende Gefährdungen und Schutzmaßnahmen zu informieren.

Stufenweise Wiedereingliederung

I. Einleitung

Bei der stufenweisen Wiedereingliederung (auch »Hamburger Modell« genannt) geht es darum, längerfristig erkrankte Arbeitnehmerinnen und Arbeitnehmer (nachfolgend Arbeitnehmer) schonend wieder in die bisher ausgeübte Tätigkeit zu integrieren. Dies kann zum Beispiel durch eine zunächst reduzierte Stundenzahl, die über mehrere Wochen sukzessive gesteigert wird und/oder durch Einschränkungen der auszuübenden Tätigkeiten geschehen. Der Arbeitnehmer ist während der stufenweisen Wiedereingliederung also offiziell noch arbeitsunfähig erkrankt, kann seine bisherige Tätigkeit aber bereits teilweise wieder verrichten und die stufenweise Wiedereingliederung kann die Arbeitsfähigkeit voraussichtlich voll wiederherstellen.

Geregelt ist die stufenweise Wiedereingliederung in § 74 SGB V. Eine Parallelvorschrift speziell für behinderte bzw. von Behinderung bedrohte Menschen findet sich in § 44 SGB IX (bis 31.12.2017: § 28 SGB IX a.F.).

Der behandelnde Arzt entwickelt mit dem Arbeitnehmer einen Wiedereingliederungsplan, auch »Stufenplan« genannt. Er gibt auf der Bescheinigung über die Arbeitsunfähigkeit Art und Umfang einer möglichen Tätigkeit an. Voraussetzung ist, dass der arbeitsunfähige Versicherte nach ärztlicher Feststellung seine bisherige Tätigkeit teilweise verrichten kann und er durch die stufenweise Wiederaufnahme seiner Tätigkeit voraussichtlich besser wieder in das Erwerbsleben eingegliedert werden kann.

Die Regelung zur stufenweisen Wiedereingliederung nach § 74 SGB V richtet sich nur an Pflichtversicherte und nicht an Beamtinnen und Beamte sowie Privatversicherte. Beamtinnen und Beamte können aber vergleichbare Wiedereingliederungsmaßnahmen mit ihren Dienstherren vereinbaren.[1]

1 OVG Hamburg 22.5.2018 – 5 Bs 80/18.

II. Einzeldarstellung

1. Besteht ein Rechtsanspruch?

Die Rechtsprechung lehnt einen Rechtsanspruch auf eine stufenweise Wiedereingliederung ab, sodass weder Arbeitnehmer noch Arbeitgeber verpflichtet sind, sich hierauf einzulassen (»Prinzip der Freiwilligkeit«).[2]
Erforderlich ist also eine Vereinbarung zwischen Arbeitnehmer und Arbeitgeber.
Allerdings ist der Arbeitgeber durch § 167 Abs. 2 SGB IX im Rahmen des → **Betrieblichen Eingliederungsmanagements** (BEM) gehalten, die Möglichkeiten einer stufenweisen Wiedereingliederung sorgfältig zu prüfen und in seine Überlegungen zur Vermeidung weiterer Arbeitsunfähigkeit einzubeziehen.

2. Besonderheit für schwerbehinderte Beschäftigte

Anders ist die Rechtslage allerdings bei schwerbehinderten Arbeitnehmern bzw. diesen gleichgestellten Arbeitnehmern. Nach § 164 Abs. 4 Satz 1 Nr. 1 SGB IX hat der schwerbehinderte Arbeitnehmer gegen seinen Arbeitgeber einen Anspruch auf eine Beschäftigung, bei der er seine Fähigkeiten und Kenntnisse möglichst voll verwerten und weiter entwickeln kann. Dieser Anspruch besteht auch, wenn der schwerbehinderte Arbeitnehmer arbeitsunfähig erkrankt ist und er nach ärztlicher Empfehlung stufenweise seine berufliche Tätigkeit wieder aufnehmen will. Der schwerbehinderte Arbeitnehmer hat eine ärztliche Bescheinigung vorzulegen, die neben der attestierten Arbeitsunfähigkeit einen Wiedereingliederungsplan über die aus ärztlicher Sicht zulässige Arbeit enthält sowie eine Prognose, ob und wann mit einer Wiederherstellung der vollen oder teilweisen Arbeitsfähigkeit zu rechnen ist.[3]
Der Anspruch eines schwerbehinderten Arbeitnehmers auf eine Wiedereingliederung besteht nur dann nicht, wenn die Erfüllung dieses Anspruchs für den Arbeitgeber nicht zumutbar ist oder dies mit unverhältnismäßigen Aufwendungen verbunden wäre oder soweit die staatlichen oder berufsgenossenschaftlichen Arbeitsvorschriften oder beamtenrechtlichen Vorschriften entgegenstehen (§ 164 Abs. 4 Satz 3 SGB IX).
Die Verletzung dieses Anspruchs kann Schadensersatzansprüche auslösen, nämlich wenn der Arbeitnehmer bei einer durchgeführten Wiedereingliederung früher wieder voll arbeitsfähig gewesen wäre und somit auch früher wieder einen

---

2 BAG 12.2017 – 5 AZR 815/16.
3 BAG 13.6.2006 – 9 AZR 229/05; BAG 16.5.2019 – 8 AZR 530/17.

Anspruch auf Lohn gehabt hätte.[4] Die eben dargestellten Grundsätze gelten auch für schwerbehinderte Beamtinnen und Beamte, da die Vorschrift des § 164 SGB IX auch auf sie anwendbar ist.

3. Ruhen des Arbeitsverhältnisses und finanzielle Absicherung

Der Arbeitnehmer ist auch während der Phase der stufenweise Wiedereingliederung weiterhin arbeitsunfähig (→ **Arbeitsunfähigkeit**). Das Rechtsverhältnis während der Eingliederungsphase wird als Vertragsverhältnis eigener Art gesehen; das Arbeitsverhältnis ruht.[5]

In der Konsequenz bedeutet dies, dass dem Arbeitnehmer während der Wiedereingliederungsphase – außerhalb des Entgeltfortzahlungszeitraums – ohne ausdrückliche Vereinbarung mit dem Arbeitgeber kein Anspruch auf Arbeitsentgelt zusteht. Vielmehr bleibt der Anspruch auf Krankengeld oder sonstige Entgeltersatzleistungen[6] und ggf. etwaige Zuschüsse zum Krankengeld auch während der Wiedereingliederungsphase bestehen.

Erhält der Arbeitnehmer auf Grund einer gesonderten Vereinbarung mit dem Arbeitgeber während der Wiedereingliederungsphase doch ein Arbeitsentgelt, stellt sich die Frage, was mit dem Krankengeldanspruch geschieht. Während auf Grund der Vorschrift des § 49 Abs.1 Nr.1 SGB V (Ruhen bei Erhalt von Arbeitsentgelt/Arbeitseinkommen) teilweise angenommen wird, dass der Krankengeldanspruch ruht, wird teilweise auch vertreten, etwa von den Spitzenverbänden der Krankenkassen, dass ein derartiges Arbeitsentgelt als Zuschuss im Sinne des § 23 SGB IV zu behandeln ist. Im Ergebnis bedeutet das, dass eine Anrechnung bzw. ein Ruhen dann nicht erfolgt, wenn Krankengeld und Wiedereingliederungsentgelt zusammen das eigentliche Nettoarbeitsentgelt nicht übersteigen.[7]

Durch das Prinzip der Freiwilligkeit kann die Wiedereingliederung von beiden Seiten abgebrochen werden. Hierbei ist umstritten, ob dies jederzeit geschehen kann oder die Seite, die die Wiedereingliederung beenden möchte, dies mit einer gewissen Frist vorher ankündigen muss.[8]

Während der Wiedereingliederung ruhen die Hauptpflichten aus dem Arbeitsverhältnis, d.h. der Arbeitnehmer muss seine Arbeitsleistung nicht erbringen und der Arbeitgeber muss keine Vergütung bezahlen. Die vertraglichen Neben-

---

4 LAG Berlin-Brandenburg 23.5.2018 – 15 Sa 1700/17; LAG Hessen 7.8.2017 – 7 Sa 232/17.

5 BAG 6.12.2017 – 5 AZR 815/16.

6 Z.B. Übergangsgeld, vgl. § 65, SGB IX.

7 Fuhrmann, NZS 2008, 299ff. mit ausführlicher Darlegung des Streitstandes.

8 Vgl. den Diskussionsstand hierzu bei Schmidt, NZA 2007, 893, 895.

pflichten, wie das Wettbewerbsverbot oder Meldepflichten, bestehen dagegen grundsätzlich fort.
Einigen sich Beamter und Dienstherr auf die Durchführung einer Wiedereingliederung, ist hingegen der rechtliche Status umstritten. Dies kann u. a. für die Frage des Urlaubsanspruches während der Wiedereingliederungsphase relevant sein. Während einerseits von einer vollständigen Dienstunfähigkeit (entsprechend zu der vollständigen Arbeitsunfähigkeit) ausgegangen wird[9], wird vereinzelt eine »teilweise Dienstfähigkeit« während der Wiedereingliederungsphase angenommen.[10] Hier kommt es unter Umständen auch auf die landesspezifischen Regelungen an.

III. Hinweise für die Mitbestimmung

Ungeklärt ist die Frage, inwieweit bei Vereinbarung eines Wiedereingliederungsverhältnisses zwischen Arbeitgeber und Arbeitnehmer die Zustimmung des Betriebsrats im Rahmen des § 99 BetrVG eingeholt werden muss.
Die mit der Wiedereingliederungsphase regelmäßig einhergehende massive Reduzierung der Arbeitszeit und die häufig damit einhergehende Veränderung des Tätigkeitsbereiches führt in aller Regel dazu, dass eigentlich eine Versetzung im Sinne des § 95 Abs. 3 BetrVG anzunehmen ist. Allerdings ist zu beachten, dass nach der Rechtsprechung in der Zeit der Wiedereingliederungsphase gerade kein Arbeitsverhältnis vorliegt, sondern ein Rechtsverhältnis eigener Art, was gegen eine entsprechende Mitbestimmung sprechen würde.[11]
Teilweise wird hierzu vertreten, dass aufgrund dieses Rechtsverhältnisses eigener Art zumindest eine Einstellung vorliegen würde.[12]
Im personalvertretungsrechtlichen Bereich kann der Grundsatz entsprechend übertragen werden, sodass beispielsweise nach § 78 Abs. 1 Nr. 1 BPersVG n. F. (§ 75 Abs. 1 Nr. 1 BPersVG a. F.[13]) kein Mitbestimmungsrecht besteht.

---

9 Vgl. »Die stufenweise Wiedereingliederung nach dem Hamburger Modell für Beamtinnen und Beamte des Bundes«, *www.bmi.bund.de/SharedDocs/downloads/DE/veroeffentlichungen/themen/oeffentlicher-dienst/beamte/hamburger-modell.pdf;jsessionid=1D9E17C60346CB4BF66C580DDA8740A7.1_cid295?__blob=publicationFile&v=1.*

10 OVG Hamburg a. a. O.

11 Vgl. hierzu D/K/K/W-*Bachner*, § 99 BetrVG, Rn. 111.

12 D/K/K/W-*Bachner a. a. O.*

13 BPersVG v. 15. 3. 1974 (BGBl. I S. 693); zuletzt geändert durch Gesetz vom 9. 6. 2021 (BGBl. I S. 1614).

Suchtprävention / Suchthilfe

I. Einleitung

Eine Sucht ist die umgangssprachliche Bezeichnung für die Abhängigkeit von einer Substanz oder einem Verhalten. Zu den bekanntesten Süchten (die in diesem Stichwort ausschließlich behandelt werden) gehören die Alkohol- und Drogensucht. Darüber hinaus gibt es aber noch weitere Süchte, wie z. B. die Spiel- oder die Medikamentensucht.

Eine Alkoholabhängigkeit im Sinne des Diagnosesystems ICD 10 (F10.2) liegt vor, wenn mindestens drei der vorliegenden Kriterien erfüllt sind:

- starkes oder zwanghaftes Verhalten, Alkohol zu konsumieren (sog. Craving)
- Kontrollverlust (hinsichtlich Menge, Beginn und Ende des Konsums)
- körperliches Entzugssyndrom nach Konsumstopp oder -reduktion
- Toleranzentwicklung (es sind immer größere Mengen Alkohol notwendig, um die gewünschten Wirkungen hervorzurufen)
- Vernachlässigung anderer Interessen (Sozialleben, Beruf) bis zur Verwahrlosung »zugunsten« des Alkoholkonsums
- Fortführen des Konsums trotz klarer Hinweise auf negative körperliche, psychische oder soziale Folgen, z. B. Konsum zu unpassenden Zeiten

Diese Definition bzw. diese Kriterien sind auf andere Abhängigkeiten entsprechend übertragbar.

Bei der Sucht*prävention* geht es darum, das Entstehen von Abhängigkeiten zu verhindern. Innerhalb des Arbeitsverhältnisses kann dies beispielsweise dadurch geschehen, dass der Konsum von Suchtmitteln während der Arbeitszeit untersagt wird.

Bei der Sucht*hilfe* geht es darum, dass jemandem, der bereits abhängig ist, geholfen wird.

II. Einzeldarstellung

1. Suchtprävention

a) Alkohol- bzw. Suchtmittelverbote

Vorrangiges Mittel zur Suchtprävention sind Alkohol- bzw. Suchtmittelverbote am Arbeitsplatz.

Ein generelles gesetzliches Alkohol- bzw. Suchtmittelverbot am Arbeitsplatz gibt es nicht und der Arbeitgeber ist grundsätzlich nicht verpflichtet, ein solches zu erlassen. Es gibt jedoch einzelgesetzliche Ausnahmen, z. B. ein Ausgabeverbot von Alkohol und Tabak an Jugendliche (§ 31 Abs. 2 Satz 2 JArbSchG) sowie die Unfallverhütungsvorschrift DGUV 23 für die Wach- und Sicherungsdienste, die einen Konsum berauschender Mittel bzw. die Abgabe dieser ausdrücklich untersagen (§ 5 DGUV Vorschrift 23).

Allerdings folgt aus der vertraglichen Nebenpflicht des Arbeitnehmers (§ 241 Abs. 2 BGB), sich in einem arbeitsfähigen Zustand zu halten, zumindest, dass der Arbeitnehmer sich durch Rauschmittel nicht in einen Zustand versetzen darf, in dem er seiner Tätigkeit nicht mehr nachkommen kann.

Die Unfallverhütungsvorschrift DGUV Vorschrift 1 legt fest, dass sich Versicherte nicht durch den Konsum berauschender Mittel in einen Zustand versetzen dürfen, in dem sie sich oder andere gefährden (§ 15 Abs. 2 DGUV Vorschrift 1).

Gefährdet der Arbeitnehmer durch den Missbrauch von Alkohol andere, ist der Arbeitgeber im Rahmen seiner Fürsorgepflicht verpflichtet, den weiteren Konsum von Alkohol zu untersagen und ggf. die Tätigkeit zu unterbinden. Dies folgt auch aus der DGUV 1 (§ 7), wonach Führungskräfte verpflichtet sind, Versicherte, die erkennbar nicht in der Lage sind, eine Arbeit ohne Gefahr für sich oder andere auszuüben, nicht weiter zu beschäftigen.

Hinsichtlich des Tabakkonsums legt § 5 Abs. 1 Satz 1 ArbStättV fest, dass der Arbeitgeber die erforderlichen Maßnahmen zu treffen hat, damit die nichtrauchenden Beschäftigten in Arbeitsstätten wirksam vor den Gesundheitsgefahren durch Tabakrauch geschützt sind. Soweit erforderlich ist ein allgemeines oder auf einzelne Bereiche beschränktes Rauchverbot zu erlassen, § 5 Abs.1 Satz 2 ArbStättV (→ **Nichtraucherschutz**).

b) Alkohol- und Drogentests

Hat der Arbeitgeber den Verdacht, dass der Arbeitnehmer Alkohol bzw. sonstige Drogen konsumiert hat, kommen zwar grundsätzlich entsprechende Tests (Atemalkoholtests, Blutproben etc) in Betracht. Hier muss der Arbeitnehmer al-

lerdings ausdrücklich einwilligen, da derartige Tests einen Eingriff in sein allgemeines Persönlichkeitsrecht darstellen.[1] Eine vorherige, generelle Einwilligung zu derartigen Tests ist nur an alkohol-bzw. drogensensiblen Arbeitsplätzen zulässig.[2]
Demgegenüber muss dem Arbeitnehmer das Recht eingeräumt werden, einen gegen ihn geäußerten Verdacht von Alkohol- bzw. Drogenkonsum durch einen freiwilligen Test auszuräumen.[3]

c) Vermeidung/Beseitigung suchtfördernder Arbeitsbedingungen

Der Arbeitgeber ist verpflichtet, die erforderlichen Maßnahmen für die Gesundheit der Beschäftigten zu treffen (§ 3 Abs. 1 Satz 1 ArbSchG). Hierzu gehört auch, »suchtfördernde« Arbeitsbedingungen zu beseitigen bzw. gar nicht erst aufkommen zu lassen. Typische suchtfördernde Arbeitsbedingungen sind großer Leistungsdruck, Über-/Unterforderung, mangelnde Wertschätzung, etc. Letztlich geht es insoweit um dieselben Aspekte, die Gegenstand der psychischen Gefährdungsbeurteilung sind (→ **Psychische Belastungen**).[4]

2. Suchthilfe

Hilfe bei einer bestehenden Abhängigkeit setzt zunächst voraus, dass die Sucht als solche vom Arbeitgeber erkannt bzw. zumindest erahnt wird. Indizien für das Bestehen einer Suchtmittelproblematik können zunehmende Fehlzeiten, verschlechternde Aufgabenerledigung oder auch Suchtmittelkonsum trotz bestehenden Verbots sein.[5] Auch wenn es sich hierbei nur um Indizien handelt, die nicht zwingend auf eine Suchtproblematik hinweisen müssen, ist eine entsprechende Sensibilisierung der Führungskräfte für derartige Veränderungen gleichwohl wichtig.
Jemanden mit einem möglichen Suchtproblem zu konfrontieren, ist eine unangenehme Angelegenheit, weil immer die Gefahr besteht, hier zu Unrecht einen Verdacht zu äußern. Gleichwohl sollte, wenn ein entsprechender Verdacht besteht, dieses Thema mit der notwendigen Sensibilität im Rahmen eines Fürsorge- oder Klärungsgespräches angesprochen werden. Die Arbeitswissenschaft hat für den Fall, dass beobachtete Pflichtverletzungen in einem mutmaßlichen Zusammen-

1 ErfKomm-Schmidt, Art. 2 GG, Rn. 114.
2 ErfKomm-Schmidt, Art. 2 GG, Rn. 114.
3 BAG 26.1.1995 – 2 AZR 649/94.
4 Danigel/Heegner, AiB 2018, 10, 15.
5 Danigel/Heegner, AiB 2018, 10, 12.

hang mit einer Suchtproblematik bestehen, das sogenannte **Stufenplanverfahren** als Interventionsverfahren entwickelt.[6] Dieses sieht in etwa wie folgt aus:

- Die Vorgesetzten sollen zunächst in einem ersten Gespräch unter vier Augen den Arbeitnehmer (für Beamte gelten die nachfolgenden Grundsätze entsprechend) auf die arbeitsvertraglichen Pflichtverletzungen hinweisen und die Besorgnis zum Ausdruck bringen, dass ein mögliches suchtbedingtes Verhalten hierfür ursächlich ist. Es soll das weitere Vorgehen im Sinne des Stufenplans erläutert werden und der Vorgesetzte nennt seine Erwartungen an das zukünftige Arbeitsverhalten. Sodann soll die Empfehlung ausgesprochen werden, sich betriebsintern (z. B. beim betrieblichen Suchtbeauftragten) oder extern beraten zu lassen und konkrete Schritte sollen vereinbart werden. Insbesondere wird ein Rückmeldegespräch innerhalb des Zeitraums von 6–8 Wochen vereinbart.
- Dieses Rückmeldegespräch findet so allerdings nur bei einer positiven Veränderung des Arbeitsverhaltens statt. Gibt es positive Veränderungen, sind nach dem Rückmeldegespräch keine weiteren Schritte mehr notwendig.
- Ändert sich das Arbeitsverhalten dagegen nicht zum Positiven, wird ein weiteres Gespräch geführt, an dem neben dem direkten Vorgesetzten ggf. auch noch der nächsthöhere Vorgesetzte (evtl. auch die Personalabteilung) sowie Mitglieder von Betriebs- bzw. Personalrat (ggf. auch die SBV) und weitere Personen (z. B. der Suchtbeauftragte) teilnehmen.
  In diesem Gespräch soll auf das sich nicht ändernde Verhalten und den Zusammenhang mit dem Suchtmittelkonsum hingewiesen werden. Konkrete innerbetriebliche Hilfsangebote, soweit vorhanden, werden ebenso aufgezeigt wie die Möglichkeiten externer Beratung. Dieses Aufzeigen kann ggf. auch mit der konkreten Aufforderung verbunden werden, sich beraten zu lassen. Es werden mögliche Konsequenzen aufgezeigt, wenn es zu weiteren Auffälligkeiten kommt.
  Auch hier wird im Anschluss ein Rückmeldegespräch innerhalb von 6–8 Wochen vereinbart, das aber so nur stattfindet, wenn es positive Änderungen des Arbeitsverhaltens gibt.
- Es schließen sich bei fehlender positiver Veränderung bis zu drei weitere Gespräche an, die ähnlich besetzt sind wie die ersten Gespräche. Allerdings kann es dann ab dem 3. Gespräch schon zu arbeits- bzw. disziplinarrechtlichen Maßnahmen kommen. Räumt der Arbeitnehmer eine Suchtproblematik ein, ergeht ggf. die Aufforderung, sich in eine Therapie zu begeben. Der Arbeitnehmer wird immer eindringlicher auf die Problematik hingewiesen und mit immer mehr Nachdruck aufgefordert, sich Hilfe zu holen. Am Ende

6 Danigel/Heegner, AiB 2018, 10, 13.

des Stufenplans können dann eine Kündigung oder die Einleitung disziplinarrechtlicher Maßnahmen stehen.

Die Stufenpläne sind im Internet aufrufbar und zwar sowohl für die Privatwirtschaft[7] als auch für den Öffentlichen Dienst.[8]

3. Konsequenzen bei Suchtmittelmissbrauch

Hinsichtlich der Konsequenzen eines Suchtmittelmissbrauchs kommen grundsätzlich eine Abmahnung bzw. im Falle häufiger krankheitsbedingter Ausfälle infolge der Suchtproblematik (z. B. wegen Alkohol) sogar eine personenbedingte Kündigung in Betracht.

a) Abmahnung

Eine arbeitgeberseitige Reaktion auf Alkoholkonsum ist oftmals der Ausspruch einer Abmahnung. Hiermit soll der Arbeitnehmer auf ein falsches Verhalten hingewiesen werden. Allerdings geht es hier um steuerbares Verhalten. Der bloße Alkoholkonsum (ohne Abhängigkeitssyndrom bei dem Arbeitnehmer) kann daher abgemahnt werden, wenn hierdurch gegen ein entsprechend normiertes Alkoholverbot verstoßen wird.

Liegt jedoch eine krankhafte Alkoholabhängigkeit vor, kann man nicht mehr von einem steuerbaren Verhalten ausgehen. Entsprechend ist auch die Abmahnung des Beschäftigten aus diesem Grund unzulässig. Beabsichtigt der Arbeitgeber in diesem Fall arbeitsrechtliche Maßnahmen einzuleiten, so hat er vor Ausspruch einer Kündigung mildere Maßnahmen zu ergreifen. Er hat zum Beispiel ein → **Betriebliches Eingliederungsmanagement (BEM)** durchzuführen oder den Arbeitnehmer aufzufordern, sich einer Therapie zu unterziehen.[9] Die Ursachen, die zur Alkohol Abhängigkeit geführt haben, sind – soweit überhaupt feststellbar – angemessen zu berücksichtigen.[10]

b) Kündigung

Kommt es aufgrund der Alkoholabhängigkeit mit medizinischem Krankheitswert zu Arbeitsausfällen, kann es nach den Grundsätzen über die → **krank-**

7 *www.sucht-am-arbeitsplatz.de/fileadmin/user_upload/pdf/Interventionsleitfaden_privatwirtschaft.pdf*

8 *www.sucht-am-arbeitsplatz.de/fileadmin/user_upload/pdf/Interventionsleitfaden_oeffentlicher_Dienst.pdf*

9 Vgl. etwa BAG 17.6.1999 – 2 AZR 639/99.

10 BAG 7.11.1985 – 2 AZR 657/84.

heitsbedingte Kündigung zu einer arbeitgeberseitigen Beendigung kommen.[11] D.h., dass vor Ausspruch der Kündigung eine negative Prognose bestehen muss, dass der Arbeitnehmer dauerhaft nicht im Stande sein wird, seine vertraglich geschuldete Tätigkeit ordnungsgemäß zu erbringen. Dies kann regelmäßig dadurch erfolgen, dass es in einem bestimmten Zeitraum von ca. 2 bis 3 Jahren zu sehr vielen kurzen Arbeitsausfällen oder zu einem bzw. wenigen, aber dafür langanhaltenden Ausfällen wegen Arbeitsunfähigkeit kam. Eine verhaltensbedingte Kündigung ist aufgrund der Krankheit regelmäßig ausgeschlossen. Im Regelfall wird kein Verschulden des Arbeitnehmers an seinem Zustand anzunehmen sein.[12]

Für die negative Prognose ist erforderlich, dass der abhängige Arbeitnehmer von seinem Arbeitgeber auf eine Entziehungskur hingewiesen wurde und der abhängige Arbeitnehmer diese abgelehnt hat, diese nicht erfolgreich war oder diese von vornherein nicht erfolgreich gewesen wäre.[13] Ein einmaliger Rückfall bei weiterhin vorhandener Therapiebereitschaft rechtfertigt noch keine negative Prognose und damit eine personenbedingte Kündigung.[14] Letztlich kommt es auf die Umstände des Einzelfalles an.[15] Der wiederholte Rückfall kann indes eine negative Prognose begründen.[16]

Neben der negativen Prognose ist erforderlich, dass die entstandenen und diagnostizierten Fehlzeiten zu einer erheblichen Beeinträchtigung der betrieblichen Interessen führen und diese vom Arbeitgeber billigerweise nicht mehr hinzunehmen (also für ihn unzumutbar) sind. Eine erhebliche Beeinträchtigung der betrieblichen Interessen liegt allerdings nicht nur bei erheblichen Fehlzeiten vor, sondern kann auch dann vorliegen, wenn die Verrichtung der vertraglich geschuldeten Tätigkeit mit einer beachtlichen Selbst- und Fremdgefährdung des Arbeitnehmers oder dritter Personen verbunden ist und der Arbeitnehmer mangels Fähigkeit zur Alkoholabstinenz nicht die erforderliche Gewähr dafür bietet, bei seiner Arbeitsleistung einschlägige Unfallverhütungsvorschriften ausnahmslos zu beachten.[17]

Bei ordentlich unkündbaren Arbeitnehmern etwa nach § 24 Abs. 2 TVöD/TV-L kommt ausnahmsweise auch eine fristlose Kündigung nach § 626 BGB wegen einer unverschuldeten Alkoholabhängigkeit in Betracht.[18] In diesem Fall ist je-

11 BAG 20.12.2012 – 2 AZR 32/11.
12 BAG 18.3.2015 – 10 AZR 99/14.
13 BAG 20.3.2014 – 2 AZR 565/12; LAG Rheinland-Pfalz 20.3.2008 – 2 Sa 612/07.
14 LAG Hamm 4.9.2001 – 11 Sa 1918/00.
15 LAG Berlin-Brandenburg 17.8.2009 – 10 Sa 506/09.
16 LAG Köln 17.5.2010 – 5 Sa 1072/09.
17 BAG 20.3.2014 – 2 AZR 565/12.
18 BAG 20.12.2012 – 2 AZR 32/11.

doch eine soziale Auslauffrist einzuhalten, die sich nach der fiktiven ordentlichen Kündigungsfrist berechnet.

III. Hinweise zur Mitbestimmung

Bei der Verhängung von Alkohol- und sonstigen Suchtmittelverboten und den damit im Zusammenhang stehenden Fragen hat der Betriebsrat nach § 87 Abs. 1 Nr. 1 BetrVG ein Mitbestimmungsrecht, da es hier um Fragen der Ordnung des Betriebs und des Verhaltens der Arbeitnehmer im Betrieb geht.[19] Allerdings kann eine Betriebsvereinbarung, die z. B. Alkoholtests regelt, nicht die individuelle Zustimmung des Arbeitnehmers zu diesen Test ersetzen, da es sich um einen intensiven Eingriff in das Persönlichkeitsrecht handelt.
Des Weiteren besteht ein Mitbestimmungsrecht nach § 87 Abs. 1 Nr. 1 BetrVG, wenn der Arbeitgeber im Rahmen der Suchtprävention oder nach suchtbedingten Arbeitsunfähigkeiten formalisierte Krankengespräche führt.[20]
Ebenso besteht ein Mitbestimmungsrecht des Betriebsrats, wenn mit Bewerbern vor der Einstellung standardmäßig Alkoholtests durchgeführt werden sollen und eine Einstellung unterbleibt, wenn sich der Bewerber damit nicht einverstanden erklärt oder ein entsprechender Test positiv ausfällt, da es sich dann auch um Auswahlrichtlinien im Sinne des § 95 BetrVG handelt.[21]
Der Personalrat hat bei Regelungen zum Alkohol-/Drogenkonsum bzw. der -prävention ebenfalls ein Mitbestimmungsrecht, da es hierbei um Maßnahmen zur Verhütung von Dienst- und Arbeitsunfällen und Berufskrankheiten sowie sonstigen Gesundheitsschädigungen gemäß § 80 Abs. 1 Nr. 16 BPersVG n. F. (§ 75 Abs. 3 Nr. 11 BPersVG a. F.[22]) bzw. um Regelungen zur Ordnung in der Dienststelle und des Verhaltens der Beschäftigten geht, § 80 Abs. 1 Nr. 18 BPersVG n. F. (§ 75 Abs. 3 Nr. 15 BPersVG a. F.).

19 BAG 239.1986 – 1 AZR 83–85- NZA 1987, 250.
20 BAG 8. 11. 1994 – 1 ABR 22/94; Fitting § 87, Rn. 71.
21 LAG Baden-Württemberg 13. 12. 2002 – 16 TaBV 4/02.
22 BPersVG v. 15. 3. 1974 (BGBl. I S. 693); zuletzt geändert durch Gesetz vom 9. 6. 2021 (BGBl. I S. 1614).

IV. Inhalte von Betriebs- und Dienstvereinbarungen

Betriebs- bzw. Dienstvereinbarungen, die sich mit den Themen von Suchtmittelkonsum/-prävention/- hilfe beschäftigen, können u. a. folgende Regelungspunkte haben:[23]

- Einführung von Maßnahmen der Suchtprävention (z. B. Bestellung von Suchtberatern),
- Verpflichtung der Führungskräfte, alkoholisierte bzw. unter Drogen stehende Arbeitnehmer zu melden,
- Festlegung von Interventionsmaßnahmen (z. B. im Sinne des Stufenplans),
- Verhaltensregeln bei akuten im Betrieb auftretenden Situation des Alkoholmissbrauchs (z. B. Entfernung des Arbeitnehmers aus Gefahrenbereichen, Transport des Arbeitnehmers nach Hause),
- Einführung eines Alkohol- und Drogenverbots (inkl. etwaiger Ausnahmeregelungen, z. B. bei Firmenfeiern),
- Ermächtigung zur Durchführung von Alkohol- und Drogentests sowie Festlegung, unter welchen Voraussetzungen (beispielsweise bei Vorliegen spezieller Indizien) und unter wessen Beteiligung solche Kontrollen durchgeführt werden dürfen,
- Festlegung der Folgen der Verweigerung eines Tests,
- Festlegung, dass sich Arbeitnehmer freiwillig einem Alkohol- bzw. Drogentest unterziehen können, um den Verdacht zu widerlegen.

23 Vgl. hierzu Hoppe/Fuhlrott, ArbR Aktuell 2010, 464, 467; Liebscher, öAT 2017, 249, 250.

Tarifvertrag

I. Einführung

Auf der Grundlage der Koalitionsfreiheit nach Art. 9 Abs. 3 GG dürfen die Tarifparteien, also Gewerkschaften und Arbeitgeberverbände bzw. der einzelne Arbeitgeber, Tarifverträge abschließen. Zu dieser Tarifautonomie gehört auch, dass die Tarifverträge mit Arbeitskampfmaßnahmen durchgesetzt werden können. Zweck der Tarifverträge ist es, Mindeststandards für Entgelt und sonstige Arbeitsbedingungen festzulegen, um den Arbeitnehmern einerseits eine ausreichende materielle Lebensbasis zu sichern, aber andererseits um Arbeitsbedingungen so menschengerecht zu gestalten, dass die Arbeitnehmer ihre Arbeitskraft erhalten können und um die Arbeitnehmer vor Gesundheitsschädigungen zu bewahren. Daher dienen viele Regelungen in den Tarifverträgen unmittelbar dem Arbeits- und Gesundheitsschutz.

II. Einzeldarstellung

1. Arbeitszeit

Die tarifliche Regulierung der Arbeitszeit war und ist, genauso wie das öffentliche Arbeitszeitrecht, ein zentrales Element des Arbeits- und Gesundheitsschutzes, da es hierbei darum geht, die Belastungsdauer der Arbeitnehmer, sowohl auf den Tag als auch auf die Woche bezogen, zu begrenzen. In vielen Tarifverträgen wird nicht nur die Dauer der wöchentlichen Arbeitszeit geregelt, sondern werden spezielle begrenzende Festlegungen getroffen. So werden die Bedingungen von Sonderformen der Arbeitszeit, wie Schicht- und Nachtarbeit oder Bereitschaftszeiten, festgelegt – oft verbunden mit Ausgleichsregelungen (so z. B. TVöD).
Zunehmend widmen sich die Gewerkschaften in Tarifverträgen auch dem Thema, wie die Arbeitnehmer in flexiblen Arbeitszeitsystemen, wie Gleit- und Vertrauensarbeitszeit, ihre persönlichen Arbeitszeit- und Freizeitinteressen zur Gel-

tung bringen können. Die Abkehr von einem festen Anfang und Ende der täglichen Arbeitszeit erleichtert den Arbeitnehmern die Abstimmung mit persönlichen und privaten Interessen und dienst somit auch dem Gesundheitsschutz. Ebenso werden verschiedene Formen der Arbeitszeitkonten tariflich angeboten, um die Verteilung der Arbeitszeit über längere Zeiträume unterschiedlich zu gestalten.
In einigen Tarifverträgen sind bei besonderen Formen der Arbeit, wie zum Beispiel bei Schichtarbeit, oder bei besonderen Formen der Entgeltgestaltung, wie zum Beispiel beim Leistungslohn, zusätzlich zu den gesetzlichen Ruhepausen auch bezahlte Pausen oder Arbeitsunterbrechungen vereinbart. Sie sollen die Belastungen, die durch diese besonderen Arbeitsformen verursacht werden, reduzieren. Viele Tarifverträge weisen für Arbeit zu ungünstigen Tageszeiten (→ **Nacht- und Schichtarbeit**) und für Mehrarbeit noch höhere finanzielle Zuschläge als Ausgleich aus. Doch die Tendenz geht in der Tarifpolitik immer mehr zur Abgeltung in Freizeit, da damit der Gesundheit und der Reproduktion der Arbeitskraft eher gedient ist.

2. Urlaub

Ein weiteres wichtiges Element des Arbeits- und Gesundheitsschutzes ist, die Zeiten der Erholung und der Reproduktion der Arbeitskraft über das gesetzliche Maß nach dem Bundesurlaubsgesetz zu verlängern (tariflicher Mehrurlaub). Sowohl der Ausweitung des bezahlten Urlaubs über das gesetzliche Maß hinaus als auch die Möglichkeiten, unbezahlte längere Freistellungszeiten zu vereinbaren, werden immer öfters zum Gegenstand von tariflichen Regelungen (→ **Urlaub**).

3. Leistungsbedingungen

Ziel tariflicher Regelungen muss es sein, dass die Arbeitsstunden nicht immer stärker mit Arbeitsaufgaben gefüllt werden, um so eine Erhöhung der Arbeitsleistung zu erreichen. Im Bereich der IG Metall wurden schon in den 1970er Jahren Tarifverträge abgeschlossen, die sich im Zusammenhang mit verschiedenen Arbeitsformen, wie z. B. Akkordarbeit oder Fließbandarbeit, mit den gesundheitlichen Auswirkungen beschäftigen. So sind zusätzliche Mindesterholungszeiten im Lohnrahmentarifvertrag II und im Manteltarifvertrag im Bereich der Metallindustrie Nordwürttemberg-Nordbaden vom 20. 10. 1973 geregelt. Ebenso wurden Grundsätze zur Gestaltung von Fließband- und Taktarbeit festgelegt. Auch der Manteltarifvertrag für die Druckindustrie aus dem Jahr 1989 beinhaltet Regelungen zur Einwirkung auf die Arbeits- und Leistungsbedingungen. So war ein individuelles und kollektives Beschwerderecht für den Fall vereinbart, wenn definierte Arbeitsbedingungen nicht eingehalten wurden.

4. Besetzungsregelungen

Immer stärker rückt gerade in dem gesamten Bereich der Krankenhäuser und der Pflege die Belastung durch die ungenügende personelle Besetzung der Stationen ins Zentrum des Gesundheitsschutzes und der tariflichen Auseinandersetzung. So wurde als einer der ersten Tarifverträge zu diesem Themenkomplex in der Charité – Universitätsmedizin Berlin bereits am 29. September 20117 nein Tarifvertrag abgeschlossen, der personelle Mindestbesetzungen für mehrere Stationen des Krankenhauses beinhaltet.

5. Tarifliche Regelungen zum allgemeinen Gesundheitsschutz

Neben konkreten tariflichen Regelungen zur Personalbesetzung oder zu bestimmten Leistungsbedingungen werden in Tarifverhandlungen auch allgemeine Bestimmungen zum Gesundheitsschutz aufgenommen. So hat die Gewerkschaft ver.di für die bundesweit rund 7000 Beschäftigten des Kuratoriums für Dialyse und Nierentransplantation e. V. (KfH) im Tarifvertrag erstmals Maßnahmen zum Gesundheitsschutz der Beschäftigten vereinbart. So sollen Beschäftigte seltener als bisher an freien Tagen zum Dienst herangezogen werden. Außerdem wurden Regelungen zur Arbeitszeitreduzierung und zur Personalbedarfsermittlung im Rahmen einer Vereinbarung mit dem Betriebsrat ermöglicht. Der Tarifvertrag für den öffentlichen Dienst (TVöD) – Besonderer Teil Verwaltung – enthält in § 2 Regelungen zum Betrieblichen Gesundheitsschutz und zur Betrieblichen Gesundheitsförderung. Danach sollen die Arbeit und die Arbeitsbedingungen so organisiert werden, dass diese nicht Ursache von Erkrankungen oder Gesundheitsschädigungen sind. Die Beschäftigten haben u. a. einen individuellen Anspruch auf die Durchführung einer Gefährdungsbeurteilung und sie sind in die Durchführung der Gefährdungsbeurteilung einzubeziehen. Vorgesehene Arbeits- und Gesundheitsschutzmaßnahmen sind mit ihnen zu erörtern.

III. Auswirkung auf die Mitbestimmung

Aufgrund des Vorrangs der Tarifverträge und der in § 87 Abs. 1 Eingangssatz und § 77 Abs. 3 BetrVG geregelten Tarifsperren sind Betriebsräte gehindert, zu den bestehenden tariflichen Regelungen noch zusätzlich freiwillige oder mitbestimmte Betriebsvereinbarungen abzuschließen. Ist jedoch das Unternehmen nicht tarifgebunden, besteht das Mitbestimmungsrecht nach § 87 Abs. 1 Nr. 7 BetrVG bezüglich des Arbeits- und Gesundheitsschutzes weiter. Sind jedoch die für den Betrieb geltenden tariflichen Regelungen zum Arbeits- und Gesundheitsschutz nicht abschließend oder besteht sogar eine ausdrückliche Öffnungsklausel für den Abschluss von betrieblichen Regelungen, kann der Betriebsrat von seiner Regelungskompetenz nach § 87 Abs. 1 Nr. 7 BetrVG Gebrauch machen.

Technische Regeln für Arbeitsstätten (ASR)

Die Technischen Regeln für Arbeitsstätten (ASR) konkretisieren die Vorgaben der Arbeitsstättenverordnung hinsichtlich des Arbeitsschutzes. Sie geben den Stand der Technik, Arbeitsmedizin und Arbeitshygiene sowie sonstige gesicherte arbeitswissenschaftliche Erkenntnisse für das Einrichten und Betreiben von Arbeitsstätten wieder.

Die ASR werden vom **Ausschuss für Arbeitsstätten (ASTA)** erarbeitet. Sie werden laufend überprüft und soweit erforderlich an die aktuellen arbeitswissenschaftlichen Erkenntnisse angepasst. Die jeweils beschlossenen ASR werden durch das Bundesministerium für Arbeit und Soziales im → **Gemeinsamen Ministerialblatt** (GMBl) bekannt gemacht. Wenn sich der Unternehmer und andere Sicherheitsverantwortliche an die Regelungen der ASR halten, können sie im Regelfall davon ausgehen, alles Erforderliche zur Einhaltung arbeitsschutzrechtlicher Vorgaben getan zu haben (sogenannte Vermutungswirkung). Die Technischen Regeln für Arbeitsstätten sollten daher bereits bei der Planung der Räume, stellenweise schon bei der Planung des Gebäudes, einbezogen werden.

Insoweit beschreiben die ASR neben → **DIN-Normen** und den Sicherheitsregeln der Berufsgenossenschaften und Unfallkassen (→ **Deutsche Gesetzliche Unfallversicherung)** den Maßstab zur Überprüfung der Mitbestimmungsrechte des Betriebsrats nach §§ 90, 91 BetrVG.[1]

Die Kontrolle über die Einhaltung der ASR erfolgt über die Gewerbeaufsichtsämter der Bundesländer. Diese Kontrollen erfolgen in unregelmäßigen Abständen und unangemeldet. Soweit die Gewerbeaufsichtsämter Verstöße gegen die ASR feststellen, erlassen Sie verbindliche Anordnungen gegenüber dem Arbeitgeber oder es kommt sogar zur Stilllegung von Anlagen oder einzelnen Maschinen in besonders schwerwiegenden Fällen.

1 Fitting, BetrVG, § 90 Rn. 44.

Technische Regeln für Arbeitsstätten (ASR)

Die bisher veröffentlichten 21 Technischen Regeln für Arbeitsstätten sowie Empfehlungen des ASTA können auf der Internetpräsenz der Bundesanstalt für Arbeitsschutz und Arbeitsmedizin (BAUA) abgerufen werden.[2] Diese sind:

- ASR V3 Gefährdungsbeurteilung
- ASR V3a.2 Barrierefreie Gestaltung von Arbeitsstätten
- ASR A1.2 Raumabmessungen und Bewegungsflächen
- ASR A1.3 Sicherheits- und Gesundheitsschutzkennzeichnung
- ASR A1.5/1,2 Fußböden
- ASR A1.6 Fenster, Oberlichter, lichtdurchlässige Wände
- ASR A1.7 Türen und Tore
- ASR A1.8 Verkehrswege
- ASR A2.1 Schutz vor Absturz und herabfallenden Gegenständen, betreten von Gefahrenbereichen
- ASR A2.2 Maßnahmen gegen Brände
- ASR A2.3 Fluchtwege und Notausgänge, Flucht- und Rettungsplan
- ASR A3.4 Beleuchtung
- ASR A3.5/7 Sicherheitsbeleuchtung, optische Sicherheitsleitsysteme
- ASR A3.5 Raumtemperatur
- ASR A3.6 Lüftung
- ASR A3.7 Lärm
- ASR A4.1 Sanitärräume
- ASR A4.2 Pausen- und Bereitschaftsräume
- ASR A4.3 Erste-Hilfe-Räume, Mittel und Einrichtungen zur Ersten Hilfe
- ASR A4.4 Unterkünfte
- ASR A5.2 Anforderungen an Arbeitsplätze und Verkehrswege auf Baustellen im Grenzbereich zum Straßenverkehr – Straßen Baustellen

---

2 *https://www.baua.de/DE/Angebote/Rechtstexte-und-Technische-Regeln/Regelwerk/ASR/ASR.html.*

Überstunden / Mehrarbeit

I. Einführung

Fast drei Prozent der Wirtschaftsleistung der BRD werden durch Überstunden erwirtschaftet. Diese über die vertraglich geschuldete Normalarbeitszeit hinausgehende Arbeitsleistung wird nicht nur häufig unbezahlt und ohne Freizeitausgleich geleistet. Sie ist vielmehr auch häufig Ursache für Stress, erhöhte Verletzungsgefahren und Beeinträchtigung der Work-Life-Balance. Häufig fehlen dabei einerseits Rechtsgrundlagen für die Leistung der Überstunden, andererseits aber auch Kontrollinstrumente für Betriebs- und Personalräte, sowie schließlich Beweismittel im Überstundenprozess.
Daran schließen sich zahlreiche Fragen an: Worauf ist bei der Gestaltung der Arbeitsverträge zu achten? Wann müssen Überstunden geleistet, wann dürfen sie keinesfalls gefordert werden? Unter welchen Voraussetzungen können Arbeitnehmer eine Vergütung der Überstunden verlangen, und worauf sollten Arbeitnehmer und Betriebs- und Personalräte hier achten?
Soweit der Arbeitsvertrag die Anordnung von Überstunden zulässt, bieten abgesehen von gesetzlichen Höchstgrenzen vor allem kollektivvertragliche Regelungen Interventionsmöglichkeiten. Neben tarifvertraglichen Regelungen zu Umfang und Vergütung kommt hier vor allem Betriebs- und Dienstvereinbarungen eine wesentliche Funktion zu.

II. Einzeldarstellung

1. Begriffliche Abgrenzung

Gemeinsam ist Überstunden und Mehrarbeit, dass sie eine Überschreitung der Grenzen der Regelarbeitszeit betreffen. Je nachdem, ob Höchst- oder Regelarbeitszeiten aus Gesetz, Tarifvertrag, Betriebsvereinbarung oder Arbeitsvertrag betroffen sind, können unterschiedliche Begrifflichkeiten genutzt werden. Gerade in Unternehmen mit Tarifbindung oder individualvertraglicher Bezugnahme auf Tarifverträge oder nach Betriebsübergängen kommt es häufig zu missverständlichen Regelungen.

Von **Überstunden** wird vielfach bei Überschreitung der *arbeitsvertraglich* geschuldeten täglichen oder wöchentlichen Arbeitszeit gesprochen. In der Arbeitszeitordnung von 1938, deren Konzeption noch heute trotz Ablösung durch das ArbZG 1995 vielen tarifvertraglichen Regelungen zugrunde liegt, wurde dagegen der Begriff der **Mehrarbeit** als Überschreitung der *gesetzlichen* Regelarbeitszeit von acht Stunden verwendet.

Die Nutzung der Begriffe ist heute allerdings nicht mehr einheitlich. Grundlegende Unterschiede sind insbesondere in Tarifverträgen unterschiedlicher Branchen zu finden. So ist beispielsweise im **Öffentlichen Dienst** von Mehrarbeit nur bei Arbeitsstunden von Teilzeitbeschäftigten die Rede, die die vereinbarte wöchentliche Arbeitszeit überschreiten, nicht aber die Arbeitszeit von Vollzeitbeschäftigten. Überstunden fallen hier bei Überschreitung der betriebsüblichen oder dienstplanmäßigen Arbeitszeit von Vollzeitbeschäftigten an, wenn kein Ausgleich in der Folgewoche erfolgt (§ 7 Abs. 6, 7 TVÖD und TVL). In der **Metallindustrie** ist hingegen nur von Mehrarbeit die Rede. Sie wird definiert als *»angeordnete Überschreitung der individuellen regelmäßigen täglichen Arbeitszeit, die bis zum Arbeitsbeginn des darauffolgenden Tages abgefordert wird«* (§ 1 Ziff. 1 MTV Metall/Elektro Küste 2008) oder als Überschreitung des zwischen Betriebsrat und Arbeitgeber vereinbarten Arbeitszeitrahmens (MTV Elektro- und Informationstechnik BaWü 2017). In der **Systemgastronomie** wiederum werden beide Begriffe synonym verwendet (§ 4 Ziff. 4 MTV 2015).

2. Interessenlage

Je nach Branche sind Arbeitgeber an einer hohen Flexibilität der Arbeitszeit und insbesondere an der Möglichkeit der Anordnung von Überstunden bei hoher Auftragslage interessiert. Zunehmend wird hier die Möglichkeit genutzt, die Pflicht zur Ableistung unbezahlter Überstunden durch sog. Pauschalabgeltungsregelungen schon im Arbeitsvertrag zu verankern. Aus Arbeitnehmerperspektive besteht hingegen einerseits ein großes Interesse an verlässlichen regelmäßigen Arbeitszeiten, um Freizeitaktivitäten und Erholung planen zu können, andererseits aber auch an Zuverdienstmöglichkeiten bei der Ableistung von Überstunden und Sonderschichten. Hinzu kommt das gesundheitliche Interesse, das mit zunehmender Dauer und bei schlechter Lage der Überstunden, insbesondere auch bei stark schwankenden Arbeitszeiten im Zusammenhang mit Arbeitszeitkonten, bedroht sein kann.

Überstunden können arbeitgeberseitig angeordnet, sie können aber auch geduldet oder, bei großem Leistungsdruck, heimlich geleistet werden. Bei Anordnung von Überstunden ist der Arbeitgeber der Hauptinteressierte. Allerdings können Zuschläge und Freizeitausgleichsregelungen, die zu mehr Zeitautonomie beispielsweise durch verlängerte Wochenenden oder Urlaubszeiten führen, auch Arbeitnehmern Vorteile bieten. Schließlich führt zunehmender Leistungsdruck durch Entlassungsängste oder Karrierevorstellungen gerade bei mittleren und höheren Entgeltgruppen vielfach zu einem Interesse der betroffenen Arbeitnehmer an einer »heimlichen« bis offenen Leistung von Überstunden, was nicht selten erhebliche Gesundheitsgefahren bedeutet. Vielfach ist dafür auch die Anerkennung in der Abteilung oder dem gesellschaftlichen Umfeld von Bedeutung.

Zwischen 1918 und 1995 galt grundsätzlich eine – mit Ausnahmen für bestimmte Branchen und Sonderfälle ergänzte – doppelte Begrenzung der werktäglichen und wöchentlichen Arbeitszeit auf acht bzw. 48 Stunden.

Eine zentrale Rolle kommt hier den Verhinderungs- und Gestaltungsmöglichkeiten, aber auch den Aufklärungsmöglichkeiten des Betriebsrates bzw. Personalrates zu, um die privaten und gesundheitlichen Interessen mit den betrieblichen Notwendigkeiten in Einklang zu bringen.

3. Voraussetzungen der Anordnung von Überstunden

Die Wirksamkeit einer arbeitgeberseitigen Anordnung von Überstunden setzt zunächst die arbeitsvertragliche Zulässigkeit oder Zustimmung des betroffenen Arbeitnehmers voraus. Sieht der Arbeitsvertrag weder selbst noch durch Verweis auf einen Tarifvertrag die Möglichkeit der Anordnung von Überstunden vor, ist ggf. eine Pflicht zur Überstundenleistung aus Treu und Glauben möglich, wenn es gilt, nicht unerhebliche Schäden vom Arbeitgeber abzuwenden. Dabei ist eine Abwägung mit den berechtigten Interessen des Arbeitnehmers vorzunehmen. Die Pflicht zur Leistung von Überstunden kann sich allerdings auch aus einem Tarifvertrag oder einer Betriebsvereinbarung ergeben.

Die Zulässigkeit einer Überstundenanordnung setzt zudem die Zustimmung des Betriebs- bzw. Personalrats sowie die tarifliche und gesetzliche Zulässigkeit voraus.

Nur in eng begrenzten Notfällen ist die Anordnung von Überstunden auch ohne vertragliche und kollektivrechtliche Grundlage zulässig. Das ist der Fall, wenn ohne die Leistung der Überstunden dem Unternehmen erhebliche Schäden drohen, die über reine Vermögensschäden, v. a. den reinen Ausfall von Umsätzen, hinausgehen. Das ist v. a. bei der Abwendung erheblicher Schäden für Personen (Unfallverhütung), Tiere oder Sachen (z. B. Maschinen- oder Warenschäden) der Fall.[1]

1 BAG 17.11.1998 – 1 ABR 12/98.

4. Gesetzliche Regelungen

Aus rechtlicher Perspektive ist zwischen gesundheitlichen und vergütungsrechtlichen Aspekten der Leistung von Überstunden bzw. Mehrarbeit zu unterscheiden. Da die Bezahlung von Überstunden, insbesondere die Regelung von Zuschlägen, neben dem Setzen eines Leistungsanreizes für Arbeitnehmer v. a. auch dem Gesundheitsschutz durch Vermeidung von Mehrarbeit (Negativanreiz für Arbeitgeber) dient, hängen beide Aspekte jedoch zusammen.

a) Gesundheitsschutz

Das **Arbeitszeitgesetz** enthält keine unmittelbaren Regelungen zum Umgang mit Überstunden. Beachtlich sind insofern allerdings die in § 3 ArbZG geregelten gesetzlichen Höchstarbeitszeiten (→ **Arbeitszeit**) von 10 Stunden täglich. Zu beachten sind dabei die Mindestruhezeiten (→ **Ruhezeiten**) einschließlich der Sonn- und Feiertagsruhe. Grundsätzlich ist damit einschließlich der Überstunden eine Wochenarbeitszeit von bis zu 60 Stunden zulässig. Dabei darf innerhalb eines Ausgleichszeitraums von maximal 6 Kalendermonaten bzw. 24 Wochen eine durchschnittliche Dauer von 48 Arbeitsstunden nicht überschritten werden.

Mehrarbeit ist gem. § 16 Abs. 2 ArbZG stets zu dokumentieren. Da dies der Kontrolle von Ausgleichszeiträumen dient, ist darüber hinaus eine allgemeine Aufzeichnung der Arbeitszeiten erforderlich (→ **Arbeitszeit**).

Wenngleich in Deutschland nicht unmittelbar bindendes Recht für Arbeitgeber und Arbeitnehmer, sind bei der Ausgestaltung der Arbeitszeiten durch Tarifparteien und Betriebspartner auch menschenrechtliche Rahmenbestimmungen zu beachten. Das gilt für den Anspruch auf gesunde, sichere und würdige Arbeitsbedingungen einschließlich des Rechts auf eine Begrenzung der Höchstarbeitszeit gem. Art. 31 Europäische Grundrechtecharta. Einschlägig ist der in Deutschland verbindlich zu beachtende Art. 7 UN-Sozialpakt, der das »Recht auf Erholung und Freizeit und insbesondere auf eine vernünftige Begrenzung der Arbeitszeit« garantiert. Von besonderer Bedeutung ist Art. 2 der Europäischen Sozialcharta, der den Mitgliedsstaaten vorschreibt, »für eine angemessene tägliche und wöchentliche Arbeitszeit zu sorgen und die Arbeitswoche fortschreitend zu verkürzen, soweit die Produktivitätssteigerung und andere mitwirkende Faktoren dies gestatten«.

Diese Pflichten zur Beachtung der Menschenrechte gelten nicht nur für die staatliche Rechtsetzung und die menschenrechtsfreundliche Auslegung des Grundgesetzes,[2] sie gelten auch für die »delegierte Rechtsetzung« durch Tarifparteien

2 Ausführlich hierzu die Görgülü-Entscheidung des Bundesverfassungsgerichts, BVerfG 14.10.2004 – 2 BvR 1481/04.

und Betriebspartner – diese sind bei der Normsetzung auch an die Grundrechte und damit an die Menschenrechte gebunden. Besonders beachtlich sind hier die Übereinkommen Nr. 1 und 30 der Internationalen Arbeitsorganisation (ILO), die u. a. die grundsätzliche Grenze von 8 bzw. 48 Stunden täglicher und wöchentlicher Arbeitszeit für Industrie und Dienstleistungen etablieren. Wenngleich Deutschland die Übereinkommen nicht ratifiziert hat, sind sie bei der Auslegung der menschenrechtlichen Bestimmungen zu beachten.

b) Vergütung von Überstunden

Eine ausdrückliche gesetzliche Regelung zur Vergütung von Überstunden besteht seit Ablösung der Arbeitszeitordnung durch das Arbeitszeitgesetz 1995 nicht mehr. Allerdings gilt im Arbeitsrecht wie allgemein im Zivilrecht grundsätzlich das Gegenseitigkeitsprinzip. Danach kann der Arbeitgeber keine Leistung verlangen, ohne eine Gegenleistung zu erbringen. Will der Arbeitgeber ein zeitliches Mehr an Leistung, muss er dafür grundsätzlich auch bezahlen.

Nach Auffassung des BAG ist es dem Arbeitgeber allerdings unter Beachtung bestimmter Grenzen gestattet, die Abgeltung von Überstunden mit dem normalen Arbeitsentgelt zu vereinbaren. Das BAG prüft hier vor allem die Transparenz der vertraglichen Regelung. Der Arbeitnehmer soll bei Abschluss des Vertrages wissen, worauf er sich einlässt bzw. welche Leistungen er schuldet und welche Gegenleistungen dafür erbracht werden. Daran fehlt es, wenn Überstunden generell mit dem Arbeitsentgelt abgegolten sein sollen.[3] Andererseits hat das BAG in einer sehr fragwürdigen Entscheidung bei einem Vollzeitarbeitsverhältnis eine Pauschalabgeltung von 20 Überstunden durch die Grundvergütung als zulässig beurteilt.[4]

Ist eine vertragliche Regelung zur Pauschalabgeltung unwirksam, tritt an ihre Stelle der gesetzliche Vergütungsanspruch aus § 612 Abs. 1 BGB. Danach gilt eine Vergütung als stillschweigend vereinbart (d. h. sie ist zu zahlen), wenn die Leistung den Umständen nach nur gegen eine Vergütung zu erwarten ist. Diese Regelung findet auch auf Überstunden Anwendung.[5] Je geringer die Bezahlung, desto eher nimmt die Rechtsprechung eine Vergütungspflicht an. Bei leitenden Angestellten, aber auch schon bei Überschreitung der Beitragsbemessungsgrenze der gesetzlichen Rentenversicherung fehlt es im Zweifel an der erforderlichen Vergütungserwartung. Im Übrigen findet nach Ort, Art der Tätigkeit und Branche eine Orientierung an Überstundenregelungen in den einschlägigen Tarifverträgen statt.

---

3 BAG 1. 9. 2010 – 5 AZR 517/09.

4 BAG 16. 5. 2012 – 5 AZR 331/11.

5 BAG 22. 2. 2012 – 5 AZR 765/10.

Schwierigkeiten bereitet neben der Entgeltabrede in der Praxis vor allem bei gebilligten und geduldeten Überstunden besonders der Nachweis der Leistung der Mehrarbeit. Hier kommt einerseits der individuellen Arbeitszeitaufzeichnung, andererseits auch der Arbeitszeiterfassung auf Grundlage einer Betriebsvereinbarung eine entscheidende Bedeutung zu.

III. Hinweise für die Mitbestimmung

Betriebsräte haben gem. § 87 Abs. 1 Nr. 3 BetrVG ein Mitbestimmungsrecht bei der vorübergehenden Verkürzung (Kurzarbeit) oder Verlängerung der betriebsüblichen Arbeitszeit (Überstunden). Betriebsüblich ist die regelmäßige Arbeitszeit der Arbeitnehmer, unabhängig davon, ob sie in Vollzeit oder in Teilzeit arbeiten. Die vorübergehende Erhöhung einer Teilzeitbeschäftigung ist daher in der Regel mitbestimmungspflichtig.

Die Mitbestimmung soll dafür Sorge tragen, dass die Lasten und Vorteile der Änderung der Arbeitszeit gerecht verteilt werden. Voraussetzung ist das Vorliegen eines vorübergehenden kollektiven Sachverhalts. Hinsichtlich der dauerhaften Änderung besitzt der Betriebsrat kein Mitbestimmungsrecht. Dasselbe gilt für Änderungen, die ausschließlich die privaten Interessen einer Person betreffen. Da auch Anordnungen an einzelne Mitarbeiter aber Fragen der Verteilungsgerechtigkeit und der Lastenverteilung (warum niemand anderes?) betreffen, fehlt der kollektive Bezug nur selten.

Auch die freiwillige Leistung von Überstunden schließt das Mitbestimmungsrecht nicht aus. Es kommt nicht darauf an, ob der Arbeitgeber die Leistung von Überstunden anordnet oder lediglich duldet,[6] beispielsweise bei → **mobiler Arbeit**.

Das Mitbestimmungsrecht kann durch Betriebsvereinbarung oder Regelungsabrede ausgeübt werden. Nur in Notfällen, d. h. bei unmittelbaren Gefahren für Menschen, Tiere oder Sachen (Feuer, stark erhöhte Unfallgefahr) muss der Betriebsrat nicht vor Anordnung der Mehrarbeit zustimmen. Selbst dann muss die Zustimmung des Betriebsrats aber (nachträglich) eingeholt werden.[7]

Das Mitbestimmungsrecht der **Personalräte** bei Überstunden ist auf Bundesebene in § 80 Abs. 1 Nr. 1, Abs. 2 BPersVG n. F. (§ 75 Abs. 3 Nr. 1, Abs. 4 BPersVG

6 BAG 27. 11. 1990 – 1 ABR 77/89.
7 BAG 17. 11. 1998 – 1 ABR 12/98.

a. F.[8]) geregelt.[9] Demnach hat der Personalrat im Rahmen der gesetzlichen und tarifvertraglichen Regelungen über Beginn und Ende der täglichen Arbeitszeit und der Pausen sowie die Verteilung der Arbeitszeit auf die einzelnen Wochentage mitzubestimmen (Abs. 1 Nr. 1 n. F.).

§ 80 Abs. 2 BPersVG n. F. (§ 75 Abs. 4 BPersVG a. F.) regelt hier einen Sonderfall. Die für die Anordnung von Mehrarbeit oder Überstunden verantwortliche Situation sieht häufig so aus, dass die tägliche Arbeitszeit nach Erfordernissen, die die Dienststelle nicht voraussehen kann, für bestimmte Gruppen von Beschäftigten unregelmäßig und kurzfristig festgelegt werden muss. In dieser Situation ist die Mitbestimmung auf die Festlegung der Grundsätze der Aufstellung der Dienstpläne, und dabei insbesondere der Grundsätze der Anordnung von Dienstbereitschaft, Mehrarbeit und Überstunden beschränkt. Hierfür ist erforderlich, dass der Zeitraum zwischen der Festsetzung der Arbeitszeiten im jeweiligen Dienstplan und dem Inkrafttreten des Dienstplans so kurz ist, dass die Durchführung eines ordnungsgemäßen Mitbestimmungsverfahrens nicht mehr möglich ist. Erforderlich ist also, dass

- die Arbeitszeit unregelmäßig festzusetzen ist, z. B. zu Vertretungszwecken,
- die Festsetzung kurzfristig erfolgen muss und damit innerhalb eines Zeitraums, der die Durchführung des ordentlichen Mitbestimmungsverfahrens ausschließt und
- die erforderliche Arbeitszeitregelung nicht schon vorher planbar ist, weil sie unvorhersehbar ist.

Eine solche Sonderregelung ist außerdem nur für funktional abgegrenzte Gruppen vorgesehen. Mögliche Abgrenzungskriterien sind insbesondere die berufliche Qualifikation, die auszuübende Tätigkeit oder die Zugehörigkeit zu einer bestimmten Gliederungseinheit der Dienststelle.

Die festzulegenden Grundsätze betreffen beispielsweise die Kriterien der Auswahl und Reihenfolge der betroffenen Beschäftigten, Umfang und Höchstmaß der Heranziehung sowie den Ausgleich bzw. die Abgeltung von Mehrarbeit und Überstunden.

Im Fall der unterbliebenen Festlegung von Grundsätzen soll die Dienststelle nach sehr fragwürdiger Auffassung des Bundesverwaltungsgerichts berechtigt sein, die nicht voraussehbaren unregelmäßigen und kurzfristigen Festsetzungen der Arbeitszeit einseitig vorzunehmen. Da es sich um eine Sonderregelung des § 80 Abs. 1 Nr. 1 BPersVG n. F. (§ 75 Abs. 3 Nr. 1 BPersVG a. F.) handelt, ist auch im Fall von § 80 Abs. 2 BPersVG n. F. (§ 75 Abs. 4 BPersVG a. F.) das uneinge-

---

8 BPersVG v. 15. 3. 1974 (BGBl. I S. 693); zuletzt geändert durch Gesetz vom 9. 6. 2021 (BGBl. I S. 1614).

9 Ausf. Altvater/Baden/Baunack-Berg, § 75 BPersVG, Rn. 272 ff.

schränkte Initiativrecht des Personalrats gem. § 77 Abs. 1 BPersVG n. F. (§ 70 Abs. 1 BPersVG a. F.) einschlägig.
Die Mitbestimmung hat dabei auch den grund- und menschenrechtlichen Rahmen zu beachten. Die Überschreitung der 8- bzw. 48-Stundengrenze ist zwar nicht von vornherein unzulässig. Unter Berücksichtigung der menschenrechtlich verankerten Pflicht zum Gesundheitsschutz[10] gilt jedoch: Je höher die Überschreitung ist, desto größer ist jedoch der Rechtfertigungszwang im Einzelfall. Auch den Tarif- und Betriebsparteien steht es nicht frei, davon ohne wichtigen Grund zum Nachteil der Arbeitnehmer abzuweichen und die Arbeitszeit ohne kompensierende gesundheitliche Maßnahmen auszuweiten.
Bei Verhandlungen ist insbesondere der Hinweis auf die Europäische Sozialcharta hilfreich, die auch bei Dienst- und Betriebsvereinbarungen zu beachten ist. Art. 4 Abs. 2 Europäische Sozialcharta verpflichtet die Vertragsstaaten, Überstunden nicht nur zu bezahlen, sondern grundsätzlich auch Überstundenzuschläge vorzusehen: »Um die wirksame Ausübung des Rechtes auf ein gerechtes Arbeitsentgelt zu gewährleisten, verpflichten sich die Vertragsparteien: das Recht der Arbeitnehmer auf Zahlung erhöhter Lohnsätze für Überstundenarbeit anzuerkennen, vorbehaltlich von Ausnahmen in bestimmten Fällen.«
Die Regelung von Überstundenzuschlägen ist dabei ein probates, menschenrechtlich abgesichertes Instrument, um den Arbeitgeber von einem übermäßigen Gebrauch einer gesundheitsschädlichen und das Privatleben belastenden Flexibilisierung abzuschrecken und den betroffenen Arbeitnehmern zugleich einen angemessenen Ausgleich zu gewährleisten.
Gerade in Bezug auf Teilzeitbeschäftigte haben die Tarif- und Betriebsparteien das Diskriminierungs- und Benachteiligungsverbot aus §§ 4, 5 TzBfG zu beachten.

IV. Inhalt einer Betriebs- und Dienstvereinbarung

Eine Betriebs- oder Dienstvereinbarung, die das Verfahren bei der Anordnung von Überstunden regelt, hilft, im Betrieb oder in der Dienststelle Rechtssicherheit und Planungssicherheit auch für die Mitarbeiter herzustellen. Dabei gilt: Eine pauschale Übertragung des Rechts zur Anordnung von Überstunden an den Arbeitgeber ist nicht zulässig. Eine umfassende Betriebsvereinbarung ermöglicht häufig, Streit zu vermeiden und kurzfristige Einsätze durch Regelungsabrede zu ermöglichen.

10 Vgl. Art. 4 Abs. 2 Europäische Sozialcharta, Art. 7 UN Sozialpakt, ILO-Übereinkommen 1 und 30 sowie Art. 2 Abs. 2 GG.

Zu beachten ist zunächst der tarifvertragliche Rahmen, der ausgestaltet, aber nicht überschritten werden darf. Gerade zu Fragen der Überstunden enthält dieser häufig detaillierte Regelungen.

Eine Betriebs- oder Dienstvereinbarung kann insbesondere regeln:

- Regelfälle der Zulässigkeit der Anordnung von Überstunden (Erhöhung der Planbarkeit)
- Verfahren der Antragstellung (Fristen; Antragstellung an den Betriebs- oder Personalrat; ggf. Voraussetzungen und Verfahren zur Bekanntgabe an die Mitarbeiter und Suche nach Freiwilligen)
- Arten von Eilfällen und einzuhaltendes Verfahren
- weitergehende Freiwilligenregelungen
- grundsätzliche Regelungen zur Verteilungsgerechtigkeit unter Berücksichtigung besonders benachteiligungsbedrohter Arbeitnehmergruppen (Eltern mit Kleinkindern, Teilzeitbeschäftigte mit anderweitigen Verpflichtungen, Schwerbehinderte usw.)
- Überstundenzuschläge bei fehlender einschlägiger tariflicher Regelung
- Umgang mit gebilligten oder geduldeten Überstunden
- Fragen der Arbeitszeiterfassung über die angeordneten Überstunden hinaus

Bei der Einrichtung von Arbeitszeitkonten (siehe → **Arbeitszeit**) sollten die damit verbundenen Gesundheitsgefahren und sonstigen Einbußen an Grundrechten im Vergleich zu Überstundenregelungen mit Überstundenzuschlägen genau abgewogen werden. Das gilt insbesondere für einseitige Festlegungen, Fragen des Leistungsdrucks sowie die Länge von Ausgleichszeiträumen.

Unfallverhütungsvorschriften

I. Einführung

Die Unfallversicherungsträger können unter Mitwirkung der Deutschen Gesetzlichen Unfallversicherung e. V. (DGUV) Unfallverhütungsvorschriften über Maßnahmen zur Verhütung von Arbeitsunfällen, Berufskrankheiten und arbeitsbedingten Gesundheitsgefahren oder für eine wirksame Erste Hilfe erlassen, soweit dies zur Prävention geeignet und erforderlich ist und staatliche Arbeitsschutzvorschriften hierüber keine Regelung treffen (§ 15 SGB VII). In diesem Rahmen können Unfallverhütungsvorschriften über bestimmte Regelungsgegenstände erlassen werden, die in der Einzeldarstellung (II.) genauer erörtert werden.

II. Einzeldarstellung

Bei den Unfallverhütungsvorschriften handelt es sich dem Rechtscharakter nach um autonomes Recht, welches die Vertreterversammlungen jedes einzelnen Unfallversicherungsträgers (Berufsgenossenschaften und Unfallkassen) jeweils beschränkt auf ihren Zuständigkeitsbereich beschließen können.[1] Gemäß § 15 Abs. 1 S. 3 SGB VII wirkt die DGUV beim Erlass von Unfallverhütungsvorschriften auf Rechtseinheitlichkeit hin. Gemäß § 87 Abs. 3 SGB IV unterliegt die DGUV dabei der Rechtsaufsicht des Bundesministeriums für Arbeit und Soziales. Um Rechtseinheitlichkeit zu erreichen, erstellt die DGUV Muster-Unfallverhütungsvorschriften, die von den jeweiligen Unfallversicherungsträgern teils inhaltsgleich, teils mit Abweichungen aufgrund von Besonderheiten in ihren jeweiligen Gewerbezweigen, erlassen werden.[2] Die Vorschriften werden jeweils als »DGUV Vorschrift« benannt und nummeriert. Zu nennen sind ins-

1 Kollmer/Klindt/Schucht-Leube, § 15 SGB VII, Rn. 59.
2 KassKomm-Felz, § 15 SGB VII, Rn. 4.

besondere die DGUV Vorschrift 1 »Grundsätze der Prävention« und die DGUV Vorschrift 2 »Betriebsärzte und Fachkräfte für Arbeitssicherheit«. Abzugrenzen sind die Unfallverhütungsvorschriften von DGUV-Regeln ohne Normcharakter, DGUV-Informationen sowie DGUV-Grundsätzen (vgl. hierzu auch die Tabelle unter → **Deutsche gesetzliche Unfallversicherung**). Staatliche Arbeitsschutzvorschriften (z. B. Gesetzte, Verordnungen) sind vorrangig gegenüber den Unfallverhütungsschriften. Unfallverhütungsvorschriften sind »sonstige Rechtsvorschriften« im Sinne von § 2 Abs. 4 ArbSchG.
§ 15 Abs. 1 SGB VII sieht verschiedene Gegenstände für eine Regelung durch Unfallverhütungsvorschriften vor:

1. *Einrichtungen, Anordnungen und Maßnahmen, welche die Unternehmer zur Verhütung von Arbeitsunfällen, Berufskrankheiten und arbeitsbedingten Gesundheitsgefahren zu treffen haben, sowie die Form der Übertragung dieser Aufgaben auf andere Personen (§ 15 Abs. 1 Nr. 1 SGB VII)*
   Die DGUV Vorschrift 1 regelt in § 13 diese Pflichtenübertragung. Gefordert ist eine schriftliche Übertragung. Ob, auf wen und in welchem Umfang eine Übertragung vorgenommen wird, steht im alleinigen Ermessen des Verpflichteten (des Unternehmers/Arbeitgebers). Beauftragte müssen nicht Beschäftigte sein. Ob im Arbeitsverhältnis eine »Annahmepflicht« hinsichtlich der übertragenen Aufgaben besteht, bestimmt sich nach den arbeitsrechtlich zwischen den Parteien geltenden Bestimmungen.[3]
2. *das Verhalten der Versicherten zur Verhütung von Arbeitsunfällen, Berufskrankheiten und arbeitsbedingten Gesundheitsgefahren (§ 15 Abs. 1 Nr. 2 SGB VII)*
   Entsprechend den weit gefassten Aufgaben der Unfallversicherungsträger erstrecken sich die Anforderungen an das »Verhalten der Versicherten« auch auf die Verhütung von arbeitsbedingten Gesundheitsgefahren.[4] Die Unfallverhütungsvorschriften nach Nr. 2 richten sich an Versicherte jeder Art und legen ihnen unmittelbar eigenständige Pflichten auf bezüglich aller versicherten Tätigkeiten, so auch für Wegerisiken und privates Verhalten im Betrieb, zum Beispiel in den Pausen. Sie dienen sowohl der eigenen Sicherheit des Versicherten als auch der Sicherheit anderer Versicherter. Der Unternehmer muss zu ihrer Beachtung anhalten, zum Beispiel durch Aufsicht und Belehrung oder arbeitsrechtlich zulässige Anordnungen.[5]
3. *vom Unternehmer zu veranlassende arbeitsmedizinische Untersuchungen und sonstige arbeitsmedizinische Maßnahmen vor, während und nach der Verrich-*

3 KassKomm-Felz, § 15 SGB VII, Rn. 6a.
4 Kollmer/Klindt/Schucht-Leube, § 15 SGB VII, Rn. 65.
5 KassKomm-Felz, § 15 SGB VII, Rn. 7.

tung von Arbeiten, die für Versicherte oder für Dritte mit arbeitsbedingten Gefahren für Leben und Gesundheit verbunden sind (§ 15 Abs. 1 Nr. 3 SGB VII)
In diesem Bereich existiert seit dem 24.12.2008 die staatliche Verordnung zur arbeitsmedizinischen Vorsorge (ArbMedVV), die gegenüber der früher geltenden DGUV Vorschrift 6 zur arbeitsmedizinischen Vorsorge vorrangig ist und diese außer Kraft setzt.

4. *Voraussetzungen, die der Arzt, der mit Untersuchungen oder Maßnahmen nach Nummer 3 beauftragt ist, zu erfüllen hat, sofern die ärztliche Untersuchung nicht durch eine staatliche Rechtsvorschrift vorgesehen ist (§ 15 Abs. 1 Nr. 4 SGB VII)*
   Da die ärztliche Qualifikation nunmehr durch die staatliche ArbMedVV geregelt ist, hat § 15 Abs. 1 Nr. 4 SGB VII derzeit keinen eigenen Anwendungsbereich.
5. *die Sicherstellung einer wirksamen Ersten Hilfe durch den Unternehmer (§ 15 Abs. 1 Nr. 5 SGB VII)*
   Durch Nr. 5 wird klargestellt, dass die Etablierung einer wirksamen Erste Hilfe im Unternehmen Pflicht des Unternehmers und nicht des zuständigen Unfallversicherungsträgers ist. Der Arbeitgeber hat die Erste Hilfe auf eigene Kosten sicherzustellen. Die Bestellung von Ersthelfern regelt die DGUV Vorschrift 1.
6. *die Maßnahmen, die der Unternehmer zur Erfüllung der sich aus dem Gesetz über Betriebsärzte, Sicherheitsingenieure und andere Fachkräfte für Arbeitssicherheit ergebenden Pflichten zu treffen hat (§ 15 Abs. 1 Nr. 6 SGB VII)*
   Seit dem 1.1.2011 gilt die DGUV Vorschrift 2. Sie regelt im Einzelnen, wie die Vorschriften des Arbeitssicherheitsgesetzes umzusetzen sind und legt fest, in welcher Form und welchem Umfang abhängig von der Beschäftigtenzahl und dem Unternehmensgegenstand sicherheitstechnische und arbeitsmedizinische Betreuung vorgenommen werden muss.[6]
7. *die Zahl der Sicherheitsbeauftragten, die nach § 22 SGB VII unter Berücksichtigung der in den Unternehmen für Leben und Gesundheit der Versicherten bestehenden arbeitsbedingten Gefahren und der Zahl der Beschäftigten zu bestellen sind (§ 15 Abs. 1 Nr. 7 SGB VII)*
   Bei Bestimmung der Zahl der vom Unternehmer zu bestellenden Sicherheitsbeauftragten sind über bestehende Unfallgefahren hinaus alle arbeitsbedingten Gefahren zu berücksichtigen, d.h. im Einklang mit dem erweiterten Präventionsauftrag der Unfallversicherungsträger auch alle drohenden Berufskrankheiten und arbeitsbedingten Gesundheitsgefahren.[7]

---

6 KassKomm-Felz, § 15 SGB VII, Rn. 11.
7 Kollmer/Klindt/Schucht-Leube, § 15 SGB VII, Rn. 70.

Die Unfallverhütungsvorschriften müssen bei den bundesunmittelbaren Unfallversicherungsträgern durch das Bundesministerium für Arbeit und Soziales genehmigt werden (§ 15 Abs. 4 SGB VII). Die Voraussetzungen für die Genehmigung von Unfallverhütungsvorschriften sind in das SGB VII aufgenommen. Dadurch werden die Unfallversicherungsträger angehalten, ihre Maßstäbe und Kriterien, die sie an die gebotene restriktive Bedarfsprüfung von Unfallverhütungsvorschriften angelegt haben, offen zu legen und nachvollziehbar zu begründen.[8]

Die Unfallverhütungsvorschriften sind öffentlich bekannt zu machen. Die Art und Weise der Bekanntmachung wird durch die Satzung des jeweiligen Unfallversicherungsträgers geregelt (§ 30 Abs. 2 SGB VI). Die Unternehmer sind durch die Unfallversicherungsträger über die geltenden Unfallverhütungsvorschriften zu unterrichten.

Die Versicherten im Unternehmen werden durch den Unternehmer unterrichtet, § 15 Abs. 5 SGB VII.

III. Hinweise für die Mitbestimmung

Gemäß § 87 Abs. 1 Nr. 7 BetrVG hat der Betriebsrat, soweit eine gesetzliche oder tarifliche Regelung nicht besteht, bei Regelungen über die Verhütung von Arbeitsunfällen und Berufskrankheiten sowie über den Gesundheitsschutz im Rahmen der gesetzlichen Vorschriften oder der Unfallverhütungsvorschriften mitzubestimmen.

Die Vorschrift räumt dem Betriebsrat ein generelles Mitbestimmungsrecht im Arbeitsschutz ein soweit Rahmenvorschriften bestehen, innerhalb derer konkrete betriebliche Regelungen getroffen werden müssen. Die Grenze des Mitbestimmungsrechts ist dort, wo die gesetzliche Vorschrift oder die Unfallverhütungsvorschrift selbst abschließend ist und keine betriebliche Gestaltung mehr zur Konkretisierung offen lässt. Je mehr Rahmenvorschriften in einem Bereich des Arbeitsschutzes also bestehen, desto größer ist der Umfang der Mitbestimmung des Betriebsrates. Die Mitbestimmung greift dann, wenn der Arbeitgeber aufgrund eines durch eine Rahmenvorschrift eröffneten Entscheidungs- und Ermessensspielraums eine betriebliche Regelung treffen muss.

Im Bereich der Unfallverhütungsvorschriften kommt insbesondere der Mitbestimmung des Betriebsrats bei der Umsetzung der Unfallverhütungsvorschrift »Betriebsärzte und Fachkräfte für Arbeitssicherheit« (DGUV Vorschrift 2) große Bedeutung zu. Die Vorschrift selbst ist eine Rahmenvorgabe, die betrieblich

8 Kollmer/Klindt/Schucht-Leube, § 15 SGB VII, Rn. 72.

durch eine Regelung zu konkretisieren ist. Entscheidungsspielräume für die betrieblichen Regelungen bestehen vor allem bei der Festlegung der Aufgaben, der Schwerpunktsetzung und der Aufteilung der Einsatzzeiten im Rahmen der Betreuung durch die Betriebsärzte und die Fachkräfte für Arbeitssicherheit. Wichtiges Anwendungsfeld der betrieblichen Regelung ist diejenige zum Umfang und zum Inhalt nicht nur der Grundbetreuung, sondern auch der betriebsspezifischen Betreuung, da beides im Unternehmen direkt ermittelt wird.
Die DGUV Vorschrift 2 hat eine Anlage 2, anhand derer Betreuungsanforderungen, wie sie konkret im Betrieb bestehen, ermittelt werden können. Gemäß der DGUV Vorschrift 2 Anlage 2 hat der Unternehmer die Aufgaben der Betriebsärzte und Fachkräfte für Arbeitssicherheit entsprechend den betrieblichen Erfordernissen unter Mitwirkung der betrieblichen Interessenvertretung (zum Beispiel entsprechend Betriebsverfassungsgesetz) sowie unter Verweis auf § 9 Abs. 3 ASiG zu ermitteln, aufzuteilen und mit ihnen schriftlich zu vereinbaren.[9]
Für die Personalräte ergibt sich das Mitbestimmungsrecht aus § 80 Abs. 1 Nr. 16 BPersVG n. F. (§ 75 Abs. 3 Nr. 11 BPersVG a. F.[10]). Danach hat der Personalrat bei Maßnahmen zur Verhütung von Dienst- und Arbeitsunfällen Berufskrankheiten sowie sonstigen Gesundheitsschädigungen mitzubestimmen. In der Umsetzung der DGUV Vorschrift 2 liegt eine solche mitbestimmungspflichtige Maßnahme.

IV. Inhalt einer Betriebs- und Dienstvereinbarung

Im Rahmen der DGUV Vorschrift 2 ergeben sich als mögliche Inhalte für eine Vereinbarung insbesondere die **Feststellung der Grundbetreuung,** also eine Regelung, welcher Bedarf für die Betreuung im Betrieb vorhanden ist. Hierfür ist entscheidend, wie viele Beschäftigte zu dem Betrieb zählen und welche Durchschnittszahlen sich ergeben. Ferner ist eine Zuordnung zu den Betreuungsgruppen I–III gemäß der DGUV Vorschrift 2 vorzunehmen. Es ergibt sich dann eine Gesamtzeit der Grundbetreuung, welche dann in Übereinstimmung mit der DGUV Vorschrift 2 konkret zwischen den Fachkräften für Arbeitssicherheit und den Betriebsärzten aufgeteilt werden muss. Je nach Betrieb kann sich ein höherer sicherheitstechnischer Betreuungsbedarf ergeben oder ein höherer betriebsärzt-

9 *www.dguv.de/medien/inhalt/praevention/vorschriften_regeln/dguv-vorschrift_2/downloads/dguv-vorschrift2-muster.pdf*

10 BPersVG v. 15.3.1974 (BGBl. I S. 693); zuletzt geändert durch Gesetz vom 9.6.2021 (BGBl. I S. 1614).

licher Betreuungsbedarf, die Betreuungszeiten können aber auch gleich hoch zu bemessen sein.

Im nächsten Schritt ist die zusätzliche **betriebsspezifische Betreuung** zu regeln. Der Anhang 4 der DGUV Vorschrift 2 enthält Kriterien anhand derer die Ermittlung erfolgen kann. Der Anhang 4 ist eine Handlungshilfe, die aber nicht zwingend zu verwenden ist. Es empfiehlt sich, die ermittelten Leistungsanforderungen in der Betriebsvereinbarung ausreichend genau zu beschreiben. Aufgrund des ermittelten und vereinbarten Bedarfs schließt der Arbeitgeber die Leistungsvereinbarungen mit den jeweiligen Leistungserbringern/Dienstleistern. Damit der Betriebsrat überprüfen kann, ob die zuvor getroffenen Vereinbarungen sich in der Leistungsvereinbarung wieder finden, ist die Leistungsvereinbarung dem Betriebsrat vorzulegen.

Ebenso ist zu regeln, welche Stunden der Fachkräfte für Arbeitssicherheit und den Betriebsärzten maßgebend für die Betreuungszeiten sind. Fahrzeiten oder Zeiten, die z. B. der Betriebsarzt außerhalb des Betriebs verbringt, sind nicht anzurechnen.

Neben den Betreuungszeiten ist bei der Festlegung der Aufgaben darauf zu achten und zu regeln, dass Tätigkeiten, die sie in anderen Aufgabenfeldern erbringen (z. B. im Rahmen der Gefährdungsbeurteilung nach § 5 ArbSchG) nicht auf die Betreuungszeiten für die Aufgaben nach dem ASiG angerechnet werden.

Abschließend ist zu betonen, dass der Arbeitsschutz sich insgesamt immer an den sich verändernden betriebsspezifischen Gegebenheiten orientiert und deshalb auch die Regelung der sicherheitstechnischen und betriebsärztlichen Betreuung in **regelmäßigen Abständen** daraufhin zu überprüfen ist, ob sie im Gesamtkonzept des Arbeitsschutzes im Betrieb funktioniert oder ob Anpassungen notwendig sind. Dabei können sich insbesondere auch Veränderungen und Anpassungen bei der Aufteilung der Einsatzzeiten zwischen der Fachkraft für Arbeitssicherheit und dem Betriebsmediziner ergeben oder anlassbezogen zusätzlicher betriebsärztlicher oder sicherheitstechnischer Betreuungsbedarf entstehen, der zu regeln ist.

Unterweisung

I. Einführung

In § 12 ArbSchG ist die arbeitsschutzrechtliche Unterweisung der Beschäftigten geregelt. Die Unterweisung muss bei der Einstellung, bei Veränderungen im Aufgabenbereich, der Einführung neuer Arbeitsmittel oder einer neuen Technologie vor Aufnahme der Tätigkeit der Beschäftigten erfolgen. Die Unterweisung muss an die Gefährdungsentwicklung angepasst sein und erforderlichenfalls wiederholt werden.
Durch diese Vorgabe soll sichergestellt werden, dass die Unterweisung als tragender Grundsatz des Arbeitsschutzrechts umgesetzt wird. Die Unterweisung muss die auf die Arbeitssituation des Beschäftigten zugeschnittenen Informationen, Erläuterungen und Anweisungen enthalten. Dies ist eine unabdingbare Voraussetzung dafür, dass der Arbeitsschutz im Unternehmen greifen kann, weil die Beschäftigten erst so in die Lage versetzt werden, eine Gesundheitsgefährdung oder gar Gefahr einzuordnen, zu erkennen und sich entsprechend zu verhalten. Es soll außerdem sichergestellt werden, dass die Beschäftigten in der Lage sind, sich sicherheitsgerecht zu verhalten.
Im Rahmen der Umsetzung der Verpflichtung gemäß § 12 ArbSchG sind die Erkenntnisse der Gefährdungsbeurteilung nach § 5 ArbSchG zu berücksichtigen und die konkrete arbeitsplatz- oder aufgabenbezogene Unterweisung ist daran auszurichten, d.h. die festgestellten Gefährdungen müssen zwingend Gegenstand der Unterweisung sein.[1]

1 BAG 8.11.2011 – 1 ABR 42/10.

II. Einzeldarstellung

Die allgemeine Unterweisungspflicht gemäß § 12 ArbSchG verpflichtet den Arbeitgeber, die Beschäftigten über Sicherheit und Gesundheitsschutz bei der Arbeit während ihrer Arbeitszeit ausreichend und angemessen zu unterweisen. Daneben finden sich auch Vorschriften zur Unterweisung in spezialgesetzlichen Regelungen, zum Beispiel im Sprengstoffgesetz, in der Röntgenverordnung, in der Gefahrstoffverordnung sowie in Unfallverhütungsvorschriften und Berufsgenossenschafts-Regeln.

1. Grundlagen

Zentraler Punkt der Unterweisung ist es, dass die darin notwendig enthaltenen Anweisungen und Erläuterungen an den Beschäftigten konkret auf dessen Arbeitsaufgabe und dessen Arbeitsplatz ausgerichtet sind. Die Unterweisung hat sich an den am Arbeitsplatz bestehenden Gefährdungen als auch an den vorhandenen und einzuhaltenden Arbeitsschutzmaßnahmen zu orientieren. Ziel der Unterweisung ist, dass der Beschäftigte in die Lage versetzt wird, sich sicherheits- und gesundheitsgerecht zu verhalten und zum Wirksamwerden und Wirksambleiben des Arbeitsschutzes im Betrieb beizutragen.
Die Unterweisung hat nicht nur bei der Arbeitsaufnahme zu erfolgen, sondern auch immer dann, wenn sich Veränderungen im Aufgabenbereich ergeben, neue Arbeitsmittel oder eine neue Technologie eingeführt werden. Zusätzlich muss sich die Unterweisung dynamisch an der Gefährdungsentwicklung im Betrieb bzw. am Arbeitsplatz des Beschäftigten orientieren. Ferner muss die Unterweisung erforderlichenfalls regelmäßig wiederholt werden. Beispielsweise enthält die → **Unfallverhütungsvorschrift** »Grundsätze der Prävention« für ihren Anwendungsbereich die Konkretisierung, dass die Unterweisung erstmals vor Beginn der Beschäftigung zu erfolgen hat und erforderlichenfalls, mindestens aber einmal jährlich, zu wiederholen ist.
Der Arbeitgeber ist verpflichtet die Unterweisung im Rahmen seiner → **Arbeitsschutzorganisation** zu bewerkstelligen. Er muss diese aber nicht zwingend selbst vornehmen, sondern kann die Unterweisung auch an andere Personen delegieren. Eine bestimmte Form für die Unterweisung ist nicht vorgesehen. Üblicherweise stützt sich die Unterweisung auf eine schriftliche Betriebsanweisung. mit denen Sie erfolgt davon ausgehend oft mündlich. Wichtig ist, dass sie in verständlicher Form für den Beschäftigten erfolgt und nicht zu einer bloßen Pflichtübung herabgewürdigt wird. Insbesondere das Aushändigen eines einfachen Merkblattes reicht nicht aus.[2] Ein ausschließliches Selbststudium der Beschäftigten bzw.

2 Kollmer/Klindt/Schucht, ArbSchG § 7 Rn. 6.

Versicherten ist zur Unterweisung in der Regel ebenfalls nicht ausreichend. Die mündliche Unterweisung hat in verständlicher Sprache stattzufinden. Es muss geprüft werden, ob die Beschäftigten in der Lage sind, die Unterweisung zu verstehen und sich sicherheits- und gesundheitsgerecht zu verhalten.[3]

Vorbereitung und Grundlage für eine angemessene Durchführung der Unterweisung ist die Beurteilung der Arbeitsbedingungen und ihre Dokumentation gemäß §§ 5, 6 ArbSchG (→ **Gefährdungsbeurteilung**) sowie die Berücksichtigung gegebenenfalls vorhandener Betriebsanweisungen. Einbezogen werden können auch Erkenntnisse aus der arbeitsmedizinischen Vorsorge.[4] Die Durchführung der Unterweisung hat sich immer an der Zielsetzung zu orientieren, dass der Beschäftigte in die Situation gebracht werden soll, sich sicherheitsgerecht zu verhalten.

Der allgemeine Mindestinhalt der Unterweisung stellt sich wie folgt dar:[5]

- Darstellung der konkreten, arbeitsplatz- und arbeitsaufgabenbezogenen → **Gefährdungen** und → **Gefahren**,
- die dagegen getroffenen und zu beachtenden Maßnahmen des Arbeitsschutzes,
- die vorgesehenen sicherheits- und gesundheitsgerechten Handlungsweisen,
- die Notfallmaßnahmen,
- die einschlägigen Inhalte der staatlichen und unfallversicherungsrechtlichen Vorschriften und Regeln.

Die Wirksamkeit der Unterweisung ist durch den Arbeitgeber zu überprüfen.

In § 12 Abs. 1 ArbSchG ist ausdrücklich geregelt, dass die Unterweisung während der Arbeitszeit der Beschäftigten zu erfolgen hat. Dadurch stellt das Gesetz klar, dass es sich um eine Leistungspflicht aus dem Arbeitsverhältnis handelt. Wird der Beschäftigte nicht unterwiesen, so ist er zur Zurückhaltung seiner Arbeitsleistung nach § 273 BGB berechtigt.[6] Der Arbeitgeber ist zur Unterweisung verpflichtet, der Beschäftigte ist im Gegenzug dazu verpflichtet, an der Unterweisung aufmerksam teilzunehmen.

Konkretisierungen erfährt § 12 ArbSchG insbesondere auch durch § 9 der Betriebssicherheitsverordnung (→ **Betriebssicherheit**).

2. Leiharbeit

Für den besonderen Fall der Arbeitnehmerüberlassung bestimmt § 12 Abs. 2 ArbSchG, dass die Pflicht zu Unterweisung den Entleiher trifft. Der Entleiher ist der Arbeitgeber des Betriebes, in dem der Leiharbeitnehmer tätig wird. Der

3 Pieper, ArbSchR, § 12 Rn. 3.
4 Pieper, ArbSchR, § 12 Rn. 3.
5 Pieper, ArbSchR, § 12 Rn. 3.
6 Kollmer/Klindt/Schucht, ArbSchG § 12 Rn. 6f.

Entleiher hat die Unterweisung unter Berücksichtigung der Qualifikation und der Erfahrung der Personen, die ihm zur Arbeitsleistung überlassen werden, vorzunehmen. Die sonstigen Arbeitsschutzpflichten des Verleihers bleiben unberührt.

3. Einzelfälle

Eine Besonderheit gilt für **Arbeiten unter Druckluft**. Gemäß § 20 Druckluftverordnung hat der Arbeitgeber dafür zu sorgen, dass der Fachkundige, der die Arbeiten in Druckluft leitet (§ 18 Abs. 1 Nr. 1 Druckluftverordnung) und der nach § 12 Abs. 1 ArbSchG beauftragte Arzt, die beim Betrieb der Arbeitskammer Beschäftigten vor Beginn der Beschäftigung über die Unfall- und Gesundheitsgefahren belehren, denen sie bei der Beschäftigung ausgesetzt sind sowie über die Einrichtungen und Maßnahmen zur Abwendung dieser Gefahren. Die Belehrungen sind in angemessenen Zeitabständen, mindestens in Abständen von sechs Monaten, zu wiederholen. Der Arbeitgeber hat jedem Arbeitnehmer außerdem vor Beginn der Beschäftigung mit Arbeiten in Druckluft ein Merkblatt auszuhändigen, in dem der Inhalt der Unterrichtung nach Absatz 1 enthalten ist. Das Merkblatt muss in der Sprache des Beschäftigten abgefasst sein.
Der Betreiber einer **Röntgeneinrichtung** ist nach § 18 Abs. 1 Nr. 1 Röntgenverordnung verpflichtet, diejenigen Beschäftigten, die beim Betrieb der Röntgeneinrichtung tätig sind, von einer fachkundigen Person anhand der Gebrauchsanweisung einweisen zu lassen.
Sind bei Verrichtung einer Tätigkeit → **persönliche Schutzausrüstungen** zu tragen, so gehört zur Unterweisung nach § 12 ArbSchG auch, dass die Beschäftigten in die Benutzung dieser persönlichen Schutzausrüstung eingewiesen werden. Dieses ist erforderlichenfalls in einer praktischen Schulung durchzuführen.[7]
Besondere Vorschriften enthält auch die **Lastenhandhabungsverordnung**. Bei der Unterweisung nach § 12 ArbSchG hat der Arbeitgeber insbesondere den Anhang der Lastenhandhabungsverordnung und die körperliche Eignung der Beschäftigten zu berücksichtigen. Er hat den Beschäftigten, soweit dies möglich ist, genaue Angaben zu machen über die sachgemäße manuelle Handhabung von Lasten und über die Gefahren, denen die Beschäftigten insbesondere bei unsachgemäßer Ausführung der Tätigkeit ausgesetzt sind (§ 4 LastHandhabV). Merkmale, aus denen sich eine Gefährdung von Sicherheit und Gesundheit, insbesondere der Lendenwirbelsäule, der Beschäftigten ergeben kann, sind

- im Hinblick auf die zu handhabende Last insbesondere
  1. ihr Gewicht, ihre Form und Größe,
  2. die Lage der Zugriffsstellen,

7 Kollmer/Klindt/Schucht, ArbSchG § 12 Rn. 15.

   3. die Schwerpunktlage und
   4. die Möglichkeit einer unvorhergesehenen Bewegung;
- im Hinblick auf die von den Beschäftigten zu erfüllende Arbeitsaufgabe insbesondere
   1. die erforderliche Körperhaltung oder Körperbewegung, insbesondere Drehbewegung,
   2. die Entfernung der Last vom Körper,
   3. die durch das Heben, Senken oder Tragen der Last zu überbrückende Entfernung,
   4. das Ausmaß, die Häufigkeit und die Dauer des erforderlichen Kraftaufwandes,
   5. die erforderliche persönliche Schutzausrüstung,
   6. das Arbeitstempo infolge eines nicht durch die Beschäftigten zu ändernden Arbeitsablaufs,
   7. die zur Verfügung stehende Erholungs- oder Ruhezeit;
- im Hinblick auf die Beschaffenheit des Arbeitsplatzes und der Arbeitsumgebung insbesondere
   1. der in vertikaler Richtung zur Verfügung stehende Platz und Raum,
   2. der Höhenunterschied über verschiedene Ebenen,
   3. die Temperatur, Luftfeuchtigkeit und Luftgeschwindigkeit,
   4. die Beleuchtung,
   5. die Ebenheit, Rutschfestigkeit oder Stabilität der Standfläche und
   6. die Bekleidung, insbesondere das Schuhwerk.

Aus dem Ergebnis der → **Gefährdungsbeurteilung** kann folgen, dass die Beschäftigten gemäß § 1 Abs. 1 **Lärm- und Vibrations-Arbeitsschutz-Verordnung** zu unterweisen sind. Die Unterweisung hat vor Aufnahme der betroffenen Tätigkeit zu erfolgen und ist danach regelmäßig zu wiederholen. § 11 Abs. 2 Lärm- und Vibrations-Arbeitsschutz-Verordnung enthält eine eigene Vorgabe zu den Mindestinhalten, die bei einer solchen Unterweisung vermittelt werden müssen.

Beschäftigte, die künstlichen optischen Strahlen ausgesetzt sein können, erhalten eine Unterweisung gemäß § 8 der **Optischen Strahlenschutzverordnung**. Auch diese Unterweisung hat vor Aufnahme der betroffenen Tätigkeit zu erfolgen und muss in vorgeschriebenen Intervallen wiederholt werden. Auch hier enthält die Vorschrift eine eigene Anforderung an den Mindestinhalt dieser Unterweisung.

III. Hinweise für die Mitbestimmung

Gemäß § 87 Abs. 1 Nr. 7 BetrVG hat der Betriebsrat bei betrieblichen Regelungen über den Gesundheitsschutz mitzubestimmen. Hierzu gehört auch die durch § 12 ArbSchG dem Arbeitgeber auferlegte Verpflichtung, die Beschäftigten über Sicherheit und Gesundheitsschutz bei der Arbeit zu unterweisen. Einigen sich die Betriebsparteien nicht über Art und Inhalt der Unterweisung, hat das die Einigungsstelle zu regeln. Hierbei hat sie die Erkenntnisse einer → **Gefährdungsbeurteilung** (§ 5 ArbSchG) zu berücksichtigen und die konkrete arbeitsplatz- oder aufgabenbezogene Unterweisung daran auszurichten. Sie kann sich nicht darauf beschränken, allgemeine Bestimmungen über die Unterweisung zu Gefahren am Arbeitsplatz aufzustellen.[8]

Anders als nach der Rechtsprechung des BVerwG zur Gefährdungsbeurteilung[9] erstreckt sich die Mitbestimmung des Personalrats nach § 80 Abs. 1 Nr. 16 BPersVG n. F. (§ 75 Abs. 3 Nr. 11 BPersVG a. F.[10]) auf die Unterweisung im selben Umfang wie beim Betriebsrat.

Das Erfordernis der Durchführung einer → **Gefährdungsbeurteilung** als Grundlage der Regelung einer Unterweisung im Sinne des § 12 ArbSchG folgt schon aus dem Wortlaut dieser Bestimmung. Nach § 12 Abs. 1 Satz 2 ArbSchG umfasst die Unterweisung Anweisungen und Erläuterungen, die eigens auf den Arbeitsplatz oder den Aufgabenbereich der Beschäftigten ausgerichtet sind. Damit wird klargestellt, dass die Unterweisung sich nicht in allgemeinen Fragestellungen des Arbeitsschutzes erschöpfen darf, sondern gerade die konkreten Gefährdungen zum Gegenstand haben muss, welchen die Arbeitnehmer an den jeweiligen Arbeitsplätzen im Einzelnen ausgesetzt sind. Wer diese Gefahren nicht kennt, kann auch über diese nicht im Rahmen der Unterweisung aufklären. Die Einigungsstelle kann deshalb ihren Regelungsauftrag nur vollständig erfüllen, wenn sie die konkreten Gefahren am Arbeitsplatz in den Blick nimmt und hiervon ausgehend konkrete arbeitsplatzbezogene Bestimmungen beschließt.[11]

Für die Mitbestimmung des Betriebsrats bedeutet das im Ergebnis, dass zwingend vor der Ausgestaltung der Unterweisung die Gefährdungsbeurteilung durchgeführt werden muss. Auf Grundlage der Gefährdungsbeurteilung muss dann in einer Betriebsvereinbarung eine Regelung getroffen werden unter Berücksichtigung der konkreten Gefährdungen an den unterschiedlichen Arbeitsplätzen, die Inhalte der Unterweisung für die einzelnen Arbeitsplätze festlegt.

8 BAG 8.11.2011 – 1 ABR 42/10.

9 BVerwG 5.3.2012 – 6 PB 25.11.

10 BPersVG v. 15.3.1974 (BGBl. I S. 693); zuletzt geändert durch Gesetz vom 9.6.2021 (BGBl. I S. 1614).

11 BAG 8.11.2011 – ABR 42/10.

Neben der Mitbestimmung bezüglich der inhaltlichen Ausgestaltung der Unterweisung gemäß § 87 Abs. 1 Nr. 7 BetrVG i. V. m. § 12 ArbSchG hat der Betriebsrat auch im Rahmen der Mitbestimmung bei der Ausgestaltung der betrieblichen Arbeitsschutzorganisation nach § 87 Abs. 1 Nr. 7 BetrVG i. V. m. §§ 3, 13 ArbSchG einen Regelungsanspruch zu den Einzelheiten der Durchführung aller Unterweisungen im Rahmen des Arbeitsschutzes.
Gemäß § 80 Abs. 1 BetrVG hat der Betriebsrat die Durchführung der Verpflichtungen nach § 12 ArbSchG zu überwachen.

IV. Inhalt einer Betriebs- oder Dienstvereinbarung

Auf Grundlage der → **Gefährdungsbeurteilung** kann in einer Betriebsvereinbarung geregelt werden, wie auf Grundlage der konkreten Gefährdungen an den unterschiedlichen Arbeitsplätzen, die konkreten Inhalte der Unterweisungen für die einzelnen Arbeitsplätze festgelegt, ausgestaltet und durchgeführt werden. Da auch die Modalitäten der Unterweisung der einzelnen Beschäftigten als Einzelmaßnahme im Regelfall einen kollektiven Bezug aufweisen, fallen auch diese in den Geltungsbereich des § 87 Abs. 1 Nr. 7 BetrVG.[12]
Darüber hinaus hat der Betriebsrat im Rahmen seiner Mitbestimmung betreffend die Ausgestaltung der betrieblichen Arbeitsschutzorganisation alle Unterweisungen in einer Betriebsvereinbarung zu regeln. In der Leitlinie »Organisation des betrieblichen Arbeitsschutzes« vom 22. Mai 2017 der Geschäftsstelle der Nationalen Arbeitsschutzkonferenz sind dazu Einzelheiten niedergelegt, die auch Gegenstand einer Betriebsvereinbarung sein sollten. In der Anlage 3 sind 15 Elemente der Beratung und Überwachung enthalten. Sie beschreiben den Mindestprüfumfang der Arbeitsschutzaufsicht. Darunter sind unter anderem die Elemente 1 »Verantwortung und Aufgabenübertragung«, 2 »Überwachung der Einhaltung der übertragenen Pflichten und Kontrolle der Aufgabenerledigung« und 6 »Geeignete Regelungen für die Durchführung und Dokumentation von Unterweisungen«. Im Rahmen des 6. Elements muss der Arbeitgeber nachweisen, welche Zielgruppe mit welchen Inhalten aus welchen Durchführungsanlässen und -intervallen unterwiesen werden. Ebenso, welche Personen für die Unterweisungen zuständig sind und wie die Unterweisungen dokumentiert werden.

12 Pieper, ArbSchR, § 12 Rn. 24.

Urlaub

I. Einführung

Der Urlaub – konkret: Erholungsurlaub – dient dem Gesundheitsschutz der Arbeitnehmer und ist damit dem Arbeitsschutzrecht zuzuordnen.[1] Mit ihm wird nicht nur der Zweck verfolgt, die Arbeitskraft zu erhalten und wiederherzustellen. Vielmehr soll der Beschäftigte durch den Urlaub auch die Möglichkeit haben, seine Freizeit uneingeschränkt und selbstbestimmt zu nutzen.[2] Während des Urlaubs muss er dem Betrieb grundsätzlich nicht zur Verfügung stehen und kann selbst über seine Zeit bestimmen. Damit kommt dem Urlaub auch eine grundrechtliche Wertung zu, dient er doch auch der Verwirklichung der freien Entfaltung der Persönlichkeit nach Art. 2 Abs. 1 GG.[3]

II. Einzeldarstellung

1. Begriffsbestimmung

Der gesetzliche Mindesturlaub sorgt dafür, dass Arbeitnehmer bezahlt von der Arbeitspflicht freigestellt werden – unabhängig davon, ob sie in Voll- oder Teilzeit, befristet oder im geringfügigen Arbeitsverhältnis beschäftigt sind. Der Anspruch auf den vollen Mindesturlaub von vier Wochen wird erstmals nach sechsmonatigem Bestehen des Arbeitsverhältnisses erworben. Danach entsteht der jährliche Urlaubsanspruch jeweils mit dem Beginn des neuen Kalenderjahres in voller Höhe. Da der Urlaub dem Erholungsbedürfnis des Arbeitnehmers Rechnung tragen soll, ist er zusammenhängend zu nehmen. Ist dies aufgrund be-

---

1 LAG Berlin-Brandenburg 12.6.2014 – 21 Sa 221/14; Kohte, Festschrift für Schwerdtner, 2003, S. 105.

2 BAG 19.5.2009 – 9 AZR 433/08.

3 BAG 25.7.1957 – 2 AZR 93/56.

trieblicher oder in der Person des Arbeitnehmers liegender Gründe nicht möglich, muss dem Arbeitnehmer jedenfalls ein Teil von zwölf aufeinander folgenden Werktagen als Urlaub gewährt werden.[4]

Der Arbeitgeber hat bei der Urlaubsgewährung zwingend die **Urlaubswünsche des Beschäftigten** zu berücksichtigen. Nur wenn dringende betriebliche Gründe oder vorrangige Urlaubswünsche sozial schutzwürdiger Arbeitnehmer (z. B. wegen Bindung an Ferienzeiten bei schulpflichtigen Kindern) diesen entgegenstehen, kann er sie ablehnen. Der Urlaub ist aber stets wie beantragt zu gewähren, wenn der Arbeitnehmer diesen im Anschluss an eine Maßnahme der medizinischen Vorsorge oder Rehabilitation verlangt.

Aufgrund der gesundheitspolitischen Zielsetzung ist es zudem nahezu ausgeschlossen, dass der Arbeitgeber den Beschäftigten aus dem Urlaub **zurückholen** kann. Auch wenn sich der Arbeitnehmer noch nicht im Urlaub befindet, dieser aber bereits bewilligt ist, kann der Arbeitgeber den bereits genehmigten Urlaub allenfalls in absoluten Ausnahmefällen, etwa bei unvorhersehbaren Notfällen, **widerrufen**. Vorstellbar wäre dies, wenn der betroffene Arbeitnehmer eine Schlüsselfunktion innehat und ohne seine Unterstützung der Zusammenbruch des Unternehmens oder Betriebes drohen würde.[5]

Nachdem der Arbeitnehmer den Urlaub tatsächlich zur Erholung nutzen soll, ist ihm in dieser Zeit keine dem Urlaubszweck widersprechende **Erwerbstätigkeit** erlaubt. Eine Erwerbstätigkeit liegt dabei dann vor, wenn der Arbeitnehmer sie gegen Entgelt ausübt, unabhängig von der vertraglichen Grundlage.[6] Dem Zweck des Urlaubs widerspricht sie, wenn eine Erholung offenkundig aufgrund der Dauer oder Schwere der Tätigkeit nicht mehr möglich ist, was im Einzelfall festgestellt werden muss. Ehrenamtlich oder im Rahmen der Familie oder des Freundeskreises darf sich der Beschäftigte aber grundsätzlich auch während des Urlaubs betätigen.

Neben dem gesetzlichen Mindesturlaub steht den meisten Arbeitnehmern noch **Mehrurlaub** zu, der sich regelmäßig aus einem Tarifvertrag oder dem Arbeitsvertrag ergibt.

2. Rechtsgrundlagen

Der deutsche Gesetzgeber hat in § 1 BUrlG geregelt, dass jeder Arbeitnehmer in jedem Kalenderjahr Anspruch auf bezahlten Erholungsurlaub hat. In § 3 BUrlG ist die Urlaubsdauer von mindestens 24 Werktagen in der Sechs-Tage-Woche festgehalten. Bei einer kürzeren Arbeitswoche sind es entsprechend weniger Tage

4 Zur Bedeutung der Vorschrift in der Praxis: ErfK-Gallner, BUrlG § 7 Rn. 26.
5 Boecken/Düwell/Diller/Hanau, § 7 BUrlG Rn. 47.
6 BAG 20.10.1983 – 6 AZR 590/80.

(z. B. 20 Tage bei einer Fünf-Tage-Woche). Mit Blick auf den Erholungszweck des Urlaubs ist die Auszahlung des Urlaubs im bestehenden Arbeitsverhältnis verboten. Die finanzielle Abgeltung erfolgt gem. § 7 Abs. 4 BUrlG nur dann, wenn der Urlaub wegen Beendigung des Arbeitsverhältnisses ganz oder teilweise nicht mehr genommen werden kann.

Zusätzlich zu dem gesetzlichen Mindesturlaub und dem tarifvertraglich oder arbeitsvertraglich vereinbarten Mehrurlaub erhalten **schwerbehinderte Arbeitnehmer** gemäß § 208 SGB IX Anspruch auf bezahlten einwöchigen **Zusatzurlaub**. Durch die erhöhte Urlaubsdauer soll die aufgrund der Behinderung im Erwerbsleben bestehende Benachteiligung des Beschäftigten ausgeglichen werden.[7] § 19 JArbSchG regelt ferner zum Schutz arbeitender **Jugendlicher** einen erhöhten Mindesturlaubsanspruch.

Gerade im Urlaubsrecht sind die Entscheidungen des EuGH besonders zu beachten. Diese haben in den letzten Jahren für viele Veränderungen in der deutschen Rechtsprechung gesorgt. Hintergrund hierfür ist, dass die Urlaubsregelungen des nationalen Rechts europarechtskonform auszulegen sind. Ist dies nicht möglich, sind sie bei Verstoß gegen europäische Richtlinien unangewendet zu lassen.[8]

3. Verfall von Urlaub

Der gesetzliche Mindesturlaub muss im laufenden Kalenderjahr gewährt und genommen werden (§ 7 Abs. 3 S. 1 BUrlG). Die Bindung des Urlaubs an das Kalenderjahr ist mit Blick auf Gesundheitsschutz und Erholungsbedürfnis nachvollziehbar. Ausnahmsweise kann der Urlaub auch **auf das Folgejahr übertragen** werden, wenn nämlich dringende betriebliche oder in der Person des Arbeitnehmers liegende Gründe dies rechtfertigen. In diesem Fall muss nach der gesetzlichen Konzeption der Urlaub in den ersten drei Monaten des folgenden Kalenderjahrs gewährt und genommen werden. Geschieht dies nicht, verfällt der Urlaubsanspruch.

Um einen wirksamen Schutz der Sicherheit und Gesundheit der Arbeitnehmer zu gewährleisten, besteht nach der Rechtsprechung allerdings seit kurzem eine **Hinweispflicht** des Arbeitgebers. Dieser muss den Arbeitnehmer auffordern, seinen Urlaub zu nehmen und ihm klar und rechtzeitig mitteilen, dass der Urlaub mit Ablauf des Kalenderjahres oder Übertragungszeitraums verfällt, wenn er ihn nicht beantragt.[9] Wird der Arbeitgeber nicht in dieser Weise aktiv, verfällt der Urlaubsanspruch auch nicht.

7 BAG 24.10.2006 – 9 AZR 669/05.
8 EuGH 22.11.2005 – C 144/04
9 EuGH 6.11.2018 – C-684/16; BAG 19.2.2019 – 9 AZR 541/15.

Durch die Rechtsprechung des EuGH und des BAG, die sich auf den Mindesturlaub bzw. den Zusatzurlaub der Schwerbehinderten bezieht, wurde bereits vor geraumer Zeit klargestellt, dass Urlaub, der wegen **Krankheit** nicht genommen werden kann, nicht mit Ende des Kalenderjahres oder dem Ende des Übertragungszeitraums bis zum 31. 3. des Folgejahres verfällt, sondern der Verfall erst spätestens **15 Monate** nach Ende des Urlaubsjahres eintritt.[10] Bislang nicht höchstrichterlich geklärt ist das Verhältnis von Langzeiterkrankung bzw. voller Erwerbsminderung und nicht erfüllter Hinweispflicht des Arbeitgebers. Ob auch in diesen Fällen die 15-Monatsfrist greift und trotz fehlendem Hinweis durch den Arbeitgeber der Urlaub verfällt, hat auf Vorlage des BAG nun der EuGH zu klären.[11]
Die Aussagen zum Urlaubsverfall gelten dabei grundsätzlich auch für den tarif- oder arbeitsvertraglichen Mehrurlaub. Da er aber über den gesetzlichen Mindesturlaub hinausgeht und damit nicht im gleichen Maße geschützt ist, kann er – etwa mit Blick auf Verfall- oder Übertragungsregelungen – auch modifiziert werden.

4. Sonderfälle

Auch wenn nach den gesetzlichen Vorgaben jeder Arbeitnehmer einen Anspruch auf Mindesturlaub hat, gibt es »Phasen« im Arbeitsverhältnis, in denen keine Urlaubsansprüche entstehen bzw. Ansprüche gekürzt werden können.

a) Elternzeit und Urlaub

Die wohl bekannteste Kürzungsvorschrift findet sich in § 17 Abs. 1 Bundeselterngeld- und Elternzeitgesetz (BEEG). Der Arbeitgeber kann den kalenderjährlichen Erholungsurlaub des Beschäftigten für jeden vollen Kalendermonat der Elternzeit um ein Zwölftel kürzen. Die Kürzung erfolgt dabei nicht automatisch, sondern nur auf entsprechende Erklärung des Arbeitgebers während des bestehenden Arbeitsverhältnisses. Eine Kürzung ist aber nicht möglich, wenn der Beschäftigte während der Elternzeit weiterhin in Teilzeit für den Arbeitgeber arbeitet.

10 EuGH 22. 11. 2011 – C-214/10; BAG 23. 3. 2010 – 9 AZR 128/09, 22. 9. 2015 – 9 AZR 170/14.
11 BAG 7. 7. 2020 – 9 AZR 401/19 (A).

b) Kurzarbeit und Urlaub

Im Zusammenhang mit der massiven Zunahme von Kurzarbeit in den Betrieben aufgrund der SARS-CoV-2-Pandemie stellt sich zudem die Frage, ob der gesetzliche Urlaubsanspruch des Kurzarbeiters reduziert werden darf. Zwar hat der EuGH bereits im Jahr 2012 entschieden, dass europarechtliche Vorgaben nicht gegen eine proportionale Urlaubskürzung sprechen.[12] Schon die freie Zeitgestaltung und Planbarkeit, die für den Arbeitnehmer mit dem Urlaub einhergeht, verbietet aber die Gleichstellung mit der konjunkturbedingten Kurzarbeit, sodass die Kürzungsmöglichkeit abzulehnen ist.[13] Vorsorglich sollte in einer zur Kurzarbeit abzuschließenden Betriebs- oder Dienstvereinbarung die Möglichkeit der Kürzung des Urlaubs ausgeschlossen werden.

c) Altersteilzeit und Urlaub

Bei einer vereinbarten Altersteilzeit nach dem Blockmodel ist zu unterscheiden, ob sich der Arbeitnehmer in der Arbeits- oder in der Freistellungsphase befindet. Während der Arbeitsphase entstehen Urlaubsansprüche nach den allgemeinen Grundsätzen. Dem Arbeitnehmer, der sich in der Freistellungsphase der Altersteilzeit befindet, steht mangels Arbeitspflicht dagegen kein gesetzlicher Anspruch auf Erholungsurlaub zu.[14]

d) Sabbatical, Pflegezeiten, Erwerbsminderung

Vereinbaren Arbeitnehmer und Arbeitgeber ein Sabbatical oder unbezahlten Sonderurlaub, bspw. zur Pflege von Familienangehörigen, besteht für diese Zeiten grundsätzlich kein gesetzlicher Anspruch auf bezahlten Erholungsurlaub.[15] Ruht das Arbeitsverhältnis allerdings wegen des Bezugs einer Erwerbsminderungsrente, entstehen auch weiterhin Urlaubsansprüche.[16]

---

12 EuGH 8.11.2012 – C-229/11.

13 Hierzu ausführlich: Positionspapier des DGB-Bundesvorstands, 29. Juni 2020 »Urlaubskürzung und Kurzarbeit – Bewertung aus Sicht des Deutschen Gewerkschaftsbundes und seiner Mitgliedsgewerkschaften«.

14 BAG 24.9.2019 – 9 AZR 481/18.

15 BAG 19.3.2019 – 9 AZR 406/17.

16 BAG 7.8.2012 – 9 AZR 353/10.

III. Hinweise zur Mitbestimmung

1. Mitbestimmung nach dem BetrVG

Die zentrale Norm zur Mitbestimmung des Betriebsrats in Sachen Urlaub findet sich § 87 Abs. 1 Nr. 5 BetrVG. Soweit keine abschließende gesetzliche oder tarifliche Regelung besteht, hat der Betriebsrat mitzubestimmen bei

- der Aufstellung allgemeiner Urlaubsgrundsätze und
- der Aufstellung des Urlaubsplans sowie
- der Festsetzung der zeitlichen Lage des Urlaubs für einzelne Arbeitnehmer, wenn zwischen dem Arbeitgeber und den beteiligten Arbeitnehmern kein Einverständnis erzielt wird.

Unter **Urlaubsgrundsätzen** sind dabei allgemeine Richtlinien und Vorgaben zu verstehen, nach denen der Urlaub zu gewähren ist. Dazu gehören etwa Regelungen über die Urlaubsbeantragung, die Verteilung des Urlaubs innerhalb des Kalenderjahres oder Bestimmungen zum Vorgehen bei kollidierenden Urlaubswünschen von Beschäftigten. Ferner unterfallen auch die Betriebsferien oder die sogenannte »Urlaubssperre« der Mitbestimmung des Betriebsrats.

Die zwischen den Betriebsparteien vereinbarten Urlaubsgrundsätze sind die Basis für den ebenfalls mitbestimmten **Urlaubsplan**. In diesem werden die Urlaubszeiten der Beschäftigten für das jeweilige Kalenderjahr festgelegt.

Die Konzeption der Urlaubsmitbestimmung lässt schließlich ausnahmsweise auch die Mitbestimmung im **Einzelfall** zu, wenn sich also Arbeitnehmer und Arbeitgeber über die Lage des Urlaubs **nicht einigen** können. Dem Betriebsrat ist es damit möglich, den Urlaubswunsch des einzelnen Beschäftigten über die Einigungsstelle durchzusetzen.

2. Mitbestimmung nach dem BPersVG

Die Mitbestimmung des Personalrats in Sachen Urlaub war bislang schwächer ausgestaltet als die entsprechende Mitbestimmung des Betriebsrats. Die Aufstellung allgemeiner Urlaubsgrundsätze unterfiel bis dato nicht der Beteiligung des Personalrats gemäß § 75 Abs. 3 Nr. 3 BPersVG a. F. Durch die Änderung des BPersvG, die zum 15. 6. 2021 in Kraft trat, erfolgte allerdings durch die Regelung in § 80 Abs. 1 Nr. 6 BPersVG n. F.[17] eine Gleichstellung mit der betriebsverfassungsrechtlichen Mitbestimmung. Soweit eine gesetzliche oder tarifliche Regelung nicht besteht, hat der Personalrat demnach bei der Aufstellung allgemeiner Urlaubsgrundsätze und des Urlaubsplans sowie bei der Festsetzung der

17 BPersVG v. 15. 3. 1974 (BGBl. I S. 693); zuletzt geändert durch Gesetz vom 9. 6. 2021 (BGBl. I S. 1614).

zeitlichen Lage des Erholungsurlaubs für einzelne Beschäftigte mitzubestimmen, wenn zwischen der Dienststelle und den beteiligten Beschäftigten kein Einverständnis erzielt wird.

IV. Inhalt einer Betriebsvereinbarung

Zwischen den Betriebsparteien können insbesondere folgende allgemeine Urlaubsgrundsätze vereinbart werden:

- Festlegung des Umfangs des zunächst zu verplanenden Urlaubs
- Fristen für ein Einreichung von Urlaubsanträgen
- Genehmigungsfiktion bei Schweigen des Arbeitgebers auf den Urlaubsantrag
- Regelungen für die Aufstellung des Urlaubsplans
- Vorgehen bei der Kollision von Urlaubswünschen und Festlegung des Vorrangs anhand sozialer Kriterien
- Änderung des Urlaubsplans nur unter strengen Voraussetzungen
- Beantragung des Urlaubs bei unterjährigem Eintritt in das Arbeitsverhältnis
- Verhalten bei Erkrankung im Urlaub
- Festlegung von Betriebsruhe
- betriebsinterner Konfliktlösungsmechanismus für Urlaubsstreitigkeiten

Vibrationen

Mit der Richtlinie 2002/44/EG vom 22.06.2002 hat der europäische Gesetzgeber grundlegende Kriterien für zum Schutz von Arbeitnehmern vor den durch Vibrationen verursachten Gefahren für die Gesundheit sowie den damit einhergehenden Auswirkungen auf den menschlichen Muskel- und Skelettapparat, neurologischen Erkrankungen und Durchblutungsstörungen geschaffen. Der in der Richtlinie festgehaltene Mindeststandard wurde in Deutschland durch die Lärm- und Vibrations-Arbeitsschutzverordnung (LärmVibrationsArbSchVO) umgesetzt.[1]

Vibrationen sind demnach alle mechanischen Schwingungen, die durch Gegenstände auf den menschlichen Körper wirken und so zu möglichen → **Gefährdungen** führen können. Der Arbeitgeber hat dabei auf Grundlage einer → **Gefährdungsbeurteilung** mögliche Gefahrenquellen zu ermitteln und zu beurteilen, § 3 LärmVibrationsArbSchVO. Die Verordnung unterscheidet dabei Hand-Arm-Vibrationen und Ganzkörper-Vibrationen. Je nach Ergebnis der Gefährdungsbeurteilung sind Schutzmaßnahmen entsprechend dem → **Stand der Technik** zum Schutz der betroffenen Personen zu ergreifen. Dabei darf die Durchführung der hierfür erforderlichen Messungen nur durch Personen durchgeführt werden, die die notwendige Fachkunde besitzen und über die erforderlichen Einrichtungen verfügen. Fachkundige Personen können insbesondere der → **Betriebsarzt** und die → **Fachkraft für Arbeitssicherheit** sein. Je nach Art, Ausmaß und Dauer der Exposition durch Vibrationen sind bei der Überprüfung die Möglichkeit von alternativen Arbeitsverfahren und Arbeitszeitplänen, der Austausch bzw. der Einsatz neuer technischer Arbeitsmittel und Schutzkleidung (→ **persönliche Schutzausrüstung**). Besondere Bedeutung kommt zudem die Schulung und → **Unterweisung** der Beschäftigten zu.

---

1 Kohte, in: Münchener HBArbR, § 293 Rn. 35.

Stichwortverzeichnis